重庆2018
统计年鉴

CHONGQING
STATISTICAL YEARBOOK 2018

重庆市统计局　国家统计局重庆调查总队 编
CHONGQING MUNICIPAL BUREAU OF STATISTICS
NBS SURVEY OFFICE IN CHONGQING

中国统计出版社
China Statistics Press

(京)新登字041号

图书在版编目（CIP）数据

重庆统计年鉴. 2018 / 重庆市统计局，国家统计局重庆调查总队编. -- 北京 : 中国统计出版社，2018.8
ISBN 978-7-5037-8498-9

Ⅰ. ①重… Ⅱ. ①重… ②国… Ⅲ. ①统计资料－重庆－2018－年鉴 Ⅳ. ①C832.719-54

中国版本图书馆 CIP 数据核字（2018）第 130838 号

重庆统计年鉴 -2018

作　　者 / 重庆市统计局　国家统计局重庆调查总队
责任编辑 / 钟　钰
装帧设计 / 重庆海耐特广告有限公司
出版发行 / 中国统计出版社
地　　址 / 北京市丰台区西三环南路甲 6 号
邮政编码 / 100073
电　　话 / 邮购（010）63376909　书店（010）68783171
网　　址 / http://www.zgtjcbs.com
印　　刷 / 重庆三达广告印务装璜有限公司
经　　销 / 新华书店
开　　本 / 890mm×1240mm 1/16
字　　数 / 1840 千字
印　　张 / 45.5
版　　别 / 2018 年 8 月第 1 版
版　　次 / 2018 年 8 月第 1 次印刷
定　　价 / 380.00 元　Price:380.00 (RMB)

本书附同版本 CD-ROM 一张，光盘内容以书面文字为准。
如有印装差错，由本社发行部调换。

重庆2018统计年鉴

CHONGQING STATISTICAL YEARBOOK 2018

《重庆统计年鉴—2018》
编辑委员会

CHONGQING STATISTICAL YEARBOOK 2018
EDITORIAL BOARD

编者说明

EDITOR'S NOTES

一、《重庆统计年鉴—2018》是由重庆市统计局和国家统计局重庆调查总队编纂、中国统计出版社公开出版发行的一部全面记录重庆市经济建设和社会发展情况的大型资料性年刊。本书收录了重庆市历史重要年份和2017年经济和社会各方面的统计数据，以及各区县（自治县）主要统计资料。

二、全书共二十二章，包括：1. 综合；2. 国民经济核算；3. 人口与就业；4. 固定资产投资；5. 能源消费；6. 财政；7. 人民生活与物价；8. 城镇建设；9. 资源和环境；10. 要素市场；11. 农业和农村经济；12. 工业；13. 建筑业；14. 运输和邮电；15. 国内贸易；16. 对外经济贸易和旅游业；17. 金融业；18. 教育、科技和文化业；19. 卫生、体育和其他社会活动；20. 区县；21. 三峡工程重庆库区移民；22. 基本单位名录库。同时附录一个篇章：全国及各省（自治区、直辖市）主要统计资料。每章前设《简要说明》，介绍本章节的主要内容和资料来源，章末附有《主要统计指标解释》。

三、本年鉴统计资料：大部分数据来自统计年报，部分来自抽样调查。

四、本年鉴所使用的度量衡单位均采用国际统一标准计量单位；各种分类标准均采用国家统一分类标准。

五、本年鉴部分数据的合计数或相对数，由于计量单位取舍不同而产生的计算误差未作机械调整。

六、本年鉴各表的部分指标注解位于该表下方或最后一张续表的下方。

七、符号使用说明：年鉴各表中的“空格”表示该项统计指标数据不足本表最小单位数、数据不详或无该项数据；“＃”表示其中的主要项。

八、本年鉴在编辑、翻译过程中得到诸多单位和同志的大力支持，在此深表谢意。限于我们的水平，加之时间仓促，请各界人士在使用资料时如发现错误和不足，恳请提出批评指正。

Ⅰ. Chongqing Statistical Yearbook 2018 is a large statistical yearbook compiled by Chongqing Municipal Bureau of Statistics and NBS Survey Office in Chongqing and published by China Statistics Press, which records the economic construction and social development of Chongqing in an all-round way. The yearbook covers the comprehensive data on Chongqing's social and economic development in 2017 and some major years in the history, as well as the major statistics on all the districts and counties (autonomous counties).

Ⅱ. The yearbook contains 22 chapters, namely 1. Comprehensive Statistics; 2. National Economic Accounting; 3. Population and Employment; 4. Investment in Fixed Assets; 5. Energy Consumption;6. Government Finance; 7. People's Livelihood and Prices; 8. Urban Construction; 9. Resources and Environment; 10. Markets of Key Factors; 11. Agriculture and Rural Economy; 12. Industry; 13. Construction; 14. Transport, Postal and Telecommunication Services; 15. Domestic Trade; 16. Foreign Economic Relations, Trade and Tourism; 17. Financial Intermediation; 18. Education, Science & Technology and Culture; 19. Public Health, Sports and Other Social Activities; 20. Districts; 21. Resettlement of Chongqing Reservoir Area of Three Gorges Project; 22. Statistics on Basic Units. There is also an Appendix which covers the main data of the whole nation and other provinces, autonomous regions and municipalities. There is a Brief Introduction at the beginning of each chapter, which introduces the main contents of the chapter and the sources of data. The Explanatory Notes on Main Statistical Indicators is provided at the end of each chapter.

Ⅲ. The data in this publication: most of the data are obtained from the annual statistical reports, while some others are obtained from sample surveys.

Ⅳ. The units of measurement used in this yearbook are international standard measurement units; and the basis of classification of this book complies with the national uniform standard.

Ⅴ. The statistical discrepancies of the total values or relative values due to rounding are not adjusted in this yearbook.

Ⅵ. The notes concerning individual indicators are placed at the lower part of the table or the lower part of the last page.

Ⅶ. Notations used in this yearbook: (blank space) indicates that the figure is not large enough to be measured with the smallest unit in the table, or data are unknown, or are not available; " # " indicates a major breakdown of the total.

Ⅷ. We'd like to send our sincere acknowledgement various units and comrades for their vigorous assistances during the edition and translation of this yearbook. Due to our limited ability and the hasty time, faults and shortage are unavoidable. Any criticism or suggestion is appreciated.

目 录
CONTENTS

第一章 CHAPTER 1 综合 COMPREHENSIVE STATISTICS

第二章 CHAPTER 2 国民经济核算 NATIONAL ECONOMIC ACCOUNTING

目 录 CONTENTS

目 录 CONTENTS

第四章 CHAPTER 4 固定资产投资 INVESTMENT IN FIXED ASSETS

第五章 CHAPTER 5 能源消费 ENERGY CONSUMPTION

目 录 CONTENTS

第六章 CHAPTER 6 财政 GOVERNMENT FINANCE

第七章 CHAPTER 7 人民生活与物价 PEOPLE'S LIVING CONDITIONS AND PRICE OF GOODS

第八章 CHAPTER 8 城镇建设 URBAN CONSTRUCTION

第九章 CHAPTER 9 资源和环境 RESOURCES AND ENVIRONMENT

目 录 CONTENTS

第十二章 CHAPTER 12 工 业 INDUSTRY

第十三章 CHAPTER 13 建筑业 CONSTRUCTION

第十四章 CHAPTER 14 运输和邮电 TRANSPORT, POSTAL AND TELECOMMUNICATION SERVICES

第十五章 CHAPTER 15 国内贸易 DOMESTIC TRADE

第十六章 CHAPTER 16 对外经济贸易和旅游业 FOREIGN ECONOMIC RELATIONS, TRADE AND TOURISM

目 录
CONTENTS

第十七章 CHAPTER 17 金融业 FINANCIAL STATISTICS

第十八章 CHAPTER 18 教育、科技和文化业 EDUCATION, SCIENCE, TECHNOLOGY AND CULTURE

目 录 CONTENTS

第十九章 CHAPTER 19 卫生、体育和其他社会活动 PUBLIC HEALTH, SPORTS AND OTHER SOCIAL ACTIVITIES

目 录
CONTENTS

第二十章 区县 DISTRICTS, COUNTIES
CHAPTER 20

第二十一章 CHAPTER 21 三峡工程重庆库区 RESERVOIR AREA OF THREE GORGES PROJECT IN CHONGQING

第二十二章 CHAPTER 22 基本单位名录库 STATISTICS ON BASIC UNITS

附录　APPENDIX

第 1 章

综 合

COMPREHENSIVE STATISTICS

简要说明
BRIEF INTRODUCTION

本章主要包括重庆市行政区划、国民经济和社会发展综合资料，由市统计局综合处根据有关部门资料进行整理和编辑。

行政区划资料由市民政局提供。

This chapter mainly covers the data of Chongqing's administrative divisions and national economic and social development. The data of this chapter are sorted and compiled by Division of Comprehensive Statistics, Chongqing Municipal Bureau of Statistics on the basis of the information provided by the relevant departments.

The data of administrative divisions are provided by Chongqing Civil Affairs Bureau.

表 1.1 行政区划（2017 年）
DIVISIONS OF ADMINISTRATIVE AREAS (2017)

单位：个 (unit)

地 区	Region	乡 Townships	镇 Towns	街道办事处 Street Communities	居委会 Neighborhood Committees	村委会 Village Committees
全市总计	**Total**	**182**	**626**	**222**	**3055**	**8090**
万州区	Wanzhou District	12	29	11	196	439
黔江区	Qianjiang District	12	12	6	80	138
涪陵区	Fuling District	6	12	9	118	303
渝中区	Yuzhong District			11	77	
大渡口区	Dadukou District		3	5	60	32
江北区	Jiangbei District		3	9	91	17
沙坪坝区	Shapingba District		8	20	129	66
九龙坡区	Jiulongpo District		11	8	118	101
南岸区	Nan'an District		7	8	95	49
北碚区	Beibei District		11	6	73	109
渝北区	Yubei District		11	19	219	181
巴南区	Ba'nan District		14	8	102	198
长寿区	Changshou District		12	7	42	221
江津区	Jiangjin District		25	5	103	174
合川区	Hechuan District		23	7	95	322
永川区	Yongchuan District		16	7	55	206
南川区	Nanchuan District	2	29	3	60	184
綦江区	Qijiang District		25	5	121	359
#綦江区（不含万盛）	Qijiang District (excluding Wansheng)		17	3	79	302
大足区	Dazu District		21	6	102	207
璧山区	Bishan District		9	6	52	135
铜梁区	Tongliang District		23	5	67	266
潼南区	Tongnan District		20	2	66	238
荣昌区	Rongchang District		15	6	75	92
开州区	Kaixian District	7	26	7	107	427
梁平区	Liangping District	2	29	2	75	268
武隆区	Wulong District	13	12	2	24	186
城口县	Chengkou County	13	10	2	31	173
丰都县	Fengdu County	5	23	2	59	271
垫江县	Dianjiang County	2	22	2	79	222
忠 县	Zhongxian County	6	19	4	67	301
云阳县	Yunyang County	7	31	4	98	380
奉节县	Fengjie County	11	18	3	76	314
巫山县	Wushan County	13	11	2	34	306
巫溪县	Wuxi County	11	19	2	41	289
石柱土家族自治县	Shizhu County	13	17	3	35	207
秀山土家族苗族自治县	Xiushan County	6	18	3	66	202
酉阳土家族苗族自治县	Youyang County	23	14	2	8	270
彭水苗族土家族自治县	Pengshui County	18	18	3	59	237

表 1.2 国民经济和社会发展总量与速度指标
PRINCIPAL AGGREGATE INDICATORS ON NATIONAL ECONOMIC AND SOCIAL DEVELOPMENT AND GROWTH RATE

指 标	Item	总量指标 Aggregate Indicators	
		1996	2000
人口与就业	**Population and Employment**		
人 口（万人）	**Population (10 000 persons)**		
年末常住人口	Year-end Resident Population	2875.30	2848.82
#城 镇	Urban	848.21	1013.88
乡 村	Rural	2027.09	1834.94
#男 性	Male	1465.99	1460.57
女 性	Female	1409.31	1388.25
就 业（万人）	**Employment (10 000 persons)**		
就业人员数	Employed Persons	1719.43	1661.16
#在岗职工人数	On-post Staff and Workers	294.63	208.87
城镇登记失业人数	Registered Unemployment in Urban Areas	10.95	10.15
宏观经济	**Macroeconomic Indicators**		
国民经济核算（亿元）	**National Economic Accounting (100 million yuan)**		
本市生产总值	Gross Domestic Product	1315.12	1791.00
第一产业	Primary Industry	287.56	284.87
第二产业	Secondary Industry	568.99	760.03
#工 业	Industry	502.06	633.98
第三产业	Tertiary Industry	458.57	746.10
固定资产投资（亿元）	**Investment in Fixed Assets (100 million yuan)**		
固定资产投资总额	Total Investment in Fixed Assets	320.73	655.81
建设项目	Construction Projects	265.11	516.18
房地产开发	Real Estate Development	55.62	139.63
财 政（亿元）	**Government Finance (100 million yuan)**		
一般公共预算收入	General Public Budget Revenue		
一般公共预算支出	General Public Budget Expenditure		
物价指数（上年 =100）	**Price Indices (preceding year=100)**		
居民消费价格指数	Consumer Price Index	109.7	96.7
工业生产者出厂价格指数	Producer Price Indices for Manufactured Goods	104.1	98.6
工业生产者购进价格指数	Purchasing Price Indices of Raw Material, Fuel and Power	106.3	105.6
商品零售价格指数	Retail Price Index	106.1	95.5
产 业	**Industry**		
农 业	**Agriculture**		
乡村从业人员（万人）	Rural Employment (10 000 persons)	1330.44	1352.60
农林牧渔业总产值（亿元）	Gross Output Value of Farming, Forestry, Animal Husbandry and Fishery (100 million yuan)	424.99	412.63
#农 业	Farming	271.38	244.74
林 业	Forestry	11.55	10.82
牧 业	Animal Husbandry	131.17	141.99
渔 业	Fishery	10.89	15.08
主要农产品产量（万吨）	Output of Major Farm Products (10 000 tons)		
粮 食	Grain	1172.14	1131.21
油 料	Oil-bearing Crops	23.60	31.06
烟 叶	Tobacco	13.24	10.41

注：1）本表数据本市生产总值、工业增加值速度指标按可比价计算，其余指标均为自然增长。
2）2017 年起按营改增试点后新的收入划分办法及新增建设用地土地有偿使用收入等基金列转公共预算，与往年不可比。
3）为与国家统计口径一致，剔除跨省项目投资和农户投资，2017 年固定资产投资总量数据与往年存在口径差异。

总量指标 Aggregate Indicators				速度指标 Growth Rate								
				指 数（2017 为以下各年） Index (2017 as percentage of the following years)					平均增长速度（%） Average Annual Growth Rate (%)			
2005	2010	2016	2017	1996	2000	2005	2010	2016	1997-2017	2001-2005	2006-2010	2011-2015
2798.00	2884.62	3048.43	3075.16	106.95	107.95	109.91	106.61	100.88	0.3	-0.4	0.6	0.9
1265.95	1529.55	1908.45	1970.68	232.33	194.37	155.67	128.84	103.26	4.1	4.5	3.9	3.7
1532.05	1355.07	1139.98	1104.48	54.49	60.19	72.09	81.51	96.89	-2.9	-3.5	-2.4	-2.8
1409.83	1460.89	1542.66	1550.84	105.79	106.18	110.00	106.16	100.53	0.3	-0.7	0.7	0.9
1388.17	1423.73	1505.77	1524.32	108.16	109.80	109.81	107.07	101.23	0.4		0.5	0.9
1456.30	1539.95	1717.52	1714.55	99.72	103.21	117.73	111.34	99.83		-2.6	1.1	2.1
209.66	250.22	379.66	369.18	125.30	176.75	176.09	147.54	97.24	1.1	0.1	3.6	9.0
16.89	13.02	15.68	14.26	130.23	140.49	84.43	109.52	90.94	1.3	10.7	-5.1	1.8
3486.22	7983.77	17740.59	19500.27	1070.4	756.7	446.4	221.2	109.3	12.0	11.1	15.1	12.8
463.40	685.38	1303.24	1339.62	222.5	207.6	170.4	137.8	104.0	3.9	4.0	4.3	4.8
1577.66	3574.06	7898.92	8596.61	1730.8	1171.4	591.0	243.9	109.5	14.5	14.7	19.4	14.9
1307.42	2912.60	6183.80	6587.08	1747.4	1210.0	602.0	240.0	109.4	14.6	15.0	20.2	14.7
1445.16	3724.33	8538.43	9564.04	953.4	624.3	392.5	215.8	109.9	11.3	9.8	12.7	12.1
2006.32	6934.80	17361.12	17440.57	5437.8	2659.4	869.3	251.5	109.5	22.6	25.1	28.7	21.4
1488.59	5314.54	13635.18	13460.48	5077.3	2607.7	904.2	253.3	110.3	24.9	23.6	29.0	17.2
517.73	1620.26	3725.95	3980.08	7155.8	2850.5	768.8	245.6	106.8	22.6	30.0	25.6	18.3
		2227.91	2252.38					103.0				
		4001.81	4336.28					107.9				
100.8	103.2	101.8	101.0									
103.0	103.1	98.6	104.1									
108.2	106.9	98.4	104.4									
98.7	101.7	101.3	100.8									
1366.91	1379.35	1302.54	1281.69	96.3	94.8	93.8	92.9	98.4	-0.1	0.2	0.2	-1.1
662.19	1021.13	1968.28	2009.36	472.8	487.0	303.4	196.8	102.1	8.0	9.9	9.0	14.0
358.30	623.33	1151.77	1193.69	439.9	487.7	333.2	191.5	103.6	7.5	7.9	11.7	13.1
19.97	30.40	73.43	85.17	737.4	787.2	426.5	280.2	116.0	9.7	13.0	8.8	19.3
249.50	326.55	627.45	60.14	45.8	42.4	24.1	18.4	9.6	8.1	11.9	5.5	14.0
23.80	27.21	85.30	94.79	870.4	628.6	398.3	348.4	111.1	10.8	9.6	2.7	25.7
1168.19	1156.13	1166.00	1167.15	99.6	103.2	99.9	101.0	100.1	-0.0	0.6	-0.2	0.2
42.71	44.45	62.72	64.36	272.7	207.2	150.7	144.8	102.6	5.0	6.6	0.8	7.1
9.02	8.10	8.39	6.90	52.1	66.3	76.5	85.2	82.2	-2.3	-2.8	-2.1	0.7

Note: a) The growth rate of GDP and value-added of industry is calculated on the basis of comparable price, while the other indices are natural growth rate.
b) Due to the change of replacing business tax with VAT under the new revenue division system, and the funds like the revenue from paid use of newly-added construction land have included in public budget since 2017, the data are incomparable with the previous year.
c) According to the NBS's system, the investments of trans-provincial projects and rural households have been removed, so the data of total investment in fixed assets in 2017 are incomparable with the previous years.

表 1.2 续表 1 continued 1

指 标	Item	总量指标 Aggregate Indicators 1996	2000
茶 叶	Tea	1.55	1.45
水 果	Fruits	56.62	81.68
猪 肉	Pork	114.18	122.45
水产品	Aquatic Products	14.07	20.03
工 业（规模以上）	**Industry (above Designated Size)**		
工业总产值（亿元）	Gross Output Value of Industry (100 million yuan)	730.41	962.32
主营业务收入（亿元）	Revenue from Principal Business (100 million yuan)	711.34	959.36
利税总额（亿元）	Total Pre-tax Profits (100 million yuan)	48.04	85.57
产品销售率（%）	Sales as Percentage of Output (%)	96.5	99.1
全员劳动生产率（元 / 人年）	Overall Labor Productivity (yuan/person-year)	13546	31081
主要工业产品产量	Output of Major Industrial Products		
天然气（亿立方米）	Natural Gas (100 million cu.m)	26.10	38.98
发电量（亿千瓦时）	Electricity (100 million kwh)	128.73	167.90
钢 材（万吨）	Steel Products (10 000 tons)	117.55	156.98
铝 材（万吨）	Aluminum Products (10 000 tons)	7.36	13.98
微型计算机设备（万台）	Micro-computers (10 000 units)		
水 泥（万吨）	Cement (10 000 tons)	648.76	1402.78
汽 车（万辆）	Motor Vehicles (10 000 vehicles)	12.41	24.59
#轿 车	Cars	1.34	4.82
摩托车（万辆）	Motorcycles (10 000 vehicles)	177.36	191.07
啤 酒（万千升）	Beer (10 000 kiloliters)	28.54	50.42
卷 烟（亿支）	Cigarettes (100 million units)	453.91	343.50
建筑业（资质内）	**Construction (Grade above)**		
建筑业总产值（亿元）	Gross Output Value of Construction (100 million yuan)	205.30	348.66
房屋施工面积（万平方米）	Floor Space Under Construction (10 000 sq.m)	4065	6088
房屋竣工面积（万平方米）	Floor Space Completed (10 000 sq.m)	2277	3084
交通运输业	**Transportation**		
客运量（万人）	Passenger Traffic (10 000 persons)	42370	56969
铁 路	Railway	972	1442
公 路	Highway	37410	53170
水 运	Waterway	3900	2240
民 航	Civil Aviation	88	117
货运量（万吨）	Freight Traffic (10 000 tons)	24339	26852
铁 路	Railway	1633	1812
公 路	Highway	20214	23646
水 运	Waterway	2491	1392
民 航	Civil Aviation	1.20	2.40
港口货物吞吐量（万吨）	Cargo Throughput in Coastal Ports (10 000 tons)	1076	2448

注：1）建筑业 2003 年起的所有数据均不包括劳务分包企业。
2）从 2000 年起民航货运量按新制度统计，旅客行李不再计入货运。
3）1996 年起铁路数据按重庆现地域进行了调整（以下各表同）。
4）2013 年公路、水路数据按部门专项调查作了调整，速度按可比价计算。

总量指标 Aggregate Indicators				速度指标 Growth Rate								
2005	2010	2016	2017	指 数（2017 为以下各年） Index (2017 as percentage of the following years)					平均增长速度（%） Average Annual Growth Rate (%)			
				1996	2000	2005	2010	2016	1997-2017	2001-2005	2006-2010	2011-2015
1.65	2.52	3.70	3.91	252.3	269.7	237.0	155.2	105.6	4.5	2.6	8.8	8.0
154.63	238.47	408.69	445.94	787.6	546.0	288.4	187.0	109.1	10.4	13.6	9.1	11.4
144.46	147.55	151.31	149.15	130.6	121.8	103.2	101.1	98.6	1.3	3.4	0.4	1.1
25.06	22.43	50.84	51.51	366.1	257.2	205.5	229.6	101.3	6.6	4.6	-2.2	17.8
2525.87	9143.55	23906.58	21173.21	3744.4	2842.0	1082.8	299.1	114.4	19.1	21.3	29.3	21.2
2515.17	9039.03	23467.03	20772.41	3737.8	2771.4	1057.1	294.1	113.3	19.1	21.3	29.2	21.0
256.48	1011.88	2764.72	2474.10	6658.6	3738.2	1247.2	316.1	115.7	22.5	24.6	31.6	22.3
98.8	98.1	98.3	98.02	1.6	-1.1	-0.8	-0.1	-0.7				
77511	183031	300204	318885	2624.0	1143.6	458.6	194.2	118.4	16.8	20.1	18.7	10.4
57.09	67.48	96.45	111.31	426.5	285.6	195.0	165.0	115.4	6.8	7.9	3.4	0.5
234.03	456.71	670.81	690.51	546.6	419.1	300.7	154.1	104.9	8.6	6.9	14.3	7.1
294.70	699.92	1234.22	917.25	1086.7	813.7	433.5	182.5	103.5	12.5	13.4	18.9	15.1
39.36	102.79	216.18	188.36	3251.5	1711.8	608.0	232.8	110.7	18.4	23.0	21.2	10.8
	189.19	6764.65	6619.78				3850.9	107.7				100.8
2100.69	4598.04	6781.59	6370.93	1054.7	487.8	325.7	148.8	100.9	12.5	8.4	17.0	8.1
42.15	161.58	315.62	299.82	2655.2	1340.0	781.7	203.9	104.4	17.6	11.4	30.8	13.5
15.33	85.17	97.95	84.94	6337.5	1761.9	554.0	99.7	86.7	23.9	26.0	40.9	5.0
420.84	849.23	787.66	595.69	519.2	481.9	218.8	108.4	116.9	7.7	17.1	15.1	-0.2
53.87	75.19	76.09	78.95	276.7	156.6	146.6	105.0	103.8	5.0	1.3	6.9	0.4
396.08	501.00	440.40	421.50	92.9	122.7	106.4	84.1	95.7	-0.2	2.9	4.8	1.8
783.57	2534.32	7035.81	7608.00	3605.8	2082.1	870.9	200.2	8.1	18.8	17.6	26.5	19.8
10723	19489	32077	33211	717.0	445.5	209.7	70.4	3.5	10.5	12.0	12.7	11.0
5155	8292	13755	13448	490.6	336.1	160.9	62.2	-2.2	8.8	10.8	10.0	10.3
60436	126804	63402	63298					99.8				
1224	2663	4911	6349	653.2	440.3	518.7	238.4	129.3	9.3	-3.2	16.8	8.4
57600	122125	55594	53307					95.9				
1388	1277	750	866					115.4				
224	739	2147	2776	3154.7	2372.8	1239.4	375.7	129.3	17.9	13.9	27.0	20.5
39200	81385	107840	115346					107.0				
1923	2280	1789	1808	110.7	99.8	94.0	79.3	101.1	0.5	1.2	3.5	-5.1
33378	69438	89389	95019					106.3				
3896	9660	16649	18506					111.2				
2.88	7.49	13.00	13.26	1105.1	552.6	460.5	177.1	102.0	12.1	3.7	21.1	10.3
5251	9668	17372	19722	1832.9	805.6	375.6	204.0	113.5	14.9	16.5	13.0	10.3

Note: a) All the data of construction has not included labor subcontractors since 2003.
b) Since 2000, the cargo turnover of civil aviation has been calculated by the new statistic system, and the luggage of passengers is no longer accounted in.
c) The data of railway has been modified based on the present administrative division of Chongqing since 1996 (the same for the tables below).
d) The data of highway and waterway has been modified according to the specialized survey by the related departments since 2013, and the growth rate is calculated on the basis of comparable price.

表 1.2 续表 2 continued 2

指　标	Item	总量指标 Aggregate Indicators 1996	2000
邮电通信业	**Postal and Telecommunication Services**		
邮电业务收入(亿元)	Business Revenue from Postal and Telecommunication Services (100 million yuan)	16.73	54.44
本地电话用户(万户)	Local Telephone Subscribers (10 000 subscribers)	66.50	268.43
移动电话用户(万户)	Mobile Telephone Subscribers (10 000 subscribers)	9.00	160.00
固定互联网络用户(万户)	Internet Subscribers (10 000 subscribers)	0.03	10.00
国内贸易(亿元)	**Domestic Trade(100 million yuan)**		
社会消费品零售总额	Retail Sales of Consumer Goods	498.63	719.95
#批发零售贸易业	Wholesale and Retail Trades	438.07	627.36
住宿餐饮业	Catering Trade	54.45	84.16
对外贸易(亿美元)	**Foreign Trade(USD 100 million)**		
进出口总值	Total Imports and Exports	15.85	17.85
出　口	Exports	5.93	9.95
进　口	Imports	9.92	7.90
利用内外资	**Utilization of Domestic and Foreign Capital**		
实际利用外资额(亿美元)	Foreign Capital Actually Utilized (USD 100 million)	4.42	3.45
#外商直接投资额	Foreign Direct Investment	2.19	2.44
实际利用内资额(亿元)	Domestic Capital Actually Utilized (100 million yuan)	34.11	43.04
国际旅游	**International Tourism**		
接待入境旅游人数(万人次)	Number of Overseas Vistior Arrival Received(10 000 person-time)	16.18	26.61
旅游外汇收入(万美元)	Foreign Exchange Earnings from International Tourism (USD 10 000)	7090	13837
旅行社组织出境游客人数(万人次)	Number of Outbound Tourists Organized by Travel Agencies (10 000 person-time)		
金融保险业(亿元)	**Finance and Insurance (100 million yuan)**		
金融机构人民币存款年末余额	Deposit Balance of RMB of Financial Institutions	846.43	1904.71
#住户存款	Saving Deposits of Residents		
金融机构人民币贷款年末余额	Loan Balance of RMB of Financial Institutions	913.93	1881.29
股票筹资额	Raised Capital of Shares	10.41	22.63
保险公司保费收入	Insurance Premium of Insurance Companies	12.82	27.71
保险公司赔款及给付	Indemnity Expenditure and Payment of Insurance Companies	6.48	8.27
教育、科技、文化	**Education, Science & Technology and Culture**		
教　育	**Education**		
专任教师(万人)	Full-time Teachers (10 000 person)		
#普通高等学校	Regular Institutions of Higher Education	0.94	1.04
普通中学	Regular Secondary Schools	6.95	8.18
小　学	Primary Schools	11.77	11.90
在校学生数(万人)	Student Enrollment (10 000 persons)		
#普通高等学校	Regular Institutions of Higher Education	7.99	13.25
普通中学	Regular Secondary Schools	101.27	147.79
小　学	Primary Schools	273.71	276.13
教育经费支出(亿元)	Expenditure on Education (100 million yuan)		
科　技	**Science and Technology**		
技术市场成交额(亿元)	Transaction Value of Technology Market (100 million yuan)	3.43	29.66

注：1）普通高等学校数据含研究生。
2）2007 年起，外商直接投资数据为上报商务部口径。
3）因全国银行业统计制度调整，报表项目归属发生变化，2011 年起“个人存款”口径作了调整。
4）因国家保险核算制度改变，2011 年起保费收入指标同期不可比。
5）因人民银行统计指标口径发生变动，2015 年起人民币存贷款余额指标同期不可比。

总量指标 Aggregate Indicators				速度指标 Growth Rate								
				指 数（2017 为以下各年） Index (2017 as percentage of the following years)					平均增长速度（%） Average Annual Growth Rate (%)			
2005	2010	2016	2017	1996	2000	2005	2010	2016	1997-2017	2001-2005	2006-2010	2011-2015
112.17	179.08	321.99	350.85	2097.0	644.5	312.8	195.9	109.0	15.6	15.6	9.8	9.5
688.91	582.70	541.62	566.80	852.3	211.2	82.3	97.3	104.6	10.7	20.7	-3.3	-0.6
943.40	1664.40	2880.10	3274.88	36387.6	2046.8	347.1	196.8	113.7	32.4	42.6	12.0	10.9
128.66	263.10	848.80	1074.00	3580000.0	10740.0	834.8	408.2	126.5	64.8	66.7	15.4	21.5
1227.80	3051.11	7271.35	8067.67	1618.0	1120.6	657.1	264.4	111.0	14.2	11.3	20.0	19.0
1052.92	2523.81	6219.27	6886.04	1571.9	1097.6	654.0	272.8	110.7	14.0	10.9	19.1	19.8
163.57	464.43	1052.08	1181.63	2170.1	1404.0	722.4	254.4	112.3	15.8	14.2	23.2	17.8
42.93	124.26	627.71	666.04	4202.1	3731.3	1551.5	536.0	106.1	19.5	19.2	23.7	43.1
25.21	74.88	406.94	425.99	7183.6	4281.3	1689.8	568.9	104.7	22.6	20.4	24.3	62.1
17.72	49.38	220.77	240.05	2419.9	3038.6	1354.7	486.1	108.7	16.4	17.5	22.7	20.8
7.04	63.70	113.42	101.83	2303.8	2951.6	1446.4	159.9	89.8	16.1	15.3	65.0	11.1
5.16	30.43	27.90	22.20	1013.7	909.8	430.2	73.0	79.6	11.7	16.2	65.2	4.4
205.90	2638.29	9345.04	9682.36	28385.0	22496.8	4702.5	367.0	103.6	30.9	36.8	66.5	26.5
52.39	137.02	316.58	358.35	2214.8	1346.7	684.0	261.5	113.2	15.9	14.5	21.2	15.6
26436	70320	168682	194759	2747.0	1407.5	736.7	277.0	115.5	17.1	13.8	21.6	15.9
7.33	22.73	196.24	206.30			2814.5	907.6	105.1			25.4	51.6
4727.72	13454.98	31216.45	33718.98					108.0		19.9	23.3	
		13399.44	14367.38					107.2				
3719.52	10888.15	24785.19	27871.89					112.5		14.6	24.0	
	149.00	450.79	129.90				87.2	28.8				
73.10	321.08	601.61	744.75					123.8		21.4	34.4	
17.59	62.10	250.16	256.83	3963.4	3105.6	1460.1	413.6	102.7	19.2	16.3	28.7	
2.02	3.11	4.06	4.17	443.6	401.0	206.4	134.1	102.7	7.4	14.1	9.0	5.1
9.40	10.93	11.52	11.56	166.3	141.3	123.0	105.8	100.3	2.5	2.8	3.1	1.0
11.43	11.61	12.31	12.53	106.5	105.3	109.6	107.9	101.8	0.3	-0.8	0.3	0.5
35.79	56.59	78.46	80.52	1007.8	607.7	225.0	142.3	102.6	11.6	22.0	9.6	6.3
173.52	190.82	157.28	159.22	157.2	107.7	91.8	83.4	101.2	2.2	3.3	1.9	-3.7
260.98	199.94	209.82	209.95	76.7	76.0	80.4	105.0	100.1	-1.3	-1.1	-5.2	0.7
	792.90	872.66	944.17				119.1	108.2				15.2
35.71	147.53	257.44	121.69	3547.8	410.3	340.8	82.5	47.3	15.4	3.8	32.8	-0.2

Note: a) The data of regular institutions of higher education include postgraduates.
b) The data of foreign direct investment has become the data reported to the Ministry of Commerce since 2007.
c) Due to the adjustment of national statistic system for banking, the category of items has been changed. The scope of "Saving Deposits of Residents" has been changed since 2011.
d) Due to the change of national insurance accounting system, the insurance premium since 2011 is incomparable with the previous years.
e) Due to the change of the PBoC 's statistical indicators, the loan and deposit balance of RMB since 2015 is incomparable with the previous years.

表 1.2 续表 3 continued 3

指　标	Item	总量指标 Aggregate Indicators 1996	2000
文　化	**Culture**		
图书出版数量（万册、万张）	Books Published (10 000 copies)	13023	11198
杂志出版数量（万册）	Magazines Published (10 000 copies)		3480
报纸出版数量（万份）	Newspaper Published (10 000 copies)		48674
电视人口覆盖率（%）	Television Coverage of Population (%)	78.90	93.70
广播人口覆盖率（%）	Radio Coverage of Population (%)	86.30	89.90
家庭、生活	**Family and Living Standards**		
家　庭	**Family**		
城镇常住居民平均每户常住人口（人）	Average Permanent Population Per Household of Urban Residents (person)		
农村常住居民平均每户常住人口（人）	Average Permanent Population Per Household of Rural Residents (person)		
婚　姻	**Marital Statistics**		
内地居民登记结婚对数（万对）	Registered Marriages of Inland Residents (10 000 couples)	26.44	19.02
内地居民登记离婚对数（万对）	Registered Divorces of Inland Residents (10 000 couples)	1.68	2.07
居　住	**Residence**		
城镇常住居民人均房屋建筑面积（平方米）	Per Capita Residential Floor Space of Urban Residents (sq.m)		
农村常住居民人均住房面积（平方米）	Per Capita Living Space of Rural Residents (sq.m)		
工资和收入	**Wages and Income**		
城镇非私营单位在岗职工工资总额（亿元）	Total Wages of On-post Staff and Workers of Urban Non-private Units (100 million yuan)	145.49	173.23
城镇非私营单位在岗职工平均工资（元）	Average Wages of On-post Staff and Workers of Urban Non-private Units(yuan)	5010	8020
城镇常住居民人均可支配收入（元）	Per Capita Disposable Income of Urban Residents (yuan)	5023	6152
农村常住居民人均可支配收入（元）	Per Capita Disposable Income of Rural Residents (yuan)	1479	1900
卫　生	**Public Health**		
医院、卫生院（个）	Hospitals and Health Centers (unit)	2567	2250
卫生技术人员（人）	Medical Technical Personnel (person)	87542	88619
#执业（助理）医师	Licensed (Assistant) Doctors	30733	44940
卫生机构床位数（张）	Number of Beds in Health Care Institutions (bed)	66339	65666
市政建设	**Municipal Construction**		
供水总量（万立方米）	Water Supply (10 000 cu.m)	84548	70722
天然气供气总量（万立方米）	Natural Gas Supply (10 000 cu.m)	111980	75257
排水管道长度（公里）	Length of Draining Pipelines (km)	1857	2806
道路长度（公里）	Length of Urban Roads (km)	2652	3299
公园绿地面积（公顷）	Public Green Areas (hectare)	1104	1588
环　境	**Environment**		
化学需氧量排放量（万吨）	Discharged Volume of COD (10 000 tons)		
二氧化硫排放量（万吨）	Discharged Volume of SO2 (10 000 tons)		

注：2002 年起卫生统计指标名称变更，统计口径变化，不可与往年同比：2002 年起卫生技术人员和床位不包括医学院校、卫生学校和计生站；执业（助理）医师 2002 年以前统计口径为"医生"（以下各表同）。2010 年指标卫生技术人员、执业（助理）医师为调整数，均含村卫生室。

总量指标 Aggregate Indicators				速度指标 Growth Rate								
				指　数（2017 为以下各年） Index (2017 as percentage of the following years)					平均增长速度（%） Average Annual Growth Rate (%)			
2005	2010	2016	2017	1996	2000	2005	2010	2016	1997-2017	2001-2005	2006-2010	2011-2015
11320	15694	12749	13532	103.9	120.8	119.5	86.2	106.1	-1.5	0.2	6.8	-1.5
4082	5409	4853	4706		135.2	115.3	87.0	97.0		3.2	5.8	-1.7
54731	76484	44041	38600		79.3	70.5	50.5	87.6		2.4	6.9	-5.3
95.96	97.39	99.19	99.22	125.8	105.9	103.4	101.9	100.0	0.8	0.5	0.3	0.3
92.49	95.71	98.86	98.96	114.7	110.1	107.0	103.4	100.1	0.7	0.6	0.7	0.6
		3.13	3.13					100.0				
		3.03	2.99					98.7				
18.32	31.25	27.79	26.54	100.4	139.5	144.9	84.9	95.5		-0.7	11.3	-1.4
5.65	9.49	12.19	13.35	794.6	644.9	236.3	140.7	109.5		22.2	10.9	4.8
		34.00	35.28					103.8				
		53.74	54.81					102.0				
345.82	862.95	2524.23	2668.11	1833.9	1540.2	771.5	309.2	105.7	14.9	14.8	20.1	22.4
16630	35326	67386	73272	1462.5	913.6	440.6	207.4	108.7	13.6	15.7	16.3	11.9
9700	16032	29610	32193	640.9	523.3	331.9	200.8	108.7	9.2	9.5	10.6	11.1
2842	5378	11549	12638	854.5	665.0	444.7	235.0	109.4	10.8	8.4	13.6	14.3
1463	1449	1606	1640	63.9	72.9	112.1	113.2	102.1				
78780	111079	179346	191254	218.5	215.8	242.8	172.2	106.6				
37321	47969	64700	68419	222.6	152.2	183.3	142.6	105.7				
64674	103624	190850	206080	310.6	313.8	318.6	198.9	108.0				
80465	103949	139456	149888	177.3	211.9	186.3	144.2	107.5		2.6	5.3	5.4
210128	309480	409029	491352	438.8	652.9	233.8	158.8	120.1		22.8	8.1	4.1
5600	9663	17522	19575	1054.1	697.6	349.5	202.6	111.7		14.8	11.5	9.9
4595	6733	9600	10427	393.2	316.1	226.9	154.9	108.6		6.9	7.9	6.2
4969	17762	26696	27999	2536.2	1763.2	563.5	157.6	104.9		25.6	29.0	7.6
		25.57	25.27					98.8				
		28.94	25.34					87.6				

Note: Due to the changes of names and statistic scopes of the indicators of public health since 2002, the indicators are not comparable with the data in previous years: since 2002, the medical technical personnel and the number of beds have no longer included the data of medical universities, health schools and family plan service stations; the indicator of licensed (assistant) doctor was formerly "doctor" before 2002 (the same for the tables below). The data of medical technical personnel and licensed (assistant) doctors are adjusted data, with village health stations included.

表 1.3 国民经济和社会发展结构指标
COMPOSITION INDICATORS ON NATIONAL ECONOMIC AND SOCIAL DEVELOPMENT

单位：% (%)

指 标	Item	1996	2000	2005	2010	2016	2017
人口与就业	**Population and Employment**						
人 口	**Population**						
城镇乡村人口结构	By Urban and Rural Areas	100.0	100.0	100.0	100.0	100.0	100.0
城 镇	Urban	29.5	35.6	45.2	53.0	62.6	64.1
乡 村	Rural	70.5	64.4	54.8	47.0	37.4	35.9
性别结构	By Sex	100.0	100.0	100.0	100.0	100.0	100.0
男	Male	51.0	51.3	50.4	50.6	50.6	50.4
女	Female	49.0	48.7	49.6	49.4	49.4	49.6
就 业	**Employment**						
产业结构	By Industry	100.0	100.0	100.0	100.0	100.0	100.0
第一产业	Primary Industry	58.3	55.4	46.6	40.3	28.9	27.7
第二产业	Secondary Industry	18.6	17.5	19.4	22.9	27.7	26.9
第三产业	Tertiary Industry	23.1	27.1	34.0	36.8	43.4	45.4
登记注册类型结构	By Status of Registration	100.0	100.0	100.0	100.0	100.0	100.0
国有经济	State-owned	11.5	9.0	8.5	8.1	6.9	6.9
集体经济	Collective-owned	71.5	66.8	56.5	45.5	29.4	28.2
私营和个体	Private and Individuals	16.3	22.0	30.0	37.9	47.1	48.5
其他经济	Others	0.7	2.2	5.0	8.5	16.6	16.4
宏观经济	**Macroeconomic Indicators**						
国民经济核算	**National Economic Accounting**						
本市生产总值结构	GDP by Industry	100.0	100.0	100.0	100.0	100.0	100.0
第一产业	Primary Industry	21.9	15.9	13.3	8.6	7.3	6.9
第二产业	Secondary Industry	43.3	42.4	45.3	44.8	44.5	44.1
#工 业	Industry	38.2	35.4	37.5	36.5	34.9	33.8
第三产业	Tertiary Industry	34.8	41.7	41.4	46.6	48.2	49.0
固定资产投资	**Investment in Fixed Assets**						
建设项目	Construction Projects	82.7	78.7	74.2	76.6	78.5	77.2
房地产开发	Real Estate Development	17.3	21.3	25.8	23.4	21.5	22.8
产业结构	By Industry	100.0	100.0	100.0	100.0	100.0	100.0
第一产业	Primary Industry	0.7	1.4	2.2	3.8	3.2	2.8
第二产业	Secondary Industry	36.1	21.7	29.2	34.9	32.6	33.8
第三产业	Tertiary Industry	63.2	76.9	68.6	61.2	64.2	63.4

表 1.3 续表 1 continued 1

单位：% (%)

指 标	Item	1996	2000	2005	2010	2016	2017
财 政	**Government Finance**						
一般公共预算收入结构	Public Government Budget Revenue				100.0	100.0	100.0
市 级	City				42.4	37.5	36.6
区 县	County				57.6	62.5	63.4
产 业	**Industry**						
农 业	**Agriculture**						
农林牧渔业产值结构	Gross Output Value of Farming, Forestry, Animal Husbandry and Fishery	100.0	100.0	100.0	100.0	100.0	100.0
农 业	Farming	63.9	59.3	54.1	61.0	58.5	59.4
林 业	Forestry	2.7	2.6	3.0	3.0	3.7	4.2
牧 业	Animal Husbandry	30.9	34.4	37.7	32.0	31.9	29.9
渔 业	Fishery	2.5	3.7	3.6	2.7	4.3	4.7
农林牧渔服务业	Agricultural Services			1.6	1.3	1.5	1.7
工 业	**Industry**						
规模以上工业增加值结构	Value-added of Industrial Enterprises above Designated Size	100.0	100.0	100.0	100.0	100.0	100.0
轻工业	Light Industry	28.9	36.1	34.2	30.1	28.3	27.6
重工业	Heavy Industry	71.1	63.9	63.8	69.9	71.7	72.4
运输业	**Transportation**						
货运量结构	Freight Traffic	100.0	100.0	100.0	100.0	100.0	100.0
铁 路	Railway	6.7	6.7	4.9	2.8	1.7	1.6
公 路	Highway	83.1	88.1	85.1	85.3	82.9	82.4
水 运	Waterway	10.2	5.2	9.9	11.9	15.4	16.0
国内商业	**Domestic Trade**						
社会消费品零售总额结构	Retail Sales of Consumer Goods	100.0	100.0	100.0	100.0	100.0	100.0
#市	City	58.9	57.0	58.2			
县	County	12.3	13.2	13.3			
县以下	Below County Level	28.8	29.8	28.5			
#城 镇	Urban				94.5	95.0	94.8
乡 村	Village				5.5	5.0	5.2
对外经济贸易	**Foreign Economic Relations and Trade**						
进出口总值结构	Imports and Exports	100.0	100.0	100.0	100.0	100.0	100.0
出 口	Exports	37.4	55.7	58.7	60.3	64.7	64.0
进 口	Imports	62.6	44.3	41.3	39.7	35.3	36.0
实际利用外资结构	Actual Utilization of Foreign Capital	100.0	100.0	100.0	100.0	100.0	100.0
#外商直接投资	Foreign Direct Investment	49.6	70.8	73.2	47.8	23.2	21.8
外商其他投资	Other Foreign Investment	3.4	0.4	0.8	0.4	11.7	17.1
旅 游	**Tourism**						
国际旅游人数结构	International Tourists	100.0	100.0	100.0	100.0	100.0	100.0
#外国人	Foreigners	66.9	72.5	79.8	75.9	65.8	60.7
港澳台同胞	Compatriots from Hongkong, Macao and Taiwan	32.9	27.5	20.2	24.1	34.2	39.3

注：2007 年起，外商直接投资为上报国家商务部口径。
Note: The data of foreign direct investment has become the data reported to the Ministry of Commerce since 2007.

表 1.3 续表 2 continued 2 单位：% (%)

指　标	Item	1996	2000	2005	2010	2016	2017
生活、环境	**Living Standards and Environment**						
生　活	**Living Standards**						
城镇常住居民人均可支配收入结构	Per Capita Disposable Income of Urban Residents	100.0	100.0	100.0	100.0	100.0	100.0
工资性收入	Income from Wages and Salaries	88.1	76.5	73.9	65.8	57.6	57.0
经营净收入	Income from Household Operations	0.5	1.1	5.2	8.2	11.3	11.4
财产净收入	Income from Properties	1.0	2.4	3.5	5.7	7.5	7.4
转移净收入	Income from Transfers	10.7	20.0	17.4	20.3	23.6	24.2
农村常住居民人均可支配收入结构	Per Capita Disposable Income of Rural Residents	100.0	100.0	100.0	100.0	100.0	100.0
工资性收入	Income from Wages and Salaries	18.7	31.4	33.1	28.9	34.3	34.8
经营净收入	Income from Household Operations	69.8	62.0	57.4	43.3	35.9	35.5
财产净收入	Income from Properties	2.2	0.5	1.1	1.6	2.6	2.4
转移净收入	Income from Transfers	9.4	6.2	8.5	26.2	27.2	27.3
卫　生	**Public Health**						
卫生技术人员结构	Medical Technical Personnel (person)	100.0	100.0	100.0	100.0	100.0	100.0
#执业（助理）医师	Licensed (Assisstant) Doctors	35.1	50.7	47.4	41.6	36.1	35.8
注册护士	Registered Nurses	22.0	23.4	26.5	34.7	43.2	44.3
卫生机构床位结构	Beds in Health Care Institutions		100.0	100.0	100.0	100.0	100.0
#医　院	Hospitals		59.0	68.8	62.6	71.4	72.9
环　境	**Environment**						
治理工业污染资金使用结构	Uses of Fund in Industrial Pollution Control		100.0	100.0	100.0	100.0	100.0
治理废水	Waste Water Control		48.1	49.9	48.7	30.1	9.7
治理废气	Waste Gas Control		41.9	42.1	35.3	42.8	73.6
治理固体废物	Solid Waste Control		3.8	2.3	4.1	2.1	1.0
治理噪声	Noise Control		0.8	1.7	0.6	3.2	2.8
其　他	Others		5.4	4.0	11.2	21.8	12.9

表 1.4 人均主要社会经济活动水平
PER CAPITA MAIN SOCIAL AND ECONOMIC ACTIVITIES

单位：元 (yuan)

指 标	Item	1996	2000	2005	2010	2016	2017
国民经济核算	**National Economic Accounting**						
本市生产总值	Gross Domestic Product	4574	6274	12470	27800	58502	63689
主要农产品产量（公斤）	**Output of Major Farm Products (kg)**						
粮 食	Grain	389	367	369	350	344	344
油 料	Oil-bearing Crops	11	10	13	13	18	19
猪 肉	Pork	38	40	49	45	45	44
水产品	Aquatic Products	5	6	8	7	15	15
水 果	Fruit	19	27	49	72	120	132
主要工业产品产量（规模以上工业）	**Output of Major Industrial Products (Industrial Enterprises over Designated Size)**						
天然气（立方米）	Natural Gas (cu.m)	87	126	181	204	284	362
发电量（千瓦时）	Electricity (kwh)	427	545	741	1383	1978	2245
钢 材（公斤）	Steel Products (kg)	39	51	93	212	364	298
铝 材（公斤）	Aluminum Products (kg)	2	5	12	31	64	61
水 泥（公斤）	Cement (kg)	215	455	665	1392	1999	2072
啤 酒（升）	Beer (liter)	9	16	17	23	22	26
卷 烟（支）	Cigarettes (unit)	1507	1115	1255	1517	1298	1371
国内商业	**Domestic Trade**						
社会消费品零售总额	Retail Sales of Consumer Goods	1734	2522	4392	10624	23978	26349
财政、金融	**Government Finance and Financial Intermediation**						
地方一般公共预算收入	General Public Budget Revenue of Local Government					6568	6645
地方一般公共预算支出	General Public Budget Expenditure of Local Government					11797	12792
人均住户存款	Per Capita of Savings Deposit of RMB					39502	42384
职工工资、居民收入	**Wages and Income**						
城镇非私营单位就业人员平均工资	Average Wages of Employeed Persons of Urban Non-private Economic Units		8016	16583	34727	65545	70889
城镇非私营单位在岗职工平均工资	Average Wages of On-post Staff and Workers of Urban Non-private Economic Units	5010	8020	16630	35326	67386	73272
城镇常住居民人均可支配收入	Per Capita Disposable Income of Urban Residents	5023	6152	9700	16032	29610	32193
农村常住居民人均可支配收入	Per Capita Disposable Income of Rural Residents	1479	1900	2842	5378	11549	12638

注：本市人均生产总值、人均社会消费品零售总额按常住人口计算，城镇、农村居民收入为抽样调查数，其他人均指标均按户籍人口计算。
Note: The Per capita GDP and the per capita ris calculated by permanent population; the per capita income of urban and rural residents is the data of sample survey; and other per capita indicators in this talbe are based on registered population.

表 1.5 平均每天主要社会经济活动
SELECTED INDICATORS ON AVERAGE DAILY SOCIAL AND ECONOMIC ACTIVITIES

指　标	Item	1996	2000	2005	2010	2016	2017
每天创造的财富	**Daily Production**						
本市生产总值（万元）	Gross Domestic Product (10 000 yuan)	36031	49068	95513	218733	486044	534254
第一产业	Primary Industry	7878	7805	12696	18778	35705	36702
第二产业	Secondary Industry	15589	20823	43224	97919	216409	235524
#工　业	Industry	13755	17369	35820	79797	169419	180468
第三产业	Tertiary Industry	12564	20441	39593	102036	233930	262028
地方一般公共预算收入（万元）	General Public Budget Revenue of Local Government (10 000 yuan)					61039	61709
粮　食（吨）	Grain (ton)	32113	30992	32005	31675	31945	31977
油　料（吨）	Oil-bearing Crops (ton)	647	851	1170	1218	1718	1763
猪　肉（吨）	Pork (ton)	3128	3355	3958	4042	4145	4086
水产品（吨）	Aquatic Products (ton)	385	549	687	615	1393	1411
天然气（万立方米）	Natural Gas (10 000 cu.m)	715	1068	1564	1849	2642	3050
发电量（万千瓦小时）	Electricity (10 000 kwh)	3527	4600	6412	12513	19582	18918
钢　材（吨）	Steel Products (ton)	3221	4301	8074	19176	33814	25130
水　泥（吨）	Cement (ton)	17774	38432	57553	125974	185797	174546
汽　车（辆）	Motor Vehicles (unit)	340	674	1155	4427	8647	8214
#轿　车	Cars	37	132	420	2333	2684	2327
摩托车（辆）	Motorcycles (unit)	4859	5235	11530	23267	21580	16320
每天消费量	**Daily Consumption**						
地方一般公共预算支出（万元）	General Public Budget Expenditure of Local Government(10 000 yuan)					109639	118802
社会消费品零售总额（万元）	Total Retail Sales of Consumer Goods (10 000 yuan)	13661	19725	33638	83592	199215	221032
每天其他经济活动	**Other Daily Economic Activities**						
客运量（万人）	Passenger Traffic (10 000 persons)	116.08	156.08	165.58	347.41	173.70	173.42
货运量（万吨）	Freight Traffic (10 000 tons)	66.68	73.57	107.40	222.97	295.45	316.02
港口货物吞吐量（万吨）	Cargo Throughput of Ports (10 000 tons)	2.95	6.71	14.39	26.49	47.59	54.03
邮电业务收入（万元）	Business Revenue from Postal and Telecommunication Services (10 000 yuan)	458.39	1491.42	3073.23	4906.32	8821.64	9612.33
进出口总额（万美元）	Total Imports and Exports (USD 10 000)	434.36	489.17	1176.12	3404.38	17197.60	18247.65
出　口	Exports	162.64	272.66	690.56	2051.78	11149.08	11670.96
进　口	Imports	271.72	216.51	485.56	1352.60	6048.52	6576.69
实际利用外资（万美元）	Actual Utilization of Foreign Capital (USD 10 000)	120.96	94.61	192.94	1745.21	3107.35	2789.74
实际利用内资（万元）	Actual Utilization of Domestic Capital (10 000 yuan)	935	1179	5641	72282	256029	265270
接待入境旅游人数（人次）	Number of Overseas Vistior Arrival Received (person-time)	443	729	1435	3754	8674	9818
旅行社组织出境旅游人数（人次）	Number of Outbound Tourists Organized by Travel Agencies (person-time)			201	623	5376	5652

注：2006 年以前工业产品产量为国有及规模以上非国有工业企业数，2007 年起为规模以上工业企业数，2015 年起天然气和发电量为全口径工业企业数据。
Note: The output of industrial products before 2006 is based on the state-owned industrial enterprises and non-state-owned industrial enterprises above designated size; while it is based on the industrial enterprises above designated size since 2007. And the data of natural gas and electricity about the industrial enterprises are those of full coverage since 2015.

表 1.6 各部门机构数（2016 – 2017 年）
GRASSROOTS UNITS IN VARIOUS SECTORS (2016-2017)

指　标	Item	2016	2017
农村基层单位	**Rural Grassroots Units**		
乡政府	Township Governments	190	182
镇政府	Town Governments	622	626
居委会	Neighborhood Committees	3048	3055
工　业（规模以上）	**Industry (above Designated Size)**	**6782**	**6684**
#国有及国有控股	State-owned and State-holding	511	511
建筑业	**Construction Enterprises**	**2736**	**2908**
邮政局所	**Postal Offices**	**1780**	**1781**
批发零售业和住宿餐饮业（限额以上）	**Wholesale & Retail and Hotels & Catering Trades above Designated Size**		
批发业企业	Wholesale Enterprises	2423	2453
零售业企业	Retail Enterprises	3460	3537
住宿业企业	Hotels Enterprises	459	461
餐饮业企业	Catering Enterprises	1412	1395
教育事业	**Education**		
普通高等学校	Regular Institutions of Higher Education	65	65
普通中学	Regular Secondary Schools	1120	1118
小　学	Primary Schools	2979	2954
幼儿园	Kindergartens	5109	5210
特殊教育	Special Education	36	36
文化机构数	**Cultural Institutions**		
#艺术业	Art Institutions	792	1307
文物事业	Cultural Relic Institutions	117	140
图书馆事业	Public Libraries	43	43
群众文化事业	Mass Cultural Institutions	1062	1066
出版、发行事业	**Publishing and Distribution Establishments**		
出版社	Publishing Houses	3	3
书刊印刷厂	Printing Houses	86	78
国有书店	State-owned Book Stores	267	267
卫生事业	**Health Care**		
#医院、卫生院	Hospitals, Health Centers	1606	1640
社会福利	**Social Welfare**		
#提供住宿的社会服务机构	Social Service Institutions Providing Accommodation	690	745
不提供住宿的社会服务机构	Social Service Institutions with Accommodation not Provided	7966	8144

重/庆/统/计/年/鉴

主要统计指标解释

行政区划

指国家对行政区域的划分。根据宪法规定，我国的行政区划分如下：（1）全国分为省、自治区、直辖市；（2）省、自治区分为自治州、县、自治县、市；（3）自治州分为县、自治县、市；（4）县、自治县分为乡、民族乡、镇；（5）直辖市和较大的市分为区、县；（6）国家在必要时设立的特别行政区。

可比价格

指计算各种总量指标所采用的扣除了价格变动因素的价格，可进行不同时期总量指标的对比。按可比价格计算总量指标有两种方法：一种是直接用产品产量乘某一年的不变价格计算；另一种是用价格指数进行缩减。

不变价格

指以同类产品某年的平均价格作为固定价格，用于计算各年的产品价值。按不变价格计算的产品价值消除了价格变动因素，不同时期对比可以反映生产的发展速度。新中国成立后，随着工农业产品价格水平的变化，国家统计局先后五次制定了全国统一的工业产品不变价格和农业产品不变价格。从1952年到1957年使用1952年工（农）业产品不变价格，从1957年到1970年使用1957年不变价格，从1971年到1980年使用1970年不变价格，从1981年到1990年使用1980年不变价格，从1991年开始使用1990年不变价格。

平均增长速度

平均增长速度表明社会经济现象在一个较长的时期内逐期平均增长变化的程度，它不能根据各个环比增长速度直接求得，但与平均发展速度之间存在着一定的数量关系：平均增长速度＝平均发展速度－1。

平均发展速度是一种根据环比发展速度计算的序时平均数，由于各时期对比的基础不同，所以计算平均发展速度不能采用一般的序时平均数的计算方法，计算方法分为水平法和累计法。水平法，又称几何平均法，即将环比发展速度按连乘法用几何平均数公式计算。累计法，也称方程法，根据一段时期内各年发展水平总和与基期水平的关系，列出方程式计算平均发展速度。水平法着重考虑最后一年所达到的发展水平；累计法着重考虑整个时期累计发展水平的总量。

本《年鉴》内所列的平均增长速度，除固定资产投资用“累计法”计算外，其余均用“水平法”计算。从某年到某年平均增长速度的年份，均不包括基期年在内。如建国四十三年以来的平均增长速度是以1949年为基期计算的，则写为1950-1992年平均增长速度，其余类推。

国民经济行业分类

自2003年定期报表开始使用新的《国民经济行业分类》（GB/T4754-2002）该分类是由国家统计局组织修订，经国家质量监督检验检疫总局批准，于2002年5月10日发布实施。这次修订是在1994年分类标准的基础上，参照联合国《全部经济活动的国际标准产业分类》（ISIC/Rev.3）进行的。修订后的《国民经济行业分类》(GB/T4754-2002)共有门类20个，大类95个，中类396个，小类913个。新增门类4个，大类增加3个，中类增加28个，小类增加67个。

企业（单位）登记注册类型

是以在工商行政管理机关登记注册的各类企业为划分对象，以工商行政管理部门对企业登记注册的类型为依据，将企业登记注册类型分为内资企业、港澳台商投资企业和外商投资企业三大类。内资企业包括国有企业、集体企业、股份合作企业、联营企业、有限责任公司、股份有限公司、私营公司和其他企业，港澳台商投资企业和外商投资企业分别包括合资经营企业、合作经营企业、独资经营企业和股份有限公司。对不在工商行政管理部门进行登记注册的行政机关、事业单位和社会团体，主要按其经费来源和管理方式进行划分。

国有企业

指企业全部资产归国家所有，并按《中华人民共和国企业法人登记管理条例》规定登记注册的非公司制的经济组织。不包括有限责任公司中的国有独资公司。

主要统计指标解释

■ 集体企业

指企业资产归集体所有，并按《中华人民共和国企业法人登记管理条例》规定登记注册的经济组织。

■ 股份合作企业

指以合作制为基础，由企业职工共同出资入股，吸收一定比例的社会资产投资组建，实行自主经营，自负盈亏，共同劳动，民主管理，按劳分配与按股份红相结合的一种集体经济组织。

■ 联营企业

指两个及两个以上相同或不同所有制性质的企业法人或事业单位法人，按自愿、平等、互利的原则，共同投资组成的经济组织。联营企业包括国有联营企业、集体联营企业、国有与集体联营企业和其他联营企业。

■ 有限责任公司

指根据《中华人民共和国公司登记管理条例》规定登记注册，由两个以上、五十个以下的股东共同出资，每个股东以其所认缴的出资额对公司承担有限责任，公司以其全部资产对其债务承担责任的经济组织。有限责任公司包括国有独资公司以及其他有限责任公司。

■ 股份有限公司

指根据《中华人民共和国公司登记管理条例》规定登记注册，其全部注册资本由等额股份构成并通过发行股票筹集资本，股东以其认购的股份对公司承担有限责任，公司以其全部资产对其债务承担责任的经济组织。

■ 私营企业

指由自然人投资设立或由自然人控股，以雇用劳动为基础的营利性经济组织。包括按照《公司法》、《合伙企业法》、《私营企业暂行条例》规定登记注册的私营有限责任公司、私营股份有限公司、私营合伙企业和私营独资企业。

■ 其他企业

指上述企业之外的其他内资经济组织。

■ 与港澳台商合资经营企业

指港澳台地区投资者与内地企业依照《中华人民共和国中外合资经营企业法》及有关法律的规定，按合同规定的比例投资设立、分享利润和分担风险的企业。

■ 与港澳台商合作经营企业

指港澳台地区投资者与内地企业依照《中华人民共和国中外合作经营企业法》及有关法律的规定，依照合作合同的约定进行投资或提供条件设立、分配利润和分担风险的企业。

■ 港澳台商独资经营企业

指依照《中华人民共和国外资企业法》及有关法律的规定，在内地由港澳台地区投资者全额投资设立的企业。

■ 港澳台商投资股份有限公司

指根据国家有关规定，经外经贸部依法批准设立，其中港、澳、台商的股本占公司注册资本的比例达25%以上的股份有限公司。凡其中港、澳、台商的股本占公司注册资本的比例小于25%的，属于内资企业中的股份有限公司。

■ 中外合资经营企业

指外国企业或外国人与中国内地企业依照《中华人民共和国中外合资经营企业法》及有关法律的规定，按合同规定的比例投资设立、分配利润和分担风险的企业。

■ 中外合作经营企业

指外国企业或外国人与中国内地企业依照《中华人民共和国中外合作经营企业法》及有关法律的规定，依照合作合同的约定进行投资或提供条件设立、分配利润和分担风险的企业。

■ 外资企业

指依照《中华人民共和国外资企业法》及有关法律的规定，在中国内地由外国投资者全额投资设立的企业。

主要统计指标解释

■ 外商投资股份有限公司

指根据国家有关规定，经外经贸部依法批准设立，其中外资的股本占公司注册资本的比例达 25% 以上的股份有限公司。凡其中外资股本占公司注册资本的比例小于 25% 的，属于内资企业中的股份有限公司。

■ 行政机关、事业单位和社会团体

参照企业登记注册类型，主要按其经费来源和管理方式划分。具体规定如下：

（1）行政机关：包括国家机关和政党机关，原则上均列为“国有”。但有特殊规定的，如供销社等，列为“集体”。

（2）事业单位：包括经国家机构编制部门和有关业务主管部门批准成立的各类事业单位，不包括实行企业化管理的事业单位。事业单位的划分办法如下：

① 由国家财政预算拨款或列入财政预算外资金管理以及经费主要来源于国有主管部门或国有上级单位的事业单位，列为“国有”。

② 经费主要来源于集体单位的事业单位，列为“集体”。

③ 公民个人（或个人合伙）开办的事业单位，列为“私营”。

④ 上述以外的其他事业单位，如果其经费来源不明确，按管理方式进行归类。

（3）社会团体：包括经民政部门批准成立以及未纳入社会团体管理条例范围的工会、妇联等各类社会团体。社会团体的划分办法如下：

① 未纳入民政部社会团体管理条例范围的工会、妇联、共青团、青联、工商联、科协、侨联等社会团体，国家拨款设立的基金会或基金管理组织以及经费主要来源于国有业务主管部门或国有上级单位的社会团体，列为“国有”。

② 经费主要来源于集体单位的社会团体，列为“集体”。

③ 公民个人（或个人合伙）开办的社会团体，划为“私营”。

④ 上述以外的其他社会团体，如果其经费来源不明确，改按管理方式进行归类。

Explanatory Notes on Main Statistical Indicators

Division of Administrative Areas

Refers to the division of administrative areas by the state. The relative laws stipulate that1) the whole country is divided into provinces, autonomous regions and municipalities directly under the Central Government; 2) provinces and autonomous regions are further divided into autonomous prefectures, counties, autonomous counties and cities; 3) autonomous prefectures are divided into counties, autonomous counties and cities; 4) counties and autonomous counties are further divided into townships, ethnic townships and towns; 5) municipalities and large cities are divided into districts and counties; 6) the state shall, when necessary, establish special administrative regions.

Comparable Prices

Refer to prices that are used to remove the factors of price change in calculating economic aggregates, so as to facilitate comparison of aggregates over time. Two methods are used for calculating economic aggregates at comparable prices: (a) Multiplying the output of products by their constant prices of certain year. (b) Deflation of data at current prices by relevant price index.

Constant Price

Refers to the average price of a given product in certain year, which is used for comparison of output value over time. As the output value at constant prices removers the factor of price changes, it reflects the trend of production development over time. Since 1949,with the changes in general price level, the State Statistical Bureau has issued nationally unified constant prices five times: the 1952 constant prices for 1949-1957;the 1957 constant prices for 1957-1971;the 1970 constant prices for 1971-1981;the 1980 constant prices for 1981-1990; and the 1990 constant prices have been used since 1991.

Average Annual Growth Rate

Shows the average growth rate of social and economic development during a longer period. It can not be directly calculated by chain based growth rate. The relation is:

Average Annual Growth Rate = Average Speed of Development – 1

Average speed of development is the time series average of speed which calculated by chain based. Because the reference bases during the different periods are not same, average speed of development can not be calculated by the general method. Level approach and accumulative approach for calculating average speed of development rate are applied. The “level approach”, or the method of calculating the geometric average, is derived by the formula of geometric average of the chain-based speeds of development, or comparing the level of the last year of the interval with that of the beginning year; the other is called the “accumulative approach” or the “algebraic average”, “equation” method, which is derived by the summation of the actual figure of each year in the interval divided by the figure in the base year. The level approach focuses on the level of the last year, while the accumulative approach emphasizes the aggregate development in the duration.

The average annual growth rates listed in the Yearbook are calculated by the level approach except for the growth rate of investment in fixed assets. The base year is not listed in the duration for which average annual growth rates are computed. For instance, the average annual growth rate of the 43 years since 1949 is shown as the average annual growth rate of 1950-1992 without showing the base year 1949.

Industrial Classification of the National Economy

The new *Industrial Classification of the National Economy (GB/T 4754-2002)* is introduced starting from the compilation of 2003 annual statistics. The revision of the 1994 classification was organized by the National Bureau of Statistics taking into consideration of the *International Standards of the Industrial Classification of All Economic Activities (ISIC/Rev.3)* of the United Nations, and the new Classification was promulgated by the National Administration of Quality Supervision, Inspection and Quarantine on May 10, 2002. The revised version of the *Industrial Classification of the National Economy (GB/T 4754-2002)* is composed of 20 major divisions, 95 divisions, 396 major groups and 913 groups, including 4 new major divisions, 3 new divisions, 28 major groups and 67 groups.

EXPLANATORY NOTES TO MAJOR STATISTICAL INDICATORS

Registration Status of Enterprises

Is classified into 3 categories, namely domestic-funded enterprises, enterprises with foreign investment, in the light of the registration status of an enterprise in industrial and commercial administration agencies. Domestic-funded enterprises include state-owned enterprises, collective-owned enterprises, cooperative enterprises, joint ownership enterprises, limited liability corporations, share-holding corporations Ltd., private enterprises and other enterprises. Included in the enterprises with investment from Hong Kong, Macao and Taiwan and enterprises with foreign investment are joint-venture enterprises, cooperative enterprises, sole investment enterprises and share-holding corporations Ltd. For government agencies, institutions and social organizations that are not requested to register in industrial and commercial administration agencies, they are classified mainly by their sources of funds and way of management.

State-owned Enterprises

Refer to non-corporation economic units where the entire assets are owned by the state and which have registered in accordance with the *Regulation of the People's Republic of China on the Management of Registration of Corporate Enterprises*. Excluded from this category are sole state-funded corporations in the limited liability corporations.

Collective-owned Enterprises

Refer to economic units where the assets are owned collectively and which have registered in accordance with the *Regulation of the People's Republic of China on the Management of Registration of Corporate Enterprises*.

Cooperative Enterprises

Refer to a form of collective economic units (enterprises) where capitals come mainly from employees as their shares, with certain proportion of capital from the outside, where production is organized on the basis of independent operation, independent accounting for profits and losses, joint work, democratic management, and a distribution system that integrates remuneration according to work with dividend according to capital share.

Joint Ownership Enterprises

Refer to economic units established by two or more corporate enterprises or corporate institutions of the same or different ownership, through joint investment on the basis of equality, voluntary participation and mutual benefits. They include state joint ownership enterprises, collective joint ownership enterprises, joint state-collective enterprises, other joint ownership enterprises.

Limited Liability Corporations

Refer to economic units established with investment from 2-50 investors and registered in accordance with the *Regulation of the People's Republic of China on the Management of Registration of Corporations*, each investor bearing limited liability to the corporation depending on its share of investment, and the corporation bearing liability to its debt to the maximum of its total assets. Limited liability corporations include exclusive state-funded limited liability corporations and other limited liability corporations.

Share holding Corporations Ltd.

Refer to economic units registered in accordance with the *Regulation of the People's Republic of China on the Management of Registration of Corporations*, with total registered capitals divided into equal shares and raised through issuing stocks. Each investor bears limited liability to the corporation depending on the holding of shares, and the corporation bears liability to its debt to the maximum of its total assets.

Private Enterprises

Refer to profit-making economic units invested and established by natural persons, or controlled by natural persons using employed labor. Included in this category are private limited liability corporations, private share-holding corporations Ltd., private partnership enterprises and private-funded enterprises registered in accordance with the *Corporation Law, Partnership Enterprises Law and Interim Regulations on Private Enterprise*.

Other Domestic-funded Enterprises

Refer to domestic-funded economic units other than those mentioned above.

EXPLANATORY NOTES TO MAJOR STATISTICAL INDICATORS

Joint-venture Enterprises with Funds from Hong Kong, Macao and Taiwan

Refer to enterprises jointly established by invertors from Hong Kong, Macao and Taiwan with enterprises in the mainland of China in accordance with the *Law of the People's Republic of China on Sino-foreign Joint Venture Enterprises* and other relevant laws, where the share of investment, profits and risks is stipulated in the contract.

Cooperative Enterprises with Funds from Hong Kong Macau and Taiwan

Established by investors from Hong Kong, Macau and Taiwan with enterprises in the mainland of China in accordance with the *Law of the People's Republic of China on Sino-foreign Cooperative Enterprises* and other relevant laws, where the investment or provision of facilities, and the share of profits and risks is stipulated in the cooperative contract.

Enterprises with Sole (exclusive) Investment from Hong Kong, Macau and Taiwan

Refer to enterprises established in the mainland of China with exclusive investment from investors from Hong Kong, Macau and Taiwan in accordance with the *Law of the People's Republic of China on Foreign-Funded Enterprises* and other relevant laws.

Share-holding Corporations Ltd. with Investment from Hong Kong, Macau and Taiwan

Refer to share-holding corporations Ltd. established with the approval from the former Ministry of Foreign Trade and Economic Relations in line with relevant state regulations, where the share of investment from Hong Kong, Macau or Taiwan businessmen exceeds 25% of the total registered capital of the corporation. In case the share of investment from Hong Kong, Macau or Taiwan is less than 25% of the total registered capital, the enterprise is to be classified as domestic-funded share-holding corporation Ltd.

Joint-venture Enterprises with Foreign Investment

Refer to enterprises jointly established by foreign enterprises or foreigners with enterprises in the mainland of China in accordance with the *Law of the People's Republic of China on Sino-foreign Joint Venture Enterprises* and other relevant laws, where the share of investment, profits and risks is stipulated in the contract.

Cooperation Enterprises with Foreign Investment

Rrefer to enterprises jointly established by foreign enterprises or foreigners with enterprises in the mainland of China in accordance with the *Law of the People's Republic of China on Sino-foreign Cooperative Enterprises* and other relevant laws, where the investment or provision of facilities, and the share of profits and risks is stipulated in the cooperative contract.

Enterprises with Sole (exclusive) Foreign Investment

Refer to enterprises established in the mainland of China with exclusive investment from foreign investors in accordance with the *Law of the People's Republic of China on Foreign-Funded Enterprises* and other relevant laws.

Share-holding Corporations Ltd. with Foreign Investment

Refer to share-holding corporations Ltd. established with the approval from the Ministry of Foreign Trade and Economic Relations in line with relevant state regulations, where the share of investment from foreign investors exceeds 25% of the total registered capital of the corporation. In case the share of foreign investment is less than 25% of the total registered capital, the enterprise is to be classified as domestic-funded share-holding corporation Ltd.

Government Agencies, Institutions and Social Organizations

Are classified into following categories by source of funds and way of management taking reference of the registration status of enterprises:

(I) Government agencies: include state and party agencies, classified in principle as "state-owned". There are exceptions, such as supply and marketing cooperatives, which are classified, as "collective".

(II) Institutions: include institutions of various types established with the approval by organization and staffing departments of the government, but exclude institutions where further classified as follows:

(a) Institutions whose main budget is listed in the government budget appropriations or extra-budget funds, or allocated from the budget of their competent government agencies. Such institutions are classified as "state-owned".

(b) Institutions whose budget mainly comes from collective units. Such institutions are classified as "collective".

(c) Institutions other than those mentioned above whose source of budget are not clear. Such institutions are classified by way of management.

(III) Social organizations: include social organizations established with the approval from the Ministry of Civil Affairs, and organizations that are not covered by social organization management regulations such as trade unions, women's federations etc. Social organizations are further classified as follows:

(a) Social organizations that are not covered by social organization management regulations of the Ministry of Civil Affairs such as trade unions, women's federations, communist youth leagues, youth associations, industrial and commerce associations, scientists associations, overseas Chinese associations, etc., foundations and fund management organizations established with founds from the state, and social organizations whose funds mainly come from the budget of their competent government agencies. Such institutions are classified as "state-owned".

(b) Social organizations whose budget mainly comes from collective units. Such institutions are classified as "collective".

(c) Social organizations established by individual or a group of citizens, which are classified as "private".

(d) Social organizations other than those mentioned above whose source of budget are not clear. Such organizations are classified by way of management.

第 2 章

国民经济核算

NATIONAL ECONOMIC ACCOUNTING

简要说明 综述
BRIEF INTRODUCTION

本章本市生产总值资料包括各年度地区生产总值的绝对值、构成和指数，三次产业贡献率，三次产业拉动力以及重庆市各区县生产总值的指数。

本章资料由市统计局国民经济核算处提供。

The data of Gross Domestic Product (GDP) in this chapter includes the values, composition and indices of GDP in all the years, the share of the contributions of the growth of three strata of industry to the increase of the GDP, the contribution of the three strata of industry to GDP growth, and the value and indices of the GDP of all counties and districts of Chongqing.

All the data in this chapter are provided by Division of National Economic Accounting, Chongqing Municipal Bureau of Statistics.

表 2.1 地区生产总值(1949 – 1978 年)
GROSS DOMESTIC PRODUCT (1949-1978)

单位: 亿元 (100 million yuan)

年 份 Year	本市生产总值 Gross Domestic Product	其中 of which		其中 of which	
		第一产业 Primary Industry	第二产业 Secondary Industry	工 业 Industry	建筑业 Construction
1949	13.89	9.74	2.71	2.50	0.21
1950	15.02	10.23	3.00	2.77	0.23
1951	15.97	10.72	3.37	3.11	0.26
1952	17.97	11.86	3.94	3.59	0.35
1953	21.26	13.57	5.63	4.96	0.67
1954	22.79	13.89	6.52	6.00	0.52
1955	23.32	13.86	7.04	6.61	0.43
1956	26.37	15.01	8.33	7.70	0.63
1957	26.56	13.12	10.03	9.45	0.58
1958	34.81	15.43	14.53	13.52	1.01
1959	38.03	12.02	20.40	18.90	1.50
1960	38.82	11.10	21.38	19.89	1.49
1961	28.96	10.35	12.52	11.90	0.62
1962	25.12	9.92	9.67	9.42	0.25
1963	27.92	12.08	10.30	9.91	0.39
1964	32.58	13.37	13.07	12.49	0.58
1965	38.29	16.21	15.79	14.74	1.05
1966	39.61	16.18	17.75	16.52	1.23
1967	34.70	15.21	13.76	12.96	0.80
1968	28.25	15.18	7.81	7.41	0.40
1969	32.79	14.75	11.96	11.23	0.73
1970	39.96	15.96	17.41	16.10	1.31
1971	45.97	16.71	22.18	20.81	1.37
1972	45.37	16.67	20.82	19.67	1.15
1973	46.32	18.14	19.66	18.24	1.42
1974	45.70	18.43	18.00	16.85	1.15
1975	53.37	18.81	24.00	22.49	1.51
1976	53.43	19.07	23.44	22.00	1.44
1977	60.22	21.74	26.99	24.98	2.01
1978	71.70	24.81	34.46	31.53	2.93

表 2.1 续表 continued

单位：亿元 (100 million yuan)

年 份 Year	第三产业 Tertiary Industry	其中 of which: 批发和零售业 Wholesale and Retail Trades	交通运输、仓储及邮政业 Transport, Storage, Post	住宿和餐饮业 Hotels and Catering Services	金融业 Financial Intermediation	房地产业 Real Estate	其他服务业 Others	本市人均生产总值（元） Per Capita GDP (yuan)
1949	1.44	0.44	0.61	0.26	0.03	0.02	0.08	87
1950	1.79	0.50	0.70	0.28	0.06	0.05	0.20	91
1951	1.88	0.56	0.74	0.29	0.09	0.07	0.13	94
1952	2.17	0.64	0.83	0.31	0.06	0.08	0.25	103
1953	2.06	0.65	0.78	0.32	0.07	0.09	0.15	120
1954	2.38	0.70	0.87	0.34	0.10	0.11	0.26	124
1955	2.42	0.69	0.88	0.37	0.10	0.13	0.25	125
1956	3.03	0.81	1.08	0.44	0.13	0.14	0.43	135
1957	3.41	0.97	1.23	0.44	0.14	0.15	0.48	131
1958	4.85	1.53	1.75	0.46	0.21	0.14	0.76	170
1959	5.61	1.81	2.04	0.52	0.34	0.17	0.73	185
1960	6.34	1.82	2.04	0.53	0.57	0.16	1.22	193
1961	6.09	1.54	1.82	0.53	0.57	0.18	1.45	154
1962	5.53	1.23	1.61	0.66	0.46	0.18	1.39	139
1963	5.54	1.21	1.47	0.58	0.35	0.19	1.74	151
1964	6.14	1.52	1.70	0.52	0.58	0.18	1.64	169
1965	6.29	1.55	1.71	0.52	0.86	0.21	1.44	191
1966	5.68	1.33	1.41	0.50	0.35	0.22	1.87	191
1967	5.73	1.44	1.35	0.48	0.41	0.25	1.80	164
1968	5.26	1.18	1.22	0.46	0.56	0.30	1.54	131
1969	6.08	1.40	1.37	0.49	0.72	0.36	1.74	147
1970	6.59	1.52	1.41	0.50	0.85	0.40	1.91	172
1971	7.08	1.56	1.47	0.60	1.09	0.45	1.91	192
1972	7.88	1.72	1.61	0.66	0.96	0.52	2.41	185
1973	8.52	1.79	1.76	0.66	1.06	0.55	2.70	183
1974	9.27	1.81	1.83	0.64	1.23	0.62	3.14	177
1975	10.56	2.02	2.04	0.69	1.45	0.71	3.65	201
1976	10.92	2.04	1.94	0.67	1.59	0.78	3.90	199
1977	11.49	2.21	2.11	0.69	1.90	0.87	3.71	221
1978	12.43	2.34	2.38	0.78	2.00	0.88	4.05	287

注：本表人均生产总值按户籍人口计算。
Note: the per capita GDP hereof is calculated by registered population.

表 2.2 地区生产总值构成（1949 – 1978 年）
COMPOSITION OF GROSS DOMESTIC PRODUCT (1949-1978)

单位：亿元 (100 million yuan)

年 份 Year	本市生产总值 Gross Domestic Product	其 中 of which			
		第一产业 Primary Industry	第二产业 Secondary Industry	其 中 of which	
				工 业 Industry	建筑业 Construction
1949	100.0	70.1	19.5	18.0	1.5
1950	100.0	68.1	20.0	18.4	1.6
1951	100.0	67.1	21.1	19.5	1.6
1952	100.0	66.0	21.9	20.0	1.9
1953	100.0	63.8	26.5	23.3	3.2
1954	100.0	60.9	28.6	26.3	2.3
1955	100.0	59.4	30.2	28.3	1.9
1956	100.0	56.9	31.6	29.2	2.4
1957	100.0	49.4	37.8	35.6	2.2
1958	100.0	44.3	41.7	38.8	2.9
1959	100.0	31.6	53.6	49.7	3.9
1960	100.0	28.6	55.1	51.2	3.9
1961	100.0	35.7	43.2	41.1	2.1
1962	100.0	39.5	38.5	37.5	1.0
1963	100.0	43.3	36.9	35.5	1.4
1964	100.0	41.0	40.1	38.3	1.8
1965	100.0	42.3	41.2	38.5	2.7
1966	100.0	40.8	44.8	41.7	3.1
1967	100.0	43.8	39.7	37.3	2.4
1968	100.0	53.7	27.6	26.2	1.4
1969	100.0	45.0	36.5	34.2	2.3
1970	100.0	39.9	43.6	40.3	3.3
1971	100.0	36.3	48.2	45.3	2.9
1972	100.0	36.7	45.9	43.4	2.5
1973	100.0	39.2	42.4	39.4	3.0
1974	100.0	40.3	39.4	36.9	2.5
1975	100.0	35.2	45.0	42.1	2.9
1976	100.0	35.7	43.9	41.2	2.7
1977	100.0	36.1	44.8	41.5	3.3
1978	100.0	34.6	48.1	44.0	4.1

表 2.2 续表 continued

单位：% (%)

年 份 Year	第三产业 Tertiary Industry	其中 of which: 批发和零售业 Wholesale and Retail Trades	交通运输、仓储及邮政业 Transport, Storage, Post	住宿和餐饮业 Hotels and Catering Services	金融业 Financial Intermediation	房地产业 Real Estate	其他服务业 Others
1949	10.4	3.2	4.4	1.9	0.2	0.1	0.6
1950	11.9	3.3	4.7	1.9	0.4	0.3	1.3
1951	11.8	3.5	4.6	1.8	0.6	0.4	0.9
1952	12.1	3.6	4.6	1.7	0.3	0.4	1.5
1953	9.7	3.1	3.7	1.5	0.3	0.4	0.7
1954	10.5	3.1	3.8	1.5	0.4	0.5	1.2
1955	10.4	3.0	3.8	1.6	0.4	0.6	1.0
1956	11.5	3.1	4.1	1.7	0.5	0.5	1.6
1957	12.8	3.7	4.6	1.7	0.5	0.6	1.7
1958	14.0	4.4	5.0	1.3	0.6	0.4	2.3
1959	14.8	4.8	5.4	1.4	0.9	0.4	1.9
1960	16.3	4.7	5.3	1.4	1.5	0.4	3.0
1961	21.1	5.3	6.3	1.8	2.0	0.6	5.1
1962	22.0	4.9	6.4	2.6	1.8	0.7	5.6
1963	19.8	4.3	5.3	2.1	1.3	0.7	6.1
1964	18.9	4.7	5.2	1.6	1.8	0.6	5.0
1965	16.5	4.0	4.5	1.4	2.2	0.5	3.9
1966	14.4	3.4	3.6	1.3	0.9	0.6	4.6
1967	16.5	4.1	3.9	1.4	1.2	0.7	5.2
1968	18.7	4.2	4.3	1.6	2.0	1.1	5.5
1969	18.5	4.3	4.2	1.5	2.2	1.1	5.2
1970	16.5	3.8	3.5	1.3	2.1	1.0	4.8
1971	15.5	3.4	3.2	1.3	2.4	1.0	4.2
1972	17.4	3.8	3.5	1.5	2.1	1.1	5.4
1973	18.4	3.9	3.8	1.4	2.3	1.2	5.8
1974	20.3	4.0	4.0	1.4	2.7	1.4	6.8
1975	19.8	3.8	3.8	1.3	2.7	1.3	6.9
1976	20.4	3.8	3.6	1.3	3.0	1.5	7.2
1977	19.1	3.7	3.5	1.1	3.2	1.4	6.2
1978	17.3	3.3	3.3	1.1	2.8	1.2	5.6

表 2.3 地区生产总值指数（1949 – 1978 年）（上年 =100）
INDICES OF GROSS DOMESTIC PRODUCT (1949-1978) (PRECEDING YEAR =100)

年 份 Year	本市生产总值 Gross Domestic Product	其 中 of which			
		第一产业 Primary Industry	第二产业 Secondary Industry	其 中 of which	
				工 业 Industry	建筑业 Construction
1949	100.0	100.0	100.0	100.0	100.0
1950	105.7	103.0	112.5	112.0	118.2
1951	103.4	104.0	110.9	111.2	107.7
1952	109.3	107.0	115.4	113.7	135.7
1953	111.2	103.4	135.2	131.1	177.1
1954	110.6	106.0	120.1	125.1	82.3
1955	102.7	100.2	109.6	111.9	82.4
1956	113.5	105.1	127.4	125.5	157.1
1957	102.3	97.3	108.3	110.3	83.4
1958	118.9	100.7	137.4	135.7	165.6
1959	97.4	67.8	123.9	123.4	130.3
1960	111.0	74.7	133.6	134.2	127.0
1961	64.8	83.7	58.2	59.4	41.4
1962	100.0	135.4	83.3	85.4	44.7
1963	114.9	124.0	109.3	108.1	154.4
1964	115.0	106.1	124.0	123.3	144.0
1965	114.5	109.8	122.2	119.2	185.6
1966	105.9	101.9	113.3	113.0	118.1
1967	90.2	99.4	82.9	83.9	70.5
1968	84.4	106.4	66.3	66.9	57.4
1969	112.1	91.4	135.8	134.3	163.7
1970	120.7	102.6	138.9	136.8	170.1
1971	111.9	100.4	125.2	127.0	102.3
1972	100.1	101.6	95.4	96.0	85.0
1973	103.2	109.5	96.3	94.5	127.1
1974	101.6	101.6	98.8	99.6	87.4
1975	111.8	92.8	130.4	130.6	128.4
1976	95.1	98.5	89.1	89.3	86.7
1977	120.0	111.8	134.2	132.4	162.3
1978	117.1	109.9	125.8	124.6	141.3

注：本表按可比价格计算（下表同）。
Note: the indices hereof are calculated at constant prices (the same below).

表 2.3 续表 continued

年份 Year	第三产业 Tertiary Industry	其中 of which: 批发和零售业 Wholesale and Retail Trades	交通运输、仓储及邮政业 Transport, Storage, Post	住宿和餐饮业 Hotels and Catering Services	金融业 Financial Intermediation	房地产业 Real Estate	其他服务业 Others	本市人均生产总值 Per Capita GDP
1949	100.0	100.0	100.0	100.0	100.0	100.0	100.0	100.0
1950	118.6	105.6	127.6	107.4	197.3	250.4	102.5	102.2
1951	94.9	98.7	93.2	103.4	148.0	140.2	9.0	100.5
1952	120.1	116.0	113.0	106.7	65.9	114.5	380.3	106.3
1953	111.4	125.3	110.3	103.1	113.5	115.1	164.5	109.5
1954	112.4	106.4	109.3	106.1	140.1	122.2	112.6	109.1
1955	98.7	99.1	94.7	105.7	99.1	120.9	95.1	100.7
1956	118.4	113.9	118.0	118.9	130.0	111.9	132.9	109.1
1957	105.6	104.6	112.4	100.0	107.7	111.2	115.1	98.3
1958	134.9	138.0	139.0	104.5	146.7	91.6	218.4	118.6
1959	103.2	103.7	107.3	110.9	161.1	115.2	115.4	98.1
1960	101.1	102.6	102.3	102.0	163.1	90.4	122.4	113.4
1961	70.8	61.7	69.4	100.0	86.3	111.3	44.1	68.2
1962	105.1	91.9	92.0	123.1	77.8	98.5	101.0	102.8
1963	112.6	113.2	103.5	89.1	79.7	107.9	149.5	112.7
1964	109.0	97.7	102.5	89.5	173.1	95.7	124.2	110.8
1965	100.5	110.3	102.5	100.0	153.1	117.7	69.6	111.2
1966	85.3	107.2	96.8	98.0	40.8	105.2	104.2	102.8
1967	102.9	102.7	96.7	96.0	117.4	114.3	76.2	87.6
1968	101.6	84.3	98.3	95.8	136.1	121.9	76.5	81.9
1969	105.7	115.5	117.4	106.5	130.9	121.7	98.7	109.3
1970	101.9	108.1	109.6	102.0	118.5	111.6	131.7	117.2
1971	104.7	105.0	104.1	118.0	129.6	111.6	84.5	108.2
1972	111.9	110.1	110.4	108.5	88.7	114.1	111.5	97.3
1973	108.8	102.2	104.7	100.0	107.8	106.0	141.5	100.6
1974	109.0	100.5	107.3	96.9	115.8	112.8	112.7	99.1
1975	110.0	109.9	108.4	106.5	118.2	113.3	172.7	109.0
1976	104.4	100.5	105.3	98.5	109.9	108.4	80.5	94.0
1977	103.8	107.1	107.3	103.1	117.8	110.8	41.8	118.9
1978	105.1	103.5	101.7	116.4	103.7	100.4	150.8	117.2

注：本表人均生产总值按户籍人口计算。
Note: the per capita GDP hereof is calculated by registered population.

表 2.4 地区生产总值指数(1949 – 1978 年)(1949 年 =100)
INDICES OF GROSS DOMESTIC PRODUCT (1949-1978) (1949=100)

年 份 Year	本市 生产总值 Gross Domestic Product	其 中 of which			
		第一产业 Primary Industry	第二产业 Secondary Industry	其 中 of which	
				工 业 Industry	建筑业 Construction
1949	100.0	100.0	100.0	100.0	100.0
1950	105.7	103.0	112.5	112.0	118.2
1951	109.3	107.1	124.8	124.5	127.3
1952	119.5	114.6	144.0	141.6	172.7
1953	132.9	118.5	194.7	185.6	305.9
1954	147.0	125.6	233.8	232.2	251.8
1955	151.0	125.9	256.2	259.8	207.5
1956	171.4	132.3	326.4	326.0	326.0
1957	175.3	128.7	353.5	359.6	271.9
1958	208.4	129.6	485.7	488.0	450.3
1959	203.0	87.9	601.8	602.2	586.7
1960	225.3	65.7	804.0	808.2	745.1
1961	146.0	55.0	467.9	480.1	308.5
1962	146.0	71.5	389.8	410.0	137.9
1963	167.8	92.4	426.1	443.2	212.9
1964	193.0	98.0	528.4	546.5	306.6
1965	221.0	107.6	645.7	651.4	569.0
1966	234.0	109.6	731.6	736.1	672.0
1967	211.1	108.9	606.5	617.6	473.8
1968	178.2	115.9	402.1	413.2	272.0
1969	199.8	105.9	546.1	554.9	445.3
1970	241.2	108.7	758.5	759.1	757.5
1971	269.9	109.1	949.6	964.1	774.9
1972	270.2	110.8	905.9	925.5	658.7
1973	278.8	121.3	872.4	874.6	837.2
1974	283.3	123.2	861.9	871.1	731.7
1975	316.7	114.3	1123.9	1137.7	939.5
1976	301.2	112.6	1001.4	1016.0	814.5
1977	361.4	125.9	1343.9	1345.2	1321.9
1978	423.2	138.4	1690.6	1676.1	1867.8

注：本表按可比价格计算（下表同）。
Note: the indices hereof are calculated at constant prices (the same below).

表 2.4 续表 continued

年 份 Year	第三产业 Tertiary Industry	其中 of which: 批发和零售业 Wholesale and Retail Trades	交通运输、仓储及邮政业 Transport, Storage, Post	住宿和餐饮业 Hotels and Catering Services	金融业 Financial Intermediation	房地产业 Real Estate	其他服务业 Others	本市人均生产总值 Per Capita GDP
1949	100.0	100.0	100.0	100.0	100.0	100.0	100.0	100.0
1950	118.6	105.6	127.6	107.4	197.3	250.4	102.5	102.2
1951	112.6	104.2	118.9	111.1	292.0	351.1	9.2	102.7
1952	135.2	120.9	134.4	118.5	192.4	402.0	35.0	109.2
1953	150.6	151.5	148.2	122.2	218.4	462.7	57.6	119.6
1954	169.3	161.2	162.0	129.7	306.0	565.4	64.9	130.5
1955	167.1	159.7	153.4	137.1	303.2	683.6	61.7	131.4
1956	197.8	181.9	181.0	163.0	394.2	764.9	82.0	143.4
1957	208.9	190.3	203.4	163.0	424.6	850.6	94.4	141.0
1958	281.8	262.6	282.7	170.3	622.9	779.1	206.2	167.2
1959	290.8	272.3	303.3	188.9	1003.5	897.5	238.0	164.0
1960	294.0	279.4	310.3	192.7	1636.7	811.3	291.3	186.0
1961	208.2	172.4	215.3	192.7	1412.5	903.0	128.5	126.9
1962	218.8	158.4	198.1	237.2	1098.9	889.5	129.8	130.5
1963	246.4	179.3	205.0	211.3	875.8	959.8	194.1	147.1
1964	268.6	175.2	210.1	189.1	1516.0	918.5	241.1	163.0
1965	269.9	193.2	215.4	189.1	2321.0	1081.1	167.8	181.3
1966	230.2	207.1	208.5	185.3	947.0	1137.3	174.8	186.4
1967	236.9	212.7	201.6	177.9	1111.8	1299.9	133.2	163.3
1968	240.7	179.3	198.2	170.4	1513.2	1584.6	101.9	133.7
1969	254.4	207.1	232.7	181.5	1980.8	1928.5	100.6	146.1
1970	259.2	223.9	255.0	185.1	2347.2	2152.2	132.5	171.2
1971	271.4	235.1	265.5	218.4	3042.0	2401.9	112.0	185.2
1972	303.7	258.8	293.1	237.0	2698.3	2740.6	124.9	180.2
1973	330.4	264.5	306.9	237.0	2908.8	2905.0	176.7	181.3
1974	360.1	265.8	329.3	229.7	3368.4	3276.8	199.1	179.7
1975	396.1	292.1	357.0	244.6	3981.4	3712.6	343.8	195.9
1976	413.5	293.6	375.9	240.9	4375.6	4024.5	276.8	184.1
1977	429.2	314.4	403.3	248.4	5154.5	4459.1	115.7	218.9
1978	451.1	325.4	410.2	289.1	5345.2	4476.9	174.5	256.6

注：本表人均地区生产总值按户籍人口计算。
Note: the per capita GDP hereof is calculated by registered population.

表 2.5 地区生产总值（1978 – 2017 年）
GROSS DOMESTIC PRODUCT (1978-2017)

单位：亿元 (100 million yuan)

年份 Year	本市生产总值 Gross Domestic Product	其中 of which				
		第一产业 Primary Industry	第二产业 Secondary Industry	其中 of which		第三产业 Tertiary Industry
				工业 Industry	建筑业 Construction	
1978	71.70	24.81	34.46	31.53	2.93	12.43
1979	80.98	28.79	38.21	35.00	3.21	13.98
1980	90.68	32.57	42.42	38.89	3.53	15.69
1981	97.20	36.32	43.69	40.07	3.62	17.19
1982	108.08	40.62	47.14	43.26	3.88	20.32
1983	120.01	45.44	50.56	46.20	4.36	24.01
1984	141.64	50.66	60.63	55.46	5.17	30.35
1985	164.32	53.73	73.49	66.16	7.33	37.10
1986	184.60	60.06	81.38	72.52	8.86	43.16
1987	206.73	62.69	90.77	79.66	11.11	53.27
1988	261.27	75.00	117.61	104.79	12.82	68.66
1989	303.75	81.99	135.84	123.86	11.98	85.92
1990	327.75	100.40	135.62	117.60	18.02	91.73
1991	374.18	109.49	154.00	135.14	18.86	110.69
1992	461.32	117.28	194.40	171.42	22.98	149.64
1993	608.53	141.99	272.17	241.15	31.02	194.37
1994	833.60	196.19	376.75	339.59	37.16	260.66
1995	1123.06	264.19	492.67	436.21	56.46	366.20
1996	1315.12	287.56	568.99	502.06	66.93	458.57
1997	1509.75	307.21	650.40	567.88	82.52	552.14
1998	1602.38	300.89	675.64	574.41	101.23	625.85
1999	1663.20	286.16	697.81	589.52	108.29	679.23
2000	1791.00	284.87	760.03	633.98	126.05	746.10
2001	1976.86	294.90	841.95	695.44	146.51	840.01
2002	2232.86	317.87	958.87	787.94	170.93	956.12
2003	2555.72	339.06	1135.31	933.75	201.56	1081.35
2004	3048.03	428.05	1386.84	1142.59	244.25	1233.14
2005	3486.22	463.40	1577.66	1307.42	270.24	1445.16
2006	3929.67	386.38	1888.21	1583.33	304.88	1655.08
2007	4704.01	482.39	2202.40	1838.30	364.10	2019.22
2008	5829.86	575.40	2613.30	2162.57	450.73	2641.16
2009	6576.96	606.80	2973.33	2441.83	531.50	2996.83
2010	7983.77	685.38	3574.06	2912.60	661.46	3724.33
2011	10087.34	844.52	4518.89	3666.10	852.79	4723.93
2012	11504.01	940.01	5244.21	4249.83	994.38	5319.79
2013	12894.26	1002.68	5900.06	4719.46	1180.60	5991.52
2014	14393.19	1061.03	6637.24	5283.50	1353.74	6694.92
2015	15872.23	1150.15	7195.00	5683.15	1511.85	7527.08
2016	17740.59	1303.24	7898.92	6183.80	1715.12	8538.43
2017	19500.27	1339.62	8596.61	6587.08	2009.53	9564.04

表 2.5 续表 continued

年　份 Year	其　中 of which						本市人均生产总值（元） Per Capita GDP (yuan)
	其　中 of which						
	批发和零售业 Wholesale and Retail Trades	交通运输、仓储及邮政业 Transportation, Storage, Postal Services	住宿和餐饮业 Hotels and Catering Services	金融业 Financial Intermediation	房地产业 Real Estate	其他服务业 Other Services	
1978	2.34	2.38	0.78	2.00	0.88	4.05	287
1979	2.59	2.69	0.92	2.21	0.99	4.58	321
1980	2.90	3.08	1.02	2.46	1.11	5.12	357
1981	3.22	3.39	1.07	2.73	1.12	5.66	379
1982	3.89	4.18	1.11	2.99	1.28	6.87	419
1983	4.49	5.94	1.24	3.83	1.44	7.07	461
1984	5.73	6.50	1.52	6.63	1.81	8.16	542
1985	8.90	6.97	1.80	7.40	2.09	9.94	624
1986	10.08	6.59	2.17	8.71	2.64	12.97	694
1987	12.30	6.82	2.71	14.91	3.59	12.94	766
1988	17.10	8.67	3.29	17.92	4.47	17.21	958
1989	21.61	12.18	3.89	24.78	4.95	18.51	1103
1990	17.19	11.93	5.41	26.21	5.73	25.26	1181
1991	20.33	12.34	6.35	31.65	7.23	32.79	1338
1992	33.03	21.59	7.23	40.30	7.30	40.19	1641
1993	49.63	22.68	9.37	52.91	9.12	50.66	2156
1994	64.66	27.43	12.78	74.91	11.03	69.85	2935
1995	85.53	47.22	19.00	97.77	17.43	99.25	3931
1996	110.22	63.40	23.46	103.84	25.22	132.43	4574
1997	130.86	81.14	30.91	116.53	32.60	160.10	5253
1998	142.99	87.08	31.68	126.66	45.00	192.44	5579
1999	151.89	94.39	33.62	120.18	50.69	228.46	5804
2000	163.38	101.25	35.93	118.53	65.45	261.56	6274
2001	178.39	128.26	38.46	125.90	76.38	292.62	6963
2002	195.64	151.54	42.36	134.52	90.48	341.58	7912
2003	216.35	167.22	47.11	147.04	113.69	389.94	9098
2004	246.52	190.62	57.67	162.38	129.12	446.83	10893
2005	277.68	218.97	66.56	185.18	143.88	552.89	12470
2006	314.33	259.59	77.24	213.70	158.20	632.02	14020
2007	369.91	293.63	101.51	238.73	198.65	816.79	16728
2008	464.98	377.32	136.02	315.36	194.68	1152.80	20618
2009	535.19	427.88	160.37	401.45	230.69	1241.25	23085
2010	682.37	501.47	182.98	543.56	299.43	1514.52	27800
2011	827.03	592.24	214.09	773.49	437.46	1879.62	34762
2012	923.79	604.08	236.14	934.38	608.50	2012.90	39236
2013	1117.79	659.65	290.93	1080.14	743.59	2099.42	43599
2014	1229.88	705.83	321.64	1225.27	817.04	2395.26	48288
2015	1345.38	761.31	355.76	1410.18	847.72	2806.73	52837
2016	1470.85	848.22	391.19	1642.59	926.19	3259.39	58502
2017	1595.88	939.46	424.78	1813.73	1048.25	3741.94	63689

注：本表人均地区生产总值按常住人口计算。
Note: the per capita GDP hereof is calculated by registered population.

表 2.6 地区生产总值构成（1978 – 2017 年）
COMPOSITION OF GROSS DOMESTIC PRODUCT (1978-2017)

单位：% (%)

年 份 Year	本市生产总值 Gross Domestic Product	其 中 of which 第一产业 Primary Industry	第二产业 Secondary Industry	其 中 of which 工 业 Industry	建筑业 Construction	第三产业 Tertiary Industry
1978	100.0	34.6	48.1	44.0	4.1	17.3
1979	100.0	35.6	47.2	43.2	4.0	17.2
1980	100.0	35.9	46.8	42.9	3.9	17.3
1981	100.0	37.4	44.9	41.2	3.7	17.7
1982	100.0	37.6	43.6	40.0	3.6	18.8
1983	100.0	37.9	42.1	38.5	3.6	20.0
1984	100.0	35.8	42.8	39.2	3.6	21.4
1985	100.0	32.7	44.7	40.3	4.4	22.6
1986	100.0	32.5	44.1	39.3	4.8	23.4
1987	100.0	30.3	43.9	38.5	5.4	25.8
1988	100.0	28.7	45.0	40.1	4.9	26.3
1989	100.0	27.0	44.7	40.8	3.9	28.3
1990	100.0	30.6	41.4	35.9	5.5	28.0
1991	100.0	29.3	41.2	36.1	5.1	29.5
1992	100.0	25.4	42.1	37.2	4.9	32.5
1993	100.0	23.3	44.7	39.6	5.1	32.0
1994	100.0	23.5	45.2	40.7	4.5	31.3
1995	100.0	23.5	43.9	38.8	5.1	32.6
1996	100.0	21.9	43.3	38.2	5.1	34.8
1997	100.0	20.3	43.1	37.6	5.5	36.6
1998	100.0	18.8	42.2	35.8	6.4	39.0
1999	100.0	17.2	42.0	35.4	6.6	40.8
2000	100.0	15.9	42.4	35.4	7.0	41.7
2001	100.0	14.9	42.6	35.2	7.4	42.5
2002	100.0	14.2	42.9	35.3	7.6	42.9
2003	100.0	13.3	44.4	36.5	7.9	42.3
2004	100.0	14.0	45.5	37.5	8.0	40.5
2005	100.0	13.3	45.3	37.5	7.8	41.4
2006	100.0	9.8	48.1	40.3	7.8	42.1
2007	100.0	10.3	46.8	39.1	7.7	42.9
2008	100.0	9.9	44.8	37.1	7.7	45.3
2009	100.0	9.2	45.2	37.1	8.1	45.6
2010	100.0	8.6	44.8	36.5	8.3	46.6
2011	100.0	8.4	44.8	36.3	8.5	46.8
2012	100.0	8.2	45.6	36.9	8.7	46.2
2013	100.0	7.8	45.8	36.6	9.2	46.4
2014	100.0	7.4	46.1	36.7	9.4	46.5
2015	100.0	7.2	45.3	35.8	9.5	47.5
2016	100.0	7.3	44.5	34.9	9.6	48.2
2017	100.0	6.9	44.1	33.8	10.3	49.0

表 2.6 续表 continued

单位：% (%)

年 份 Year	其 中 of which					
	其 中 of which					
	批发和零售业 Wholesale and Retail Trades	交通运输、仓储及邮政业 Transport, Storage, Post	住宿和餐饮业 Hotels and Catering Services	金融业 Financial Intermediation	房地产业 Real Estate	其他服务业 Others
1978	3.3	3.3	1.1	2.8	1.2	5.6
1979	3.2	3.3	1.1	2.7	1.2	5.7
1980	3.2	3.4	1.1	2.7	1.2	5.7
1981	3.3	3.5	1.1	2.8	1.2	5.8
1982	3.6	3.9	1.0	2.8	1.2	6.3
1983	3.7	4.9	1.0	3.2	1.2	6.0
1984	4.0	4.6	1.1	4.7	1.3	5.7
1985	5.4	4.2	1.1	4.5	1.3	6.1
1986	5.5	3.6	1.2	4.7	1.4	7.0
1987	5.9	3.3	1.3	7.2	1.7	6.4
1988	6.5	3.3	1.3	6.9	1.7	6.6
1989	7.1	4.0	1.3	8.2	1.6	6.1
1990	5.2	3.6	1.7	8.0	1.7	7.8
1991	5.4	3.3	1.7	8.5	1.9	8.7
1992	7.2	4.7	1.6	8.7	1.6	8.7
1993	8.2	3.7	1.5	8.7	1.5	8.4
1994	7.8	3.3	1.5	9.0	1.3	8.4
1995	7.6	4.2	1.7	8.7	1.6	8.8
1996	8.4	4.8	1.8	7.9	1.9	10.0
1997	8.7	5.4	2.0	7.7	2.2	10.6
1998	8.9	5.4	2.0	7.9	2.8	12.0
1999	9.1	5.7	2.0	7.2	3.0	13.8
2000	9.1	5.7	2.0	6.6	3.7	14.6
2001	9.0	6.5	1.9	6.4	3.9	14.8
2002	8.8	6.8	1.9	6.0	4.1	15.3
2003	8.5	6.5	1.8	5.8	4.4	15.3
2004	8.1	6.3	1.9	5.3	4.2	14.7
2005	8.0	6.3	1.9	5.3	4.1	15.8
2006	8.0	6.6	2.0	5.4	4.0	16.1
2007	7.9	6.2	2.2	5.1	4.2	17.3
2008	8.0	6.5	2.3	5.4	3.3	19.8
2009	8.1	6.5	2.4	6.1	3.5	19.0
2010	8.5	6.3	2.3	6.8	3.8	18.9
2011	8.2	5.9	2.1	7.7	4.3	18.6
2012	8.0	5.3	2.1	8.1	5.3	17.4
2013	8.7	5.1	2.3	8.4	5.8	16.1
2014	8.5	4.9	2.2	8.5	5.7	16.7
2015	8.5	4.8	2.2	8.9	5.3	17.8
2016	8.3	4.8	2.2	9.3	5.2	18.4
2017	8.2	4.8	2.2	9.3	5.4	19.1

表 2.7 地区生产总值指数(1978 – 2017 年)(上年 =100)
INDICES OF GROSS DOMESTIC PRODUCT (1978-2017) (PRECEDING YEAR=100)

年 份 Year	本市生产总值 Gross Domestic Product	其 中 of which				
		第一产业 Primary Industry	第二产业 Secondary Industry	其 中 of which		第三产业 Tertiary Industry
				工 业 Industry	建筑业 Construction	
1978	117.1	109.9	125.8	124.6	141.3	105.1
1979	111.1	109.1	112.2	112.3	111.7	112.1
1980	107.7	104.4	109.1	109.0	110.0	109.9
1981	106.2	105.8	105.5	105.2	108.1	110.3
1982	108.9	107.5	107.6	107.7	107.1	115.8
1983	110.3	107.3	110.2	110.2	111.8	117.3
1984	115.9	106.5	121.0	121.1	119.8	121.4
1985	108.6	109.3	105.6	104.0	121.9	112.3
1986	108.6	110.3	106.5	105.4	115.9	110.4
1987	105.3	96.7	108.6	107.3	119.3	111.9
1988	109.5	103.5	113.3	114.2	106.2	109.9
1989	104.9	104.6	102.5	103.7	91.5	109.5
1990	107.0	107.8	108.0	104.0	144.2	104.8
1991	109.2	106.7	109.4	110.8	100.2	111.5
1992	116.5	101.8	121.9	122.3	118.7	124.2
1993	115.6	105.0	122.0	122.4	118.8	115.5
1994	113.5	102.9	116.4	117.7	105.8	117.6
1995	112.3	104.5	114.2	114.1	114.3	115.0
1996	111.4	104.8	112.2	112.3	111.3	114.5
1997	111.2	103.2	112.5	111.8	118.5	114.1
1998	108.6	102.1	107.2	105.2	122.8	114.0
1999	107.8	100.4	110.6	111.0	107.7	107.6
2000	108.7	101.4	110.8	110.8	110.7	109.1
2001	109.2	102.2	112.2	111.7	114.7	109.0
2002	110.5	104.2	114.3	114.2	114.7	108.9
2003	111.7	104.4	116.6	116.9	115.1	109.0
2004	112.5	104.8	116.9	117.4	114.9	109.8
2005	111.8	104.5	113.4	114.7	107.3	112.1
2006	112.5	94.5	117.2	118.3	111.9	113.2
2007	116.0	109.5	120.9	122.4	113.4	112.1
2008	114.6	106.8	118.2	119.9	109.2	112.2
2009	115.1	105.5	118.1	117.6	121.2	113.6
2010	117.2	106.1	122.6	122.9	121.4	112.4
2011	116.4	105.1	121.0	121.4	119.6	114.0
2012	113.6	105.3	116.6	117.2	113.9	111.9
2013	112.3	104.7	112.8	112.3	114.9	113.0
2014	110.9	104.4	112.8	112.5	114.2	109.9
2015	111.0	104.7	111.4	110.6	114.7	111.6
2016	110.7	104.6	111.3	110.3	115.2	111.0
2017	109.3	104.0	109.5	109.4	109.6	109.9

注：本表按可比价格计算（下表同）。
Note: the indices hereof are calculated at constant prices (the same below).

表 2.7 续表 continued

年 份 Year	其 中 of which						本市人均生产总值 Per Capita GDP (yuan)
	其 中 of which						
	批发和零售业 Wholesale and Retail Trades	交通运输、仓储及邮政业 Transport, Storage, Post	住宿和餐饮业 Hotels and Catering Services	金融业 Financial Intermediation	房地产业 Real Estate	其他服务业 Others	
1978	103.5	101.7	116.4	103.7	100.4	150.8	117.2
1979	110.6	111.8	115.8	111.4	111.6	115.2	110.4
1980	106.3	105.9	113.6	107.4	106.8	122.4	107.1
1981	108.7	107.6	107.3	109.9	99.1	117.1	105.4
1982	115.3	115.5	107.0	108.3	111.4	120.9	108.0
1983	115.1	130.2	107.1	130.1	121.2	100.8	109.5
1984	124.0	108.1	124.2	171.5	122.6	112.7	115.5
1985	137.2	96.9	117.4	103.1	105.3	116.7	108.0
1986	106.6	99.7	117.4	111.9	118.5	117.5	107.5
1987	110.0	108.3	114.3	157.4	123.3	84.8	103.9
1988	122.8	105.9	119.1	104.0	105.9	112.5	108.2
1989	108.2	116.6	112.8	122.0	96.4	94.1	104.0
1990	83.5	100.7	133.5	108.6	116.8	134.7	106.1
1991	108.5	102.4	116.6	113.9	117.2	117.9	108.4
1992	142.3	133.5	116.4	120.4	96.4	123.3	115.8
1993	138.5	102.8	124.4	109.3	109.4	112.7	115.1
1994	104.1	109.1	133.3	115.3	102.8	139.8	112.8
1995	111.2	123.1	137.0	116.5	114.5	117.5	111.7
1996	115.9	115.6	120.3	104.0	131.5	121.3	110.7
1997	113.5	114.7	126.3	109.6	124.5	114.6	111.2
1998	115.0	104.1	104.4	110.4	122.4	120.8	108.7
1999	108.3	101.9	108.2	89.7	110.2	121.7	108.1
2000	112.2	104.0	108.1	101.8	111.6	114.5	109.1
2001	108.9	116.2	106.2	101.5	112.6	109.2	109.7
2002	110.1	105.2	109.5	107.9	113.8	110.8	111.1
2003	109.3	104.8	110.1	107.9	116.1	109.6	112.2
2004	110.8	114.6	118.0	105.9	103.7	109.6	112.9
2005	114.0	112.4	113.7	109.9	109.8	112.2	111.9
2006	111.4	120.3	115.2	112.4	107.7	112.7	112.2
2007	112.3	112.5	112.0	109.7	116.8	111.6	115.6
2008	116.9	113.7	113.0	112.9	89.1	114.9	114.0
2009	119.9	103.3	115.6	131.2	120.3	107.4	114.2
2010	117.5	113.8	101.4	119.8	107.3	108.6	116.2
2011	114.6	114.1	110.6	105.7	110.6	117.8	115.2
2012	112.6	109.2	107.7	120.6	111.5	110.3	112.4
2013	110.3	110.8	108.2	116.5	111.4	114.5	111.3
2014	109.1	107.4	107.5	112.3	107.6	111.2	110.1
2015	109.2	108.7	109.1	115.4	105.5	114.1	110.2
2016	107.9	105.8	107.7	110.3	107.5	115.8	109.6
2017	107.6	108.7	108.4	108.1	104.1	113.9	108.3

注：本表人均生产总值按常住人口计算。
Note: the per capita GDP hereof is calculated by registered population.

表 2.8 地区生产总值指数（1978 – 2017 年）（1978 年 =100）
INDICES OF GROSS DOMESTIC PRODUCT (1978-2017) (1978=100)

年份 Year	本市生产总值 Gross Domestic Product	其中 of which				
		第一产业 Primary Industry	第二产业 Secondary Industry	其中 of which		第三产业 Tertiary Industry
				工业 Industry	建筑业 Construction	
1978	100.0	100.0	100.0	100.0	100.0	100.0
1979	111.1	109.1	112.2	112.3	111.7	112.1
1980	119.7	113.9	122.4	122.4	122.9	123.2
1981	127.1	120.5	129.1	128.8	132.9	135.9
1982	138.4	129.5	138.9	138.7	142.3	157.4
1983	152.7	139.0	153.1	152.8	159.1	184.6
1984	177.0	148.0	185.3	185.0	190.6	224.1
1985	192.2	161.8	195.7	192.4	232.3	251.7
1986	208.7	178.5	208.4	202.8	269.2	277.9
1987	219.8	172.6	226.3	217.6	321.2	311.0
1988	240.7	178.6	256.4	248.5	341.1	341.8
1989	252.5	186.8	262.8	257.7	312.1	374.3
1990	270.2	201.4	283.8	268.0	450.0	392.3
1991	295.1	214.9	310.5	296.9	450.9	437.4
1992	343.8	218.8	378.5	363.1	535.2	543.3
1993	397.4	229.7	461.8	444.4	635.8	627.5
1994	451.0	236.4	537.5	523.1	672.7	737.9
1995	506.5	247.0	613.8	596.9	768.9	848.6
1996	564.2	258.9	688.7	670.3	855.8	971.6
1997	627.4	267.2	774.8	749.4	1014.1	1108.6
1998	681.4	272.8	830.6	788.4	1245.3	1263.8
1999	734.5	273.9	918.6	875.1	1341.2	1359.8
2000	798.4	277.7	1017.8	969.6	1484.7	1483.5
2001	871.9	283.8	1142.0	1083.0	1703.0	1617.0
2002	963.4	295.7	1305.3	1236.8	1953.3	1760.9
2003	1076.1	308.7	1522.0	1445.8	2248.2	1919.4
2004	1210.6	323.5	1779.2	1697.4	2583.2	2107.5
2005	1353.5	338.1	2017.6	1946.9	2771.8	2362.5
2006	1522.7	319.5	2364.6	2303.2	3101.6	2674.4
2007	1766.3	349.9	2858.8	2819.1	3517.2	2998.0
2008	2024.2	373.7	3379.1	3380.1	3840.8	3363.8
2009	2329.9	394.3	3990.7	3975.0	4655.0	3821.3
2010	2730.6	418.4	4892.6	4885.3	5651.2	4295.1
2011	3178.4	439.7	5920.0	5930.8	6758.8	4896.4
2012	3610.7	463.0	6902.7	6950.9	7698.3	5479.1
2013	4054.8	484.8	7786.2	7805.9	8845.3	6191.4
2014	4496.8	506.1	8782.8	8781.6	10101.3	6804.3
2015	4991.4	529.9	9784.0	9712.4	11586.2	7593.6
2016	5525.5	554.3	10889.6	10712.8	13347.3	8428.9
2017	6039.4	576.5	11924.1	11719.8	14628.6	9263.4

注：本表按可比价格计算（下表同）。
Note: the indices hereof are calculated at constant prices (the same below).

表 2.8 续表 continued

年 份 Year	其 中 of which						本市人均生产总值 Per Capita GDP (yuan)
	其 中 of which						
	批发和零售业 Wholesale and Retail Trades	交通运输、仓储及邮政业 Transport, Storage, Post	住宿和餐饮业 Hotels and Catering Services	金融业 Financial Intermediation	房地产业 Real Estate	其他服务业 Others	
1978	100.0	100.0	100.0	100.0	100.0	100.0	100.0
1979	110.6	111.8	115.8	111.4	111.6	115.2	110.4
1980	117.6	118.4	131.5	119.6	119.2	141.0	118.2
1981	127.8	127.4	141.1	131.4	118.1	165.1	124.6
1982	147.4	147.1	151.0	142.3	131.6	199.6	134.6
1983	169.7	191.5	161.7	185.1	159.5	201.2	147.4
1984	210.4	207.0	200.8	317.4	195.5	226.8	170.2
1985	288.7	200.6	235.7	327.2	205.9	264.7	183.8
1986	307.8	200.0	276.7	366.1	244.0	311.0	197.6
1987	338.6	216.6	316.3	576.2	300.9	263.7	205.3
1988	415.8	229.4	376.7	599.2	318.7	296.7	222.1
1989	449.9	267.5	424.9	731.0	307.2	279.2	231.0
1990	375.7	269.4	567.2	793.9	358.8	376.1	245.1
1991	407.6	275.9	661.4	904.3	420.5	443.4	265.7
1992	580.0	368.3	769.9	1088.8	405.4	546.7	307.7
1993	803.3	378.6	957.8	1190.1	443.5	616.1	354.2
1994	836.2	413.1	1276.7	1372.2	455.9	861.3	399.5
1995	929.9	508.5	1749.1	1598.6	522.0	1012.0	446.2
1996	1077.8	587.8	2104.2	1662.5	686.4	1227.6	493.9
1997	1223.3	674.2	2657.6	1822.1	854.6	1406.8	549.2
1998	1406.8	701.8	2774.5	2011.6	1046.0	1699.4	597.0
1999	1523.6	715.1	3002.0	1804.4	1152.7	2068.2	645.4
2000	1709.5	743.7	3245.2	1836.9	1286.4	2368.1	704.1
2001	1861.6	864.2	3446.4	1864.5	1448.5	2586.0	772.4
2002	2049.6	909.1	3773.8	2011.8	1648.4	2865.3	858.1
2003	2240.2	952.7	4155.0	2170.7	1913.8	3140.4	962.8
2004	2482.1	1091.8	4902.9	2298.8	1984.6	3441.9	1087.0
2005	2829.6	1227.2	5574.6	2526.4	2179.1	3861.8	1216.4
2006	3152.2	1476.3	6421.9	2839.7	2346.9	4352.2	1364.8
2007	3539.9	1660.8	7192.5	3115.2	2741.2	4857.1	1577.7
2008	4138.1	1888.3	8127.5	3517.1	2442.4	5580.8	1798.6
2009	4961.6	1950.6	9395.4	4614.4	2938.2	5993.8	2054.0
2010	5829.9	2219.8	9526.9	5528.1	3152.7	6509.3	2386.7
2011	6681.1	2532.8	10536.8	5843.2	3486.9	7668.0	2749.5
2012	7522.9	2765.8	11348.1	7046.9	3887.9	8457.8	3090.4
2013	8297.8	3064.5	12278.6	8209.6	4331.1	9684.2	3439.6
2014	9052.9	3291.3	13199.5	9219.4	4660.3	10768.8	3787.0
2015	9885.8	3577.6	14400.7	10639.2	4916.6	12287.2	4173.3
2016	10666.8	3785.1	15509.6	11735.0	5285.3	14228.6	4573.9
2017	11477.5	4114.4	16812.4	12685.5	5502.0	16206.4	4953.5

注：本表人均生产总值按常住人口计算。
Note: the per capita GDP hereof is calculated by registered population.

表 2.9 三次产业贡献率（1990 – 2017 年）
SHARE OF THE CONTRIBUTIONS OF THE GROWTH OF THREE STRATA OF INDUSTRY TO THE INCREASE OF THE GDP (1990-2017)

单位：% (%)

年 份 Year	本市 生产总值 Gross Domestic Product	其 中 of which			
		第一产业 Primary Industry	第二产业 Secondary Industry	其 中 of which #工 业 Industry	第三产业 Tertiary Industry
1990	100.0	33.9	46.8	21.2	19.3
1991	100.0	22.5	42.2	42.1	35.3
1992	100.0	3.2	54.9	49.2	41.9
1993	100.0	8.5	61.2	55.0	30.3
1994	100.0	5.0	55.3	53.0	39.7
1995	100.0	7.8	53.8	48.1	38.4
1996	100.0	8.3	50.7	45.7	41.0
1997	100.0	5.3	53.2	45.0	41.5
1998	100.0	4.3	40.3	26.2	55.4
1999	100.0	0.8	64.4	58.5	34.8
2000	100.0	2.4	60.3	53.0	37.3
2001	100.0	3.7	55.9	44.7	40.4
2002	100.0	5.9	58.9	48.6	35.2
2003	100.0	5.2	63.5	53.7	31.3
2004	100.0	5.0	63.9	54.5	31.1
2005	100.0	4.6	55.7	50.8	39.7
2006	100.0	-5.9	62.2	54.8	43.7
2007	100.0	6.6	61.7	55.2	31.7
2008	100.0	4.9	61.4	56.7	33.7
2009	100.0	3.6	60.9	50.8	35.5
2010	100.0	3.2	68.7	59.2	28.1
2011	100.0	2.7	57.4	47.5	39.9
2012	100.0	3.0	56.9	48.2	40.1
2013	100.0	2.7	49.1	38.6	48.2
2014	100.0	2.6	55.5	43.9	41.9
2015	100.0	2.7	49.6	37.4	47.7
2016	100.0	3.1	47.9	34.4	49.0
2017	100.0	2.9	46.3	36.1	50.8

表 2.10 三次产业拉动力（1990－2017 年）
CONTRIBUTION OF THE THREE STRATA OF INDUSTRY TO GDP GROWTH (1990-2017)

单位：%（%）

年 份 Year	本市生产总值 Gross Domestic Product	其中 of which			
		第一产业 Primary Industry	第二产业 Secondary Industry	其中 of which #工 业 Industry	第三产业 Tertiary Industry
1990	7.0	2.4	3.3	1.5	1.3
1991	9.2	2.1	3.9	3.9	3.2
1992	16.5	0.5	9.1	8.1	6.9
1993	15.6	1.3	9.5	8.6	4.8
1994	13.5	0.7	7.5	7.2	5.3
1995	12.3	1.0	6.6	5.9	4.7
1996	11.4	0.9	5.8	5.2	4.7
1997	11.2	0.6	6.0	5.0	4.6
1998	8.6	0.4	3.5	2.3	4.7
1999	7.8	0.1	5.0	4.6	2.7
2000	8.7	0.2	5.2	4.6	3.3
2001	9.2	0.3	5.1	4.1	3.8
2002	10.5	0.6	6.2	5.1	3.7
2003	11.7	0.6	7.4	6.3	3.7
2004	12.5	0.6	8.0	6.8	3.9
2005	11.8	0.5	6.6	6.0	4.7
2006	12.5	-0.7	7.8	6.9	5.4
2007	16.0	1.1	9.9	8.8	5.0
2008	14.6	0.7	9.0	8.3	4.9
2009	15.1	0.5	9.2	7.7	5.4
2010	17.2	0.6	11.8	10.2	4.8
2011	16.4	0.4	9.4	7.8	6.6
2012	13.6	0.4	7.7	6.6	5.5
2013	12.3	0.3	6.0	4.7	6.0
2014	10.9	0.3	6.0	4.8	4.6
2015	11.0	0.3	5.5	4.1	5.2
2016	10.7	0.3	5.1	3.7	5.3
2017	9.3	0.3	4.3	3.4	4.7

表 2.11 分经济类型地区生产总值（1996 – 2017 年）
GROSS DOMESTIC PRODUCT BY STATUS OF REGISTRATION (1996-2017)

单位：亿元 (100 million yuan)

年份 Year	本市生产总值 Gross Domestic Product	公有制经济 Public-owned Economy	非公有制经济 Non-public-owned Economy	其中 of which 个体私营经济 Individual and Private	外商港澳台经济 Funded by HK, Macao, Taiwan & Foreign
1996	1315.12	987.66	327.46	286.70	40.76
1997	1509.75	1111.18	398.57	341.20	57.37
1998	1602.38	1104.04	498.34	442.26	56.08
1999	1663.20	1111.02	552.18	487.32	64.86
2000	1791.00	1156.99	634.01	560.58	73.43
2001	1976.86	1209.84	767.02	682.02	85.00
2002	2232.86	1295.06	937.80	799.36	138.44
2003	2555.72	1385.20	1170.52	955.84	214.68
2004	3048.03	1581.93	1466.10	1277.12	188.98
2005	3486.22	1729.17	1757.05	1519.99	237.06
2006	3929.67	1846.94	2082.73	1744.77	337.96
2007	4704.01	2112.10	2591.91	2130.92	460.99
2008	5829.86	2401.90	3427.96	2844.97	582.99
2009	6576.96	2630.78	3946.18	3222.71	723.47
2010	7983.77	3097.70	4886.07	3880.11	1005.96
2011	10087.34	3863.45	6223.89	4932.71	1291.18
2012	11504.01	4337.01	7167.00	5648.47	1518.53
2013	12894.26	4964.29	7929.97	6318.19	1611.78
2014	14393.19	5570.16	8823.03	7052.66	1770.37
2015	15872.23	6142.55	9729.68	7888.50	1841.18
2016	17740.59	6901.09	10839.50	8852.55	1986.95
2017	19500.27	7575.58	11924.69	9832.61	2092.08

表 2.11 续表 continued

单位：% (%)

年 份 Year	生产总值构成 Compositon of Gross Domestic Product	公有制经济 Public-owned Economy	非公有制经济 Non-public-owned Economy	其中 of which 个体私营经济 Individual and Private	外商港澳台经济 Funded by HK, Macao, Taiwan & Foreign
1996	100.0	75.1	24.9	21.8	3.1
1997	100.0	73.6	26.4	22.6	3.8
1998	100.0	68.9	31.1	27.6	3.5
1999	100.0	66.8	33.2	29.3	3.9
2000	100.0	64.6	35.4	31.3	4.1
2001	100.0	61.2	38.8	34.5	4.3
2002	100.0	58.0	42.0	35.8	6.2
2003	100.0	54.2	45.8	37.4	8.4
2004	100.0	51.9	48.1	41.9	6.2
2005	100.0	49.6	50.4	43.6	6.8
2006	100.0	47.0	53.0	44.4	8.6
2007	100.0	44.9	55.1	45.3	9.8
2008	100.0	41.2	58.8	48.8	10.0
2009	100.0	40.0	60.0	49.0	11.0
2010	100.0	38.8	61.2	48.6	12.6
2011	100.0	38.3	61.7	48.9	12.8
2012	100.0	37.7	62.3	49.1	13.2
2013	100.0	38.5	61.5	49.0	12.5
2014	100.0	38.7	61.3	49.0	12.3
2015	100.0	38.7	61.3	49.7	11.6
2016	100.0	38.9	61.1	49.9	11.2
2017	100.0	38.8	61.2	50.5	10.7

年 份 Year	生产总值指数（上年 =100） Compositon of Gross Domestic Product (Preceding Year =100)	公有制经济 Public-owned Economy	非公有制经济 Non-public-owned Economy	其中 of which 个体私营经济 Individual and Private	外商港澳台经济 Funded by HK, Macao, Taiwan & Foreign
1996	111.4	107.3	126.1	127.8	115.1
1997	111.2	109.0	117.9	115.3	136.3
1998	108.6	101.7	127.9	132.6	100.1
1999	107.8	104.5	115.1	114.4	120.1
2000	108.7	105.1	115.9	116.1	114.3
2001	109.2	103.5	119.7	120.4	114.5
2002	110.5	104.7	119.6	114.7	159.3
2003	111.7	104.4	121.8	116.7	151.3
2004	112.5	107.6	118.0	125.9	83.0
2005	111.8	106.7	117.0	116.2	122.5
2006	112.5	106.6	118.2	114.5	142.2
2007	116.0	110.8	120.5	118.3	132.1
2008	114.6	105.1	122.2	123.4	116.9
2009	115.1	111.6	117.3	115.4	126.4
2010	117.2	113.5	119.6	116.4	133.9
2011	116.4	111.8	119.3	118.3	123.0
2012	113.6	107.8	116.8	114.2	126.5
2013	112.3	112.0	112.4	114.5	105.3
2014	110.9	110.5	111.1	111.4	109.9
2015	111.0	110.7	111.1	112.2	106.1
2016	110.7	110.3	110.9	112.1	104.4
2017	109.3	108.9	109.5	109.9	107.4

重/庆/统/计/年/鉴

主要统计指标解释

■ 国内（地区）生产总值（GDP）

是按市场价格计算的一个国家（或地区）所有常住单位在一定时期内生产活动的最终成果。国内（地区）生产总值有三种表现形态，即价值形态、收入形态和产品形态。从价值形态看，它是所有常住单位在一定时期内所生产的全部货物和服务价值超过同期中间投入的全部非固定资产货物和服务价值的差额，即所有常住单位的增加值之和；从收入形态看，它是所有常住单位在一定时期内所创造并分配给常住单位和非常住单位的初次收入之和；从产品形态看，它是所有常住单位在一定时期内最终使用的货物和服务价值减去货物和服务进口价值。在实际核算中，国内（地区）生产总值的三种表现形态表现为三种计算方法，即生产法、收入法和支出法。三种方法分别从不同的方面反映国内（地区）生产总值及其构成。

■ 三次产业

三次产业的划分是世界上较为常用的产业结构分类，但各国的划分不尽一致。我国的三次产业划分是：

第一产业是指农业、林业、畜牧业、渔业（不含农、林、牧、渔服务业）。

第二产业是指采矿业（不含开采辅助活动），制造业（不含金属制品、机械和设备修理业），电力、煤气及水的生产和供应业，建筑业。

第三产业是指除第一、二产业以外的其他行业。

■ 收入法国内（地区）生产总值

是从常住单位从事生产活动形式收入的角度来反映一个国家（或地区）一定时期内生产活动最终成果的一种方法，包括劳动者报酬、生产税净额、固定资产折旧、营业盈余四部分。计算公式为：

收入法国内（地区）生产总值 = 劳动者报酬 + 生产税净额 + 固定资产折旧 + 营业盈余

（1）劳动者报酬：指劳动者因从事生产活动所获得的全部报酬。包括劳动者获得的各种形式的工资、奖金和津贴，既包括货币形式的，也包括实物形式的，还包括劳动者所享受的公费医疗和医药卫生费、上下班交通补贴和单位支付的社会保险费、住房公积金等。对于个体经济来说，其所有者所获得的劳动报酬和经营利润不易区分，这两部分统一作为劳动者报酬处理。

（2）生产税净额：指生产税减生产补贴后的差额。生产税指政府对生产单位生产、销售和从事经营活动以及因从事生产活动使用某些生产要素（如固定资产、土地、劳动力）所征收的各种税、附加费和规费。生产补贴与生产税相反，是政府对生产单位的单方面转移支出，因此视为负生产税，包括政策亏损补贴、价格补贴等。

（3）固定资产折旧：指一定时期内为弥补固定资产损耗按照规定的固定资产折旧率提取的固定资产折旧，或按国民经济核算统一规定的折旧率虚拟计算的固定资产折旧。它反映了固定资产在当期生产中的转移价值。各类企业和企业化管理的事业单位的固定资产折旧指实际计提的折旧费；不计提折旧的政府机关、非企业化管理的事业单位和居民住房的固定资产折旧是按照统一规定的折旧率和固定资产原值计算的虚拟折旧。原则上，固定资产折旧应按固定资产当期的重置价值计算，但是我国目前尚不具备对全社会固定资产进行重估价的基础，所以暂时只能采用上述方法。

（4）营业盈余：指常住单位创造的增加值扣除劳动者报酬、生产税净额和固定资产折旧后的余额。它相当于企业的营业利润加上生产补贴，但要扣除从利润中开支的工资和福利等。

■ 支出法国内（地区）生产总值

是从最终使用的角度反映一个国家（或地区）一定时期内生产活动最终成果的一种方法，包括最终消费支出、资本形成总额及货物和服务净流出三部分。计算公式为：

支出法国内（地区）生产总值 = 最终消费支出 + 资本形成总额 + 货物和服务净流出

主要统计指标解释

最终消费支出

指常住单位为满足物质、文化和精神生活的需要，从本国经济领土和国外购买的货物和服务的支出。它不包括非常住单位在本国经济领土内的消费支出。最终消费支出分为居民消费支出和政府消费支出。

（1）居民消费支出：指常住住户在一定时期内对于货物和服务的全部最终消费支出。居民消费支出除了直接以货币形式购买的货物和服务的消费支出外，还包括以其他方式获得的货物和服务的消费支出，即所谓的虚拟消费支出。居民虚拟消费支出包括如下几种类型：单位以实物报酬及实物转移的形式提供给劳动者的货物和服务；住户生产并由本住户消费了的货物和服务，其中的服务仅指住户的自有住房服务；金融机构提供的金融媒介服务；保险公司提供的保险服务。

（2）政府消费支出：指政府部门为全社会提供的公共服务的消费支出和免费或以较低的价格向居民住户提供的货物和服务的净支出，前者等于政府服务的产出价值减去政府单位所获得的经营收入的价值，后者等于政府部门免费或以较低价格向居民住户提供的货物和服务的市场价值减去向住户收取的价值。

资本形成总额

指常住单位在一定时期内获得的减去处置的固定资产和存货的净额，包括固定资产形成总额和存货增加。

（1）固定资产形成总额：指常住单位在一定时期内获得的固定资产减处置的固定资产的价值总额。固定资产是通过生产活动生产出来的，且其使用年限在一年以上、单位价值在规定标准以上的资产，不包括自然资产。可分为有形固定资本形成总额和无形固定资本形成总额。有形固定资本形成总额包括一定时期内完成的建筑工程、安装工程和设备工器具购置（减处置）价值，以及土地改良、新增役、种、奶、毛、娱乐用牲畜和新增经济林木价值。无形固定资本形成总额包括矿藏的勘探、计算机软件等获得减处置。

（2）存货增加：指常住单位在一定时期内存货实物量变动的市场价值，即期末价值减期初价值的差额，再扣除当期由于价格变动而产生的持有收益。存货增加可以是正值，也可以是负值，正值表示存货上升，负值表示存货下降。存货包括生产单位购进的原材料、燃料和储备物资等存货，以及生产单位生产的产成品、在制品和半成品等存货。

货物和服务净流出

指货物和服务流出减货物和服务流入的差额。流出包括常住单位向非常住单位出售或无偿转让的各种货物和服务的价值；流入包括常住单位从非常住单位购买或无偿得到的各种货物和服务的价值。由于服务活动的提供与使用同时发生，一般把常住单位从本地区外得到的服务作为流入，非常住单位从本地区得到的服务作为流出。

产业部门贡献率

是各产业部门增加值可比价增量与国内生产总值可比价增量之比。

产业部门拉动力

拉动力是指总的经济增长率中带动的百分点数，产业部门拉动力是指在GDP增长中各产业部门拉动的百分点数。其计算公式为：

拉动力（%）＝贡献率（%）×GDP增长率（%）

Explanatory Notes on Main Statistical Indicators

Gross Domestic Product (GDP)

Refers to the final products at market prices produced by all resident units in a country (or a region) during a certain period of time. Gross domestic product is expressed in three different perspectives value added, income, and products respectively. The form of value added refers to the total value of all products and services produced by all resident units during a certain period of time minus total value of intimidate input of materials and services of the nature of non-fixed assets or the summation of the value added of all resident units; the form of income includes all the income created by all resident units and distributed primarily to all resident and non-resident units; the form of products refers to all final goods and services of final use by all resident units plus the value of net exports of goods and services. In the practice of national accounting, gross domestic product is calculated with three approaches, i.e. product approach, income approach and expenditure approach, which reflect gross domestic product and its composition from different aspects.

Three Strata of Industry

Classification of economic activities into three strata of industry is a common practice in the world, although the grouping varies to some extent form country to country. In China economic activities are categorized into the following three strata of industry:

Primary industry refers to agriculture, forestry, animal husbandry and fishery and services in support of these industries(not including in support of agriculture, forestry, animal husbandry and fishery industries).

Secondary industry refers to mining and quarrying(not including support activities for mining), manufacturing(not including repair service of metal products, machinery and equipment), production and supply of electricity, water and gas, and construction.

Tertiary industry refers to all other economic activities not included in the primary or secondary industries.

GDP by Income Approach

Refers to the method of measuring the final results of production activities of a country (region) during a given period from the income items produced by all resident units. It includes laborers' remuneration, net taxes on production, depreciation of fixed assets and operating surplus, i.e.:

GDP by income approach =compensation of employee + net taxes on production + depreciation of fixed assets + operating surplus

(I) Compensation of Employee refers to the total payment of various forms to employees for the productive activities they are engaged in. It includes wages, bonuses and allowances, which the employees earn in cash or in kind. It also includes the free medical services provided to the employees and the medicine expenses, transport subsidies and social insurance, and housing fund paid by the employers. As regards the individual economy, since compensation of employees is not easily distinguishable from the operating surplus, both parts are treated as compensation of employees.

(II) Net Taxes on Production refers to the difference of the taxes on production minus the subsidies on production. The taxes on production refers to the various taxes, extra charges and fees levied on the production units on their production, sale and business activities as well as on some factors of production, such as fixed assets, land and labor force, used in the production activities they are engaged in. In contrast to the taxes on production, the subsidies on production is the unilateral transfer of part of the government's revenue to the production units and is therefore treated as the negative taxes on production, They include subsidies on the loss due to implementation of government policies, price subsidies, etc.

(III) Depreciation of Fixed Assets refers to the depreciation of fixed assets drawn in accordance with the stipulated depreciation rate for the purpose of compensating the wear loss of the fixed assets or the depreciation of fixed assets calculated in a fictitious way in accordance with the stipulated unified depreciation rate in the national economic accounting system. It reflects the value of transfer of the fixed assets in the production of the current period. The depreciation of fixed assets in various enterprises and institutions managed as enterprises refers to the depreciation expenses actually drawn and calculated as part of the cost. In the units, which do not draw the depreciation expenses, such as government agencies, institutions not managed as enterprises as well as the houses of residents, the depreciation of fixed assets is the fictitious depreciation, which is calculated in accordance with the stipulated unified depreciation rate. In principle, the depreciation of fixed assets should be calculated on the basis of the re-purchased value of the fixed assets. However, there is no actual condition to re-evaluate all the fixed assets in China. Therefore, the above-mentioned methods are temporarily adopted at present.

(IV)Operating Surplus refers to the balance of the value added created by the resident units deducting the laborers' remuneration, net taxes on production ant the depreciation of fixed assets. It is equivalent to the business profit of the enterprises plus subsidies on production, but the wages and welfare expenses paid from the profits should be deducted.

GDP by Expenditure Approach

Refers to the method of measuring the final results of production activities of a country (region) during a given period from the perspective of final use. It includes final consumption expenditure, total capital formation and net export of goods and services, i.e.:

GDP by expenditure approach = final consumption expenditure + gross capital formation + net export of goods and services

Final Consumption Expenditure

Refers to the total expenditure of resident units on final consumption of goods and services from domestic economic territory and abroad to meet the requirements of material, cultural and spiritual life. It excludes the expenditure of non-resident units on consumption in the economic territory of the country. The final consumption expenditure is broken down into household consumption expenditure and government consumption expenditure.

(I) Household consumption Expenditure refers to the total expenditure of resident households on the final consumption of goods and services. In addition to the consumption of goods and services bought by the households directly with money, the households consumption expenditure also includes expenditure on goods and services obtained by the households in other ways, i.e. the so-called fictitious consumption expenditure, which includes the following types: (a) the goods and services provided to the households by the employer in the form of payment in kind and transfer in kind; (b) the goods and services produced and consumed by the households themselves, in which the services refer only to the owner-occupied housing and domestic and individual services provided by the paid household workers; (c) financial intermediate services provided by the financial institutions; (d) the insurance services provided by insurance companies.

(II) Government consumption Expenditure refers to the expenditure on the consumption of the public services provided by the government to the whole society and the net expenditure on the goods and services provided by the government to the households for free charge or at lower prices. The former equals to the output value of the government services minus the value of operating in come obtained by the government departments. The latter equals to the market value of the goods and services provided by the government to the households minus the value received by the government from the households.

Gross Capital Formation

Refers to the net amount of the fixed assets and stock acquired minus those disposed, including the gross fixed assets formation and changes in inventories.

(I) Gross fixed capital formation refer to the value of fixed assets purchased, transferred in by the resident units and those produced and used by themselves deducting the value of fixed assets sold and transferred out. It can by classified into total tangible assets formation and total intangible assets formation. The total tangible assets formation include the value of the construction projects, installation projects completed and the equipment, apparatus and instruments purchased as well as the value of land improved, the value of draught animals, breeding stock, milk, wool and recreational animals and the newly increased economic forest in a certain period. The total intangible assets formation includes the prospecting of minerals, the acquisition of computer software, the originals of recreational works and works of literature and arts minus the disposal of them.

(II) Changes in Inventories refers to the market value of the change in the physical volume of inventory of resident units during a given period, i.e. the difference between the values at the beginning and the end of the period minus the gains due to the change in prices. The changes in inventories can have a positive or a negative value. A positive value indicates an increase in inventory while a negative value indicates a decrease in inventory. The inventory includes raw materials, fuels and

EXPLANATORY NOTES TO MAJOR STATISTICAL INDICATORS

reserve materials purchased by the production units as well as the inventory of finished products, semi-finished products and work-in-progress.

Net Export of Goods and Services

Refers to the difference of the exports of goods and services minus the imports of goods and services. The imports include the value of various goods and services sold or gratuitously transferred by the resident units to the non-resident units. The imports include the value of various goods and services purchased or gratuitously acquired by the resident units from the non-resident units. Because the provision of services and the use of them happen simultaneously, the import and export of services by the resident units from abroad is usually treated as import while the acquisition of services by non-resident units in this country is usually treated as export. The export and import of goods are calculated at FOB.

Share of the Contributions of the Industry

Refers to the proportion of the increment of the value-added of each industry to the increase of GDP.

Contribution of the Industry

Contribution is the driven percentage points to GDP growth. Contribution of the industry is the driven percentage points of each industry to GDP growth. Its calculation formula is:

contribution (%) = share of contribution (%) × GDP growth rate (%)

第 3 章

人口与就业

POPULATION AND EMPLOYMENT

简要说明
BRIEF INTRODUCTION

本章内容主要包括全市的户籍人口、常住人口、第五、六次人口普查的主要数据，以及计划生育、就业、工资等情况，由市统计局人口就业处整理编辑。

户籍统计人口资料由市公安局提供；计划生育资料由市卫生和计划生育委员会提供；失业资料由市人力资源和社会保障局提供；常住人口、人口普查主要数据、就业和工资资料由市统计局人口就业处提供。

The data in this chapter include the basic statistics on the registered population, resident population and the main indicators in 5th and 6th population censuses, as well as the statistics on family planning, employment and wages. All the data are prepared and compiled by Division of Population and Employment Statistics, Chongqing Municipal Bureau of Statistics.

The data on registered population are provided by Chongqing Municipal Public Security Bureau; the data on family planning are provided by Chongqing Population and Family Planning Commission; the data on unemployment are provided by Chongqing Municipal Human Resources and Social Security Bureau and the main indicators of resident population, population censuses, employment and wages are provided by Division of Population and Employment Statistics, Chongqing Municipal Bureau of Statistics.

表 3.1 主要年份总户数、总人口（户籍统计）
TOTAL HOUSEHOLDS AND TOTAL POPULATION IN MAJOR YEARS (HOUSEHOLD REGISTRATION)

单位：万人 (10 000 persons)

年　份 Year	总户数（万户） Total Number of Households (10 000 households)	总人口 Total Population	按性别分 By Sex		按农业、非农业分 By Residence	
			男 Male	女 Female	农　业 Agriculture	非农业 Non-agriculture
1952	401.93	1776.52	927.91	848.61		
1957	434.66	2005.18	1040.82	964.36	1692.77	312.41
1962	442.01	1797.19	916.99	880.20	1528.95	268.24
1965	455.55	1974.89	1010.19	964.70	1685.08	289.81
1970	518.02	2289.64	1173.57	1116.07	1989.66	299.98
1975	579.36	2592.59	1332.89	1259.70	2280.39	312.20
1978	601.07	2635.56	1357.98	1277.58	2304.66	330.90
1980	610.19	2664.79	1376.22	1288.57	2291.51	373.28
1985	684.46	2768.26	1437.35	1330.91	2310.89	457.37
1986	716.53	2807.60	1458.75	1348.85	2343.23	464.37
1987	751.96	2845.14	1478.88	1366.26	2370.06	475.08
1988	784.83	2873.34	1494.20	1379.14	2390.36	482.98
1989	812.65	2897.01	1507.74	1389.27	2405.25	491.76
1990	833.78	2920.90	1520.83	1400.07	2427.92	492.98
1991	844.66	2938.99	1531.11	1407.88	2439.61	499.38
1992	849.77	2950.78	1538.46	1412.32	2438.94	511.84
1993	855.75	2964.92	1546.50	1418.42	2438.27	526.65
1994	870.20	2985.59	1558.05	1427.54	2440.41	545.18
1995	879.35	3001.77	1566.86	1434.91	2442.33	559.44
1996	888.56	3022.77	1577.97	1444.80	2445.65	577.12
1997	897.78	3042.92	1588.10	1454.82	2448.34	594.58
1998	907.17	3059.69	1596.88	1462.81	2445.66	614.03
1999	922.73	3072.34	1602.42	1469.92	2437.18	635.16
2000	938.87	3091.09	1611.68	1479.41	2430.20	660.89
2001	950.56	3097.91	1614.91	1483.00	2408.39	689.52
2002	961.69	3113.83	1623.13	1490.70	2392.38	721.45
2003	977.01	3130.10	1631.66	1498.44	2376.18	753.92
2004	988.59	3144.23	1637.18	1507.05	2358.40	785.83
2005	1010.41	3169.16	1649.26	1519.90	2351.88	817.28
2006	1030.66	3198.87	1662.77	1536.10	2353.44	845.43
2007	1056.97	3235.32	1681.10	1554.22	2358.35	876.97
2008	1080.15	3257.05	1690.56	1566.49	2349.67	907.38
2009	1110.70	3275.61	1697.69	1577.92	2326.92	948.69
2010	1154.83	3303.45	1709.03	1594.42	2196.45	1107.00
2011	1205.20	3329.81	1720.53	1609.28	2052.17	1277.64
2012	1220.64	3343.44	1725.87	1617.57	2026.19	1317.25
2013	1236.78	3358.42	1731.82	1626.60	2014.37	1344.05
2014	1248.67	3375.20	1738.87	1636.33	2003.08	1372.12
2015	1254.54	3371.84	1736.49	1635.35	1980.82	1391.02
2016	1260.88	3392.11	1745.24	1646.87	1776.60	1615.51
2017	1260.93	3389.82	1741.13	1648.69	1753.01	1636.81

注：2016 年开始户籍人口取消农业与非农业划分，改用乡村与城镇进行划分。
Note: The agriculture and non-agriculture population of household registration from 2016 adopted the classification of urban and rural population.

表 3.2 主要年份人口自然变动（户籍统计）
POPULATION NATURAL DYNAMICS IN MAJOR YEARS (HOUSEHOLD REGISTRATION)

单位：万人、‰ (10 000 persons, ‰)

年份 Year	出生 Birth		死亡 Death		自然增长 Natural Growth	
	人口 Population	出生率 Birth Rate	人口 Population	死亡率 Death Rate	人口 Population	自然增长率 Natural Growth Rate
1957	54.20	27.32	21.78	10.98	32.42	16.34
1962	43.72	24.36	27.87	15.53	15.85	8.83
1965	74.01	38.03	21.43	11.01	52.58	27.02
1970	87.78	38.99	22.11	9.82	65.67	29.17
1975	72.03	28.06	21.33	8.31	50.70	19.75
1978	26.09	9.91	17.18	6.52	8.91	3.39
1980	29.68	11.16	17.19	6.46	12.49	4.70
1985	36.13	13.10	18.76	6.80	17.37	6.30
1986	54.47	19.54	18.36	6.59	36.11	12.95
1987	48.72	17.24	18.42	6.52	30.30	10.72
1988	38.58	13.49	19.43	6.79	19.15	6.70
1989	39.79	13.79	19.99	6.93	19.80	6.86
1990	42.53	14.62	19.59	6.73	22.94	7.89
1991	37.61	12.83	19.20	6.55	18.41	6.28
1992	35.62	12.09	20.89	7.09	14.73	5.00
1993	35.75	12.09	20.23	6.84	15.52	5.25
1994	40.05	13.46	19.95	6.70	20.10	6.76
1995	39.39	13.16	21.45	7.17	17.94	5.99
1996	41.06	13.63	21.62	7.18	19.44	6.45
1997	36.99	12.20	20.95	6.91	16.04	5.29
1998	35.51	11.64	21.64	7.09	13.87	4.55
1999	30.68	10.01	20.68	6.74	10.00	3.27
2000	35.22	11.43	24.59	7.98	10.63	3.45
2001	26.26	8.48	18.76	6.06	7.50	2.42
2002	28.65	9.20	18.07	5.80	10.58	3.40
2003	30.00	9.61	18.05	5.78	11.95	3.83
2004	33.72	10.74	23.44	7.47	10.28	3.27
2005	30.66	9.71	13.88	4.40	16.78	5.31
2006	36.57	11.49	14.89	4.68	21.68	6.81
2007	44.66	13.88	16.56	5.15	28.10	8.73
2008	43.26	13.33	24.56	7.57	18.70	5.76
2009	40.82	12.50	26.13	8.00	14.69	4.50
2010	62.83	19.10	38.97	11.85	23.86	7.25
2011	41.27	12.44	19.55	5.90	21.72	6.54
2012	36.76	11.02	23.83	7.14	12.93	3.88
2013	35.81	10.69	20.17	6.02	15.64	4.67
2014	39.74	11.80	22.55	6.70	17.19	5.10
2015	37.34	11.07	23.82	7.06	13.52	4.01
2016	38.08	11.26	18.59	5.50	19.49	5.76
2017	41.09	12.12	44.79	13.21	-3.70	-1.09

表 3.3 常住人口及城镇化率(1996 – 2017 年)
RESIDENT POPULATION AND URBANIZATION RATE (1996-2017)

单位：万人 (10 000 persons)

年 份 Year	常住人口 Resident Population	其 中 of which		城镇化率 (%) Urbanization Rate (%)
		城 镇 Urban	乡 村 Rural	
1996	2875.30	848.21	2027.09	29.5
1997	2873.36	890.74	1982.62	31.0
1998	2870.75	935.86	1934.89	32.6
1999	2860.37	981.11	1879.26	34.3
2000	2848.82	1013.88	1834.94	35.6
2001	2829.21	1058.12	1771.09	37.4
2002	2814.83	1123.12	1691.71	39.9
2003	2803.19	1174.55	1628.64	41.9
2004	2793.32	1215.42	1577.90	43.5
2005	2798.00	1265.95	1532.05	45.2
2006	2808.00	1311.29	1496.71	46.7
2007	2816.00	1361.35	1454.65	48.3
2008	2839.00	1419.09	1419.91	50.0
2009	2859.00	1474.92	1384.08	51.6
2010	2884.62	1529.55	1355.07	53.0
2011	2919.00	1605.96	1313.04	55.0
2012	2945.00	1678.11	1266.89	57.0
2013	2970.00	1732.76	1237.24	58.3
2014	2991.40	1783.01	1208.39	59.6
2015	3016.55	1838.41	1178.14	60.9
2016	3048.43	1908.45	1139.98	62.6
2017	3075.16	1970.68	1104.48	64.1

表 3.4 1% 人口抽样调查（2016 – 2017 年）
1% SAMPLE SURVEY OF POPULATION (2016-2017)

单位：万人 (10 000 persons)

项　目	Item	2016	2017
常住人口	Resident Population	3048.43	3075.16
#城　镇	Urban	1908.45	1970.68
乡　村	Rural	1139.98	1104.48
#男　性	Male	1542.66	1550.84
女　性	Female	1505.77	1524.32
#0-14 岁	Aged 0-14	504.82	518.78
15-64 岁	Aged 15-64	2161.64	2149.84
65 岁及以上	Aged 65 and Over	381.97	406.54
外出人口	Population Outside Residential Area	1090.44	1112.18
#外出至市外	Outside Chongqing	500.78	482.31
市外外来人口	Population from Other Areas to Chongqing	157.10	167.65
城镇化率 (%)	Urbanization Rate (%)	62.6	64.1
出生人口	Births	35.69	34.23
出生率 (‰)	Birth Rate (‰)	11.77	11.18
死亡人口	Deaths	21.96	22.26
死亡率 (‰)	Death Rate (‰)	7.24	7.27
自然增长人口	Natural Growth	13.73	11.97
自然增长率 (‰)	Natural Growth Rate (‰)	4.53	3.91

表 3.5 第五次人口普查基本情况
BASIC STATISTICS ON THE 5TH NATIONAL POPULATION CENSUSES

指　标	Item	2000
总人口（万人）	**Total Population (10 000 persons)**	**2848.82**
男	Male	1460.57
女	Female	1388.25
性别比（女 =100）	Sex Ratio (female=100)	105.21
家庭户户数（万户）	**Family Households (10 000 households)**	**923.4**
家庭户规模（人 / 户）	**Average Family Household Size (person/household)**	**3.02**
各年龄组人口（万人）	**Population by Age Group (10 000 persons)**	
0-14 岁	Aged 0-14	665.20
15-64 岁	Aged 15-64	1931.78
65 岁及以上	Aged 65 and Over	251.84
预期寿命（岁）	**Life Expectancy (years old)**	**71.9**
城乡人口（万人）	**Population by Residence (10 000 persons)**	
城镇人口	Urban Population	1013.88
乡村人口	Rural Population	1834.94
民族人口（万人，%）	**Population by Ethnicity (10 000 persons, %)**	
汉　族	Han	2664.50
占总人口比重	Percentage to Total Population	93.5
少数民族	Ethnic Minorities	184.32
占总人口比重	Percentage to Total Population	6.5
每十万人拥有的各种受教育程度人口（人）	**Population with Various Education Attainment Per 100 000 Population (person)**	
大专及以上	Junior College and Above	3154
高中和中专	Senior Secondary/Secondary Technical School	8815
初　中	Junior Secondary School	27190
小　学	Primary School	42863
文盲人口及文盲率	**Illiterate Population and Illiterate Rate**	
文盲人口（万人）	Illiterate Population (10 000 persons)	212.24
文盲率（%）	Illiterate Rate (%)	9.7

注：此表为常住人口推算数据。
Note:The data in the table above are calculated on the basis of resident population.

表 3.6 第六次人口普查基本情况
BASIC STATISTICS ON THE 6TH NATIONAL POPULATION CENSUSES

指 标	Item	2010
总人口（万人）	**Total Population (10 000 persons)**	**2884.62**
男	Male	1460.89
女	Female	1423.73
性别比（女 =100）	Sex Ratio (female=100)	102.61
家庭户户数（万户）	**Family Households (10 000 households)**	**1000.10**
家庭户规模（人 / 户）	**Average Family Household Size (person/household)**	**2.70**
各年龄组人口（万人）	**Population by Age Group (10 000 persons)**	
0-14 岁	Aged 0-14	489.80
15-64 岁	Aged 15-64	2061.41
65 岁及以上	Aged 65 and Over	333.41
预期寿命（岁）	**Life Expectancy (years old)**	75.7
城乡人口（万人）	**Population by Residence (10 000 persons)**	
城镇人口	Urban Population	1529.55
乡村人口	Rural Population	1355.07
民族人口（万人，%）	**Population by Ethnicity (10 000 persons, %)**	
汉 族	Han	2690.91
占总人口比重	Percentage to Total Population	93.3
少数民族	Ethnic Minorities	193.71
占总人口比重	Percentage to Total Population	6.7
每十万人拥有的各种受教育程度人口（人）	**Population with Various Education Attainment Per 100 000 Population (person)**	
大专及以上	Junior College and Above	8478
高中和中专	Senior Secondary/Secondary Technical School	13223
初 中	Junior Secondary School	33441
小 学	Primary School	33653
文盲人口及文盲率	**Illiterate Population and Illiterate Rate**	
文盲人口（万人）	Illiterate Population (10 000 persons)	121.52
文盲率（%）	Illiterate Rate (%)	5.1

表 3.7 六次人口普查主要指标
MAIN INDICATORS OF SIX POPULATION CENSUSES

单位：万人、% (10 000 persons, %)

普查时间	Census Time	总人口 Total Population 合　计 Total	男 Male	女 Female	性别比（女 =100） Sex Ratio (female=100)	年平均增长率 Annual Average Growth Rate
第一次人口普查（1953 年 7 月 1 日）	First Population Census (July 1, 1953)	1766.39	924.56	841.83	109.83	
第二次人口普查（1964 年 7 月 1 日）	Second Population Census (July 1, 1964)	1889.17	969.02	920.15	105.31	0.61
第三次人口普查（1982 年 7 月 1 日）	Third Population Census (July 1, 1982)	2705.89	1402.46	1303.43	107.60	2.02
第四次人口普查（1990 年 7 月 1 日）	Fourth Population Census (July 1, 1990)	2886.62	1499.83	1386.79	108.15	0.81
第五次人口普查（2000 年 11 月 1 日）	Fifth Population Census (November 1, 2000)	2848.82	1460.57	1388.25	105.21	-0.13
第六次人口普查（2010 年 11 月 1 日）	Sixth Population Census (November 1，2010)	2884.62	1460.89	1423.73	102.61	0.12

表 3.8 人口年龄结构和抚养比（1982 – 2017 年）
AGE COMPOSITION AND DEPENDENCY RATIO OF POPULATION (1982-2017)

单位：万人 (10 000 persons)

年　份 Year	总人口（年末） Total Population (year-end)	按年龄组分 by Age 0-14 岁 Aged 0-14 人口数 Population	比重 (%) Proportion	15-64 岁 Aged 15-64 人口数 Population	比重 (%) Proportion	65 岁及以上 Aged 65 and over 人口数 Population	比重 (%) Proportion	总抚养比 (%) Gross Dependency Ratio(%)	少儿抚养比 (%) Children Dependency Ratio(%)	老年抚养比 (%) Old Dependency Ratio(%)
1982	2705.89	901.31	33.31	1676.02	61.94	128.56	4.75	61.45	53.78	7.67
1990	2886.62	626.27	21.70	2092.06	72.47	168.29	5.83	37.98	29.94	8.04
2000	2848.82	665.20	23.35	1931.78	67.81	251.84	8.84	47.47	34.43	13.04
2001	2829.21	643.93	22.76	1925.56	68.06	259.72	9.18	46.93	33.44	13.49
2002	2814.83	624.05	22.17	1922.81	68.31	267.97	9.52	46.40	32.46	13.94
2003	2803.19	615.58	21.96	1894.40	67.58	293.21	10.46	47.97	32.49	15.48
2004	2793.32	592.19	21.20	1896.66	67.90	304.47	10.90	47.27	31.22	16.05
2005	2798.00	576.39	20.60	1913.83	68.40	307.78	11.00	46.20	30.12	16.08
2006	2808.00	561.60	20.00	1934.71	68.90	311.69	11.10	45.14	29.03	16.11
2007	2816.00	543.49	19.30	1957.12	69.50	315.39	11.20	43.89	27.77	16.12
2008	2839.00	546.22	19.24	1973.39	69.51	319.39	11.25	43.86	27.68	16.18
2009	2859.00	544.93	19.06	1988.72	69.56	325.35	11.38	43.76	27.40	16.36
2010	2884.62	489.80	16.98	2061.41	71.46	333.41	11.56	39.93	23.76	16.17
2011	2919.00	493.02	16.89	2088.25	71.54	337.73	11.57	39.78	23.61	16.17
2012	2945.00	490.93	16.67	2113.04	71.75	341.03	11.58	39.37	23.23	16.14
2013	2970.00	487.08	16.40	2130.08	71.72	352.84	11.88	39.43	22.87	16.56
2014	2991.40	491.49	16.43	2140.64	71.56	359.27	12.01	39.74	22.96	16.78
2015	3016.55	497.43	16.49	2152.01	71.34	367.11	12.17	40.17	23.11	17.06
2016	3048.43	504.82	16.56	2161.64	70.91	381.97	12.53	41.02	23.35	17.67
2017	3075.16	518.78	16.87	2149.84	69.91	406.54	13.22	43.04	24.13	18.91

表 3.9 计划生育基本情况（1986 – 2017 年）
BASIC STATISTICS ON FAMILY PLANNING (1986-2017)

单位：万人、% (10 000 persons, %)

年 份 Year	政策性生育率 Policy Fertility Rate	已婚育龄妇女人数 Married Women at Childbearing Age	领独生子女证人数 Women with Only-child Certificates	其中 of which 已婚育龄妇女领证人数 Married Women at Childbearing Age with Only-child Certificates	领证率 Coverage of Only-child Certificates	采取节育措施人数 Women under Contraception	避孕率 Contraception Rate
1986	90.88	481.28		109.56	68.74	424.89	88.28
1987	90.16	503.67		126.44	71.91	451.19	89.58
1988	93.83	523.17		141.28	72.14	480.27	91.80
1989	92.78	540.80		151.72	70.35	491.35	90.86
1990	94.15	560.09		166.56	70.53	512.38	91.48
1991	95.11	577.54		178.27	69.31	527.88	91.40
1992	95.83	589.35		188.00	68.34	538.37	91.35
1993	93.23	599.23		199.97		548.27	91.50
1994	86.58	611.48		206.76		559.62	91.52
1995	89.22	625.71		220.32		573.38	91.64
1996	88.73	637.31		227.59	65.45	587.93	92.25
1997	91.94	644.56		230.99	64.11	588.75	91.34
1998	85.06	644.68		219.05	59.69	589.28	91.40
1999	94.09	640.70		214.79	57.43	587.94	91.77
2000	91.26	639.20		217.43	57.11	589.95	92.29
2001	91.05	632.25		203.30	53.04	583.65	92.31
2002	92.19	620.38		180.36	47.65	571.18	92.07
2003	92.39	622.26		195.38	51.11	571.87	91.90
2004	92.95	615.20		200.49	52.42	564.60	91.77
2005	92.57	618.97		212.37	55.08	569.74	92.05
2006	90.93	626.73		203.23	52.07	572.73	91.38
2007	75.62	637.95		198.86	51.62	579.79	90.88
2008	85.05	501.74		131.84	43.54	454.63	90.61
2009	89.91	494.34		138.22	46.04	449.13	90.85
2010	89.06	500.02		133.28	43.93	454.08	90.81
2011	86.95	495.79		124.73	41.89	440.87	88.92
2012	87.59	490.02		95.81	35.49	390.57	79.70
2013	86.83	503.86	238.46	94.38	34.84	404.37	80.25
2014	87.84	496.20	258.16	87.75	32.34	407.13	82.04
2015	88.83	488.64	266.81	82.02	31.84	384.42	78.67
2016	96.65	491.38	282.07	76.87	30.40	305.16	62.10
2017	97.99	468.38	279.51	68.72	29.10	241.57	51.58

注：1）领独生子女证人数：指总人口中持有有效《独生子女父母光荣证》人数
2）已婚育龄妇女领证人数：指已婚育龄妇女中持有有效《独生子女父母光荣证》的人数

Note: a) The data of People with Only-child Certificates refer to the people who hold the Only-child Certificates by total population.
b) The data of Married Women at Childbearing Age with Only-child Certificates refer to the married women at childbearing age who hold the Only-child Certificates.

表 3.10 就业人员基本情况（1985 – 2017 年）
BASIC STATISTICS ON EMPLOYMENT (1985-2017)

单位：万人 (10 000 persons)

年 份 Year	就业人员总计 Total Number of Employed Persons	其 中 of which #城 镇 Urban Areas	按经济类型分 By Ownership 国 有 State-owned	集 体 Collective-owned	私营和个体 Private and Individuals	其 他 Others
1985	1432.03	269.37				
1986	1469.13	275.35				
1987	1507.33	282.39				
1988	1512.49	288.70				
1989	1540.03	291.29				
1990	1569.34	296.92				
1991	1620.67	307.87				
1992	1662.58	313.51				
1993	1658.95	310.05				
1994	1729.55	326.75				
1995	1709.26	347.06				
1996	1719.43	463.98	198.16	1228.60	280.24	12.43
1997	1715.40	483.74	189.07	1201.03	307.29	18.01
1998	1710.97	505.22	175.52	1176.65	334.24	24.56
1999	1699.06	518.40	161.15	1151.98	354.15	31.78
2000	1661.16	528.97	149.28	1109.96	365.86	36.06
2001	1616.08	539.80	136.63	1058.10	379.86	41.49
2002	1551.77	549.17	130.66	975.92	395.96	49.23
2003	1499.99	560.28	125.88	903.90	412.41	57.80
2004	1471.34	573.97	124.72	854.48	425.18	66.96
2005	1456.30	589.27	123.50	822.48	437.72	72.60
2006	1454.77	602.99	123.90	789.42	457.52	83.93
2007	1468.87	631.65	115.79	765.19	484.88	103.01
2008	1492.43	665.74	119.83	746.54	514.89	111.17
2009	1513.00	696.82	119.79	727.99	546.66	118.56
2010	1539.95	733.70	125.29	701.34	583.02	130.30
2011	1585.16	790.70	131.00	647.82	628.15	178.19
2012	1633.14	856.17	128.53	627.67	662.74	214.20
2013	1683.51	923.28	121.22	593.75	696.83	271.71
2014	1696.94	954.34	114.87	565.16	727.17	289.74
2015	1707.37	986.87	119.55	535.27	765.30	287.25
2016	1717.52	1021.76	119.37	504.89	808.49	284.77
2017	1714.55	1045.29	118.32	483.56	831.96	280.71

表 3.10 续表 continued

单位：万人 (10 000 persons)

年份 Year	按产业分 By Sector			分产业比重 (%) Compositon by Sector		
	第一产业 Primary Industry	第二产业 Secondary Industry	第三产业 Tertiary Industry	第一产业 Primary Industry	第二产业 Secondary Industry	第三产业 Tertiary Industry
1985	1042.22	223.37	166.44	72.8	15.6	11.6
1986	1048.32	241.66	179.15	71.4	16.4	12.2
1987	1064.06	258.93	184.34	70.6	17.2	12.2
1988	1056.49	262.83	193.17	69.8	17.4	12.8
1989	1082.41	263.81	193.81	70.3	17.1	12.6
1990	1103.04	263.86	202.44	70.3	16.8	12.9
1991	1130.47	275.72	214.48	69.8	17.0	13.2
1992	1118.59	277.77	266.22	67.3	16.7	16.0
1993	1088.70	287.88	282.37	65.6	17.4	17.0
1994	1062.90	301.13	365.52	61.5	17.4	21.1
1995	1018.30	310.88	380.08	59.6	18.2	22.2
1996	1001.89	320.31	397.23	58.3	18.6	23.1
1997	989.07	313.77	412.56	57.6	18.3	24.1
1998	979.48	303.18	428.31	57.3	17.7	25.0
1999	959.71	296.12	443.23	56.5	17.4	26.1
2000	920.92	290.23	450.01	55.4	17.5	27.1
2001	870.52	287.31	458.25	53.9	17.8	28.3
2002	801.04	285.09	465.64	51.6	18.4	30.0
2003	742.90	280.83	476.26	49.5	18.7	31.8
2004	704.22	280.73	486.39	47.8	19.1	33.1
2005	678.32	283.08	494.90	46.6	19.4	34.0
2006	664.35	286.46	503.96	45.7	19.7	34.6
2007	658.52	294.43	515.92	44.8	20.1	35.1
2008	652.19	307.66	532.58	43.7	20.6	35.7
2009	638.08	326.04	548.88	42.2	21.5	36.3
2010	621.29	351.86	566.80	40.3	22.9	36.8
2011	604.38	390.80	589.98	38.1	24.7	37.2
2012	592.59	422.73	617.82	36.3	25.9	37.8
2013	580.92	452.21	650.38	34.5	26.9	38.6
2014	555.59	464.48	676.87	32.7	27.4	39.9
2015	526.46	473.70	707.21	30.8	27.8	41.4
2016	496.01	476.66	744.85	28.9	27.7	43.4
2017	474.88	461.68	777.99	27.7	26.9	45.4

表 3.11 就业人员年末数（1999 – 2017 年）
NUMBER OF EMPLOYED PERSONS AT YEAR-END (1999-2017)

单位：万人 (10 000 persons)

指　标	Item	1999	2000	2001	2002	2003	2004	2005	2006	2007
就业人员总计	**Total Number of Employed Persons**	**1699.06**	**1661.16**	**1616.08**	**1551.77**	**1499.99**	**1471.34**	**1456.30**	**1454.77**	**1468.87**
城　镇	Urban	518.40	528.97	539.80	549.17	560.28	573.97	589.27	602.99	631.65
乡　村	Rural	1180.66	1132.19	1076.28	1002.60	939.71	897.37	867.03	851.78	837.22
按经济类型分	**By Ownership**									
国有经济	State-owned	161.15	149.28	136.63	130.66	125.88	124.72	123.50	123.90	115.79
集体经济	Collective-owned	1151.98	1109.96	1058.10	975.92	903.90	854.48	822.48	789.42	765.19
私　营	Private	66.43	74.92	84.44	95.22	105.95	112.91	118.48	130.28	151.49
个　体	Individual	287.72	290.94	295.42	300.74	306.46	312.27	319.24	327.24	333.39
其他经济	Others	31.78	36.06	41.49	49.23	57.80	66.96	72.60	83.93	103.01
#联　营	Joint Ownership	0.63	0.86	4.11	4.93	5.78	6.84	5.57	4.62	2.03
股份制	Shareholding	10.95	11.49	13.21	15.55	15.72	16.71	14.84	12.86	16.47
外商投资	Foreign-funded	2.42	2.74	2.86	2.91	3.23	4.16	4.86	5.01	7.06
港澳台投资	With Funds from Hong Kong, Macao and Taiwan	2.50	2.44	2.66	2.25	2.55	2.33	2.32	2.33	2.80
按行业分	**Grouped By Sector**									
第一产业	Primary Industry	959.71	920.92	870.52	801.04	742.90	704.22	678.32	664.35	658.52
第二产业	Secondary Industry	296.12	290.23	287.31	285.09	280.83	280.73	283.08	286.46	294.43
采矿业	Mining	17.89	16.59	15.72	15.14	14.00	14.14	14.66	14.77	16.83
制造业	Manufacturing	160.07	156.02	152.59	149.91	146.38	144.23	144.46	145.72	148.33
电力、热力、燃气及水生产和供应业	Electric Power, Heat, Gas and Water Production and Supply	6.18	6.20	6.22	6.26	6.27	6.32	6.52	6.85	7.14
建筑业	Construction	111.98	111.42	112.78	113.78	114.18	116.04	117.44	119.12	122.13
第三产业	Tertiary Industry	443.23	450.01	458.25	465.64	476.26	486.39	494.90	503.96	515.92
交通运输、仓储及邮政业	Transport, Storage and Post	40.02	40.23	40.93	41.02	42.11	43.25	44.29	45.05	46.17
信息传输、软件和信息技术服务业	Information Transmission, Software and Information Technology	5.60	5.91	6.03	6.14	6.34	6.58	7.03	7.39	8.09
批发与零售业	Wholesale and Retail Trades	113.05	115.65	117.43	118.87	120.03	121.16	122.88	125.63	127.29
住宿和餐饮业	Hotels and Catering Services	70.18	70.52	71.14	72.03	73.36	74.27	75.40	77.22	78.76
金融业	Financial Intermediation	6.38	6.41	6.46	6.53	6.61	6.65	6.76	6.90	8.03
房地产业	Real Estate	4.88	5.03	5.11	5.22	5.45	6.11	6.83	7.74	8.81
租赁与商务服务业	Leasing and Business Services	16.09	16.34	16.95	17.53	18.23	19.33	19.97	19.97	21.41
科学研究、技术服务业	Scientific Research and Technical Services	7.58	7.71	7.96	8.15	8.25	8.35	8.39	8.43	8.57
水利、环境和公共设施管理业	Management of Water Conservancy, Environment and Public Facilities	5.26	5.31	5.40	5.50	5.56	5.71	5.76	5.94	6.19
居民服务、修理和其他服务业	Services to Households, Repair and Other Services	108.75	110.16	112.59	115.05	118.23	122.36	124.75	126.15	126.62
教　育	Education	29.79	30.59	31.69	32.09	33.33	33.68	33.91	34.20	35.01
卫生和社会工作	Health and Social Work	12.98	13.00	13.08	13.18	13.41	13.50	13.51	13.65	13.94
文化、体育与娱乐业	Culture, Sports and Entertainment	2.73	2.74	2.79	2.84	2.88	2.94	2.96	3.05	3.44
公共管理、社会保障和社会组织	Public Management, Social Security and Social Organization	19.94	20.41	20.69	21.49	22.47	22.50	22.46	22.64	23.59

表 3.11 续表 continued

单位：万人 (10 000 persons)

指　标	Item	2008	2009	2010	2011	2012	2013	2014	2015	2016	2017
就业人员总计	**Total Number of Employed Persons**	**1492.43**	**1513.00**	**1539.95**	**1585.16**	**1633.14**	**1683.51**	**1696.94**	**1707.37**	**1717.52**	**1714.55**
城　镇	Urban	665.74	696.82	733.70	790.70	856.17	923.28	954.34	986.87	1021.76	1045.29
乡　村	Rural	826.69	816.18	806.25	794.46	776.97	760.23	742.60	720.50	695.76	669.26
按经济类型分	**By Ownership**										
国有经济	State-owned	119.83	119.79	125.29	131.00	128.53	121.22	114.87	119.55	119.37	118.32
集体经济	Collective-owned	746.54	727.99	701.34	647.82	627.67	593.75	565.16	535.27	504.89	483.56
私　营	Private	175.00	203.50	235.10	271.87	297.18	320.64	339.04	354.83	366.34	379.47
个　体	Individual	339.89	343.16	347.92	356.28	365.56	376.19	388.13	410.47	442.15	452.49
其他经济	Others	111.17	118.56	130.30	178.19	214.20	271.71	289.74	287.25	284.77	280.71
#联　营	Joint Ownership	1.95	2.56	2.36	1.55	1.60	0.41	0.50	0.38	0.33	0.27
股份制	Shareholding	21.04	22.48	24.91	30.00	36.15	34.43	39.58	38.54	38.03	40.14
外商投资	Foreign-funded	7.33	8.47	9.43	13.14	13.98	19.56	22.48	22.38	21.34	20.93
港澳台投资	With Funds from Hong Kong, Macao and Taiwan	2.40	3.89	5.20	14.55	16.67	17.95	17.46	15.80	16.85	16.07
按行业分	**Grouped By Sector**										
第一产业	Primary Industry	652.19	638.08	621.29	604.38	592.59	580.92	555.59	526.46	496.01	474.88
第二产业	Secondary Industry	307.66	326.04	351.86	390.80	422.73	452.21	464.48	473.70	476.66	461.68
采矿业	Mining	19.77	22.24	24.84	28.11	30.63	30.86	30.57	26.79	19.88	10.87
制造业	Manufacturing	152.11	159.37	168.67	190.51	206.49	216.36	224.97	236.13	247.09	238.92
电力、热力、燃气及水生产和供应业	Electric Power, Heat, Gas and Water Production and Supply	7.43	7.91	8.20	8.54	9.41	8.93	9.51	9.24	9.63	10.39
建筑业	Construction	128.35	136.52	150.15	163.64	176.20	196.06	199.43	201.54	200.06	201.50
第三产业	Tertiary Industry	532.58	548.88	566.80	589.98	617.82	650.38	676.87	707.21	744.85	777.99
交通运输、仓储及邮政业	Transport, Storage and Post	47.25	48.42	50.12	53.49	56.88	61.27	64.93	67.03	69.45	73.17
信息传输、软件和信息技术服务业	Information Transmission, Software and Information Technology	8.58	8.85	9.34	10.57	12.34	13.98	15.31	16.31	17.64	18.89
批发与零售业	Wholesale and Retail Trades	131.46	134.72	138.22	142.25	147.18	153.40	158.10	167.64	175.78	183.55
住宿和餐饮业	Hotels and Catering Services	80.28	82.64	85.07	88.22	91.19	92.94	94.64	94.82	98.68	102.22
金融业	Financial Intermediation	9.09	9.74	10.85	12.34	14.09	14.37	15.02	15.19	16.91	18.02
房地产业	Real Estate	10.24	12.02	14.66	16.83	19.63	24.69	26.31	26.73	28.78	31.58
租赁与商务服务业	Leasing and Business Services	22.50	23.41	24.63	26.31	28.20	31.34	32.72	34.99	40.64	44.31
科学研究、技术服务业	Scientific Research and Technical Services	8.75	8.93	9.05	9.44	10.51	11.64	12.59	13.36	15.28	16.71
水利、环境和公共设施管理业	Management of Water Conservancy, Environment and Public Facilities	6.44	6.78	7.03	7.45	8.13	8.52	9.18	10.53	11.53	12.26
居民服务、修理和其他服务业	Services to Households, Repair and Other Services	129.21	131.76	132.97	133.83	134.82	135.82	138.72	145.38	150.57	153.69
教　育	Education	36.02	36.91	38.17	39.88	41.74	44.48	47.05	48.23	49.52	50.05
卫生和社会工作	Health and Social Work	14.55	15.38	16.10	17.42	18.95	21.67	23.75	25.42	27.55	29.65
文化、体育与娱乐业	Culture, Sports and Entertainment	3.88	4.08	4.30	4.64	5.22	5.97	6.36	6.96	7.61	8.31
公共管理、社会保障和社会组织	Public Management, Social Security and Social Organization	24.33	25.24	26.29	27.31	28.94	30.29	32.19	34.62	34.91	35.58

表 3.12 城镇就业人员年末数（2016 – 2017 年）
NUMBER OF EMPLOYED PERSONS IN URBAN UNITS AT YEAR-END (2016-2017)

单位：万人 (10 000 persons)

指　标	Item	2016	2017
就业人员总计	**Total Number of Employed Persons**	**1021.76**	**1045.29**
按经济类型分	**By Ownership**		
国有经济	State-owned	119.37	118.32
集体经济	Collective-owned	12.63	11.25
私　营	Private	315.50	328.63
个　体	Individual	289.49	306.38
其他经济	Others	284.77	280.71
#联　营	Joint Ownership	0.33	0.27
股份制	Shareholding	38.03	40.14
外商投资	Foreign-funded	21.34	20.93
港澳台投资	With Funds from Hong Kong, Macao and Taiwan	16.85	16.07
按行业分	**Grouped By Sector**		
第一产业	Primary Industry	33.87	34.92
第二产业	Secondary Industry	430.67	425.82
采矿业	Mining	14.38	8.75
制造业	Manufacturing	220.18	219.35
电力、热力、燃气及水生产和供应业	Electric Power, Heat, Gas and Water Production and Supply	9.44	10.21
建筑业	Construction	186.67	187.51
第三产业	Tertiary Industry	557.22	584.55
交通运输、仓储及邮政业	Transport, Storage and Post	45.87	48.71
信息传输、软件和信息技术服务业	Information Transmission, Software and Information Technology	17.36	18.56
批发与零售业	Wholesale and Retail Trades	125.3	132.61
住宿和餐饮业	Hotels and Catering Services	68.09	68.97
金融业	Financial Intermediation	16.91	18.02
房地产业	Real Estate	28.78	31.58
租赁与商务服务业	Leasing and Business Services	28.96	32.05
科学研究、技术服务业	Scientific Research and Technical Services	12.48	14.55
水利、环境和公共设施管理业	Management of Water Conservancy, Environment and Public Facilities	8.72	8.84
居民服务、修理和其他服务业	Services to Households, Repair and Other Services	97.56	98.98
教　育	Education	44.79	45.59
卫生和社会工作	Health and Social Work	24.91	26.90
文化、体育与娱乐业	Culture, Sports and Entertainment	6.85	7.71
公共管理、社会保障和社会组织	Public Management, Social Security and Social Organization	30.64	31.48

表 3.13 主要年份城镇非私营单位在岗职工人数
NUMBER OF ON-POST STAFF AND WORKERS OF URBAN NON-PRIVATE UNITS IN MAJOR YEARS

单位：万人 (10 000 persons)

年份 Year	合计 Total	按产业分 By Three Strata of Industry			按经济类型分 By Status of Registration		
		第一产业 Primary Industry	第二产业 Secondary Industry	第三产业 Tertiary Industry	国有 State-owned	集体 Collective-owned	其他 Others
1949	5.34				5.34		
1952	47.62				47.62		
1957	71.19				71.19		
1962	80.79				80.79		
1965	91.96				91.96		
1970	109.98				109.98		
1975	127.99				127.99		
1978	154.44				154.44		
1980	220.06				162.97	57.09	
1985	257.63	4.80	144.90	107.93	186.74	70.81	0.08
1986	264.01	4.79	151.13	108.09	191.47	72.43	0.11
1987	270.46	5.39	153.80	111.27	196.79	73.36	0.31
1988	277.70	5.45	157.28	114.97	201.88	75.42	0.40
1989	280.69	5.66	158.65	116.38	205.98	74.01	0.70
1990	285.68	5.68	159.47	120.53	209.61	75.16	0.91
1991	293.59	5.68	163.94	123.97	215.78	76.58	1.23
1992	297.07	5.46	165.35	126.26	218.41	76.94	1.72
1993	290.02	4.16	164.74	121.12	215.05	70.79	4.18
1994	293.23	4.24	162.90	126.09	212.02	71.03	10.18
1995	294.25	4.35	160.58	129.32	212.34	69.85	12.06
1996	294.63	4.43	159.37	130.83	214.01	67.47	13.15
1997	289.29	4.13	153.73	131.43	211.13	61.64	16.52
1998	236.61	3.83	115.89	116.89	172.24	40.91	23.46
1999	222.34	3.58	106.07	112.69	158.64	35.54	28.16
2000	208.87	3.43	96.01	109.43	146.91	29.74	32.22
2001	201.23	2.94	91.73	106.56	134.79	23.77	42.67
2002	199.93	2.64	92.63	104.66	128.41	20.82	50.70
2003	204.99	2.46	97.56	104.97	121.27	18.94	64.78
2004	208.04	2.35	100.50	105.19	120.85	16.85	70.34
2005	209.66	2.14	101.00	106.52	120.09	13.66	75.91
2006	212.97	2.12	102.22	108.63	120.37	12.22	80.38
2007	220.84	1.80	104.87	114.17	112.55	10.63	97.66
2008	229.59	1.80	108.92	118.87	115.19	10.23	104.17
2009	234.90	1.68	111.88	121.34	114.32	9.88	110.70
2010	250.22	1.79	121.20	127.23	118.76	10.26	121.20
2011	292.10	1.51	149.34	141.25	116.47	9.88	165.75
2012	334.37	1.26	176.74	156.37	123.45	9.47	201.45
2013	375.36	1.07	194.49	179.80	114.74	8.47	252.15
2014	386.76	1.15	196.08	189.53	112.47	8.43	265.86
2015	385.08	1.15	190.33	193.60	113.47	7.88	263.73
2016	379.66	1.07	183.99	194.60	113.49	7.93	258.24
2017	369.18	1.13	171.76	196.29	112.83	6.56	249.79

注：“城镇非私营单位”与原“城镇经济单位”口径相同（以下各表同）。
Note:The scope of "urban economic units" is identical to the former "urban non-private units"(the same for the tables below).

表 3.14 主要年份城镇非私营单位在岗职工工资总额
TOTAL WAGE BILL OF ON-POST STAFF AND WORKERS OF URBAN NON-PRIVATE ECONOMIC UNITS IN MAJOR YEARS

单位：万元 (10 000 yuan)

年份 Year	合计 Total	按产业业分 By Three Strata of Industry			按经济类型分 By Status of Registration		
		第一产业 Primary Industry	第二产业 Secondary Industry	第三产业 Tertiary Industry	国有 State-owned	集体 Collective-owned	其他 Others
1949	1368				1368		
1952	18577				18577		
1957	37710				37710		
1962	45532				45532		
1965	51159				51159		
1970	60866				60866		
1975	74645				74645		
1978	91615				91615		
1980	159426				125305	34121	
1985	259688	4528	149468	105692	195684	63939	65
1986	300882	4960	177126	118796	233311	67396	175
1987	349808	5802	206458	137548	271210	78190	408
1988	435140	6771	256248	172121	340494	94048	598
1989	497553	7713	294228	195612	392179	104065	1309
1990	573310	8232	335056	230022	454776	116718	1816
1991	637968	9313	373271	255384	501204	134105	2659
1992	728780	10757	415886	302137	577638	146315	4827
1993	831520	8623	489684	333213	664939	152705	13876
1994	1144546	12990	618503	513053	902585	190980	50981
1995	1309344	15878	715405	578061	1016056	222720	70568
1996	1454905	18116	782060	654729	1132834	237510	84561
1997	1580484	17286	828011	735187	1225441	244245	110798
1998	1588049	18478	815904	753667	1223697	201028	163324
1999	1606804	19304	760591	826909	1207329	184757	214718
2000	1732318	20606	777295	934417	1290215	176693	265410
2001	1941508	21510	833110	1086888	1381940	158228	401340
2002	2196175	21857	921105	1253213	1520518	159655	516002
2003	2535070	22059	1104724	1408287	1661336	160049	713685
2004	2939800	23358	1291498	1624944	1904154	164332	871314
2005	3458237	23019	1503886	1931332	2224886	157943	1075408
2006	4034057	26173	1757357	2250527	2542465	165315	1326277
2007	4998743	27226	2111205	2860312	2814125	160900	2023718
2008	6137760	30232	2592679	3514849	3390954	177772	2569034
2009	7161387	31720	2989883	4139784	3855720	198908	3106759
2010	8629547	37250	3690436	4901861	4435431	242086	3952030
2011	11565329	48201	5241459	6275669	5206171	274421	6084737
2012	14791899	42564	6739973	8009362	6278652	280113	8233134
2013	18702874	37727	8741241	9923906	6475086	293061	11934727
2014	21584168	44340	9680243	11859585	7357033	341168	13885967
2015	23738675	47745	10266335	13424595	8419348	347442	14971885
2016	25242283	51015	10480632	14710636	9219990	400104	15622189
2017	26681112	61493	10267372	16352247	10422552	363646	15894914

表 3.15 主要年份城镇非私营单位在岗职工平均工资
AVERAGE WAGE OF ON-POST STAFF AND WORKERS OF URBAN NON-PRIVATE UNITS IN MAJOR YEARS

单位：元 (yuan)

年 份 Year	平均工资 Average Wages	按产业分 By Three Strata of Industry			按经济类型分 By Status of Registration		
		第一产业 Primary Industry	第二产业 Secondary Industry	第三产业 Tertiary Industry	国 有 State-owned	集 体 Collective-owned	其 他 Others
1949	284				284		
1952	330				330		
1957	535				535		
1962	448				448		
1965	588				588		
1970	581				581		
1975	588				588		
1978	632				632		
1980	737				783	606	
1985	1038				1110	930	861
1986	1154	1034	1197	1100	1234	941	1842
1987	1309	1140	1354	1254	1397	1073	1943
1988	1588	1249	1647	1522	1708	1264	1685
1989	1782	1388	1863	1691	1923	1393	2380
1990	2025	1452	2106	1942	2189	1565	2256
1991	2203	1640	2308	2089	2356	1768	2485
1992	2468	1931	2526	2415	2661	1906	3273
1993	2833	1793	2967	2694	3068	2067	4704
1994	3925	3093	3776	4151	4227	2693	7100
1995	4508	3657	4423	4527	4789	3162	6346
1996	5010	4127	4889	5033	5352	3603	6607
1997	5502	4188	5412	5649	5828	4016	6845
1998	6433	4713	6529	6394	6732	4891	6907
1999	7182	5296	7184	7240	7541	5200	7641
2000	8020	5884	7704	8372	7431	4534	7450
2001	9523	6521	8925	10053	10035	6614	9503
2002	10960	7587	9905	11905	11745	7601	10339
2003	12440	8877	11425	13462	13616	8552	11316
2004	14357	9871	13125	15624	15847	9839	12831
2005	16630	10676	14962	18345	18614	11614	14373
2006	19215	12279	17434	21031	21402	13522	16805
2007	23098	14852	20703	25401	25365	15149	21336
2008	26985	16571	24134	29736	29761	17444	24864
2009	30965	18864	27445	34313	34023	20337	28723
2010	35326	20894	31555	39043	38075	24205	33552
2011	40042	31868	35592	45353	44585	28490	37543
2012	45392	34585	39477	52038	51675	30626	42173
2013	51015	36006	46476	55913	57271	34852	48684
2014	56852	38346	50471	63520	65794	40514	53527
2015	62091	41460	54308	69872	74665	44318	57206
2016	67386	48055	58018	76267	81867	51450	61458
2017	73272	55424	60911	84087	92964	56240	64730

表 3.16 城镇非私营单位在岗职工人数（2016 – 2017 年）
NUMBER OF ON-POST STAFF AND WORKERS IN NON-PRIVATE ECONOMIC UNITS (2016-2017)

单位：万人 (10 000 persons)

指 标	Item	合 计 Total		其 中 of which #国 有 State-owned		#集 体 Collective-owned	
		2016	2017	2016	2017	2016	2017
总 计	**Total**	**379.66**	**369.18**	**113.49**	**112.83**	**7.93**	**6.56**
按机构类型分	**By Type of Institutions**						
企 业	Corporations	282.73	271.28	22.00	20.31	6.11	4.61
事 业	Institutions	68.72	68.97	64.66	64.90	1.63	1.78
机 关	Agencies	26.62	27.37	26.50	27.25	0.10	0.10
民间非营利组织和其他	NGO and Other Organizations	1.59	1.56	0.33	0.37	0.09	0.07
按行业分	**By Sector**						
第一产业	Primary Industry	1.07	1.13	0.63	0.71	0.02	0.02
第二产业	Secondary Industry	183.99	171.76	7.62	7.13	5.18	3.54
采矿业	Mining	5.53	3.98	0.55	0.06	0.18	0.05
制造业	Manufacturing	85.84	81.70	2.66	2.03	0.54	0.48
电力、热力、燃气及水生产和供应业	Electric Power, Heat, Gas and Water Production and Supply	6.23	6.28	0.78	0.75	0.11	0.10
建筑业	Construction	86.39	79.80	3.63	4.29	4.35	2.91
第三产业	Tertiary Industry	194.60	196.29	105.24	104.99	2.73	3.00
交通运输、仓储及邮政业	Transport, Storage and Post	24.94	25.34	6.48	6.43	0.16	0.47
信息传输、软件和信息技术服务业	Information Transmission, Software and Information Technology	4.51	4.69	0.23	0.22	0.01	
批发与零售业	Wholesale and Retail Trades	20.06	18.95	1.44	1.08	0.35	0.24
住宿和餐饮业	Hotels and Catering Services	6.16	5.89	0.23	0.25	0.13	0.10
金融业	Financial Intermediation	8.92	8.79	3.81	3.77		
房地产业	Real Estate	12.55	13.32	0.37	0.33	0.13	0.08
租赁与商务服务业	Leasing and Business Services	10.54	10.77	1.48	0.80	0.11	0.14
科学研究、技术服务业	Scientific Research and Technical Services	7.74	7.81	3.92	3.79	0.07	0.07
水利、环境和公共设施管理业	Management of Water Conservancy, Environment and Public Facilities	5.86	6.22	4.00	4.16	0.28	0.23
居民服务、修理和其他服务业	Services to Households, Repair and Other Services	1.37	1.26	0.16	0.14	0.05	0.04
教 育	Education	39.64	39.41	35.67	35.47	0.09	0.09
卫生和社会工作	Health and Social Work	18.75	19.40	15.15	15.65	1.18	1.23
文化、体育与娱乐业	Culture, Sports and Entertainment	2.81	2.99	1.70	1.75	0.02	0.02
公共管理、社会保障和社会组织	Public Management, Social Security and Social Organization	30.75	31.45	30.60	31.15	0.15	0.29

表 3.17 城镇非私营单位在岗职工工资总额（2016 – 2017 年）
TOTAL WAGE BILL OF ON-POST STAFF AND WORKERS OF URBAN NON-PRIVATE ECONOMIC UNITS (2016-2017)

单位：万元 (10 000 yuan)

指 标	Item	合 计 Total 2016	合 计 Total 2017	其中 of which #国有 State-owned 2016	#国有 State-owned 2017	#集体 Collective-owned 2016	#集体 Collective-owned 2017
总 计	**Total**	**25242283**	**26681112**	**9219990**	**10422552**	**400104**	**363646**
按机构类型分	**By Type of Institutions**						
企 业	Corporations	17571001	17831820	1849284	1889554	293280	237612
事 业	Institutions	5526125	6336037	5281451	6081836	98943	118607
机 关	Agencies	2070974	2421525	2066128	2416487	3940	3801
民间非营利组织和其他	NGO and Other Organizations	74183	91730	23127	34675	3941	3626
按行业分	**By Sector**						
第一产业	Primary Industry	51015	61493	36775	46068	826	872
第二产业	Secondary Industry	10480632	10267372	450594	438778	255920	190696
采矿业	Mining	308271	239310	33980	2251	9669	2829
制造业	Manufacturing	5386959	5335135	180530	150133	22672	22526
电力、热力、燃气及水生产和供应业	Electric Power, Heat, Gas and Water Production and Supply	500805	528517	53768	56573	4360	4383
建筑业	Construction	4284597	4164410	182316	229821	219219	160958
第三产业	Tertiary Industry	14710636	16352247	8732621	9937706	143358	172078
交通运输、仓储及邮政业	Transport, Storage and Post	1606162	1781166	464084	548254	6760	22796
信息传输、软件和信息技术服务业	Information Transmission, Software and Information Technology	454405	522641	17210	16828	307	26
批发与零售业	Wholesale and Retail Trades	1125621	1138452	142278	131428	10575	8091
住宿和餐饮业	Hotels and Catering Services	229082	228799	10039	12731	4719	4022
金融业	Financial Intermediation	1577868	1578245	611996	610521	59	79
房地产业	Real Estate	810048	889230	25281	23025	7702	4802
租赁与商务服务业	Leasing and Business Services	516901	551290	63483	41959	3351	4243
科学研究、技术服务业	Scientific Research and Technical Services	723507	805427	389512	420101	3909	4914
水利、环境和公共设施管理业	Management of Water Conservancy, Environment and Public Facilities	291374	330536	205623	229812	9889	8630
居民服务、修理和其他服务业	Services to Households, Repair and Other Services	64603	62204	8700	7828	2307	1641
教 育	Education	3104014	3630758	2876466	3390828	6612	7470
卫生和社会工作	Health and Social Work	1658303	1881623	1443913	1640008	79712	95122
文化、体育与娱乐业	Culture, Sports and Entertainment	185024	213687	116491	135059	1295	1377
公共管理、社会保障和社会组织	Public Management, Social Security and Social Organization	2363724	2738189	2357545	2729324	6161	8865

表 3.18 城镇非私营单位就业人员平均工资（2016 – 2017 年）
AVERAGE WAGE OF EMPLOYED PERSONS OF URBAN NON-PRIVATE ECONOMIC UNITS (2016-2017)

单位：元 (yuan)

指 标	Item	就业人员平均工资 Average Wage of Employed Persons		其中 of which					
				#在岗职工平均工资 Average Wage of On-Post Employees		其中 of which			
						#国有 State-owned		#集体 Collective-owned	
		2016	2017	2016	2017	2016	2017	2016	2017
总 计	**Total**	**65545**	**70889**	**67386**	**73272**	**81867**	**92964**	**51450**	**56240**
按机构类型分	**By Type of Institutions**								
企 业	Corporations	61637	64947	63118	66817	84767	93623	49119	52169
事 业	Institutions	78396	89298	81048	92478	82338	94322	60990	67651
机 关	Agencies	76366	87061	78298	89029	78457	89230	42828	41180
民间非营利组织和其他	NGO and Other Organizations	46948	58844	47193	59219	70725	93665	43073	55106
按行业分	**By Sector**								
第一产业	Primary Industry	47529	54385	48055	55424	57931	65004	39531	40743
第二产业	Secondary Industry	57508	60425	58018	60911	58894	61769	50523	54370
采矿业	Mining	55396	60198	54850	59713	61138	40775	54444	52979
制造业	Manufacturing	62584	65745	63374	66240	67079	72395	42665	46351
电力、热力、燃气及水生产和供应业	Electric Power, Heat, Gas and WaterProduction and Supply	79388	83021	80625	84108	69467	75592	41484	44678
建筑业	Construction	51537	54221	51123	53577	50226	54381	51565	56085
第三产业	Tertiary Industry	73256	80309	76267	84087	83698	95278	53287	58585
交通运输、仓储及邮政业	Transport, Storage and Post	63717	70036	64813	71511	73075	85939	42838	48595
信息传输、软件和信息技术服务业	Information Transmission, Software and Information Technology	100517	112043	100894	112845	77035	77158	68244	24000
批发与零售业	Wholesale and Retail Trades	56048	59596	56776	60269	98859	121299	32300	36742
住宿和餐饮业	Hotels and Catering Services	37457	38974	37340	38886	42519	50398	36415	39163
金融业	Financial Intermediation	126739	123836	180208	179477	160587	161368	53364	71545
房地产业	Real Estate	63852	66969	64654	67783	72109	72226	61916	61883
租赁与商务服务业	Leasing and Business Services	48141	48456	49940	52092	44662	54429	30994	32025
科学研究、技术服务业	Scientific Research and Technical Services	92787	102239	94559	104740	100423	111803	56003	67873
水利、环境和公共设施管理业	Management of Water Conservancy, Environment and Public Facilities	48241	51684	50751	53729	52219	55966	35305	38528
居民服务、修理和其他服务业	Services to Households, Repair andOther Services	46015	47979	47978	50052	53475	58246	44019	41962
教 育	Education	76236	89251	78734	92461	80991	95881	70415	83555
卫生和社会工作	Health and Social Work	87162	96197	89592	98384	96723	106288	67725	78026
文化、体育与娱乐业	Culture, Sports and Entertainment	65146	69873	66120	72136	68979	77225	56313	59891
公共管理、社会保障和社会组织	Public Management, Social Security and Social Organization	75554	85604	77417	87708	77575	88176	43634	33338

表 3.19 城镇非私营单位就业人员工资总额(2016 – 2017 年)
TOTAL WAGE BILL OF EMPLOYMENT OF URBAN NON-PRIVATE UNITS (2016-2017)

单位：万元 (10 000 yuan)

指 标	Item	合 计 Total		其 中 of which #国 有 State-owned		#集 体 Collective-owned	
		2016	2017	2016	2017	2016	2017
总 计	**Total**	**26650523**	**28340637**	**9415584**	**10607869**	**425158**	**389323**
按机构类型分	**By Type of Institutions**						
企 业	Corporations	18824763	19332864	1898022	1924861	315335	258821
事 业	Institutions	5647515	6467383	5396083	6205546	101851	123071
机 关	Agencies	2102818	2447134	2097967	2442096	3940	3801
民间非营利组织和其他	NGO and Other Organizations	75427	93256	23512	35366	4032	3630
按行业分	**By Sector**						
第一产业	Primary Industry	51502	62167	37047	46385	826	872
第二产业	Secondary Industry	11346140	11354091	475414	448270	276034	209609
采矿业	Mining	316924	245464	34182	2251	9669	2829
制造业	Manufacturing	5532468	5445441	185822	152058	23296	23033
电力、热力、燃气及水生产和供应业	Electric Power, Heat, Gas and Water Production and Supply	511156	538548	54288	56660	4397	4421
建筑业	Construction	4985592	5124638	201122	237301	238672	179326
第三产业	Tertiary Industry	15252881	16924379	8903123	10113214	148298	178842
交通运输、仓储及邮政业	Transport, Storage and Post	1681223	1861490	481703	568788	7241	23803
信息传输、软件和信息技术服务业	Information Transmission, Software and Information Technology	459654	530288	17360	16875	309	26
批发与零售业	Wholesale and Retail Trades	1153530	1159339	145225	134065	10777	8252
住宿和餐饮业	Hotels and Catering Services	237121	236445	10514	13146	5379	4731
金融业	Financial Intermediation	1734210	1735512	612160	610668	59	79
房地产业	Real Estate	832336	918574	27239	23721	7780	4853
租赁与商务服务业	Leasing and Business Services	577795	632977	64894	43731	3532	4331
科学研究、技术服务业	Scientific Research and Technical Services	749308	824227	396691	427367	3913	4942
水利、环境和公共设施管理业	Management of Water Conservancy, Environment and Public Facilities	310173	347939	221844	243072	10329	10169
居民服务、修理和其他服务业	Services to Households, Repair and Other Services	69239	66532	8963	8111	2676	1935
教 育	Education	3160325	3693403	2926175	3444144	6805	7636
卫生和社会工作	Health and Social Work	1699134	1922534	1478623	1674658	81992	97836
文化、体育与娱乐业	Culture, Sports and Entertainment	189242	219647	118384	138261	1304	1384
公共管理、社会保障和社会组织	Public Management, Social Security and Social Organization	2399591	2775472	2393348	2766607	6202	8865

表 3.20 城镇登记失业人数（1985 – 2017 年）
NUMBER OF REGISTERED UNEMPLOYED PERSONS IN URBAN AREAS (1985-2017)

单位：万人， %（10 000 persons, %）

年 份 Year	登记失业人数 Registered Unemployed Persons	其中 of which #女性 Female	按失业时间分 By Unemployment Period 6个月以上 Over 6 Months	6个月以下 Less than 6 Months	登记失业率 Registered Unemployment Rate
1985	6.46				2.3
1986	6.00				2.1
1987	6.29				2.2
1988	6.25				2.1
1989	8.43				2.8
1990	8.81				2.9
1991	9.42				3.0
1992	10.01				3.1
1993	10.23				3.2
1994	10.80				3.2
1995	10.47				2.9
1996	10.95				3.0
1997	10.85	6.18	6.92	3.93	3.5
1998	10.10	5.71	6.46	3.64	3.5
1999	10.08	5.48	6.15	3.93	3.5
2000	10.15	5.26	5.30	4.85	3.5
2001	13.72	7.24	7.72	6.00	3.9
2002	16.18	7.70	7.79	8.39	4.1
2003	16.16	8.20	8.62	7.54	4.1
2004	16.76	8.19	9.44	7.32	4.1
2005	16.89	8.27	9.67	7.22	4.1
2006	15.41	8.12	8.98	6.43	4.0
2007	14.13	7.60	8.01	6.12	4.0
2008	13.02	6.94	6.27	6.75	4.0
2009	13.44	6.55	6.02	7.42	4.0
2010	13.02	6.20	4.06	8.96	3.9
2011	12.96	7.01	3.34	9.62	3.5
2012	12.43	5.93	1.25	11.18	3.3
2013	12.07	6.44	1.07	11.00	3.4
2014	13.42	6.87	0.62	12.80	3.5
2015	14.26	7.55	0.81	13.45	3.6
2016	15.68	8.12	0.93	14.75	3.7
2017	14.26	7.07	0.77	13.49	3.4

表 3.21 城镇私营单位就业人员平均工资（2016 – 2017 年）
AVERAGE WAGE OF EMPLOYED PERSONS OF URBAN PRIVATE ECONOMIC UNITS (2016-2017)

单位：元 (yuan)

指 标	Item	就业人员平均工资 Average Wage of Employed Persons	
		2016	2017
总 计	**Total**	**47345**	**50450**
按行业分	**By Sector**		
第一产业	Primary Industry	36437	39632
第二产业	Secondary Industry	49136	52356
采矿业	Mining	50871	52943
制造业	Manufacturing	49116	52673
电力、热力、燃气及水生产和供应业	Electric Power, Heat, Gas and Water Production and Supply	44843	49879
建筑业	Construction	48973	51988
第三产业	Tertiary Industry	44216	47827
交通运输、仓储及邮政业	Transport, Storage and Post	49303	54093
信息传输、软件和信息技术服务业	Information Transmission, Software and Information Technology	52016	59897
批发与零售业	Wholesale and Retail Trades	40601	44477
住宿和餐饮业	Hotels and Catering Services	36607	37879
金融业	Financial Intermediation	62977	68140
房地产业	Real Estate	50396	52881
租赁与商务服务业	Leasing and Business Services	44764	46989
科学研究、技术服务业	Scientific Research and Technical Services	50067	54721
水利、环境和公共设施管理业	Management of Water Conservancy, Environment and Public Facilities	41759	44126
居民服务、修理和其他服务业	Services to Households, Repair and Other Services	42635	44338
教 育	Education	43518	47579
卫生和社会工作	Health and Social Work	52121	55364
文化、体育与娱乐业	Culture, Sports and Entertainment	44979	47814
公共管理、社会保障和社会组织	Public Management, Social Security and Social Organization		

重/庆/统/计/年/鉴

主要统计指标解释

人口数

指一定时点、一定地区范围内的有生命的个人的总和。年度统计的年末人口数是指每年12月31日24时的人口数。

出生率（又称粗出生率）

指在一定时期内（通常为一年）一定地区内出生人数与同期内平均人数（或期中人数）之比，一般用千分率表示。本资料中的出生率指年出生率。计算公式为：

出生率 = 年出生人数 / 年平均人数 ×1000‰

式中：出生人数是指活产婴儿，即胎儿脱离母体时（不管怀孕月数）有过呼吸或其他生命现象。年平均人数是年初、年底人口数的平均数，也可用年中人口数代替。

死亡率（又称粗死亡率）

指在一定时期内（通常为一年）一定地区的死亡人数与同期平均人数（或期中人数）之比，一般用千分率表示。本资料中的死亡率指年死亡率。计算公式为：

死亡率 = 年死亡人数 / 年平均人数 ×1000‰

人口自然增长率

指在一定时期内（通常为一年）人口自然增加数（出生人数减死亡人数）与该时期内平均人数（或期中人数）之比，一般用千分率表示。计算公式为：

人口自然增长率 =（本年出生人数 - 本年死亡人数）/ 年平均人数 ×1000‰ = 人口出生率 - 人口死亡率

总抚养比

也称总负担系数。指人口总体中非劳动年龄人口数与劳动年龄人口数之比。通常用百分比表示。说明每100名劳动年龄人口大致要负担多少名非劳动年龄人口。用于从人口角度反映人口与经济发展的基本关系。计算公式为：

$$GDR = \frac{P_{0\sim14} + P_{65^+}}{P_{15\sim64}} \times 100\%$$

其中：GDR为总抚养比；

$P_{0\sim14}$ 为0～14岁少年儿童人口数；

P_{65+} 为65岁及65岁以上的老年人口数；

$P_{15\sim64}$ 为15～64岁劳动年龄人口数。

老年人口抚养比

也称老年人口抚养系数。指某一人口中老年人口数与劳动年龄人口数之比。通常用百分比表示。用以表明每100名劳动年龄人口要负担多少名老年人。老年人口抚养比是从经济角度反映人口老化社会后果的指标之一。计算公式为：

$$ODR = \frac{P_{65^+}}{P_{15\sim64}} \times 100\%$$

其中：ODR为老年人口抚养比；

P_{65+} 为65岁及65岁以上的老年人口数；

$P_{15\sim64}$ 为15～64岁的劳动年龄人口数。

少年儿童抚养比

也称少年儿童抚养系数。指某一人口中少年儿童人口数与劳动年龄人口数之比。通常用百分比表示。以反映每100名劳动年龄人口要负担多少名少年儿童。计算公式为：

$$CDR = \frac{P_{0\sim14}}{P_{15\sim64}} \times 100\%$$

其中：CDR为少年儿童抚养比；

$P_{0\sim14}$ 为0～14岁少年儿童人口数；

$P_{15\sim64}$ 为15～64岁劳动年龄人口数。

常住人口

常住人口在人口调查中的定义为下列几款人：（1）居住本乡镇街道，户口在本乡镇街道或户口在本乡镇街道，但人离开本乡镇街道不满半年的人；（2）居住本乡镇街道，离开户口登记地半年以上的人；（3）居住本乡镇街道，户口待定的人；（4）原住本乡镇街道，现在国外工作学习的人。

主要统计指标解释

文盲人口

文盲人口是指15岁以上不识字或识字很少的人口。

文盲率

文盲率是指文盲人口占15岁及以上人口比重。

城镇人口和乡村人口

城镇人口是指居住在城区和镇区范围内的全部人口；乡村人口是除上述人口以外的全部人口。

历年城乡人口数据是按照当时国家《统计上划分城乡的规定》计算。

三次普查之间年份的城乡人口根据1990年和2000年人口普查数据进行了调整。

就业人员

指在16周岁及以上，从事一定社会劳动并取得劳动报酬或经营收入的人员。这一指标反映了一定时期内全部劳动力资源的实际利用情况，是研究我国基本国情国力的重要指标。

在岗职工

指在国有、城镇集体、联营、股份制、外商和港、澳、台投资、其他单位（不包括私营单位和个体经营户）及其附属机构工作，并由其支付工资的各类人员。不包括离休、退休、退职人员；再就业的离、退休人员；在城镇单位中工作的外方及港、澳、台人员；其他按有关规定不列入职工统计范围的人员。（1998年及以后的数据均为在岗职工数据，其他相关指标如职工工资总额，职工平均工资等指标也从1998年按此口径进行了相应调整）。

国有单位

指资产归国家所有的经济组织。包括按《中华人民共和国企业法人登记管理条例》规定登记注册的非公司制的经济组织，以及中央、地方各级国家机关、事业单位和社会团体。

集体单位

指生产资料归集体所有，并按《中华人民共和国企业法人登记管理条例》规定登记注册的经济组织。

在岗职工工资总额

指各单位在一定时期内直接支付给本单位全部职工的劳动报酬总额。工资总额的计算原则应以直接支付给职工的全部劳动报酬为根据。各单位支付给职工的劳动报酬以及其他根据有关规定支付的工资，不论是计入成本的还是不计入成本的，不论是以货币形式支付的还是以实物形式支付的，均包括在工资总额内。

在岗职工平均工资

指企业、事业、机关单位的职工在一定时期内平均每人所得的工资额。它表明一定时期职工工资收入的高低程度，是反映职工工资水平的主要指标，计算公式为：

职工平均工资＝报告期实际支付的全部职工工资总额/报告期全部职工平均人数

就业人员工资总额

指各单位在一定时期内直接支付给本单位全部就业人员的劳动报酬总额。包括在岗职工工资总额和其他就业人员劳动报酬总额。

城镇登记失业人员

指在劳动年龄（16周岁至退休年龄）内，有劳动能力，有就业要求，处于无业状态并在公共就业服务机构进行失业登记的城镇常住人员。其中，没有就业经历的城镇户籍人员，在户籍所在地登记；农村进城务工人员和其他非本地户籍人员在常住地稳定就业满6个月的，失业后可以在常住地登记。

城镇登记失业率

指报告期末，登记失业人数占期末城镇就业人员总数与期末实有城镇登记失业人数之和的比重。计算公式为：

城镇登记失业率＝期末实有登记失业人数/（期末就业人员总数＋期末实有登记失业人数）×100%

Explanatory Notes on Main Statistical Indicators

Total population

Refers to the total number of people alive at a certain point of time within a given area.The annual statistics on total population is taken at midnight, the 3lst of December.

Birth Rate (or Crude Birth Rate)

Refers to the ratio of the number of births to the average population during a certain period of time (usually a year), which is often expressed in ‰. Birth rate in the chapter refers to annual birth rate. The following formula is used:

Birth Rate = Number of Births / Average Number of Population × 1000‰

Number of Births refers to live births, i.e. the births when babies had showed any vital phenomena regardless of the length of pregnancy.

Annual Average Number of Population is the average of the number of population at the beginning of the year and that at the end of the year. Sometimes it is substituted for with the mid-year population.

Death Rate (or Crude Death Rate)

Refers to the ratio of the number of deaths to the average population (or mid-year population) during a certain period of time (usually a year), which is often expressed in ‰. Death rate in the chapter refers to annual death rate. The following formula is used:

Death Rate = Number of Deaths / Annual Average Number of Population × 1000‰

Natural Growth Rate of Population

Refers to the ratio of natural increase in population (number of births minus number of deaths) in a certain period of time (usually a year) to average population (or mid-year population) of the same period, which is often expressed in ‰. The following formulas are applied:

Natural Growth of Population = Number of Births - Number of Deaths / Average number of Population × 1000‰

Natural Growth Rate of Population = Birth Rate - Death Rate

Gross Dependency Ratio

Also called gross dependency coefficient, refers to the ratio of non-working-age population to the working-age population, express in %. Describing in general the number of non-working-age population that every 100 people at working ages will take care of, this indicator reflects the basic relation between population and economic development from the demographic perspective. The gross dependency ratio is calculated with the following formula:

$$GDR = \frac{P_{0\sim14} + P_{65^+}}{P_{15\sim64}} \times 100\%$$

Where: GDR is the gross dependency ratio,

$P_{0\text{-}14}$ is the population of children aged 0-14,

P_{65+} is the elderly population aged 65 and over, and

$P_{15\text{-}64}$ is the working-age population aged 15-64.

Old Dependency Ratio

Also called old dependency coefficient, refers to the ratio of the elderly population to the working-age population, express in %. It describes the number of the elderly population that every 100 people at working ages will take care of. Old dependency ratio is one of the indicators reflecting the social implication of population aging from the economic perspective. The old dependency ratio is calculated with the following formula:

$$ODR = \frac{P_{65^+}}{P_{15\sim64}} \times 100\%$$

Where: ODR is the old dependency ratio,

P_{65+} is the elderly population aged 65 and over, and

$P_{15\text{-}64}$ is the working-age population aged 15-64.

Children Dependency Ratio

Also called children dependency coefficient, refers to the ratio of the children population to the working-age population, express in %. It describes the number of children population that every 100 people at working ages will take care of. The children dependency ratio is calculated with the following formula:

EXPLANATORY NOTES TO MAJOR STATISTICAL INDICATORS

$$CDR = \frac{P_{0\sim14}}{P_{15\sim64}} \times 100\%$$

Where: CDR is the children dependency ratio,

P_{0-14} is the children population aged 0-14, and

P_{15-64} is the working-age population aged 15-64.

Resident Population

According to survey of population, it includes the following main items: 1) population who reside in this township or town (sub-district) with residence registered in this area, or population who have residence registered in this township or town (sub-district) but have been away from this area for less than half a year; 2) population having actually resided in this township or town (sub-district) for over half a year with residence registered in other area; 3) population residing in this townships or towns (sub-district) with residence not registered; 4) population with residence registered in this township or town (sub-district) who work or study abroad.

The Illerate Population

Refers to those over 15 years of age who have inability to read or write, or can read or write only a few words.

Illiteracy Rate

Refers to the percentage of the illiterate population in the total population above 15 years of age.

Urban Population and Rural Population

Urban population refers to all people residing in the urban and township areas, while rural population refers to population other than urban population.

Statistics on urban and rural population over the years are compiled in line with the regulations of statistical classification on urban and rural population stipulated by the government, which were in effect at different times.

Figures on urban/rural population for the years between the 3 censuses are adjusted in accordance with the 1990 and 2000 population census data.

Employees

Refer to the persons aged 16 and over who are engaged in social working and receive remuneration payment or earn business income. This indicator reflects the actual utilization of total labor force during a certain period of time and is often used for the research on China's economic affairs and national power.

On-post Staff and Workers

Refer to persons working in, and receive payment from units of state ownership, collective ownership, joint ownership, share holding ownership, foreign ownership, and ownership by entrepreneurs from Hong Kong, Macao, and Taiwan, and other types of ownership and their affiliated units(excluding private enterprises and owners of self-employed). They exclude: retirees; re-employed retirees; foreigners and persons from Hong Kong, Macao and Taiwan who work in urban units; 8) other persons not to be included by relevant regulations. (Data of 1998 and afterward refer to fully employed staff and workers. Other related statistics such as total wage bill and average wage are adjusted since 1998 accordingly).

State-owned Units

Refer to economic units whose assets are owned by the state. Included are non-corporation units registered according to Regulation of the People's Republic of China on the Registration of Enterprises and Corporations, state organs, institutions and social organizations at the central and local levels.

Collective Units

Refer to economic units registered according to Regulation of the People's Republic of China on the Registration of Enterprises and Corporations where the means of production are collectively owned.

Total Wages of Bill On-post

Refers to total remuneration payment to staff and workers in various units during a certain period of time. The calculation of total wages is based on the total remuneration payment to the staff and workers. Therefore, all the wages and salaries and other payments to staff and workers are included in the total wage bill regardless of sources, reckoning the cost of production or not, category, listing as items of premium taxation or not, and forms, paying in cash or in kind.

Average Earning On-post

Refers to average earning level in money terms per employee in the enterprise, institutions, and government agencies, which reflects the general level of wage income during a certain period

EXPLANATORY NOTES TO MAJOR STATISTICAL INDICATORS

of time and is calculated as follows:

Average Earning of Employees=Total Earning of Employees at Reference Period/Average Number of Employees at Reference Period

Total Salary of Employed Personnel

Refers to the sum of the labor remuneration paid to all the e mployed personnel by the employing organizations in a specific period of time, including the sum of employee salaries and the su m of labor remuneration of other employed personnel.

Registered Unemployed Persons in Urban Areas

Refers to the unemployed urban resident population at the labor age (from 16 to the age of retirement), with labor capability and employment demand, who have been registered at the public employment service institutions. Among whom, the urban resident population without employment experience shall be registered at the place of household registration; the off-farm workers and other persons with the household registration at other places who have been employed for 6 consecutive months may be registered at the place of their usual residence.

Registered Unemployment Rate in Urban Areas

Refers to the ratio of the number of the registered unemployed persons at the end of the reference period to the sum of total employment and the number of the registered unemployed persons at the end of the reference period. The formula is as the follows:

Registered urban unemployment rate = number of registered urban unemployed persons at the end of reference period / (total employment+ number of registered urban unemployed persons at the end of reference period) × 100%

第 4 章

固定资产投资

INVESTMENT IN FIXED ASSETS

简要说明
BRIEF INTRODUCTION

本章内容主要包括全社会固定资产投资、建设项目投资、房地产开发和商品房销售情况，由市统计局固定资产投资处整理提供。

The data in this chapter cover the total investment in fixed assets, investment in construction, real estate development, sales of commercialized buildings. All the data are prepared and provided by Division of Statistics of Investment in Fixed Assets, Chongqing Municipal Bureau of Statistics.

表 4.1 主要年份全社会固定资产投资
TOTAL INVESTMENT IN FIXED ASSETS IN THE WHOLE COUNTRY IN MAJOR YEARS

单位：万元（10 000 yuan）

年 份 Year	固定资产投资额总计 Total Investment in Fixed Assets	新增固定资产 Newly Increased Fixed Assets	固定资产投资按构成分 Investment in Fixed Assets by Structure		
			建筑安装工程 Construction and Installation	设备工具器具购置 Purchase of Equipment and Instruments	其他费用 Others
1949	39	37	39		
1952	9535	7107	7027	1751	757
1957	21330	20591	12563	6636	2131
1962	7769	7650	5853	1654	262
1965	37677	32844	24658	10280	2739
1970	62448	44331	26528	31658	4262
1975	64359	29973	26446	26539	11374
1978	59026	46834	37630	16958	4438
1980	102789	101499	71220	26265	5304
1985	364822	265993	238027	101461	25334
1986	420675	343008	265430	124895	30350
1987	482445	345528	329053	114844	38548
1988	558331	378150	374833	148913	34585
1989	547540	405769	370687	140033	36820
1990	693140	462056	450344	192115	50681
1991	851614	636525	548518	234255	68841
1992	1063852	871892	703962	261333	98557
1993	1550546	1036205	1008107	389367	153072
1994	2029178	1377025	1336181	509362	183635
1995	2709663	1886888	1707448	737819	264396
1996	3207278	2306996	2076949	733537	342156
1997	3709485	3143528	2418273	879477	411735
1998	4981452	3693019	3248271	1083808	649373
1999	5628679	3706704	3860379	1080062	688238
2000	6558116	4364464	4599909	1055220	902987
2001	8018228	4722181	5460064	1435621	1122543
2002	9956645	6868792	6961365	1482391	1512889
2003	12693544	7244753	8608006	1594910	2490628
2004	16219203	8377655	10155324	2512064	3551815
2005	20063180	15268045	12487360	2990736	4585084
2006	24518351	13817208	15250559	3530668	5737124
2007	31615147	18087476	20238311	4438013	6938823
2008	40452509	16147872	26504524	5793319	8154666
2009	53179185	28027347	35607657	6552634	11018894
2010	69347966	35223421	47667591	7271738	14408637
2011	76858699	46195551	55881173	7582702	13394824
2012	93800012	58222256	66505055	10330139	16964818
2013	112050284	69175185	81449858	10974847	19625579
2014	132237463	84633240	95912383	13926790	22398290
2015	154803250	103875313	114845964	16448144	23509142
2016	173611207	96121150	133042690	16030438	24538079
2017	174405655	118562002	133998516	18629568	21777571

注：为与国家统计口径一致，剔除跨省项目投资和农户投资，2017 年固定资产投资总量数据与往年存在口径差异（下表同）。
Note: According to the NBS's system, the investments of trans-provincial projects and rural households have been removed, so the data of total investment in fixed assets in 2017 are incomparable with the previous years (the same for the tables below).

表 4.1 续表 1 continued 1 单位：万元 (10 000 yuan)

年 份 Year	固定资产投资按城乡分 Investment in Fixed Assets by Region				
	城 镇 Urban Areas	其 中 of which		农 村 Rural Areas	其 中 of which
		建设项目 Construction Project	房地产开发 Real Estate Development		农 户 Rural Households
1949					
1952					
1957					
1962					
1965					
1970					
1975					
1978					
1980					
1985					
1986					
1987					
1988					
1989					
1990					
1991					
1992					
1993					
1994					
1995					
1996	2286027	1729842	556185	921251	520639
1997	2747402	2072380	675022	962083	518255
1998	4012210	3039196	973014	969242	509535
1999	4504619	3379484	1125135	1124060	589147
2000	5313816	3917489	1396327	1244300	649150
2001	6720308	4753624	1966684	1297920	707500
2002	8568780	6109650	2459130	1387865	722554
2003	11375600	8096719	3278881	1317944	666529
2004	14771164	10720373	4050791	1448039	715951
2005	18384226	13206935	5177291	1678954	718040
2006	22914581	16618281	6296300	1603770	771833
2007	29713639	21214673	8498966	1901508	740000
2008	37815574	27905604	9909970	2636935	824161
2009	49587435	37198310	12389125	3591750	902424
2010	63429833	47227262	16202571	5918133	946416
2011	70990170	50839287	20150883	5868529	1064245
2012	84620348	59536848	25083500	9179664	1257960
2013	97890031	67762193	30127838	14160253	1442841
2014	132237463	95935132	36302331		
2015	154803250	117290438	37512812		
2016	173611207	136351755	37259452		
2017	174405655	134604818	39800837		

表 4.1 续表 2 continued 2

单位：万元 (10 000 yuan)

年 份 Year	固定资产投资按城乡分 Investment in Fixed Assets by Region 国 有 State -owned	集 体 Collective -owned	联 营 Joint	股份制 Share-holding	港澳台及外商投资 Funds from Hong Kong, Macao and Taiwan and Foreign-funded	私营个体 Private and Self-employed Individual	其 他 Others
1949	39						
1952	9535						
1957	21330						
1962	7769						
1965	37662	15					
1970	62447	1					
1975	64355	4					
1978	56823	2203					
1980	91150	4718				3692	
1985	243927	66862				44712	9321
1986	301256	60497				48260	10662
1987	345509	58155				67033	11748
1988	410106	56588				78012	13625
1989	405239	46813				82058	13430
1990	528648	49525				92235	22732
1991	639554	69943				120515	21602
1992	739230	137945				165300	21377
1993	979597	276425	2798	32512	25320	206511	27383
1994	1364920	353815	2598	8013	13340	243119	43373
1995	1433244	424399	5834	101846	232079	370479	141782
1996	1597680	513195	6857	100805	278214	598918	111609
1997	1763147	550970	11428	354040	154602	669117	31148
1998	2598535	599304	7963	691371	402084	637275	44920
1999	2839011	664552	9951	612007	353199	1097082	52877
2000	3132534	730555	31555	877503	319730	1381098	85141
2001	3849113	821206	65544	1077977	432826	1715384	56178
2002	4603442	884409	45739	1678915	731767	1989250	23123
2003	5517224	845591	30177	3055216	648829	2514803	81704
2004	6625116	958051	30942	4199655	1174341	3114906	116192
2005	7978697	698801	75405	5902555	1176890	4063795	167037
2006	10219239	383345	62156	7208381	1420900	4939191	285139
2007	12551060	497937	92315	8796251	2293560	7036673	347351
2008	16091842	489458	158560	10398474	3026064	9663932	624179
2009	23241164	513318	149177	12949452	3052163	12497309	776602
2010	30610270	741840	203204	16450400	4120685	15949286	1272281
2011	32146574	761211	360273	18903732	5125101	18129197	1432611
2012	39000336	1308198	394063	3661573	6098076	23594729	19743037
2013	44396867	1994934	436474	3354945	7441801	30958806	23466457
2014	47500861	2006144	193729	4237976	8870621	39180184	30247948
2015	56160204	2894831	140616	4457004	9525762	45186235	36438598
2016	58054395	1614164	61125	5211183	9231000	52878220	46561120
2017	56030271	1220736	64629	5224626	7671993	56477109	47716291

表 4.1 续表 3 continued 3

单位：万元、万平方米 (10 000 yuan, 10 000 sq.m)

年 份 Year	固定资产投资按三次产业分 Investment in Fixed Assets by Strata of Industry			本年房屋施工面积 Floor Space of Buildings under Construction	其 中 of which	本年房屋竣工面积 Floor Space of Buildings Completed	其 中 of which
	第一产业 Primary Industry	第二产业 Secondary Industry	第三产业 Tertiary Industry		#住 宅 Residential Buildings		#住 宅 Residential Buildings
1949						1	
1952	37	4616	4882			5	1
1957	203	15421	5706			153	84
1962	314	6080	1375			18	7
1965	5130	25482	7065			103	43
1970	1291	56173	4984			121	49
1975	2716	54692	6951			95	39
1978	3790	45516	9720			121	39
1980	2101	69188	31500			323	166
1985	4848	184918	175056	2536		1341	680
1986	3359	238569	178747	2596		2141	1445
1987	4794	282515	195136	2752		2169	1474
1988	5490	346847	205994	2632		1970	1478
1989	5919	314655	226966	2400		1851	706
1990	13220	413776	266144	2522		2057	1620
1991	19966	487813	343835	2753		2258	1756
1992	20329	558021	485502	3228		2473	1947
1993	14208	701890	834448	3619		2631	1994
1994	14449	839691	1175038	4045		2926	2119
1995	17117	1066810	1625736	4964		3306	2503
1996	23128	1156837	2027313	6026	4164	4209	3313
1997	33820	1309109	2366556	6145	4198	4302	3363
1998	44133	1418980	3518339	6587	4474	4285	3267
1999	65652	1217277	4345750	7170	4799	4660	3527
2000	89657	1423981	5044478	8494	5931	5337	4087
2001	108038	1462479	6447711	8812	6055	4939	3664
2002	191128	1956665	7808852	10643	7305	6403	4665
2003	264249	3033987	9395308	10962	7398	5959	4293
2004	360891	4301999	11556313	11797	7835	5560	3962
2005	441953	5860896	13760331	13300	8792	6385	4341
2006	519301	7553189	16445861	14993	9693	5979	4098
2007	597371	10850790	20166986	16278	10912	5523	3810
2008	890989	14370570	25190950	17629	12091	5456	3990
2009	1991057	18914538	32273590	20131	13816	4961	3208
2010	2647737	24231237	42468992	25068	17698	6559	4983
2011	2787694	27847512	46223493	32627	20571	7404	5870
2012	3640128	30749632	59410252	30026	20739	6616	5174
2013	4415363	35342114	72292807	36640	23014	6552	4800
2014	4869094	41678702	85689667	36062	23348	6145	4570
2015	5332421	49979585	99491244	35533	21970	6949	4773
2016	5580940	56663592	111366675	34642	20058	7978	4659
2017	4927776	58873201	110604678	30673	17518	6688	3716

表 4.2 全社会固定资产投资（2016 － 2017 年）
TOTAL INVESTMENT IN FIXED ASSETS (2016-2017)

指　标	Item	投资额 Investment		构　成（%） Structure (%)	
		2016	2017	2016	2017
投资总额（万元）	**Total Investment (10 000 yuan)**	**173611207**	**174405655**	**100.0**	**100.0**
按隶属关系分	**By Jurisdiction of Administration**				
中央项目	Central Investment	9048423	6544499	5.2	3.8
地方项目（包括无隶属关系的）	Local Investment (including non-governmental investment)	164562784	167861156	94.8	96.2
按登记注册类型分	**By Status of Registration**				
内　资	Domestic-funded				
#国　有	State-owned	58054395	56030271	33.4	32.1
集　体	Collective-owned	1614164	1220736	0.9	0.7
联　营	Joint	61125	64629	0.1	
股份制	Share-holding	5211183	5224626	3.0	3.0
私营个体	Private and Self-employed Individual	52878220	56477109	30.5	32.4
其　他	Others	46561120	47716291	26.8	27.4
港澳台投资经济	Funds from Hong Kong, Macao and Taiwan	5253528	4475117	3.0	2.6
外商投资经济	Foreign-funded	3977472	3196876	2.3	1.8
按构成分	**By Use of Funds**				
建筑工程	Construction	117787599	116679200	67.8	66.9
安装工程	Installation	15255091	17319316	8.8	9.9
设备工具器具购置	Purchase of Equipment and Instruments	16030438	18629568	9.2	10.7
其他费用	Others	24538079	21777571	14.1	12.5
新增固定资产（万元）	**Newly Increased Fixed Assets (10 000 yuan)**	**96121150**	**118562002**		
固定资产交付使用率（%）	**Rate of Fixed Assets Put into Use (%)**	**55.4**	**68.0**		
房屋建筑面积（万平方米）	**Floor Space of Buildings (10 000 sq.m)**				
施工面积	Floor Space of Buildings under Construction	34642	30673		
#住　宅	Residential Buildings	20058	17518		
竣工面积	Floor Space of Buildings Completed	7978	6688		
#住　宅	Residential Buildings	4659	3716		

表 4.3 按行业分的全社会固定资产投资（2016 – 2017 年）
TOTAL INVESTMENT IN FIXED ASSETS BY SECTOR (2016-2017)

单位：万元 (10 000 yuan)

行　业	Sector	2016	2017
总　计	**Total**	**173611207**	**174405655**
第一产业	Primary Industry	5580940	4927776
第二产业	Secondary Industry	56663592	58873201
工　业	Industry	56637342	58806968
采矿业	Mining	2220856	1581328
制造业	Manufacturing	49060873	52572116
电力、热力、燃气及水的生产和供应业	Production and Supply of Electricity, Heat, Gas & Water	5355613	4653524
建筑业	Construction	26250	66233
第三产业	Tertiary Industry	111366675	110604678
交通运输、仓储及邮政业	Transport, Storage and Post	20033901	19546056
信息传输、计算机服务和软件业	Information Transmission, Computer Services and Software	1136055	1062174
批发与零售业	Wholesale and Retail Trades	2393764	2181389
住宿和餐饮业	Hotels and Catering Services	1802983	1478502
金融业	Financial Intermediation	127955	83298
房地产业	Real Estate	44226865	43414612
租赁与商务服务业	Leasing and Business Services	2667240	2392885
科学研究、技术服务与地质勘查业	Scientific Research, Technical Services and Geological Prospecting	349466	454204
水利、环境和公共设施管理业	Management of Water Conservancy, Environment and Public Facilities	31644537	32956302
居民服务和其他服务业	Services to Households and Other Services	494718	386226
教　育	Education	2776739	2926629
卫生、社会保障和社会福利业	Health, Social Security and Social Welfare	1519580	1388182
文化、体育与娱乐业	Culture, Sports and Entertainment	1279959	1355683
公共管理与社会组织	Public Management and Social Organizations	912913	978536

表 4.4 全社会固定资产投资资金来源（2016 – 2017 年）
SOURCES OF FUNDS FOR INVESTMENT IN FIXED ASSETS (2016-2017)

单位：万元 (10 000 yuan)

指 标	Item	总 计 Total	
		2016	2017
本年资金来源合计	**Total Investment from All Sources in This Year**	**200737344**	**206139816**
上年末结余资金	Balance of the Previous Year	17157500	23808769
本年资金来源小计	Subtotal of Funds Invested in This Year	183579844	182331047
国家预算内资金	State Budgetary Appropriation	13636813	10147910
国内贷款	Domestic Loans	23785006	25627375
债 券	Bonds	314471	692116
利用外资	Foreign Investment	582546	686673
自筹资金	Self-raised Funds	109328884	105212520
其他资金来源	Others	35932124	39964453

表 4.5 按行业分建设项目投资和建设总规模（2017 年）
INVESTMENT IN CONSTRUCTION PROJECTS AND TOTAL CONSTRUCTION INVESTMENT SIZE BY SECTOR (2017)

指 标	Item	建设总规模 Total Investment in Construction	在建总规模 Total Investment in Projects under Construction
总 计	**Total**	**349794695**	**340160748**
第一产业	Primary Industry	9692533	9604657
第二产业	Secondary Industry	143285953	139272099
工 业	Industry	143109198	139095344
采矿业	Mining	3996003	3970203
制造业	Manufacturing	122387479	119767306
电力、热力、燃气及水的生产和供应业	Production and Supply of Electricity, Heat, Gas & Water	16725716	15357835
建筑业	Construction	176755	176755
第三产业	Tertiary Industry	196816209	191283992
交通运输、仓储及邮政业	Transport, Storage and Post	67776901	67174329
信息传输、计算机服务和软件业	Information Transmission, Computer Services and Software	2399878	2217422
批发与零售业	Wholesale and Retail Trades	5883431	5744469
住宿和餐饮业	Hotels and Catering Services	3661274	3338094
金融业	Financial Intermediation	456388	456388
房地产业	Real Estate	9436741	9214121
租赁与商务服务业	Leasing and Business Services	6241308	5826953
科学研究、技术服务与地质勘查业	Scientific Research, Technical Services and Geological Prospecting	1176284	1069284
水利、环境和公共设施管理业	Management of Water Conservancy, Environment and Public Facilities	81935977	79180099
居民服务和其他服务业	Services to Households and Other Services	917605	913205
教 育	Education	6896239	6547051
卫生、社会保障和社会福利业	Health, Social Security and Social Welfare	3997341	3822762
文化、体育与娱乐业	Culture, Sports and Entertainment	2925605	2708589
公共管理与社会组织	Public Management and Social Organizations	3111237	3071226

注：该表中数据不包含农户投资数据。
Note: The data of rural households is excluded herein.

单位：万元 (10 000 yuan)

在建净规模 Net Investment in Projects under Construction	投资额 Investment	其中 of which			其中 of which		
		#新建 New Construction	#扩建 Expansion	#改建 Reconstruction	建筑安装工程投资 Construction and Installation	设备工器具购置 Purchase of Equipment and Instruments	其他费用 Other Expenses
229456526	**134604818**	**107899632**	**9463842**	**15409423**	**104503473**	**18009432**	**12091913**
7733305	4927776	4558847	254688	103245	3957366	321284	649126
97130270	58873201	42086591	3849066	11697122	41520275	14276691	3076235
96984784	58806968	42054194	3849066	11696584	41493980	14241428	3071560
3212436	1581328	918653	434084	205982	1384807	150312	46209
84748852	52572116	37152754	3133292	11186574	36705233	13133142	2733741
9023496	4653524	3982787	281690	304028	3403940	957974	291610
145486	66233	32397		538	26295	35263	4675
124592951	70803841	61254194	5360088	3609056	59025832	3411457	8366552
41771012	19546056	15448286	2693719	1295646	14809518	1203124	3533414
1009389	1062174	561790	419404	55128	585835	437022	39317
3872624	2181389	2048846	32704	57205	1772205	183518	225666
2285182	1478502	1166183	221237	66942	1236543	121149	120810
260715	83298	77908		5390	78638	3211	1449
6610092	3613775	3450423	59839	83363	3263590	47935	302250
4383150	2392885	2169567	138983	57903	2166197	84489	142199
642592	454204	399797	12094	25492	386436	51634	16134
53948964	32956302	29886650	1292648	1692709	28681796	862254	3412252
692334	386226	309252	16190	46202	304543	20316	61367
3785545	2926629	2500519	263846	78729	2553781	105332	267516
2457633	1388182	1103003	79650	93914	1179359	155673	53150
1652415	1355683	1233164	84961	22618	1129631	105047	121005
1221304	978536	898806	44813	27815	877760	30753	70023

表 4.6 按行业分建设项目施工、投产项目个数（2017 年）
NUMBER OF CONSTRUCTION PROJECTS UNDER CONSTRUCTION AND PUT INTO USE BY SECTOR (2017)

行　业	Sector	施工项目（个）Number of Projects under Construction (unit)	其中 of which #新开工 New Projects	全部建成投产项目（个）Number of Projects Completed & Put into Use (unit)	项目建成投产率 (%) Rate of Projects Completed & Put into Use (%)
总　计	**Total**	**26225**	**15836**	**17767**	**67.7**
第一产业	Primary Industry	1955	1196	1437	73.5
第二产业	Secondary Industry	8514	5367	6028	70.7
工　业	Industry	8506	5361	6014	70.7
采矿业	Mining	323	214	237	73.4
制造业	Manufacturing	7201	4613	5124	71.2
电力、热力、燃气及水的生产和供应业	Production and Supply of Electricity, Heat, Gas & Water	982	534	653	66.5
建筑业	Construction	8	6	14	87.5
第三产业	Tertiary Industry	15756	9273	10309	65.4
交通运输、仓储及邮政业	Transport, Storage and Post	2561	1556	1597	62.4
信息传输、计算机服务和软件业	Information Transmission, Computer Services and Software	267	174	54	20.2
批发与零售业	Wholesale and Retail Trades	489	285	381	77.9
住宿和餐饮业	Hotels and Catering Services	621	378	447	72.0
金融业	Financial Intermediation	13	4	7	53.8
房地产业	Real Estate	936	354	711	76.0
租赁与商务服务业	Leasing and Business Services	620	370	432	69.7
科学研究、技术服务与地质勘查业	Scientific Research, Technical Services and Geological Prospecting	88	51	56	63.6
水利、环境和公共设施管理业	Management of Water Conservancy, Environment and Public Facilities	8289	5032	5432	65.5
居民服务和其他服务业	Services to Households and Other Services	156	100	114	73.1
教　育	Education	716	403	397	55.4
卫生、社会保障和社会福利业	Health, Social Security and Social Welfare	389	191	250	64.3
文化、体育与娱乐业	Culture, Sports and Entertainment	328	213	247	75.3
公共管理与社会组织	Public Management and Social Organizations	283	162	184	65.0

注：该表中数据不包含农户投资。
Note: The data of rural households is excluded herein.

表 4.7 房屋施工面积（2016 – 2017 年）
TOTAL FLOOR SPACE OF BUILDINGS UNDER CONSTRUCTION (2016-2017)

单位：万平方米 (10 000 sq.m)

指　标	Item	房屋施工面积 Floor Space of Buildings under Construction		其　中 of which #住　宅 Residential Buildings	
		2016	2017	2016	2017
总　计	**Total**	**34642**	**31705**	**20058**	**18416**
#建设项目	Construction	6139	4712	1103	770
房地产开发	Real Estate Development	27363	25961	17933	16748
农　户	Rural Households	1139	1032	1022	898

表 4.8 房屋竣工面积（2016 – 2017 年）
TOTAL FLOOR SPACE OF BUILDINGS COMPLETED (2016-2017)

单位：万平方米 (10 000 sq.m)

指　标	Item	房屋竣工面积 Floor Space of Buildings Completed		其　中 of which #住　宅 Residential Buildings	
		2016	2017	2016	2017
总　计	**Total**	**7978**	**7544**	**4659**	**4506**
#建设项目	Construction	2600	1633	703	399
房地产开发	Real Estate Development	4421	5056	3084	3316
农　户	Rural Households	957	856	872	791

表 4.9 房屋造价（2016 – 2017 年）
COST OF COMPLETED BUILDINGS (2016-2017)

单位：元 / 平方米 (yuan/sq.m)

指　标	Item	每平方米造价 Cost of Buildings per Sq. m		其　中 of which #住　宅 Residential Buildings	
		2016	2017	2016	2017
建设项目	Construction	2025	2387	1870	1969
房地产开发	Real Estate Development	3193	3404	3165	3324

表 4.10 建设项目投资（2016 – 2017 年）
INVESTMENT IN CONSTRUCTION PROJECTS (2016-2017)

指　标	Item	2016	2017
投资总额（万元）	**Total Investment (10 000 yuan)**	**135198195**	**134604818**
#住　宅	Residential Buildings	1751454	1262537
按隶属关系分	**By Jurisdiction of Administration**		
中央项目	Central Investment	7191558	4526973
地方项目	Local Investment	128006637	130077845
按构成分	**By Use of Funds**		
建筑工程	Construction	93065213	92480923
安装工程	Installation	10444920	12022550
设备、工具、器具购置	Purchase of Equipment and Instruments	15633933	18009432
其他费用	Others	16054129	12091913
按建设性质分	**By Type of Construction**		
#新　建	New Construction Projects	107516213	107899632
扩　建	Expansion	11265443	9463842
改建和技术改造	Reconstruction and Technical Transformation	13979660	15409423
按国民经济行业分	**By Sector**		
第一产业	Primary Industry	5580940	4927776
第二产业	Secondary Industry	56663592	58873201
#工　业	Industry	56637342	58806968
第三产业	Tertiary Industry	72953663	70803841
新增固定资产（万元）	**Newly Increased Fixed Assets (10 000 yuan)**	**79081835**	**99096388**
建设项目（个）	**Construction Projects (unit)**		
施工项目	Projects under Construction	27461	26225
本年投产项目	Projects Completed in This Year	15756	17767
房屋建筑面积（万平方米）	**Floor Space of Buildings (10 000 sq.m)**		
施工面积	Floor Space under Construction	6139	4712
#住　宅	Residential Buildings	1103	770
竣工面积	Floor Space Completed	2600	1633
#住　宅	Residential Buildings	703	399

注：该表数据中不含农户投资。
Note: The data of rural households is excluded herein.

表 4.11 按行业分建设项目施工、投产项目个数（2017 年）
NUMBER OF CONSTRUCTION PROJECTS UNDER CONSTRUCTION AND PUT INTO USE BY SECTOR (2017)

单位：万元 (10 000 yuan)

行　业	Sector	施工项目个数（个） Number of In-process Project (unit)	计划总投资 Planned Total Investment	本年完成投资 Investment Completed in Current Year
总　计	**Total**	**26225**	**349794695**	**134604818**
第一产业	Primary Industry	1955	9692533	4927776
第二产业	Secondary Industry	8514	143285953	58873201
工　业	Industry	8506	143109198	58806968
采矿业	Mining	323	3996003	1581328
#石油和天然气开采业	Extraction of Petroleum and Natural Gas	22	2475286	583667
制造业	Manufacturing	7201	122387479	52572116
#化学原料及化学制品制造业	Manufacture of Raw Chemical Materials and Chemical Products	264	6061603	2524568
医药制造业	Manufacture of Medicines	194	5032684	2216665
通用设备制造业	Manufacture of General Purpose Machinery	520	6318094	3218301
专用设备制造业	Manufacture of Special Purpose Machinery	381	4876738	2646899
电力、热力、燃气及水的生产和供应业	Production and Supply of Electricity, Heat, Gas and Water	982	16725716	4653524
电力、热力的生产和供应业	Production and Supply of Electric Power and Heat Power	341	11191559	2271771
燃气生产和供应业	Production and Supply of Gas	173	2105726	844438
水的生产和供应业	Production and Supply of Water	468	3428431	1537315
建筑业	Construction	8	176755	66233
第三产业	Tertiary Industry	15756	196816209	70803841
交通运输、仓储及邮政业	Transport, Storage and Post	2561	67776901	19546056
#邮政业	Post	4	92997	34117
信息传输、软件和信息技术服务业	Information Transmission, Software and IT Service	267	2399878	1062174
#电信、广播电视和卫星传输服务	Telecommunication, Radio & Television and Satellite Transmission Services	188	818454	487882
批发与零售业	Wholesale and Retail Trades	489	5883431	2181389
住宿和餐饮业	Hotels and Catering Services	621	3661274	1478502
金融业	**Financial Intermediation**	**13**	**456388**	**83298**
房地产业	Real Estate	936	9436741	3613775
租赁与商务服务业	Leasing and Business Services	620	6241308	2392885
科学研究和技术服务业	Scientific Research and Technical Services	88	1176284	454204
水利、环境和公共设施管理业	Management of Water Conservancy, Environment and Public Utilities	8289	81935977	32956302
居民服务、修理和其他服务业	Services to Households, Repair and Other Services	156	917605	386226
教　育	Education	716	6896239	2926629
卫生和社会工作	Health and Social Undertakings	389	3997341	1388182
#卫　生	Public Health	299	3546721	1192322
文化、体育与娱乐业	Culture, Sports and Entertainment	328	2925605	1355683
公共管理、社会保障和社会组织	Public Management, Social Security and Social Organizations	283	3111237	978536

注：该表数据中不含农户投资。
Note: The data of rural households is excluded herein.

表 4.12 建设项目新增主要产品生产能力（2016 – 2017 年）
NEWLY INCREASED PRODUCTION CAPACITY OF THE MAJOR PRODUCTS IN CONSTRUCTION PROJECTS (2016-2017)

指　标	Item	2016	2017
原煤开采（万吨 / 年）	Coal Mining (10 000 tons/year)	230	
发电机组容量（万千瓦）	Capacity of Power Generating Sets (10 000 kw/year)	315	115
火　电	Fire Power	262	60
水　电	Hydraulic Power	30	52
汽车制造（万辆 / 年）	Motor Vehicles (10 000 units/year)	47	14
水泥（万吨 / 年）	Cement (10 000 tons/year)	264	21
新（扩）建港口码头年吞吐量（万吨）	Annual Handling Capacity of Newly Built (Expanded) Ports (10 000 tons)	107	436
泊　位（个）	Berths (unit)	2	7
新建公路（公里）	Length of New Highways (km)	5055	2912
改建公路（公里）	Length of Reconstructed Highways (km)	4842	2608
城市自来水供水能力（万吨 / 日）	Tap Water Supply Capacity (10 000 tons/day)	44	30

表 4.13 基础设施建设投资额（2016 – 2017 年）
INVESTMENT IN INFRASTRUCTURE CONSTRUCTION (2016-2017)

单位：万元（10 000 yuan）

指　标	Item	2016	2017
合　计	**Total**	**56608745**	**56591185**
电力、热力、燃气及水的生产和供应业	Production and Supply of Electricity, Heat, Gas and Water	5355613	4653524
#电力、热力的生产和供应业	Production and Supply of Electric Power and Heat Power	2913211	2271771
燃气生产和供应业	Production and Supply of Gas	776540	844438
水的生产和供应业	Production and Supply of Water	1665862	1537315
交通运输及邮政业	Transport, Storage and Post	18681127	18137622
#交通运输业	Transport	18681127	18103505
#城市公共交通业	City Public Transport	2876832	3964299
邮政业	Post	15209	34117
电信和其他信息传输服务业	Telecommunications and Other Information Transmission Services	912259	487882
水利、环境和公共设施管理业	Management of Water Conservancy, Environment and Public Facilities	31644537	32956302
#水利管理业	Management of Water Conservancy	2657629	2764798
生态保护和环境治理业	Ecology Protection and Environment Control	607703	631924
公共设施管理业	Management of Public Facilities	28379205	29559580

表 4.14 房地产开发基本情况（1990 – 2017 年）
BASIC STATISTICS ON REAL ESTATE DEVELOPMENT (1990-2017)

单位：万平方米 (10 000 sq.m)

年 份 Year	企业数（个） Number of Enterprises (unit)	从业人员（人） Number of Employed Persons (person)	本年土地购置面积 Land Space Purchased This Year	本年完成投资总额（万元） Investment Completed This Year (10 000 yuan)	其中 of which #住宅 Residential Buildings	资金来源（万元） Sources of Funds (10 000 yuan)	房屋施工面积 Floor Space of Buildings under Construction	其中 of which #住宅 Residential Buildings
1990				17503	10600	17568	107.80	65.48
1991				19185	14040	18042	112.57	83.54
1992				33868	21239	33148	160.91	94.56
1993				123151	66833	107210	437.73	293.03
1994				279089	196411	377959	650.71	394.43
1995				468845	252085	612121	1267.96	810.36
1996	635	22512	588.65	556185	259881	836655	1424.35	855.64
1997	622	24911	259.49	675022	282592	1060761	1652.32	904.18
1998	991	50088	521.48	973014	440889	1391253	2058.35	1223.66
1999	1073	50526	624.53	1125135	523357	1504042	2103.76	1285.41
2000	1339	63925	619.21	1396327	728125	1784950	2833.42	1896.18
2001	1474	78961	870.34	1966684	1107126	2373982	3653.71	2508.30
2002	1559	76582	1320.26	2459130	1306998	3148171	4414.96	3081.57
2003	1597	54148	1637.19	3278881	1774341	4793499	5287.80	3747.34
2004	1828	70711	1137.61	4050791	2171303	6220133	6247.86	4544.54
2005	1862	70563	1385.40	5177291	3004026	8819371	7487.36	5514.75
2006	1936	70094	1467.69	6296300	3767847	9985438	8864.37	6655.00
2007	2039	87606	1737.74	8498966	5218209	15546697	10578.84	8179.29
2008	2280	86094	1164.41	9909970	6195250	15595559	11639.27	9166.21
2009	2359	87818	1227.79	12389125	7890183	22026661	13052.60	10338.12
2010	2391	86602	1354.93	16202571	10914854	34393672	17138.50	13744.78
2011	2453	94535	1664.55	20150883	14384457	44332807	20397.24	15923.84
2012	2552	89482	2183.07	25083500	17067687	51082969	22009.03	16997.85
2013	2594	93207	1896.65	30127838	20442392	58468351	26251.89	19248.95
2014	2695	94579	1864.59	36302331	24513660	67627353	28623.93	20294.49
2015	2585	95326	1626.77	37512812	23904910	66028296	28985.67	19390.32
2016	2467	98199	959.00	37259452	23199701	63546787	27363.39	17932.69
2017	2316	103130	1112.22	39800837	26328813	75021329	25960.99	16747.92

表 4.14 续表 continued

单位：万平方米 (10 000 sq.m)

年 份 Year	房屋新开工面积 Floor Space of Buildings Started This Year	其 中 of which #住 宅 Residential Buildings	房屋竣工面积 Floor Space of Buildings Completed	其 中 of which #住 宅 Residential Buildings	商房销售面积 Floor Space of Commercialized Buildings Sold	其 中 of which #住 宅 Residential Buildings	商品房销售额（万元） Sales of Commercialized Buildings (10 000 yuan)	其 中 of which #住 宅 Residential Buildings
1990			46.16	34.16	23.29		17648	
1991			37.33	28.61	27.48		20007	
1992			45.90	30.48	32.87		29583	
1993			81.05	66.01	37.39		42221	
1994			141.27	115.05	46.32		55336	
1995			258.25	208.70	114.61		116657	
1996	348.68	220.54	351.76	275.62	166.21	142.98	189856	145507
1997	470.34	299.69	459.92	358.36	260.78	215.33	313111	222376
1998	914.23	596.44	600.04	422.61	416.82	359.73	554786	417609
1999	847.51	608.43	619.56	438.56	429.98	364.56	591992	393569
2000	1290.05	969.26	849.42	622.08	579.96	491.09	783709	528698
2001	1661.19	1259.38	1020.63	738.41	746.05	635.04	1076534	719196
2002	1709.47	1277.55	1390.73	1033.60	1016.58	870.41	1581505	1111929
2003	2098.24	1580.04	1676.97	1231.75	1316.83	1132.95	2102260	1499915
2004	2191.00	1692.00	1585.98	1227.66	1329.32	1157.95	2327978	1817280
2005	2335.00	1825.00	2209.82	1713.55	2017.66	1792.41	4307679	3406768
2006	2709.28	2176.75	2224.84	1700.05	2228.46	2011.70	5056850	4186980
2007	3555.87	2903.82	2253.07	1769.19	3552.92	3310.13	9673125	8567327
2008	3508.62	2857.70	2367.94	1951.35	2872.19	2669.93	8000006	7048198
2009	3813.68	2989.72	2907.05	2384.51	4002.89	3771.22	13777615	12317053
2010	6312.64	5268.76	2626.59	2179.81	4314.39	3986.31	18469396	16106444
2011	6824.36	5214.42	3424.33	2826.78	4533.50	4063.42	21460860	18254119
2012	5813.48	4345.14	3990.63	3386.35	4522.40	4105.11	22973464	19724206
2013	7641.63	5387.60	3804.36	2867.45	4817.56	4359.19	26827626	22835658
2014	6254.04	4275.96	3717.78	2771.55	5100.39	4423.68	28149910	22532816
2015	5810.85	3668.92	4630.29	3185.90	5381.37	4477.71	29522124	22444311
2016	4875.16	2998.92	4421.30	3084.00	6257.15	5105.46	34319972	26356415
2017	5680.04	3759.63	5055.73	3316.37	6711.00	5452.65	45578543	36015634

表 4.15 房地产开发主要指标（2016 – 2017 年）
MAIN INDICATORS OF REAL ESTATE DEVELOPMENT (2016-2017)

指 标	Item	2016	2017
企业个数（个）	**Number of Enterprises (unit)**	**2467**	**2316**
内资企业	Domestic Funded	2332	2191
#国 有	State-owned	16	10
有限责任	Limited Liability	905	864
私 营	Private	1266	1174
港、澳、台投资企业	Enterprises with Funds from Hong Kong, Macao and Taiwan	102	96
外商投资企业	Foreign-Funded	33	29
从业人员（人）	**Number of Employees (person)**	**98199**	**103130**
内资企业	Domestic Funded	91159	96268
#国 有	State-owned	797	365
有限责任	Limited Liability	34905	37603
私 营	Private	46914	48255
港、澳、台投资企业	Enterprises with Funds from Hong Kong, Macao and Taiwan	5417	5436
外商投资企业	Foreign-Funded	1623	1426
土地开发及购置（万平方米）	**Land Development and Purchase (10 000 sq.m)**		
本年土地购置面积	Land Space Purchased in This Year	959.00	1112.22
本年完成投资总额（万元）	**Investment Completed in This Year (10 000 yuan)**	**37259452**	**39800837**
按工程用途分	By Purpose of Projects		
住 宅	Residential Buildings	23199701	26328813
#别墅、高档公寓	Villas and High-Grade Flats	1788286	2247940
办公楼	Office Buildings	1660434	1572815
商业营业用房	Buildings for Commercial Use	7043652	6717965
其 他	Others	5355665	5181244
资金来源（万元）	**Total Funds by Source (10 000 yuan)**	**63546787**	**75021329**
#国内贷款	Domestic Loans	10129149	9172113
利用外资	Foreign Investment	290621	93154
自筹资金	Self-raised Fund	14883784	14828109
房屋建筑面积（万平方米）	**Floor Space of Buildings (10 000 sq.m)**		
施工面积	Floor Space under Construction	27363.39	25960.99
#住 宅	Residential Buildings	17932.69	16747.92
竣工面积	Floor Space Completed	4421.30	5055.73
#住 宅	Residential Buildings	3084.00	3316.37
本年新开工面积	Floor Space Started in This Year	4875.16	5680.04
#住 宅	Residential Buildings	2998.92	3759.63
商品房销售	**Sales of Commercialized Buildings**		
商品房销售面积（万平方米）	Floor Space of Commercialized Buildings Sold (10 000 sq.m)	6257.15	6711.00
#住 宅	Residential Buildings	5105.46	5452.65
商品房销售额（万元）	Total Sales of Commercialized Buildings (10 000 yuan)	34319972	45578543
#住 宅	Residential Buildings	26356415	36015634
实收资本合计（万元）	**Total Capital Hold (10 000 yuan)**	**24779457**	**25990047**
资产负债率（%）	**Ratio of Liabilities to Assets (%)**	**73.6**	**74.5**
房地产开发经营情况（万元）	**Real Estate Development and Operation (10 000 yuan)**		
主营业务收入	Revenue from Major Business	24988518	27473823
#土地转让收入	Land Transferred	916182	665520

表 4.16 商品房施工、竣工和销售面积情况（2016 – 2017 年）
FLOOR SPACE OF COMMERCIALIZED BUILDINGS UNDER CONSTRUCTION, COMPLETED AND SOLD (2016-2017)

单位：万平方米 (10 000 sq.m)

指 标	Item	2016	2017
商品房施工面积	**Floor Space of Commercialized Buildings under Construction**	**27363.39**	**25960.99**
#主城九区	9 Central Urban Districts	14796.80	13870.22
#住 宅	Residential Buildings	17932.69	16747.92
#别墅、高档公寓	Villas and High-Grade Flats	717.05	855.75
办公楼	Office Buildings	1020.20	907.70
商业营业用房	Buildings for Commercial Use	4193.65	3988.08
商品房竣工面积	**Floor Space of Commercialized Buildings Completed**	**4421.30**	**5055.73**
#主城九区	9 Central Urban Districts	2358.44	2895.92
#住 宅	Residential Buildings	3084.00	3316.37
#别墅、高档公寓	Villas and High-Grade Flats	177.22	114.02
办公楼	Office Buildings	100.97	142.01
商业营业用房	Buildings for Commercial Use	634.46	724.40
商品房销售面积	**Floor Space of Commercialized Buildings Sold**	**6257.15**	**6711.00**
#主城九区	9 Central Urban Districts	2878.48	3407.42
#住 宅	Residential Buildings	5105.46	5452.65
#别墅、高档公寓	Villas and High-Grade Flats	157.38	325.64
办公楼	Office Buildings	106.99	168.47
商业营业用房	Buildings for Commercial Use	622.18	634.37

表 4.17 房地产开发企业资产负债情况（2016 – 2017 年）
ASSETS AND LIABILITIES OF ENTERPRISES FOR REAL ESTATE DEVELOPMENT (2016-2017)

单位：万元 (10 000 yuan)

指　标	Item	2016	2017
实收资本合计	Total Capital Held	24779457	25990047
资产总计	Total Assets	219900804	242211404
累计折旧	Total Depreciation	1132205	1131777
#本年折旧	Depreciation This Year	193403	189719
负债总计	Total Liabilities	161823593	180548973
所有者权益	Owners' Equity	58077211	61662431
资产负债率 (%)	Assets Liability Ratio (%)	73.6	74.5

表 4.18 房地产开发企业经营情况（2016 – 2017 年）
OPERATING STATISTICS ON ENTERPRISES FOR REAL ESTATE DEVELOPMENT (2016-2017)

单位：万元 (10 000 yuan)

指　标	Item	2016	2017
主营业务收入	Revenue from Major Business	24988518	27473823
土地转让收入	Land Transferred	916182	665520
商品房屋销售收入	Commercialized Buildings Sold	22775033	25535087
自持物业收入	Self-holding properties		492923
其他收入	Others	782107	780293
主营业务税金及附加	Tax and Extra Charges on Major Business	1551860	1166820
利润总额	Total Profits	1809400	1982032

注：2017 年度，主营业务收入构成项中的“房屋出租收入”调整为“自持物业收入”的其中项。
Note: In 2017, the item of houses leased revenue has been adjusted to self-holding properties revenue.

重/庆/统/计/年/鉴

主要统计指标解释

固定资产投资

以货币形式表现的在一定时期内建造和购置固定资产的工作量以及与此有关的费用的总称。该指标是反映固定资产投资规模、结构和发展速度的综合性指标，又是观察工程进度和考核投资效果的重要依据。

固定资产投资

包括建设项目投资和房地产开发投资。

建设项目

指各种登记注册类型的企业、事业、行政单位及个体户进行的计划总投资（或实际需要总投资）500万元及500万元以上的建设项目。（2010年及以前为50万元及50万元以上的建设项目，2011年开始为500万元及500万元以上的建设项目）

房地产开发投资

指各种登记注册类型的房地产开发公司、商品房建设公司及其他房地产开发法人单位和附属于其他法人单位实际从事房地产开发或经营的活动单位统一开发的包括统代建、拆迁还建的住宅、厂房、仓库、饭店、宾馆、度假村、写字楼、办公楼等房屋建筑物和配套的服务设施，土地开发工程（如道路、给水、排水、供电、供热、通讯、平整场地等基础设施工程）的投资；不包括单纯的土地交易活动。

建设总规模

是指在报告期内所有施工项目的计划总投资。这个指标和施工项目相对应。

在建总规模

是指在报告期末所有在建项目的计划总投资。

在建净规模

是指报告期末所有在建项目建成投产尚需的投资总量。

在建净规模＝在建总规模－未投产项目（期末在建）累计完成投资。

新增固定资产

指报告期内交付使用的固定资产价值。包括本年内建成投入生产或交付使用的工程投资和达到固定资产标准的设备、工具、器具的投资及有关应摊入的费用。该指标是反映固定资产投资成果的价值指标，也是反映建设进度，计算固定资产投资效果的重要指标。

固定资产投资按构成分

固定资产投资活动按其工作内容和实现方式分为建筑安装工程，设备、工具、器具购置，其他费用三个部分。

（1）建筑安装工程（建筑工作量）：指各种房屋、建筑物的建造工程和各种设备、装置的安装工程。在安装工程中，不包括被安装设备本身的价值。

（2）设备、工具、器具购置：指把工业企业生产的产品转为固定资产的购置活动，包括建设单位或企业、事业单位购置或自制达到固定资产标准的设备、工具、器具的价值。新建单位及扩建单位的新建车间，按照设计或计划要求购置或自制的全部设备、工具、器具，不论是否达到固定资产标准均计入“设备、工具、器具购置”中。

（3）其他费用：指在固定资产建造和购置过程中发生的，除建筑安装工程和设备、工器具购置投资完成额以外的费用，不指经营中财务上的其他费用。

固定资产投资按资金来源

根据固定资产投资的资金来源不同，分为国家预算内资金、国内贷款、利用外资、自筹资金和其他资金。

（1）本年资金来源合计：指固定资产投资单位在本年内收到的可用于固定资产建造和购置的各种资金，包括上年末结余资金、本年度内拨入或借入的资金以及各种方式筹集的资金。

（2）上年末结余资金：指上年资金来源中没有形成固定资产投资额而结余的资金。包括尚未用到工程

主要统计指标解释

上的材料价值、未开始安装的需要安装的设备价值及结存的现金和银行存款等。

（3）本年资金来源小计：指固定资产投资单位在报告期收到的，用于固定资产投资的各种货币资金。包括国家预算内资金、国内贷款、债券、利用外资、自筹资金和其他资金。

① 国家预算资金：自2011年起，按照全国人大和国务院的要求，各级财政的所有资金，包括税收和非税收入，均必须纳入预算管理，我国已不存在预算外资金的概念，因此各级政府用于固定资产投资的财政资金均为预算资金。包括中央预算资金和地方预算资金，旧的国家预算内资金的内容和现中央预算资金的内容基本一致。国家预算包括一般预算、政府性基金预算、国有资本经营预算和社保基金预算。各类预算中用于固定资产投资的资金全部作为国家预算资金填报，其中一般预算中用于固定资产投资的部分包括基建投资、车购税、灾后恢复重建基金和其他财政投资。各级政府债券也应归入国家预算资金。

② 国内贷款：指报告期固定资产投资单位向银行及非银行金融机构借入的用于固定资产投资的各种国内借款，包括：银行利用自有资金以及吸收的存款发放的贷款，上级主管部门拨入的国内贷款、国家专项贷款（包括煤代油贷款、劳改煤矿专项贷款等），地方财政专项资金安排的贷款、国内储备贷款、周转贷款等。

③ 债券：指企业（公司）或金融机构通过发行各种债券，筹集用于固定资产投资的资金。包括由银行代理国家专业投资公司发行的重点企业债券和基本建设债券。

④ 利用外资：指报告期收到的用于固定资产投资的境外资金（包括设备、材料、技术在内）。包括外商直接投资、对外借款（外国政府、国际金融组织贷款、出口信贷、外国银行商业贷款、对外发行债券和股票）以及外商其他投资（包括补偿贸易和加工装配由外商提供的设备价款、国际租赁）。

⑤ 自筹资金：指固定资产投资单位报告期收到的，由各地区、各部门及企事业单位筹集用于固定资产投资的预算外资金。

⑥ 其他资金来源：指在报告期收到的除以上各种资金以外其他用于固定资产投资的资金，包括社会集资，个人资金、无偿捐赠的资金及其他单位拨入的资金等。

■ 固定资产投资按建设性质分

（1）新建：一般是指从无到有、“平地起家”开始建设的企、事业和行政或独立的工程单位。有的单位原有的基础很小，经过建设后其新增加的固定资产价值超过原有固定资产价值（原值）三倍以上的也算新建。

（2）扩建：是指为扩大原有产品的生产能力、在厂内或其他地点增建主要生产车间（或主要工程）、独立的生产线或总厂之下的分厂的企业；事业单位和行政单位在原单位增建业务用房（如学校增建教学用房、医院增建门诊部或病床用房、行政机关增建办公楼等）也作为扩建。

（3）改建和技术改造：指现有企业、事业单位，对原有设施进行技术改造或更新（包括相应配套的辅助性生产、生活福利设施）的建设项目。现有企业、事业单位为适应市场变化的需要，而改变企业的主要产品种类（如军工企业转产民用品等）的建设项目，应作为改建。原有产品生产作业线由于各工序（车间）之间能力不平衡，为填平补齐充分发挥原有生产能力而增建不增加本企业主要产品设计能力的车间，也应作为改建。技术改造是指企业、事业单位在现有基础上，用先进的技术代替落后的技术，用先进的工艺和装备代替落后的工艺和装备，以改变企业落后的技术经济面貌，实现以内涵为主的扩大再生产，达到提高产品质量、促进产品更新换代、节约能源、降低消耗、扩大生产规模、全面提高社会经济效益的目的。技术改造具体包括以下内容：机器设备和工具的更新改造；生产工艺改革、节约能源和原材料的改造；厂房建筑和公共设施的改造；劳动条件和生产环境的改造等。

■ 新增生产能力（或工程效益）

指在本年度内按照新增生产能力（或工程效益）的计算条件和标准，实际建成投入生产或交付使用的生产能力（或工程效益），即通过固定资产投资活动而增加的设计能力。

计算新增生产能力（或工程效益）是以能独立发挥生产能力（或工程效益）的工程为对象，如一座矿井、一座转炉、一套化工装置、一条铁路专用线等。当工程建成，经有关部门验收鉴定合格，正式移交投入生产，即应计算新增生产能力（或效益）。

新增生产能力的数量，原则上应按设计（计划）能力计算。设计能力指设计中规定的主体工程（或主体设备）及相应配套的辅助工程（或配套设备）在正

主要统计指标解释

常情况下能够达到的生产能力。在建设过程中需要调整设计能力时，必须经原有设计的管理机关批准后，才能按批准修改后的能力计算。如尚未批准，仍按原设计能力计算，并加以说明。无设计（或计划）能力的，可根据验收时鉴定能力计算。

建成投产的工程，各生产环节的设备已经配齐，符合计算新增生产能力条件的，应该按工程的全部设计能力计算。各生产环节的设备虽未按设计全部配套建成，但保证生产所需的主体设备、配套设备、主体工程、附属工程都已部分完成，形成生产作业线，经负荷试运转交付使用单位正式投入生产的，只计算设备配齐部分的能力。这部分建成投入生产的工程，填报新增生产能力时，需附有计算依据，并说明工程或主要设备配齐部分的情况，以及尚未建成的工程主要内容或尚缺的设备情况。

■ 施工项目个数

指报告期内所有施工的建设项目个数，包括本年新开工的项目和以前年度开工在本年继续施工的建设项目。

■ 本年投产项目个数

按设计文件规定的全部生产能力（或效益）在本年内全部建成投产，经验收合格交付使用的建设项目个数。

■ 本年房屋施工面积

指报告期内施工的全部房屋建筑面积。包括本期新开工的面积和上期开工跨入本期继续施工的房屋面积，以及上期已停建在本期复工的房屋面积。本期竣工和本期施工后又停缓建的房屋，其建筑面积仍计入本期施工房屋面积中。

■ 本年房屋竣工面积

指在报告期内房屋建筑按照设计要求已全部完工，达到住人和使用条件，经验收鉴定合格（或达到竣工验收标准），可正式移交使用的各栋房屋建筑面积的总和。

■ 本年竣工房屋价值

指在报告期内竣工房屋本身的建造价值。竣工房屋价值按房屋设计和预算规定的内容计算。竣工房屋本身的基础、结构、房屋、装修以及水、电、卫等附属工程的建造价值，也包括作为房屋建筑组成部分而列入房屋建筑工程预算内的设备（如电梯、通风设备等）的购置和安装费用。不包括厂房内的工艺设备、工艺管线的购置和安装，工艺设备基础的建造，室外的水、暖、电、卫、道路工程、挡土墙等环境工程的费用，办公及生活用家具的购置等费用，购置土地的费用，迁移补偿费和场地平整的费用等。

■ 固定资产交付使用率

指一定时期新增固定资产与同期完成投资额的比率。该指标是反映固定资产动用速度，衡量建设过程中宏观投资效果的综合指标。由于新增固定资产是较长时期内形成的结果，而投资额则是当年完成的，因此，该指标一般适宜于反映较长时期内固定资产的动用情况。

■ 别墅、高档公寓

指建筑造价和销售价格明显高于一般商品住宅的商品住宅。别墅一般指地处郊区，独立成栋的商品住宅；高档公寓一般指地处市内高尚社区，高层或多层的商品住宅。别墅、高档公寓的确定标准：一是经有房地产投资计划审批权的主管部门审批建设的别墅、高档公寓开发项目；二是销售价格高于当地同等地段商品住宅平均销售价格一倍以上的别墅、公寓开发项目。该指标可以分析房地产投资结构，反映高收入家庭商品住宅的供求平衡情况。

■ 商品房销售面积

指报告期内出售商品房屋的合同总面积（即双方签署的正式买卖合同中所确定的建筑面积）。由现房销售建筑面积和期房销售建筑面积两部分组成。

（1）现房销售面积： 是指在报告期内正式签订买卖合同、已经竣工达到入住条件的商品房屋建筑面积。包括以一次性付款方式和分期付款方式销售的现房建筑面积。

（2）期房销售面积： 是指在报告期内正式签订买卖合同、正在建设尚未竣工交付使用的商品房屋建筑面积。包括以一次性付款方式和分期付款方式销售的商品房屋建筑面积。期房销售建筑面积竣工后不再结转为现房销售建筑面积。

主要统计指标解释

完成开发土地面积

指报告期内对土地进行开发并已完成七通一平等前期开发工程，具备进行房屋建筑物施工或达到出让条件的土地面积。

本年购置土地面积

指在本年内通过各种方式获得土地使用权的土地面积。

CHONGQING STATISTICALYEARBOOK

Explanatory Notes on Main Statistical Indicators

Total Investment in Fixed Assets

Refers to the volume of activities in construction and purchases of fixed assets and related fees, expressed in monetary terms. It is a comprehensive indicator which shows the size, structure and growth of the investment in fixed assets, providing basis for observing the progress of construction projects and evaluating results of investment.

Investment in Fixed Assets

Refers to investment in construction and investment in real estate development.

Investment of Construction

Refers to construction projects involving a total planned(or required)investment of 500,000 yuan and over by enterprises of various types of ownership, institutions, administrative units and individuals investment in real estate development,and private investment.

Investment in Real Estate Development

Refers to investment by real estate development companies, commercialized buildings construction companies and other real estate development units of various types of ownership in the construction of buildings, such as residential buildings, factory buildings, warehouses, hotels, guesthouses, holiday villages, office buildings, and the complementary service facilities and land development projects, such as roads, water supply, water drainage, power supply, heating supply, telecommunications, land leveling and other infrastructural projects. It does not include activities in pure land transactions.

Total Size of Construction

Refers to the planned total investment for all construction projects during the reference period. This item should correspond with projects under work.

Total Size of Investment in Projects under Construction

Refers to the planned total investment of all projects under construction at the end of the reference period.

Net Size of Investment in Projects under Construction

Refers to the outstanding requirement of investment of all projects under construction at the end of the reference period.

Net size of investment in projects under construction= Total size of investment – Accumulated completed investment of projects under construction

Newly Increased Fixed Assets

Refers to the newly increased value of fixed assets, constructed or purchased, that have been transferred to the investor and have been including equipment and instruments. This is an indicator that demnstrates the results of investment in fixed assets in monetary terms, and an important indicator to reflect the speed of construction and to calculate the efficiency of investment.

Investment in Fixed Assets by Structure

By their contents, investment activities are classified into 3 categories, i.e. construction and installation, purchase of equipment and instrument, and other expenses.

(I) Construction and installation (work volume of construction): refers to the construction of various houses and buildings and installation of various kinds of equipment and instruments. The value of equipment installed is not included in the value of installation projects.

(II) Purchase of equipment and instruments: refers to the purchase converting products produced by industrial enterprises to the purchase of fixed assets, including the total value of equipment, tools, and vessels purchased or self - produced. Equipment, tools and vessels purchased or self - produced for new workshops by newly established or expanded units are categorized as "purchase of equipment and instruments" no matter whether they come up to the standards for fixed assets or not.

(III) Other expenses: refer to expenses occurring during the construction or purchase of fixed assets other than construction, installation or purchase of equipment and instruments, excluding other expenses in financial management.

Sources of Funds for Investment in Fixed Assets

Are categorized as funds from the State budget, domestic loans, foreign investment, self-raised funds, and others, depending on the sources of investment.

(I) Total of source of funds in this year: refers to the various funds received by investing enterprises in this year for the purpose of construction and purchase of investment in fixed assets. It includes balance of funds brought forward from the previous year, funds appropriated and brought in this year, and funds collected by various ways.

(II) Balance of funds brought forward from the previous year: refers to the surplus funds which didn't form the investment in fixed assets in the sources of funds in previous year. It includes material values that will be used in the projects, facilities values that must be and will be installed, and surplus cashes and deposits in bank.

(III) Subtotal of source of funds in this year: refers to the monetary funds received by investing enterprises during the reference period for the purpose of investment in fixed assets. It includes funds from state budgetary appropriation, domestic loans, bonds, foreign investment, self-raised funds, and others.

(a) State budgetary appropriation consists of budgetary appropriation and loans from state budget. More specifically, it includes, from the budget of the central government, capital construction fund (operation fund and non-operational fund), special expenses (e.g. expenses on substituting petroleum with coal), loans from repayment, discount fund, expenses on innovation and trial production of new products, expenses on urban construction, expenses on temporary construction by trade departments, development fund for less developed areas, as well as local budgetary fund transferred from the central budget.

(b) Domestic loans refer to loans of various forms borrowed by investing units from banks and non-bank financial institutions during the reference period, including loans issued by banks from their self-owned funds and deposit, loans appropriated by higher responsible authorities, special loans by government (including loan for substituting petroleum with coal, special loan for reform-through-labour coal mines), loans arranged by local government from special funds, domestic reserve loan, and working loan, etc.

(c) Bonds refer to the funds collected by enterprises or financial institutions by bonds issuance for the purpose of investment in fixed assets. It includes emphasis enterprises bonds issued by banks substituting special nation investment enterprises and capital construction bonds.

(d) Foreign Investment refers to foreign funds received during the reference period for investment in fixed assets (covering equipment, materials and technology), including foreign direct investment, foreign borrowings (loans from foreign governments and international financial institutions, export credit, commercial loans from foreign banks, issuance of bonds and stocks overseas), and other foreign investment (covering facilities' funds provided by foreign investment by compensation trade and processing & assembly, as well as international lease).

(e) Self-raised funds refer to extra-budgetary funds for investment in fixed assets received by investing units from central government ministries, local governments, enterprises and institutions during the reference period.

(f) Others refer to funds for investment in fixed assets received from the sources other than those listed above, including funds raised from social and individuals, through donations, and funds transferred from other units.

Investment in Fixed Assets by Type of Construction

(I) New construction in general: refers to newly constructed enterprises, institutions, administrative agencies or independent projects from scratch. In case the asset of the existing unit is quite small, and the value of newly added fixed assets exceeds the original value of assets by three times, the expansion will be considered as new construction.

(II) Expansion: refers to construction of new major production workshop, branch factory or independent production line within a factory or in other locations, for the purpose of increasing the production capacity (or improving efficiency) of the original products. Newly constructed houses for the operation of institutions and administrative organizations (such as the newly constructed buildings for teaching in schools, buildings for clinics or wards in hospitals, buildings for administrative agencies, etc.) are also classified as expansion.

(III) Reconstruction and Technical Transformation: refer to construction projects by existing enterprises or institutions

EXPLANATORY NOTES TO MAJOR STATISTICAL INDICATORS

in innovation or technical transformation of the old facilities (including auxiliary production equipment and welfare facilities). Also considered as reconstruction is the construction of new workshops by the existing enterprises or institutions to change the variety of products to meet the market demand (such as the production of civil products by defence industries), or to bring the designed production capacity into full play through a more balanced production process on production lines. Technical transformation refers to replacement of old technology or equipment by new technology or equipment, in order to expand the reproduction through improvement of technology contents in production, to improve product quality, to promote new products, to save energy and reduce consumption and to improve overall social-economic efficiency. Contents of technical transformation include: updating of machinery, equipment and tools; reforming production process by using energy or materials saving technology; construction of factory workshops and transformation of public facilities; improvement of working conditions and environment, etc.

Newly Increased Production Capacity (or Project Efficiency)

Refers to the production capacity put into produce or put into use actually according to calculation conditions and standards of newly increased production capacity (or project efficiency) in the reference period, that is increase of designed capacity (or project efficiency) through investment in fixed assets.

The target of calculation of newly increased production capacity (project efficiency) is project can produce production capacity (or project efficiency) independently, such as a mineral well, a turn kiln, a set of chemical appliance, a special rail line, etc. When the project completes and has been checked, accepted and formally put into production, it can be calculate as newly increased production capacity (or project efficiency).

Newly increased production capacity is calculated according to design capacity (or plan capacity). Design capacity refers to the production capacity of major projects (or major facilities) and subsidiary projects (or subsidiary facilities) which can be come true in normal situation. When there are some changes in construction process of design capacity, the new capacity can be calculated after the approval of management. If it didn't have the approval, it must be calculated by original design capacity and give a explanation. If it hasn't design capacity, it can be calculated by the capacity according to checkout and verification.

Newly increased production capacity of projects completed and put into produce, whose facilities are assorted in every part and correspond with conditions of calculation is calculated by total design capacity. If the total facilities aren't assorted while a part of major and subsidiary facilities and projects complete that can meet the need of production and put into produce, the newly increased production capacity is calculated by capacity of assorted part. When newly increased production capacity is infilled and reported the projects put into produce must have calculation warranty and give an explanation of situation of projects and major parts assorted, major content of projects uncompleted and missing facilities.

Number of Projects under Construction

Refers to the number of projects having construction in the reference period, including new projects in current year and projects started in the reference period and continued in current year.

Number of Projects Put into Produce

Refers to the number of projects completed and have been checked, accepted and formally put into use in this year according to total production capacity (or efficiency) prescribed in design document.

Floor Space under Construction in this Year

Refers to total floor space of all buildings under construction during the reference period, including floor space of newly started buildings during the reference period, floor space of construction extended from the previous period to the current period, and floor space of construction suspended during the previous period and resumed in the current period. Floor space of construction completed in the current period, and floor space of construction started and then suspended in the current period are also included in the floor space under construction of the current year.

Floor Space of Buildings Completed in this Year

Refers to the floor space of all buildings completed in the reference period, which have been appraised and accepted (or come up to the designed standards) and have been transferred to the owners for use.

EXPLANATORY NOTES TO MAJOR STATISTICAL INDICATORS

Value of Buildings Completed in this Year

Refers to the intrinsic construction value of buildings completed in the reference period. It is figured by the rules of buildings design and budget, which not only includes the construction value of foundations, structure, furnishings, subsidiary projects such as water, electricity, toilet, etc. but also includes purchase and installation expenditures of facilities (such as lift, ventilation, etc.) listed into buildings budget as component of building construction. It excludes the purchase and installation of technical facilities, leads and lines in factories, construction of technical facilities' basis, expenditures of environment projects such as water, eructate, electricity, toilet, road projects, wall fended to earth outside, purchase of furniture in office or house, purchase of lands, as well as expenditures of move compensation and land leveling etc.

Rate of Projects of Fixed Assets Completed and Put into Operation

Refers to the ratio of the newly increased fixed assets to the total investment made in the same period. This is a comprehensive indicator reflecting the speed of the employment of fixed assets and the investment efficiency at the macro-level. As the newly increase fixed assets is the result of a long period while the investment is completed in the current year, this indicator is expected to be used to reflect the employment of fixed assets over a long period of time.

Villas, High-Grade Apartments

Refer to commercial houses whose construction costs and marketing prices are significantly higher than ordinary housing. Villas are independent structures generally located in the suburbs; high-grade apartments are multi-story buildings located in elegant urban neighborhoods. Criteria for villas and high-grade apartments include: 1) projects for the construction of villas or high-grade apartments have to be approved by competent departments in charge of real estate development and investment plans, and 2) prices for projects on villas or high-grade apartments are higher by over 100% compared with the average prices of ordinary commercial housing projects in similar location. This indicator helps to analyze the investment structure of the real estate industry and the demand and supply of housing for high-income households.

Floor Space of Commercial Buildings Actually Sold

Refers to the total contracted floor space of commercial buildings actually sold in reporting period(the floor space provided in the formal contract),which consists of the floor space of the sold completed buildings and the floor space of the sold forward-delivery buildings.

(I) Floor Space of Sold Completed Buildings refers to the floor space of the completed commercial buildings prepared for occupancy with the formally signed sales contract in the reporting period, including the floor space of the completed buildings purchased by one-off payment and by installment.

(II)Floor Space of Sold Forward-Delivery Buildings refers to the floor space of the uncompleted commercial buildings still under construction with the formally signed sales contract in the reporting period, including the floor space of the commercial buildings purchased by one-off payment and by installment. The floor space of sold forward-delivery buildings,afer completion,will not be carried forward into the floor space of sold completed buildings.

Developed Land Area Completed

Refers to the land area of land development and prophase development projects completed, which can carry out construction or remise.

Purchased Land Area in Current Year

Refers to the land area accessible by various means in current year.

第 5 章

能源消费

ENERGY CONSUMPTION

简要说明
BRIEF INTRODUCTION

本章主要内容包括能源消费及品种构成，能源消费弹性系数，平均每万元GDP能源消费量及日均能源消费量，综合能源平衡表，按工业行业分的能源消费量和工业产值综合能耗。

本章资料由市统计局能源资源统计处根据有关资料和调查结果编制。

The data in this chapter mainly cover energy consumption and its composition, the elasticity ratio of energy consumption, average energy consumption per 10,000 yuan of GDP, avcrage daily energy consumption, overall energy balance sheet, energy consumption by industrial sector and comprehensive energy consumption per unit output value.

This chapter is compiled by Division of Industry and Transport Statistics, Chongqing Municipal Bureau of Statistics on the basis of the related materials and the results of surveys.

表 5.1 主要年份能源消费总量
TOTAL CONSUMPTION OF ENERGY IN MAJOR YEARS

单位：万吨标准煤（10 000 tons of SCE）

年份 Year	能源消费总量 Total Consumption of Energy	其中 of which			
		煤炭 Coal	天然气 Natural Gas	油料 Oil	一次电力及其他能源 Primary electricity and Other Energy
1949	91.71	88.97		2.06	0.68
1952	155.47	150.64		3.43	1.40
1957	263.73	247.95	3.41	7.00	5.37
1962	476.37	429.30	18.20	14.21	14.66
1965	342.88	295.00	19.65	9.85	18.38
1970	469.56	379.80	50.13	14.04	25.59
1975	651.21	514.03	78.58	21.99	36.61
1978	889.20	703.87	103.87	32.20	49.26
1980	985.59	752.60	129.08	40.53	63.38
1981	1004.30	766.33	137.82	33.83	66.32
1982	1050.33	794.01	138.62	48.30	69.40
1983	1110.05	838.14	148.22	51.06	72.63
1984	1160.49	872.47	151.97	60.05	76.00
1985	1241.40	938.21	160.83	62.83	79.53
1986	1271.14	938.66	173.38	75.61	83.49
1987	1395.65	1036.28	195.61	76.12	87.64
1988	1513.18	1157.08	183.73	80.37	92.00
1989	1565.46	1194.44	190.36	84.08	96.58
1990	1516.59	1130.76	196.44	88.00	101.39
1991	1558.56	1151.68	197.06	96.63	113.19
1992	1601.01	1172.98	198.32	103.34	126.37
1993	1644.85	1194.68	200.89	108.20	141.08
1994	1696.72	1216.78	216.74	105.70	157.50
1995	1776.91	1239.85	258.36	102.87	175.83
1996	1871.09	1317.32	260.86	97.39	195.52
1997	2030.13	1383.98	282.80	145.47	217.88
1998	2119.46	1393.43	291.30	183.62	251.11
1999	2278.42	1495.55	308.19	196.34	278.34
2000	2410.82	1599.80	312.20	202.17	296.65
2001	2573.68	1700.43	322.51	206.20	344.54
2002	2823.05	1928.90	331.87	213.84	348.44
2003	3137.90	2206.42	349.11	220.81	361.56
2004	3368.41	2205.08	403.52	379.97	379.84
2005	3527.26	2265.63	472.15	411.86	377.62
2006	3891.22	2554.63	532.67	469.11	334.81
2007	4508.40	2706.06	578.95	549.12	674.27
2008	4706.65	2832.34	648.38	600.57	625.36
2009	5124.82	3108.52	657.91	619.75	738.64
2010	5810.82	3454.05	752.49	741.20	863.08
2011	6426.95	4116.99	821.82	912.06	576.08
2012	6798.25	4152.42	943.86	933.99	767.98
2013	7253.91	4584.83	959.97	1036.00	673.11
2014	7693.96	4641.78	1092.25	1034.39	925.53
2015	8068.14	4653.93	1175.32	1164.12	1074.77
2016	8271.97	4462.69	1187.96	1263.30	1358.02
2017	8448.93	4542.96	1266.69	1327.12	1312.15

注：本表各年能源品种均已折合为按当量值计算的吨标准煤。
Note: All sorts of energy consumption has been converted into tons of SCE calculated in equivalent value.

表 5.2 规模以上工业按行业分能源消费量（2017 年）
ENERGY CONSUMPTION OF ENTERPRISES ABOVE DESIGNATED SIZE BY SECTOR (2017)

行　业	Sector	原　煤（吨）Coal (ton)	焦　炭（吨）Coke (ton)
工业消费总量	**Total Industry Consumption**	**44937642**	**1951794**
采矿业	**Mining**	**13914458**	**3048**
煤炭开采和洗选业	Mining and Washing of Coal	13400037	
石油和天然气开采业	Extraction of Petroleum and Natural Gas		
黑色金属矿采选业	Mining and Processing of Ferrous Metal Ores	7247	112
有色金属矿采选业	Mining and Processing of Non-Ferrous Metal Ores		
非金属矿采选业	Mining and Processing of Non-metal Ores	507174	2936
开采专业及辅助性活动	Mining and Auxiliary Operations		
其他采矿业	Mining and Dressing of Other Ores		
制造业	**Manufacturing**	**16681051**	**1948746**
农副食品加工业	Processing of Food from Agricultural Products	120732	
食品制造业	Manufacture of Foods	151634	
酒、饮料和精制茶制造业	Manufacture of Beverage	66146	
烟草制品业	Manufacture of Tobacco	6138	
纺织业	Manufacture of Textile	21113	
纺织服装、服饰业	Manufacture of Textile Garments, Footwear and Headgear	89	
皮革、毛皮、羽毛及其制品和制鞋业	Leather, Fur, Feather, Down and Related Products	7222	
木材加工及木、竹、藤、棕、草制品业	Processing of Timber and Manufacture of Wood, Bamboo, Rattan, Palm, and Straw Products	17960	
家具制造业	Manufacture of Furniture	1718	
造纸及纸制品业	Manufacture of Paper and Paper Products	1448659	
印刷和记录媒介复制业	Printing, Reproduction of Recording Media	7763	
文教、工美、体育和娱乐用品制造业	Manufacture of Culture, Education and Sports Articles	32	
石油加工、炼焦及核燃料加工业	Processing of Petroleum, Coking, Processing of Nuclear Fuel	166809	

汽　油（吨） Gasoline (ton)	煤　油（吨） Kerosene (ton)	柴　油（吨） Diesel Oil (ton)	天然气（万立方米） Natural Gas(10 000 cu.m)	电　力（万千瓦时） Electricity(10 000 kw.h)
114445	**4447**	**267602**	**706604**	**6224272**
1542	**30**	**38032**	**36757**	**143321**
588	30	6500	11701	85882
217		41	25000	3344
26		255	57	3063
29		105		113
682		31131		50919
105483	**4405**	**217104**	**644584**	**4942852**
3059	16	2780	9699	90469
1716		2310	5681	31665
1000	1	1483	3775	30053
151		93	797	6232
471		141	2243	23683
428		109	446	6636
1121		87	227	10856
527	35	620	37	26921
476	1	527	38	18350
2328	141	6057	1966	231782
1154		706	1300	28785
365		90	109	3752
68	16	187	444	3650

表 5.2 续表 continued

行　业	Sector	原　煤（吨） Coal (ton)	焦　炭（吨） Coke (ton)
化学原料及化学制品制造业	Manufacture of Raw Chemical Materials and Chemical Products	4059328	95178
医药制造业	Manufacture of Medicines	96301	
化学纤维制造业	Manufacture of Chemical Fibres		
橡胶和塑料制品业	Plastic Products	103153	
非金属矿物制品业	Manufacture of Non-metallic Mineral Products	7000070	
黑色金属冶炼及压延加工业	Smelting and Pressing of Ferrous Metals	676279	1831683
有色金属冶炼及压延加工业	Smelting and Pressing of Nonferrous Metals	2665613	5669
金属制品业	Manufacture of Metal Products	8447	
通用设备制造业	Manufacture of General Purpose Machinery	15657	6692
专用设备制造业	Manufacture of Special Purpose Machinery	240	132
汽车制造业	Manufacture of Automobile	10769	9307
铁路、船舶、航空航天和其他运输设备制造业	Manufacture of Railway, Ship, Aviation and Other Transporting Equipment	1118	50
电气机械和器材制造业	Manufacture of Electrical Machinery and Equipment	612	
计算机、通信和其他电子设备制造业	Manufacture of Communication Equipment, Computers and Other Electronic Equipment	1542	
仪器仪表制造业	Manufacture of Measuring Instruments	156	35
其他制造业	Other Manufactures		
废弃资源综合利用业	Comprehensive Utilization of Waste	25742	
金属制品、机械和设备修理业	Repair of Metal Products, Machinery and Equipment	8	
电力、燃气及水的生产和供应业	**Electric Power, Gas and Water Production and Supply**	**14342133**	
电力、热力生产和供应业	Production and Supply of Electric Power and Heat Power	14342133	
燃气生产和供应业	Production and Supply of Gas		
水的生产和供应业	Production and Supply of Water		

汽　油(吨) Gasoline (ton)	煤　油(吨) Kerosene (ton)	柴　油(吨) Diesel Oil (ton)	天然气(万立方米) Natural Gas(10 000 cu.m)	电　力(万千瓦时) Electricity(10 000 kw.h)
2545	53	5747	449121	758253
2095		1101	8107	57458
34	4	18		17171
2518	19	3045	4448	127014
2371	52	129425	73108	758396
1494		4585	6616	497328
740	2	2566	22345	844055
3480	113	3018	9334	93333
4511	277	6316	2677	90456
2782	28	2786	814	47977
49500	481	31292	25552	545157
7826	905	7316	9161	157160
4437	16	2458	3271	83378
4669		914	2712	321894
3212	1932	513	66	15650
80		19	445	2602
63	311	785	44	9304
262		9		3434
7420	**13**	**12467**	**25263**	**1138099**
6142	12	12000	24469	1039382
700		319	790	11794
578	1	148	4	86922

表 5.3 规模以上工业企业产值综合能耗（2016 – 2017 年）
COMPREHENSIVE ENERGY CONSUMPTION OF INDUSTRIAL ENTERPRISES ABOVE DESIGNATED SIZE PER UNIT OUTPUT VALUE (2016-2017)

行业	Sector	综合能源消费量（吨标准煤）Comprehensive Energy Consumption (ton of SCE)		产值能耗（吨标准煤 / 万元）Energy Consumption per Unit Output Value (ton of SCE/10 000 yuan)	
		2016	2017	2016	2017
工业消费总量	**Total Industry Consumption**	**37718080**	**39338535**	**0.20**	**0.18**
采矿业	**Mining**	**2120192**	**1794537**	**0.45**	**0.43**
煤炭开采和洗选业	Mining and Washing of Coal	1544561	1140028	0.67	0.77
石油和天然气开采业	Extraction of Petroleum and Natural Gas	278032	328344	0.34	0.37
黑色金属矿采选业	Mining and Processing of Ferrous Metal Ores	31231	59278	0.24	0.39
有色金属矿采选业	Mining and Processing of Non-Ferrous Metal Ores	119	139	0.01	0.01
非金属矿采选业	Mining and Processing of Non-metal Ores	266249	266748	0.19	0.17
开采专业及辅助性活动	Mining and Auxiliary Operations				
其他采矿业	Mining and Dressing of Other Ores				
制造业	**Manufacturing**	**28171126**	**29207061**	**0.16**	**0.14**
农副食品加工业	Processing of Food from Agricultural Products	353007	351327	0.04	0.04
食品制造业	Manufacture of Foods	214938	207602	0.09	0.08
饮料制造业	Manufacture of	136340	135518	0.07	0.07
烟草制品业	Manufacture of Tobacco	23859	21380	0.02	0.02
纺织业	Manufacture of Textile	84156	78769	0.07	0.07
纺织服装、服饰业	Manufacture of Textile Garments, Footwear and Headgear	13328	14361	0.01	0.01
皮革、毛皮、羽毛及其制品和制鞋业	Leather, Fur, Feather, Down and Related Products	25044	24360	0.01	0.01
木材加工及木、竹、藤、棕、草制品业	Processing of Timber and Manufacture of Wood, Bamboo, Rattan, Palm, and Straw Products	55839	57254	0.05	0.04
家具制造业	Manufacture of Furniture	23137	25859	0.03	0.03
造纸及纸制品业	Manufacture of Paper and Paper Products	1134374	1255370	0.45	0.38
印刷和记录媒介复制业	Printing, Reproduction of Recording Media	58010	58644	0.04	0.04
文教、工美、体育和娱乐用品制造业	Manufacture of Culture, Education and Sports Articles	5984	6609	0.01	0.01
石油加工、炼焦及核燃料加工业	Processing of Petroleum, Coking, Processing of Nuclear Fuel	59755	42534	0.11	0.08

注：由于企业调查范围变化、剔除重复计算和非工业生产经营活动剥离等原因，2017 年数据与往年存在口径差异。2016 年数据已按同口径进行调整。
Note: Due to the change of the coverage of industrial survey,getting rid of double counting and stripping the non-industrial production activities,the total industrial data in 2017 are incomparable with the previous years. The data of 2016 has been adjusted by new system.

表 5.3 续表 continued

行　业	Sector	综合能源消费量（吨标准煤）Comprehensive Energy Consumption (ton of SCE)		产值能耗（吨标准煤 / 万元）Energy Consumption per Unit Output Value (ton of SCE/10 000 yuan)	
		2016	2017	2016	2017
化学原料及化学制品制造业	Manufacture of Raw Chemical Materials and Chemical Products	9796150	10168155	1.47	1.21
医药制造业	Manufacture of Medicines	253738	259821	0.05	0.04
化学纤维制造业	Manufacture of Chemical Fibres	53120	76532	0.24	0.24
橡胶和塑料制品业	Plastic Products	307258	285570	0.06	0.05
非金属矿物制品业	Manufacture of Non-metallic Mineral Products	8101350	7992568	0.82	0.70
黑色金属冶炼及压延加工业	Smelting and Pressing of Ferrous Metals	2464651	2925997	0.58	0.63
有色金属冶炼及压延加工业	Smelting and Pressing of Nonferrous Metals	2608401	2677090	0.47	0.37
金属制品业	Manufacture of Metal Products	212647	243176	0.05	0.05
通用设备制造业	Manufacture of General Purpose Machinery	163896	177245	0.02	0.02
专用设备制造业	Manufacture of Special Purpose Machinery	74407	72893	0.02	0.02
汽车制造业	Manufacture of Automobile	1052363	1072567	0.02	0.02
铁路、传播、航空航天和其他运输设备制造业	Manufacture of Railway, Ship, Aeronautics and Other Transporting Equipment	311141	328942	0.03	0.03
电气机械和器材制造业	Manufacture of Electrical Machinery and Equipment	151132	145784	0.02	0.01
计算机、通信和其他电子设备制造业	Manufacture of Communication Equipment, Computers and Other Electronic Equipment	356780	427545	0.01	0.01
仪器仪表制造业	Manufacture of Measuring Instruments	28806	26457	0.02	0.02
其他制造业	Other Manufactures	13936	12671	0.08	0.05
废弃资源综合利用业	Comprehensive Utilization of Waste	29848	29953	0.12	0.12
金属制品、机械和设备修理业	Repair of Metal Products, Machinery and Equipment	3731	4508	0.04	0.04
电力、燃气及水的生产和供应业	**Electric Power, Gas and Water Production and Supply**	**7426762**	**8336937**	**0.77**	**0.80**
电力、热力生产和供应业	Production and Supply of Electric Power and Heat Power	7295069	8204977	1.01	1.08
燃气生产和供应业	Production and Supply of Gas	29489	25080	0.01	0.01
水的生产和供应业	Production and Supply of Water	102203	106880	0.29	0.26

表 5.4 规模以上工业按行业分用水情况(2017 年)
WATER CONSUMPTION OF ENTERPRISES ABOVE DESIGNATED SIZE BY SECTOR (2017)

单位：万立方米(10 000 cu.m)

行业	Sector	取水量 Water Consumption			外供水量 Water Supply from Outside		
		报告期 Reporting Period	上年同期 Period of Previous Year	同比增长 (%) Up YOY (%)	报告期 Reporting Period	上年同期 Period of Previous Year	同比增长 (%) Up YOY (%)
总计	**Total**	**197925.88**	**183478.82**	**7.9**	**130711.80**	**116046.23**	**12.6**
采矿业	**Mining**	**4272.34**	**6012.59**	**-28.9**	**71.44**	**73.65**	**-3.0**
煤炭开采和洗选业	Mining and Washing of Coal	3310.02	4086.14	-19.0	71.44	73.65	-3.0
石油和天然气开采业	Extraction of Petroleum and Natural Gas	51.45	105.66	-51.3			
黑色金属矿采选业	Mining and Processing of Ferrous Metal Ores	31.94	26.20	21.9			
有色金属矿采选业	Mining and Processing of Non-Ferrous Metal Ores	2.11	4.76	-55.7			
非金属矿采选业	Mining and Processing of Non-metal Ores	876.82	1789.84	-51.0			
开采专业及辅助性活动	Mining and Auxiliary Operations						
其他采矿业	Mining and Dressing of Other Ores						
制造业	**Manufacturing**	**46546.14**	**45621.72**	**2.0**	**2450.44**	**2497.95**	**-1.9**
农副食品加工业	Processing of Food from Agricultural Products	1445.40	1409.84	2.5			
食品制造业	Manufacture of Foods	768.24	760.88	1.0			
酒、饮料和精制茶制造业	Manufacture of Beverage	901.44	957.64	-5.9	95.36	77.63	22.8
烟草制品业	Manufacture of Tobacco	67.66	79.81	-15.2			
纺织业	Manufacture of Textile	380.32	429.24	-11.4	2.70	5.67	-52.4
纺织服装、服饰业	Manufacture of Textile Garments, Footwear and Headgear	73.19	85.44	-14.3			
皮革、毛皮、羽毛及其制品和制鞋业	Leather, Fur, Feather, Down and Related Products	130.08	131.18	-0.8			
木材加工及木、竹、藤、棕、草制品业	Processing of Timber and Manufactureof Wood, Bamboo, Rattan, Palm, and Straw Products	92.40	94.53	-2.3			
家具制造业	Manufacture of Furniture	48.08	43.68	10.1			
造纸及纸制品业	Manufacture of Paper and Paper Products	4953.21	4732.91	4.7			
印刷和记录媒介复制业	Printing, Reproduction of Recording Media	122.31	126.68	-3.4			
文教、工美、体育和娱乐用品制造业	Manufacture of Culture, Education and Sports Articles	24.10	24.58	-2.0			
石油加工、炼焦及核燃料加工业	Processing of Petroleum, Coking, Processing of Nuclear Fuel	58.29	124.67	-53.2			

表 5.4 续表 continued

行 业	Sector	取水量 Water Consumption 报告期 Reporting Period	上年同期 Period of Previous Year	同比增长 (%) Up YOY (%)	外供水量 Water Supply from Outside 报告期 Reporting Period	上年同期 Period of Previous Year	同比增长 (%) Up YOY (%)
化学原料及化学制品制造业	Manufacture of Raw Chemical Materials and Chemical Products	15869.00	14848.48	6.9	250.48	262.78	-4.7
医药制造业	Manufacture of Medicines	1342.30	1389.91	-3.4	3.62	9.22	-60.7
化学纤维制造业	Manufacture of Chemical Fibres	91.25	72.39	26.1			
橡胶和塑料制品业	Plastic Products	543.31	466.25	16.5			
非金属矿物制品业	Manufacture of Non-metallic Mineral Products	4698.83	5339.46	-12.0	15.00	18.00	-16.7
黑色金属冶炼及压延加工业	Smelting and Pressing of Ferrous Metals	2295.14	1945.26	18.0	136.50	76.22	79.1
有色金属冶炼及压延加工业	Smelting and Pressing of Nonferrous Metals	3820.91	4199.72	-9.0	1946.43	2047.87	-5.0
金属制品业	Manufacture of Metal Products	443.99	408.24	8.8			
通用设备制造业	Manufacture of General Purpose Machinery	495.50	481.51	2.9		0.03	-100.0
专用设备制造业	Manufacture of Special Purpose Machinery	238.33	203.07	17.4			
汽车制造业	Manufacture of Automobile	3073.28	3054.63	0.6	0.18	0.22	-18.2
铁路、传播、航空航天和其他运输设备制造业	Manufacture of Railway, Ship, Aeronautics and Other Transporting Equipment	1103.84	1152.72	-4.2		0.02	-100.0
电气机械和器材制造业	Manufacture of Electrical Machinery and Equipment	702.84	626.11	12.3			
计算机、通信和其他电子设备制造业	Manufacture of Communication Equipment, Computers and Other Electronic Equipment	2613.83	2301.08	13.6	0.17	0.28	-39.3
仪器仪表制造业	Manufacture of Measuring Instruments	69.36	70.66	-1.8			
其他制造业	Other Manufactures	47.76	33.15	44.1			
废弃资源综合利用业	Comprehensive Utilization of Waste	28.41	25.06	13.4			
金属制品、机械和设备修理业	Repair of Metal Products, Machinery and Equipment	3.50	2.92	19.9			
电力、燃气及水的生产和供应业	**Electric Power, Gas and Water Production and Supply**	**147107.40**	**131844.51**	**11.6**	**128189.91**	**113474.63**	**13.0**
电力、热力生产和供应业	Production and Supply of Electric Power and Heat Power	10577.09	9633.88	9.8	2188.76	1871.28	17.0
燃气生产和供应业	Production and Supply of Gas	3128.69	2758.89	13.4	2395.49	2091.26	14.5
水的生产和供应业	Production and Supply of Water	133401.62	119451.74	11.7	123605.66	109512.09	12.9

表 5.5 能源消费弹性系数（1985 – 2017 年）
ELASTICITY RATIO OF ENERGY CONSUMPTION (1985-2017)

年 份 Year	能源消费比上年增长 % Growth Rate of Energy Consumption over Preceding Year (%)	本市生产总值比上年增长 % Growth Rate of GDP over Preceding Year (%)	能源消费弹性系数 Elasticity Ratio of Energy Consumption
1985	7.0	8.6	0.81
1986	2.4	8.6	0.28
1987	9.8	5.3	1.85
1988	8.4	9.5	0.89
1989	3.5	4.9	0.71
1990	-3.1	7.0	-0.45
1991	2.8	9.2	0.30
1992	2.7	16.5	0.17
1993	2.7	15.6	0.18
1994	3.2	13.5	0.23
1995	4.7	12.3	0.38
1996	5.3	11.4	0.46
1997	8.5	11.2	0.76
1998	4.4	8.6	0.51
1999	7.5	7.8	0.96
2000	5.8	8.7	0.67
2001	6.8	9.2	0.73
2002	9.7	10.5	0.92
2003	11.2	11.7	0.95
2004	9.9	12.4	0.80
2005	8.8	11.7	0.75
2006	9.3	12.4	0.75
2007	12.9	15.9	0.81
2008	6.9	14.5	0.48
2009	9.1	14.9	0.61
2010	11.8	17.1	0.69
2011	11.9	16.4	0.73
2012	5.5	13.6	0.40
2013	6.5	12.3	0.53
2014	6.8	10.9	0.62
2015	4.0	11.0	0.36
2016	3.0	10.7	0.28
2017	3.7	9.3	0.40

注：本市能源消费增长速度按等价值计算；生产总值增长速度按可比价格计算。
Note: The growth rate of energy consumption is calculated at equivalent value, while the growth rate of GDP is calculated at comparable prices.

表 5.6 平均每万元本市生产总值能源消费量（2016 – 2017 年）
AVERAGE ENERGY CONSUMPTION PER 10 000 YUAN OF GDP (2016-2017)

品 种	Type	2016	2017
单位生产总值能源消费量（吨标煤／万元）	**Energy Consumption per Unit of GDP (ton of SCE/10 000 yuan)**	**0.529**	**0.497**
煤 炭	Coal	0.257	0.237
天然气	Natural Gas	0.068	0.066
油 料	Oil	0.073	0.069
一次电力及其他能源	Primary Electricity and Other Energy	0.131	0.125

注：本表 GDP 按 2015 年价计算；能源品种均已折合为按等价值计算的吨标准煤。
Note: The GDP hereof is calculated at 2015 price. And each type of energy has been converted into tons of SCE calculated in equivalent value.

表 5.7 平均每天主要能源消费量（2016 – 2017 年）
AVERAGE DAILY ENERGY CONSUMPTION (2016-2017)

品　种	Type	2016	2017
每天能源消费量（万吨标煤 / 天）	**Average Daily Energy Consumption (10 000 tons of SCE/day)**	**25.22**	**26.15**
煤　炭	Coal	12.23	12.44
天然气	Natural Gas	3.25	3.47
油　料	Oil	3.46	3.64
一次电力及其他能源	Primary Electricity and Other Energy	6.27	6.60

注：1）本表能源品种均已折合为按等价值计算的吨标准煤。
2）按照新的方法制度和指标口径调整了同期数据。
Note: a) All sorts of energy in the table has been converted into tons of SCE calculated in equivalent value.
b) The previous data has been adjusted according to the new statistical methods and coverage of indicators.

表 5.8 综合能源平衡表（2016 – 2017 年）
OVERALL ENERGY BALANCE SHEET (2016-2017)

单位：万吨标准煤（10 000 tons of SCE）

项　目	Item	2016 按当量值计算 Equivalent Weight	2017 按等价值计算 Equivalent Valuet	2016 按当量值计算 Equivalent Weight	2017 按等价值计算 Equivalent Valuet
可供消费的能源总量	**Total Energy Available for Consumption**	**8271.97**	**9203.51**	**8448.93**	**9544.79**
#一次能源生产量	Primary Energy Output	4113.36	4612.31	3793.38	4335.74
调进量	Imports	5477.60	5972.73	5138.84	5750.16
调出量（-）	Exports (-)	-1052.83	-1115.36	-538.44	-596.25
能源消费总量	**Total Energy Consumption**	**8271.97**	**9203.51**	**8448.93**	**9544.79**
终端消费	End-use Consumption	6943.29	8650.29	7133.53	9087.49
第一产业	Primary Industry	88.08	93.80	90.24	97.25
第二产业	Secondary Industry	4503.49	5527.66	4731.01	6011.61
第三产业	Tertiary Industry	1343.99	1695.61	1371.19	1693.80
生活消费	Household Consumption	1007.73	1333.22	941.08	1284.82
城　镇	Urban	525.99	728.60	560.22	774.19
乡　村	Rural	481.74	604.62	380.86	510.63
加工转换投入（-）产出（+）量	Input (-) and Output (+) during the Process of Enery Conversion	-1253.70	-364.88	-1238.34	-257.21
损失量	Energy Losses	74.98	188.35	77.05	200.09

表 5.9 电力平衡表（2016－2017 年）
ELECTRICITY BALANCE SHEET (2016-2017)

单位：亿千瓦小时 (100 million kwh)

项　目	Item	2016	2017
可供量	**Total Energy Available for Consumption**	**918.78**	**992.63**
生产量	Output	700.44	728.10
水　电	Hydropower	247.18	251.00
火　电	Thermal Power	448.61	468.90
核　电	Nuclear Power		
风　电	Wind Power	4.65	8.20
外省（区、市）调入量	Imports	249.90	292.16
本省（区、市）调出量（一）	Exports (-)	-31.56	27.63
消费量	**Total Energy Consumption**	**918.78**	**992.63**
在消费量中：	Consumption by Sector		
农、林、牧、渔、水利业	Agriculture,Forestry,Animal Husbandry,Fishery and Water Conservancy	2.89	3.35
工　业	Industry	549.34	645.80
建筑业	Construction	24.80	25.02
交通运输、仓储和邮政业	Transport, Storage and Post	18.88	23.79
批发、零售业和住宿、餐饮业	Wholesale and Retail Trades, Hotels and Catering Services"	56.20	60.27
其他行业	Other Sectors	102.39	70.12
生活消费	Household Consumption	164.28	164.28
在消费量中：	Consumption by Usage		
终端消费	End-use Consumption	861.56	933.83
#工　业	Industry	492.12	587.00
输配电损失量	Losses in Transmission	57.22	58.80

重/庆/统/计/年/鉴

主要统计指标解释

能源消费总量

指一定时期内全国（地区）物质生产部门、非物质生产部门和生活消费的各种能源的总和，是观察能源消费水平、构成和增长速度的总量指标。能源消费总量包括：煤和原油及其制品、天然气、电力。不包括：低热值燃料、生物质能和太阳能等的利用。能源消费总量分为终端能源消费量、能源加工转换损失量和损失量三部分。

（1）终端能源消费量：指一定时期内全国（地区）生产和生活消费的各种能源在扣除了用于加工转换二次能源消费量和损失量以后的数量。

（2）能源加工转换损失量：指一定时期内全国（地区）投入加工转换的各种能源数量之和与产出各种能源产品之和的差额，是观察能源在加工转换过程中损失量变化的指标。

（3）能源损失量：指一定时期内能源在输送、分配、储存过程中发生的损失和由客观原因造成的各种损失量。不包括各种气体能源放空、放散量。

能源消费弹性系数

是反映能源消费增长速度与国民经济增长速度之间比例关系的指标。计算公式为：

能源消费弹性系数＝能源消费量平均增长速度／国民经济年平均增长速度

Explanatory Notes on Main Statistical Indicators

Total Energy Consumption

Refers to the total consumption of energy of various kinds by material production sectors, non-material production sectors and households in the country (region) in a given period of time. It is a comprehensive indicator to show the scale, composition and development of energy consumption. The total energy consumption includes that of coal, crude oil and their products, natural gas and electricity. However, it excludes the consumption of fuel of low calorific value, bio-energy and solar energy. Total domestic energy consumption can be divided into three parts:

(I) Final energy consumption: refers to the total energy consumption by material production sectors, non-material production sectors and households in the country (region) in a given period of time, but excludes the consumption in conversion of the primary energy into the secondary energy and the loss in the process of energy conversion.

(II) Loss during the process of energy conversion: refers to the total input of various kinds of energy for conversion, minus the total output of various kinds of energy in the country in a given period of time. It is an indicator to show the loss that occurs during the process of energy conversion.

(III) Loss: refers to the total of the loss of energy during the course of energy transport, distribution and storage and the loss caused by any objective reason in a given period of time. The loss of various kinds of gas due to gas discharges and stocktaking is excluded.

Elasticity Ratio of Energy Consumption

Is an indicator to show the relationship between the growth rate of energy consumption and the growth rate of the national economy. The formula is:

Elasticity Ratio of Energy Consumption=Average annual Growth Rate of Energy Consumption/ Average Annual Growth Rate of National Economy.

第 6 章

财 政

GOVERNMENT FINANCE

简要说明
BRIEF INTRODUCTION

本章资料包括全市财政收入和支出情况、国税和地税税收收入情况，由市统计局综合处分别根据市财政局、市税务局的有关资料整理编辑。

The data in this chapter include the revenue and expenditure of the municipal government, and the revenue from national taxation and local taxation. The data is sorted and compiled by Division of Comprehensive Statistics of Chongqing Municipal Bureau of Statistics on the basis of the materials from Chongqing Municipal Bureau of Finance, Chongqing Municipal Taxation Bureau.

表 6.1 财政收入及支出(1994 – 2017 年)
GOVERNMENT REVENUE AND EXPENDITURE (1994-2017)

单位：万元 (10 000 yuan)

年 份 Year	财政收入 Government Revenue	其 中 of which			#地方财政一般预算收入 General Budgetary Revenue of Local Government	基金预算支出 Budgetary Expenditure for Funds
		#地方财政一般预算收入 General Budgetary Revenue of Local Government	基金预算收入 Budgetary Revenue from Funds	#中央两税（四税）收入 Revenue from the 2 (4) Taxes of Central Government		
1994	716172	366325		349847	560818	
1995	837748	460052		377696	662235	
1996	942682	549412		393270	794216	
1997	1180555	593060	152236	435259	1010110	141517
1998	1338867	711287	146759	480821	1257608	101866
1999	1402935	767341	131571	504023	1502365	121320
2000	1632353	872442	172128	587783	1876433	148173
2001	1961761	1061243	202847	697671	2375486	180044
2002	2694610	1260674	317977	991425	3058591	392083
2003	3412781	1615618	453697	1205457	3415775	497789
2004	4629591	2006241	1018198	1435206	3957233	893988
2005	5811921	2568072	1381552	1656599	4873543	1379973
2006	7421702	3177165	2117414	1944772	5942543	2259393
2007	10572948	4427000	3458604	2491920	7683886	3339659
2008	12901828	5775738	3857654	3023634	10160112	4325469
2009	15353975	6818189	4838943	3403122	13180913	4879759
2010	29751187	10182938	9722944	4687841	17691065	9776826
2011	35236522	14883336	14205767	5607771	25702404	13896341

表 6.1 续表 continued

单位：万元 (10 000 yuan)

年 份 Year	财政收入 Government Revenue	其 中 of which #地方公共财政预算收入 Public Budgetary Revenue of Local Government	政府性基金预算收入 Budgetary Revenue from Governmental Funds	国有资本经营预算收入 State-owned Capital Operational Budgetary Revenue	#中央四税收入 Revenue from the 4 Taxes of Central Government	#地方公共财政预算支出 Public Budgetary Expenditure of Local Government	政府性基金预算支出 Budgetary Expenditure from Governmental Funds	国有资本经营预算支出 State-owned Capital Operational Budgetary Expenditure
2012	37268412	14658509	14808929	1911999	5888975	27177878	15114916	1131344
2013	41055563	16932438	16698044	659489	6765592	30622848	17353191	646773

注：财政收入 2002 年前为地方财政收入与中央两税（增值税和消费税）之和，2002 年起为地方财政收入、中央四税收入和其他中央收入之和。其中其他中央收入不含关税，自 2003 年起包含车辆购置税（以下各表同）。2012 年同期数已按公共财政预算口径作相应调整。

Note: Government revenue before 2002 is the sum of revenue of local government and revenue from the 2 taxes of Central Government (value-added tax and consumption tax), whereas it has been the sum of revenue of local government, revenue from the 4 taxes of Central Government and other revenue of Central Government since 2002. Other revenue of Central Government does not include tariff, while vehicle purchasing tax has been included since 2003 (the same applies to the following tables). The data of 2012 has been adjusted in accordance with the statistic scope of public financial budget.

年 份 Year	#地方一般公共预算收入 Public Budgetary Revenue of Local Government	基金预算收入 Budgetary Revenue from Governmental Funds	国有资本经营预算收入 State-owned Capital Operational Budgetary Revenue	#中央四税收入 Revenue from the 4 Taxes of Central Government	#地方公共财政预算支出 Public Budgetary Expenditure of Local Government	政府性基金预算支 Budgetary Expenditure from Governmental Funds	国有资本经营预算支出 State-owned Capital Operational Budgetary Expenditure
2013	16868717	16726787	659489	6765586	30589372	17353191	646772
2014	19220159	18412843	680138	7767125	33043884	18600130	663118
2015	21548276	16642130	905730	8759172	37919973	17531573	748848

年 份 Year	#地方一般公共预算收入 Public Budgetary Revenue of Local Government	基金预算收入 Budgetary Revenue from Governmental Funds	国有资本经营预算收入 State-owned Capital Operational Budgetary Revenue	#地方公共财政预算支出 Public Budgetary Expenditure of Local Government	政府性基金预算支 Budgetary Expenditure from Governmental Funds	国有资本经营预算支出 State-owned Capital Operational Budgetary Expenditure
2015	20806250	16443229	905730	38138156	17313390	748848
2016	22279117	14973130	904940	40018090	17381158	727387
2017	22523788	22511136	1267342	43362800	21822878	988242

注：2017 年起按营改增试点后新的收入划分办法及新增建设用地土地有偿使用收入等基金列转公共预算，与往年不可比。（以下各表同）。

Note: Due to the change of replacing business tax with VAT under the new revenue division system, and the funds like the revenue from paid use of newly-added construction land have included in public budget since 2017, the data are incomparable with the previous year. (the same below).

表 6.2 财政收入占地区生产总值的比重（1994 – 2013 年）
PERCENTAGE OF GOVERNMENT REVENUE TO GROSS DOMESTIC PRODUCT (1994-2013)

年 份 Year	财政收入 (亿元) Government Revenue (100 million yuan)	地区生产总值 (亿元) Gross Domestic Product (100 million yuan)	财政收入占本市 生产总值的比重(%) Percentage of Government Revenue to GDP (%)
1994	71.62	833.60	8.59
1995	83.77	1123.06	7.46
1996	94.27	1315.12	7.17
1997	118.06	1509.75	7.82
1998	133.89	1602.38	8.36
1999	140.29	1663.20	8.43
2000	163.24	1791.00	9.11
2001	196.18	1976.86	9.92
2002	269.46	2232.86	12.07
2003	341.28	2555.72	13.35
2004	462.96	3034.58	15.26
2005	581.19	3467.72	16.76
2006	742.17	3907.23	18.99
2007	1057.29	4676.13	22.61
2008	1290.18	5793.66	22.27
2009	1535.40	6530.01	23.51
2010	2975.12	7894.24	37.69
2011	3523.65	10011.37	35.20
2012	3726.84	11409.60	32.66
2013	4105.56	12656.69	32.44

表 6.3 财政收入（2016 – 2017 年）
GOVERNMENT REVENUE (2016-2017)

单位：万元 (10 000 yuan)

项 目	Item	2016	2017
一般公共预算收入	**Public Government Budget Revenue**	**22279117**	**22523788**
#市 级	Municipal Level	8364947	8246024
税收收入	Total Tax Revenue	14384000	14763295
增值税	Value-added Tax	3677625	5370521
企业所得税	Corporate Income Tax	1877055	2033445
个人所得税	Individual Income Tax	585453	727261
资源税	Resource Tax	113398	147833
城市维护建设税	City Maintenance and Construction Tax	814865	835480
房产税	House Property Tax	568763	649022
印花税	Stamp Tax	237992	319450
城镇土地使用税	Urban Land Use Tax	1391439	1470036
土地增值税	Land Appreciation Tax	1027686	839549
车船税	Tax on Vehicles and Boat Operation	110028	126967
耕地占用税	Farm Land Occupation Tax	486698	434126
契 税	Deed Tax	1298441	1785697
烟叶税	Tobacco Leaf Tax	37604	23908
非税收入	Total Non-tax Revenue	7894592	7760493
专项收入	Special Program Receipts	963031	924735
行政性收费收入	Charge of Administrative and Institutional Units	3092576	2630829
罚没收入	Penalty Receipts	410561	440161
国有资源（资产）有偿使用收入	Revenue from Use of State-owned Resources (Assets)	2817341	3320090
政府住房基金收入	Revenue from Government Funds for Housing	249775	139721
其他收入	Other Revenue	361308	304957
基金预算收入	**Budgetary Revenue of Funds**	14973130	22511136
国有土地使用权出让收入	Transferring Fee of Use Rights of State-owned Land	14123667	21650839
国有资本经营预算收入	**State-owned Capital Operational Budgetary Revenue**	**904940**	**1267342**

表 6.4 财政支出（2016 – 2017 年）
GOVERNMENT EXPENDITURE (2016-2017)

单位：万元 (10 000 yuan)

项　目	Item	2016	2017
一般公共预算收入	**Public Government Budget Revenue**	**40018090**	**43362800**
#市　级	Municipal Level	11246825	12380499
一般公共服务	Expenditure for General Public Services	2855439	3045491
外交支出	Expenditure for Foreign Affairs	2029	1344
国防支出	Expenditure for National Defense	62478	48425
公共安全	Expenditure for Public Security	2261646	2359092
教　育	Expenditure for Education	5751833	6263003
科学技术	Expenditure for Science and Technology	516208	593077
文化体育与传媒	Expenditure for Culture, Sport and Media	479762	488860
社会保障和就业	Expenditure for Social Security and Employment Effort	6405505	7028195
医疗卫生与计划生育支出	Expenditure for Medical and Health Care, Family Planning	3311827	3537872
节能环保	Expenditure for Environment Protection	1361985	1549499
城乡社区事务	Expenditure for Urban and Rural Community Affairs	6845550	8156398
农林水事务	Expenditure for Agriculture, Forestry and Water Conservancy	3479907	3475669
交通运输	Expenditure for Transportation	2680009	2879709
资源勘探信息等支出	Expenditure for Affairs of Exploration, Power and Information	1436364	922462
商业服务业等支出	Expenditure for Affairs of Commerce and Services	481347	606575
金融支出	Expenditure for Finance	45214	16705
援助其他地区支出	Expenditure for Other Regional Assistance	15601	22007
国土资源气象等事务	Expenditure for Affairs of Land and Weather	451557	541440
住房保障支出	Expenditure for Affairs of Housing Security	1081949	1127818
粮油物资储备支出	Expenditure for Affairs of Management of Grain & Oil Resources	106152	125688
债务付息及发行费支出	Expenditure for Interest Payment on Debts and Issuing Debts	350716	532508
其他支出	Other Expenditure	35012	40963
政府性基金预算支出	**Governmental Fund Budgetary Expenditure**	**17381158**	**21822878**
国有资本经营预算收入	**State-owned Capital Operational Budgetary Revenue**	**727387**	**988242**

表 6.5 国税和地税税收收入（1996 – 2017 年）
REVENUE FROM NATIONAL AND LOCAL TAXATION (1996-2017)

单位：万元 (10 000 yuan)

年份 Year	国税税收收入 Revenue from National Taxation	其中 of which		地税税收收入 Revenue from Local Taxation	其中 of which		
		#增值税 Value-added Tax	#消费税 Consumption Tax		#营业税 Business Tax	#企业所得税 Corporate Income Tax	#个人所得税 Individual Income Tax
1996	611211	455912	92966	266489	130952	33616	17748
1997	645914	489770	108411	324758	155607	47121	29468
1998	715077	529607	123846	382948	195747	41808	42562
1999	881410	692354	120696	436999	218101	52873	54910
2000	929759	680489	144660	500530	243476	68614	72133
2001	1128638	795789	164879	602387	278516	97553	105450
2002	1295409	915425	193646	732964	367458	91953	120326
2003	1559085	1112204	217868	894415	466393	100102	148386
2004	1900477	1366125	257385	1115549	585415	125572	168282
2005	2139060	1525267	278540	1356424	702018	152846	203950
2006	2559190	1803377	346133	1660513	858693	181691	224558
2007	3261800	2240634	424683	2245537	1171243	233743	308283
2008	3922674	2658088	489991	2861162	1450449	319964	386364
2009	4411106	2892068	610367	3461226	1855471	334508	504270
2010	6084441	3612557	855149	5586777	2424494	531854	649130
2011	7244401	3929354	888068	8197820	3439157	834238	869476
2012	7834154	4232685	1027334	8961259	3680459	827224	823474
2013	9129810	4937562	1249298	10247289	4231794	1000961	938227
2014	10781244	5847262	1403446	11530080	4439832	1175547	1080974
2015	11881783	6394495	1488306	12932781	4688241	1222111	1258985
2016	14846142	9050160	1584794	11241498	2411529	1235133	1463611
2017	17804399	11857000	1444797	10060183	76812	1426047	1818150

注：国税收入对外公布数据从 2001 年起均包含车辆购置税，故对以前年度数据进行了调整。
Note: The released data of national taxation has included vehicle purchasing tax since 2001, so the data of the previous years is adjusted.

表 6.6 国税税收收入（2016 – 2017 年）
REVENUE FROM NATIONAL TAXATION (2016-2017)

单位：万元 (10 000 yuan)

项　目	Item	2016	2017
税收收入合计	**Total Revenue from Taxation**	**14846142**	**17804399**
按税种分	**By Tax Category**		
增值税收入	Value-added Tax	9050160	11857000
#一般纳税人	General Taxpayer	7167281	9229650
消费税收入	Consumption Tax	1584794	1444797
企业所得税	Corporate Income Tax	3616266	3785252
内　资	Domestic Enterprise	2147424	2352012
外　资	Foreign-Funded Enterprise	1468842	1433240
个人所得税	Individual Income Tax	25	17
城市维护建设税	City Maintenance and Construction Tax		
车辆购置税	Vehicle Purchasing Tax	594897	717333
按行业分	**By Sector**		
第一产业	Primary Industry	8896	10134
第二产业	Secondary Industry	8144487	8619888
工　业	Industry	7504492	7364543
建筑业	Construction	639995	1255345
第三产业	Tertiary Industry	6692759	9174377
交通运输仓储及邮政业	Transport, Storage and Post	285172	372068
批发和零售业	Wholesale and Retail Trades	2269623	2525615
金融业	Financial Intermediation	1518087	1957357
信息传输、计算机服务和软件业	Information Transmission, Computer Services and Software	222786	259025
住宿和餐饮业	Hotel and Catering Services	36960	68041
文化、体育和娱乐业	Culture, Sports and Entertainment	15766	19196
租赁和商务服务业	Leasing and Business Services	490913	704549
房地产业	Real Estate	1035297	2286992
其他行业	Other Trades	818155	981534

表 6.7 按企业类型分的国税税收收入（2017 年）
REVENUE FROM NATIONAL TAXATION BY STATUS OF REGISTRATION (2017)

单位：万元 (10 000 yuan)

项　目	Item	合　计 Total	内资企业 Domestic-funded 国有企业 State-owned	集体企业 Collective-owned	股份合作企业 Cooperative	联营企业 Joint Ownership	股份公司 Share-holding corporations
总　计	**Total**	**17804399**	**1948328**	**33988**	**14252**	**2793**	**7058761**
增值税收入	Value-added Tax	11857000	1267122	32713	13187	2673	4721811
消费税收入	Consumption Tax	1444797	543382	6	43		593982
营业税	Business Tax						
企业所得税	Corporate Income Tax	3785252	136123	573	922	107	1715338
个人所得税	Individual Income Tax	17					
资源税	Resource Tax						
固定资产投资方向调节税	Fixed Asset Investment Regulation Tax						
城市维护建设税	City Maintenance and Construction Tax						
车辆购置税	Vehicle Purchasing Tax	717333	1701	696	100	13	27630

表 6.7 续表 continued

项　目	Item	内资企业 Domestic-funded 私营企业 Private	其他企业 Others	港澳台投资企业 Funds from Hong Kong, Macao&Taiwan	外商投资企业 Foreign-funded	个体经营 Self-employed Individuals	股份公司 Share-holding corporations
总　计	**Total**	**3639665**	**172592**	**1078729**	**3106539**	**748752**	
增值税收入	Value-added Tax	3107099	85261	558501	1899915	168718	
消费税收入	Consumption Tax	14818	4	8255	283068	1239	
营业税	Business Tax						
企业所得税	Corporate Income Tax	462606	36343	510619	922621		
个人所得税	Individual Income Tax					17	
资源税	Resource Tax						
固定资产投资方向调节税	Fixed Asset Investment Regulation Tax						
城市维护建设税	City Maintenance and Construction Tax						
车辆购置税	Vehicle Purchasing Tax	55142	50984	1354	935	578778	

表 6.8 地税税收收入（2016 – 2017 年）
REVENUE FROM LOCAL TAXATION (2016-2017)

单位：万元 (10 000 yuan)

项 目	Item	2016	2017
税收收入合计	**Total**	**11241498**	**10060183**
#中央级	Central Government	1692202	2038495
重庆市级	Chongqing Municipal Government	2568947	1508597
区县级	District and County Governments	6980349	6513091
按税种分	**By Tax Category**		
增值税	Value-added Tax	44392	107146
营业税	Business Tax	2411529	76812
企业所得税	Corporate Income Tax	1235133	1426047
个人所得税	Individual Income Tax	1463611	1818150
资源税	Resource Tax	113398	147833
固定资产投资方向调节税	Fixed Asset Investment Regulation Tax		
城市维护建设税	City Maintenance and Construction Tax	814784	835442
房产和城市房地产税	House Property and Urban Real Estate Tax	568764	649021
印花税	Stamp Tax	237992	319450
城镇土地使用税	Urban Land Use Tax	1391439	1470039
土地增值税	Land Appreciation Tax	1027686	839549
车船税	Tax on Vehicles and Boat Operation	110028	126963
屠宰税	Slaughter Tax		
烟叶税	Tobacco Leaf Tax	37604	23908
耕地占用税	Farm Land Occupation Tax	486698	434126
契 税	Deed Tax	1298440	1785697
按行业分	By Sector		
第一产业	Primary Industry	57026	37235
第二产业	Secondary Industry	3142893	2398058
工 业	Industry	1441853	1466930
建筑业	Construction	1701040	931128
第三产业	Tertiary Industry	8041579	7624890
交通运输仓储及邮政业	Transport, Storage and Post	195650	184729
批发和零售业	Wholesale and Retail Trades	480965	509633
金融业	Financial Intermediation	1257071	800906
信息传输、计算机服务和软件业	Information Transmission, Computer Services and Software	107093	141426
住宿和餐饮业	Hotel and Catering Services	72071	33198
文化、体育和娱乐业	Culture, Sports and Entertainment	43298	61098
租赁和商务服务业	Leasing and Business Services	1045292	798793
房地产业	Real Estate	3565095	3817850
其他行业	Other Trades	1275044	1277257

表 6.9 按企业类型分的地税税收收入（2017 年）
REVENUE FROM LOCAL TAXATION BY STATUS OF REGISTRATION (2017)

单位：万元 (10 000 yuan)

项 目	Item	合 计 Total	内资企业 Domestic-funded 国有企业 State-owned	集体企业 Collective-owned	股份合作企业 Cooperative	联营企业 Joint Ownership	股份公司 Share-holding corporations
总 计	**Total**	**10060183**	**484810**	**21450**	**6525**	**4435**	**689629**
营业税	Business Tax	76812	1302	240	39	-3	-507
企业所得税	Corporate Income Tax	1426047	60885	7898	2856	789	67388
个人所得税	Individual Income Tax	1818150	99094	3975	1236	742	358822
资源税	Resource Tax	147833	31122	276	39	231	3809
固定资产投资方向调节税	Fixed Asset Investment Regulation Tax						
城市维护建设税	City Maintenance and Construction Tax	835442	115731	2316	1151	466	98847
房产和城市房地产税	House Property and Urban Real Estate Tax	649021	38335	2260	788	334	52183
印花税	Stamp Tax	319450	12555	375	319	572	23316
城镇土地使用税	Urban Land Use Tax	1470039	62035	2017	729	430	23805
土地增值税	Land Appreciation Tax	839549	14260	1369	-1022	21	8035
车船税	Tax on Vehicles and Boat Operation	126963	30	51	319		38350
屠宰税	Slaughter Tax						
烟叶税	Tobacco Leaf Tax	23908	23876				
耕地占用税	Farm Land Occupation Tax	434126	11827		4	803	1929
契 税	Deed Tax	1785697	12237	293	39	14	13200

表 6.9 续表 continued

项 目	Item	内资企业 Domestic-funded 私营企业 Private	其他企业 Others	港澳台投资企业 Funds from Hong Kong, Macao&Taiwan	外商投资企业 Foreign-funded	个体经营 Self-employed Individuals
总 计	**Total**	**1860447**	**5506243**	**417950**	**415404**	**653290**
营业税	Business Tax	24957	46111	1202	2668	803
企业所得税	Corporate Income Tax	361239	922830	238	1924	
个人所得税	Individual Income Tax	277104	679658	67684	115896	213939
资源税	Resource Tax	17338	89325	1324	604	3765
固定资产投资方向调节税	Fixed Asset Investment Regulation Tax					
城市维护建设税	City Maintenance and Construction Tax	194378	276671	36964	94906	14012
房产和城市房地产税	House Property and Urban Real Estate Tax	91726	348188	34865	33349	46993
印花税	Stamp Tax	57612	163851	12539	44737	3574
城镇土地使用税	Urban Land Use Tax	169152	1137553	36517	36476	1325
土地增值税	Land Appreciation Tax	166647	504403	94643	25146	26047
车船税	Tax on Vehicles and Boat Operation	830	83802	43	2207	1331
屠宰税	Slaughter Tax					
烟叶税	Tobacco Leaf Tax	32				
耕地占用税	Farm Land Occupation Tax	7784	408822	444	34	2479
契 税	Deed Tax	488281	827503	130740	56990	256400

重/庆/统/计/年/鉴

主要统计指标解释

财政收入

指国家财政参与社会产品分配所取得的收入，是实现国家职能的财力保证。主要包括：

（1）各项税收：包括国内增值税、国内消费税、进口货物增值税和消费税、出口货物退增值税和消费税、营业税、企业所得税、个人所得税、资源税、城市维护建设税、房产税、印花税、城镇土地使用税、土地增值税、车船税、船舶吨税、车辆购置税、关税、耕地占用税、契税、烟叶税等。

（2）非税收入：包括专项收入、行政事业性收费、罚没收入和其他收入。

财政支出

指国家财政将筹集起来的资金进行分配使用，以满足经济建设和各项事业的需要。主要包括：

（1）一般公共服务：指政府提供基本公共管理与服务的支出，包括人大事务、政协事务、政府办公厅（室）及相关机构事务、发展与改革事务、统计信息事务、财政事务、税收事务、审计事务、海关事务、人力资源事务、纪检监察事务、人口与计划生育事务、商贸事务、知识产权事务、工商行政管理事务、国土资源事务、海洋管理事务、测绘事务、地震事务、气象事务、民族事务、宗教事务、港澳台侨事务、档案事务、共产党事务、民主党派事务及工商联事务、群众团体事务、彩票事务等。

（2）外交：指政府外交事务支出，包括外交行政管理、驻外机构、对外援助、国际组织、对外合作与交流、边界勘界联检等方面的支出。

（3）国防：指政府用于国防方面的支出，包括用于现役部队、预备役部队、民兵、国防科研事业、专项工程、国防动员等方面的支出。

（4）公共安全：指政府维护社会公共安全方面的支出，包括武装警察、公安、国家安全、检察、法院、司法行政、监狱、劳教、国家保密、缉私警察等。

（5）教育：指政府教育事务支出，包括教育行政管理、学前教育、小学教育、初中教育、普通高中教育、普通高等教育、初等职业教育、中专教育、技校教育、职业高中教育、高等职业教育、广播电视教育、留学生教育、特殊教育、干部继续教育、教育机关服务等。

（6）科学技术：指用于科学技术方面的支出，包括科学技术管理事务、基础研究、应用研究、技术研究与开发、科技条件与服务、社会科学、科学技术普及、科技交流与合作等。

（7）文化教育与传媒：指政府在文化、文物、体育、广播影视、新闻出版等方面的支出。

（8）社会保障和就业：指政府在社会保障与就业方面的支出，包括社会保障和就业管理事务、民政管理事务、财政对社会保险基金的补助、补充全国社会保障基金、行政事业单位离退休、企业改革补助、就业补助、抚恤、退役安置、社会福利、残疾人事业、城市居民最低生活保障、其他城镇社会救济、农村社会救济、自然灾害生活救助、红十字事务等。

（9）医疗卫生：指政府医疗卫生方面的支出，包括医疗卫生管理事务支出、医疗服务支出、医疗保障支出、疾病预防控制支出、卫生监督支出、妇幼保健支出、农村卫生支出等。

（10）环境保护：指政府环境保护支出，包括环境保护管理事务支出、环境监测与监察支出、污染治理支出、自然生态保护支出、天然林保护工程支出、退耕还林支出、风沙荒漠治理支出、退牧还草支出、已垦草原退耕还草、能源节约利用、污染减排、可再生能源和资源综合利用等支出。

（11）城乡社区事务：指政府城乡社区事务支出，包括城乡社区管理事务支出、城乡社区规划与管理支出、城乡社区公共设施支出、城乡社区住宅支出、城乡社区环境卫生支出、建设市场管理与监督支出等。

（12）农林水事务：指政府农林水事务支出，包括农业支出、林业支出、水利支出、扶贫支出、农业综合开发支出等。

（13）交通运输：指政府交通运输和邮政业方面的支出，包括公路运输支出、水路运输支出、铁路运输支出、民用航空运输支出、邮政业支出等。

（14）工业商业金融等事务：指政府对工业、商业及金融等方面的支出，包括采掘业支出、制造业支出、

主要统计指标解释

建筑业支出、工业和信息产业监管支出、国有资产监管支出、商业流通事务支出、金融业监管支出、旅游业管理与服务支出等。

中央财政收入和地方财政收入

指按现行分税制财政体制划分的中央本级收入和地方本级收入。属于中央财政的收入包括关税，进口货物增值税和消费税，出口货物退增值税和消费税，消费税，铁道部门、各银行总行、各保险公司总公司等集中交纳的营业税和城市维护建设税，增值税75%部分，纳入共享范围的企业所得税60%部分，未纳入共享范围的中央企业所得税、中央企业上交的利润，个人所得税60%部分，车辆购置税，船舶吨税，证券交易印花税97%部分，海洋石油资源税，中央非税收入等。属于地方财政的收入包括营业税(不含铁道部门、各银行总行、各保险公司总公司集中交纳的营业税)，地方企业上交利润，城市维护建设税（不含铁道部门、各银行总行、各保险公司总公司集中交纳的部分），房产税，城镇土地使用税，土地增值税，车船税，耕地占用税，契税，烟叶税，印花税，增值税25%部分，纳入共享范围的企业所得税40%部分，个人所得税40%部分，证券交易印花税3%部分，海洋石油资源税以外的其他资源税，地方非税收入等。

中央财政支出和地方财政支出

指根据政府在经济和社会活动中的不同职责，划分中央和地方政府的责权，按照政府的责权划分确定的支出。中央财政支出包括一般公共服务，外交支出，国防支出，公共安全支出，以及中央政府调整国民经济结构、协调地区发展、实施宏观调控的支出等。地方财政支出包括一般公共服务，公共安全支出，地方统筹的各项社会事业支出等。

Explanatory Notes on Main Statistical Indicators

Government Revenue

Refers to income for the government finance through participating in the distribution of social products. It is the financial guarantee to ensure government functioning. The contents of government revenue include the following main items:

(1) Various tax revenues, including domestic value added tax (VAT), domestic consumption tax, VAT and consumption tax from imports, VAT and consumption tax rebate for exports, business tax, corporate income tax, individual income tax, resource tax, city maintenance and construct tax, house property tax, stamp tax, urban land use tax, land appreciation tax, tax on vehicles and boat operation, ship tonnage tax, vehicle purchase tax, tariffs, farm land occupation tax, deed tax, and tobacco leaf tax, etc.

(2) Non-tax revenue, including special program receipts, charge of administrative and institutional units, penalty receipts and others non-tax receipts.

Government Expenditure

Refers to the distribution and use of the funds which the government finance has raised, so as to meet the needs of economic construction and various causes. It includes the following main items:

(1) Expenditure for general public services: It refers to the spending on the basic public management and services which provided by governments, including the expense on affairs of People's Congress, affairs of People's Political Consultative Conference, affairs of government general office and relative institutions, affairs of development and reform, affairs of statistics, affairs of finance, affairs of taxation, affairs of audit, affairs of customs, affairs of human resources and social security, affairs of discipline inspection and supervision, affairs of population and family planning, affairs of commerce and trade, affairs of intellectual property, affairs of administration for industry and commerce, affairs of land and resources, affairs of oceanic administration, affairs of surveying and mapping, affairs of earthquake, ethnic affairs, religious affairs, affairs of Hong Kong, Macao, Taiwan, and Overseas Chinese, affairs of archives administration, affairs of Chinese Communist Party, affairs of democratic parties and federation of industry and commerce, affairs of mass organization, and affairs of lottery, etc.

(2) Expenditure for foreign affairs: It refers to the spending of government on foreign affairs, including the expense on administration of foreign affairs, missions overseas, external assistance, international organizations, foreign cooperation and communication, surveying and joint inspection on borderline, etc.

(3) Expenditure for national defence: It refers to the spending of government on national defence, including the expense on active force, reserve force, militia, scientific research on national defence, special projects, mobilization of national defence, etc.

(4) Expenditure for public security: It refers to the spending of government on maintaining social and public security, including the expense on armed police force, public security, state security, prosecution, courts, justice, prison, labour education and rehabilitation, protection of state secrecy, anti-smuggling police, etc.

(5) Expenditure for education: It refers to the spending of government on education, including the expense on the administration of education, pre-primary education, primary education, secondary education, high school education, regular higher education, primary vocational education, secondary vocational education, technical school education, vocational high school education and higher vocational education, radio and television education, student abroad education, special education, on the job training of cadres, education authorities services, etc.

(6) Expenditure for science and technology: It refers to the spending of government on science and technology (S&T), including the expense on the administration of S&T, basic research, applied research, research and development, conditions and services of S&T, popularization of social science, science and technology, exchanges and cooperation of S&T, etc.

(7) Expenditure for culture, sport and media: It refers to the spending of government on culture, cultural heritage, sports, radio, film, television, press and publication, etc.

(8) Expenditure for social safety net and employment effort: It refers to the spending of government on social safety net and employment, including the expense on administration of social

safety net and employment, civil affairs, budgetary subsidy on the social insurance funds, subsidy on National Social Security Fund, retirees of administrative units and institutions, subsidy on enterprise reform, subsidy on employment effort, pension, placement of ex-serviceman, social welfare, the handicapped undertakings, the system of cost of living allowances for urban residents, other urban social relief, rural social relief, living relief of natural disasters, affairs of Red Cross Society, etc.

(9) Expenditure for medical and health care: It refers to the spending of government on medical and health care, including the expense on administration of medical and health care, medical services, health care, disease prevention and control, health inspection and supervision, women and children's health, rural health care, etc.

(10) Expenditure for environment protection: It refers to the spending of government on environment protection, including the expense on administration of environment protection, environment monitoring and supervision, pollution control, natural ecology protection, project of virgin forests protection, reforesting farmland, controlling the sources of dust storms, returning pastureland to grassland, returning pastureland to grassland, returning cultivated land to grassland, energy conservation, emissions reduction, comprehensive utilization of renewable energy and resources, etc.

(11) Expenditure for urban and rural community affairs: It refers to the spending of government on urban and rural community affairs, including the expense on administration of urban and rural community, planning and management of urban and rural community, public facilities of urban and rural community, housing of urban and rural community, sanitation of urban and rural community, management and supervision on the construction market, etc.

(12) Expenditure for agriculture, forestry and water conservancy: It refers to the spending of government on agriculture, forestry and water conservancy, including the expense on agriculture, forestry, water conservancy, poverty alleviation, comprehensive agricultural development, etc.

(13) Expenditure for transportation: It refers to the spending of government on transportation and postal services, including the expense on road transportation, waterway transportation, railway transportation, civil aviation transportation, and postal services.

(14) Expenditure for industry, commerce and banking: It refers to the spending of government on industry, commerce and banking, including the expense on mining, manufacturing, construction, industry and information technology supervision and administration, State-owned assets supervision and administration, commerce and circulation affairs, financial intermediation supervision and administration, tourism administration and service, etc.

Revenue of the Central Government and Revenue of the Local Governments

Refers to the revenue collected by the Central Government and that by the local governments as defined by the decentralized taxation system. In accordance with this system, the revenue of the Central Government includes tariff, VAT and consumption tax from imports, VAT and consumption tax rebate for exports, consumption tax, business tax and city maintenance and construct tax from the Ministry of Railways, head offices of banks, head offices of insurance company, which are handed over to the government in a centralized way, 75% of the value added tax, 60% the share part of the corporate income tax, unshared part of corporate income tax of the central enterprises, profit handed in by the central enterprises, 60% of individual income tax, vehicle purchase tax, ship tonnage tax, 97% of stamp tax on securities transactions, resource tax on the offshore petroleum resources. The revenue of the local governments includes business tax (excluding the part of the Ministry of Railways, head offices of banks, head offices of insurance company, which are handed over to the government in a centralized way), profit handed in by the local enterprises, city maintenance and construct tax (excluding the part of the Ministry of Railways, head offices of banks, head offices of insurance company, which are handed over to the government in a centralized way), house property tax, urban land use tax, land appreciation tax, tax on vehicles and boat operation, farm land occupation tax, deed tax, and tobacco leaf tax, stamp tax, 25% of the value added tax, 40% the share part of the corporate income tax, 40% of individual income tax, 3% of stamp tax on securities transactions, resource tax other than the tax on offshore petroleum resources, local non-tax revenue, etc.

Expenditure of the Central Government and Expenditure of the Local Governments

According to the different functions of the Central Government and local governments in economic and social activities, the rights of affairs administration are demarcated

EXPLANATORY NOTES TO MAJOR STATISTICAL INDICATORS

between those of the Central Government and those of local governments; and the classification of the expenditure between the Central Government and local governments are made on the basis of the classification of the rights of affairs administration between them. The expenditure of the Central Government includes the expenditure for general public services, expenditure for foreign affairs, expenditure for public security, and the expenditure of the Central Government for adjusting the national economic structure; coordinating the development among different regions; and exercising macroeconomic regulation. The expenditure of the local governments includes mainly the expenditure for general public services, expenditure for public security, and expenditures for social development which are planned by local governments, etc.

第 7 章

人民生活与物价

PEOPLE'S LIVING CONDITIONS AND PRICE OF GOODS

简要说明

BRIEF INTRODUCTION

本章资料反映全市城乡居民生活状况，主要内容包括城乡居民家庭基本情况、恩格尔系数、住户存款、年收入支出及其构成、主要商品购买数量、耐用消费品的拥有量，以及居民消费价格指数、商品零售价格指数、工业生产者价格指数、固定资产投资价格指数、住宅销售价格指数等。居民住户调查资料是抽样调查汇总的结果，价格调查是一种非全面调查，采用重点调查和典型调查相结合的方法。

城镇常住居民和农村常住居民生活状况和价格调查的数据来源于国家统计局重庆调查总队。城乡居民物质生活情况和居民储蓄由市统计局综合处整理编辑。

The data in this chapter present the living conditions of the urban and rural households in Chongqing, including basic conditions of urban and rural households, Engle's coefficient, saving deposits, annual income & expenditure and their compositions, purchases of major commodities, possession of durable consumer goods, as well as consumer price indices, retail price indices, purchasing price index, price indices of investment in fixed assets and price index of residential real estate sales, etc. The data of urban and rural households are the results of sample survey, while price survey is an incomplete survey, where the main unit survey and typical survey are combined.

The data about the living conditions of urban and rural residents and price survey are provided by NBS Survey Office in Chongqing. The data of material & cultural life and saving deposits of urban & rural residents are sorted and compiled by Division of Comprehensive Statistics, Chongqing Municipal Bureau of Statistics.

表 7.1 城乡居民物质文化生活情况(2016 – 2017 年)
MATERIAL AND CULTURAL LIFE OF URBAN & RURAL RESIDENTS (2016-2017)

指 标	Item	2016	2017
就 业	**Employment**		
每一城镇常住劳动力负担人数(人)	Number of Dependents per Urban Employee (person)	1.37	1.36
每一农村常住劳动力负担人数(人)	Number of Dependents per Rural Laborer (person)	1.47	1.47
城镇登记失业率(%)	Registered Urban Unemployment Rate (%)	3.70	3.40
收入和支出	**Income and Expenditure**		
城镇非私营单位在岗职工平均工资(元)	Annual Average Wage of On-Post Staff and Workers of Urban Non-private Units (yuan)	67386	73272
城镇常住居民人均可支配收入(元)	Annual per Capita Disposable Income of Urban Households (yuan)	29610	32193
农民常住居民人均可支配收入(元)	Annual per Capita Net Income of Rural Households (yuan)	11549	12638
城镇常住居民人均消费性支出(元)	Annual per Capita Consumption Expenditure of Urban Households(yuan)	21031	22759
农村常住居民人均生活消费支出(元)	Annual per Capita Living Expenditure of Rural Households (yuan)	9954	10936
城镇常住居民家庭恩格尔系数(%)	Engle's Coefficient of Urban Households (%)	32.7	32.1
农村常住居民家庭恩格尔系数(%)	Engle's Coefficient of Rural Households (%)	38.7	36.5
人均住户存款(元)	Per Capita Saving Deposits of Residents (yuan)	39502	42384
住 房	**Housing**		
城镇常住居民人均住房建筑面积(平方米)	Per Capita Residential Floor Space of Urban Residents (sq.m)	34.00	35.28
农村常住居民人均住房建筑面积(平方米)	Per Capita Living Space of Rural Residents (sq.m)	53.74	54.81
交通邮电	**Transport, Postal and Telecommunication Services**		
人均道路面积(平方米)	Per Capita Area of Paved Roads (sq.m)	11.81	12.23
平均每百人拥有移动电话(部)	Number of Mobile Telephones Owned per 100 Persons (unit)	94.48	106.49
每人平均交寄函件(件)	Number of Letters Mailed Per Capita (unit)	0.75	0.57
城市公用事业	**City Public Utilities**		
用水普及率(%)	Percentage of Population with Access to Tap Water (%)	97.03	97.86
燃气普及率(%)	Percentage of Population with Access to Gas (%)	95.73	96.06
人均公园绿地面积(平方米)	Per Capita Public Green Land(sq.m)	16.18	16.43
教 育	**Education**		
学龄儿童入学率(%)	Enrollment Ratio of School-Aged Children (%)	99.99	99.99
每万人口中在校大学生(人)	Number of Undergraduates Per 10 000 Population (person)	306	303
文 化	**Culture**		
每百户城镇常住家庭拥有彩色电视机(台)	Number of Color TV Sets Per 100 Urban Households (unit)	129.84	129.47
每百户农村常住家庭拥有彩色电视机(台)	Number of Color TV Sets Per 100 Rural Households (unit)	112.83	113.81
广播人口覆盖率(%)	Rate of Radio Broadcast Coverage of the Population (%)	98.86	98.96
电视人口覆盖率(%)	Rate of TV Coverage of the Population (%)	99.19	99.22
卫 生	**Public Health**		
每万人拥有医院、卫生院病床(张)	Number of Beds of Hospitals and Health Centers Per 10 000 Population (bed)	52.30	56.79
每万人拥有执业(助理)医师(人)	Number of Licensed (Assistant) Doctors Per 10 000 Population (person)	19.07	20.18

表 7.2 个人储蓄存款年末余额(1980 – 2017 年)
YEAR-END SAVINGS DEPOSIT OF RMB OF HOUSEHOLDS (1980-2017)

年 份 Year	个人储蓄存款年末余额(亿元) Year-end Savings Deposit of RMB of Households (100 million yuan)	其 中 of which		人均个人储蓄存款余额(元) Per Capita Balance of Savings Deposit of RMB (yuan)
		定 期 Time Deposits	活 期 Demand Deposits	
1980	6.22			23
1981	8.35			31
1982	10.56			39
1983	13.34			49
1984	18.39			67
1985	25.41			92
1986	34.79			124
1987	44.46			156
1988	50.50	40.65	9.85	176
1989	68.17	55.75	12.42	235
1990	92.17	77.63	14.54	316
1991	121.95	103.36	18.59	415
1992	154.45	128.64	25.81	523
1993	198.05	160.51	37.54	668
1994	285.40	231.23	54.17	956
1995	401.45	331.09	70.36	1337
1996	500.71	403.84	96.87	1656
1997	580.67	454.04	126.63	1908
1998	724.54	552.72	171.82	2368
1999	909.10	672.96	236.14	2959
2000	1085.36	774.38	310.98	3511
2001	1317.17	929.37	387.80	4252
2002	1595.01	1082.90	512.11	5122
2003	1896.56	1265.52	631.04	6059
2004	2189.73	1469.99	719.74	6964
2005	2545.85	1740.13	805.72	8033
2006	2949.05	1999.88	949.17	9219
2007	3228.15	2099.55	1128.60	9978
2008	3988.96	2640.70	1348.26	12247
2009	4908.68	3060.01	1848.67	14986
2010	5839.66	3475.19	2364.47	17677
2011	6990.25	4106.17	2708.61	20993
2012	8361.64	4996.24	3166.45	25009
2013	9622.31	5735.53	3693.17	28651
2014	10774.12	6422.07	3845.29	31921

年 份 Year	住户存款 Savings deposit of RMB of households	其 中 of which		人均住户存款 Per Capita Saving Deposits of RMB of Residents (yuan)
		定期及其他存款 Time deposits and other deposits	活 期 Demand Deposits	
2015	12207.28	7968.14	4239.15	36204
2016	13399.44	8639.07	4760.37	39502
2017	14367.38	9383.75	4983.63	42384

注：因人民银行统计口径调整，2015 年前起取消个人储蓄存款统计项，新建立了住户存款项目，下设活期存款、定期及其他存款两个分项。

Note: Due to the changes of the PBoC's statistical indicators, two sub-items including demand deposits, time deposits and other deposits were built under the item of savings deposit of RMB of households since 2015.

表 7.3 城乡居民家庭人均收入及恩格尔系数（1978 – 2012 年）
PER CAPITA ANNUAL INCOME AND ENGLE'S COEFFICIENT OF URBAN AND RURAL HOUSEHOLDS (1978-2012)

年份 Year	城镇常住居民人均可支配收入 Per Capita Annual Disposable Income of Permanent Urban Residents		农村常住居民人均可支配收入 Per Capita Annual Disposable Income of Permanent Rural Residents		城镇居民家庭恩格尔系数（%） Engle's Coefficient of Urban Households (%)	农村居民家庭恩格尔系数（%） Engle's Coefficient of Rural Households (%)
	绝对数（元） Value (yuan)	指数（1979=100） Index (1979=100)	绝对数（元） Value (yuan)	指数（1978=100） Index (1978=100)		
1978			126	100.0		74.0
1979	355	100.0	150	119.2	61.9	72.9
1980	412	116.1	163	129.6	52.8	68.1
1981	481	135.6	229	181.9	58.1	65.6
1982	505	142.5	237	187.8	59.4	65.6
1983	536	151.1	278	220.4	61.3	66.9
1984	616	173.9	311	246.5	60.0	67.9
1985	762	215.1	325	258.1	51.8	63.9
1986	984	277.6	359	284.8	50.4	63.4
1987	1109	312.8	386	306.2	51.0	62.2
1988	1278	360.5	458	363.1	49.9	60.5
1989	1449	408.7	510	404.8	55.5	61.6
1990	1691	477.0	587	465.6	52.7	63.6
1991	1892	533.7	629	499.1	51.2	63.8
1992	2195	619.3	677	537.6	52.4	62.8
1993	2781	784.4	748	593.7	51.3	61.3
1994	3634	1025.2	1018	808.1	51.4	63.5
1995	4375	1234.2	1270	1008.2	48.7	64.7
1996	5023	1416.9	1479	1173.8	50.2	63.2
1997	5302	1495.6	1692	1343.0	46.7	65.8
1998	5431	1532.1	1804	1431.3	45.6	61.3
1999	5818	1641.3	1841	1460.7	42.6	60.3
2000	6152	1735.5	1900	1508.1	41.6	52.6
2001	6544	1846.1	1982	1573.1	39.9	52.7
2002	7000	1974.7	2112	1676.3	36.8	53.9
2003	7773	2192.7	2233	1772.4	36.2	50.1
2004	8793	2480.3	2536	2012.2	35.4	53.3
2005	9700	2736.2	2842	2255.1	33.8	49.5
2006	10878	3068.7	2911	2310.1	33.4	48.8
2007	11758	3316.8	3560	2825.5	33.9	50.9
2008	13321	3757.8	4193	3327.5	35.6	49.2
2009	14502	4090.9	4557	3616.8	33.6	44.4
2010	16032	4522.4	5378	4268.2	33.0	42.9
2011	18517	5223.4	6605	5241.9	34.5	41.5
2012	21003	5924.6	7526	5972.2	36.7	38.9

注：改革开放以来，城乡住户调查经历了多次变革，现根据国家统计局住户办统一制定的方法对 1998 年以后的城乡住户调查数据按现行口径进行了技术性处理，从而导致本表中所列部分数据与历史数据存在一定差别。

Note: Since 1978, the methodology on the Integrated Urban and Rural Household Survey on Income and Expenditures and Living Conditions has been changed several times. The data on the living conditions of urban and rural residents after 1998 have been adjusted according to the NBS's latest rules, so partial data in this table are different from the historical data.

表 7.4 居民人均收支及恩格尔系数（2013 – 2017 年）
PER CAPITA RESIDENTS INCOME AND EXPENDITURE AND ENGLE COEFFICIENT (2013-2017)

年 份 Year	居民人均可支配收入（元） Per Capita Annual Disposable Income (yuan)			居民人均消费支出（元） Per Capita Annual Living Expenditure (yuan)			恩格尔系数 (%) Engle Coefficient (%)		
	全体居民 Total	城镇常住居民 Permanent Urban Residents	农村常住居民 Permanent Rural Residents	全体居民 Total	城镇常住居民 Permanent Urban Residents	农村常住居民 Permanent Rural Residents	全体居民 Total	城镇常住居民 Permanent Urban Residents	农村常住居民 Permanent Rural Residents
2013	16569	23058	8493	12600	17124	6971	35.8	35.0	38.1
2014	18352	25147	9490	13811	18279	7983	36.0	34.5	40.5
2015	20110	27239	10505	15140	19742	8938	35.2	33.6	40.0
2016	22034	29610	11549	16385	21031	9954	34.3	32.7	38.7
2017	24153	32193	12638	17898	22759	10936	33.2	32.1	36.5

表 7.5 居民家庭基本情况（2016 – 2017 年）
BASIC CONDITIONS OF RESIDENT HOUSEHOLDS (2016-2017)

指 标	Item	2016	2017
平均每户常住人口（人）	**Average Permanent Population Per Household (person)**		
全体居民	Total Residents	3.09	3.07
城镇常住居民	Permanent Urban Residents	3.13	3.13
农村常住居民	Permanent Rural Residents	3.03	2.99
平均每户常住劳动力（人）	**Average Number of Full/Semi Permanent Laborers Per Household (person)**		
全体居民	Total Residents	2.19	2.20
城镇常住居民	Permanent Urban Residents	2.29	2.31
农村常住居民	Permanent Rural Residents	2.06	2.04
平均每户常住成员从业人数（人）	**Average Number of Permanent Employed Persons Per Household (person)**		
全体居民	Total Residents	1.76	1.76
城镇常住居民	Permanent Urban Residents	1.63	1.64
农村常住居民	Permanent Rural Residents	1.94	1.93
平均每人住房建筑面积（平方米）	**Per Capita Residential Floor Space (sq.m)**		
全体居民	Total Residents	42.28	43.31
城镇常住居民	Permanent Urban Residents	34.00	35.28
农村常住居民	Permanent Rural Residents	53.74	54.81

注：从 2012 年四季度起，国家统计局对分别进行的城乡住户调查实施了一体化改革，统一了城乡居民收入指标名称、分类和统计标准，建立了城乡统一的一体化住户调查制度（即《住户收支与生活状况调查》），本年鉴所载 2013 年以来城乡住户收支与生活状况有关指标及数据资料均取自一体化改革后的住户调查。

Note: Starting from the 4th quarter of 2012, the NBS carried out the integrated reform on the urban and rural household survey, unified the index titles, categories and statistical standards of urban and rural residents income, and established the integrated urban and rural household survey system (Household Income & Expenditure and Living Conditions Survey). The indices and data concerning the urban and rural households income & expenditure and living conditions from 2013 herein are collected from the household survey after the integrated reform.

表 7.6 全体居民人均可支配收入与现金可支配收入情况（2016 – 2017 年）
PER CAPITA ANNUAL DISPOSABLE INCOME AND CASH DISPOSABLE INCOME OF HOUSEHOLDS (2016-2017)

单位：元 (yuan)

指　标	Item	2016	2017
可支配收入	**Per Capita Annual Disposable Income**	**22034**	**24153**
工资性收入	Income from Wages and Salaries	11558	12604
经营净收入	Income from Household Operations	3684	4017
第一产业	Primary Industry	1576	1681
第二产业	Secondary Industry	214	259
第三产业	Tertiary Industry	1894	2077
财产净收入	Income from Properties	1414	1526
转移净收入	Income from Transfers	5378	6007
#现金可支配收入	**Per Capita Cash Disposable Income**	**20518**	**22508**
现金工资性收入	Income from Wages and Salaries	11503	12537
现金经营净收入	Income from Household Operations	3266	3547
第一产业	Primary Industry	953	1009
第二产业	Secondary Industry	233	280
第三产业	Tertiary Industry	2079	2257
现金财产净收入	Income from Properties	605	677
现金转移净收入	Income from Transfers	5144	5747

表 7.7 全体居民人均消费性支出情况（2016 – 2017 年）
PER CAPITA ANNUAL CONSUMPTION EXPENDITURE OF HOUSEHOLDS (2016-2017)

单位: 元 (yuan)

指　标	Item	2016	2017
消费支出	**Per Capita Annual Consumption Expenditure**	**16385**	**17898**
食品烟酒	Food,tobacco and liquor	5612	5943
衣　着	Clothing	1374	1395
居　住	Residence	2903	3141
生活消费及服务	Household facilities articles and services	1146	1245
交通通信	Transport and conmunications	1942	2310
教育文化娱乐	Education,culture and recreation	1746	1993
医疗保健	Health care and medical services	1344	1472
其他用品和服务	Other goods and services	319	398

表 7.8 全体居民人均收支构成情况（2016 – 2017 年）
COMPOSITION OF PER CAPITA CASH INCOME AND CASH EXPENDITURE OF HOUSEHOLDS (2016-2017)

单位：% (%)

指 标	Item	2016	2017
可支配收入（可支配收入 =100）	**Composition of Per Capita Annual Disposable Income**	**100.0**	**100.0**
工资性收入	Income from Wages and Salaries	52.5	52.2
经营净收入	Income from Household Operations	16.7	16.6
财产净收入	Income from Properties	6.4	6.3
转移净收入	Income from Transfers	24.4	24.9
消费支出（消费支出 =100）	**Composition of Per Capita Annual Consumption Expenditure**	**100.0**	**100.0**
食品烟酒	Food, Liquor and Tobacco	34.2	33.2
衣 着	Clothing	8.4	7.8
居 住	Garments	17.7	17.5
生活用品及服务	Household Facilities, Articles and Services	7.0	7.0
交通通信	Transport, Post and Communication Services	11.9	12.9
教育文化娱乐	Educational, Cultural and Recreational Services	10.7	11.1
医疗保健	Medicine and Medical Service	8.2	8.2
其他用品及服务	Miscellaneous Commodities Services	1.9	2.2

表 7.9 全体居民家庭人均主要食品消费量（2016 – 2017 年）
PER CAPITA CONSUMPTION OF MAJOR FOODS BY HOUSEHOLDS (2016-2017)

单位：千克 (kg)

指　标	Item	2016	2017
粮　食（原粮）	**Grain (Unprocessed)**	**151.06**	**152.55**
蔬菜及菜制品	**Vegetables and Processed Products**	**139.23**	**142.81**
肉　类	**Meat, Poultry and Related Products**	**39.71**	**39.85**
猪　肉	Pork	33.56	33.85
牛　肉	Beef	1.37	1.43
羊　肉	Mutton	0.76	0.75
其他肉类及制品	Poultry	4.02	3.82
蛋类及蛋制品	**Eggs and Processed Products**	**9.88**	**9.84**
奶和奶制品	**Milk and Dairy Products**	**16.62**	**17.21**
水产品	**Aquatic Products**	**9.97**	**10.47**
油脂类	**Edible Oil**	**14.24**	**14.83**
干鲜水果类	**Fruits and Processed Products**	**41.54**	**42.67**

表 7.10 全体居民家庭平均每百户年末耐用消费品拥有量（2016 – 2017 年）
NUMBER OF DURABLE CONSUMER GOODS OWNED PER 100 HOUSEHOLDS AT YEAR-END (2016-2017)

指　标	Item	2016	2017
家用汽车（辆）	Automobile (unit)	19.62	21.27
摩托车（辆）	Motorcycle (unit)	26.00	25.53
洗衣机（台）	Washing Machine (unit)	89.01	90.46
电冰箱（柜）(台)	Refrigerator (unit)	98.08	99.12
微波炉（台）	Microwave Oven (unit)	44.45	44.97
彩色电视机（台）	Color TV Set (unit)	122.57	122.85
空　调（台）	Air Conditioner (unit)	123.02	127.48
热水器（台）	Water Heater (unit)	79.16	80.17
排油烟机（台）	Exhaust Fan (unit)	39.86	39.86
移动电话（部）	Mobile Telephone (set)	245.85	250.43
计算机（台）	Computer (unit)	52.68	51.68
健身器材（套）	Fitness Equipment (unit)	2.26	2.74

表 7.11 城镇常住居民人均可支配收入与现金可支配收入情况（2016 – 2017 年）
PER CAPITA ANNUAL DISPOSABLE INCOME AND CASH DISPOSABLE INCOME OF URBAN HOUSEHOLDS (2016-2017)

单位：元 (yuan)

指　标	Item	2016	2017
可支配收入	**Per Capita Annual Disposable Income**	**29610**	**32193**
工资性收入	Income from Wages and Salaries	17043	18336
经营净收入	Income from Household Operations	3348	3685
第一产业	Primary Industry	367	409
第二产业	Secondary Industry	300	372
第三产业	Tertiary Industry	2680	2905
财产净收入	Income from Properties	2221	2376
转移净收入	Income from Transfers	6998	7797
#现金可支配收入	**Per Capita Cash Disposable Income**	**27950**	**30453**
现金工资性收入	Income from Wages and Salaries	16958	18237
现金经营净收入	Income from Household Operations	3470	3818
第一产业	Primary Industry	266	298
第二产业	Secondary Industry	320	396
第三产业	Tertiary Industry	2884	3124
现金财产净收入	Income from Properties	828	935
现金转移净收入	Income from Transfers	6694	7461

表 7.12 城镇常住居民人均消费性支出情况（2016 － 2017 年）
PER CAPITA ANNUAL CONSUMPTION EXPENDITURE OF URBAN HOUSEHOLDS (2016-2017)

单位：元 (yuan)

指　标	Item	2016	2017
消费支出	**Per Capita Annual Consumption Expenditure**	**21031**	**22759**
食品烟酒	Food,tobacco and liquor	6884	7305
衣　着	Clothing	1939	1951
居　住	Residence	3801	3960
生活消费及服务	Household facilities articles and services	1466	1592
交通通信	Transport and conmunications	2574	2992
教育文化娱乐	Education,culture and recreation	2232	2528
医疗保健	Health care and medical services	1700	1883
其他用品和服务	Other goods and services	434	547

表 7.13 城镇常住居民人均收支构成情况（2016 – 2017 年）
COMPOSITION OF PER CAPITA CASH INCOME AND CASH EXPENDITURE OF URBAN HOUSEHOLDS (2016-2017)

单位：% (%)

指　标	Item	2016	2017
可支配收入	**Composition of Per Capita Annual Disposable Income**	**100.0**	**100.0**
工资性收入	Income from Wages and Salaries	57.6	57.0
经营净收入	Income from Household Operations	11.3	11.4
财产净收入	Income from Properties	7.5	7.4
转移净收入	Income from Transfers	23.6	24.2
消费支出	**Composition of Per Capita Annual Consumption Expenditure**	**100.0**	**100.0**
食品烟酒	Food, Liquor and Tobacco	32.7	32.1
衣　着	Clothing	9.2	8.6
居　住	Garments	18.1	17.4
生活用品及服务	Household Facilities, Articles and Services	7.0	7.0
交通通信	Transport, Post and Communication Services	12.2	13.1
教育文化娱乐	Educational, Cultural and Recreational Services	10.6	11.1
医疗保健	Medicine and Medical Service	8.1	8.3
其他用品及服务	Miscellaneous Commodities Services	2.1	2.4

表 7.14 城镇常住居民家庭人均主要食品消费量（2016 – 2017 年）
PER CAPITA CONSUMPTION OF MAJOR FOODS BY URBAN HOUSEHOLDS (2016-2017)

单位：千克 (kg)

指　标	Item	2016	2017
粮　食（原粮）	**Grain (Unprocessed)**	**111.90**	**116.33**
蔬菜及菜制品	**Vegetables and Processed Products**	**137.05**	**136.25**
肉　类	**Meat, Poultry and Related Products**	**42.45**	**42.46**
猪　肉	Pork	34.11	34.02
牛　肉	Beef	2.05	2.12
羊　肉	Mutton	0.96	0.95
其他肉类及制品	Poultry	5.33	5.38
蛋类及蛋制品	**Eggs and Processed Products**	**9.70**	**9.77**
奶和奶制品	**Milk and Dairy Products**	**22.47**	**22.61**
水产品	**Aquatic Products**	**11.96**	**12.70**
油脂类	**Edible Oil**	**15.10**	**15.57**
干鲜水果类	**Fruits and Processed Products**	**49.94**	**50.23**

表 7.15 城镇常住居民家庭平均每百户年末耐用消费品拥有量（2016 – 2017 年）
NUMBER OF DURABLE CONSUMER GOODS OWNED PER 100 URBAN HOUSEHOLDS AT YEAR-END (2016-2017)

指　标	Item	2016	2017
家用汽车（辆）	Automobile (unit)	25.43	28.07
摩托车（辆）	Motorcycle (unit)	16.83	17.53
洗衣机（台）	Washing Machine (unit)	97.18	98.23
电冰箱（柜）(台）	Refrigerator (unit)	101.41	102.25
微波炉（台）	Microwave Oven (unit)	64.61	65.17
彩色电视机（台）	Color TV Set (unit)	129.84	129.47
空　调（台）	Air Conditioner (unit)	181.14	183.90
热水器（台）	Water Heater (unit)	95.06	95.49
排油烟机（台）	Exhaust Fan (unit)	62.46	62.07
移动电话（部）	Mobile Telephone (set)	251.89	256.72
计算机（台）	Computer (unit)	75.94	74.83
健身器材（套）	Fitness Equipment (unit)	3.60	4.09

表 7.16 农村常住居民人均可支配收入与现金可支配收入情况（2016 － 2017 年）
PER CAPITA ANNUAL DISPOSABLE INCOME AND CASH DISPOSABLE INCOME OF RURAL HOUSEHOLDS (2016-2017)

单位：元 (yuan)

指　标	Item	2016	2017
可支配收入	**Per Capita Annual Disposable Income**	**11549**	**12638**
工资性收入	Income from Wages and Salaries	3966	4395
经营净收入	Income from Household Operations	4150	4491
第一产业	Primary Industry	3249	3504
第二产业	Secondary Industry	95	97
第三产业	Tertiary Industry	807	890
财产净收入	Income from Properties	296	308
转移净收入	Income from Transfers	3137	3444
#现金可支配收入	**Per Capita Cash Disposable Income**	**10232**	**11130**
现金工资性收入	Income from Wages and Salaries	3953	4373
现金经营净收入	Income from Household Operations	2983	3158
第一产业	Primary Industry	1904	2028
第二产业	Secondary Industry	113	114
第三产业	Tertiary Industry	966	1016
现金财产净收入	Income from Properties	296	308
现金转移净收入	Income from Transfers	3000	3292

表 7.17 农村常住居民人均消费性支出情况（2016 – 2017 年）
PER CAPITA ANNUAL CONSUMPTION EXPENDITURE OF RURAL HOUSEHOLDS (2016-2017)

单位：元 (yuan)

指　标	Item	2016	2017
消费支出	**Per Capita Annual Consumption Expenditure**	**9954**	**10936**
食品烟酒	Food,tobacco and liquor	3851	3993
衣　着	Clothing	591	598
居　住	Residence	1660	1967
生活消费及服务	Household facilities articles and services	703	749
交通通信	Transport and conmunications	1067	1334
教育文化娱乐	Education,culture and recreation	1073	1226
医疗保健	Health care and medical services	852	884
其他用品和服务	Other goods and services	158	184

表 7.18 农村常住居民人均收支构成情况（2016 – 2017 年）
COMPOSITION OF PER CAPITA CASH INCOME AND CASH EXPENDITURE OF RURAL HOUSEHOLDS (2016-2017)

单位：% (%)

指　标	Item	2016	2017
可支配收入	**Composition of Per Capita Annual Disposable Income**	**100.0**	**100.0**
工资性收入	Income from Wages and Salaries	34.3	34.8
经营净收入	Income from Household Operations	35.9	35.5
财产净收入	Income from Properties	2.6	2.4
转移净收入	Income from Transfers	27.2	27.3
消费支出	**Composition of Per Capita Annual Consumption Expenditure**	**100.0**	**100.0**
食品烟酒	Food, Liquor and Tobacco	38.7	36.5
衣　着	Clothing	5.9	5.5
居　住	Garments	16.7	18.0
生活用品及服务	Household Facilities, Articles and Services	7.1	6.8
交通通信	Transport, Post and Communication Services	10.7	12.2
教育文化娱乐	Educational, Cultural and Recreational Services	10.8	11.2
医疗保健	Medicine and Medical Service	8.6	8.1
其他用品及服务	Miscellaneous Commodities Services	1.6	1.7

表 7.19 农村常住居民家庭人均主要食品消费量（2016 – 2017 年）
PER CAPITA CONSUMPTION OF MAJOR FOODS BY RURAL HOUSEHOLDS (2016-2017)

单位：千克 (kg)

指　标	Item	2016	2017
粮　食（原粮）	**Grain (Unprocessed)**	**205.26**	**204.43**
蔬菜及菜制品	**Vegetables and Processed Products**	**142.25**	**152.19**
肉　类	**Meat, Poultry and Related Products**	**35.91**	**36.12**
猪　肉	Pork	32.81	33.61
牛　肉	Beef	0.43	0.45
羊　肉	Mutton	0.47	0.47
其他肉类及制品	Poultry	2.20	1.59
蛋类及蛋制品	**Eggs and Processed Products**	**10.12**	**9.94**
奶和奶制品	**Milk and Dairy Products**	**8.51**	**9.49**
水产品	**Aquatic Products**	**7.23**	**7.28**
油脂类	**Edible Oil**	**13.06**	**13.77**
干鲜水果类	**Fruits and Processed Products**	**29.93**	**31.85**

表 7.20 农村常住居民家庭平均每百户年末耐用消费品拥有量（2016 – 2017 年）
NUMBER OF DURABLE CONSUMER GOODS OWNED PER 100 RURAL HOUSEHOLDS AT YEAR-END (2016-2017)

指　标	Item	2016	2017
家用汽车（辆）	Automobile (unit)	11.84	11.96
摩托车（辆）	Motorcycle (unit)	38.28	36.47
洗衣机（台）	Washing Machine (unit)	78.07	79.83
电冰箱（柜）(台)	Refrigerator (unit)	93.62	94.84
微波炉（台）	Microwave Oven (unit)	17.45	17.34
彩色电视机（台）	Color TV Set (unit)	112.83	113.81
空　调（台）	Air Conditioner (unit)	45.22	50.32
热水器（台）	Water Heater (unit)	57.89	59.23
排油烟机（台）	Exhaust Fan (unit)	9.60	9.51
移动电话（部）	Mobile Telephone (set)	237.77	241.82
计算机（台）	Computer (unit)	21.54	20.02
健身器材（套）	Fitness Equipment (unit)	0.47	0.89

表 7.21 主要年份居民消费价格指数和商品零售价格指数
CONSUMER PRICE INDICES AND GENERAL RETAIL PRICE INDICES IN MAJOR YEARS

年 份 Year	以1950年为100 1950=100		以1978年为100 1978=100		以上年为100 Preceding Year=100	
	居民消费价格指数 Consumer Price Index	商品零售价格指数 Retail Price Index	居民消费价格指数 Consumer Price Index	商品零售价格指数 Retail Price Index	居民消费价格指数 Consumer Price Index	商品零售价格指数 Retail Price Index
1952	106.1	108.7			97.3	97.2
1957	114.0	116.5			104.6	103.9
1962	145.8	158.1			95.2	95.0
1965	125.1	133.1			98.0	98.2
1970	129.2	137.9			99.6	99.5
1975	131.2	140.2			100.3	100.3
1978	135.4	145.1	100.0	100.0	102.9	103.2
1980	148.3	160.1	109.5	110.3	107.9	108.6
1985	179.4	191.7	132.4	132.0	109.9	110.0
1986	186.9	199.8	138.0	137.5	104.2	104.2
1987	205.2	220.8	151.5	151.9	109.8	110.5
1988	251.8	272.2	185.9	187.3	122.7	123.3
1989	294.9	317.1	217.7	218.2	117.1	116.5
1990	299.0	317.4	220.7	218.4	101.4	100.1
1991	319.9	336.8	236.1	231.7	107.0	106.1
1992	355.7	369.8	262.5	254.4	111.2	109.8
1993	422.2	430.1	311.6	295.9	118.7	116.3
1994	547.6	544.1	404.1	374.3	129.7	126.5
1995	653.8	632.8	482.5	435.3	119.4	116.3
1996	717.2	671.4	529.3	461.9	109.7	106.1
1997	741.2	682.6	546.8	470.4	103.3	101.7
1998	714.5	645.1	527.1	444.5	96.4	94.5
1999	709.5	622.5	523.4	428.9	99.3	96.5
2000	686.1	594.5	506.1	409.6	96.7	95.5
2001	697.8	588.6	514.7	405.5	101.7	99.0
2002	695.0	582.1	512.6	401.0	99.6	98.9
2003	699.2	579.2	515.7	399.0	100.6	99.5
2004	725.1	587.3	534.8	404.6	103.7	101.4
2005	730.9	579.7	539.1	399.3	100.8	98.7
2006	748.4	589.0	552.0	405.7	102.4	101.6
2007	783.6	610.8	577.9	420.7	104.7	103.7
2008	827.5	641.3	610.3	441.7	105.6	105.0
2009	814.3	624.0	600.5	429.8	98.4	97.3
2010	840.3	634.6	619.8	437.1	103.2	101.7
2011	884.9	664.2	652.6	457.4	105.3	104.7
2012	907.7	674.7	669.5	464.7	102.6	101.6
2013	931.8	687.0	687.2	473.2	102.7	101.8
2014	948.2	693.0	699.3	477.3	101.8	100.9
2015	960.1	694.4	708.1	478.3	101.3	100.2
2016	977.3	703.3	720.8	484.4	101.8	101.3
2017	987.1	709.2	728.0	488.5	101.0	100.8

表 7.22 居民消费价格分类指数（2016 – 2017 年）
CONSUMER PRICE INDICES BY CATEGORY (2016-2017)

上年 =100（preceding year=100）

项　目	Item	2016	2017
居民消费价格指数	**Consumer Price Index**	**101.8**	**101.0**
食品烟酒	Food, Tobacco, Liquor	103.6	98.2
食　品	Food	104.7	97.0
粮　食	Grain	102.4	100.6
薯　类	Tubers	126.0	94.1
豆　类	Beans	99.9	97.8
食用油	Oil	103.0	98.7
菜	Vegetables	108.7	93.0
#鲜　菜	Fresh Vegetables	109.3	92.3
畜肉类	Livestock Meat	111.9	92.1
禽肉类	Poultry	100.3	101.3
水产品	Aquatic Products	104.7	103.0
蛋　类	Eggs	96.4	98.3
奶　类	Dairy Products	99.4	98.2
干鲜瓜果	Dried and Fresh Melons and Fruits	97.8	99.9
#鲜　果	Fresh Fruits	96.9	99.5
糖果糕点类	Confectionery, Cakes	101.4	101.2
调味品	Flavoring	100.5	101.4
其它食品	Other Foods	101.6	101.4
茶及饮料	Tea and Beverages	98.9	102.2
烟　酒	Tobacco, Liquor	100.2	101.0
烟　草	Tobacco	100.4	99.8
酒	Liquor	99.8	103.0
在外餐饮	Dining Out	102.3	100.2
衣　着	Clothing	102.4	102.8
#服　装	Garments	102.3	102.7
居　住	Residence	101.1	101.9
生活用品及服务	Living Goods and Service	100.6	100.7
#家庭服务	Family Services	100.7	102.6
交通和通信	Transportation and Communications	100.6	101.5
交　通	Transportation	101.0	101.9
通　信	Telecommunication	99.9	100.7
教育文化和娱乐	Education, Culture and Recreation	99.5	103.3
#教　育	Education	101.3	101.4
医疗保健	Health Care	101.8	104.2
药品及医疗器具	Medicine and Medical Equipment	104.3	105.7
医疗服务	Medical Services	100.0	103.2
其它用品和服务	Other Aricles and Service	102.6	100.8

表 7.23 商品零售价格分类指数(2016 – 2017 年)
RETAIL PRICE INDICES BY CATEGORY (2016-2017)

上年 =100 (preceding year = 100)

项 目	Item	2016	2017
商品零售价格总指数	**General Retail Price Index**	**101.3**	**100.8**
食 品	Food	104.0	97.9
饮料、烟酒	Beverages, Tobacco and Liquor	99.9	101.3
服装、鞋帽	Garments, Shoes and Hats	102.4	102.8
纺织品	Textiles	101.1	102.4
家用电器及音像器材	Household Appliances and Video Materials	97.9	101.7
文化办公用品	Cultural and Office Appliances	102.4	102.6
日用品	Articles for Daily Use	99.6	98.8
体育娱乐用品	Sports and Recreation Articles	100.0	100.0
交通、通信用品	Transportation and Communication Articles	99.6	99.5
家 具	Furniture	103.0	101.0
化妆品	Cosmetics	100.9	100.1
金银珠宝	Gold, Silver and Jewelry	109.5	100.6
中西药品及医疗保健用品	Traditional Chinese & Western Medicines and Health Care Articles	104.3	105.7
书报杂志及电子出版物	Books, Newspaper, Magazines and Electronic Publications	100.0	100.4
燃 料	Fuels	98.1	105.1
建筑材料及五金电料	Building Materials and Hardware	100.3	101.2

表 7.24 农产品生产价格指数（2004 – 2017 年）
PRODUCER PRICE INDICES FOR AGRICULTURAL PRODUCTS (2004-2017)

上年 =100（preceding year = 100）

指 标	Item	2004	2005	2006	2007	2008	2009	2010	2011	2012	2013	2014	2015	2016	2017
合 计	**Total**	**125.5**	**100.0**	**93.6**	**121.8**	**120.4**	**89.0**	**103.2**	**120.2**	**104.62**	**103.0**	**100.2**	**102.4**	**109.8**	**96.8**
农业产品	**Farm Products**	**120.3**	**102.2**	**100.4**	**108.6**	**108.9**	**104.2**	**109.1**	**113.8**	**106.0**	**103.1**	**102.6**	**100.6**	**104.4**	**102.8**
#谷 物	Cereal	139.6	101.3	97.3	108.2	108.5	100.4	108.4	114.4	108.0	102.5	100.3	102.6	99.8	100.8
#小 麦	Wheat	131.6	102.7	95.1	103.9	106.4	103.5	104.3	110.6	112.0		100.0			
稻 谷	Rice	141.5	101.2	97.8	108.2	109.2	100.8	106.8	116.2	107.09	101.7	99.4	103.7	103.8	102.4
玉 米	Corn	130.4	101.7	94.9	109.0	106.2	97.9	113.4	111.4	109.36	104.4	102.6	100.4	92.0	97.8
大 豆	Beans	122.1	97.4	100.0	107.9	115.4	98.9	106.6	111.5	105.81	102.8	104.4	102.4	96.7	100.0
油 料	Oil-bearing Crops	123.2	93.1	102.8	120.1	118.9	80.3	108.8	109.0	105.72	106.8	101.2	107.7	98.1	103.7
蔬 菜	Vegetables	106.0	103.8	102.5	109.8	106.6	110.5	107.9	111.1	108.72	103.7	104.2	98.0	110.7	103.0
水果及坚果	Fruits and Nuts	103.0	103.4	101.3	104.5	109.2	107.0	111.2	119.5	93.75	108.0	104.8	108.2	102.1	116.2
饲养动物及其产品	**Animal Husbandry Products**	**128.8**	**98.8**	**89.8**	**128.8**	**126.1**	**80.8**	**98.4**	**126.6**	**103.33**	**102.9**	**97.6**	**104.4**	**114.8**	**91.3**
#活 猪	Pig	131.2	97.5	86.9	132.2	127.2	77.1	94.4	134.5	101.84	101.7	92.9	105.3	122.3	84.8
牛	Cattle and Buffaloes	101.7	103.9	101.6	120.6	116.0	104.2	103.4	107.6	104.87	109.3	110.1	99.7	99.3	99.5
羊	Sheep and Goats	111.1	102.8	101.2	108.0	128.9	100.7	100.0	116.6	115.69	110.4	107.9	95.0	87.3	97.8
活家禽	Poultry	117.2	104.3	100.2	116.2	111.7	102.8	105.6	111.8	107.14	105.3	106.8	102.3	100.6	108.4
禽 蛋	Eggs	111.9	103.9	98.9	110.1	112.1	101.9	104.2	105.6	104.71	104.4	104.2	105.4	100.3	100.5
渔业产品	**Fishery Products**	**107.8**	**105.7**	**101.7**	**105.9**	**110.3**	**104.7**	**102.2**	**108.2**	**108.09**	**102.0**	**104.7**	**101.2**	**104.2**	**104.1**
养殖淡水鱼	Bred Freshwater Fish								108.6	108.2	102.0	101.8	101.2	104.2	104.1
捕捞淡水鱼	Fished Freshwater Fish								110.5	104.06		107.0			

注：根据新《农业产值和价格综合统计报表制度》，原“肉禽（毛重）”指标替换为“活家禽”，原“淡水鱼”指标替换为“养殖淡水鱼”和“捕捞淡水鱼”。2011 年起采用新指标指数，2010 年及以前采用旧指标指数。

Note: In accordance with the "Comprehensive Statistic Reporting Rules for Agriculture Output and Price", the former "poultry (gross weight)" is replaced by "poultry", while the former "freshwater fish" is replaced by "bred freshwater fish" and "fished freshwater fish". The new indices are used since 2011 while the old indices are used for the data before 2010.

表 7.25 工业生产者购进价格指数（2016 – 2017 年）
PURCHASING PRICE INDICES OF RAW MATERIALS, FUELS AND POWER (2016-2017)

上年 =100（preceding year=100）

指　标	Item	2016	2017
工业生产者购进价格指数	**Purchasing Price Indices of Raw Material, Fuel and Power**	**98.4**	**104.4**
燃料、动力类	Fuel and Power	97.6	105.6
黑色金属材料类	Ferrous Metals	97.1	107.6
有色金属材料及电线类	Nonferrous Metals and Wires	97.5	110.2
化工原料类	Raw Chemical Materials	97.8	103.2
木材及纸浆类	Timber and Paper Pulp	99.3	106.8
建筑材料及非金属类	Building Materials and Non-metal Minerals	98.0	104.6
其他工业原材料及半成品类	Other Industrial Raw Materials and Semi-products	98.8	102.9
农副产品类	Agricultural Products	99.9	102.2
纺织原料类	Textile Materials	99.4	103.8

表 7.26 工业生产者出厂价格指数（2016 – 2017 年）
PRODUCER PRICE INDICES FOR INDUSTRIAL PRODUCTS BY CATEGORY (2016-2017)

指　标	Item	2016	2017
工业生产者出厂价格指数	**Producer Price Index for Industrial Products**	**98.6**	**104.1**
生产资料	Means of Production	98.0	105.6
采　掘	Mining and Quarrying	98.0	115.9
原材料	Raw Materials	96.3	106.3
加　工	Processing	98.3	105.2
生活资料	Consumer Goods	99.9	100.9
食　品	Food	100.6	101.3
衣　着	Clothing	99.4	100.9
一般日用品	Articles for Daily Use	99.0	100.5
耐用消费品	Durable Consumer Goods	99.8	100.8

表 7.27 按工业行业分工业生产者出厂价格指数（2016 – 2017 年）
PRODUCER PRICE INDICES FOR INDUSTRIAL PRODUCTS BY SECTOR (2016-2017)

上年 =100（preceding year=100）

行 业	Sector	2016	2017
工业生产者出厂价格指数	**Producer Price Index for Industrial Products**	**98.6**	**104.1**
煤炭开采和洗选业	Mining and Washing of Coal	95.5	123.1
石油和天然气开采业	Extraction of Petroleum and Natural Gas	98.0	100.4
黑色金属矿采选业	Mining and Processing of Ferrous Metal Ores	91.4	108.4
有色金属矿采选业	Mining and Processing of Non-Ferrous Metal Ores	101.8	107.7
非金属矿采选业	Mining and Processing of Nonmetal Ores	99.4	105.2
农副食品加工业	Processing of Food from Agricultural Products	101.0	102.3
食品制造业	Manufacture of Foodstuff	100.5	100.9
酒、饮料及精制茶制造业	Manufacture of Liquor, Beverages and Refined Tea	99.1	102.9
烟草制品业	Manufacture of Tobacco	99.8	99.9
纺织业	Manufacture of Textile	98.2	103.1
纺织服装、服饰业	Manufacture of Textile Wearing Apparel and Dress Adornment	97.8	102.0
皮革、毛皮、羽毛及其制品和制鞋业	Manufacture of Leather, Fur, Feather and Related Products and Footware	100.1	100.1
木材加工和木、竹、藤、棕、草制品业	Processing of Timber, Manufacture of Wood, Bamboo, Rattan, Palm and Straw Products	99.3	98.7
家具制造业	Manufacture of Furniture	103.1	106.9
造纸和纸制品业	Manufacture of Paper and Paper Products	99.4	114.2
印刷和记录媒介复制业	Printing, Reproduction of Recording Media	99.3	102.2
文教、工美、体育和娱乐用品制造业	Manufacture of Articles of Culture, Education, Handicraft, Fine Arts, Sports and Entertainment	107.4	104.1
石油、煤炭及其他燃料加工业	Processing of Petroleum, Coking and other Fuels	96.1	105.4
化学原料和化学制品制造业	Manufacture of Raw Chemical Materials and Chemical Products	97.9	105.1
医药制造业	Manufacture of Medicines	100.0	102.2
化学纤维制造业	Manufacture of Chemical Fibers	87.6	102.3
橡胶和塑料制品业	Manufacture of Rubber and Plastics	97.5	101.0
非金属矿物制品业	Manufacture of Non-metallic Mineral Products	98.8	109.5
黑色金属冶炼和压延加工业	Smelting and Pressing of Ferrous Metals	98.3	121.5
有色金属冶炼和压延加工业	Smelting and Pressing of Nonferrous Metals	98.2	111.4
金属制品业	Manufacture of Metal Products	98.2	103.6
通用设备制造业	Manufacture of General Purpose Machinery	98.8	101.3
专用设备制造业	Manufacture of Special Purpose Machinery	96.0	100.3
汽车制造业	Manufacture of Motor Vehicles	99.1	100.2
铁路、船舶、航空航天和其他运输设备制造业	Manufacture of Railway, Ship, Aviation and Other Transporting Equipment	98.3	100.9
电气机械和器材制造业	Manufacture of Electrical Machinery and Equipment	98.7	101.9
计算机、通信和其他电子设备制造业	Manufacture of Communication Equipment, Computers and Other Electronic Equipment	98.5	104.1
仪器仪表制造业	Manufacture of Instrument and Apparatus	101.5	104.1
其他制造业	Other Manufacture	96.8	105.9
废弃资源综合利用业	Comprehensive Utilization of Waste Resources	96.8	134.0
金属制品、机械和设备修理业	Repair of Metal Products, Machinery and Equipment	83.9	102.9
电力、热力生产和供应业	Production and Supply of Electric Power and Heat Power	96.4	99.6
燃气生产和供应业	Production and Supply of Gas	90.8	99.9
水的生产和供应业	Production and Supply of Water	100.3	100.5

表 7.28 固定资产投资价格指数（1994 – 2017 年）
PRICE INDICES OF INVESTMENT IN FIXED ASSETS (1994-2017)

上年 =100（preceding year=100）

年 份 Year	固定资产投资 Investment in Fixed Assets	其 中 of which		
		建筑安装工程 Construction and Installation	设备工、器具 Purchase of Equipment and Instruments	其他费用 Others
1994	108.9	109.4	107.4	109.8
1995	104.2	101.2	107.8	114.0
1996	108.1	108.5	100.4	129.1
1997	101.7	103.2	97.6	103.4
1998	98.7	100.0	94.9	99.5
1999	100.5	100.7	97.7	104.4
2000	102.5	103.1	97.0	108.7
2001	100.8	101.4	96.8	103.3
2002	100.7	101.9	96.2	100.4
2003	102.9	104.7	96.7	101.3
2004	105.1	107.0	98.8	102.7
2005	102.3	102.2	99.7	104.6
2006	101.7	101.1	100.7	104.3
2007	105.5	106.0	100.2	107.8
2008	110.2	113.7	100.6	106.6
2009	97.8	97.0	97.7	100.2
2010	102.1	102.7	99.6	101.9
2011	105.9	107.8	101.1	102.5
2012	101.8	102.1	99.1	101.9
2013	100.5	100.5	98.7	101.5
2014	100.3	100.4	99.7	100.4
2015	98.2	97.5	99.4	100.8
2016	98.9	98.5	98.8	100.6
2017	105.3	106.9	100.6	100.4

表 7.29 住宅销售价格指数（1998 – 2017 年）
SALES PRICE INDICES OF HOUSES (1998-2017)

上年 =100 (preceding year=100)

年 份 Year	新建住宅 New Buildings	二手住宅 Second-hand Houses
1998	105.6	
1999	102.8	
2000	102.5	
2001	102.5	
2002	102.9	
2003	108.5	
2004	114.7	
2005	107.0	106.1
2006	103.2	101.9
2007	108.0	104.5
2008	107.2	103.8
2009	101.3	103.7
2010	110.8	107.4
2011	104.1	100.6
2012	99.2	99.6
2013	106.7	102.6
2014	102.2	100.9
2015	95.0	97.1
2016	103.6	103.9
2017	110.6	107.7

主要统计指标解释

城乡居民储蓄存款余额

指某一时点城乡居民存入银行及农村信用社的储蓄金额，包括城镇居民储蓄存款和农民个人储蓄存款，不包括居民的手存现金和工矿企业、部队、机关、团体等单位存款。

居民可支配收入

指居民在调查期内获得的、可用于最终消费支出和储蓄的总和，即居民可以用来自由支配的收入。可支配收入既包括现金，也包括实物收入。按照收入的来源，可支配收入包含四项，分别为：工资性收入、经营净收入、财产净收入和转移净收入。

居民消费支出

指居民用于满足家庭日常生活消费需要的全部支出，包括用于消费品的支出和用于服务性消费的支出。根据用途不同，消费支出可划分为食品烟酒、衣着、居住、生活用品及服务、交通通信、教育文化娱乐、医疗保健、其他用品及服务八大类。

恩格尔系数

指食品烟酒支出金额在消费性总支出金额中所占的比例。计算公式为：

恩格尔系数＝食品烟酒支出总额／消费性支出总额 ×100%

居民消费价格指数

居民消费价格指数是度量一组代表性消费商品及服务项目价格水平随着时间而变动的相对数，反映居民家庭购买的消费品及服务价格水平的变动情况。它是宏观经济分析和决策、价格总水平监测和调控以及国民经济核算的重要指标。其按年度计算的变动率通常被用来作为反映通货膨胀（或紧缩）程度的指标。

商品零售价格指数

商品的零售价格是商品在流通过程中最后一个环节的价格，是工业、商业、餐饮业和其他零售企业向城乡居民、机关团体出售生活消费品和办公用品的价格。通过系统地调查、搜集和整理市场商品零售价格资料，编制商品零售价格指数，以此反映市场商品零售价格的变动趋势和变动程度。其目的在于掌握商品价格的变动趋势，为国家宏观调控和国民经济核算提供参考依据。

农产品生产价格指数

是反映一定时期内，农产品生产者出售农产品价格水平变动趋势及幅度的相对数。该指数可以客观反映全国农产品生产价格水平和结构变动情况，满足农业与国民经济核算需求。其中某代表品生产价格指数是通过对全部有出售该产品行为的调查单位的个体指数进行几何平均求得的，类价格指数是通过对其所属的类（或代表品）的价格指数进行加权平均求得的。季度累计价格指数的计算方法与分季指数的计算方法相同。

工业生产者价格指数

即原来的工业品价格指数。它是反映工业产品价格变化趋势和变动幅度的统计指标，是工业企业的产品价格在不同时间和空间条件下平均变动的相对数。工业生产者价格包括工业品第一次出售时的出厂价格和企业作为中间投入的原材料、燃料、动力购进价格，简称为工业生产者出厂价格和工业生产者购进价格。工业生产者价格指数是进行国民经济核算和经济管理的重要依据。

主要统计指标解释

固定资产投资价格指数

是反映全社会及各类工程固定资产投资中涉及的各类投资品和取费项目价格的变动趋势和变动幅度的相对数。编制固定资产投资价格指数可以消除按现价计算的固定资产投资指标中的价格变动因素。

住宅销售价格指数

是综合反映住宅商品价格水平总体变化趋势和变化幅度的相对数。中国住宅销售价格指数由70个大中城市的新建住宅销售价格指数和二手住宅销售价格指数组成。

Explanatory Notes on Main Statistical Indicators

Saving Deposits of Urban and Rural Residents

Refer to the total value of savings deposits of urban and rural households in banks and rural credit cooperatives at a given point of time, including the saving deposits of urban residents and the saving deposits of rural residents. The cash in hand by residents and the deposits of organizations such as enterprises, military units, government agencies, institutions, etc. are not included.

Disposable Income of Households

Refers to the total income of the residents earned in the period of survey that can be used for the final consumption expenditure and saving, i.e. the income freely disposable by the residents. The disposable income includes the income both in cash and in kind. By the source of income, the disposable income comprises 4 categories, namely income from wages and salary, income from business, income from properties and income from transfers.

Consumption Expenditure of Households

Refers to total expenditure of the sample households for consumption in daily life, including expenditure on consumption goods and services. By the purpose of consumption, the consumption expenditure comprises eight categories such as food, cigarette and alcohol, clothing, housing, household appliances and services, transport and communications, education, cultural and recreation services, health care and medical services, and miscellaneous goods and services.

Engel Coefficient

Refers to the percentage of expenditure on food, cigarette and alcohol in the total consumption expenditure, using the following formula:

Engel Coefficient = (expenditure on food, cigarette and alcohol / total consumption expenditure) × 100%

Consumer Price Index

Reflects the relative change in prices of consumer goods and services in a certain period of time, Formation of consumer price index aims to study the impact of consumer price changes on the actual living cost of urban and rural residents and to provide scientific basis for central government and relevant departments in drawing up consumer up consumer policy, price policy, wage policy and monetary policy and in accounting the nation economy. It is also a key index reflecting thc fluctuation of inflation.

Retail Price Index

Refers to the prices at which industrial, commercial, catering and other retail enterprises sell daily consumer goods and products for office use to urban and rural residents and institutions and social organizations. It reflects the general change in prices of retail commodities in a certain period of time. Formation of retail price index aims to keep abreast of price fluctuation of retail commodities and provide the reference basis for the central government in working out economic policies.

Producer Price Indices for Farm Products

Reflect the trend and degree of changes in producers' prices received by farmers when they sell farm products during a given period. These indices depict the change in the level and struture of producer prices for farm products of the country and meet the needs of agricultural statistics and national accounts statistics. The producer price index for a given product is calculated as the geometrical mean of individual indices for all surveyed units which sell such product, and the indices for a product category is obtained as the weighted mean of price indices for all products in the category. Method for calculating accumulative quarterly indices is the same as for calculating the individual quarterly indices.

EXPLANATORY NOTES TO MAJOR STATISTICAL INDICATORS

Producer Price Index

Formerly Industrial Product Price Index, is a statistic indicator reflecting the fluctuating tendency and extent of the price of manufactured goods. It is a relative ratio of the average price fluctuation of manufactured goods in different times and places. The price of manufactured goods includes the factory price of the manufactured goods at the first sale and the price of the raw materials, fuel and power purchased by the enterprises as intermediate input, which is an important basis for national economic accounting and economic administration.

Price Indices of Investment in Fixed Assets

Is a relative ratio reflecting the trend and degree of changes in prices of investment goods and charging projects in fixed assets of various engineering projects during a given period. This indicator is used to remove the factor of price change in the aggregates of investment at current prices.

Price Index of Residential Real Estate Sales

Is a relative ratio reflecting the general trend and variation degrees of the sales price of the residential real estate. This index of China is composed of the sales price of residential real estate and the sales price of second-hand residential real estate in 70 medium-large cities.

第 8 章

城镇建设

URBAN CONSTRUCTION

简要说明
BRIEF INTRODUCTION

本章资料反映全市城镇建设的基本情况。

城镇建设资料主要包括城镇建设用地、基础设施水平、市政设施、园林绿化、供水供气、公共交通、基础设施建设投资等，由市统计局固定资产投资处根据市建设委员会、市国土资源和房屋管理局资料整理提供。

The data in this chapter show the basic conditions of urban construction in Chongqing.

The statistics on urban construction mainly include the data of land for urban construction, urban infrastructure, municipal infrastructure, parks and green areas, tap water and gas supply, public traffic, investment in infrastructure construction. The data concerned are provided by Chongqing Construction Commission and Chongqing Administration of Land, Resources and Housing, and sorted and compiled by Division of Statistics of Investment in Fixed Assets, Chongqing Municipal Bureau of Statistics.

表 8.1 城市建设用地（2017 年）
LAND FOR URBAN CONSTRUCTION (2017)

单位：平方公里 (sq.km)

项　目	Item	全　市 Total	其　中 of which #区合计 Total of Districts
建成区面积	Built-up Area	1573.02	1423.09
建设用地面积	Land for Urban Construction	1351.74	1213.18
居住用地	Land for Residence	418.60	371.77
公共管理与公共服务用地	Land for Public Management and Public Services	122.53	111.60
商业服务业设施用地	Land for Commercialized Service Facilities	86.26	77.45
工业用地	Land for Industry	259.97	244.58
物流仓储用地	Land for Logistics and Warehousing	33.46	30.99
道路与交通设施用地	Land for Road and Traffic Facilities	252.69	232.63
公用设施用地	Land for Public Facilities	38.59	30.39
绿化与广场用地	Land for Greening and Squares	139.64	113.77

注：“区合计”数为 26 个市辖区合计（下表同）。
Note: The data of natural and Shale gas are technical recoverable reserves, and the data of other mineral resources are resource reserves.

表 8.2 城市基础设施水平（2016 – 2017 年）
STATISTICS ON URBAN INFRASTRUCTURE (2016-2017)

项　目	Item	全　市 Total		其　中 of which #区合计 Total of Districts	
		2016	2017	2016	2017
人均日生活用水量（升）	Per Capita Daily Water Consumption (liter)	146.53	147.2	151.60	151.64
用水普及率（%）	Water Coverage Rate (%)	97.03	97.86	97.13	98.05
燃气普及率（%）	Gas Coverage Rate (%)	95.73	96.06	96.11	96.37
人均道路面积（平方米）	Per Capita Road Surface Area (sq.m)	11.81	12.23	12.23	12.67
污水处理厂集中处理率（%）	Rate of Intensive Treatment by Wastewater Treatment Plant (%)	95.37	95.34	95.43	95.48
人均公园绿地面积（平方米）	Per Capita Area of Public Green Land (sq.m)	16.18	16.43	16.86	17.05
建成区绿地率（%）	Green Space Rate of Built District (%)	37.87	37.6	37.99	37.69
建成区绿化覆盖率（%）	Green Coverage Rate of Built District (%)	40.78	40.44	40.76	40.32

注：人均数为户籍人口口径。
Note: The data of average population refers to registration statistics.

表 8.3 城市市政设施（2016 – 2017 年）
MUNICIPAL INFRASTRUCTURE (2016-2017)

项　目	Item	全　市 Total		其中 of which #区合计 Total of Districts	
		2016	2017	2016	2017
道路长度（公里）	Length of Paved Roads (km)	9600	10427	8498	9364
道路面积（万平方米）	Area of Paved Roads (10 000 sq.m)	19488	20841	17776	19015
#人行道	Sidewalk	5796	6069	5246	5496
桥梁数（座）	Number of Bridges (unit)	1868	1893	1663	1700
#立交桥	Overpass	276	276	273	273
路灯盏数（盏）	Number of Street Lights (unit)	653273	678236	569616	584172
排水管道长度（公里）	Length of Drainpipes (km)	17522	19575	15553	17335
#污水管道	Sewage Pipes	8869	9825	7678	8541
污水年排放量（万立方米）	Annual Discharged Volume of Wastewater (10 000 cu.m)	113138	121767	104129	112096
污水处理厂处理总量（万立方米）	Total Volume of Wastewater Treated by Wastewater Treatment Plant (10 000 cu.m)	107904	112096	99369	106174

表 8.4 城市园林绿化（2016 – 2017 年）
PARKS AND GREEN LAND IN URBAN AREA (2016-2017)

项　目	Item	全　市 Total		其中 of which #区合计 Total of Districts	
		2016	2017	2016	2017
绿化覆盖面积（公顷）	Green Covered Area (hectare)	72137	74237	65420	67175
#建成区	Built District	60947	63620	55053	57376
园林绿地面积（公顷）	Area of Public Green Land (hectare)	65832	67920	59758	61575
#建成区	Built District	56592	59144	51317	53638
公园绿地面积（公顷）	Area of Parks and Green Land (hectare)	26696	27999	24505	25584
公园个数（个）	Number of Parks and Zoos (unit)	506	532	397	418
公园面积（公顷）	Area of Parks and Zoos (hectare)	14125	15483	12620	13742

表 8.5 城市供水及供气情况（2016 – 2017 年）
BASIC STATISTICS ON TAP WATER AND GAS SUPPLY IN URBAN AREA (2016-2017)

项 目	Item	全 市 Total		其中 of which #区合计 Total of Districts	
		2016	2017	2016	2017
城市供水	**Tap Water Supply in Urban Area**				
年末供水综合生产能力（万立方米 / 日）	Production Capacity of Tap Water Supply at Year-end (10 000 cu.m/day)	617.62	656.07	566.12	599.87
年末供水管道长度（公里）	Length of Water Supply Pipelines at Year-end (km)	18735	19626	16629	17789
供水总量（万立方米）	Total Volume of Water Supply (10 000 cu.m)	139456	149888	128327	138012
#生产运营用水	For Production Use	30296	34310	28933	32957
公共服务用水	For Public Services	17132	19349	15929	18096
居民家庭用水	For Residential Use	68388	70198	62083	63298
其他用水	Others	5917	6794	5355	6143
用水户数（户）	Households with Access to Tap Water (household)	5404986	6046201	4785430	5361405
#家庭用户	Residential Households	4785430	5511243	4409439	4913505
用水人口（万人）	Number of Residents with Access to Tap Water (10 000 persons)	1600.72	1667.80	1411.36	1471.27
城市供气	**Gas Supply in Urban Area**				
天然气供气总量（万立方米）	Total Volume of Natural Gas Supply (10 000 cu.m)	409029	491352	384521	466511
#家庭用量	For Residential Use	154503	186854	138817	171811
天然气用气户数（户）	Households with Access to Natural Gas (household)	6133252	6810498	5629756	6262132
#家庭用户	Residential Households	5857801	6457013	5378289	5933907
天然气用气人口（万人）	Population with Access to Natural Gas (10 000 persons)	1436.96	1510.41	1296.44	1356.64
天然气汽车加气站（个）	Number of CNG Stations for Motor Vehicles (unit)	106	133	96	123
液化石油气供气总量（吨）	Total Volume of Liquefied Petroleum Gas Supply (ton)	98806	88338	81603	72988
#家庭用量	For Residential Use	57273	54400	45026	43186
液化石油气用气户数（户）	Households with Access to Liquefied Petroleum Gas (household)	438777	401978	294576	273767
#家庭用户	Residential Households	322884	301636	207261	195867
液化石油气用气人口（万人）	Population with Access to Liquefied Petroleum Gas (10 000 persons)	142.27	126.76	99.97	89.43

表 8.6 城市公共交通情况（2016 – 2017 年）
BASIC STATISTICS ON PUBLIC TRANSPORTATION IN URBAN AREA (2016-2017)

指　标	Item	2016	2017
公共汽车	**Public Vehicles**		
年末营运线路网长度（公里）	Year-end Length of Public Transport Network under Operation (km)	16761	18336
公共汽车（辆）	Number of Public Vehicles (unit)	13026	13734
#天然气燃料车	CNG Vehicles	9384	8999
客运量（万人次）	Passenger Volume (10 000 person-times)	270831	265087
轻　轨	**Light Rail Transits**		
通车里程（公里）	Length of Light Rail Transits under Operation (km)	213	264
车辆数（辆）	Number of Vehicles (unit)	978	1176
客运量（万人次）	Passengers Traffic (10 000 person-times)	69343	74310
出租汽车	**Taxis**		
车辆数（辆）	Number of Vehicles (unit)	23749	23940

表 8.7 公用事业和市政建设投资额（2016 – 2017 年）
INVESTMENT IN PUBLIC UTILITIES AND MUNICIPAL CONSTRUCTION (2016-2017)

单位：万元 (10 000 yuan)

指　标	Item	2016	2017
公用事业	**Public Utilities**		
供　水	Tap Water Supply	237236	163954
燃　气	Gas Supply	97409	139627
轨道交通	Rail Transit	2503057	3069937
市政建设	**Municipal Construction**		
园林绿化	Parks and Green Land	666959	868256
市容环境卫生	City Appearance and Environmental Sanitation	59338	78693

重/庆/统/计/年/鉴

主要统计指标解释

供水综合生产能力

指按供水设施取水、净化、送水、出厂输水干管等环节设计能力计算的综合生产能力。包括在原设计能力基础上，经挖、革、改增加的生产能力。计算时，以四个环节中最薄弱的环节为主确定能力。

供水管道长度

指从送水泵到用户水表之间所有管道的长度。不包括新安装尚未使用的管道。

供水总量

指报告期供水企业（单位）供出的全部水量。包括有效供水量和漏损水量。

生活用水量

包括公共服务用水和居民家庭用水。公共服务用水指为城市社会公共生活服务的用水。包括行政事业单位、部队营区和公共设施服务、社会服务业、批发零售贸易业、旅馆饮食业及其他公共服务业等单位用水。居民家庭用水指城市范围内所有居民家庭的日常生活用水。包括城市居民、农民家庭、公共供水站用水。

城市人口用水普及率

指城市用水人口数与城市人口总数之比。计算公式为：

用水普及率 =（城市用水人口数 / 城市人口数）×100%

全年供气总量

指全年燃气企业（单位）向用户供应的燃气数量，包括销售量和损失量。

城市用气普及率

指报告期末使用燃气的城市人口数与城市人口总数的比率。计算公式为：

用气普及率 = 城市用气人口数 / 城市人口总数 ×100%

道路长度

指年末道路长度和与道路相通的广场、桥梁、隧道的长度，按车行道中心线计算。在统计时只统计路面宽度在 3.5 米（含 3.5 米）以上的各种铺装道路，包括开放型工业区和住宅区道路在内。

道路面积

为车行道与人行道面积之和。

城市桥梁

指为跨越天然或人工障碍物而修建的构筑物。包括跨河桥、立交桥、人行天桥以及人行地下通道等。包括永久性桥和半永久性桥。

城市排水管道长度

指所有排水总管、干管、支管、检查井及连接井进出口等长度之和。

年末运营车数

指年末公交企业（单位）用于运营业务的全部车辆数。以企业（单位）固定资产台帐中已投入运营的车辆数为准。

城市园林绿地面积

指报告期末用作园林和绿化的各种绿地面积。包括公共绿地、居住区绿地、单位附属绿地、防护绿地、生产绿地、道路绿地和风景林地面积。不包括：

（1）屋顶绿化、垂直绿化、阳台绿化和室内绿化。

（2）以物质生产为主的林地、耕地、牧草地、果园和竹园等。

（3）城市总体规划中不列入绿地的水域。

公共绿地

指向公众开放的市级、区级、居住区级各类公园、街旁游园，包括其范围内的水域。其中居住区级公园应不小于 1 万平方米，街旁游园的宽度不小于 8 米，面积不小于 400 平方米。

Explanatory Notes on Main Statistical Indicators

Production Capacity of Water Supply

Refers to the designed comprehensive production capacity of water facilities, covering the 4 links of water collection, purification, conveyance, and outflow through trunk pipelines. Increase capacity through transformation and innovation projects is included as well. The capacity is determined mainly on the weakest of the above-mentioned 4 links.

Length of Water Supply Pipelines at the Year-end

Refers to the total length of all the pipelines between the water pumps and the user's water meters, excluding pipelines newly installed but not used yet.

Annual Volume of Water Supply

Refers to the total volume of water supplied by water-works (units) during the reference period, including both the effective water supply and loss during the water supply.

Consumption of Water for Residential Use

Refers to the water consumption of households for daily life and the water consumption of public service facilities. The latter refers to water consumption for urban public services, including the consumption of government agencies and public institutions, military barracks, public facilities, wholesale and retail outlets, restaurants, hotels, and other units providing public services. Household water consumption refers to consumption of water for daily life of all households in the boundary of cities, including households of urban residents and farmers, and public water supply stations.

Percentage of Urban Population with Access to Tap Water

Refers to the ratio of the urban population with access to tap water to the total urban population. The formula is:

Percentage of Population with access to Tap Water = Urban Population with Access to Tap Water / Urban Population ×100%

Volume of Gas Supply

Refers to the total volume of gas provided to users by gas-producing enterprises (units) in a year, including the volume sold and the volume lost.

Percentage of Urban Population with Access to Gas

Refers to the ratio of the urban population with access to gas to the total urban population at the end of the reference period. The formula is:

Percentage of population with access to gas = (Urban population with access to gas / Urban population) ×100%

Length of Roads

Refers to the length of roads with paved surface including squares bridges and tunnels connected with roads by the end of the year. Length of the roads is measured by the central lines for vehicles for paved roads with a width of 3.5 meters and over, including roads in open-ended factory compounds and residential quarters.

Area of Roads

Is the summed of carriageway and sidewalk.

Urban Bridges

Refer to bridges built to cross over natural or man-made barriers, including bridges over rivers, overpasses for traffic and for pedestrian, underpasses for pedestrian, etc. Both permanent and semi-permanent bridges are included.

Length of Urban Sewage Pipes

Refers to the total length of general drainage, trunks, branch and inspection wells, connection wells, inlets and outlets, etc.

EXPLANATORY NOTES TO
MAJOR STATISTICAL INDICATORS

Number of Vehicles under Operation at the Year-end

Refers to the total number of vehicles under operation by public transport enterprises (units) at year-end, based on the records of operational vehicles by the enterprises (units).

Area of Urban Gardens and Green Areas

Refers to the total area occupied for green projects at the end of the reference period, including public green land, green land in residential quarters, green land attached to institutions, protection green land, production green land, roadside green land and forest in scenic spots. It does not include the following:

(I) Greenery and plants on roofs, balconies, indoors and vertical green areas;

(II) Forest, cultivated land, grassland, orchards and bamboo grooves that are for production purpose;

(III) Water areas that are not included in urban master plan as green land.

Public Green Area

Refers to green areas open to the public such as municipal, community and neighborhood parks and roadside parks, including waters within parks. Neighborhood parks should occupy an area larger than 10,000 square meters, and the width of roadside parks should occupy an area larger than 400 square meters, with a width of more that 8 meters.

第 9 章

资源和环境

RESOURCES AND ENVIRONMENT

简要说明

BRIEF INTRODUCTION

资源主要内容包括自然资源、自然地理、气象状况。自然资源中土地、矿产资源数据由市国土资源和房屋管理局提供，林木资源数据由市林业局提供，水资源数据由市水利局提供。气象状况由市气象局提供。

自然地理、气象综合资料，由市统计局综合处根据有关部门资料进行整理和编辑。环境主要内容包括工业废水、废气、固体废物的排放处理和利用，工业污染治理投资，生活污染物排放等，由市统计局能源资源统计处根据市环境保护局、市水利局、市林业局等部门的资料整理提供。

The scope of resources mainly covers natural resources, natural geography and climate. The data of land and mineral resources in natural resources are provided by Chongqing Municipal Bureau of Land & Resources and House Administration; the data of forest resources are provided by Chongqing Forestry Administration; the data of water resources are provided by Chongqing Water Resources Bureau; and the data of climate are provided by Chongqing Meteorological Bureau.

The data of natural environment and climate are provided by the departments concerned and sorted and compiled by Division of Comprehensive Statistics of Municipal Bureau of Statistics. The statistics of environment mainly includes the discharge, treatment and utilization of industrial waste water, waste gas and solid wastes, the investment in industrial pollution treatment and the discharge of domestic pollutants, which are provided by Chongqing Environmental Protection Bureau, Chongqing Water Resources Bureau and Chongqing Forestry Administration, and sorted and compiled by Division of Energy Resource Statistics, Municipal Bureau of Statistics.

表 9.1 自然资源（2016 – 2017 年）
NATURAL RESOURCES (2016-2017)

项　目	Item	2016	2017
林木资源	**Forest Resources**		
活立木总蓄积量（万立方米）	Total Standing Forest Stock (10 000 cu.m)	20533.9	21324.4
森林面积（万公顷）	Forest Area (10 000 hectares)	374.0	382.2
森林覆盖率（%）	Forest Coverage Rate (%)	45.4	46.5
水资源（当年量）	Water Resources (current quantity)		
降水深（毫米）	Precipitation (mm)	1236.8	1275.3
地表径流量（亿立方米）	Surface Runoff (100 million cu.m)	604.87	656.15
地下水量（亿立方米）	Groundwater Resources (100 million cu.m)	112.26	116.14
水力资源缊藏量（万千瓦）	Hydropower Resources (10 000 kw)	2342	2342
#技术可开发量	Technical Developable Resources	1235	1235
主要矿产资源（保有基础储量）	**Major Mineral Resources (Retained Basic Reserves)**		
天然气（亿立方米）	Natural Gas (100 million cu.m)	2726.90	2382.13
页岩气（亿立方米）	Shale gas (100 million cu.m)	857.22	1278.26
煤（万吨）	Coal (10 000 tons)	429433.23	440738.45
铁（矿石万吨）	Iron Ore (ore, 10 000 tons)	29954.45	29954.45
锰（矿石万吨）	Manganese Ore (ore, 10 000 tons)	6185.11	6169.16
锌（金属万吨）	Zinc Ore (metal, 10 000 tons)	18.77	18.78
铝土矿（矿石万吨）	Aluminum Ore (ore, 10 000 tons)	12923.08	12622.64
汞（吨）	Mercury (ton)	15623.56	15623.56
锶（天青石万吨）	Strontium Ore (ore, 10 000 tons)	1222.20	1222.20
熔剂用灰岩（矿石万吨）	Limestone for Flux (ore, 10 000 tons)	23784.67	23744.47
冶金用白云岩（矿石万吨）	Dolomite for Metallurgy (ore, 10 000 tons)	8297.20	8297.20
陶瓷用砂岩（矿石万吨）	Sandstone for Ceramics (ore, 10 000 tons)	1586.20	1586.20
耐火粘土（矿石万吨）	Refractory Clay (ore, 10 000 tons)	8381.55	8381.55
重晶石（矿石万吨）	Barytes (ore, 10 000 tons)	853.68	852.58
毒重石（矿石万吨）	Witherite (ore, 10 000 tons)	1881.58	3438.84
盐　矿（矿石万吨）	Salt Mine (ore, 10 000 tons)	1158409.45	1152165.15

注：天然气、页岩气数据为剩余技术可采储量，其他主要矿产资源为保有资源储量。
Note: The data of natural and Shale gas are technical recoverable reserves, and the data of other mineral resources are resource reserves.

表 9.2 自然地理(2017 年)
NATURAL ENVIRONMENT (2017)

位置：重庆位于北纬 28 度 10 分 -32 度 13 分，东经 105 度 11 分 -110 度 11 分之间，地处较为发达的东部地区和资源丰富的西部地区的结合部，东邻湖北、湖南，南靠贵州，西接四川，北连陕西，是长江上游最大的经济中心、西南工商业重镇和水陆交通枢纽。1997 年 3 月 14 日，第八届全国人民代表大会第五次会议通过了设立重庆直辖市的决议，与北京、天津、上海同为四大直辖市。

面积：重庆幅员面积 8.24 万平方公里，南北长 450 公里，东西宽 470 公里。2017 年全市共辖 26 个区：万州区、黔江区、涪陵区、渝中区、大渡口区、江北区、沙坪坝区、九龙坡区、南岸区、北碚区、渝北区、巴南区、长寿区、江津区、合川区、永川区、南川区、綦江区、大足区、璧山区、铜梁区、潼南区、荣昌区、开州区、梁平区和武隆区；12 个县（自治县）：城口县、丰都县、垫江县、忠县、云阳县、奉节县、巫山县、巫溪县、石柱县土家族自治县、秀山土家族苗族自治县、酉阳土家族苗族自治县、彭水苗族土家族自治县。

地势：重庆地势由南北向长江河谷逐级降低，西北部和中部以丘陵、低山为主，东南部靠大巴山和武陵山两座大山脉。

河流：主要河流有长江、嘉陵江、乌江、涪江、綦江、大宁河等。

气候：重庆属中亚热带湿润季风气候区，具有夏热冬暖，光热同季，无霜期长，雨量充沛，湿润多阴等特点。2017 年平均气温 18.4℃，年总降雨量 1196.2 毫米。

Location:

Chongqing is located at 28°10' ~ 32°13' north latitude and 105°11' ~ 110°11' east longitude. As a joint between the eastern areas with developed economy and the western areas with rich resources, with Hubei and Hunan on its east, Guizhou on its south, Sichuan on its west and Shaanxi on its north, Chongqing is the largest economic center in the upper reaches of the Yangtze River, an important industrial and commercial city in the southwest and a hub of land and water communications. On March 14, 1997, the resolution to establish Chongqing Municipality was passed on the 5th Session of the 8th National People's Congress, and Chongqing became the fourth municipality directly under the Central Government after Beijing, Tianjin and Shanghai.

Area:

Chongqing covers an area of 82,400 square kilometers, stretching 450 kilometers from north to south and 470 kilometers from east to west. In 2017, Chongqing has 26 districts, namely Wanzhou, Qianjiang, Fuling, Yuzhong, Dadukou, Jiangbei, Shapingba, Jiulongpo, Nan'an, Beibei, Yubei, Banan, Changshou, Jiangjin, Hechuan, Yongchuan, Nanchuan, Qijiang, Dazu, Bishan, Tongliang, Tongnan, Rongchang, Kaizhou, Liangping, Wulong and 12 counties, namely Chengkou, Fengdu, Dianjiang, Zhongxian, Yunyang, Fengjie, Wushan, Wuxi, Shizhu Tujia Autonomous County, Xiushan Tujia Autonomous County, Youyang Tujia Autonomous County and Pengshui Miao Autonomous County.

Topography:

The altitude of Chongqing declines gradually from the north and the south to the valley of the Yangtze River. There are mainly hills and low mountains in the northwest and central areas of Chongqing, while the two large mountains of Daba and Wuling are in the southeast of Chongqing.

River:

The rivers stretching through Chongqing mainly include Yangtze River, Jialing River, Wujiang River, Fujiang River, Qijiang River and Daning River.

Climate:

Chongqing has a humid subtropical monsoon climate, hot in summer and warm in winter with the rainy season coinciding with the hot season. It has the characteristics of long frost-free period, plenty of rainfall and a lot of humid and cloudy days. The annual average temperature of 2017 is 18.4℃ , with the annual precipitation of 1196.2 mm.

表 9.3 气象基本情况（1951 – 2017 年）
BASIC STATISTICS ON CLIMATE (1951-2017)

年 份 Year	降水量（毫米） Precipitation (mm)	平均气温（摄氏度） Average Temperature (°C)	日照时数（时） Sunshine Hours (hour)	平均相对湿度（%） Average Relative Humidity (%)	平均风速（米 / 秒） Average Wind Speed (m/s)	平均气压（百帕） Average Air Pressure (100 pa)
1951	1043.4	18.4		81	1.0	
1952	1227.9	18.5	1198.6	81	1.0	
1953	852.1	18.8	1245.6	80	0.9	
1954	1112.8	17.9	1061.2	81	0.9	981.2
1955	927.4	18.2	1388.6	77	0.8	982.0
1956	1497.4	18.2	1433.2	76	1.4	982.8
1957	1171.9	17.9	1094.2	80	1.3	983.3
1958	740.7	18.6	1260.7	77	1.4	983.3
1959	915.7	18.7	1378.3	76	1.4	983.0
1960	1026.0	18.4	1102.0	78	1.4	983.5
1961	787.7	18.7	1338.8	77	1.5	982.8
1962	1210.4	18.0	1323.9	80	1.4	983.3
1963	1072.8	18.9	1370.4	77	1.4	982.4
1964	1031.6	18.2	1170.4	80	1.5	982.9
1965	1318.9	18.1	1009.5	81	1.4	983.4
1966	958.9	18.6	1278.9	78	1.4	982.7
1967	1046.0	18.1	1216.3	79	1.4	983.4
1968	1384.5	17.7	1054.6	82	1.2	983.5
1969	1080.5	18.6	1357.1	76	1.2	982.8
1970	1097.5	18.1	1197.9	79	1.1	983.5
1971	854.3	18.6	1370.6	76	1.3	983.4
1972	1171.8	18.4	1284.1	78	1.3	982.9
1973	1092.3	18.9	1349.4	78	1.3	983.2
1974	1258.0	17.8	1068.3	79	1.3	983.0
1975	1025.4	18.5	1202.5	78	1.2	982.9
1976	1044.9	17.7	1129.2	79	1.1	983.5
1977	1151.2	18.1	1234.8	79	1.1	984.0
1978	1057.2	18.8	1495.7	77	1.2	983.5
1979	1160.0	18.4	1222.2	80	1.1	983.4
1980	1062.6	18.2	1071.8	79	1.4	983.6
1981	1157.9	18.1	1188.0	79	1.4	983.5
1982	1185.2	17.7	992.3	81	1.1	983.6
1983	1138.1	18.1	954.4	80	0.9	983.9

注：此表为重庆市区资料。
Note: the table above shows the data of the downtown area of Chongqing.

表 9.3 续表 continued

年　份 Year	降水量（毫米） Precipitation (mm)	平均气温（摄氏度） Average Temperature (℃)	日照时数（时） Sunshine Hours (hour)	平均相对湿度（%） Average Relative Humidity (%)	平均风速（米／秒） Average Wind Speed (m/s)	平均气压（百帕） Average Air Pressure (100 pa)
1984	1035.1	17.8	1028.7	79	1.1	983.1
1985	1004.0	17.9	997.1	79	1.3	983.3
1986	1141.4	17.8	946.1	80	1.3	984.2
1987	910.2	18.6	946.3	78	1.2	983.4
1988	1254.0	18.0	840.6	80	1.1	983.6
1989	1137.4	17.7	855.0	81	1.0	983.8
1990	956.7	18.7	1083.7	79	1.2	983.2
1991	1180.6	18.2	874.8	81	1.1	983.5
1992	987.4	18.1	975.0	78	1.6	984.0
1993	1164.3	17.8	894.6	81	1.5	984.0
1994	982.5	18.7	1063.8	80	1.4	983.2
1995	923.5	18.3	993.6	79	1.3	983.7
1996	1398.3	17.7	899.4	81	1.3	983.6
1997	898.8	18.5	943.0	79	1.4	983.8
1998	1508.0	19.2	941.9	79	1.5	983.0
1999	1305.6	18.5	833.6	81	1.5	983.2
2000	1010.9	18.2	961.1	80	1.4	983.0
2001	814.8	18.8	1050.4	78	1.6	983.3
2002	1430.6	18.8	1117.1	80	1.6	983.3
2003	1025.0	18.9	875.7	80	1.6	983.2
2004	1182.1	18.4	974.7	78	1.3	984.0
2005	1019.8	18.6	903.9	77	1.4	982.5
2006	839.6	19.2	1114.3	75	1.4	982.9
2007	1439.2	19.0	856.2	81	1.3	983.3
2008	985.3	18.6	703.8	82	1.3	983.9
2009	1198.9	19.0	943.9	80	1.4	982.8
2010	1044.7	18.7	910.6	78	1.3	983.0
2011	992.8	17.7	1270.2	74	1.2	971.1
2012	1104.4	18.3	812.0	72	1.4	982.7
2013	1026.9	19.9	1187.5	71	1.4	982.6
2014	1452.5	18.6	598.4	79	1.3	983.6
2015	1448.7	19.6	1129.8	75	1.4	983.3
2016	1345.8	18.5	1150.5	79.5	1.6	971.0
2017	1196.2	18.4	1049.3	78.5	1.6	971.4

表 9.4 全年气象情况（2017 年）
STATISTICS ON THE CLIMATE OF THE CURRENT YEAR (2017)

月 份 Month	降水量（毫米） Precipitation (mm)	平均气温（摄氏度） Average Temperature (℃)	日照时数（时） Sunshine Hours (hour)	平均相对湿度（%） Average Relative Humidity (%)	平均风速（米 / 秒） Average Wind Speed (m/s)	平均气压（百帕） Average Air Pressure (100 pa)	雨日数（天） Days of Rain (day)
全 年 Total	1196.2	18.4	1049.3	78.5	1.6	971.4	151
1	17.0	9.4	18.0	81.2	1.4	978.6	7
2	28.5	9.4	44.1	80.8	1.5	978.3	10
3	72.8	12.8	48.8	79.8	1.6	974.1	14
4	103.6	18.7	115.2	74.1	1.8	969.0	16
5	150.1	21.8	131.9	74.5	1.8	968.5	15
6	180.6	24.1	74.7	81.0	1.5	963.7	19
7	99.0	30.1	238.0	65.0	1.9	961.3	9
8	167.3	29.7	207.2	67.4	1.9	961.5	12
9	180.4	23.3	67.4	84.0	1.6	967.8	17
10	164.9	17.6	25.9	88.4	1.4	975.4	18
11	22.6	14.1	46.9	82.5	1.4	977.7	8
12	9.5	8.8	31.4	84.1	1.5	981.6	6

表 9.5 环境保护情况（2016 － 2017 年）
ENVIRONMENTAL PROTECTION (2016-2017)

项　目	Item	2016	2017
环保投资（亿元）	Investment in Environmental Protection (100 million yuan)	355.64	462.63
水资源总量（亿立方米）	Total Water Resources (100 million cu.m)	604.87	656.15
用水总量（亿立方米）	Total Use of Water (100 million cu.m)	77.48	77.44
生活污水排放量（万吨）	Discharged Volume of Domestic Sewage (10 000 tons)	176020.84	181252.34
化学需氧量排放量（万吨）	Discharged Volume of COD (10 000 tons)	25.57	25.27
二氧化硫排放量（万吨）	Discharged Volume of SO2 (10 000 tons)	28.94	25.34
#生活二氧化硫排放量（万吨）	Discharged Volume of SO2 from Daily Life (10 000 tons)	11.52	11.33
饮用水源水质达标率（%）	Rate of Drinking Water Sources up to Standard (%)	100.0	100.0
工业污染治理施工项目数（个）	On-going Projects of Industrial Pollution Treatment (unit)	84	116
工业污染治理项目完成投资（万元）	Completed Investment in Projects of Industrial Pollution Treatment (10 000 yuan)	37141	60702
工业污染治理竣工项目数（个）	Completed Projects of Industrial Pollution Treatment (unit)	114	144
工业固体废物综合利用率（%）	Rate of Industrial Solid Wastes Comprehensively Utilized (%)	76.9	69.8
森林覆盖率（%）	Forest Coverage(%)	45.4	46.5
自然保护区数（个）	Number of Nature Reserves (unit)	58	58
自然保护区面积（万公顷）	Area of Nature Reserves (10 000 hectares)	82.12	80.60
保护区面积占土地总面积比重（%）	Percentage of Nature Reserves to Total Land Area (%)	10.1	9.78
城市区域环境噪声平均值（分贝）	Average Urban Environmental Noise (db)	53.8	53.5
城市道路交通噪声（分贝）	Urban Road Traffic Noise (db)	66.1	66.0
全市大气可吸入颗粒物年均浓度（毫克／立方米）	Annual Average Concentration of PM10 in Chongqing (mg/cu.m)	0.077	0.072
全市大气二氧化硫年均浓度（毫克／立方米）	Annual Average Concentration of SO2 in Chongqing (mg/cu.m)"	0.013	0.012
全市大气二氧化氮年均浓度（毫克／立方米）	Annual Average Concentration of NO2 in Chongqing (mg/cu.m)"	0.046	0.046
全市环境空气质量优良天数比例（%）	Proportion of High Air Quality Days in Chongqing (%)	82.2	83.0

表 9.6 工业“三废”排放处理及综合利用情况（1995 – 2017 年）
DISCHARGE, TREATMENT AND COMPREHENSIVE UTILIZATION OF WASTE GAS, WASTE WATER AND SOLID WASTES (1995-2017)

年 份 Year	工业废水排放总量（万吨） Total Volume of Industrial Waste Water Discharged (10 000 tons)	工业废气（万吨） Industrial Waste Gas (10 000 tons) 工业废气排放总量（亿标立方米） Total Volume of Industrial Waste Gas Discharged (100 million cu.m)	工业二氧化硫排放量 Volume of SO_2 Discharged	工业烟（粉）尘排放量 Volume of Industrial Dusts and Fume Discharged
1995	95590	1979.00	71.45	22.39
1996	93889	1697.00	72.16	22.36
1997	101324	1794.00	71.43	33.18
1998	93997	1712.76	73.64	28.65
1999	90220	1839.33	75.88	26.44
2000	84344	1907.90	66.42	22.01
2001	81214	1856.24	56.94	21.41
2002	79872	1978.89	55.18	20.31
2003	81973	2276.94	59.97	22.23
2004	83031	3540.86	64.11	21.98
2005	84885	3654.55	68.32	21.28
2006	85866	5066.96	71.08	20.01
2007	69003	7616.62	68.31	18.23
2008	67027	7350.73	62.72	15.33
2009	65684	12586.52	58.61	10.77
2010	45180	10943.13	57.27	8.36
2011	33954	9121.07	53.13	17.12
2012	30611	8359.88	50.98	16.61
2013	33450	9532.44	49.44	17.98
2014	34968	9289.60	47.48	21.47
2015	35524	9928.07	42.68	19.64
2016	25874	12161.24	17.40	8.38
2017	19303	9596.76	13.99	6.87

年 份 Year	工业固体废物（万吨） Industrial Solid Wastes (10 000 tons) 产生量 Produced Volume	排放量 Discharged Volume	处置量 Treated Volume	综合利用量 Comprehensively Utilized Volume	综合利用率（%） Rate of Comprehensive Utilization (%)
1995	1092	230	68.34	467.79	50.37
1996	1174	229	61.06	510.06	58.10
1997	1279	273	49.16	623.00	54.27
1998	1368	229	43.75	597.00	61.78
1999	1512	291	42.40	655.47	64.32
2000	1305	238	37.64	626.01	71.00
2001	1300	168	87.85	881.64	65.30
2002	1348	160	68.78	960.95	68.20
2003	1336	142	73.54	967.98	68.43
2004	1489	118	62.09	1093.35	70.93
2005	1777	184	122.41	1329.39	72.07
2006	1815	133	123.99	1367.71	73.70
2007	2087	138	162.73	1623.36	76.71
2008	2311	149	73.24	1850.57	79.07
2009	2552	150	126.68	2076.74	79.80
2010	2869	134	155.20	2348.27	80.40
2011	3346	24	561.89	2590.56	76.86
2012	3164	5	487.18	2606.19	81.56
2013	3208	11	428.35	2728.19	84.01
2014	3105	7	422.44	2670.15	84.19
2015	2828	7	382.71	2423.85	84.45
2016	2398	1.10	418.91	1877.10	76.43
2017	2004	0.80	480.60	1402.00	69.80

表 9.7 重点调查工业废气排放及处理情况(2017 年)
WASTE GAS DISCHARGE AND TREATMENT BY THE INDUSTRIAL ENTERPRISES UNDER MAJOR SURVEY (2017)

行 业	Sector	汇总工业企业数(个) Number of Industrial Enterprises (unit)	废气治理设施数(套) Number of Facilities for Waste Gas Treatment (set)
总 计	**Total**	**2640**	**5955**
采矿业	**Mining and Quarrying**	**60**	**14**
煤炭开采和洗选业	Mining and Washing of Coal	44	4
石油和天然气开采业	Extraction of Petroleum and Natural Gas	6	4
黑色金属矿采选业	Mining and Processing of Ferrous Metal Ores		
有色金属矿采选业	Mining and Processing of Non-Ferrous Metal Ores	4	
非金属矿采选业	Mining and Processing of Nonmetal Ores	2	5
开采专业及辅助性活动	Support Activities for Mining	4	1
其他采矿业	Mining of Other Ores		
制造业	**Manufacturing**	**2545**	**5833**
农副食品加工业	Processing of Food from Agricultural Products	293	160
食品制造业	Manufacture of Foods	80	51
酒、饮料和精制茶制造业	Liquor, Beverage and Refined Tea	183	57
烟草制品业	Manufacture of Tobacco	6	46
纺织业	Manufacture of Textile	35	19
纺织服装、服饰业	Textile and Garments	7	2
皮革、毛皮、羽毛及其制品和制鞋业	Manufacture of Leather, Fur, Feather and Related Products	15	10
木材加工和木、竹、藤、棕、草制品业	Processing of Timber, Manufacture of Wood, Bamboo,Rattan, Palm and Straw Products	24	130
家具制造业	Manufacture of Furniture	14	44
造纸及纸制品业	Manufacture of Paper and Paper Products	50	49
印刷和记录媒介复制业	Printing, Reproduction of Recording Media	37	37
文教、工美、体育和娱乐用品制造业	Manufacture of Culture, Education, Handicraft, Fine Arts, Sports and Entertainment Articles	2	3
石油、煤炭及其他燃料加工业	Processing of Petroleum, Coking and other Fuel	7	11
化学原料及化学制品制造业	Manufacture of Raw Chemical Materials and Chemical Products	124	326
医药制造业	Manufacture of Medicines	77	111
化学纤维制造业	Manufacture of Chemical Fibers	2	9
橡胶和塑料制品业	Manufacture of Rubber and Plastics	55	104
非金属矿物制品业	Manufacture of Non-metallic Mineral Products	743	2370
黑色金属冶炼及压延加工业	Smelting and Pressing of Ferrous Metals	38	132
有色金属冶炼及压延加工业	Smelting and Pressing of Nonferrous Metals	36	104
金属制品业	Manufacture of Metal Products	179	424
通用设备制造业	Manufacture of General Purpose Machinery	81	139
专用设备制造业	Manufacture of Special Purpose Machinery	24	20
汽车制造业	Manufacture of Motor Vehicles	206	693
铁路、船舶、航空航天和其他运输设备制造业	Manufacture of Railway, Ship, Aviation and Other Transporting Equipment	79	218
电气机械和器材制造业	Manufacture of Electrical Machinery and Equipment	35	159
计算机、通信和其他电子设备制造业	Manufacture of Communication Equipment, Computers and Other Electronic Equipment	50	288
仪器仪表制造业	Manufacture of Measuring Instruments and Machinery	12	40
其他制造业	Other Manufacture	27	61
废弃资源综合利用业	Comprehensive Utilization of Waste Resources	18	9
金属制品、机械和设备修理业	Repair of Metal Products, Machinery and Equipment	6	7
电力、热力、燃气及水生产和供应业	**Production and Supply of Electric Power and Heat Power**	**35**	**108**
电力、热力的生产和供应业	Production and Supply of Electric Power and Heat Power	32	107
燃气生产和供应业	Production and Supply of Gas	3	1
水的生产和供应业	Production and Supply of Water		

工业废气排放总量（亿标立方米）Total Volume of Industrial Waste Gas Discharged (100 million cu.m)	工业二氧化硫产生量（吨）Volume of Sulfur Dioxide Produced (ton)	工业二氧化硫排放量（吨）Volume of Sulphur Dioxide Discharged (ton)	工业烟（粉）尘产生量（吨）Volume of Fume and Dust Produced (ton)	工业烟（粉）尘排放量（吨）Volume of Fume and Dust Discharged (ton)
9596.58	**838337.55**	**102188.13**	**14744783.41**	**60507.88**
36.42	**9271.54**	**1522.94**	**2033.24**	**700.55**
0.95	135.04	113.28	138.74	126.48
23.49	2367.17	509.39		
9.49	1226.40	209.20	1892.75	572.32
2.49	5542.92	691.06	1.75	1.75
7981.12	**342074.95**	**72248.66**	**11008314.23**	**54432.63**
73.71	1325.71	769.59	1428.69	460.22
50.89	13575.62	518.26	16416.54	313.51
11.83	942.88	716.80	650.40	246.80
5.70	467.62	140.86	698.82	55.11
2.91	329.01	223.58	276.55	96.83
0.50	54.00	16.48	45.22	3.71
1.60	62.74	37.66	23.72	4.94
11.30	167.98	136.74	1313.38	122.17
28.08	0.48	0.48	208.15	16.89
134.74	20242.27	3156.01	200637.82	845.95
32.24	71.55	51.98	34.89	16.50
5.65			73.38	7.57
4.30	163.68	135.18	77.88	51.70
558.49	36845.21	5420.06	206394.75	3475.05
20.43	2199.81	674.46	3047.53	308.33
168.26	26451.38	2455.63	375791.82	1046.13
71.32	4130.73	1840.28	7388.56	732.92
3346.96	75568.92	40649.68	9204426.55	34102.44
680.05	65487.27	7676.83	407395.33	9120.84
390.58	91742.68	6360.45	564866.01	1688.57
133.95	341.72	336.75	1825.23	446.51
52.11	98.60	78.45	935.03	212.12
10.24	15.38	15.38	532.10	60.72
1312.58	665.33	420.54	2796.34	541.17
71.64	382.51	250.57	1363.72	139.00
52.69	5.13	5.08	176.76	54.03
690.21	10.28	10.28	200.57	60.10
6.54	0.10	0.10	66.17	7.44
15.11	511.37	82.73	389.77	58.16
34.58	213.50	66.25	8832.35	137.00
1.94	1.51	1.49	0.20	0.20
1579.04	**486991.06**	**28416.53**	**3734435.94**	**5374.71**
1578.92	486990.73	28416.20	3734435.94	5374.71
0.11	0.33	0.33		

表 9.8 重点调查工业固体废物产生及处理利用情况（2017 年）
GENERATION, TREATMENT AND UTILIZATION OF SOLID WASTES OF THE INDUSTRIAL ENTERPRISES UNDER MAJOR SURVEY (2017)

行 业	Sector	企业数（个）Number of Enterprises (unit)
总 计	**Total**	**2640**
采矿业	**Mining and Quarrying**	**60**
煤炭开采和洗选业	Mining and Washing of Coal	44
石油和天然气开采业	Extraction of Petroleum and Natural Gas	6
黑色金属矿采选业	Mining and Processing of Ferrous Metal Ores	
有色金属矿采选业	Mining and Processing of Non-Ferrous Metal Ores	4
非金属矿采选业	Mining and Processing of Nonmetal Ores	2
开采专业及辅助性活动	Support Activities for Mining	4
其他采矿业	Mining of Other Ores	
制造业	**Manufacturing**	**2545**
农副食品加工业	Processing of Food from Agricultural Products	293
食品制造业	Manufacture of Foods	80
酒、饮料和精制茶制造业	Liquor, Beverage and Refined Tea	183
烟草制品业	Manufacture of Tobacco	6
纺织业	Manufacture of Textile	35
纺织服装、服饰业	Textile and Garments	7
皮革、毛皮、羽毛及其制品和制鞋业	Manufacture of Leather, Fur, Feather and Related Products	15
木材加工和木、竹、藤、棕、草制品业	Processing of Timber, Manufacture of Wood, Bamboo,Rattan, Palm and Straw Products	24
家具制造业	Manufacture of Furniture	14
造纸及纸制品业	Manufacture of Paper and Paper Products	50
印刷和记录媒介复制业	Printing, Reproduction of Recording Media	37
文教、工美、体育和娱乐用品制造业	Manufacture of Culture, Education, Handicraft, Fine Arts, Sports and Entertainment Articles	2
石油、煤炭及其他燃料加工业	Processing of Petroleum, Coking and other Fuel	7
化学原料及化学制品制造业	Manufacture of Raw Chemical Materials and Chemical Products	124
医药制造业	Manufacture of Medicines	77
化学纤维制造业	Manufacture of Chemical Fibers	2
橡胶和塑料制品业	Manufacture of Rubber and Plastics	55
非金属矿物制品业	Manufacture of Non-metallic Mineral Products	743
黑色金属冶炼及压延加工业	Smelting and Pressing of Ferrous Metals	38
有色金属冶炼及压延加工业	Smelting and Pressing of Nonferrous Metals	36
金属制品业	Manufacture of Metal Products	179
通用设备制造业	Manufacture of General Purpose Machinery	81
专用设备制造业	Manufacture of Special Purpose Machinery	24
汽车制造业	Manufacture of Motor Vehicles	206
铁路、船舶、航空航天和其他运输设备制造业	Manufacture of Railway, Ship, Aviation and Other Transporting Equipment	79
电气机械和器材制造业	Manufacture of Electrical Machinery and Equipment	35
计算机、通信和其他电子设备制造业	Manufacture of Communication Equipment, Computers and Other Electronic Equipment	50
仪器仪表制造业	Manufacture of Measuring Instruments and Machinery	12
其他制造业	Other Manufacture	27
废弃资源综合利用业	Comprehensive Utilization of Waste Resources	18
金属制品、机械和设备修理业	Repair of Metal Products, Machinery and Equipment	6
电力、热力、燃气及水生产和供应业	**Production and Supply of Electric Power and Heat Power**	**35**
电力、热力的生产和供应业	Production and Supply of Electric Power and Heat Power	32
燃气生产和供应业	Production and Supply of Gas	3
水的生产和供应业	Production and Supply of Water	

工业固体废物产生量（万吨）Volume of Industrial Solid Waste Produced (10 000 tons)	其 中 of which #危险废物产生量 Volume of Hazardous Wastes Produced	工业固体废物综合利用量（万吨）Volume of Industrial Solid Wastes Comprehensively Utilized (10 000 tons)	工业固体废物贮存量（万吨）Volume of Industrial Solid Wastes in Stock (10 000 tons)	工业固体废物处置量（万吨）Volume of Industrial Solid Wastes Treated (10 000 tons)	工业固体废物倾倒丢弃量（万吨）Volume of Industrial Solid Waste Dumped (10 000 tons)
1939.06	**60.49**	**1354.91**	**132.84**	**463.02**	**0.75**
235.97	**0.11**	**150.92**	**59.35**	**25.71**	
226.67		144.90	59.35	22.42	
4.19	0.10	0.91	0.01	3.28	
0.20		0.20			
4.91		4.91			
1097.82	**56.20**	**678.05**	**27.25**	**400.31**	**0.75**
4.24		2.71	0.01	1.52	0.02
26.26	0.02	18.84		7.42	
12.70	0.01	5.42		7.28	
1.55		1.24		0.31	
0.33		0.26	0.01	0.06	
0.11		0.10			
0.09		0.06		0.03	
0.47		0.32		0.15	
0.10		0.08		0.02	
126.63	0.03	85.68	0.02	40.95	
0.25	0.09	0.13		0.12	
0.01					
0.19	0.09	0.03	0.11	0.05	
237.73	15.57	73.06	8.39	158.30	
13.97	0.93	7.91	0.08	6.87	
72.80	25.48	71.37	0.02	1.41	
5.74	0.24	5.08	0.02	0.62	0.03
96.54	0.07	88.01	0.25	10.30	0.05
248.10	0.03	132.92	1.46	113.59	0.14
158.19	0.68	143.54	8.07	9.21	0.26
2.82	1.48	0.50	0.63	1.64	0.09
2.38	0.21	0.79	0.03	1.55	0.02
0.60	0.02	0.47	0.01	0.12	
61.50	3.10	30.43	6.88	24.27	0.01
2.87	0.24	1.86	0.03	1.01	0.01
1.39	0.42	0.89	0.02	0.79	
15.49	7.02	3.21	1.17	11.14	
0.29	0.01	0.19		0.09	
2.31	0.34	0.87	0.02	1.33	0.11
2.18	0.11	2.07	0.01	0.17	
0.01	0.01			0.01	
605.27	**4.18**	**525.94**	**46.24**	**37.00**	
605.27	4.18	525.94	46.24	37.00	

表 9.9 重点调查工业废水排放及处理情况（2017 年）
WASTE WATER DISCHARGE AND TREATMENT BY THE INDUSTRIAL ENTERPRISES UNDER MAJOR SURVEY (2017)

行　业	Sector	企业数（个）Number of Enterprises (unit)	工业废水排放总量（万吨）Total Volume of Waste Water Discharged (10 000 tons)	废水治理设施数（套）Number of Facilities for Waste Water Control (set)
总　计	**Total**	**2640**	**17507.76**	**1545**
采矿业	**Mining and Quarrying**	**60**	**3502.45**	**51**
煤炭开采和洗选业	Mining and Washing of Coal	44	3487.65	41
石油和天然气开采业	Extraction of Petroleum and Natural Gas	6	3.52	2
黑色金属矿采选业	Mining and Processing of Ferrous Metal Ores			
有色金属矿采选业	Mining and Processing of Non-Ferrous Metal Ores	4	0.59	4
非金属矿采选业	Mining and Processing of Nonmetal Ores	2	4.66	2
开采专业及辅助性活动	Support Activities for Mining	4	6.03	2
其他采矿业	Mining of Other Ores			
制造业	**Manufacturing**	**2545**	**13690.53**	**1464**
农副食品加工业	Processing of Food from Agricultural Products	293	594.08	206
食品制造业	Manufacture of Foods	80	414.34	61
酒、饮料和精制茶制造业	Liquor, Beverage and Refined Tea	183	462.60	107
烟草制品业	Manufacture of Tobacco	6	31.22	3
纺织业	Manufacture of Textile	35	119.27	31
纺织服装、服饰业	Textile and Garments	7	19.90	7
皮革、毛皮、羽毛及其制品和制鞋业	Manufacture of Leather, Fur, Feather and Related Products	15	9.54	5
木材加工和木、竹、藤、棕、草制品业	Processing of Timber, Manufacture of Wood, Bamboo,Rattan, Palm and Straw Products	24	7.52	4
家具制造业	Manufacture of Furniture	14	9.83	11
造纸及纸制品业	Manufacture of Paper and Paper Products	50	3816.58	50
印刷和记录媒介复制业	Printing, Reproduction of Recording Media	37	9.50	13
文教、工美、体育和娱乐用品制造业	Manufacture of Culture, Education, Handicraft, Fine Arts, Sports and Entertainment Articles	2	4.22	
石油、煤炭及其他燃料加工业	Processing of Petroleum, Coking and other Fuel	7	7.86	4
化学原料及化学制品制造业	Manufacture of Raw Chemical Materials and Chemical Products	124	1278.07	86
医药制造业	Manufacture of Medicines	77	450.69	77
化学纤维制造业	Manufacture of Chemical Fibers	2	1437.75	2
橡胶和塑料制品业	Manufacture of Rubber and Plastics	55	127.27	33
非金属矿物制品业	Manufacture of Non-metallic Mineral Products	743	525.16	83
黑色金属冶炼及压延加工业	Smelting and Pressing of Ferrous Metals	38	235.41	20
有色金属冶炼及压延加工业	Smelting and Pressing of Nonferrous Metals	36	426.81	38
金属制品业	Manufacture of Metal Products	179	291.92	91
通用设备制造业	Manufacture of General Purpose Machinery	81	183.56	72
专用设备制造业	Manufacture of Special Purpose Machinery	24	16.54	20
汽车制造业	Manufacture of Motor Vehicles	206	998.60	209
铁路、船舶、航空航天和其他运输设备制造业	Manufacture of Railway, Ship, Aviation and Other Transporting Equipment	79	261.11	88
电气机械和器材制造业	Manufacture of Electrical Machinery and Equipment	35	102.68	34
计算机、通信和其他电子设备制造业	Manufacture of Communication Equipment, Computers and Other Electronic Equipment	50	1668.50	59
仪器仪表制造业	Manufacture of Measuring Instruments and Machinery	12	36.76	14
其他制造业	Other Manufacture	27	132.94	21
废弃资源综合利用业	Comprehensive Utilization of Waste Resources	18	5.02	8
金属制品、机械和设备修理业	Repair of Metal Products, Machinery and Equipment	6	5.30	7
电力、热力、燃气及水生产和供应业	**Production and Supply of Electric Power and Heat Power**	**35**	**314.78**	**30**
电力、热力的生产和供应业	Production and Supply of Electric Power and Heat Power	32	308.73	27
燃气生产和供应业	Production and Supply of Gas	3	6.05	3
水的生产和供应业	Production and Supply of Water			

表 9.10 工业污染治理项目及投资情况（2016 － 2017 年）
INDUSTRIAL POLLUTION TREATMENT PROJECTS AND INVESTMENT (2016-2017)

项 目	Item	2016	2017
企业数（个）	**Number of Enterprises (unit)**	**108**	**116**
施工项目数（个）	**Number of Projects under Construction (unit)**	**84**	**116**
治理废水	Treatment of Waste Water	21	8
治理废气	Treatment of Waste Gas	54	78
治理固体废物	Treatment of Solid Wastes	3	3
治理噪声	Treatment of Noise Pollution		5
治理其他	Treatment of Other Pollution	6	22
资金来源合计（万元）	**Total Funds (10 000 yuan)**	**37141**	**60702**
排污费补助	Pollution Discharge Fees Subsidy	10	6
政府其他补助	Other Government Subsidy	207	186
企业自筹	Self-raised Fund	36924	60510
资金使用合计（万元）	**Total Expenditures (10 000 yuan)**	**37141**	**60702**
治理废水	Treatment of Waste Water	3489	1508
治理废气	Treatment of Waste Gas	26666	49957
治理固体废物	Treatment of Solid Wastes	4504	80
治理噪声	Treatment of Noise Pollution		242
治理其他	Treatment of Other Pollution	2482	8915
本年竣工项目数（个）	**Number of Projects Completed in Current Year (unit)**	**50**	**53**
当年竣工项目新增设计处理利用“三废”能力	**Newly Added Designed Capacity of the Projects Completed in Current Year for the Treatment and Utilization of "Three Wastes"**		
废　水（吨／日）	Waste Water (ton/day)	49147	18012
废　气（万标立方米／时）	Waste Gas (10 000 cu.m/hour)	305	1319
固体废物（吨／日）	Solid Wastes (ton/day)		

表 9.11 生活污染物排放情况（2016 － 2017 年）
DISCHARGE OF DOMESTIC POLLUTANTS (2016-2017)

项 目	Item	2016	2017
生活污水排放量（万吨）	Volume of Domestic Waste Water Discharged (10 000 tons)	176021	181252
生活污水中化学需氧量排放量（吨）	Volume of COD Emission in Domestic Waste Water (ton)	236657	235812
生活二氧化硫排放量（吨）	Volume of Sulphur Dioxide Emission from Daily Life (ton)	115248	113309
生活烟尘排放量（吨）	Volume of Soot Emission from Daily Life (ton)	4752	4672

重/庆/统/计/年/鉴

主要统计指标解释

自然资源

指人类可以直接从自然界获得，并用于生产和生活的物质资源。自然资源一般可以分成可再生资源和非再生资源两大类。可再生资源指在较短时间内可以再生、可以循环利用的资源，包括土地资源、水资源、气候资源、生物资源和海洋资源等。非再生资源指在使用后不能再生的资源，包括矿产资源和地热能源。

土地资源

土地指陆地的表层部分，它主要由岩石、岩石的风化物和土壤构成。土地资源按利用类型可以分为农用地、建筑用地和未利用地。农用地包括耕地、园地、林地、牧草地和水面。建筑用地包括居民点及工矿用地、交通用地和水利设施用地。未利用地指农用地和建筑用地以外的土地，包括滩涂、荒漠、戈壁、冰川和石山等。

耕地面积

指经过开垦用以种植各种农作物并经常进行耕耘的土地面积，包括种有作物的土地面积、休闲地、新开荒地和抛荒未满三年的土地面积。

林业用地面积

指生长乔木、竹类、灌木、沿海红树林等林木的土地面积，包括有林地、灌木林、疏林地、未成林造林地、迹地、苗圃等。

草地面积

指牧区和农区用于放牧牲畜或割草，植被盖度在5%以上的草原、草坡、草山等面积。包括天然的和人工种植或改良的草地面积。

森林资源

指森林、林木、林地以及依托森林、林木、林地生存的野生动物、植物和微生物。林木指树木和竹子。森林指以乔木为主体的植物群落，是集生的乔木及与共同作用的植物、动物、微生物和土壤、气候等的总体。

活立木总蓄积量

指一定范围内土地上全部树木蓄积的总量，包括森林蓄积、疏林蓄积、散生木蓄积和四旁（村旁、路旁、水旁、宅旁）树蓄积。

森林面积

指由乔木树种构成，郁闭度0.2以上（含0.2）的林地或冠幅宽度10米以上的林带的面积，即有林地面积。森林面积包括天然起源和人工起源的针叶林面积、阔叶林面积、针阔混交林面积和竹林面积，不包括灌木林地面积和疏林地面积。

森林蓄积量

指一定森林面积上存在着的林木树干部分的总材积。它是反映一个国家或地区森林资源总规模和水平的基本指标之一，也是反映森林资源的丰富程度、衡量森林生态环境优劣的重要依据。

森林覆盖率

指一个国家或地区森林面积占土地面积的百分比。森林覆盖率是反映森林资源的丰富程度和生态平衡状况的重要指标。在计算森林覆盖率时，森林面积包括郁闭度0.2以上的乔木林地面积和竹林地面积、国家特别规定的灌木林地面积、农田林网以及四旁（村旁、路旁、水旁、宅旁）林木的覆盖面积。计算公式为：

森林覆盖率（%）= 森林面积 / 土地总面积 ×100%

水资源

水在自然界中以固体、液体和气态三种聚集状态存在，分布于海洋、陆地（包括土壤）以及大气之中，通过水循环形成水资源。水资源包括经人类控制并直接可供灌溉、发电、给水、航运、养殖等用途的地表水和地下水，以及江河、湖泊、井、泉、潮汐、港湾和养殖水域等。水资源是发展国民经济不可缺少的重要自然资源。

主要统计指标解释

地表水和地下水

陆地上的水因空间分布不同，可以分为地表水和地下水。地表水指分别存在于河流、湖泊、沼泽、冰川和冰盖等水体中水分的总称，又称陆地水。地下水指储存在地面以下饱和岩土孔隙、裂隙及溶洞中的水。

径流

指大气降水扣除损耗外，从地表和地下向流域出口断面汇集的水流。径流可分为地表径流、地下径流和壤中流。地表径流指沿地表向河流、湖泊、沼泽、海洋等汇集的水流；地下径流指沿潜水层或隔水层间的含水层，向河流、湖泊、沼泽、海洋等汇集的地下水水流。

径流量

指在一定时段内通过河流某一过水断面的水量，用以反映一个国家或地区水资源的丰歉程度。计算公式为：径流量＝降水量－蒸发量

矿产资源

矿产指由地质作用形成，具有利用价值的，呈固态、液态、气态的自然资源，是社会生产发展的重要物质基础。目前我国已发现矿种有170多种，按其特点和用途，可分为能源矿产（如煤炭、石油、天然气、地热）、金属矿产（如铁矿、锰矿、铜矿、铅矿、铝土矿）、非金属矿产（如金刚石、石灰石、粘土）和水气矿产（如地下水、矿泉水、二氧化碳气）四大类。其中：金属矿产按其物质成份和性质又可分为：黑色金属矿产、有色金属矿产、贵金属矿产、稀有金属矿产、稀土金属矿产、分散元素金属矿产六类。

矿产基础储量

基础储量是查明矿产资源的一部分。它能满足现行采矿和生产所需的指标要求，是控制的、探明的并通过可行性或预可行性研究认为属于经济的、边界经济的部分，用未扣除设计、采矿损失的数量表示。

气候

指地球与大气之间长期能量交换与质量交换所形成的一种自然环境状态，它是多种因素综合作用的结果。气候既是人类生活和生产的环境要素之一，又是供给人类生活和生产的重要资源。气温、降水、湿度等气象要素的多年平均值是用来描述一个地区气候状况的主要参数，而各种气象要素某年、某月的平均值（或总量）则可以反映出该时期天气气候状况的重要特征。

气温

指空气的温度，我国一般以摄氏度（℃）为单位表示。气象观测的温度表是放在离地面约1.5米处通风良好的百叶箱里测量的，因此，通常说的气温指的是离地面1.5米处百叶箱的温度。其统计计算方法为：

月平均气温是全月各日的平均气温相加，除以该月的天数而得。

年平均气温是将12个月的月平均气温累加后除以12而得。

相对湿度

指空气中实际所含水蒸气密度和同温度下饱和水蒸气密度的百分比值。其统计方法与气温相同。

降水量

指从天空降落到地面的液态或固态（经融化后）水，未经蒸发、渗透、流失而在地面上积聚的深度。其统计计算方法为：

月降水量是将全月各日的降水量累加而得。

年降水量是将12个月的月降水量累加而得。

日照时数

指太阳实际照射地面的时间。其统计方法与降水量相同。

化学需氧量(COD)排放量

为工业废水中COD排放量与生活污水中COD排放量之和。化学需氧量指用化学氧化剂氧化水中有机污染物时所需的氧量。一般利用化学氧化剂将废水中可氧化的物质（有机物、亚硝酸盐、亚铁盐、硫化物等）氧化分解，然后根据残留的氧化剂的量计算出氧的消耗量，来表示废水中有机物的含量，反映水体有机物污染程度。COD值越高，表示水中有机污染物污染越重。

二氧化硫排放量

指报告期内工业SO2排放量与生活SO2排放量之和。

主要统计指标解释

工业废水排放量

指经过企业厂区所有排放口排到企业外部的工业废水量。包括生产废水、外排的直接冷却水、超标排放的矿井地下水和与工业废水混排的厂区生活污水，不包括外排的间接冷却水（清污不分流的间接冷却水应计算在内）。

工业废水排放达标量

指报告期内废水中各项污染物指标都达到国家或地方排放标准的外排工业废水量，包括未经处理外排达标的，经废水处理设施处理后达标排放的，以及经污水处理厂处理后达标排放的。

工业废气排放量

指报告期内企业厂区内燃料燃烧和生产工艺过程中产生的各种排入空气的含有污染物的气体的总量，以标准状态（273K，101325Pa）计算。测算公式为：

工业废气排放量＝燃料燃烧过程中废气排放量＋生产工艺过程中废气排放量

工业二氧化硫排放量

指报告期内企业在燃料燃烧和生产工艺过程中排入大气的S02总量，计算公式为：

工业S02排放量＝燃料燃烧过程中S02排放量＋生产工艺过程中S02排放量

工业烟尘排放量

指企业厂区内的燃料燃烧过程中产生的烟气中夹带的颗粒物排放量。

工业粉尘排放量

指企业在生产工艺过程中排放的能在空气中悬浮一定时间的固体颗粒物排放量。如钢铁企业的耐火材料粉尘、焦化企业的筛焦系统粉尘、烧结机的粉尘、石灰窑的粉尘、建材企业的水泥粉尘等。不包括电厂排入大气的烟尘。

工业固体废物产生量

指报告期内企业在生产过程中产生的固体状、半固体状和高浓度液体状废弃物的总量，包括危险废物、冶炼废渣、粉煤灰、炉渣、煤矸石、尾矿、放射性废物和其他废物等；不包括矿山开采的剥离废石和掘进废石（煤矸石和呈酸性或碱性的废石除外）。酸性或碱性废石是指采掘的废石其流经水、雨淋水的ＰＨ值小于4或ＰＨ值大于10.5者。

工业固体废物综合利用量

指报告期内企业通过回收、加工、循环、交换等方式，从固体废物中提取或者使其转化为可以利用的资源、能源和其他原材料的固体废物量（包括当年利用往年的工业固体废物累计贮存量），如用作农业肥料、生产建筑材料、筑路等。综合利用量由原产生固体废物的单位统计。

工业固体废物贮存量

指报告期内企业以综合利用或处置为目的，将固体废物暂时贮存或堆存在专设的贮存设施或专设的集中堆存场所内的数量。专设的固体废物贮存场所或贮存设施必须有防扩散、防流失、防渗漏、防止污染大气、水体的措施。

工业固体废物处置量

指报告期内企业将固体废物焚烧或者最终置于符合环境保护规定要求的场所，并不再回取的工业固体废物量（包括当年处置往年的工业固体废物累计贮存量）。处置方法有填埋（其中危险废物应安全填埋）、焚烧、专业贮存场（库）封场处理、深层灌注、回填矿井及海洋处置（经海洋管理部门同意投海处理）等。

工业固体废物排放量

指报告期内企业将所产生的固体废物排到固体废物污染防治设施、场所以外的数量，不包括矿山开采的剥离废石和掘进废石（煤矸石和呈酸性或碱性的废石除外）。

“三废”综合利用产品产值

指报告期内利用“三废”（废液、废气、废渣）作为主要原料生产的产品产值（现行价），已经销售或准备销售的应计算产品产值，留作生产上自用的不应计算产品产值。

主要统计指标解释

城镇生活污水排放量

指城镇居民每年排放的生活污水。用人均系数法测算。测算公式为：

城镇生活污水排放量=城镇生活污水排放系数×市镇非农业人口×365

生活及其他烟尘排放量

指除工业生产活动以外的所有社会、经济活动及公共设施的经营活动中燃烧所排放的烟尘纯重量。以生活及其他煤炭消费量为基础进行测算。

Explanatory Notes on Main Statistical Indicators

Natural Resources

Refer to material resources that could be obtained from the nature by human being and used for production and living. Natural resources in general can be classified as renewable resources and non-renewable resources. Renewable resources refer to resources that could be renewed and recycled during a relatively short period of time, including land resource, water resource, climate resource, biology resource and marine resource. Non-renewable resources include resources that could not be renewed, such as minerals and geothermal resource.

Land Resource

Land refers to the surface of the earth, consisting of mainly rocks and its weathering and earth. Land resource can be classified, by its utilization, as land for agriculture, land for construction and unused land. Land for agriculture included cultivated land, plantation land, forestland, grassland and waters. Land for construction includes land for residential purpose, for manufacturing and mining, for transportation and for water-conservancy projects. Unused land refers to land other than land for agriculture and construction, including beaches, deserts, Gobi glaciers and rock mountains.

Area of Cultivated Land

Refers to area of land reclaimed for the regular cultivation of various farm crops, including crop-cover land, fallow, newly reclaimed land and land laid idle for less than 3 years.

Area of Afforestated Land

Refers to area for Land for trees bamboo, bushes and mangrove, including forest-covered land, bush-covered land, sparse forest land, land planned for afforestation and nurseries of young trees.

Area of Grassland

Refers to areas of grassland, grass-slopes and grass-covered hills with a vegetation-covering rate of over 5% that are used for animal husbandry or harvesting of grass. It includes natural, cultivated and improved grassland areas.

Forest Resource

Refers to forests, trees, forestland and wild animals, plants and microorganism that live on forest and trees. Trees include trees and bamboo. Forest refers to the population of clusters of trees and other plants, animals and microorganism as well as the earth and climate that have interactions with the trees.

Total Standing Stock Volume

Refers to the total stock volume of trees growing in land, including trees in forest, tress in sparse forest, scattered trees and trees planted by the side of villages, farm houses and along roads and rivers.

Forest Area

Refers to the area of forest where trees and bamboo grow with canopy density above 0.2, including land of natural woods and planted woods, but excluding bush land and thin forest land. It reflects the total areas of afforestation.

Stock Volume of Forest

Refers to total stock volume of wood growing in forest area, which shows the total size and level of forest resources of a country or a region. It is also an important indicator illustrating the richness of forest resource and the status of forest ecological environment.

Forest Coverage Rate

Refers to the ratio of area of afforested land to total land area. It is a very important indicator that reflects the status of abundance of forest resource and balance of the ecosystem. Forest area includes the area of trees and bamboo grow with canopy density above 0.2, the area of shrubby tree according to regulations of the government, the area of forest land inside farm land and the area of trees planted by the side of villages, farm houses and along roads and rivers.The formula for calculating forest coverage rate is as follows.

Forestry coverage rate (%) = (Area of Afforested Land / Area of Total Land) × 100%

EXPLANATORY NOTES TO MAJOR STATISTICAL INDICATORS

Water Resource

Water exists in the nature in solid, liquid and gaseous states, is distributed in the ocean, land (including earth) and air, and constitutes the water resource through the circulation of water. Water resource includes the surface water and ground water that is controlled by the human being for irrigation, power-generation, water supply, navigation and cultivation. It also includes rivers, Lakes, wells, springs, tides, and gulf and water area for cultivation. Water resource as an important natural resource is indispensable for the development of the national economy.

Surface Water and Ground Water

Water on earth can be divided into surface water and ground water according to its distribution. Surface water refers to moisture exists in rivers, lakes, swamps, glaciers, icecaps and so on. It is also called land water. The underground water refers to water deposited under-ground in the cranny and the hole of saturated rock soil and in water-eroded cave.

Runoff

Refers to the water gathered at the way out of the cross section of drainage area either from the surface or underground after deducting the wastage of the precipitation. Runoff can be divided into surface runoff, underground runoff and within soil runoff. Surface runoff refers to water flow to the rivers, lakes, swamps, and seas on the surface of the earth. Underground runoff refers to water flow to rivers, swamps, and seas through the water-bearing stratum of confined layer or unconfined layer.

Volume of Runoff

Refers to the total volume of water running through a certain cross section of a river during a certain period of time, reflecting the water resource condition in a country or a region. The formula for calculating volume or runoff is as follows: Runoff=Precipitation-Evaporation

Mineral Resources

Refer to useful minerals, with solid state, liquid state, gaseity, due to the geological process. Minerals are important natural resources, and important material base for social development. At present, there are more than 170 types of minerals discovered in China. They can be categorized into four groups: energy producing minerals (including coal, petroleum, natural gas and terrestrial heat), metallic minerals (including iron, manganese, copper, lead and bauxite), non metallic minerals (including diamond, limestone and clay), and water/gas related minerals (including ground water, mineral water and carbon dioxide). Metallic minerals can be further classified as ferrous, non-ferrous, noble metal, rare metal, rare earth metal and dispersed metals.

Ensured Mineral Reserves

Refer to the actual mineral reserves, which equal to the proven mineral reserves (including industrial reserves and prospective reserves) minus extracted parts and underground losses.

Climate

Refers to the natural environmental status formed by the long-time exchange of energy and mass between the earth and the atmosphere, and is the result of interaction of many factors. Climate is both one of the environment factors and also the important resources for the living and production activities of the human being. The average values across several years of meteorological factors such as temperature, rainfall and humidity are used as important parameters to describe the climate of a region, while the average values (or total values) of a given year of month of meteorological factors reflect the key characteristics of climate for that period of time.

Temperature

Refers to the air temperature. China uses centigrade (°C) as the unit. The thermometry used for weather observation is put in a breezy shutter, which is 1.5 meters high from the ground. Therefore, the commonly used temperature refers to the temperature in the breezy shutter 1.5 meters away from the ground. The calculation method is as follows:

Monthly average temperature is the summation of average daily temperature of one month divided by the actual days of that particular month.

Annual average temperature is the summation of monthly average of a year divided by 12 months.

Relative Humidity

Refers to the ratio of actual water vapor pressure to the saturation water vapor pressure under the current temperature. The calculation method is the same as that of temperature.

EXPLANATORY NOTES TO MAJOR STATISTICAL INDICATORS

Volume of Precipitation

Refers to the deepness of liquid state of solid state (thawed) water falling from the sky to the ground that has not been evaporated, infiltrated or run off. The calculation method is as follows:

Monthly precipitation is the summation of daily precipitation of a month.

Annual precipitation is the summation of 12 months' precipitation of a year.

Sunshine Hours

Refer to the actual hours of sun irradiating the earth. The calculation method is the same as that of the precipitation.

COD Emission

Refers to the total volume of COD emitted from industrial activities and life activities.COD refers to the amount of oxygen required when chemical oxidants are used to oxidize organic pollutants in water. Chemical oxidants are used to oxidize possible material in water, such as organic material, nitrite, ferrous salt, sulfide and so on. Then according to residual amount of oxidants to calculate consumption of oxygen, it is said that how much organic pollutants are in water. A higher value of COD corresponds to more serious pollution by organic pollutants.

SO2 Emission

Refer to the total volume of SO2 emitted from industrial activities and life activities within a given period of time.

Volume of Industrial Waste Water Discharged

Refers to the volume of industrial waste water discharged, through all outlets, to the outside of industrial enterprises, including waste water produced, direct - cooling water, underground water from mines that does not meet the standard of discharge, and the domestic sewage mixed up with industrial waste water when discharged, but excluding discharged indirect - cooling water.

Volume of Waste Water up to the Standard for Discharge

Refers to the volume of discharged industrial wastewater that, with or without treatment, has come up to the national or local standards for discharge.

Industrial Waste Air Emission

Refers to discharge into atmosphere of waste air containing pollutants generated from fuel burning and production process in enterprises within a given period of time. It is calculated at standard status (273K, 101325Pa) as:

Industrial waste air emission = emission through fuel burning + emission through production process

Industrial SO2 Emission

Refers to volume of sulphur dioxide emission from fuel burning and production process in premises of enterprises for a given period of time. Its calculation formula is:

Industrial SO2 Emission = SO2 Emission from fuel burning + SO2 Emission from production process

Industrial Soot Emission

Refers to volume of soot in smoke emitted in process of fuel burning in premises of enterprises.

Industrial Dust Emission

Refers to volume of dust emitted by production process of enterprises and suspended in the air for a given period of time, including dust from refractory material of iron and steel works, dust from coke-screening systems and sintering machines of coke plants, dust from lime kilns and dust from cement production in building material enterprises, but excluding soot and dust emitted from power plants.

Volume of Industrial Solid Wastes Produced

Refers to total volume of solid, semi-solid and high concentration liquid residues produced by industrial enterprises from production process in a given period of time, including hazardous wastes, slag, coal ash, gangue, tailings, radioactive residues and other wastes, but excluding stones stripped or dug out in mining (gangue and acid or alkaline stones not included). A stone is acid or alkaline depending on the pH value of the water below 4 or above 10.5 when the stone is in or soaked by the water.

Volume of Industrial Solid Wastes Utilized in a Comprehensive Way

Refers to volume of solid wastes from which useful materials can be extracted or which can be converted into usable resources, energy or other materials by means of reclamation, processing,

EXPLANATORY NOTES TO MAJOR STATISTICAL INDICATORS

recycling and exchange (including utilizing in the year the stocks of industrial solid wastes of the previous year). Examples of such utilizations include fertilizers, building materials and road materials. The information shall be collected by the producing units of the wastes.

Volume of Industrial Solid Wastes Stored up

Refers to the volume of industrial solid wastes temporarily stored up or piled with special facilities or piled in the special sites for the purpose of utilization or treatment in future. The special facilities or special sites for storing up solid wastes should have the measures against spreading or being washed away to other places, permeating the soil or causing air pollution or water contamination.

Volume of Industrial Solid Wastes Treated

Refers to quantity of industrial solid wastes which are burnt or placed ultimately in the sites meeting the requirements for environmental protection and not salvaged or recycled (including disposition in the year of those wastes of previous years). The disposition includes landfill (Safe landfills should be conducted for hazardous wastes), incineration, containment spaces, deep underground disposal, backfill in mining pits and disposal at sea (accepted by management of sea).

Volume of Industrial Solid Wastes Discharged

Refers to volume of industrial solid wastes discharged by producing enterprises to disposal facilities or to other sites. The wastes exclude stones stripped or dug from mining (gangue and acid or alkaline waste stones not included).

Output Value of Products Made from Utilization of Waste Gas, Waste Water and Industrial Solid Wastes

Refers to the value of products (calculated at current prices) made by industrial enterprises using recovered waste water, waste gas or solid wastes as main raw materials. Only the value of the products, which have been sold or are ready, to be sold should be included. The value of the products, which will be used in the production of the enterprises, should not be included.

Urban Consumption Waste Water Discharge

refers to annual discharge of consumption waste water by urban households. Its calculation formula is:

Discharge = Discharge of Consumption Wastewater by Urban Households × Urban Non-agricultural Population × 365

Soot Emission by Consumption and Others

refers to net volume of soot emitted by fuel burning from all social and economic activities and operation of public facilities other than industrial activities. It is calculated on the basis of coal consumption by households and others.

第 10 章

要素市场

MARKETS OF KEY FACTORS

简要说明
BRIEF INTRODUCTION

本章资料中的国有土地使用权出让与划拨、城市房产市场交易情况由市统计局固定资产投资处根据市国土资源和房屋管理局资料整理提供，亿元以上商品市场由市统计局贸易外经处提供，技术市场由市统计局社会科技处根据市科学技术委员会资料整理提供，人才市场、劳动力市场和证券市场情况由市统计局综合处根据市人力资源和社会保障局、市发展和改革委员会和重庆证监局资料整理编辑。

货币流通、保险业务和有价证券的相关资料详见第十七章金融。

The data on transaction and allotment of the right to use the state-owned land and the real estate markets in urban areas are sorted and compiled by Division of Statistics of Investment in Fixed Assets, Chongqing Municipal Bureau of Statistics on the basis of the data provided by Chongqing Administration of Land, Resources and Housing; the data of the transaction of the commodity markets with transaction value over 100 million yuan are provided by Division of Trade and External Economic Relations Statistics, Chongqing Municipal Bureau of Statistics; the data of transactions of technology exchanges are provided by Division of Social and Technology Statistics, Chongqing Municipal Bureau of Statistics on the basis of the data from Chongqing Science and Technology Commission; the data of the human resource markets, labor force markets and securities markets are sorted and compiled by Division of Comprehensive Statistics, Chongqing Municipal Bureau of Statistics on the basis of the data from Chongqing Municipal Human Resources and Social Security Bureau, Chongqing Development and Reform Commission and China Securities Regulatory Commission Chongqing Bureau.

See Chapter 17 Financial Intermediation for the data on currency, insurance and securities.

表 10.1 国有土地使用权出让与划拨情况（2016 – 2017 年）
TRANSACTIONS AND ALLOTMENT OF THE RIGHT TO USE THE STATE-OWNED LAND (2016-2017)

指　标	Item	2016	2017
土地使用权出让	**Transaction of Right to Use State-owned Land**		
地　块（宗）	Land Parcel (parcel)	1197	988
面　积（公顷）	Land Area (hectare)	5804	5389
出让价款（亿元）	Value of Transaction (100 million yuan)	1166	1680
土地使用权划拨	**Allotment of Right to Use State-owned Land**		
地　块（宗）	Land Parcel (parcel)	1042	1012
面　积（公顷）	Land Area (hectare)	7900	6339

表 10.2 城市房产市场交易情况（2016 – 2017 年）
REAL ESTATE MARKETS IN URBAN AREA (2016-2017)

指　标	Item	2016	2017
房产转让	**Housing Transactions**		
成交面积（万平方米）	**Area of Transactions (10 000 sq.m)**	**4284.81**	**5299.01**
#住　宅	Residential Buildings	3600.49	4497.72
商品房（新建）	Commercialized Buildings	2878.48	3407.42
存量房（二手房）	Buildings in Stock	1406.33	1891.59
成交金额（亿元）	**Total Value of Transactions (100 million yuan)**	**2622.79**	**4037.27**
#住　宅	Residential Buildings	2108.64	3333.65
商品房	Commercialized Buildings	1987.08	3048.61
存量房	Buildings in Stock	635.71	988.66

注：本表为主城九区的数据。
Note:The table above shows the data of the 9 urban districts.

表 10.3 亿元以上商品市场交易情况（2016 – 2017 年）
TRANSACTIONS OF COMMODITY MARKETS WITH TRANSACTION VALUE OVER 100 MILLION YUAN (2016-2017)

指　标	Item	摊位数量（个） Number of Stands (unit)		总成交额（万元） Total Volume of Transactions (10 000 yuan)	
		2016	2017	2016	2017
合　计	**Total**	**99654**	**96936**	**35865293**	**35324352**
食品、饮料、烟酒类	Food, Beverages, Tobacco and Liquor	29457	27921	9798317	9449850
服装鞋帽、针、纺织品类	Clothing, Shoes, Hats and Textiles	19888	19278	6252882	6563837
化妆品类	Cosmetics	867	844	192180	210482
金银珠宝类	Gold,Silver and Jewelry	38	38	13289	13222
日用品类	Articles for Daily Use	5441	5462	1091950	1267591
五金电料类	Hardwear and Electrical Materials	5916	6343	1084208	1311169
体育、娱乐用品类	Sports and Entertainment Articles	346	315	99785	116871
书报杂志类	Newspapers and Magazines	46	46	2276	2649
电子出版物及音像制品类	E-journal and Video Products	92	89	19403	21897
家用电器和音像制品类	Household Electric Appliances and Video Products	975	958	417145	442347
中西药品类	Traditional Chinese and Western Medicines	73	72	22562	22915
文化办公用品类	Cultural and Office Articles	2190	1907	281903	264477
家具类	Furniture	3033	3772	2077336	1772029
通讯器材类	Communication Appliances	1095	1051	347821	333657
木材及制品类	Wood and Wooden Products	515	319	179683	71507
石油及制品类	Petroleum and Related Products				
化工材料及制品类	Chemical Materials and Products	216	208	77569	77029
金属材料类	Metal Materials	4487	4385	6578059	6372250
建筑及装潢材料类	Building and Decoration Materials	11394	11060	2465360	2297557
机电产品及设备类	Mechanical and Electrical Products	4414	4402	1507725	1511086
汽车类	Automobiles	4778	5143	2616504	2698369
种子饲料类	Seeds and Feedstuff	355	78	152889	3088
棉麻类	Cotton and Hemp	15	45	1545	2280
其他类	Others	4020	3200	584427	498193

表 10.4 技术市场交易情况（2017 年）
TRANSACTIONS OF TECHNOLOGY EXCHANGES (2017)

单位：项、万元 (item, 10 000 yuan)

指 标	Item	技术买方 Purchases of Technology		技术卖方 Sales of Technology	
		项 数 Number	金 额 Value	项 数 Number	金 额 Value
总 计	**Total**	**2129**	**1216870.31**	**2129**	**1216870.31**
#企业法人	Corporations	1088	1112998.35	1181	894636.59
事业法人	Public Institutions	552	40897.18	904	84331.36
机关法人	Governments	394	60467.13	1	15000.00
其他组织	Other Organizations	2	12.60	42	222732.37
社团法人	Association Corporations	10	575.34		
自然人	Natural Persons	83	1919.71	1	170.00

表 10.5 人才市场人才流动情况（2016 – 2017 年）
HUMAN RESOURCE MARKETS AND EXCHANGES (2016-2017)

指 标	Item	2016	2017
人力资源服务机构（个）	Human Resource Service Agencies (unit)	1044	1425
综合性公共就业和人才服务机构	Comprehensive Public Employment and Human Resources Service Organizations	38	39
国有性质的服务企业	State-owned Service Corporations	98	105
民营性质的服务企业	Private Service Corporations	856	1247
外资性质的服务企业	Foreign-funded Service Corporations	5	3
港资性质的服务企业	Service Corporations with Investment from Hong Kong	1	1
行业所属服务机构	Service Corporations from Industry	10	3
民办非企业等其他性质的服务机构	Other Private Non-corporate Service Corporations	32	27
设立人力资源市场个数（固定招聘场所）	Number of Human Resource Markets (Fixed Recruitment Places)	600	454
举办人力资源招聘会（次）	Number of Job Fairs (time)	6272	5245
登记求职或要求流动人员（人）	Number of Registered Persons in Need of New Job (person)	4751686	8101486
参加人力资源招聘会人数（人）	Persons Participating in Job Fairs (person)	2896772	1793057
参加人力资源招聘会用人单位数（个）	Enterprises Participating in Job Fairs (unit)	174660	119676
现存档案总量（万份）	Total Amount of Current Archives (10 000 copies)	138.98	101.29
当年流动人员职称评定（人）	Number of Exchanged Persons Evaluated for Professional Titles in Current Year (person)	12052	5995
评定高级职称人数	Senior Titles	1879	1105
评定中级职称人数	Medium Titles	4982	2341
评定初级职称人数	Junior Titles	5191	2549

表 10.6 公共就业服务机构介绍情况（2016 – 2017 年）
STATISTICS ON THE PUBLIC JOB SERVICES AND INTERMEDIATION AGENCIES (2016-2017)

指 标	Item	2016	2017
登记招聘单位数	Number of Registered Employers	50555	33786
登记招聘人数	Number of Persons to Be Employed	984269	786619
登记求职人次（人次）	Number of Registered Job Applicants (person-time)	714873	523148
#女 性	Female	328717	246335
#城镇登记失业人员	Registered Unemployed Persons in Urban Areas	457402	402306
#高校毕业生	College Graduates	73773	8585
#农村劳动力	Rural Labor Force	148554	98126
职业指导人数	Number of Persons under Vocational Guidance	445216	383828
介绍成功人次（人次）	Number of Persons Employed through Job Services (person-times)	217618	240918
#女 性	Female	99345	112001
#城镇登记失业人员	Registered Unemployed Persons in Urban Areas	107895	180430
#高校毕业生	College Graduates	10065	4188
#农村劳动力	Rural Labor Force	67174	45122

表 10.7 证券市场基本情况（2016 – 2017 年）
GENERAL STATISTICS ON SECURITIES MARKETS (2016-2017)

指 标	Item	2016	2017
境内上市公司总计（个）	Number of Listed Companies in Mainland (unit)	44	50
上交所（个）	Shanghai Stock Exchange (unit)	22	26
深交所（个）	Shenzhen Stock Exchange (unit)	22	24
#仅发 A 股公司	A Shares Only	41	47
#仅发 B 股公司	B Shares Only	1	1
#同时发 A、B 股公司	A&B Shares	1	1
#同时发 A、H 股公司	A&H Shares	1	1
股票市价总值（亿元）	Total Market Capitalization (100 million yuan)	6691.25	6129.17
#股票流通市值	Negotiable Market Capitalization (100 million yuan)	4250.97	4342.62
总股本（亿股）	Total Shares of Stocks Issued (100 million shares)	549.92	692.74
#流通股本	Negotiable Shares (100 million shares)	420.44	570.49
股票筹资额（亿元）	Raised Capital (100 million yuan)	443.56	102.97
A 股	A Shares	443.56	102.97
B 股	B Shares		
股票发行量（万股）	Issued Share (100 million shares)	833773	153412
A 股	A Shares	833773	153412
B 股	B Shares		
证券市场募集资金（亿元）	Raised Funds in Securities Market (100 million yuan)	2482.88	2851.05
#通过发行、配售股票筹集资金	Funds-raised from Issuing and Placing Stocks	443.56	102.97
#通过全国股转系统筹集资金	Funds-raised from National Equities Transfer System	7.23	26.93
#发行公司信用类债券筹集资金	Funds-raised from Issuing Companies' Debentures	1242.80	355.57
#交易所资产支持证券	Stock Supported by Exchange Assets	789.29	2365.58
证券公司总部（个）	Securities Head Offices (unit)	1	1
证券分公司（个）	Securities Branch Offices (unit)	23	37
证券营业部（个）	Securities Business Departments (unit)	186	202
投资者开户数（万户）	Number of Investors' Accounts (10000 accounts)	320.15	373.68
期货总成交额（亿元）	Trading Turnover of Future (100 million yuan)	87532.95	91722.40

第 11 章

农业和农村经济

AGRICULTURE AND RURAL ECONOMY

本章反映全市农业生产和农村经济的基本情况，内容主要包括农村基本情况、农业生产条件与生产情况、农作物播种面积、农林牧渔产品产量、农林牧渔业产值、农业商品产值和商品率、乡镇企业等方面的统计资料。

本章资料由国家统计局重庆调查总队根据市农委、市林业局、市水利局和调查总队等资料整理提供。乡镇企业的有关情况由重庆市统计局综合处根据市中小企业管理局提供的资料整理、编辑。

The data in this chapter show the basic conditions of agricultural production and rural economy, including basic statistics on rural areas, basic conditions of agricultural production, sown area of farm crops, output of farming, forestry, animal husbandry and fishery products, gross output value of farming, forestry, animal husbandry and fishery, output value of agricultural commodities and rate of commercialization, and township-owned enterprises.

The data in this chapter are provided by Chongqing Agriculture Commission, Municipal Bureau of Forestry, Municipal Bureau of Water Conservancy and NBS Survey Office in Chongqing, and sorted and compiled by NBS Survey Office in Chongqing. The data of township-owned enterprises are provided by Chong Small and Medium Enterprise Bureau and sorted and compiled by Division of Comprehensive Statistics, Municipal Bureau of Statistics.

表 11.1 主要年份农村基本情况
BASIC STATISTICS ON RURAL AREAS IN MAJOR YEARS

年 份 Year	乡村户数 （万户） Number of Rural Households (10 000 households)	乡村人口 （万人） Rural Population (10 000 persons)	乡村从业人员 （万人） Rural Employed Population (10 000 persons)
1949		1446.24	650.59
1952		1546.01	692.81
1957		1685.98	762.15
1962		1506.16	692.19
1965		1676.21	755.99
1970		1977.85	857.78
1975		2264.67	921.67
1978		2316.54	926.32
1980	534.19	2294.08	980.75
1985	573.00	2355.39	1114.34
1986	596.13	2365.34	1154.26
1987	626.70	2391.29	1184.92
1988	650.27	2412.04	1218.03
1989	671.51	2427.70	1249.12
1990	686.26	2446.38	1273.06
1991	697.61	2471.48	1314.79
1992	699.94	2476.10	1350.71
1993	700.88	2463.53	1352.26
1994	710.34	2482.05	1356.59
1995	706.86	2454.17	1349.34
1996	709.86	2464.23	1330.44
1997	708.64	2452.75	1320.91
1998	709.84	2445.12	1316.95
1999	710.99	2442.47	1342.99
2000	710.28	2440.32	1352.60
2001	714.67	2438.79	1345.15
2002	718.31	2443.21	1342.17
2003	718.65	2436.47	1340.25
2004	714.99	2425.25	1361.54
2005	718.84	2430.93	1366.91
2006	714.86	2418.40	1382.62
2007	717.49	2413.95	1378.29
2008	724.06	2405.64	1379.89
2009	723.55	2385.95	1379.94
2010	727.77	2366.66	1379.35
2011	721.14	2324.50	1369.98
2012	724.14	2303.10	1365.29
2013	717.99	2262.40	1328.79
2014	714.50	2246.31	1312.96
2015	713.87	2225.75	1309.23
2016	709.44	2196.19	1302.54
2017	707.94	2171.22	1281.69

表 11.2 主要年份农业生产条件
CONDITIONS OF AGRICULTURAL PRODUCTION IN MAJOR YEARS

年 份 Year	有效灌溉面积（万公顷） Irrigated Area (10 000 hectares)	农用机械总动力（万千瓦） Total Agricultural Machinery Power (10 000 kw)	农村用电量（万千瓦时） Electricity Consumption in Rural Areas (10 000 kwh)	农用化肥施用量（折纯）（万吨） Consumption of Chemical Fertilizers (net) (10 000 tons)	农膜使用量（万吨） Consumption of Farm Plastic Film (10 000 tons)	农药使用量（万吨） Consumption of Chemical Pesticides (10 000 tons)
1949	5.48					
1952	6.73					
1957	13.40					
1962	21.31	4	1852			
1965	26.10	10	3791			
1970	31.92	22	12655			
1975	42.84	54	21045			
1978	56.27	101	28542	21.63	0.33	0.64
1980	60.42	155	37953	29.21	0.37	0.71
1985	60.98	219	63309	31.76	0.50	0.73
1986	60.12	240	71471	36.70	0.51	0.79
1987	59.27	259	83229	38.26	0.57	0.78
1988	58.41	278	79637	38.29	0.61	0.81
1989	57.56	291	89611	44.72	0.65	0.81
1990	58.02	300	97091	48.13	0.80	0.87
1991	58.55	316	104430	52.08	0.97	1.01
1992	58.96	324	115831	52.75	1.07	1.05
1993	59.26	343	134027	54.51	1.18	1.27
1994	59.53	366	160197	58.55	1.28	1.29
1995	59.79	386.05	174847	62.02	1.43	1.46
1996	60.08	409.91	196788	65.55	1.53	1.69
1997	61.14	454.07	227302	69.64	1.59	1.68
1998	61.41	506.64	242934	71.18	1.77	1.82
1999	62.05	558.54	260029	71.03	1.86	1.84
2000	62.60	586.47	278728	72.00	1.96	1.85
2001	63.19	628.07	301140	72.58	1.94	1.91
2002	64.12	665.57	338717	73.37	2.53	1.93
2003	64.97	695.67	366535	71.59	2.42	1.95
2004	61.68	728.31	384627	77.02	2.68	1.95
2005	61.81	775.96	428943	79.20	2.75	1.95
2006	62.13	820.01	460291	80.54	2.82	1.96
2007	63.37	860.31	484478	84.32	3.01	2.04
2008	65.89	903.15	550949	88.14	3.09	2.10
2009	67.20	967.41	614832	91.17	3.47	2.20
2010	68.53	1071.09	647738	91.82	3.66	2.10
2011	69.29	1141.00	703706	95.58	3.93	2.03
2012	70.30	1162.00	738000	96.02	4.09	1.95
2013	67.52	1198.88	761193	96.64	4.29	1.84
2014	67.73	1243.34	783145	97.26	4.38	1.84
2015	68.72	1299.73	781397	97.73	4.52	1.82
2016	69.06	1318.66	786938	96.16	4.53	1.76
2017	69.43	1352.60	801802	95.46	4.55	1.75

表 11.3 农作物播种面积（1978 – 2017 年）
SOWN AREA OF FARM CORPS (1978-2017)

单位：公顷 (hectare)

年 份 Year	农作物总播种面积 Total Sown Area	其 中 of which						
		#粮 食 Grain	其 中 of which #稻 谷 Rice	#油 料 Oil-bearing Crops	其 中 of which #油菜籽 Rapeseeds	#蔬 菜 Vegetables	#烟 叶 Tobacco
1978	3498061	3177221	849243	92351	71374	95954	26582
1980	3345304	3048196	828317	116577	89369	78400	10416
1985	3214717	2748498	820140	176866	137367	140569	30956
1986	3232433	2710205	819858	183859	143792	159811	40897
1987	3241258	2697509	807797	180579	143292	160867	41729
1988	3287399	2727164	821305	185171	150612	171444	54056
1989	3381959	2788700	836231	188593	154505	177979	75726
1990	3438950	2847370	821986	203171	168751	183873	66607
1991	3526637	2889404	816684	224412	188989	197049	70859
1992	3522037	2874889	819262	215622	179402	200686	81258
1993	3513064	2870480	804560	184964	147692	222621	82461
1994	3493884	2877837	800342	174643	135505	225902	54997
1995	3526684	2876853	799482	201550	162572	236283	58939
1996	3585745	2889834	802279	202483	159584	257106	77657
1997	3605420	2881902	797955	191800	152222	267203	99482
1998	3614446	2900656	794636	192330	148896	290397	56603
1999	3592496	2862143	788576	197151	151801	301389	63969
2000	3590815	2773404	776636	226384	173185	327094	70775
2001	3555871	2714600	763964	225046	167911	366330	55210
2002	3464566	2606866	757195	236325	173930	359674	56012
2003	3307179	2410369	738486	236724	176836	386990	57237
2004	3435957	2516507	749300	244129	173815	390237	52995
2005	3444733	2501263	747949	252421	187333	399970	51508
2006	3073880	2155500	672300	187290	133680	417414	48879
2007	3134700	2195800	652130	192920	135370	432906	43553
2008	3215064	2215407	673538	215531	150170	481563	47749
2009	3308300	2229493	682041	237025	173643	552233	52579
2010	3359387	2243887	683907	254993	191847	589093	42733
2011	3413088	2259413	686485	257096	196200	618631	46165
2012	3477694	2259606	686996	271016	204557	652660	49989
2013	3515790	2253905	688657	283508	215603	681707	49323
2014	3540352	2242522	689673	299963	232581	708068	45964
2015	3575797	2233958	688319	309315	242458	731667	45829
2016	3600736	2250051	692052	319971	251974	747060	43451
2017	3606416	2238973	689991	328550	259877	760830	34904

表 11.4 农作物播种面积（1978 – 2017 年）
SOWN AREA OF FARM CORPS (1978-2017)

年份 Year	粮食 （万吨） Grain (10 000 tons)	其中 of which		油料 （万吨） Oil-bearing Crops (10 000 tons)	其中 of which	麻类 （吨） Vegetables	甘蔗 （万吨） Tobacco
		#稻谷 Rice	#豆类 Beans		#油菜籽 Rapeseeds		
1949	402.68	246.57		0.90		1416	8.78
1952	470.97	281.33		3.19		1889	10.61
1957	596.55	316.39		5.13		1811	6.86
1962	378.23	191.26		1.40		598	1.04
1965	566.17	293.32		3.87		1048	14.47
1970	564.37	307.80		2.68		666	9.00
1975	603.72	325.84		4.13		632	24.87
1978	814.71	345.07	29.07	7.71	6.03	1659	31.20
1980	835.43	341.59	22.20	11.57	9.28	6172	36.64
1985	948.97	461.73	22.26	18.12	13.63	25787	30.24
1986	1004.92	493.41	25.02	20.91	15.85	21719	31.42
1987	1004.51	499.56	22.34	20.89	16.14	35995	29.43
1988	958.02	503.00	20.53	19.25	14.94	31013	29.32
1989	1044.88	541.81	17.25	18.78	14.38	18932	24.41
1990	1085.07	550.40	19.93	22.02	17.74	12707	20.55
1991	1115.28	535.90	21.53	26.92	22.81	11487	26.07
1992	1050.24	509.07	18.48	25.18	21.40	9716	14.33
1993	1052.72	479.90	21.90	21.70	17.22	9257	12.30
1994	1134.10	523.13	25.94	19.26	15.31	11471	9.39
1995	1153.68	532.63	30.38	25.12	20.54	11092	8.76
1996	1172.14	542.64	20.10	23.60	18.66	10898	8.27
1997	1184.63	552.44	21.90	23.34	18.34	11175	8.08
1998	1155.36	519.38	22.17	25.11	19.03	7541	7.28
1999	1143.05	533.01	21.93	24.09	17.33	6826	7.59
2000	1131.21	525.43	24.60	31.06	22.61	8406	9.06
2001	1035.35	466.45	23.32	29.96	21.91	8857	10.08
2002	1082.15	484.42	27.78	35.04	25.84	12139	12.06
2003	1087.20	494.29	32.21	38.27	28.51	9620	11.35
2004	1144.57	509.55	38.11	41.75	30.99	10209	11.77
2005	1168.19	521.43	42.16	42.71	31.81	12362	11.46
2006	808.40	344.90	29.24	28.94	23.47	11846	10.16
2007	1088.00	491.59	35.12	30.68	23.19	15399	11.26
2008	1153.20	529.39	37.78	35.68	26.54	16982	11.18
2009	1137.20	511.30	39.83	40.54	30.95	15869	11.57
2010	1156.13	518.57	41.93	44.45	34.22	14700	11.68
2011	1126.90	493.50	43.49	46.51	35.14	14455	11.80
2012	1138.54	498.00	45.04	50.11	37.71	10186	11.88
2013	1148.13	503.08	46.03	53.14	40.11	9461	10.94
2014	1144.54	503.19	46.60	56.94	43.97	9046	10.29
2015	1154.89	506.36	47.94	59.87	46.73	8460	9.77
2016	1166.00	510.55	48.37	62.72	49.19	7434	9.70
2017	1167.15	509.94	49.00	64.36	50.46	6957	9.57

表 11.4 续表 1 continued 1

年 份 Year	烟 叶（吨）Tobacco (ton)	蔬 菜（万吨）Vegetables (10 000 tons)	茶 叶（吨）Tea (ton)	蚕 茧（吨）Silkworm Cocoons (ton)	水 果（万吨）Fruits (10 000 tons)	禽 蛋（万吨）Poultry Eggs (10 000 tons)
1949	8535		916	761	6.02	
1952	9238		1059	1236	7.75	
1957	8247		1914	1588	7.14	
1962	2566		1981	1325	8.80	
1965	4654		2369	2306	6.83	
1970	1667		2927	6608	4.54	
1975	8146		4884	10477	7.12	
1978	22528	243.95	8004	15404	7.91	4.46
1980	8098	229.86	9217	25751	15.69	5.51
1985	36239	390.86	16172	33130	24.70	8.77
1986	46724	421.94	16893	32693	28.61	9.44
1987	44992	439.00	18267	35755	29.57	9.98
1988	68928	460.93	18676	41748	20.50	10.17
1989	62093	469.31	18568	42063	37.19	11.24
1990	74393	499.61	18103	43502	35.08	12.01
1991	98156	533.00	18264	47757	40.75	12.94
1992	124705	541.38	17178	50686	41.38	14.61
1993	113208	558.23	19522	54505	56.85	15.71
1994	68904	569.83	21920	57408	52.87	17.32
1995	77981	593.91	17452	27000	59.29	19.18
1996	132355	637.03	15536	27402	56.62	20.85
1997	164736	668.44	14996	28072	60.72	23.50
1998	79970	711.30	15299	29226	74.10	24.46
1999	95653	737.11	14441	24177	71.70	26.29
2000	104082	775.42	14526	29098	81.68	27.89
2001	80064	779.96	14142	32396	82.61	29.79
2002	87052	833.84	14093	33856	113.41	31.58
2003	86048	840.17	14320	27802	128.59	35.36
2004	85036	863.57	16064	29376	137.22	36.55
2005	90173	890.47	16545	31092	154.63	39.15
2006	91945	888.76	17087	27488	145.74	30.30
2007	71513	945.21	18853	29196	175.89	32.30
2008	85513	994.52	21696	24388	193.28	33.11
2009	99905	1177.45	22569	19464	212.87	35.97
2010	81030	1309.54	25237	20321	238.47	37.22
2011	93608	1407.97	27895	20118	261.16	37.42
2012	102908	1509.34	31372	20594	291.19	40.05
2013	96604	1600.64	34200	18161	318.86	41.09
2014	84391	1689.11	33753	17714	347.61	43.21
2015	86759	1780.47	35173	17681	375.85	45.36
2016	83921	1875.13	37036	16320	408.69	47.39
2017	69053	1947.18	39175	13996	445.94	47.74

表 11.4 续表 2 continued 2

年 份 Year	水产品 （吨） Aquatic Products (ton)	肉猪出栏头数 （万头） Number of Slaughtered Fattened Hogs (10 000 heads)	猪年末头数 （万头） Number of Hogs at Year End (10 000 heads)	猪 肉 （万吨） Output of Pork (10 000 tons)
1949	3576	174.70		
1952	4119	254.80		
1957	6515	345.10		
1962	3791	76.90		
1965	6964	421.50		
1970	7649	414.50		
1975	10797	489.90		
1978	14362	542.70	914.98	37.38
1980	17734	797.63	1165.05	55.92
1985	42838	1140.06	1353.02	79.96
1986	47805	1190.22	1377.37	83.15
1987	51854	1243.78	1418.69	86.89
1988	58419	1345.77	1448.48	94.02
1989	65707	1375.38	1471.66	96.09
1990	65482	1375.79	1429.13	96.12
1991	71813	1429.45	1440.56	99.87
1992	74459	1469.47	1444.16	102.66
1993	89227	1492.99	1438.96	104.30
1994	103492	1555.69	1476.05	108.48
1995	121289	1610.14	1489.55	112.27
1996	140656	1637.51	1477.06	114.18
1997	160692	1699.74	1475.25	119.66
1998	178607	1720.14	1492.95	121.61
1999	191313	1703.19	1512.18	120.61
2000	200345	1724.96	1509.91	122.45
2001	196967	1746.85	1533.03	124.87
2002	211568	1781.69	1548.89	127.48
2003	224893	1828.49	1583.03	131.82
2004	239255	1909.32	1640.75	136.43
2005	250568	2006.39	1708.80	144.46
2006	226129	1732.70	1377.40	124.80
2007	255372	1783.20	1422.94	130.27
2008	190600	1898.67	1566.47	140.65
2009	203900	2003.11	1604.07	146.52
2010	224300	2010.51	1557.87	147.55
2011	275600	2020.87	1540.57	148.55
2012	330720	2050.76	1524.31	150.73
2013	385000	2104.46	1502.25	154.95
2014	443409	2150.83	1483.76	158.54
2015	480863	2119.89	1450.39	156.15
2016	508427	2047.81	1395.58	151.31
2017	515130	2013.28	1355.11	149.15

表 11.5 主要年份农林牧渔业总产值
GROSS OUTPUT VALUE OF FARMING, FORESTRY, ANIMAL HUSBANDRY AND FISHERY IN MAJOR YEARS

单位：万元 (10 000 yuan)

年 份 Year	农林牧渔业总产值 Gross Output Value	其 中 of which				
		农 业 Farming	林 业 Farming	牧 业 Animal Husbandry	渔 业 Fishery	农林牧渔服务业 Agricultural Services
1949	142123	111424	3837	26293	568	
1952	186367	140707	6523	38205	932	
1957	240351	176658	10816	51916	961	
1962	153506	120349	4605	28245	307	
1965	165688	122775	5799	36617	497	
1970	269234	192504	11128	64604	998	
1975	295062	210016	18048	65660	1338	
1978	357616	262881	17236	75731	1768	
1980	417925	296840	16160	102514	2411	
1985	739003	477570	43546	208842	9044	
1986	801998	516990	42045	231097	11867	
1987	902072	564063	40932	282816	14262	
1988	1104369	641751	49662	393394	19561	
1989	1243819	706771	49328	463300	24420	
1990	1460003	858133	55308	518757	27805	
1991	1595286	938353	60038	565193	31702	
1992	1713839	995009	70992	612498	35340	
1993	2073607	1197742	77531	749776	48558	
1994	2831816	1552652	86981	1127394	64789	
1995	3778259	2278927	106732	1304229	88371	
1996	4249903	2713807	115493	1311666	108937	
1997	4393508	2678892	117313	1468914	128389	
1998	4288839	2549365	150929	1444758	143787	
1999	4168780	2496237	115588	1409527	147428	
2000	4126272	2447376	108236	1419910	150750	
2001	4311666	2503968	112044	1544041	151613	
2002	4609755	2640760	135143	1661965	171887	
2003	4885655	2701156	145824	1776384	183251	79040
2004	6127723	3329516	184814	2309374	212464	91555
2005	6621943	3583035	199704	2494965	237959	106280
2006	5752428	3230078	223069	2042194	159087	98000
2007	7207260	4095523	178527	2644768	184442	104000
2008	8713871	4730118	217986	3441474	211481	112811
2009	9131080	5311679	258084	3194244	242699	124374
2010	10211328	6233343	304021	3265542	272083	136339
2011	12653319	7512246	380907	4253262	349432	157471
2012	14020347	8418088	434776	4539045	449928	178510
2013	15137376	9091758	480170	4828044	538155	199249
2014	15949591	9678717	535593	4863605	649279	222398
2015	17381486	10336848	604358	5428960	749120	262200
2016	19682751	11517657	734330	6274493	853030	303240
2017	20093608	11936920	851673	6013935	947880	343200

注：1）按照国民经济行业分类标准（GB/T4754-2002），从 2003 年起增加了农林牧渔服务业（下表同）。
2）2006 年以来为第二次农普衔接数。从 2007 年起，因口径变化，对农业和林业总产值进行了调整。

Note: a) According to the national standard of industry classification (GB/T4754-2002), the gross output value has included agricultural services since 2003 (the same below).
b) The numbers after 2006 are the coordination numbers of the Second National Agricultural Census. The total output value of agriculture and forestry has been modified since 2007 due to the change of statistical scope.

表 11.6 主要年份农林牧渔业总产值指数（上年 =100）
GROSS OUTPUT VALUE INDICES OF FARMING, FORESTRY, ANIMAL HUSBANDRY AND FISHERY IN MAJOR YEARS (PRECEDING YEAR=100)

年份 Year	农林牧渔业总产值 Gross Output Value	其中 of which				
		农业 Farming	林业 Farming	牧业 Animal Husbandry	渔业 Fishery	农林牧渔服务业 Agricultural Services
1952	119.9	116.8	123.7	135.7	111.2	
1957	129.0	126.7	144.5	133.4	156.4	
1962	63.9	69.9	58.0	39.4	49.5	
1965	151.1	137.2	125.4	275.5	194.9	
1970	101.5	100.3	88.5	109.7	107.3	
1975	108.2	110.6	129.7	94.6	134.0	
1978	123.2	126.7	119.1	109.7	121.2	
1980	115.3	105.9	99.6	165.8	121.0	
1985	144.1	130.9	210.2	169.8	292.2	
1986	105.8	106.3	83.9	109.3	119.4	
1987	102.7	102.1	89.0	106.3	110.3	
1988	101.8	97.3	99.1	111.7	115.2	
1989	106.4	108.4	99.9	103.0	111.0	
1990	102.7	101.1	96.4	106.4	106.8	
1991	106.2	105.3	102.1	108.2	113.9	
1992	101.9	98.7	110.4	107.3	100.9	
1993	104.1	103.4	104.8	104.6	120.8	
1994	105.6	103.5	101.8	109.0	115.4	
1995	106.3	105.1	106.7	107.7	116.8	
1996	102.8	101.8	101.3	103.6	116.2	
1997	103.3	102.0	95.8	105.4	115.7	
1998	102.4	101.5	117.2	101.6	112.4	
1999	99.8	100.7	75.7	100.4	108.5	
2000	101.0	100.3	86.6	102.9	104.5	
2001	102.1	100.3	109.7	104.1	101.9	
2002	101.7	99.7	102.3	104.2	105.6	
2003	104.6	103.5	119.6	104.8	106.8	
2004	105.7	105.5	108.8	104.9	108.4	116.5
2005	105.2	103.9	100.8	106.9	106.0	113.3
2006	96.8	94.9	99.9	99.6	89.0	105.7
2007	109.5	114.8	105.1	101.6	110.2	106.0
2008	107.1	107.7	104.5	106.7	104.0	104.3
2009	106.4	106.8	106.6	105.7	108.8	104.8
2010	105.9	106.7	110.2	103.8	110.0	104.4
2011	104.8	105.2	111.0	102.5	118.4	105.0
2012	105.1	105.1	109.9	103.4	120.0	104.0
2013	104.6	104.3	108.0	103.5	117.0	105.3
2014	104.3	103.9	108.0	103.5	115.2	105.3
2015	104.6	104.6	109.3	102.5	114.0	109.4
2016	104.5	104.4	111.4	103.0	110.2	109.8
2017	103.7	104.1	111.6	101.3	107.6	110.3

注：本表指数按可比价计算；其中 1952 年以 1949 年为 100。
Note: Indices of this table are calculated at constant prices. The index of 1952 is calculated with the index of 1949 equal to 100.

表 11.7 农林牧渔业总产值（2016 – 2017 年）
GROSS OUTPUT VALUE OF FARMING, FORESTRY, ANIMAL HUSBANDRY AND FISHERY (2016-2017)

单位：万元 (10 000 yuan)

指 标	Item	农林牧渔业总产值 Gross Output Value 2016	2017	指数 上年=100 Index Preceding Year=100
总 计	**Total**	**19682751**	**20093608**	**103.7**
农 业	Farming	11517657	11936920	104.1
谷物及其他作物	Cereal and Other Crops	3624642	3608578	99.5
#谷 物	Cereal	2032685	2016305	
豆 类	Beans	224036	241246	
油 料	Oil-bearing Crops	368396	381545	
烟 草	Tobacco	209215	158131	
蔬菜园艺作物	Vegetables and Gardening	5142275	5355905	104.0
#蔬 菜（含菜用瓜）	Vegetables (including Melons as Vegetables)	4688836	4821160	
花 卉	Flowers	130000	148808	
水果、坚果、饮料和香料作物	Fruits, Nuts, Drinks and Spices	1939294	2170758	111.5
#水果、坚果（含果用瓜）	Fruits and Nuts (including Melons as Fruits)	1675832	1880098	
茶及其他饮料	Tea and Other Drinks	147403	156503	
#茶	Tea	147403	156503	
中药材	Traditional Chinese Medical Materials	811445	801679	107.5
林 业	Forestry	734330	851673	111.5
林木的培育和种植	Forest Cultivation	661554	774229	112.3
#造 林	Afforestation	460320	460320	
竹木采运	Bamboo Felling and Transportation	61776	68669	109.0
林产品	Forest Products	11000	8775	79.5
牧 业	Animal Husbandry	6274493	6013935	101.2
牲畜饲养	Livestock Raising	571177	671361	119.9
#牛	Cattle	386362	445885	
奶产品	Milk Products	27267	26300	
猪的饲养	Hog Raising	3397651	3050119	101.6
家禽饲养	Poultry Raising	2003439	2015258	97.3
#禽 蛋	Poultry Eggs	535507	534240	
狩猎和捕捉动物	Animal Hunting			
其他畜牧业	Others	302226	277196	88.4
#蚕 茧	Silkworm Cocoons	53856	47600	
渔 业	Fishery	853030	947880	107.6
#内陆水域水产品	Aquatic Products in Inland Water Areas	853030	947880	
#养 殖	By Breeding	730946	803587	
#鱼 类	Fish	833921	920923	
农林牧渔服务业	Agricultural Services	303240	343200	110.3

注：本表数据绝对值按现价计算，中类指标指数按可比价计算，部分指标数据较上年变化较大系核算方法变化所致。
Note: The absolute figures in this table are calculated at current prices whereas the indices are calculated at constant prices.

表 11.8 农村基本情况（2016 – 2017 年）
BASIC STATISTICS ON RURAL AREAS (2016-2017)

指　标	Item	2016	2017
户　数（万户）	**Number of Households (10 000 households)**	**709.44**	**707.94**
人　口（万人）	**Population (10 000 persons)**	**2196.19**	**2171.22**
乡村从业人员（万人）	**Rural Employed Population (10 000 persons)**	**1302.54**	**1281.69**
按性别分	By Sex		
男	Male	691.97	683.18
女	Female	610.57	598.51
按产业分	By Sector		
#第一产业	Primary Industry	550.45	546.32

表 11.9 农业生产条件（2016 – 2017 年）
CONDITIONS OF AGRICULTURAL PRODUCTION (2016-2017)

指　标	Item	2016	2017
农业机械化情况	**Agricultural Mechanization**		
农业机械总动力（万千瓦）	Total Agricultural Machinery Power (10 000 kw)	1318.66	1352.60
农业主要能源及物耗	**Main Agricultural Energy and Material Consumption**		
农村用电量（万千瓦时）	Electricity Consumed in Rural Areas (10 000 kwh)	786938	801802
有效灌溉面积（万公顷）	Irrigated Area (10 000 hectare)	69.06	69.43
化肥施用量（折纯量）（万吨）	Consumption of Chemical Fertilizer (net) (10 000 tons)	96.16	95.46
#氮　肥	Nitrogenous Fertilizer	48.38	47.16
磷　肥	Phosphate Fertilizer	17.36	16.93
钾　肥	Potash Fertilizer	5.44	5.54
复合肥	Compound Fertilizer	24.97	25.84
农用塑料薄膜使用量（万吨）	Consumption of Farm Plastic Film (10 000 tons)	4.53	4.55
#地膜使用量	Consumption of Farm Plastic Film	2.45	2.46
地膜覆盖面积（公顷）	Area Covered by Farm Plastic Film (hectare)	255292	256632
农用柴油使用量（万吨）	Consumption of Diesel Oil (10 000 tons)	21.63	21.67
农药使用量（万吨）	Consumption of Chemical Pesticides (10 000 tons)	1.76	1.75

表 11.10 主要农作物播种面积及产量(2016 – 2017 年)
SOWN AREA AND OUTPUT OF MAJOR FARM CROPS (2016-2017)

指　标	Item	播种面积(公顷) Sown Area (hectare)		总产量(吨) Total Output (ton)		单位产量(公斤/公顷) Yield Per Unit (kg/ha)	
		2016	2017	2016	2017	2016	2017
粮　食	**Grain**	**2250051**	**2238973**	**11660025**	**11671521**	**5182**	**5213**
谷　物	Cereal	1260929	1244825	8062359	8031391	6394	6452
稻　谷	Rice	692052	689991	5105537	5099393	7377	7391
#中　稻	Middle Rice	692052	689991	5105537	5099393	7377	7391
小　麦	Wheat	59825	52479	196412	170335	3283	3246
玉　米	Corn	475254	468419	2646866	2645270	5569	5647
高　粱	Sorghum	25876	26612	98318	101688	3800	3821
其他谷物	Other Cereal	7923	7323	15225	14704	1922	2008
豆　类	Beans	242603	245523	483738	492339	1994	2005
#大　豆	Soybean	105867	107422	212113	216672	2004	2017
薯　类	Tubers	746518	748626	3113929	3147791	4171	4205
#马铃薯	Potato	371813	372365	1293261	1308511	3478	3514
油　料	**Oil-bearing Crops**	**319971**	**328550**	**627208**	**643619**	**1960**	**1959**
#花　生	Peanut	58136	58670	123099	126793	2117	2161
油菜籽	Rapeseed	251974	259877	491912	504558	1952	1942
芝　麻	Sesame Seed	6489	6469	6569	6611	1012	1022
麻　类	**Fiber Crops**	**4485**	**4162**	**7434**	**6957**	**1658**	**1671**
#苎　麻	Ramie	4434	4117	7351	6877	1658	1670
黄红麻	Jute and Ambary Hemp	45	41	79	75	1766	1844
糖　料(甘蔗)	**Sugar Crops (sugarcane)**	**2362**	**2312**	**96990**	**95711**	**41055**	**41392**
烟　叶	**Tobacco**	**43451**	**34904**	**83921**	**69053**	**1931**	**1978**
#烤　烟	Flue-cured Tobacco	39438	30657	72672	58942	1843	1923
蔬菜、瓜果	**Vegetables and Melons**	**770480**	**785154**	**19281582**	**20023799**	**25025**	**25503**
#蔬　菜(含菜用瓜)	Vegetables (including Melons as Vegetables)	747060	760830	18751267	19471767	25100	25593

表 11.11 林牧渔业生产情况（2016 – 2017 年）
OUTPUT OF FORESTRY, ANIMAL HUSBANDRY AND FISHERY (2016-2017)

指　标	Item	2016	2017
林　业（公顷）	**Forestry (hectare)**		
当年造林面积	Increased Forest Area in Current Year	226333	228052
年末封山育林面积	Year-end Area of Hillsides Closed for Afforestation	356878	310321
零星（四旁）植树（万株）	Scattered (Four-side) Tree Planting (10 000 plants)	4934	7416
育苗面积	Seeding Raising Area	22570	25862
当年苗木产量（万株）	Output of Plants in Current Year (10 000 plants)	78792	48968
中幼林抚育作业面积	Actual Tending Area for Young and Middle Forest	159767	160000
牧　业	**Animal Husbandry**		
年末生猪存栏头数（万头）	Number of Hogs (year-end, 10 000 heads)	1395.58	1355.11
年内出栏肥猪头数（万头）	Number of Slaughtered Fattened Hogs (10 000 heads)	2047.81	2013.28
年内出栏家禽（万只）	Number of Slaughtered Poultry (10 000 heads)	24928.08	24996.09
渔　业（公顷）	**Fishery (hectare)**		
水产品养殖面积	Cultured Areas of Aquatic Products	99646	82204
#池　塘	Ponds	58132	52288
水　库	Reservoirs	29496	28496

表 11.12 林牧渔业生产情况（2016 – 2017 年）
OUTPUT OF FORESTRY, ANIMAL HUSBANDRY AND FISHERY (2016-2017)

指　标	Item	2016	2017
水　果	Fruits	4086884	4459442
#柑　桔	Citrus	2425764	2719400
猪　肉	Pork	1513087	1491499
禽　肉	Meat of Poultry	384393	384905
蜂　蜜	Honey	20147	22984
水产品	Aquatic Products	508427	515130
#养　殖	Cultured Aquatic Products	488048	496187
年末实有茶园面积（公顷）	Area of Tea Plantations (year-end) (hectare)	42275	42710
#本年采摘面积	Picked Area in Current Year	31217	32060
年末果园面积（公顷）	Area of Orchards (year-end) (hectare)	306573	329070
#梨　园	Pear	36579	35730
#柑　桔	Citrus	201015	217470

表 11.13 主要农产品产量与建国以来最高年产量的比较（2017 年）
OUTPUT OF MAJOR AGRICULTURAL PRODUCTS IN COMPARISON WITH THE PEAK YEAR SINCE THE FOUNDATION OF PRC (2017)

单位：万吨（10 000 tons）

指 标	Item	2017	建国以来最高产量 Output in the Peak Year Since the Foundation of PRC		2017 年为建国以来最高年份的比重（%）
			年 份 Year	产 量 Output	2017 as Percentage of Peak Year (%)
粮食总产量	Total Output of Grain	1167.15	1997	1184.63	98.5
#稻 谷	Rice	509.94	1997	552.44	92.3
小 麦	Wheat	17.03	1995	156.24	10.9
玉 米	Corn	264.53	2016	265.69	99.6
豆 类	Beans	49.23	2016	48.37	101.8
薯 类	Tubers	314.78	2016	311.39	101.1
油菜籽	Rapeseed	50.46	2016	49.19	102.6
麻 类	Fiber Crops	0.70	1985	2.60	26.8
甘 蔗	Sugarcane	9.57	1980	36.64	26.1
烤 烟	Flue-cured Tobacco	5.89	1997	11.00	53.6
蔬菜类	Vegetables	1947.18	2016	1875.13	103.8
年末生猪存栏头数（万头）	Number of Hogs (year-end, 10 000 heads)	1355.11	2005	1708.80	79.3
猪 肉	Pork	149.15	2014	158.54	94.1
禽 肉	Meat of Poultry	38.49	2016	38.44	100.1
禽 蛋	Poultry Eggs	47.74	2016	47.39	100.7
水产品	Aquatic Products	51.51	2016	50.84	101.3
蚕 茧	Silkworm Cocoon	1.40	1994	5.74	24.4
茶 叶	Tea	3.92	2016	3.70	105.9
水 果	Fruits	445.94	2016	408.69	109.1

重/庆/统/计/年/鉴

主要统计指标解释

农林牧渔业总产值

指以货币表现的农、林、牧、渔业全部产品和对农林牧渔业生产活动进行的各种支持性服务活动的价值总量，它反映一定时期内农林牧渔业生产总规模和总成果。1957 年以前的农林牧渔业总产值中包括了厩肥和农民自给性手工业（如农民自制衣服、鞋、袜，自己从事粮食初步加工等）。1958 年及以后，林业中增加了村及村以下竹木采伐产值；牧业中取消了厩肥产值；副业中取消了农民自给性手工业产值，增加了村及村以下办的工业产值； 渔业中增加了海洋捕捞水产品产值。1980 年及以后，在副业中增加了农民家庭兼营工业商品部分的产值。从 1984 年起村及村以下工业产值划归工业。从 1993 年起取消副业，将野生动物的捕猎划入牧业、野生植物采集和农民家庭兼营商品性工业划归农业。从 2003 年起，执行新的国民经济行业分类标准，农林牧渔业总产值中包括了农林牧渔服务业产值。林业中增加了森林采运业产值。农业中取消了家庭兼营商品性工业产值，将野生林产品的采集划归林业。第一次农业普查以后，由于畜牧业产品年报数据与普查数据之间存在一定的差距，国家统计局农调总队对畜牧业年报数据与普查数据进行衔接，相应的畜牧业产值进行调整。第二次农业普查后，国家统计局再次对种植业、畜牧业、林业、渔业、服务业数据进行了衔接与调整。

农林牧渔业总产值的计算方法通常是按农、林、牧、渔业产品及其副产品的产量分别乘以各自单位产品价格求得；少数生产周期较长，当年没有产品或产品产量不易统计的，则采用间接方法匡算其产值；然后将五业产值相加即为农林牧渔业总产值。

粮食产量

指全社会的产量。包括国有经济经营的、集体统一经营的和农民家庭经营的粮食产量，还包括工矿企业办的农场和其他生产单位的产量。粮食除包括稻谷、小麦、玉米、高粱、谷子及其他杂粮外，还包括薯类和豆类。其产量计算方法，豆类按去豆荚后的干豆计算；薯类（包括甘薯和马铃薯，不包括芋头和木薯）1963 年以前按每 4 公斤鲜薯折 1 公斤粮食计算，从 1964 年开始及以后改为按 5 公斤鲜薯折 1 公斤粮食计算。城市郊区作为蔬菜的薯类（如：马铃薯等）按鲜品计算，并且不作粮食统计。其他粮食一律按脱粒后的原粮计算。1989 年以前全国粮食产量数据主要靠全面报表取得，1989 年开始使用抽样调查数据。

油料产量

指全部油料作物的生产量。包括花生、油菜籽、芝麻、向日葵籽，胡麻籽（亚麻籽）和其他油料。不包括大豆，也不包括木本油料和野生油料。花生以带壳干花生计算。

水产品产量

指人工养殖的水产品和天然生长的水产品的捕捞量。包括海水的鱼类、虾蟹类、贝类和藻类以及内陆水域的鱼类、虾蟹类和贝类，不包括淡水生植物。水产品产量是通过各级水产和统计部门逐级上报取得数据。1995 年及以前，贝类中牡蛎按鲜肉计算；蚶、蛤、蛏按 5 斤鲜品折 1 斤计算。1996 年以后则统一按鲜品计算。

肉产量

指各种牲畜及家禽、兔等动物肉产量总计。猪、羊、骡、骆驼肉产量按去掉头蹄下水后带骨肉的胴体重量计算，牛肉产量按去骨后的净肉重量计算，兔禽肉产量按屠宰后去毛和内脏后的重量计算，可用住户调查资料推算。

期初（末）畜禽存栏头（只）数

指报告期初（末）农村各种合作经济组织和国营农场、农民个人、机关、团体、学校、工矿企业，部队等单位以及城镇居民饲养的大牲畜、猪、羊、家禽等畜禽的存栏头（只）数。

主要统计指标解释

农作物播种面积

指实际播种或移植有农作物的面积，凡是实际种植有农作物的面积，不论种植在耕地上还是种植在非耕地上，均包括在农作物播种面积中。在播种季节基本结束后，因遭灾而重新改种和补种的农作物面积，也包括在内。它是反映我国耕地面积利用情况的一个重要指标。目前，农作物播种面积主要包括粮食、棉花、油料、糖料、麻类、烟叶、蔬菜和瓜类、药材和其它农作物九大类。

有效灌溉面积

指具有一定的水源，地块比较平整，灌溉工程或设备已经配套，在一般年景下当年能够进行正常灌溉的耕地面积。在一般情况下，有效灌溉面积应等于灌溉工程或设备已经配备，能够进行正常灌溉的水田和水浇地面积之和。它是反映我国耕地抗旱能力的一个重要指标。

农用化肥施用量

指本年内实际用于农业生产的化肥数量，包括氮肥、磷肥，钾肥和复合肥。化肥施用量要求按折纯量计算数量。折纯法化肥施用量是把氮肥、磷肥和钾肥分别按含氮、含五氧化二磷、含氧化钾的百分之一百成份折算后的数量。复合肥按其所含主要成分折算。公式为：

折纯量 = 实物量 × 某种化肥有效成份含量的百分比

农业机械总动力

指主要用于农、林、牧、渔业的各种动力机械的动力总和。包括耕作机械、排灌机械、收获机械、农用运输机械、植物保护机械、牧业机械、林业机械、渔业机械和其他农业机械［内燃机按引擎马力折成瓦（特）计算，电动机按功率折成瓦（特）计算］。不包括专门用于乡、镇、村、组办工业、基本建设、非农业运输、科学试验和教学等非农业生产方面用的动力机械与作业机械。

乡村人口

指乡村地区常住居民户数中的常住人口数，即经常在家或在家居住 6 个月以上，而且经济和生活与本户连成一体的人口。外出从业人员在外居住时间虽然在 6 个月以上，但收入主要带回家中，经济与本户连为一体，仍视为家庭常住人口；在家居住，生活和本户连成一体的国家职工、退休人员也为家庭常住人口。但是现役军人、中专及以上（走读生除外）的在校学生、以及常年在外（不包括探亲、看病等）且已有稳定的职业与居住场所的外出从业人员，不应当作家庭常住人口。

Explanatory Notes on Main Statistical Indicators

Gross Output Value of Farming Forestry, Animal Husbandry and Fishery

Refers to the total value of products of farming, forestry, animal husbandry and fishery, and total value of services rendered to support farming, forestry, animal husbandry and fishery activities. It reflects the total scale and results of agricultural production during a given period. Prior to 1957, Chinas gross agricultural output value included barnyard manure and handicraft products for self-consumption (clothes, shoes, stockings, and initial grain processing undertaken by peasants). Since 1958, cutting and felling of bamboo and trees by villages and other cooperative organizations under villages have been included in forestry; value of barnyard manure has been excluded from animal husbandry; self consumed handicrafts has been excluded from sideline occupations, while the output value of industries run by villages and cooperative organizations under village had been included in sideline occupations and the output value of fish catches by motor fishing boats has been added to fishery. Since 1980, the value of handicraft products made for sale by individuals in households had been added to sideline occupations. Since 1984, industries run by villages and under villages have been included in the sector of industry. Since 1993, the subdivision of sideline occupations has been canceled, and the hunting of wild animals has been classified into animal husbandry, and the gathering of wild plants and commodity industry run by rural household have been included in farming. A new industrial classification of economic activities was introduced in 2003. Under the new classification, value of services to farming, forestry, animal husbandry and fishery is included in the gross output value of agriculture, value of wood felling and transport is included in forestry, value of industrial output by rural households is not included in agriculture, and the collection of wild forest products is taken from agriculture and included in the forestry. The first agriculture census of China revealed some discrepancy between the production of animal products from the annual reports and that from the census. Efforts were made by the Rural Socio-economic Survey Organization of NBS to adjust the output value of animal husbandry to make the figures from the annual reports consistent with the census data. After the Second Agriculture Census of China, the National Bureau of Statistics adjustment the data of farming, animal husbandry, forestry, fisheries and services once again.

Gross output value of agriculture is obtained by first multiplying the output of each product or by product by its price, resulting in the output value of each single item. For a small number of products, annual output of which is not available or difficult to get due to the long production (growing) process involved, the output value is estimated through an indirect approach. The sum of output value of all products of farming, forestry, animal husbandry and fishery is then equal to the gross output value of agriculture.

Grain Yield

Refers to the total output in the whole country including grains produced by state farms, collective units, rural households, as well as by farms affiliated to industrial and mining enterprises and other production units. Grain includes rice, wheat, corn, sorghum, millet and other miscellaneous grains as well as tubers and bean. Output of beans refers to dry beans without pods. The output of tubers (sweet potatoes and potatoes, not including taros and cassava) was converted into that of grain at the ratio 4:1, i.e. 4 kilograms of fresh tubers was equivalent to 1 kilogram of grain up to 1963. Since 1964 the ratio for conversion has been 5:1. Tubers supplied as vegetables (such as potatoes) in cities and suburbs are calculated as fresh vegetables and their output is not included in the output of grain. Output of all other grains refers to husked grain. Data on grain production before 1989 were obtained through Comprehensive Statistical Reporting System. Since 1989, data from sample surveys are used.

Yield of Oil-bearing Crops

Refers to the total yield of oil-bearing crops of various kinds, including peanuts, (dry, in shell) rapeseeds, sesame, sunflower seeds, flax seeds, and other oil-bearing crops. Soybeans, oil-bearing woody plants, and oil-bearing crops are not included.

Output of Aquatic Products

Refers to catches of both artificially cultured and naturally grown aquatic products, including fish, shrimps, crabs and shellfish in sea and inland water as well as seaweed. Freshwater plants are not included. Data on output of aquatic products are

EXPLANATORY NOTES TO MAJOR STATISTICAL INDICATORS

reported by aquatic product and statistical agencies level by level. Before 1995, among the shellfish, the oyster was counted as fresh meat; 5 kilograms of ark shell, clams and frogs are equivalent to 1 kilogram of fresh aquatic products; they are all counted as fresh aquatic products since 1996.

Output of Meat

Refers to the total meat of livestock. Data, which refers to the meat of slaughtered hogs, cattle, sheep and goats with head, feet and offal taken away, and refers to the meat of slaughtered animials such as rabbit with feather, visceral taken away.

Number of Livestock or Poultry in Hand at the Beginning (or End) of the Reference Period

Refers to the total number of large animals, pigs, sheep, fowls, etc., raised by rural cooperative organizations, state farms, rural individuals, government agencies, schools, industrial and mining enterprises, army, and urban residents at the beginning (or end) of the reference period.

Sown Area of Crops

Refers to area of land sown or trans-planted with crops regardless of being in cultivated area or non-cultivated area. Area of land resown due to natural disasters is also included. At present, the sown area of crops mainly include the following 9 categories of crops: grain, cotton, oil-bearing crops, sugar crops, fiber crops, Tobacco, Vegetables and melons, medicinal materials and other farm crops.

Irrigated Area

Refers to areas that are effectively irrigated, i.e. level land, which has water source and complete sets of irrigation facilities to lift and move adequate water for irrigation purpose under normal conditions. Under normal conditions, irrigated area is the sum of watered fields and irrigated fields where irrigation systems or equipment have been installed for regular irrigation purpose. This important indicator reflects drought resistance capacity of the cultivated land in China.

Consumption of Chemical Fertilizers for Farming

Refers to the quantity of chemical fertilizers applied in agriculture in the year, including nitrogenous fertilizer, phosphate fertilizer, potash fertilizer, and compound fertilizer. The consumption of chemical fertilizers is required in calculation to convert the gross weight into weight containing 100% effective component (e.g. 100% nitrogen content in nitrogenous fertilizer, 100% phosphorous pentoxide content in phosphate fertilizer, 100% potassium oxide content in potash fertilizer). Compound fertilizer is converted with its major component. The formula is:

Volume of effective component= physical quantity × effective component of certain chemical fertilizer (%)

Total Power of Farm Machinery

Refers to total mechanical power of machinery used in farming, forestry, animal husbandry, and fishery, including sloughing, irrigation and drainage, harvesting, transport, plant protection, stockbreeding, forestry and fishery. The power of internal combustion engines is required to convert horsepower into watts and the power of electric motors is required to be converted into watts. Machinery employed for non-agricultural purposes, such as the machines used in township-run and village-run industry, construction, non-agricultural transport, scientific experiments and teaching, is excluded.

Rural Population

Refers to permanent rural population, also refers to persons staying at home regularly or for over 6 months during a year and integrated with a household economically and in terms of living. Members of a household staying away from the residence for over 6 months but keeping a close economic relation with the household by sending the majority of income to the household are also regarded as permanent residents of a household. National civil servants and retired people staying at home and keeping a close economic relation with the household are also regarded as permanent residents of a household. However, the rural permanent population does not include CPLA, students at technical secondary school and above(excluding day-students), and persons staying away from the residence all year round(excluding persons visiting relatives and seeing the doctor, etc) but having stable occupation and living place.

第 12 章

工 业

INDUSTRY

简要说明 BRIEF INTRODUCTION

本章资料主要包括工业企业主要指标，规模以上（即指年主营业务收入2000万元及以上）工业企业单位数、主要经济指标和效益指标，国有控股工业企业的主要经济指标和效益指标，私营工业企业的主要经济指标和效益指标，外商投资和港澳台投资企业的主要经济指标和效益指标，大中型工业企业的主要经济指标和效益指标，主要工业产品产量以及占全国当年产量的比重。本章资料由市统计局工业处整理提供。

The data in this chapter cover the main indicators of industrial enterprises; the number, main economic indicators and benefit indicators of enterprises above designated size (enterprises with annual revenue from principal business 20 million yuan and above); the main economic indicators and benefit indicators of state-holding industrial enterprises, private industrial enterprises, industrial enterprises with Hong Kong, Macao, Taiwan and foreign funds and large and medium-sized industrial enterprises; the output of major industrial products and their percentage to nation total in this year. The data in this chapter are sorted and provided by Division of Industry Statistics, Chongqing Municipal Bureau of Statistics.

表 12.1 工业企业主要指标（1978 – 2017 年）
MAJOR INDICATORS OF INDUSTRIAL ENTERPRISES (1978-2017)

单位：万元 (10 000 yuan)

年 份 Year	单位数 （个） Number of Enterprises (unit)	从业人员平均人数 （人） Average Emloyment (person)	工业总产值 Industrial Gross Output Value	
			绝对值 Value	指 数 （上年 =100） Index Preceding Year=100
1978	8037	951217	643444	100.0
1980	10963	998963	772307	104.6
1985	9924	1251649	1408126	117.2
1986	12454	1473491	1604215	104.1
1987	11556	1511086	1921043	112.4
1988	11303	1552189	2529674	116.1
1989	10976	1587712	2991130	102.4
1990	10763	1610473	2993490	100.7
1991	10780	1652984	3424558	111.8
1992	9693	1662144	4191279	116.3
1993	9083	1752822	5847377	118.2
1994	9713	1692108	7185418	115.4
1995	11474	1724173	7651109	115.2
1996	2332	1474400	7304148	
1997	2210	1428600	7947952	114.4
1998	2000	1164200	7667894	100.7
1999	1975	1004400	8585525	118.9
2000	2040	907900	9623226	113.6
2001	2054	841900	10728325	115.5
2002	2072	820103	12283741	119.8
2003	2243	843341	15889928	126.7
2004	2634	900546	21427261	129.9
2005	2946	924204	25258684	118.6
2006	3214	968440	32142340	127.4
2007	3942	1082675	43632489	133.6
2008	6119	1321310	57558984	129.3
2009	6412	1372758	67729015	115.2
2010	7130	1465587	91435532	128.4
2011	4778	1457566	118470581	128.2
2012	4985	1549702	130951235	118.0
2013	5559	1694189	157854080	114.5
2014	6158	1771250	187823331	114.6
2015	6608	1819621	214000118	112.4
2016	6782	1852580	239065803	110.2
2017	6684	1690124	211732144	114.4

注：1）本表统计口径 1996 年以前为全部独立核算工业企业，1996 年 -2006 年为全部国有及规模以上（即年主营业务收入在 500 万元及以上）非国有工业企业，2007 年为规模以上（即年主营业务收入在 500 万元及以上）工业企业，2011 年为规模以上（即年主营业务收入在 2000 万元及以上）工业企业（下表同）。
2）工业总产值的绝对值按现价计算。由于工业统计制度变更，工业总产值指数 2003 年及以前按可比价计算，2004 年起按现价计算。
3）由于企业调查范围变化、剔除重复计算和非工业生产经营活动剥离等原因，2017 年工业数据总量数据与往年存在口径差异（下表同）。

Note: a) The statistic scope of this table is all the industrial enterprises with independent accounting system before 1996, is all the state-owned industrial enterprises and non-state-owned industrial enterprises over designated size (with annual revenue from principal business 5 million yuan and above) from 1996 to 2006, and is the industrial enterprises over designated size (with annual revenue from principal business 5 million yuan and above) in 2007 and is the industrial enterprises over designated size (with annual revenue from principal business 20 million yuan and above) in 2011 (the same below).
b) Gross output value of industry are calculated at current prices. As industry statistic system has been changed, the index of industrial gross output value in 2003 and previous years is calculated at constant prices, while the index is calculated at current prices since 2004.
c) Due to the change of the coverage of industrial survey,getting rid of double counting and stripping the non-industrial production activities,the total industrial data in 2017 are incomparable with the previous years (the same below).

表 12.1 续表 continued

单位：万元（10 000 yuan）

年 份 Year	年末固定资产 Year-end Fixed Assets		流动资产合计 Total Circulating Assets	主营业务收入 Revenue from Principal Business	利税总额 Total Pre-tax Profits	利润总额 Total Profits
	原 值 Original Value	净 值 Net Value				
1978	706016	475301	298093	595593	119300	
1980	823370	540178	329897	708120	146213	
1985	1339800	923111	604983	1449426	260677	
1986	1445859	970019	743986	1559353	225749	
1987	1635303	1135872	908572	1897962	251220	
1988	1830786	1254850	1062157	2472560	358610	
1989	2063326	1405200	1441939	2734475	365348	
1990	2314886	1490850	1942657	2782262	253309	
1991	2585930	1647544	2418353	3338105	291455	
1992	2947902	1784094	2852708	4167995	365134	
1993	3424857	2106423	3484050	6124846	551046	
1994	4953046	2967592	4631636	6294911	573144	
1995	7307273	4057468	5702467	7524836	580345	
1996	7708153	5398622	5749079	7113430	480449	-49429
1997	8578673	5952377	6959065	7981695	460736	-116702
1998	9866758	6940364	7202796	7809127	393220	-193078
1999	10840971	7604150	7733524	8546131	572648	-67491
2000	11515782	7848443	8157646	9593576	855670	156449
2001	12056356	7958216	8874861	10732455	1016889	238170
2002	12730167	8282507	9228472	12357157	1320260	405426
2003	13424490	8576299	10305605	15950727	1910901	859689
2004	14970250	9738481	11641381	21088433	2420163	1155898
2005	16779752	11001178	13571979	25151726	2564825	1155912
2006	20266728	13551444	15484263	32008042	3192103	1557631
2007	24067348	16421036	18541937	42629860	5025623	2405387
2008	30254424	20829025	24807777	56676087	6017115	3086786
2009	34109428	22757818	28630140	66247114	7105030	3560249
2010	44634155	29639590	36084780	90390303	10118841	5185939
2011	50234507	30341715	45089210	113823442	11643029	6603471
2012	58315944	36101279	53572842	128803222	12244123	6453886
2013	72786258	46301592	62293267	155817793	17342546	9076025
2014	85835043	54276237	71747271	186886282	22189470	12296456
2015	103933391	65401572	80949784	209022428	24492098	14118589
2016	122053328	80001548	92379294	234670318	27647239	16483625
2017	115697854	72411733	92886887	207724101	24741003	15018747

表 12.2 主要工业产品产量（1978 – 2017 年）
OUTPUT OF MAJOR INDUSTRIAL PRODUCTS (1978-2017)

年 份 Year	天然气 （亿立方米） Natural Gas (100 millioncu.m)	发电量 （亿千瓦时） Electricity (100 million kwh)	钢 材 （万吨） Steel Products (10 000 tons)	铝 材 （万吨） Aluminum Products (10 000 tons)	水 泥 （万吨） Cement (10 000 tons)	汽 车 （万辆） Motor Vehicles (10 000 units)	其中 of which #轿 车 （万辆） Cars (10 000 units)	摩托车 （万辆） Motorcycles (10 000 units)
1978	0.09	29.60	73.09	1.47	96.14	0.16		
1980	15.78	33.32	76.52	2.27	129.10	0.23		0.27
1985	24.47	36.67	86.35	4.50	262.78	0.89		47.18
1986	25.88	41.96	94.99	4.55	269.20	0.61		31.94
1987	28.39	54.73	111.36	5.00	308.29	0.90		27.14
1988	29.44	66.38	121.06	5.01	353.43	1.66		44.47
1989	31.96	72.64	102.59	4.99	345.39	2.02		36.85
1990	34.59	73.75	109.61	3.97	351.85	2.18		38.22
1991	35.86	84.05	105.67	5.51	428.56	3.04		48.48
1992	36.44	91.95	112.24	5.55	517.31	4.56		69.37
1993	37.14	118.41	162.74	5.79	562.32	6.82		120.38
1994	41.87	124.36	130.74	6.19	642.62	8.77		170.23
1995	45.00	127.62	120.68	5.93	820.57	11.47		220.17
1996	26.10	128.73	117.55	7.36	648.76	12.41	1.34	177.36
1997	30.69	139.88	116.08	9.31	862.10	16.07	2.89	177.04
1998	33.24	158.67	131.01	10.62	1173.59	15.74	3.56	126.90
1999	34.74	158.27	135.10	12.11	1197.60	21.85	4.46	174.93
2000	38.98	167.90	156.98	13.98	1402.78	24.59	4.82	191.07
2001	41.88	170.41	161.42	16.82	1511.18	24.38	4.31	253.53
2002	45.41	184.75	201.48	19.94	1679.52	33.13	6.78	323.42
2003	47.29	188.64	235.24	21.60	1927.00	40.45	12.06	441.32
2004	51.57	232.82	288.10	26.23	1906.23	42.89	15.73	473.07
2005	57.09	234.03	294.70	39.36	2100.69	42.15	15.33	420.84
2006	70.88	275.44	382.87	66.41	2533.84	51.99	26.30	534.60
2007	71.11	325.22	436.57	81.13	2819.92	70.80	41.80	638.25
2008	79.50	396.64	487.20	79.76	3230.51	76.64	40.72	774.90
2009	75.70	428.26	477.44	75.15	3610.99	118.65	63.30	761.74
2010	67.48	456.71	699.91	102.79	4598.04	161.58	85.17	849.23
2011	62.94	529.57	948.17	134.45	4935.15	172.20	93.67	879.59
2012	55.76	536.53	1150.22	94.41	5499.59	184.46	102.40	877.51
2013	50.91	586.13	1290.55	109.79	6120.40	215.06	108.14	810.94
2014	48.05	644.50	1323.45	133.41	6666.61	262.89	111.32	844.62
2015	69.31	644.64	1411.46	171.37	6798.83	304.51	108.79	841.64
2016	96.45	670.81	1234.22	216.18	6781.59	315.62	97.95	787.66
2017	111.31	690.51	917.25	188.36	6370.93	299.82	84.94	595.69

表 12.2 续表 continued

年 份 Year	微型计算机设备（万台） Computers (10 000 sets)	打印机（万台） Marking Machine (10 000 sets)	移动通信手持机（手机）（万台） Mobile Telephones (10 000 sets)	维纶纤维（万吨） PVA Fiber (10 000 tons)	硫 酸（万吨） Sulphuric Acid (10 000 tons)	啤 酒（万千升） Beer (10 000 kiloliters)	卷 烟（亿支） Cigarettes (100 million pieces)	农用化肥（万吨） Chemical Fertilizer (10 000 tons)
1978					12.76		87.70	20.23
1980					15.85		115.75	13.10
1985					15.09	3.47	246.70	15.23
1986					20.86	4.16	314.90	17.28
1987					23.25	5.18	346.95	21.70
1988					25.31	6.26	355.65	21.55
1989					27.33	5.90	356.20	21.60
1990					25.24	5.91	357.85	24.58
1991					33.10	6.67	368.85	28.24
1992					34.28	7.74	439.10	28.86
1993					25.96	15.61	437.10	31.73
1994					25.31	16.69	430.65	35.59
1995					48.84	18.89	502.25	54.37
1996				1.71	51.29	28.54	453.91	78.97
1997				1.23	52.00	40.05	507.38	66.07
1998				0.90	59.47	50.66	369.35	73.40
1999				0.63	61.83	50.81	482.85	74.27
2000				0.77	50.65	50.42	343.50	72.26
2001				1.03	65.77	39.91	338.50	77.57
2002				1.11	85.64	41.36	343.80	82.53
2003				1.18	99.18	44.42	387.50	89.97
2004				1.30	135.51	46.21	386.32	104.22
2005				1.56	150.08	53.87	396.08	121.89
2006				1.52	190.44	64.73	406.00	127.82
2007				1.57	223.78	76.49	426.00	154.20
2008				1.47	172.31	68.01	451.00	127.06
2009			374.93	1.23	202.29	72.77	476.00	152.00
2010	193.43		650.26	1.26	222.00	75.20	501.00	181.49
2011	2547.82		592.48	1.55	176.76	77.31	516.00	169.52
2012	4160.88	901.35	1095.76	1.41	221.54	77.23	551.00	206.63
2013	5593.34	1943.69	3695.78	1.79	209.35	80.04	571.00	204.33
2014	6446.78	1616.29	9418.24	1.62	202.83	73.72	576.00	213.99
2015	6180.79	1447.71	17605.08	1.34	204.16	76.71	546.50	214.85
2016	6764.65	1374.62	28708.36	1.83	193.66	76.09	440.40	177.44
2017	6619.78	1450.93	23732.52	2.05	185.64	78.95	421.50	145.95

表 12.3 工业企业经济效益指标（1992 – 2017 年）
INDICATORS ON ECONOMIC BENEFIT OF INDUSTRIAL ENTERPRISES (1992-2017)

单位：% (%)

年 份 Year	经济效益综合指数 Comprehensive Index of Economic Benefits	总资产贡献率 Ratio of Total Assets to Industrial Output Value	资本保值增值率 Ratio of Assets Appreciation YOY	资产负债率 Asset-Liability Ratio
1992	76.2			
1993	84.6			
1994	83.9			
1995	73.0			
1996	63.8	2.8	125.7	68.6
1997	60.3	2.7	113.9	68.4
1998	57.3	5.0	103.0	68.3
1999	67.7	5.5	101.4	67.1
2000	87.1	6.3	112.1	64.8
2001	95.2	6.9	108.3	62.7
2002	109.8	7.8	120.7	61.3
2003	129.7	9.9	115.8	60.8
2004	140.9	10.6	120.2	60.8
2005	139.4	10.0	116.2	59.7
2006	153.7	10.5	114.4	59.8
2007	187.7	12.6	118.2	59.7
2008	204.0	12.2	117.6	60.0
2009	204.4	12.1	114.6	60.3
2010	226.0	13.6	125.0	60.3
2011	244.1	13.7	120.5	60.7
2012	262.5	12.6	121.1	63.0
2013	254.1	14.2	118.0	63.8
2014	284.9	15.4	115.8	62.4
2015		14.9	112.5	61.9
2016		14.7	112.7	61.2
2017		13.4	114.2	58.8

表 12.3 续表 continued

年 份 Year	流动资产周转率（次） Turnover Ratio of Circulating Assets (time)	成本费用利润率 Ratio of Profits to Cost	全员劳动生产率(元 / 人年) Overall Labor Productivity (yuan/person-year)	产品销售率 Sales as Percentage of Output
1992	1.4	3.2	7296	97.0
1993	1.6	3.1	10758	97.1
1994	1.4	2.7	12638	96.4
1995	1.2	0.7	11804	96.3
1996	1.3	-1.2	13546	96.5
1997	1.2	-1.8	14972	95.6
1998	1.1	-2.4	16690	97.2
1999	1.1	-1.1	23385	97.5
2000	1.2	1.7	31081	99.1
2001	1.2	2.3	37750	97.9
2002	1.3	3.4	46464	98.1
2003	1.5	5.7	55957	97.8
2004	1.8	5.8	66148	99.9
2005	1.9	4.9	77511	98.8
2006	2.1	5.2	87750	98.4
2007	2.3	6.1	127993	97.1
2008	2.4	5.8	156167	98.0
2009	2.3	5.8	159484	98.3
2010	2.5	6.1	183031	98.1
2011	2.6	6.0	213463	97.4
2012	2.4	5.4	223843	97.8
2013	2.5	6.2	230218	98.0
2014	2.7	7.0	270083	98.2
2015	2.6	7.2	297050	97.9
2016	2.6	7.5	300204	98.3
2017	2.3	7.7	318885	98.0

注：1) 经济效益综合指数 1997 年前由资金利税率、增加值率、流动资产周转率、成本费用利润率、全员劳动生产率、产品销售率等六项指标构成，从 1997 年起由总资产贡献率、资本保值增值率、资产负债率、流动资产周转率、成本费用利润率、全员劳动生产率、产品销售率等七项指标构成。

2) 由于部分指标无法取得，因此 2008 年资本保值增值率、全员劳动生产率采用 2008 年 12 月快报数代替，其余指标均取自 2008 年经济普查数。

Note: a) Comprehensive index of economic benefits before 1997 are composed of 6 items, namely ratio of pretax profits to total industrial assets, ratio of value-added to gross industrial output value, turnover ratio of circulating assets, ratio of profits to cost, overall labor productivity and sales as percentage of output, and since 1997 are composed of 7 items, namely ratio of total assets to industrial output value, ratio of assets appreciation YOY, asset-liability ratio, turnover ratio of circulating assets, ratio of profits to cost, overall labor productivity and sales as percentage of output.

b) Because some of the indices are not available, the index of industrial gross output value, value-added of industry and its index in 2008 are replaced by the accumulated value in December 2008, and other indices are the data from the census of economy in 2008.

表 12.4 规模以上工业企业单位数（2016 – 2017 年）
NUMBER OF INDUSTRIAL ENTERPRISES ABOVE DESIGNATED SIZE (2016-2017)

单位：个 (unit)

指　标	Item	2016	2017
总　计	**Total**	**6782**	**6684**
#国有控股企业	State-holding Enterprises	511	511
#亏损企业	Loss-generating Enterprises	558	567
按登记注册类型分	**By Status of Registration**		
内资企业	Domestic-funded Enterprises	6392	6279
国有企业	State-owned Enterprises	33	28
集体企业	Collective-owned Enterprises	31	23
股份合作企业	Cooperative Share Holding Enterprises	9	10
国有联营	State Joint Ownership Enterprises		
集体联营	Collective Joint Ownership Enterprises	1	1
国有与集体联营	Joint State-Collective Enterprises		
其他联营	Other Joint Ownership Enterprises	1	1
国有独资公司	Soly State-funded Corporations	147	148
其他有限责任公司	Other Limited Liability Corporations	1728	1641
股份有限公司	Share-holding Corporations Ltd.	191	197
私营独资	Soly Private-funded Enterprises	220	190
私营合作	Cooperative Private Enterprises	34	27
私营有限责任公司	Private Limited Liability Corporations	3729	3766
私营股份有限公司	Private Share-holding Corporations Ltd.	258	240
其他内资	Other Enterprises	10	7
港澳台商投资企业	Enterprises Funded by Hong Kong, Macao and Taiwan	151	164
合资经营	Joint-ventures	59	61
合作经营	Cooperative Enterprises	1	2
独　资	Enterprises with Sole Investment	85	90
投资股份有限公司	Share-holding Corporations Ltd.	4	6
其　他	Others	2	5
外商投资企业	Foreign-funded Enterprises	239	241
中外合资经营	Joint-ventures	115	118
中外合作经营	Cooperative Enterprises	7	6
外资企业	Enterprises with Sole Investment	106	105
外商投资股份有限公司	Share-holding Corporations Ltd.	7	7
其　他	Others	4	5
按轻重工业分	**By Light and Heavy Industries**		
轻工业	Light Industry	2364	2033
重工业	Heavy Industry	4418	4651
按企业规模分	**By Size**		
大型企业	Large	245	199
中型企业	Medium	1141	1070
小型微型企业	Small&Mini	5396	5415

表 12.5 规模以上工业企业主要产品产量占全国的比重（2017 年）

OUTPUT OF MAJOR INDUSTRIAL PRODUCTS OF INDUSTRIA ENTERPRISES ABOVE DESIGNATED SIZED AS PERCENTAGE OF NATION TOTAL (2017)

产 品	Products	全 国 Nation Total	重 庆 Chongqing	重庆占全国比重（%） Chongqing as % of Nation Total
布（亿米）	Cloth (100 million m)	695.60	2.79	0.4
蚕 丝（万吨）	Silk (10 000 tons)	14.2	0.35	2.5
原 盐（万吨）	Salt (10 000 tons)	6266.60	178.46	2.8
卷 烟（亿支）	Cigarettes (100 million pieces)	23450.70	421.50	1.8
白 酒（万千升）	Liquor (10 000 kiloliters)	1198.10	11.69	1.0
啤 酒（万千升）	Beer (10 000 kiloliters)	4401.50	78.95	1.8
饮 料（万吨）	Soft Beverage (10 000 tons)	18051.20	277.82	1.5
乳制品（万吨）	Dairy Products (10 000 tons)	2935.00	22.91	0.8
发电量（亿千瓦小时）	Electricity (100 million kwh)	62758.20	690.51	1.1
天然气（亿立方米）	Natural Gas (100 million cu.m)	1474.20	111.31	7.6
生 铁（万吨）	Pig Iron (10 000 tons)	71075.90	384.10	0.5
粗 钢（万吨）	Crude Steel (10 000 tons)	83172.80	412.63	0.5
钢 材（万吨）	Steel Products (10 000 tons)	104818.30	917.25	0.9
铝 材（万吨）	Aluminum Products (10 000 tons)	5832.40	188.36	3.2
水 泥（万吨）	Cement (10 000 tons)	231624.90	6370.93	2.8
硫 酸（万吨）	Sulphuric Acid (10 000 tons)	8694.20	185.64	2.1
纯 碱（万吨）	Soda Ash (10 000 tons)	2677.10	97.25	3.6
烧 碱（万吨）	Caustic Soda (10 000 tons)	3365.20	34.01	1.0
农用化学肥料（万吨）	Chemical Fertilizer (10 000 tons)	6065.20	145.95	2.4
合成氨（万吨）	Synthetic Ammonia (10 000 tons)	4785.80	146.88	3.1
中成药（万吨）	Traditional Chinese Medicine (10 000 tons)	364.60	12.04	3.3
冰醋酸（万吨）	Glacial Acetic Acid (10 000 tons)		41.44	
精甲醇（万吨）	Refined Methanol (10 000 tons)		224.85	
涂 料（万吨）	Paint (10 000 tons)	2041.00	41.11	2.0
变压器（万千伏安）	Transformers (10 000 kilovolt-amperes)		5272.92	
汽 车（万辆）	Motor Vehicles (10 000 units)	2994.20	299.82	10.0
#轿 车	Cars	1199.00	84.94	7.1
摩托车（万辆）	Motorcycles (10 000 units)	2267.70	595.69	26.3
微型计算机设备（万台）	Microcomputers (10 000 sets)	30678.40	6619.78	21.6
显示器（万台）	Display(10 000 setss)		2420.43	
移动通信手持机（手机）（万台）	Mobile Telephone(10 000 sets)	192207.50	23732.52	12.3

表 12.6 规模以上工业企业主要经济指标（2017 年）
MAIN ECONOMIC INDICATORS OF INDUSTRIAL ENTERPRISES ABOVE DESIGNATED SIZE (2017)

指　标	Item	单位数（个）Number of Enterprises (unit)
总　计	**Total**	**6684**
按登记注册类型分	**By Status of Registration**	
内资企业	Domestic-funded Enterprises	6279
#国有企业	State-owned	28
集体企业	Collective-owned	23
港澳台投资企业	Funded by Hong Kong, Macao and Taiwan	164
外商投资企业	Foreign-funded	241
按轻、重工业分	**By Light and Heavy Industries**	
轻工业	Light Industry	2033
重工业	Heavy Industry	4651
按企业规模分	**By Size**	
大型企业	Large	199
中型企业	Medium	1070
小型微型企业	Small&Mini	5415
按行业分	**By Sector**	
煤炭开采和洗选业	Mining and Washing of Coal	72
石油和天然气开采业	Extraction of Petroleum and Natural Gas	2
黑色金属矿采选业	Mining and Processing of Ferrous Metal Ores	14
有色金属矿采选业	Mining and Processing of Non-Ferrous Metal Ores	2
非金属矿采选业	Mining and Processing of Nonmetal Ores	131
开采辅助活动	Mining Support Activities	
其他采矿业	Mining of Other Ores	
农副食品加工业	Processing of Food from Agricultural Products	493
食品制造业	Manufacture of Foods	182
酒、饮料和精制茶制造业	Liquor, Beverage and Refined Tea	102
烟草制品业	Manufacture of Tobacco	2
纺织业	Manufacture of Textile	74
纺织服装、鞋、帽制造业	Manufacture of Textile Wearing Apparel, Footware and Caps	71
皮革、毛皮、羽毛（绒）及其制品业	Manufacture of Leather, Fur, Feather and Related Products	67
木材加工及木竹藤棕草制品业	Processing of Timber, Manufacture of Wood, Bamboo, Rattan, Palm and Straw Products	98
家具制造业	Manufacture of Furniture	84
造纸及纸制品业	Manufacture of Paper and Paper Products	108
印刷业、记录媒介的复制	Printing, Reproduction of Recording Media	110
文教、工美、体育和娱乐用品制造业	Manufacture of Culture, Education, Handicraft, Fine Arts, Sports and Entertainment Articles	41
石油加工、炼焦及核燃料加工业	Processing of Petroleum, Coking, Processing of Nuclear Fuel	17
化学原料及化学制品制造业	Manufacture of Raw Chemical Materials and Chemical Products	255
医药制造业	Manufacture of Medicines	141
化学纤维制造业	Manufacture of Chemical Fibers	4
橡胶和塑料制品业	Manufacture of Rubber and Plastics	290
非金属矿物制品业	Manufacture of Non-metallic Mineral Products	664
黑色金属冶炼及压延加工业	Smelting and Pressing of Ferrous Metals	124
有色金属冶炼及压延加工业	Smelting and Pressing of Nonferrous Metals	128
金属制品业	Manufacture of Metal Products	292
通用设备制造业	Manufacture of General Purpose Machinery	362
专用设备制造业	Manufacture of Special Purpose Machinery	250
汽车制造业	Manufacture of Motor Vehicles	952
铁路、船舶、航空航天和其他运输设备制造业	Manufacture of Railway, Ship, Aviation and Other Transporting Equipment	511
电气机械及器材制造业	Manufacture of Electrical Machinery and Equipment	276
通信设备、计算机及其他电子设备制造业	Manufacture of Communication Equipment, Computers and Other Electronic Equipment	433
仪器仪表及文化、办公用机械制造业	Manufacture of Measuring Instruments and Machinery for Cultural Activity and Office Work	89
其他制造业	Other Manufacture	18
废弃资源综合利用业	Comprehensive Utilization of Waste Resources	25
金属制品、机械和设备修理业	Repair of Metal Products, Machinery and Equipment	10
电力、热力的生产和供应业	Production and Supply of Electric Power and Heat Power	78
燃气生产和供应业	Production and Supply of Gas	69
水的生产和供应业	Production and Supply of Water	43

单位：万元 (10 000 yuan)

从业人员平均人数（万人） Average Employment (10 000 persons)	工业总产值 Gross Industrial Output Value	工业销售产值 Sales Value of Industry	其 中 of which	实收资本 Paid-in Capital	其 中 of which	
			#出口交货值 Value of Export Delivery		#国家资本 State Capital	#外商资本 Foreign Capital
169.01	**211732144**	**207536320**	**30448346**	**36244479**	**9127296**	**2848943**
141.51	159059621	155891019	7901954	28320110	8377421	112068
1.06	1075389	1016337	14450	377904	205189	
0.34	184265	183917		9529		
11.44	18346338	17733175	11162234	2832726	80419	428346
16.06	34326185	33912126	11384158	5091643	669456	2308530
40.47	43984989	42621913	1395251	4837840	279234	215454
128.54	167747155	164914408	29053095	31406639	8848062	2633490
53.72	87911580	86320887	25439078	15017794	4086713	1118806
56.25	50860832	49840343	2684903	8616618	2418989	807732
59.04	72959733	71375090	2324366	12610067	2621594	922405
4.10	1457080	1458399		1140449	699322	
0.16	794343	794371		1059921	18515	
0.24	153325	143597		11951	5041	
0.04	23069	23069		310		
1.53	1564431	1543875		197210	53706	
7.13	9096823	8883221	63091	558999	36630	38769
3.30	2553759	2504005	24775	242570	6585	2596
2.24	1828071	1838924	43534	425155	8534	75843
0.35	1311768	1266800		83359		
1.12	1035114	1023211	253140	66009	9000	
1.41	904022	854268	119269	99752	4000	12416
2.26	1838358	1836007	29139	41600	11639	
1.28	1244220	1227981	46230	79799	12000	
1.27	919883	883279	24	123723	30	
2.28	2855062	2717509	57864	925512	8	866
1.74	1519554	1487937	63842	176313	7822	1174
1.03	958171	930425	101874	71833		
0.21	524566	531433		93411		
5.15	8159514	8098381	285618	2455122	681645	508037
4.95	5658354	5329889	251840	924658	83233	5720
0.19	323136	289542	15037	67203	5703	
4.64	5485961	5367515	200329	746602	84235	194623
11.80	10842977	10569897	143340	2288442	240200	99347
2.74	4440615	4338109	5355	1262312	39878	5000
3.57	7424011	7321478	184586	1351357	308766	5394
5.75	4654136	4572813	108462	619381	73451	24570
7.54	7568369	7382913	451908	1168062	482627	121294
4.22	3969991	3854109	183474	675604	184550	30252
34.14	46627433	46172337	652813	5049914	579480	874396
13.86	11343631	11030043	1380517	1776378	405148	44074
6.44	10060477	9805846	435615	1092156	184231	73947
22.35	41772554	40755581	25213983	5080551	353272	594008
2.33	1576443	1535205	45385	341029	152731	14873
1.22	805898	803486	87305	272857	34032	
0.20	314218	311350		38602		
0.31	127628	127142		12858		
3.98	7200760	7175939		4672244	4004835	86747
1.02	2363512	2320347		451769	127966	35000
0.94	430909	426090		499504	228482	

表 12.6 续表 1 continued 1

指 标	Item	资 产 Total Assets
总 计	**Total**	**197604974**
按登记注册类型分	**By Status of Registration**	
内资企业	Domestic-funded Enterprises	161284357
#国有企业	State-owned	2470241
集体企业	Collective-owned	122677
港澳台投资企业	Funded by Hong Kong, Macao and Taiwan	12478211
外商投资企业	Foreign-funded	23842406
按轻、重工业分	**By Light and Heavy Industries**	
轻工业	Light Industry	30480471
重工业	Heavy Industry	167124503
按企业规模分	**By Size**	
大型企业	Large	84251318
中型企业	Medium	50086032
小型微型企业	Small&Mini	63267624
按行业分	**By Sector**	
煤炭开采和洗选业	Mining and Washing of Coal	4389330
石油和天然气开采业	Extraction of Petroleum and Natural Gas	2481585
黑色金属矿采选业	Mining and Processing of Ferrous Metal Ores	155002
有色金属矿采选业	Mining and Processing of Non-Ferrous Metal Ores	30199
非金属矿采选业	Mining and Processing of Nonmetal Ores	1202591
开采辅助活动	Mining Support Activities	
其他采矿业	Mining of Other Ores	
农副食品加工业	Processing of Food from Agricultural Products	4224474
食品制造业	Manufacture of Foods	1675036
酒、饮料和精制茶制造业	Liquor, Beverage and Refined Tea	1626102
烟草制品业	Manufacture of Tobacco	1499647
纺织业	Manufacture of Textile	751128
纺织服装、鞋、帽制造业	Manufacture of Textile Wearing Apparel, Footware and Caps	446829
皮革、毛皮、羽毛（绒）及其制品业	Manufacture of Leather, Fur, Feather and Related Products	492417
木材加工及木竹藤棕草制品业	Processing of Timber, Manufacture of Wood, Bamboo, Rattan, Palm and Straw Products	554144
家具制造业	Manufacture of Furniture	695474
造纸及纸制品业	Manufacture of Paper and Paper Products	3143624
印刷业、记录媒介的复制	Printing, Reproduction of Recording Media	1208924
文教、工美、体育和娱乐用品制造业	Manufacture of Culture, Education, Handicraft, Fine Arts, Sports and Entertainment Articles	560903
石油加工、炼焦及核燃料加工业	Processing of Petroleum, Coking, Processing of Nuclear Fuel	515865
化学原料及化学制品制造业	Manufacture of Raw Chemical Materials and Chemical Products	10216441
医药制造业	Manufacture of Medicines	6259187
化学纤维制造业	Manufacture of Chemical Fibers	307783
橡胶和塑料制品业	Manufacture of Rubber and Plastics	3563765
非金属矿物制品业	Manufacture of Non-metallic Mineral Products	11763858
黑色金属冶炼及压延加工业	Smelting and Pressing of Ferrous Metals	4910189
有色金属冶炼及压延加工业	Smelting and Pressing of Nonferrous Metals	5479588
金属制品业	Manufacture of Metal Products	3972930
通用设备制造业	Manufacture of General Purpose Machinery	7011809
专用设备制造业	Manufacture of Special Purpose Machinery	4111664
汽车制造业	Manufacture of Motor Vehicles	43004682
铁路、船舶、航空航天和其他运输设备制造业	Manufacture of Railway, Ship, Aviation and Other Transporting Equipment	11414877
电气机械及器材制造业	Manufacture of Electrical Machinery and Equipment	8402884
通信设备、计算机及其他电子设备制造业	Manufacture of Communication Equipment, Computers and Other Electronic Equipment	23557081
仪器仪表及文化、办公用机械制造业	Manufacture of Measuring Instruments and Machinery for Cultural Activity and Office Work	1776859
其他制造业	Other Manufacture	1382933
废弃资源综合利用业	Comprehensive Utilization of Waste Resources	227884
金属制品、机械和设备修理业	Repair of Metal Products, Machinery and Equipment	70804
电力、热力的生产和供应业	Production and Supply of Electric Power and Heat Power	19444507
燃气生产和供应业	Production and Supply of Gas	2332709
水的生产和供应业	Production and Supply of Water	2739268

单位：万元（10 000 yuan）

其 中 of which	固定资产 Fixed Assets		负 债	其 中 of which
#流动资产 Circulating Assets	原 值 Original Value	净 值 Net Value	Total Liabilities	#流动负债 Total Circulating Liabilities
92886887	**115697854**	**72411733**	**116227459**	**89949847**
73824781	94406072	59192083	93240703	71277492
542688	2825848	1655483	1994980	971502
80689	49575	28047	78259	76204
6115604	6849649	4778689	8043415	5657841
12946502	14442133	8440962	14943341	13014515
15115176	17495902	10406079	14228017	10809095
77771711	98201952	62005654	101999442	79140752
41069898	50747084	30427414	51458157	41678180
24369904	30091976	18168876	28877738	23278881
27447085	34858794	23815443	35891563	24992786
1077682	2277280	1599640	2467046	1728606
112801	2798586	2340992	1397128	1136379
81017	54591	44203	158636	152349
16702	13845	13498	21451	21451
464379	652572	423177	480268	391708
1794739	2481600	1710890	1623257	1262896
758537	918823	626604	692071	604284
734685	1002011	497584	844827	584564
1228639	463013	201186	461747	461425
393020	373744	266015	493968	424968
280274	150106	102567	171268	151231
274721	1188318	183346	223924	107286
251257	421903	215125	240323	192401
204793	348132	354334	245610	144398
1452160	1753545	1401275	1707302	951635
694610	750393	350848	615632	557257
265221	315399	216774	208362	174181
272282	145172	102438	356281	181307
3130545	8656439	5291687	6716856	5022471
3149551	3152218	1842444	3043383	2411461
131262	187772	148710	137113	112337
1359398	2876228	1610860	1869135	1580191
5224454	6863304	4301559	7066799	5853102
1566152	3196124	2861853	2434179	1606351
2330348	4049542	1900935	3332362	2774836
1861953	2165902	1497770	2206536	1745851
3957748	3184648	2260307	3764001	3038186
2163558	1938950	1124020	2149345	1670731
24582465	18224052	10804153	26917899	23861940
5968877	5417313	3012192	6507568	5506854
5756960	2619011	1674573	5059057	4342279
15020096	10435290	6865514	15116890	11576359
1200808	485149	312485	988974	836158
817561	608860	346579	814711	712820
100956	94571	52585	137171	66116
48658	33652	17418	39322	35832
2355128	22767941	14083961	12822894	6432767
1000385	1079965	638969	1420364	966215
802506	1551892	1112664	1273797	568670

表 12.6 续表 2 continued 2

指　标	Item	所有者权益 Creditors' Equity
总　计	**Total**	**80050384**
按登记注册类型分	**By Status of Registration**	
内资企业	Domestic-funded Enterprises	66915541
#国有企业	State-owned	475849
集体企业	Collective-owned	44418
港澳台投资企业	Funded by Hong Kong, Macao and Taiwan	4333034
外商投资企业	Foreign-funded	8801809
按轻、重工业分	**By Light and Heavy Industries**	
轻工业	Light Industry	15922487
重工业	Heavy Industry	64127897
按企业规模分	**By Size**	
大型企业	Large	32793161
中型企业	Medium	21170582
小型微型企业	Small&Mini	26086642
按行业分	**By Sector**	
煤炭开采和洗选业	Mining and Washing of Coal	1800373
石油和天然气开采业	Extraction of Petroleum and Natural Gas	1084457
黑色金属矿采选业	Mining and Processing of Ferrous Metal Ores	-3635
有色金属矿采选业	Mining and Processing of Non-Ferrous Metal Ores	8749
非金属矿采选业	Mining and Processing of Nonmetal Ores	695349
开采辅助活动	Mining Support Activities	
其他采矿业	Mining of Other Ores	
农副食品加工业	Processing of Food from Agricultural Products	2506079
食品制造业	Manufacture of Foods	960060
酒、饮料和精制茶制造业	Liquor, Beverage and Refined Tea	885395
烟草制品业	Manufacture of Tobacco	1037900
纺织业	Manufacture of Textile	217443
纺织服装、鞋、帽制造业	Manufacture of Textile Wearing Apparel, Footware and Caps	259925
皮革、毛皮、羽毛（绒）及其制品业	Manufacture of Leather, Fur, Feather and Related Products	262512
木材加工及木竹藤棕草制品业	Processing of Timber, Manufacture of Wood, Bamboo, Rattan, Palm and Straw Products	295467
家具制造业	Manufacture of Furniture	420853
造纸及纸制品业	Manufacture of Paper and Paper Products	1430900
印刷业、记录媒介的复制	Printing, Reproduction of Recording Media	591217
文教、工美、体育和娱乐用品制造业	Manufacture of Culture, Education, Handicraft, Fine Arts, Sports and Entertainment Articles	330013
石油加工、炼焦及核燃料加工业	Processing of Petroleum, Coking, Processing of Nuclear Fuel	155675
化学原料及化学制品制造业	Manufacture of Raw Chemical Materials and Chemical Products	3468935
医药制造业	Manufacture of Medicines	3140937
化学纤维制造业	Manufacture of Chemical Fibers	162339
橡胶和塑料制品业	Manufacture of Rubber and Plastics	1646227
非金属矿物制品业	Manufacture of Non-metallic Mineral Products	4548336
黑色金属冶炼及压延加工业	Smelting and Pressing of Ferrous Metals	2443965
有色金属冶炼及压延加工业	Smelting and Pressing of Nonferrous Metals	2104032
金属制品业	Manufacture of Metal Products	1688389
通用设备制造业	Manufacture of General Purpose Machinery	3151820
专用设备制造业	Manufacture of Special Purpose Machinery	1921982
汽车制造业	Manufacture of Motor Vehicles	15984720
铁路、船舶、航空航天和其他运输设备制造业	Manufacture of Railway, Ship, Aviation and Other Transporting Equipment	4816952
电气机械及器材制造业	Manufacture of Electrical Machinery and Equipment	3301597
通信设备、计算机及其他电子设备制造业	Manufacture of Communication Equipment, Computers and Other Electronic Equipment	8320020
仪器仪表及文化、办公用机械制造业	Manufacture of Measuring Instruments and Machinery for Cultural Activity and Office Work	785823
其他制造业	Other Manufacture	568222
废弃资源综合利用业	Comprehensive Utilization of Waste Resources	66190
金属制品、机械和设备修理业	Repair of Metal Products, Machinery and Equipment	31482
电力、热力的生产和供应业	Production and Supply of Electric Power and Heat Power	6581874
燃气生产和供应业	Production and Supply of Gas	912344
水的生产和供应业	Production and Supply of Water	1465470

单位：万元 (10 000 yuan)

主营业务收入 Revenue from Principal Business	主营业务成本 Cost of Principal Business	主营业务税金及附加 Tax and Extra Charges of Principal Business	本年应交增值税 VAT Payable	利润总额 Total After-tax Profits	利税总额 Total Pre-tax Profits	应付职工薪酬 Total Wages
207724101	**175054885**	**2928500**	**6631573**	**15018747**	**24741003**	**12777764**
155441754	130189422	2273960	5394641	11675018	19466970	10361519
1025576	813239	9645	60656	62064	135544	111494
180815	154799	2794	7748	11118	21695	16162
17776796	16084933	58951	312410	712603	1090408	962617
34505551	28780530	595590	924522	2631126	4183626	1453627
42434807	33910482	1044102	1642760	3488270	6203532	2679952
165289294	141144404	1884398	4988813	11530477	18537472	10097812
87255681	74324765	1890633	2502797	5755427	10266090	5123612
50155828	41594470	398112	1820121	3885443	6120410	4094808
70312592	59135650	639755	2308655	5377877	8354504	3559343
1525792	1233702	36375	148676	122928	309511	341685
782600	490093	38053	1721	271015	311569	10859
153746	107391	2746	16876	5819	25590	16759
24275	19983	1348	1984	1863	5195	2508
1495707	1180638	33272	61402	140801	235487	91533
8739746	7425818	63701	264973	709670	1039749	405501
2586800	2050530	23308	108436	227493	359579	211022
1905279	1386219	61269	72261	184384	317978	152503
1262181	458056	676392	128102	-4177	800317	98145
1007797	889982	8017	40139	47979	98014	61713
837606	679993	4510	22556	65870	92936	89688
1801291	1636097	6628	39493	106964	153124	128890
1166276	953897	10574	39064	99791	149851	74837
890258	698245	10704	31777	70633	113192	77520
2702212	2202266	18944	93110	284204	399686	148480
1470418	1214463	10299	51900	118388	180827	116463
1016221	905609	5388	35497	69911	111034	52658
559533	489631	7683	11094	25728	44695	17361
7793303	6377350	55578	268986	515214	847846	413400
5163357	3540935	53806	313582	478957	848357	336822
290266	225159	421	10936	40041	51999	11404
5298914	4501608	45062	178865	390769	617181	300479
10648337	8551120	104102	442139	996033	1549199	750483
4341932	3967180	27174	95210	224220	347688	198336
7203901	6620010	26546	306483	438527	778833	342902
4546867	3841765	41850	159356	340291	542141	387469
7372555	5994354	59443	264809	637156	962615	540717
3811088	3035147	44776	165901	353892	565282	302994
47621280	38671962	1074388	1616598	4328705	7098830	2977892
10437325	9009184	85350	328920	702593	1119137	921131
10300923	8760279	60952	303963	800387	1183090	474400
40337871	36792129	138543	455233	1559335	2163681	1511846
1410123	1084540	11372	61847	83280	156677	192319
765778	663688	3957	10664	152821	169330	128186
313785	267225	2791	18033	21523	42346	10022
105463	96603	1048	6306	5214	12650	21097
7192381	6536283	58763	405471	149802	617806	627874
2421365	2202762	9799	31608	160874	203462	122582
419553	292993	3569	17605	89852	114521	107291

表 12.7 规模以上工业企业经济效益指标（2017 年）
INDICATORS ON ECONOMIC BENEFIT OF INDUSTRIAL ENTERPRISES ABOVE DESIGNATED SIZE (2017)

指　标	Item	总资产贡献率 Ratio of Total Assets to Industrial Output Value
总　计	**Total**	**13.4**
按登记注册类型分	**By Status of Registration**	
内资企业	Domestic-funded Enterprises	13.0
#国有企业	State-owned	7.7
集体企业	Collective-owned	18.1
港澳台投资企业	Funded by Hong Kong, Macao and Taiwan	9.4
外商投资企业	Foreign-funded	18.0
按轻、重工业分	**By Light and Heavy Industries**	
轻工业	Light Industry	21.1
重工业	Heavy Industry	12.0
按企业规模分	**By Size**	
大型企业	Large	12.8
中型企业	Medium	13.2
小型微型企业	Small&Mini	14.4
按行业分	**By Sector**	
煤炭开采和洗选业	Mining and Washing of Coal	8.6
石油和天然气开采业	Extraction of Petroleum and Natural Gas	13.8
黑色金属矿采选业	Mining and Processing of Ferrous Metal Ores	18.9
有色金属矿采选业	Mining and Processing of Non-Ferrous Metal Ores	17.2
非金属矿采选业	Mining and Processing of Nonmetal Ores	20.8
开采辅助活动	Mining Support Activities	
其他采矿业	Mining of Other Ores	
农副食品加工业	Processing of Food from Agricultural Products	25.3
食品制造业	Manufacture of Foods	22.3
酒、饮料和精制茶制造业	Liquor, Beverage and Refined Tea	20.2
烟草制品业	Manufacture of Tobacco	53.5
纺织业	Manufacture of Textile	14.6
纺织服装、鞋、帽制造业	Manufacture of Textile Wearing Apparel, Footware and Caps	21.4
皮革、毛皮、羽毛（绒）及其制品业	Manufacture of Leather, Fur, Feather and Related Products	31.8
木材加工及木竹藤棕草制品业	Processing of Timber, Manufacture of Wood, Bamboo, Rattan, Palm and Straw Products	28.1
家具制造业	Manufacture of Furniture	17.2
造纸及纸制品业	Manufacture of Paper and Paper Products	13.4
印刷业、记录媒介的复制	Printing, Reproduction of Recording Media	15.5
文教、工美、体育和娱乐用品制造业	Manufacture of Culture, Education, Handicraft, Fine Arts, Sports and Entertainment Articles	20.1
石油加工、炼焦及核燃料加工业	Processing of Petroleum, Coking, Processing of Nuclear Fuel	9.4
化学原料及化学制品制造业	Manufacture of Raw Chemical Materials and Chemical Products	10.2
医药制造业	Manufacture of Medicines	14.5
化学纤维制造业	Manufacture of Chemical Fibers	17.7
橡胶和塑料制品业	Manufacture of Rubber and Plastics	18.2
非金属矿物制品业	Manufacture of Non-metallic Mineral Products	14.4
黑色金属冶炼及压延加工业	Smelting and Pressing of Ferrous Metals	7.4
有色金属冶炼及压延加工业	Smelting and Pressing of Nonferrous Metals	16.6
金属制品业	Manufacture of Metal Products	17.6
通用设备制造业	Manufacture of General Purpose Machinery	15.5
专用设备制造业	Manufacture of Special Purpose Machinery	13.4
汽车制造业	Manufacture of Motor Vehicles	16.9
铁路、船舶、航空航天和其他运输设备制造业	Manufacture of Railway, Ship, Aviation and Other Transporting Equipment	10.6
电气机械及器材制造业	Manufacture of Electrical Machinery and Equipment	14.5
通信设备、计算机及其他电子设备制造业	Manufacture of Communication Equipment, Computers and Other Electronic Equipment	9.6
仪器仪表及文化、办公用机械制造业	Manufacture of Measuring Instruments and Machinery for Cultural Activity and Office Work	8.8
其他制造业	Other Manufacture	7.8
废弃资源综合利用业	Comprehensive Utilization of Waste Resources	19.2
金属制品、机械和设备修理业	Repair of Metal Products, Machinery and Equipment	13.1
电力、热力的生产和供应业	Production and Supply of Electric Power and Heat Power	5.0
燃气生产和供应业	Production and Supply of Gas	8.8
水的生产和供应业	Production and Supply of Water	4.4

单位: % (%)

资本保值增值率 Ratio of Assets Appreciation YOY	资产负债率 Asset-Liability Ratio	流动资产周转率（次） Turnover Ratio of Circulating Assets (time)	成本费用利润率 Ratio of Profits to Cost	产品销售率 Sales as Percentage of Output
114.2	**58.8**	**2.3**	**7.7**	**98.0**
115.3	57.8	2.1	8.0	98.0
111.3	80.8	2.0	5.9	94.5
86.8	63.8	2.3	6.5	99.8
108.8	64.5	3.0	4.1	96.7
111.3	62.7	2.7	8.2	98.8
114.8	46.7	2.9	9.1	96.9
114.0	61.0	2.2	7.4	98.3
113.6	60.9	2.2	7.0	98.2
104.5	57.8	2.1	8.2	98.0
122.7	56.8	2.6	8.3	97.8
77.5	56.2	1.5	8.0	100.1
126.1	56.3	7.0	44.6	100.0
0.0	102.3	1.9	3.9	93.7
124.3	71.0	1.5	8.8	100.0
112.9	39.5	3.2	10.7	98.7
117.1	38.4	4.9	8.8	97.7
109.1	41.4	3.4	9.7	98.1
106.5	52.0	2.6	10.9	100.6
184.9	30.8	1.1	-0.7	96.6
87.1	65.8	2.7	4.9	98.9
120.1	38.3	3.0	8.5	94.5
97.1	45.5	6.7	6.2	99.9
107.9	43.4	4.7	9.4	98.7
118.9	35.3	4.4	8.7	96.0
96.1	54.3	1.9	11.4	95.2
124.7	50.9	2.1	8.8	97.9
105.8	37.2	3.9	7.4	97.1
100.2	67.9	2.1	5.0	101.1
104.8	66.6	2.5	7.1	99.3
102.2	48.6	1.7	10.2	94.2
120.8	44.6	2.2	16.0	89.6
120.3	52.4	3.9	8.0	97.8
114.4	60.1	2.1	10.3	97.5
327.8	49.7	2.6	4.6	97.6
139.7	62.1	3.5	5.9	98.8
130.6	55.4	2.8	9.0	97.6
122.4	49.8	2.1	9.8	97.0
117.6	57.5	1.6	9.5	97.9
107.8	62.6	2.0	9.8	99.0
118.2	57.0	1.8	7.1	97.3
107.3	59.3	1.8	8.2	97.5
134.6	64.1	2.7	4.0	97.6
103.3	54.3	1.1	6.7	97.0
105.7	57.4	1.0	14.1	102.5
95.2	60.2	3.1	7.6	99.1
99.8	63.8	1.6	3.1	99.8
95.4	66.0	3.1	2.1	99.7
110.6	61.0	2.5	6.9	98.2
120.9	46.5	0.7	19.4	98.9

表 12.7 续表 continued

指　标	Item	销售利润率 Rate of Return on Sale
总　计	**Total**	**7.23**
按登记注册类型分	**By Status of Registration**	
内资企业	Domestic-funded Enterprises	7.51
#国有企业	State-owned	6.05
集体企业	Collective-owned	6.15
港澳台投资企业	Funded by Hong Kong, Macao and Taiwan	4.01
外商投资企业	Foreign-funded	7.63
按轻、重工业分	**By Light and Heavy Industries**	
轻工业	Light Industry	8.22
重工业	Heavy Industry	6.98
按企业规模分	**By Size**	
大型企业	Large	6.60
中型企业	Medium	7.70
小型微型企业	Small&Mini	7.69
按行业分	**By Sector**	
煤炭开采和洗选业	Mining and Washing of Coal	8.06
石油和天然气开采业	Extraction of Petroleum and Natural Gas	34.63
黑色金属矿采选业	Mining and Processing of Ferrous Metal Ores	3.78
有色金属矿采选业	Mining and Processing of Non-Ferrous Metal Ores	7.67
非金属矿采选业	Mining and Processing of Nonmetal Ores	9.42
开采辅助活动	Mining Support Activities	
其他采矿业	Mining of Other Ores	8.24
农副食品加工业	Processing of Food from Agricultural Products	8.12
食品制造业	Manufacture of Foods	8.80
酒、饮料和精制茶制造业	Liquor, Beverage and Refined Tea	9.68
烟草制品业	Manufacture of Tobacco	-0.33
纺织业	Manufacture of Textile	4.76
纺织服装、鞋、帽制造业	Manufacture of Textile Wearing Apparel, Footware and Caps	7.86
皮革、毛皮、羽毛（绒）及其制品业	Manufacture of Leather, Fur, Feather and Related Products	5.94
木材加工及木竹藤棕草制品业	Processing of Timber, Manufacture of Wood, Bamboo, Rattan, Palm and Straw Products	8.55
家具制造业	Manufacture of Furniture	7.93
造纸及纸制品业	Manufacture of Paper and Paper Products	10.52
印刷业、记录媒介的复制	Printing, Reproduction of Recording Media	8.05
文教、工美、体育和娱乐用品制造业	Manufacture of Culture, Education, Handicraft, Fine Arts, Sports and Entertainment Articles	6.88
石油加工、炼焦及核燃料加工业	Processing of Petroleum, Coking, Processing of Nuclear Fuel	4.73
化学原料及化学制品制造业	Manufacture of Raw Chemical Materials and Chemical Products	6.70
医药制造业	Manufacture of Medicines	9.28
化学纤维制造业	Manufacture of Chemical Fibers	13.79
橡胶和塑料制品业	Manufacture of Rubber and Plastics	7.37
非金属矿物制品业	Manufacture of Non-metallic Mineral Products	9.35
黑色金属冶炼及压延加工业	Smelting and Pressing of Ferrous Metals	4.54
有色金属冶炼及压延加工业	Smelting and Pressing of Nonferrous Metals	5.92
金属制品业	Manufacture of Metal Products	8.23
通用设备制造业	Manufacture of General Purpose Machinery	8.99
专用设备制造业	Manufacture of Special Purpose Machinery	8.63
汽车制造业	Manufacture of Motor Vehicles	9.08
铁路、船舶、航空航天和其他运输设备制造业	Manufacture of Railway, Ship, Aviation and Other Transporting Equipment	6.72
电气机械及器材制造业	Manufacture of Electrical Machinery and Equipment	7.75
通信设备、计算机及其他电子设备制造业	Manufacture of Communication Equipment, Computers and Other Electronic Equipment	3.88
仪器仪表及文化、办公用机械制造业	Manufacture of Measuring Instruments and Machinery for Cultural Activity and Office Work	6.38
其他制造业	Other Manufacture	14.74
废弃资源综合利用业	Comprehensive Utilization of Waste Resources	6.86
金属制品、机械和设备修理业	Repair of Metal Products, Machinery and Equipment	3.10
电力、热力的生产和供应业	Production and Supply of Electric Power and Heat Power	2.08
燃气生产和供应业	Production and Supply of Gas	6.68
水的生产和供应业	Production and Supply of Water	21.42

单位：% (%)

流动比率 Current Ratio	速动比率 Quick Ratio	产权比率 Equity Ratio	人均实现利税（元） Per Capita Pre-tax Profits (yuan)	从业人员人均工资（元） Per Capita Wages of Employees (yuan)
1.03	**0.83**	**1.45**	**146386**	**75603**
1.04	0.84	1.39	137566	73221
0.56	0.44	4.19	128089	105362
1.06	0.91	1.76	63086	46997
1.08	0.87	1.86	95330	84157
0.99	0.79	1.70	260441	90492
1.40	0.99	0.89	153272	66214
0.98	0.81	1.59	144217	78559
0.99	0.80	1.56	189189	95444
1.04	0.84	1.37	108716	72563
1.10	0.88	1.38	142531	60101
0.62	0.59	1.37	75432	83273
0.10	0.10	1.29	1979472	68987
0.53	0.45		106314	69624
0.78	0.66	2.45	124588	60151
1.22	0.92	0.68	155845	60211
0.16	0.12	1.55	52507	38779
1.42	0.97	0.65	145992	56946
1.25	0.98	0.72	108658	63756
1.26	0.90	0.95	141840	68027
2.66	0.78	0.44	2303071	282431
0.92	0.69	2.27	87520	55106
1.85	1.09	0.66	65828	63527
2.56	2.01	0.85	67835	57099
1.30	0.99	0.81	117911	58661
1.42	1.04	0.58	89388	61217
1.53	1.20	1.19	175601	65234
1.25	1.00	1.04	104741	67551
1.52	1.12	0.63	107341	50907
1.52	1.00	2.16	197016	84158
0.62	0.46	2.01	167630	81000
1.31	1.04	0.97	171496	68089
1.17	0.86	0.84	273677	60019
0.86	0.62	1.13	132779	64584
0.89	0.76	1.56	131142	63549
0.96	0.72	1.00	117862	73258
0.82	0.60	1.68	225488	96320
1.10	0.82	1.30	107664	65921
1.31	1.02	1.02	130776	70371
1.29	1.00	1.38	129691	74206
1.03	0.84	1.69	209078	87045
1.08	0.90	1.35	80714	66432
1.32	1.06	1.48	183121	73977
1.30	1.10	1.81	96547	67712
1.45	1.18	1.19	70786	84093
1.02	0.78	1.35	88236	104128
1.53	1.24	2.07	215611	51028
1.42	1.31	1.76	30207	73501
0.37	0.34	1.95	155380	157912
1.03	0.98	1.57	201453	119876
1.41	1.32	0.87	122378	114652

表 12.8 国有控股工业企业主要经济指标（2017 年）
MAIN ECONOMIC INDICATORS OF STATE-HOLDING INDUSTRIAL ENTERPRISES (2017)

指 标	Item	单位数（个）Number of Enterprises (unit)
总 计	**Total**	**511**
按登记注册类型分	**By Status of Registration**	
内资企业	Domestic-funded Enterprises	469
#国有企业	State-owned	28
集体企业	Collective-owned	
港澳台投资企业	Funded by Hong Kong, Macao and Taiwan	9
外商投资企业	Foreign-funded	33
按轻、重工业分	**By Light and Heavy Industries**	
轻工业	Light Industry	65
重工业	Heavy Industry	446
按企业规模分	**By Size**	
大型企业	Large	62
中型企业	Medium	135
小型微型企业	Small&Mini	314
按行业分	**By Sector**	
煤炭开采和洗选业	Mining and Washing of Coal	10
石油和天然气开采业	Extraction of Petroleum and Natural Gas	2
黑色金属矿采选业	Mining and Processing of Ferrous Metal Ores	1
有色金属矿采选业	Mining and Processing of Non-Ferrous Metal Ores	
非金属矿采选业	Mining and Processing of Nonmetal Ores	5
开采辅助活动	Mining Support Activities	
其他采矿业	Mining of Other Ores	
农副食品加工业	Processing of Food from Agricultural Products	14
食品制造业	Manufacture of Foods	7
酒、饮料和精制茶制造业	Liquor, Beverage and Refined Tea	5
烟草制品业	Manufacture of Tobacco	2
纺织业	Manufacture of Textile	1
纺织服装、鞋、帽制造业	Manufacture of Textile Wearing Apparel, Footware and Caps	1
皮革、毛皮、羽毛（绒）及其制品业	Manufacture of Leather, Fur, Feather and Related Products	2
木材加工及木竹藤棕草制品业	Processing of Timber, Manufacture of Wood, Bamboo, Rattan, Palm and Straw Products	
家具制造业	Manufacture of Furniture	
造纸及纸制品业	Manufacture of Paper and Paper Products	1
印刷业、记录媒介的复制	Printing, Reproduction of Recording Media	4
文教、工美、体育和娱乐用品制造业	Manufacture of Culture, Education, Handicraft, Fine Arts, Sports and Entertainment Articles	
石油加工、炼焦及核燃料加工业	Processing of Petroleum, Coking, Processing of Nuclear Fuel	1
化学原料及化学制品制造业	Manufacture of Raw Chemical Materials and Chemical Products	47
医药制造业	Manufacture of Medicines	15
化学纤维制造业	Manufacture of Chemical Fibers	
橡胶和塑料制品业	Manufacture of Rubber and Plastics	9
非金属矿物制品业	Manufacture of Non-metallic Mineral Products	37
黑色金属冶炼及压延加工业	Smelting and Pressing of Ferrous Metals	13
有色金属冶炼及压延加工业	Smelting and Pressing of Nonferrous Metals	20
金属制品业	Manufacture of Metal Products	13
通用设备制造业	Manufacture of General Purpose Machinery	26
专用设备制造业	Manufacture of Special Purpose Machinery	21
汽车制造业	Manufacture of Motor Vehicles	59
铁路、船舶、航空航天和其他运输设备制造业	Manufacture of Railway, Ship, Aviation and Other Transporting Equipment	20
电气机械及器材制造业	Manufacture of Electrical Machinery and Equipment	16
通信设备、计算机及其他电子设备制造业	Manufacture of Communication Equipment, Computers and Other Electronic Equipment	17
仪器仪表及文化、办公用机械制造业	Manufacture of Measuring Instruments and Machinery for Cultural Activity and Office Work	16
其他制造业	Other Manufacture	4
废弃资源综合利用业	Comprehensive Utilization of Waste Resources	
金属制品、机械和设备修理业	Repair of Metal Products, Machinery and Equipment	
电力、热力的生产和供应业	Production and Supply of Electric Power and Heat Power	62
燃气生产和供应业	Production and Supply of Gas	27
水的生产和供应业	Production and Supply of Water	33

单位：万元（10 000 yuan）

从业人员平均人数（万人）Average Employment (10 000 persons)	工业总产值 Gross Output Value	工业销售产值 Sales Value of Industry	其 中 of which #出口交货值 Value of Export Delivery	实收资本 Paid-in Capital	其 中 of which #国家资本 State Capital	#外商资本 Foreign Capital
33.98	**53589777**	**53049874**	**2256706**	**17609164**	**8623376**	**613922**
28.97	38310183	37868994	2083659	15316439	8106964	100151
1.06	1075389	1016337	14450	377904	205189	
0.49	600072	577116	6563	398265	73940	46313
4.52	14679522	14603764	166484	1894461	442471	467459
3.16	4394302	4218760	23939	672705	218344	3154
30.82	49195475	48831114	2232767	16936459	8405031	610768
21.54	37572920	37145038	2023796	9625719	4074745	389574
7.90	7095446	6980538	174144	3417306	2180288	123883
4.54	8921410	8924299	58767	4566140	2368343	100466
2.70	494333	497162		1017040	699322	
0.16	794343	794371		1059921	18515	
0.05	32173	25927		5041	5041	
0.09	103274	98949		53720	53706	
0.63	952018	923181	407	108997	33732	
0.45	371934	363389	236	54278	6585	
0.05	33594	29422		6223	2350	
0.35	1311768	1266800		83359		
	18812	21861	12680	9000	9000	
0.01	3863	3863		4000	4000	
0.17	88322	94250		11639	11639	
0.02	12993	14049		3000		
0.09	24665	23635		13631	1110	
0.06	156858	166831		28096		
2.06	3147353	3224833	68541	1088584	573825	15885
1.08	1253144	1162426	8930	237026	62833	
0.27	390098	359284	1641	134956	82504	9154
1.25	1565932	1582516	112824	716501	227923	3798
0.24	305856	303959		94652	39878	5000
1.00	2747067	2694269	35072	846991	303171	5358
1.10	598173	571721	41317	307610	73052	17240
1.70	1326431	1323883	53694	518783	440850	20880
0.68	542593	540002	1254	237577	177976	14894
9.05	22225858	22075860	197803	2195631	449681	368539
1.27	1033936	964289	35441	551949	404538	26933
0.54	795731	813263	11807	191372	162701	
1.50	2632256	2559752	1605128	2240816	240616	
1.01	688725	664511	15686	179925	147512	4495
1.06	652804	655127	54246	258184	34032	
3.83	6991477	6967029		4578428	4004835	86747
0.70	1933143	1908008		329188	127966	35000
0.80	360251	355453		443045	224482	

表 12.8 续表 1 continued 1

指 标	Item	资 产 Total Assets
总 计	**Total**	**84232458**
按登记注册类型分	**By Status of Registration**	
内资企业	Domestic-funded Enterprises	72549952
#国有企业	State-owned	2470241
集体企业	Collective-owned	
港澳台投资企业	Funded by Hong Kong, Macao and Taiwan	1618382
外商投资企业	Foreign-funded	10064124
按轻、重工业分	**By Light and Heavy Industries**	
轻工业	Light Industry	4990119
重工业	Heavy Industry	79242339
按企业规模分	**By Size**	
大型企业	Large	49540856
中型企业	Medium	15455405
小型微型企业	Small&Mini	19236197
按行业分	**By Sector**	
煤炭开采和洗选业	Mining and Washing of Coal	3352148
石油和天然气开采业	Extraction of Petroleum and Natural Gas	2481585
黑色金属矿采选业	Mining and Processing of Ferrous Metal Ores	76549
有色金属矿采选业	Mining and Processing of Non-Ferrous Metal Ores	
非金属矿采选业	Mining and Processing of Nonmetal Ores	215832
开采辅助活动	Mining Support Activities	
其他采矿业	Mining of Other Ores	
农副食品加工业	Processing of Food from Agricultural Products	481645
食品制造业	Manufacture of Foods	276863
酒、饮料和精制茶制造业	Liquor, Beverage and Refined Tea	111327
烟草制品业	Manufacture of Tobacco	1499647
纺织业	Manufacture of Textile	12102
纺织服装、鞋、帽制造业	Manufacture of Textile Wearing Apparel, Footware and Caps	6594
皮革、毛皮、羽毛（绒）及其制品业	Manufacture of Leather, Fur, Feather and Related Products	48830
木材加工及木竹藤棕草制品业	Processing of Timber, Manufacture of Wood, Bamboo, Rattan, Palm and Straw Products	
家具制造业	Manufacture of Furniture	
造纸及纸制品业	Manufacture of Paper and Paper Products	24430
印刷业、记录媒介的复制	Printing, Reproduction of Recording Media	29860
文教、工美、体育和娱乐用品制造业	Manufacture of Culture, Education, Handicraft, Fine Arts, Sports and Entertainment Articles	
石油加工、炼焦及核燃料加工业	Processing of Petroleum, Coking, Processing of Nuclear Fuel	95325
化学原料及化学制品制造业	Manufacture of Raw Chemical Materials and Chemical Products	5013916
医药制造业	Manufacture of Medicines	1974872
化学纤维制造业	Manufacture of Chemical Fibers	
橡胶和塑料制品业	Manufacture of Rubber and Plastics	415398
非金属矿物制品业	Manufacture of Non-metallic Mineral Products	3204322
黑色金属冶炼及压延加工业	Smelting and Pressing of Ferrous Metals	400382
有色金属冶炼及压延加工业	Smelting and Pressing of Nonferrous Metals	2267473
金属制品业	Manufacture of Metal Products	1444788
通用设备制造业	Manufacture of General Purpose Machinery	2762019
专用设备制造业	Manufacture of Special Purpose Machinery	1500519
汽车制造业	Manufacture of Motor Vehicles	21945646
铁路、船舶、航空航天和其他运输设备制造业	Manufacture of Railway, Ship, Aviation and Other Transporting Equipment	1539770
电气机械及器材制造业	Manufacture of Electrical Machinery and Equipment	2669072
通信设备、计算机及其他电子设备制造业	Manufacture of Communication Equipment, Computers and Other Electronic Equipment	5153762
仪器仪表及文化、办公用机械制造业	Manufacture of Measuring Instruments and Machinery for Cultural Activity and Office Work	892565
其他制造业	Other Manufacture	1305972
废弃资源综合利用业	Comprehensive Utilization of Waste Resources	
金属制品、机械和设备修理业	Repair of Metal Products, Machinery and Equipment	
电力、热力的生产和供应业	Production and Supply of Electric Power and Heat Power	18968280
燃气生产和供应业	Production and Supply of Gas	1584859
水的生产和供应业	Production and Supply of Water	2476106

单位：万元 (10 000 yuan)

其 中 of which	固定资产 Fixed Assets		负 债	其 中 of which
#流动资产 Circulating Assets	原 值 Original Value	净 值 Net Value	Total Liabilities	#流动负债 Total Circulating Liabilities
35027825	**56184679**	**34569652**	**53311023**	**39259188**
29476179	48636581	30167531	45358130	32513714
542688	2825848	1655483	1994980	971502
450067	897694	543198	940874	635139
5101579	6650404	3858922	7012019	6110335
3073243	2185184	1376678	2760343	2173779
31954582	53999495	33192974	50550680	37085409
22556561	32958785	18259425	29646489	23767266
7304716	9040322	5992505	10816091	8247778
5166547	14185572	10317722	12848443	7244144
743372	1653441	1100424	2086688	1461718
112801	2798586	2340992	1397128	1136379
26088	39399	34442	108148	108148
136203	108910	43192	150585	129926
145378	406410	329341	146769	105403
132553	163344	104399	164624	148882
61066	13250	10275	218182	26490
1228639	463013	201186	461747	461425
10009	1824	1824	3599	3599
4956	1477	1638	463	463
36332	46498	11195	18839	12439
16231	11113	8199	14179	14179
17203	39379	5994	13878	13735
52550	60507	42774	59214	58506
1171894	4977493	2879691	3941617	2965673
1137809	.790468	581475	1380927	1125964
147109	279348	152382	276487	221481
1143243	2239660	1425936	2303243	1887678
218575	199785	142782	300376	226606
863987	2263454	623724	1625700	1441331
751609	793382	654638	975959	740352
1948622	879932	626450	1727341	1328435
1030493	416797	204408	956382	679269
12866408	8527027	4875549	13335314	12016701
852767	680964	387316	1117286	945508
2192994	207910	171079	2217497	2050083
2990920	2703278	1910348	2305526	1178156
597586	236830	145488	540238	447606
775996	577880	320449	776754	677116
2263724	22466654	13862636	12528400	6341833
656514	723806	395746	992457	780463
694195	1412862	973682	1165482	523645

表 12.8 续表 2 continued 2

指　标	Item	所有者权益 Creditors' Equity
总　计	**Total**	**30964501**
按登记注册类型分	**By Status of Registration**	
内资企业	Domestic-funded Enterprises	27234889
#国有企业	State-owned	475849
集体企业	Collective-owned	
港澳台投资企业	Funded by Hong Kong, Macao and Taiwan	677507
外商投资企业	Foreign-funded	3052105
按轻、重工业分	**By Light and Heavy Industries**	
轻工业	Light Industry	2334614
重工业	Heavy Industry	28629888
按企业规模分	**By Size**	
大型企业	Large	19894367
中型企业	Medium	4639901
小型微型企业	Small&Mini	6430234
按行业分	**By Sector**	
煤炭开采和洗选业	Mining and Washing of Coal	1265461
石油和天然气开采业	Extraction of Petroleum and Natural Gas	1084457
黑色金属矿采选业	Mining and Processing of Ferrous Metal Ores	-31599
有色金属矿采选业	Mining and Processing of Non-Ferrous Metal Ores	
非金属矿采选业	Mining and Processing of Nonmetal Ores	56241
开采辅助活动	Mining Support Activities	
其他采矿业	Mining of Other Ores	
农副食品加工业	Processing of Food from Agricultural Products	334877
食品制造业	Manufacture of Foods	112239
酒、饮料和精制茶制造业	Liquor, Beverage and Refined Tea	10174
烟草制品业	Manufacture of Tobacco	1037900
纺织业	Manufacture of Textile	8503
纺织服装、鞋、帽制造业	Manufacture of Textile Wearing Apparel, Footware and Caps	6131
皮革、毛皮、羽毛（绒）及其制品业	Manufacture of Leather, Fur, Feather and Related Products	29992
木材加工及木竹藤棕草制品业	Processing of Timber, Manufacture of Wood, Bamboo, Rattan, Palm and Straw Products	
家具制造业	Manufacture of Furniture	
造纸及纸制品业	Manufacture of Paper and Paper Products	10251
印刷业、记录媒介的复制	Printing, Reproduction of Recording Media	15983
文教、工美、体育和娱乐用品制造业	Manufacture of Culture, Education, Handicraft, Fine Arts, Sports and Entertainment Articles	
石油加工、炼焦及核燃料加工业	Processing of Petroleum, Coking, Processing of Nuclear Fuel	36111
化学原料及化学制品制造业	Manufacture of Raw Chemical Materials and Chemical Products	1061977
医药制造业	Manufacture of Medicines	591004
化学纤维制造业	Manufacture of Chemical Fibers	
橡胶和塑料制品业	Manufacture of Rubber and Plastics	129662
非金属矿物制品业	Manufacture of Non-metallic Mineral Products	901079
黑色金属冶炼及压延加工业	Smelting and Pressing of Ferrous Metals	102014
有色金属冶炼及压延加工业	Smelting and Pressing of Nonferrous Metals	641773
金属制品业	Manufacture of Metal Products	467755
通用设备制造业	Manufacture of General Purpose Machinery	1035266
专用设备制造业	Manufacture of Special Purpose Machinery	544138
汽车制造业	Manufacture of Motor Vehicles	8606108
铁路、船舶、航空航天和其他运输设备制造业	Manufacture of Railway, Ship, Aviation and Other Transporting Equipment	422484
电气机械及器材制造业	Manufacture of Electrical Machinery and Equipment	451575
通信设备、计算机及其他电子设备制造业	Manufacture of Communication Equipment, Computers and Other Electronic Equipment	2848236
仪器仪表及文化、办公用机械制造业	Manufacture of Measuring Instruments and Machinery for Cultural Activity and Office Work	352327
其他制造业	Other Manufacture	529218
废弃资源综合利用业	Comprehensive Utilization of Waste Resources	
金属制品、机械和设备修理业	Repair of Metal Products, Machinery and Equipment	
电力、热力的生产和供应业	Production and Supply of Electric Power and Heat Power	6400141
燃气生产和供应业	Production and Supply of Gas	592401
水的生产和供应业	Production and Supply of Water	1310624

单位：万元 (10 000 yuan)

主营业务收入 Revenue from Principal Business	主营业务成本 Cost of Principal Business	主营业务税金及附加 Tax and Extra Charges of Principal Business	利润总额 Total After-tax Profits	利税总额 Total Pre-tax Profits	应付职工薪酬 Total Wages
54675445	**44507949**	**1701289**	**4190046**	**8117333**	**4042263**
39072776	32647812	1168099	2535285	5287719	3369325
1025576	813239	9645	62064	135544	111494
611134	518837	4393	32075	56086	76514
14991535	11341300	528798	1622687	2773528	596424
4181239	2639170	709947	147334	1136355	323899
50494207	41868779	991343	4042713	6980978	3718364
37993605	30258294	1551119	3244787	6445709	2795476
7654723	6586544	64152	192332	507300	807810
9027117	7663111	86018	752928	1164325	438976
572925	510327	18815	8050	79059	252331
782600	490093	38053	271015	311569	10859
41162	33747	707	-2829	2161	6536
84505	70364	1760	562	4893	3990
892526	743198	6388	101850	141086	37261
363088	287992	2904	14418	28896	36946
27387	17413	574	-5794	-3255	2643
1262181	458056	676392	-4177	800317	98145
18652	18419	30	11	137	386
4358	2108	62	90	662	1035
91274	82908	419	3191	5237	6966
14817	11923	130	666	1389	2413
22810	19903	196	-554	1185	6494
173175	129738	3730	16731	28230	9475
3047297	2557373	22015	35499	189025	212782
1163987	760865	19198	28375	134845	104072
380759	355480	2801	6176	20434	18923
1608268	1310841	17703	74382	168078	122659
339069	329827	1599	-11185	-2600	19519
2601521	2492987	4129	197553	371669	119390
595683	511256	2991	13852	28095	105663
1290898	979346	12872	100167	153757	147140
552755	437887	4919	30363	56825	69118
23530610	18622613	770451	2357729	3979817	1269334
725827	646355	8738	10720	45784	117375
1336321	1237576	6857	49059	82433	47120
2638366	1936922	2337	430442	479416	166274
559233	418269	5608	3774	36718	108266
615263	538893	2105	138381	146061	119155
6996168	6388403	57170	134511	593123	619086
1994708	1861120	6749	107298	131538	102640
347252	245750	2889	79724	100748	98268

表 12.9 国有控股工业企业经济效益指标（2017 年）
INDICATORS ON ECONOMIC BENEFIT OF STATE-HOLDING INDUSTRIAL ENTERPRISES (2017)

指　标	Item	总资产贡献率 Ratio of Total Assets to Industrial Output Value
总　计	**Total**	**10.6**
按轻、重工业分	**By Light and Heavy Industries**	
轻工业	Light Industry	23.7
重工业	Heavy Industry	9.8
按企业规模分	**By Size**	
大型企业	Large	13.5
中型企业	Medium	4.4
小型微型企业	Small&Mini	8.0
按行业分	**By Sector**	
煤炭开采和洗选业	Mining and Washing of Coal	3.9
石油和天然气开采业	Extraction of Petroleum and Natural Gas	13.8
黑色金属矿采选业	Mining and Processing of Ferrous Metal Ores	6.9
有色金属矿采选业	Mining and Processing of Non-Ferrous Metal Ores	
非金属矿采选业	Mining and Processing of Nonmetal Ores	3.5
开采辅助活动	Mining Support Activities	
其他采矿业	Mining of Other Ores	
农副食品加工业	Processing of Food from Agricultural Products	29.5
食品制造业	Manufacture of Foods	11.7
酒、饮料和精制茶制造业	Liquor, Beverage and Refined Tea	1.5
烟草制品业	Manufacture of Tobacco	53.5
纺织业	Manufacture of Textile	-0.5
纺织服装、服饰业	Manufacture of Textile Wearing Apparel, Footware and Caps	10.0
皮革、毛皮、羽毛及其制品和制鞋业	Manufacture of Leather, Fur, Feather and Related Products	11.2
木材加工和木、竹、藤、棕、草制品业	Processing of Timber, Manufacture of Wood, Bamboo, Rattan, Palm and Straw Products	
家具制造业	Manufacture of Furniture	
造纸和纸制品业	Manufacture of Paper and Paper Products	6.7
印刷和记录媒介复制业	Printing, Reproduction of Recording Media	4.0
文教、工美、体育和娱乐用品制造业	Manufacture of Culture, Education, Handicraft, Fine Arts, Sports and Entertainment Articles	
石油加工、炼焦和核燃料加工业	Processing of Petroleum, Coking, Processing of Nuclear Fuel	26.6
化学原料和化学制品制造业	Manufacture of Raw Chemical Materials and Chemical Products	6.2
医药制造业	Manufacture of Medicines	8.2
化学纤维制造业	Manufacture of Chemical Fibers	
橡胶和塑料制品业	Manufacture of Rubber and Plastics	6.2
非金属矿物制品业	Manufacture of Non-metallic Mineral Products	7.6
黑色金属冶炼和压延加工业	Smelting and Pressing of Ferrous Metals	0.8
有色金属冶炼和压延加工业	Smelting and Pressing of Nonferrous Metals	19.0
金属制品业	Manufacture of Metal Products	5.8
通用设备制造业	Manufacture of General Purpose Machinery	7.0
专用设备制造业	Manufacture of Special Purpose Machinery	4.6
汽车制造业	Manufacture of Motor Vehicles	18.1
铁路、船舶、航空航天和其他运输设备制造业	Manufacture of Railway, Ship, Aviation and Other Transporting Equipment	4.1
电气机械和器材制造业	Manufacture of Electrical Machinery and Equipment	4.1
计算机、通信和其他电子设备制造业	Manufacture of Communication Equipment, Computers and Other Electronic Equipment	10.3
仪器仪表制造业	Manufacture of Measuring Instruments and Machinery for Cultural Activity and Office Work	5.2
其他制造业	Other Manufacture	6.8
废弃资源综合利用业	Comprehensive Utilization of Waste Resources	
金属制品、机械和设备修理业	Repair of Metal Products, Machinery and Equipment	
电力、热力生产和供应业	Production and Supply of Electric Power and Heat Power	4.9
燃气生产和供应业	Production and Supply of Gas	8.1
水的生产和供应业	Production and Supply of Water	4.3

单位：% (%)

资本保值增值率 Ratio of Assets Appreciation YOY	资产负债率 Asset-Liability Ratio	流动资产周转率（次） Turnover Ratio of Circulating Assets (time)	成本费用利润率 Ratio of Profits to Cost	产品销售率 Sales as Percentage of Output
105.2	**63.3**	**1.6**	**8.1**	**99.0**
120.3	55.3	1.4	4.3	96.0
103.4	63.8	1.6	8.4	99.3
106.0	59.6	1.7	9.2	98.9
100.7	70.8	1.1	2.0	98.7
105.4	67.4	1.9	8.9	99.9
91.9	62.3	0.9	1.1	100.6
126.1	56.3	7.0	44.6	100.0
	141.3	1.7	-6.2	80.6
81.6	69.8	0.6	0.7	95.8
136.6	30.5	6.2	12.7	97.0
105.5	59.5	2.8	4.1	97.7
	196.0	0.5	-17.8	87.6
195.4	30.8	1.1	-0.7	96.6
73.2	29.7	1.9	0.1	116.2
112.0	7.0	0.9	1.9	100.0
108.4	38.6	3.6	2.5	106.7
103.3	58.0	0.9	4.6	108.1
94.0	46.5	1.4	-2.2	95.8
102.6	59.3	3.1	9.9	105.3
99.8	78.3	2.7	1.2	102.4
65.3	69.9	1.0	2.5	92.8
102.9	66.6	2.6	1.6	92.1
106.6	71.9	1.5	4.7	101.1
89.5	74.1	1.7	-3.0	99.4
104.4	72.4	3.5	7.2	98.1
113.5	78.5	0.8	6.5	91.8
102.5	53.5	0.7	10.4	97.4
96.0	72.7	0.6	3.7	102.0
103.0	60.9	1.9	10.8	99.4
134.8	72.6	0.9	1.4	93.3
89.7	83.7	0.6	3.5	102.3
115.3	44.7	0.9	19.7	97.3
95.4	55.9	0.9	2.8	95.7
105.8	57.7	0.9	14.7	103.5
100.7	66.1	3.1	2.0	99.7
107.1	62.8	3.1	5.5	98.7
114.9	47.1	0.7	20.0	98.7

表 12.9 续表 continued

指　标	Item	销售利润率 Rate of Return on Sale
总　计	**Total**	**7.7**
按轻、重工业分	**By Light and Heavy Industries**	
轻工业	Light Industry	3.5
重工业	Heavy Industry	8.0
按企业规模分	**By Size**	
大型企业	Large	8.5
中型企业	Medium	2.0
小型微型企业	Small&Mini	8.7
按行业分	**By Sector**	
煤炭开采和洗选业	Mining and Washing of Coal	1.4
石油和天然气开采业	Extraction of Petroleum and Natural Gas	34.6
黑色金属矿采选业	Mining and Processing of Ferrous Metal Ores	-6.9
有色金属矿采选业	Mining and Processing of Non-Ferrous Metal Ores	
非金属矿采选业	Mining and Processing of Nonmetal Ores	0.7
开采辅助活动	Mining Support Activities	
其他采矿业	Mining of Other Ores	
农副食品加工业	Processing of Food from Agricultural Products	11.4
食品制造业	Manufacture of Foods	4.0
酒、饮料和精制茶制造业	Liquor, Beverage and Refined Tea	-21.2
烟草制品业	Manufacture of Tobacco	-0.3
纺织业	Manufacture of Textile	0.1
纺织服装、服饰业	Manufacture of Textile Wearing Apparel, Footware and Caps	2.1
皮革、毛皮、羽毛及其制品和制鞋业	Manufacture of Leather, Fur, Feather and Related Products	3.5
木材加工和木、竹、藤、棕、草制品业	Processing of Timber, Manufacture of Wood, Bamboo, Rattan, Palm and Straw Products	
家具制造业	Manufacture of Furniture	
造纸和纸制品业	Manufacture of Paper and Paper Products	4.5
印刷和记录媒介复制业	Printing, Reproduction of Recording Media	-2.4
文教、工美、体育和娱乐用品制造业	Manufacture of Culture, Education, Handicraft, Fine Arts, Sports and Entertainment Articles	
石油加工、炼焦和核燃料加工业	Processing of Petroleum, Coking, Processing of Nuclear Fuel	8.8
化学原料和化学制品制造业	Manufacture of Raw Chemical Materials and Chemical Products	1.2
医药制造业	Manufacture of Medicines	2.4
化学纤维制造业	Manufacture of Chemical Fibers	
橡胶和塑料制品业	Manufacture of Rubber and Plastics	1.6
非金属矿物制品业	Manufacture of Non-metallic Mineral Products	4.6
黑色金属冶炼和压延加工业	Smelting and Pressing of Ferrous Metals	-3.2
有色金属冶炼和压延加工业	Smelting and Pressing of Nonferrous Metals	7.6
金属制品业	Manufacture of Metal Products	6.5
通用设备制造业	Manufacture of General Purpose Machinery	9.8
专用设备制造业	Manufacture of Special Purpose Machinery	3.6
汽车制造业	Manufacture of Motor Vehicles	10.0
铁路、船舶、航空航天和其他运输设备制造业	Manufacture of Railway, Ship, Aviation and Other Transporting Equipment	1.5
电气机械和器材制造业	Manufacture of Electrical Machinery and Equipment	3.6
计算机、通信和其他电子设备制造业	Manufacture of Communication Equipment, Computers and Other Electronic Equipment	16.3
仪器仪表制造业	Manufacture of Measuring Instruments and Machinery for Cultural Activity and Office Work	2.8
其他制造业	Other Manufacture	15.7
废弃资源综合利用业	Comprehensive Utilization of Waste Resources	
金属制品、机械和设备修理业	Repair of Metal Products, Machinery and Equipment	
电力、热力生产和供应业	Production and Supply of Electric Power and Heat Power	1.9
燃气生产和供应业	Production and Supply of Gas	5.4
水的生产和供应业	Production and Supply of Water	23.0

单位：% (%)

流动比率 Current Ratio	速动比率 Quick Ratio	产权比率 Equity Ratio	人均实现利税（元） Per Capita Pre-tax Profits (yuan)	从业人员人均工资（元） Per Capita Wages of Employees (yuan)
0.9	**0.7**	**2**	**238886**	**118960**
1.4	0.8	1.2	359049	102341
0.9	0.7	1.8	226545	120667
1.0	0.8	1.5	291105	128852
0.9	0.7	2.4	61171	102180
0.7	0.6	2.1	278778	96658
0.5	0.5	1.7	29250	93356
0.1	0.1	1.3	1979472	68987
0.2	0.2	-3.4	39653	119925
1.1	0.5	2.7	56568	46126
1.4	1.1	0.4	222850	58854
0.9	0.7	1.5	63578	81290
2.3	0.9	21.5	-66289	53819
2.7	0.8	0.4	2303071	282431
2.8	2.7	0.4	31227	87773
10.7	9.5	0.1	60200	94073
2.9	2.3	0.6	31494	41888
1.1	0.7	1.4	70162	121879
1.3	0.9	0.9	13403	73464
1.0	0.5	1.5	409131	160873
0.4	0.3	3.6	92472	103527
1.0	0.8	2.3	124810	96328
0.7	0.4	2.1	74740	69213
0.6	0.5	2.6	134151	97900
0.9	0.6	2.9	-9435	81101
0.6	0.4	2.6	381014	119964
1.2	0.9	3.6	54052	95132
1.5	1.3	1.2	96200	81912
1.4	1.2	2.7	73985	104098
1.1	0.9	1.6	450178	140899
0.9	0.7	2.6	35993	92276
1.1	1.0	5.1	150781	87802
2.5	2.3	0.8	320679	111220
1.4	1.2	1.3	48809	109754
1.0	0.8	1.4	82831	109004
0.4	0.3	2.0	154858	161637
0.8	0.8	1.7	190692	146889
1.3	1.2	0.9	125386	122300

表 12.10 私营工业企业主要经济指标（2017 年）
MAIN ECONOMIC INDICATORS OF PRIVATE INDUSTRIAL ENTERPRISES (2017)

指　标	Item	单位数（个） Number of Enterprises (unit)
总　计	**Total**	**4223**
按登记注册类型分	**By Status of Registration**	
私营独资企业	Solely Private-funded Enterprises	190
私营合伙企业	Private Partnership Enterprises	27
私营有限责任公司	Private Limited Liability Companies	3766
私营股份有限公司	Private Share-holding Companies	240
按轻、重工业分	**By Light and Heavy Industries**	
轻工业	Light Industry	1402
重工业	Heavy Industry	2821
按企业规模分	**By Size**	
大型企业	Large	58
中型企业	Medium	542
小型微型企业	Small&Mini	3623
按行业分	**By Sector**	
煤炭开采和洗选业	Mining and Washing of Coal	48
石油和天然气开采业	Extraction of Petroleum and Natural Gas	
黑色金属矿采选业	Mining and Processing of Ferrous Metal Ores	13
有色金属矿采选业	Mining and Processing of Non-Ferrous Metal Ores	
非金属矿采选业	Mining and Processing of Nonmetal Ores	92
开采辅助活动	Mining Support Activities	
其他采矿业	Mining of Other Ores	
农副食品加工业	Processing of Food from Agricultural Products	352
食品制造业	Manufacture of Foods	119
酒、饮料和精制茶制造业	Liquor, Beverage and Refined Tea	67
烟草制品业	Manufacture of Tobacco	
纺织业	Manufacture of Textile	56
纺织服装、鞋、帽制造业	Manufacture of Textile Wearing Apparel, Footware and Caps	52
皮革、毛皮、羽毛（绒）及其制品业	Manufacture of Leather, Fur, Feather and Related Products	52
木材加工及木竹藤棕草制品业	Processing of Timber, Manufacture of Wood, Bamboo, Rattan, Palm and Straw Products	69
家具制造业	Manufacture of Furniture	75
造纸及纸制品业	Manufacture of Paper and Paper Products	74
印刷业、记录媒介的复制	Printing, Reproduction of Recording Media	71
文教、工美、体育和娱乐用品制造业	Manufacture of Culture, Education, Handicraft, Fine Arts, Sports and Entertainment Articles	29
石油加工、炼焦及核燃料加工业	Processing of Petroleum, Coking, Processing of Nuclear Fuel	11
化学原料及化学制品制造业	Manufacture of Raw Chemical Materials and Chemical Products	131
医药制造业	Manufacture of Medicines	79
化学纤维制造业	Manufacture of Chemical Fibers	3
橡胶和塑料制品业	Manufacture of Rubber and Plastics	204
非金属矿物制品业	Manufacture of Non-metallic Mineral Products	441
黑色金属冶炼及压延加工业	Smelting and Pressing of Ferrous Metals	91
有色金属冶炼及压延加工业	Smelting and Pressing of Nonferrous Metals	69
金属制品业	Manufacture of Metal Products	205
通用设备制造业	Manufacture of General Purpose Machinery	237
专用设备制造业	Manufacture of Special Purpose Machinery	153
汽车制造业	Manufacture of Motor Vehicles	562
铁路、船舶、航空航天和其他运输设备制造业	Manufacture of Railway, Ship, Aviation and Other Transporting Equipment	348
电气机械及器材制造业	Manufacture of Electrical Machinery and Equipment	184
通信设备、计算机及其他电子设备制造业	Manufacture of Communication Equipment, Computers and Other Electronic Equipment	230
仪器仪表及文化、办公用机械制造业	Manufacture of Measuring Instruments and Machinery for Cultural Activity and Office Work	37
其他制造业	Other Manufacture	10
废弃资源综合利用业	Comprehensive Utilization of Waste Resources	13
金属制品、机械和设备修理业	Repair of Metal Products, Machinery and Equipment	6
电力、热力的生产和供应业	Production and Supply of Electric Power and Heat Power	7
燃气生产和供应业	Production and Supply of Gas	27
水的生产和供应业	Production and Supply of Water	6

单位：万元（10 000 yuan）

从业人员平均人数（万人） Average Employment (10 000 persons)	工业总产值 Gross Output Value	工业销售产值 Sales Value of Industry	其　中 of which	实收资本 Paid-in Capital	其　中 of which	
			#出口交货值 Value of Export Delivery		#国家资本 State Capital	#外商资本 Foreign Capital
77.03	**81208449**	**79171493**	**3071614**	**6970466**	**159966**	**491**
2.45	2511005	2470069	2870	101901	78	
0.64	427153	421472		48518		
68.35	72386035	70493343	2801131	6155589	154284	490
5.59	5884256	5786610	267614	664457	5605	1
24.04	24552879	23904634	614510	1731465	24162	70
53.00	56655571	55266859	2457104	5239001	135805	421
11.62	14177727	13474601	1026664	821536	5703	
27.59	24468428	24164964	725295	2013071	116293	400
37.82	42562294	41531927	1319655	4135859	37970	91
1.04	832832	832491		78585		
0.19	121153	117671		6910		
1.11	1123406	1108862		89290		
4.89	5574506	5503185	27804	273108	768	
1.77	1229990	1203095	5823	120615		
1.32	1010542	986410	43534	189729		
0.87	780735	770025	197045	36411		
0.90	549072	521770	63857	46984		70
1.60	1494821	1490740	29139	21101		
0.85	879594	867213	18343	42838		
1.13	805367	769405	24	83023	30	
0.97	945292	934218	12309	64848	8	
0.95	917821	894655	32289	52398	6713	
0.54	520916	514929	49909	41890		
0.12	249400	248619		57665		
1.58	2368445	2317329	66083	257090	1932	
1.74	1750873	1644309	29296	256096	10350	
0.19	320418	286867	15037	67203	5703	
2.72	3045426	2990327	21754	268169	510	
7.17	6035012	5838038	11891	812341	615	20
1.40	2425409	2371721	5355	252146		
1.66	3031487	3011954	78833	183852	3131	
3.46	2979115	2949461	34703	225591	162	
3.89	3654556	3564637	157848	299544	83	1
2.34	2262098	2184156	134273	186917		
14.74	13416980	13113343	97756	1013587	8465	
8.15	6670430	6469244	552317	497583	580	400
3.26	5701061	5569200	39426	537447	8260	
5.34	9344134	8959459	1300074	670827	112656	
0.53	379432	370849	13832	64743		
0.12	115362	114771	33059	6065		
0.06	118482	116831		4554		
0.09	58171	57807		1768		
0.06	132568	132330		37840		
0.23	331249	313303		91301		
0.07	32291	32270		30409		

表 12.10 续表 1 continued 1

指　标	Item	资　产 Total Assets
总　计	**Total**	**52478743**
按登记注册类型分	**By Status of Registration**	
私营独资企业	Solely Private-funded Enterprises	1353767
私营合伙企业	Private Partnership Enterprises	337935
私营有限责任公司	Private Limited Liability Companies	46488759
私营股份有限公司	Private Share-holding Companies	4298281
按轻、重工业分	**By Light and Heavy Industries**	
轻工业	Light Industry	13166121
重工业	Heavy Industry	39312622
按企业规模分	**By Size**	
大型企业	Large	10133473
中型企业	Medium	16021621
小型微型企业	Small&Mini	26323649
按行业分	**By Sector**	
煤炭开采和洗选业	Mining and Washing of Coal	572084
石油和天然气开采业	Extraction of Petroleum and Natural Gas	
黑色金属矿采选业	Mining and Processing of Ferrous Metal Ores	78452
有色金属矿采选业	Mining and Processing of Non-Ferrous Metal Ores	
非金属矿采选业	Mining and Processing of Nonmetal Ores	701305
开采辅助活动	Mining Support Activities	
其他采矿业	Mining of Other Ores	
农副食品加工业	Processing of Food from Agricultural Products	2596612
食品制造业	Manufacture of Foods	769339
酒、饮料和精制茶制造业	Liquor, Beverage and Refined Tea	625204
烟草制品业	Manufacture of Tobacco	
纺织业	Manufacture of Textile	573906
纺织服装、鞋、帽制造业	Manufacture of Textile Wearing Apparel, Footware and Caps	274070
皮革、毛皮、羽毛（绒）及其制品业	Manufacture of Leather, Fur, Feather and Related Products	391922
木材加工及木竹藤棕草制品业	Processing of Timber, Manufacture of Wood, Bamboo, Rattan, Palm and Straw Products	390973
家具制造业	Manufacture of Furniture	614323
造纸及纸制品业	Manufacture of Paper and Paper Products	500613
印刷业、记录媒介的复制	Printing, Reproduction of Recording Media	511910
文教、工美、体育和娱乐用品制造业	Manufacture of Culture, Education, Handicraft, Fine Arts, Sports and Entertainment Articles	333981
石油加工、炼焦及核燃料加工业	Processing of Petroleum, Coking, Processing of Nuclear Fuel	326127
化学原料及化学制品制造业	Manufacture of Raw Chemical Materials and Chemical Products	1536840
医药制造业	Manufacture of Medicines	1425759
化学纤维制造业	Manufacture of Chemical Fibers	296981
橡胶和塑料制品业	Manufacture of Rubber and Plastics	1721589
非金属矿物制品业	Manufacture of Non-metallic Mineral Products	4846048
黑色金属冶炼及压延加工业	Smelting and Pressing of Ferrous Metals	1638170
有色金属冶炼及压延加工业	Smelting and Pressing of Nonferrous Metals	1644105
金属制品业	Manufacture of Metal Products	1870678
通用设备制造业	Manufacture of General Purpose Machinery	2409792
专用设备制造业	Manufacture of Special Purpose Machinery	1617259
汽车制造业	Manufacture of Motor Vehicles	10881567
铁路、船舶、航空航天和其他运输设备制造业	Manufacture of Railway, Ship, Aviation and Other Transporting Equipment	5336690
电气机械及器材制造业	Manufacture of Electrical Machinery and Equipment	2875454
通信设备、计算机及其他电子设备制造业	Manufacture of Communication Equipment, Computers and Other Electronic Equipment	3839391
仪器仪表及文化、办公用机械制造业	Manufacture of Measuring Instruments and Machinery for Cultural Activity and Office Work	285539
其他制造业	Other Manufacture	49808
废弃资源综合利用业	Comprehensive Utilization of Waste Resources	118938
金属制品、机械和设备修理业	Repair of Metal Products, Machinery and Equipment	20698
电力、热力的生产和供应业	Production and Supply of Electric Power and Heat Power	206380
燃气生产和供应业	Production and Supply of Gas	531568
水的生产和供应业	Production and Supply of Water	64672

单位：万元 (10 000 yuan)

其 中 of which	固定资产 Fixed Assets		负 债	其 中 of which
#流动资产 Circulating Assets	原 值 Original Value	净 值 Net Value	Total Liabilities	#流动负债 Total Circulating Liabilities
25909282	**28703878**	**17575792**	**27857058**	**22299695**
379468	769728	710458	380761	221928
44334	227877	246707	79241	65221
23275509	25359034	15273533	25254982	20373331
2209971	2347240	1345095	2142075	1639214
5617998	8524863	5157170	5709300	4335702
20291285	20179015	12418622	22147758	17963993
6157445	4700967	2457425	6687630	5723696
6760370	11206963	6838685	8035646	6502897
12991467	12795948	8279683	13133783	10073101
210665	318885	197943	187062	138897
54929	15193	9762	50489	44201
270114	396926	290677	259594	201016
997135	1552375	1075527	918787	695506
306940	448224	308007	250106	200050
208856	358702	248803	202789	172184
296174	305731	231932	386633	357687
152837	97841	68050	118178	101151
206541	1015461	156229	173629	73070
187027	287925	130606	177810	139627
179068	297748	307170	216999	127214
236439	295757	205277	297962	214716
248759	362754	167376	253894	206780
121870	229686	159916	130055	115533
175054	24185	16522	254994	99112
655792	892009	605887	802569	683092
598386	637250	464295	607773	483297
130195	187772	148710	134642	112337
728585	1281486	782782	743673	600094
2351998	2725941	1741510	2656074	2182208
786370	763773	506643	1039371	812622
846558	897182	638285	893612	683156
783681	1015838	679465	865673	712670
902615	1573120	1180006	1062053	807804
625995	1033375	631393	725539	580223
5834929	5424488	3245642	7163161	6183156
2963893	3106096	1502376	3003593	2635914
1719522	1180907	691361	1483026	1123451
2527651	1471751	842719	2148697	1519760
163067	126239	88694	116267	97695
33126	16806	12041	19317	17463
72207	22518	14679	79182	13955
5510	19742	11012	5373	2970
44430	45668	11694	116394	40325
246230	259113	177360	302655	113040
36137	15413	25446	9438	7718

表 12.10 续表 2 continued 2

指 标	Item	所有者权益 Creditors' Equity
总 计	**Total**	**23659933**
按登记注册类型分	**By Status of Registration**	
私营独资企业	Solely Private-funded Enterprises	859735
私营合伙企业	Private Partnership Enterprises	247989
私营有限责任公司	Private Limited Liability Companies	20408359
私营股份有限公司	Private Share-holding Companies	2143849
按轻、重工业分	**By Light and Heavy Industries**	
轻工业	Light Industry	7110906
重工业	Heavy Industry	16549027
按企业规模分	**By Size**	
大型企业	Large	3445843
中型企业	Medium	7984340
小型微型企业	Small&Mini	12229750
按行业分	**By Sector**	
煤炭开采和洗选业	Mining and Washing of Coal	277044
石油和天然气开采业	Extraction of Petroleum and Natural Gas	
黑色金属矿采选业	Mining and Processing of Ferrous Metal Ores	27964
有色金属矿采选业	Mining and Processing of Non-Ferrous Metal Ores	
非金属矿采选业	Mining and Processing of Nonmetal Ores	423743
开采辅助活动	Mining Support Activities	
其他采矿业	Mining of Other Ores	
农副食品加工业	Processing of Food from Agricultural Products	1583961
食品制造业	Manufacture of Foods	509320
酒、饮料和精制茶制造业	Liquor, Beverage and Refined Tea	409506
烟草制品业	Manufacture of Tobacco	
纺织业	Manufacture of Textile	156699
纺织服装、鞋、帽制造业	Manufacture of Textile Wearing Apparel, Footware and Caps	141990
皮革、毛皮、羽毛（绒）及其制品业	Manufacture of Leather, Fur, Feather and Related Products	212312
木材加工及木竹藤棕草制品业	Processing of Timber, Manufacture of Wood, Bamboo, Rattan, Palm and Straw Products	196628
家具制造业	Manufacture of Furniture	368312
造纸及纸制品业	Manufacture of Paper and Paper Products	197230
印刷业、记录媒介的复制	Printing, Reproduction of Recording Media	255942
文教、工美、体育和娱乐用品制造业	Manufacture of Culture, Education, Handicraft, Fine Arts, Sports and Entertainment Articles	185898
石油加工、炼焦及核燃料加工业	Processing of Petroleum, Coking, Processing of Nuclear Fuel	67224
化学原料及化学制品制造业	Manufacture of Raw Chemical Materials and Chemical Products	720816
医药制造业	Manufacture of Medicines	765155
化学纤维制造业	Manufacture of Chemical Fibers	162339
橡胶和塑料制品业	Manufacture of Rubber and Plastics	947737
非金属矿物制品业	Manufacture of Non-metallic Mineral Products	2091461
黑色金属冶炼及压延加工业	Smelting and Pressing of Ferrous Metals	578398
有色金属冶炼及压延加工业	Smelting and Pressing of Nonferrous Metals	743961
金属制品业	Manufacture of Metal Products	949102
通用设备制造业	Manufacture of General Purpose Machinery	1306513
专用设备制造业	Manufacture of Special Purpose Machinery	860280
汽车制造业	Manufacture of Motor Vehicles	3638390
铁路、船舶、航空航天和其他运输设备制造业	Manufacture of Railway, Ship, Aviation and Other Transporting Equipment	2282091
电气机械及器材制造业	Manufacture of Electrical Machinery and Equipment	1350200
通信设备、计算机及其他电子设备制造业	Manufacture of Communication Equipment, Computers and Other Electronic Equipment	1647328
仪器仪表及文化、办公用机械制造业	Manufacture of Measuring Instruments and Machinery for Cultural Activity and Office Work	167210
其他制造业	Other Manufacture	30491
废弃资源综合利用业	Comprehensive Utilization of Waste Resources	15232
金属制品、机械和设备修理业	Repair of Metal Products, Machinery and Equipment	15324
电力、热力的生产和供应业	Production and Supply of Electric Power and Heat Power	89986
燃气生产和供应业	Production and Supply of Gas	228914
水的生产和供应业	Production and Supply of Water	55233

单位：万元 (10 000 yuan)

主营业务收入 Revenue from Principal Business	主营业务成本 Cost of Principal Business	主营业务税金及附加 Tax and Extra Charges of Principal Business	利润总额 Total After-tax Profits	利税总额 Total Pre-tax Profits	应付职工薪酬 Total Wages
77828138	**65323408**	**699970**	**6046395**	**9315718**	**4673001**
2451994	1950040	29909	259235	403379	140108
423144	323106	7460	41674	76301	39481
69320674	58374563	621897	5316070	8163857	4085619
5632326	4675699	40704	429417	672181	407793
23698244	19635598	193863	1939623	2984420	1481374
54129894	45687810	506108	4106772	6331298	3191626
13299512	11391519	124409	961095	1438358	766008
23794797	19682900	197638	2142828	3241335	1810873
40733830	34248988	377923	2942473	4636025	2096120
825686	624247	15365	109767	213081	69144
112584	73645	2039	8648	23429	10223
1081832	847823	24777	111105	175542	67668
5391640	4559436	41153	399708	606626	272189
1214321	965777	11583	106141	165174	100063
993101	754826	32209	88903	159934	76235
781788	690793	6665	36038	76175	46988
493944	410669	2006	42071	54870	54540
1464829	1328621	5306	91299	126211	93827
831305	679079	6865	68874	104141	50680
778458	605077	8720	61290	98617	71149
897965	774103	5476	67468	102818	71652
897563	741749	6372	76896	114643	55743
515773	455944	3235	34129	65571	26529
296612	281204	2775	2913	7635	5884
2174192	1848569	18417	140709	240311	94607
1612715	1147755	15376	168112	281054	121225
287621	223032	410	39891	51788	11404
2940585	2468345	23545	228103	352489	175213
5773523	4697361	50960	537358	800796	391598
2353211	2090506	14551	175497	266074	76564
2986356	2658974	12930	173093	261555	165238
2898663	2438233	26969	247382	385998	201247
3601395	2942409	31202	323360	507296	243451
2143123	1706601	25046	196003	311548	150164
13062981	10944800	121906	1006251	1525371	917556
6222787	5370277	47831	435136	664712	470925
5519050	4657160	27634	438923	635721	222306
8545379	7432479	99631	516393	763673	292874
353019	273867	2626	35868	53189	30790
117196	96840	1674	12615	21115	7042
113174	102897	457	5159	10647	2564
57831	50692	568	4253	7658	4639
121072	87919	764	10196	14303	2975
333161	265625	2592	42180	59001	13494
33708	26073	339	4664	6952	4611

表 12.11 私营工业企业经济效益指标（2017 年）
INDICATORS ON ECONOMIC BENEFIT OF PRIVATE INDUSTRIAL ENTERPRISES (2017)

指　标	Item	总资产贡献率 Ratio of Total Assets to Industrial Output Value
总　计	**Total**	**18.6**
按轻、重工业分	**By Light and Heavy Industries**	
轻工业	Light Industry	23.6
重工业	Heavy Industry	16.9
按企业规模分	**By Size**	
大型企业	Large	14.9
中型企业	Medium	21.3
小型微型企业	Small&Mini	18.4
按行业分	**By Sector**	
煤炭开采和洗选业	Mining and Washing of Coal	39.3
石油和天然气开采业	Extraction of Petroleum and Natural Gas	
黑色金属矿采选业	Mining and Processing of Ferrous Metal Ores	30.5
有色金属矿采选业	Mining and Processing of Non-Ferrous Metal Ores	
非金属矿采选业	Mining and Processing of Nonmetal Ores	26.5
开采辅助活动	Mining Support Activities	
其他采矿业	Mining of Other Ores	6.9
农副食品加工业	Processing of Food from Agricultural Products	24.3
食品制造业	Manufacture of Foods	22.4
酒、饮料和精制茶制造业	Liquor, Beverage and Refined Tea	26.6
烟草制品业	Manufacture of Tobacco	
纺织业	Manufacture of Textile	14.9
纺织服装、服饰业	Manufacture of Textile Wearing Apparel, Footware and Caps	20.7
皮革、毛皮、羽毛及其制品和制鞋业	Manufacture of Leather, Fur, Feather and Related Products	33.0
木材加工和木、竹、藤、棕、草制品业	Processing of Timber, Manufacture of Wood, Bamboo, Rattan, Palm and Straw Products	27.6
家具制造业	Manufacture of Furniture	17.0
造纸和纸制品业	Manufacture of Paper and Paper Products	21.5
印刷和记录媒介复制业	Printing, Reproduction of Recording Media	23.4
文教、工美、体育和娱乐用品制造业	Manufacture of Culture, Education, Handicraft, Fine Arts, Sports and Entertainment Articles	19.9
石油加工、炼焦和核燃料加工业	Processing of Petroleum, Coking, Processing of Nuclear Fuel	3.1
化学原料和化学制品制造业	Manufacture of Raw Chemical Materials and Chemical Products	16.3
医药制造业	Manufacture of Medicines	21.1
化学纤维制造业	Manufacture of Chemical Fibers	18.3
橡胶和塑料制品业	Manufacture of Rubber and Plastics	21.3
非金属矿物制品业	Manufacture of Non-metallic Mineral Products	17.3
黑色金属冶炼和压延加工业	Smelting and Pressing of Ferrous Metals	14.9
有色金属冶炼和压延加工业	Smelting and Pressing of Nonferrous Metals	18.0
金属制品业	Manufacture of Metal Products	22.2
通用设备制造业	Manufacture of General Purpose Machinery	22.2
专用设备制造业	Manufacture of Special Purpose Machinery	20.0
汽车制造业	Manufacture of Motor Vehicles	14.9
铁路、船舶、航空航天和其他运输设备制造业	Manufacture of Railway, Ship, Aviation and Other Transporting Equipment	13.3
电气机械和器材制造业	Manufacture of Electrical Machinery and Equipment	22.6
计算机、通信和其他电子设备制造业	Manufacture of Communication Equipment, Computers and Other Electronic Equipment	20.3
仪器仪表制造业	Manufacture of Measuring Instruments and Machinery for Cultural Activity and Office Work	15.8
其他制造业	Other Manufacture	44.3
废弃资源综合利用业	Comprehensive Utilization of Waste Resources	9.1
金属制品、机械和设备修理业	Repair of Metal Products, Machinery and Equipment	37.9
电力、热力生产和供应业	Production and Supply of Electric Power and Heat Power	8.0
燃气生产和供应业	Production and Supply of Gas	11.7
水的生产和供应业	Production and Supply of Water	10.8

单位：% (%)

资本保值增值率 Ratio of Assets Appreciation YOY	资产负债率 Asset-Liability Ratio	流动资产周转率（次） Turnover Ratio of Circulating Assets (time)	成本费用利润率 Ratio of Profits to Cost	产品销售率 Sales as Percentage of Output
125.8	**53.1**	**3.0**	**8.4**	**97.5**
119.4	43.4	4.3	8.9	97.4
129.8	56.3	2.7	8.2	97.6
119.2	66.0	2.2	7.6	95.0
116.3	50.2	3.6	9.9	98.8
133.7	49.9	3.2	7.8	97.6
152.9	32.7	3.9	15.6	100.0
115.5	64.4	2.1	8.4	97.1
128.6	36.2	4.0	11.8	98.7
	60.8	5.9	9.0	99.5
119.4	35.3	5.4	8.0	98.7
110.0	32.7	4.0	9.7	97.8
126.9	32.4	4.8	10.1	97.6
110.5	67.4	2.8	4.7	98.6
150.9	43.1	3.3	9.2	95.0
101.6	44.3	7.1	6.7	99.7
123.8	45.5	4.5	9.1	98.6
124.0	35.3	4.4	8.6	95.5
130.0	59.5	3.8	8.1	98.8
123.6	49.5	3.6	9.4	97.5
118.0	38.9	4.3	7.1	98.9
107.9	78.0	1.7	1.2	99.7
115.1	52.1	3.3	7.2	98.0
115.0	42.6	2.7	11.7	93.9
124.0	45.3	2.2	16.1	89.5
126.6	43.2	4.1	8.5	98.1
120.4	54.8	2.5	10.3	96.7
129.0	66.1	2.7	7.7	97.6
139.7	53.3	3.9	5.7	99.9
132.8	46.9	3.9	9.3	98.5
140.4	43.4	4.2	10.0	97.6
129.3	45.2	3.5	10.1	96.6
123.8	65.8	2.3	8.3	97.7
116.1	56.3	2.1	7.4	97.0
116.9	51.5	3.3	8.5	97.7
164.2	56.0	3.4	6.5	95.9
118.5	46.6	1.8	10.1	97.8
126.3	38.2	3.6	12.5	99.5
101.8	66.6	1.6	4.8	98.6
98.4	37.4	7.2	6.4	99.5
182.2	56.4	2.8	9.2	99.8
121.2	57.0	1.4	14.2	94.5
224.3	14.6	1.0	15.5	99.9

表 12.11 续表 continued

指　标	Item	销售利润率 Rate of Return on Sale
总　计	**Total**	**7.8**
按轻、重工业分	**By Light and Heavy Industries**	
轻工业	Light Industry	8.2
重工业	Heavy Industry	7.6
按企业规模分	**By Size**	
大型企业	Large	7.2
中型企业	Medium	9.0
小型微型企业	Small&Mini	7.2
按行业分	**By Sector**	
煤炭开采和洗选业	Mining and Washing of Coal	13.3
石油和天然气开采业	Extraction of Petroleum and Natural Gas	
黑色金属矿采选业	Mining and Processing of Ferrous Metal Ores	7.7
有色金属矿采选业	Mining and Processing of Non-Ferrous Metal Ores	
非金属矿采选业	Mining and Processing of Nonmetal Ores	10.3
开采辅助活动	Mining Support Activities	
其他采矿业	Mining of Other Ores	8.2
农副食品加工业	Processing of Food from Agricultural Products	7.4
食品制造业	Manufacture of Foods	8.7
酒、饮料和精制茶制造业	Liquor, Beverage and Refined Tea	9.0
烟草制品业	Manufacture of Tobacco	
纺织业	Manufacture of Textile	4.6
纺织服装、服饰业	Manufacture of Textile Wearing Apparel, Footware and Caps	8.5
皮革、毛皮、羽毛及其制品和制鞋业	Manufacture of Leather, Fur, Feather and Related Products	6.2
木材加工和木、竹、藤、棕、草制品业	Processing of Timber, Manufacture of Wood, Bamboo, Rattan, Palm and Straw Products	8.3
家具制造业	Manufacture of Furniture	7.9
造纸和纸制品业	Manufacture of Paper and Paper Products	7.5
印刷和记录媒介复制业	Printing, Reproduction of Recording Media	8.6
文教、工美、体育和娱乐用品制造业	Manufacture of Culture, Education, Handicraft, Fine Arts, Sports and Entertainment Articles	6.6
石油加工、炼焦和核燃料加工业	Processing of Petroleum, Coking, Processing of Nuclear Fuel	1.2
化学原料和化学制品制造业	Manufacture of Raw Chemical Materials and Chemical Products	6.7
医药制造业	Manufacture of Medicines	10.4
化学纤维制造业	Manufacture of Chemical Fibers	13.9
橡胶和塑料制品业	Manufacture of Rubber and Plastics	7.8
非金属矿物制品业	Manufacture of Non-metallic Mineral Products	9.3
黑色金属冶炼和压延加工业	Smelting and Pressing of Ferrous Metals	7.2
有色金属冶炼和压延加工业	Smelting and Pressing of Nonferrous Metals	5.6
金属制品业	Manufacture of Metal Products	8.5
通用设备制造业	Manufacture of General Purpose Machinery	9.0
专用设备制造业	Manufacture of Special Purpose Machinery	9.1
汽车制造业	Manufacture of Motor Vehicles	7.7
铁路、船舶、航空航天和其他运输设备制造业	Manufacture of Railway, Ship, Aviation and Other Transporting Equipment	7.0
电气机械和器材制造业	Manufacture of Electrical Machinery and Equipment	8.0
计算机、通信和其他电子设备制造业	Manufacture of Communication Equipment, Computers and Other Electronic Equipment	6.1
仪器仪表制造业	Manufacture of Measuring Instruments and Machinery for Cultural Activity and Office Work	9.1
其他制造业	Other Manufacture	10.9
废弃资源综合利用业	Comprehensive Utilization of Waste Resources	4.6
金属制品、机械和设备修理业	Repair of Metal Products, Machinery and Equipment	5.9
电力、热力生产和供应业	Production and Supply of Electric Power and Heat Power	8.4
燃气生产和供应业	Production and Supply of Gas	12.8
水的生产和供应业	Production and Supply of Water	13.8

单位：% (%)

流动比率 Current Ratio	速动比率 Quick Ratio	产权比率 Equity Ratio	人均实现利税（元） Per Capita Pre-tax Profits (yuan)	从业人员人均工资（元） Per Capita Wages of Employees (yuan)
1.2	**0.9**	**1.2**	**120930**	**60662**
1.3	1.0	0.8	124159	61629
1.1	0.9	1.3	119465	60223
1.1	0.9	1.9	123740	65899
1.0	0.8	1.0	117496	65643
1.3	1.0	1.1	122571	55419
1.5	1.5	0.7	205716	66754
1.2	1.1	1.8	125826	54901
1.4	1.2	0.6	161614	61786
0.2	0.1	1.6	52507	38779
1.4	1.0	0.6	124292	55767
1.5	1.2	0.5	92612	56096
1.2	0.8	0.5	121586	57955
0.8	0.6	2.5	87276	53836
1.5	0.9	0.8	61259	60891
2.8	2.3	0.8	78700	58507
1.3	1.0	0.9	122274	59504
1.4	1.0	0.6	86956	62736
1.1	0.9	1.5	105867	73776
1.2	1.1	1.0	122841	59832
1.1	0.8	0.7	122312	49485
1.8	1.3	3.7	64512	51081
1.0	0.7	1.1	155599	60820
1.2	1.0	0.8	161118	69494
1.2	0.9	0.8	272568	60019
1.2	0.9	0.8	129483	64240
1.1	0.9	1.3	111862	54656
1.0	0.7	2.0	207416	49427
1.3	1.0	1.2	149127	97891
1.1	0.8	0.9	116856	59386
1.1	0.8	0.8	131045	62527
1.1	0.8	0.9	132616	64459
0.9	0.8	2.0	103438	62255
1.1	0.9	1.3	81608	57749
1.5	1.3	1.1	196131	68580
1.7	1.3	1.3	143527	54533
1.5	1.3	0.9	91660	57830
1.9	0.6	0.6	183811	55861
5.2	4.3	5.2	189115	45547
2.1	1.8	0.6	77572	47313
1.1	1.1	1.3	242425	50427
2.2	2.1	1.3	257966	57897
4.7	4.4	0.2	103608	68717

表 12.12 内资工业企业主要经济指标（2017 年）
MAIN ECONOMIC INDICATORS OF INDUSTRIAL ENTERPRISES WITH DOMESTIC FUNDS (2017)

指　标	Item	单位数（个）Number of Enterprises (unit)
总　计	**Total**	**6279**
按登记注册类型分	**By Status of Registration**	
#国有企业	State-owned	28
集体企业	Collective-owned	23
按轻、重工业分	**By Light and Heavy Industries**	
轻工业	Light Industry	1953
重工业	Heavy Industry	4326
按企业规模分	**By Size**	
大型企业	Large	145
中型企业	Medium	934
小型微型企业	Small&Mini	5200
按行业分	**By Sector**	
煤炭开采和洗选业	Mining and Washing of Coal	72
石油和天然气开采业	Extraction of Petroleum and Natural Gas	2
黑色金属矿采选业	Mining and Processing of Ferrous Metal Ores	14
有色金属矿采选业	Mining and Processing of Non-Ferrous Metal Ores	2
非金属矿采选业	Mining and Processing of Nonmetal Ores	131
开采辅助活动	Mining Support Activities	
其他采矿业	Mining of Other Ores	
农副食品加工业	Processing of Food from Agricultural Products	484
食品制造业	Manufacture of Foods	178
酒、饮料和精制茶制造业	Liquor, Beverage and Refined Tea	92
烟草制品业	Manufacture of Tobacco	2
纺织业	Manufacture of Textile	72
纺织服装、鞋、帽制造业	Manufacture of Textile Wearing Apparel, Footware and Caps	63
皮革、毛皮、羽毛（绒）及其制品业	Manufacture of Leather, Fur, Feather and Related Products	66
木材加工及木竹藤棕草制品业	Processing of Timber, Manufacture of Wood, Bamboo, Rattan, Palm and Straw Products	97
家具制造业	Manufacture of Furniture	84
造纸及纸制品业	Manufacture of Paper and Paper Products	98
印刷业、记录媒介的复制	Printing, Reproduction of Recording Media	106
文教、工美、体育和娱乐用品制造业	Manufacture of Culture, Education, Handicraft, Fine Arts, Sports and Entertainment Articles	38
石油加工、炼焦及核燃料加工业	Processing of Petroleum, Coking, Processing of Nuclear Fuel	17
化学原料及化学制品制造业	Manufacture of Raw Chemical Materials and Chemical Products	229
医药制造业	Manufacture of Medicines	137
化学纤维制造业	Manufacture of Chemical Fibers	4
橡胶和塑料制品业	Manufacture of Rubber and Plastics	276
非金属矿物制品业	Manufacture of Non-metallic Mineral Products	643
黑色金属冶炼及压延加工业	Smelting and Pressing of Ferrous Metals	122
有色金属冶炼及压延加工业	Smelting and Pressing of Nonferrous Metals	120
金属制品业	Manufacture of Metal Products	282
通用设备制造业	Manufacture of General Purpose Machinery	340
专用设备制造业	Manufacture of Special Purpose Machinery	235
汽车制造业	Manufacture of Motor Vehicles	853
铁路、船舶、航空航天和其他运输设备制造业	Manufacture of Railway, Ship, Aviation and Other Transporting Equipment	500
电气机械及器材制造业	Manufacture of Electrical Machinery and Equipment	263
通信设备、计算机及其他电子设备制造业	Manufacture of Communication Equipment, Computers and Other Electronic Equipment	344
仪器仪表及文化、办公用机械制造业	Manufacture of Measuring Instruments and Machinery for Cultural Activity and Office Work	81
其他制造业	Other Manufacture	18
废弃资源综合利用业	Comprehensive Utilization of Waste Resources	24
金属制品、机械和设备修理业	Repair of Metal Products, Machinery and Equipment	10
电力、热力的生产和供应业	Production and Supply of Electric Power and Heat Power	76
燃气生产和供应业	Production and Supply of Gas	64
水的生产和供应业	Production and Supply of Water	40

单位：万元（10 000 yuan）

从业人员平均人数（万人）Average Employment (10 000 persons)	工业总产值 Gross Output Value	工业销售产值 Sales Value of Industry	其中 of which #出口交货值 Value of Export Delivery	实收资本 Paid-in Capital	其中 of which #国家资本 State Capital	#外商资本 Foreign Capital
141.51	**159059621**	**155891019**	**7901954**	**28320110**	**8377421**	**112068**
1.06	1075389	1016337	14450	377904	205189	
0.34	184265	183917		9529		
37.08	39704128	38585573	1063728	3567643	271648	10380
104.43	119355493	117305446	6838226	24752467	8105774	101688
37.21	48432705	47447973	4314573	11038628	3911848	98525
47.96	43143692	42474684	1686026	6747593	2180849	10400
56	67483224	65968363	1901355	10533889	2284724	3143
4.10	1457080	1458399		1140449	699322	
0.16	794343	794371		1059921	18515	
0.24	153325	143597		11951	5041	
0.04	23069	23069		310		
1.53	1564431	1543875		197210	53706	
6.94	8301249	8161626	63091	513250	35596	
3.06	2362198	2319404	23301	228113	6585	
1.72	1367083	1332666	43534	292839	2350	
0.35	1311768	1266800		83359		
1.08	983314	973517	215230	64659	9000	
1.11	708932	681527	87775	64256	4000	70
2.23	1835061	1832996	29139	41535	11639	
1.25	1218597	1202563	46230	79749	12000	
1.27	919883	883279	24	123723	30	
1.43	1260414	1224579	38954	100792	8	
1.62	1418071	1386456	39316	164130	7822	
0.68	823987	811830	69065	52308		
0.21	524566	531433		93411		
4.72	6969806	6922284	218978	1683339	520008	
4.91	5614596	5286565	236570	907458	83233	309
0.19	323136	289542	15037	67203	5703	
3.90	4539661	4460253	27436	397488	30235	
10.92	9794894	9530259	33760	1748630	236000	20
2.72	4314292	4210587	5355	1205812	23378	
3.31	7110842	7015760	151934	1254692	290832	
5.55	4496672	4414715	77729	519218	73451	
6.72	6274597	6116930	237398	909666	424502	1
3.92	3534248	3427962	173858	565633	170815	
27.05	29552013	29135082	466210	3120254	277929	101215
13.29	10808739	10516585	1284373	1630490	400213	400
5.72	9291535	9103959	268364	961518	170961	10000
10.23	17370953	16971192	3930437	3277283	353272	
2.07	1326573	1286109	31552	309065	148631	52
1.22	805898	803486	87305	272857	34032	
0.19	312069	309308		37300		
0.31	127628	127142		12858		
3.92	7051025	7026204		4472738	3914075	
0.76	2064818	2021675		290379	127966	
0.84	348255	343436		364267	226570	

表 12.12 续表 1 continued 1

指 标	Item	资 产 Total Assets
总 计	**Total**	**161284357**
按登记注册类型分	**By Status of Registration**	
#国有企业	State-owned	2470241
集体企业	Collective-owned	122677
按轻、重工业分	**By Light and Heavy Industries**	
轻工业	Light Industry	25860327
重工业	Heavy Industry	135424031
按企业规模分	**By Size**	
大型企业	Large	62365344
中型企业	Medium	41995237
小型微型企业	Small&Mini	56923776
按行业分	**By Sector**	
煤炭开采和洗选业	Mining and Washing of Coal	4389330
石油和天然气开采业	Extraction of Petroleum and Natural Gas	2481585
黑色金属矿采选业	Mining and Processing of Ferrous Metal Ores	155002
有色金属矿采选业	Mining and Processing of Non-Ferrous Metal Ores	30199
非金属矿采选业	Mining and Processing of Nonmetal Ores	1202591
开采辅助活动	Mining Support Activities	
其他采矿业	Mining of Other Ores	
农副食品加工业	Processing of Food from Agricultural Products	3832913
食品制造业	Manufacture of Foods	1506415
酒、饮料和精制茶制造业	Liquor, Beverage and Refined Tea	1074159
烟草制品业	Manufacture of Tobacco	1499647
纺织业	Manufacture of Textile	719565
纺织服装、鞋、帽制造业	Manufacture of Textile Wearing Apparel, Footware and Caps	342001
皮革、毛皮、羽毛(绒)及其制品业	Manufacture of Leather, Fur, Feather and Related Products	490410
木材加工及木竹藤棕草制品业	Processing of Timber, Manufacture of Wood, Bamboo, Rattan, Palm and Straw Products	541801
家具制造业	Manufacture of Furniture	695474
造纸及纸制品业	Manufacture of Paper and Paper Products	729820
印刷业、记录媒介的复制	Printing, Reproduction of Recording Media	1113470
文教、工美、体育和娱乐用品制造业	Manufacture of Culture, Education, Handicraft, Fine Arts, Sports and Entertainment Articles	430434
石油加工、炼焦及核燃料加工业	Processing of Petroleum, Coking, Processing of Nuclear Fuel	515865
化学原料及化学制品制造业	Manufacture of Raw Chemical Materials and Chemical Products	8148187
医药制造业	Manufacture of Medicines	6229340
化学纤维制造业	Manufacture of Chemical Fibers	307783
橡胶和塑料制品业	Manufacture of Rubber and Plastics	2558535
非金属矿物制品业	Manufacture of Non-metallic Mineral Products	9691962
黑色金属冶炼及压延加工业	Smelting and Pressing of Ferrous Metals	4755814
有色金属冶炼及压延加工业	Smelting and Pressing of Nonferrous Metals	5028802
金属制品业	Manufacture of Metal Products	3787568
通用设备制造业	Manufacture of General Purpose Machinery	5969875
专用设备制造业	Manufacture of Special Purpose Machinery	3663961
汽车制造业	Manufacture of Motor Vehicles	31591108
铁路、船舶、航空航天和其他运输设备制造业	Manufacture of Railway, Ship, Aviation and Other Transporting Equipment	10875970
电气机械及器材制造业	Manufacture of Electrical Machinery and Equipment	7791208
通信设备、计算机及其他电子设备制造业	Manufacture of Communication Equipment, Computers and Other Electronic Equipment	13229441
仪器仪表及文化、办公用机械制造业	Manufacture of Measuring Instruments and Machinery for Cultural Activity and Office Work	1571297
其他制造业	Other Manufacture	1382933
废弃资源综合利用业	Comprehensive Utilization of Waste Resources	221042
金属制品、机械和设备修理业	Repair of Metal Products, Machinery and Equipment	70804
电力、热力的生产和供应业	Production and Supply of Electric Power and Heat Power	18836830
燃气生产和供应业	Production and Supply of Gas	1535854
水的生产和供应业	Production and Supply of Water	2285363

单位：万元（10 000 yuan）

其 中 of which	固定资产 Fixed Assets		负 债	其 中 of which
#流动资产 Circulating Assets	原 值 Original Value	净 值 Net Value	Total Liabilities	#流动负债 Total Circulating Liabilities
73824781	**94406072**	**59192083**	**93240703**	**71277492**
542688	2825848	1655483	1994980	971502
80689	49575	28047	78259	76204
12718139	14824463	8664981	11845818	9198707
61106642	79581609	50527102	81394885	62078785
29573354	37518129	22184354	36570525	29194186
20047799	25465394	15367094	24359301	19801866
24203629	31422549	21640634	32310877	22281440
1077682	2277280	1599640	2467046	1728606
112801	2798586	2340992	1397128	1136379
81017	54591	44203	158636	152349
16702	13845	13498	21451	21451
464379	652572	423177	480268	391708
1499534	2327241	1623673	1391677	1041710
677008	804682	555144	591396	503610
462482	544927	349031	562843	325242
1228639	463013	201186	461747	461425
379342	334898	248950	482591	420081
202765	114085	80849	151453	133745
273959	1186304	182369	222436	105797
248681	408049	205440	239574	191776
204793	348132	354334	245610	144398
364211	406608	278472	414870	316830
635072	678466	318278	558834	500460
180515	287116	193588	160858	137565
272282	145172	102438	356281	181307
2499186	6909992	4222538	5639612	4406023
3139420	3091248	1832405	3030681	2399943
131262	187772	148710	137113	112337
1037383	1937935	1006500	1210525	939186
4486077	5545319	3471517	5772212	4834555
1514754	3083221	2764834	2305289	1528003
2114531	3840436	1754134	3144745	2627024
1775947	2012649	1412209	2157423	1697219
3288204	2773901	2028711	3232754	2559080
1820831	1718688	1052505	1903708	1439074
17944299	11813919	7224091	19552225	16934313
5668447	5179134	2849987	6260779	5270494
5315536	2364835	1522506	4769065	4100140
8983682	4774384	3206768	7525552	5556309
1030415	438343	286015	882354	735819
817561	608860	346579	814711	712820
98433	90439	49198	130569	60039
48658	33652	17418	39322	35832
2272710	22236771	13580496	12400851	6345239
758620	758877	456601	992640	657823
696963	1160132	843101	973873	431786

表 12.12 续表 2 continued 2

指　标	Item	所有者权益 Creditors' Equity
总　计	**Total**	**66915541**
按登记注册类型分	**By Status of Registration**	
#国有企业	State-owned	475849
集体企业	Collective-owned	44418
按轻、重工业分	**By Light and Heavy Industries**	
轻工业	Light Industry	13684543
重工业	Heavy Industry	53230999
按企业规模分	**By Size**	
大型企业	Large	25794818
中型企业	Medium	17634887
小型微型企业	Small&Mini	23485836
按行业分	**By Sector**	
煤炭开采和洗选业	Mining and Washing of Coal	1800373
石油和天然气开采业	Extraction of Petroleum and Natural Gas	1084457
黑色金属矿采选业	Mining and Processing of Ferrous Metal Ores	-3635
有色金属矿采选业	Mining and Processing of Non-Ferrous Metal Ores	8749
非金属矿采选业	Mining and Processing of Nonmetal Ores	695349
开采辅助活动	Mining Support Activities	
其他采矿业	Mining of Other Ores	
农副食品加工业	Processing of Food from Agricultural Products	2346098
食品制造业	Manufacture of Foods	892114
酒、饮料和精制茶制造业	Liquor, Beverage and Refined Tea	615435
烟草制品业	Manufacture of Tobacco	1037900
纺织业	Manufacture of Textile	197257
纺织服装、鞋、帽制造业	Manufacture of Textile Wearing Apparel, Footware and Caps	174911
皮革、毛皮、羽毛(绒)及其制品业	Manufacture of Leather, Fur, Feather and Related Products	261993
木材加工及木竹藤棕草制品业	Processing of Timber, Manufacture of Wood, Bamboo, Rattan, Palm and Straw Products	283872
家具制造业	Manufacture of Furniture	420853
造纸及纸制品业	Manufacture of Paper and Paper Products	309529
印刷业、记录媒介的复制	Printing, Reproduction of Recording Media	552561
文教、工美、体育和娱乐用品制造业	Manufacture of Culture, Education, Handicraft, Fine Arts, Sports and Entertainment Articles	247049
石油加工、炼焦及核燃料加工业	Processing of Petroleum, Coking, Processing of Nuclear Fuel	155675
化学原料及化学制品制造业	Manufacture of Raw Chemical Materials and Chemical Products	2477926
医药制造业	Manufacture of Medicines	3123792
化学纤维制造业	Manufacture of Chemical Fibers	162339
橡胶和塑料制品业	Manufacture of Rubber and Plastics	1299609
非金属矿物制品业	Manufacture of Non-metallic Mineral Products	3814946
黑色金属冶炼及压延加工业	Smelting and Pressing of Ferrous Metals	2418480
有色金属冶炼及压延加工业	Smelting and Pressing of Nonferrous Metals	1877525
金属制品业	Manufacture of Metal Products	1552140
通用设备制造业	Manufacture of General Purpose Machinery	2694467
专用设备制造业	Manufacture of Special Purpose Machinery	1719916
汽车制造业	Manufacture of Motor Vehicles	11936823
铁路、船舶、航空航天和其他运输设备制造业	Manufacture of Railway, Ship, Aviation and Other Transporting Equipment	4524833
电气机械及器材制造业	Manufacture of Electrical Machinery and Equipment	2979914
通信设备、计算机及其他电子设备制造业	Manufacture of Communication Equipment, Computers and Other Electronic Equipment	5648819
仪器仪表及文化、办公用机械制造业	Manufacture of Measuring Instruments and Machinery for Cultural Activity and Office Work	686880
其他制造业	Other Manufacture	568222
废弃资源综合利用业	Comprehensive Utilization of Waste Resources	65949
金属制品、机械和设备修理业	Repair of Metal Products, Machinery and Equipment	31482
电力、热力的生产和供应业	Production and Supply of Electric Power and Heat Power	6396239
燃气生产和供应业	Production and Supply of Gas	543213
水的生产和供应业	Production and Supply of Water	1311489

单位：万元 (10 000 yuan)

主营业务收入 Revenue from Principal Business	主营业务成本 Cost of Principal Business	主营业务税金及附加 Tax and Extra Charges of Principal Business	利润总额 Total After-tax Profits	利税总额 Total Pre-tax Profits	应付职工薪酬 Total Wages
155441754	**130189422**	**2273960**	**11675018**	**19466970**	**10361519**
1025576	813239	9645	62064	135544	111494
180815	154799	2794	11118	21695	16162
38191558	30532707	995374	3063706	5597277	2413483
117250196	99656715	1278585	8611311	13869693	7948037
47713512	40032728	1309629	3418583	6443587	3568511
42806228	35457749	349496	3330693	5279380	3470429
64922014	54698946	614834	4925742	7744002	3322580
1525792	1233702	36375	122928	309511	341685
782600	490093	38053	271015	311569	10859
153746	107391	2746	5819	25590	16759
24275	19983	1348	1863	5195	2508
1495707	1180638	33272	140801	235487	91533
7992570	6744061	61682	666425	982886	389254
2312261	1837666	20995	206727	323504	187418
1327843	998561	40860	128132	224634	97815
1262181	458056	676392	-4177	800317	98145
956314	847777	7513	42810	90120	58409
654184	544159	2651	52962	71493	66389
1798281	1633346	6619	106905	152970	127981
1141038	934002	10201	96753	144679	73349
890258	698245	10704	70633	113192	77520
1202323	1037170	7232	79427	124004	100785
1368946	1135485	9768	104226	162422	105943
897626	817412	4361	46102	83116	37060
559533	489631	7683	25728	44695	17361
6629570	5569019	49763	324164	615104	370157
5120120	3500992	53709	478702	847606	334275
290266	225159	421	40041	51999	11404
4404519	3733415	40544	339421	526377	245763
9531280	7750192	90630	836567	1314567	666840
4214410	3836437	26691	235744	357696	195352
6899002	6345336	23564	428214	746656	325230
4382118	3693877	41137	336334	536657	374001
6111806	4999543	50747	499224	789078	460901
3395703	2675363	42737	321210	518556	277577
30145039	25317600	535966	2433610	3958314	2159916
9948520	8601408	81636	675865	1068922	873667
9608807	8194065	51101	730811	1083041	411982
16609166	14099867	121256	1225060	1617522	638677
1162955	889135	9932	63536	125740	168950
765778	663688	3957	152821	169330	128186
310103	263632	2781	21554	42421	9822
105463	96603	1048	5214	12650	21097
7044541	6396116	58116	158250	623122	620485
2079069	1894215	6597	128218	161410	75252
338044	236385	3176	75382	94817	91215

表 12.13 内资工业企业经济效益指标（2017 年）
INDICATORS ON ECONOMIC BENEFIT OF INDUSTRIAL ENTERPRISES WITH DOMESTIC FUNDS (2017)

指　标	Item	总资产贡献率 Ratio of Total Assets to Industrial Output Value
总　计	**Total**	**13.0**
按轻、重工业分	**By Light and Heavy Industries**	
轻工业	Light Industry	22.5
重工业	Heavy Industry	11.2
按企业规模分	**By Size**	
大型企业	Large	11.0
中型企业	Medium	13.6
小型微型企业	Small&Mini	14.8
按行业分	**By Sector**	
煤炭开采和洗选业	Mining and Washing of Coal	8.6
石油和天然气开采业	Extraction of Petroleum and Natural Gas	13.8
黑色金属矿采选业	Mining and Processing of Ferrous Metal Ores	18.9
有色金属矿采选业	Mining and Processing of Non-Ferrous Metal Ores	17.2
非金属矿采选业	Mining and Processing of Nonmetal Ores	20.8
开采辅助活动	Mining Support Activities	
其他采矿业	Mining of Other Ores	6.9
农副食品加工业	Processing of Food from Agricultural Products	26.4
食品制造业	Manufacture of Foods	22.5
酒、饮料和精制茶制造业	Liquor, Beverage and Refined Tea	22.2
烟草制品业	Manufacture of Tobacco	53.5
纺织业	Manufacture of Textile	14.2
纺织服装、服饰业	Manufacture of Textile Wearing Apparel, Footware and Caps	21.6
皮革、毛皮、羽毛及其制品和制鞋业	Manufacture of Leather, Fur, Feather and Related Products	31.9
木材加工和木、竹、藤、棕、草制品业	Processing of Timber, Manufacture of Wood, Bamboo, Rattan, Palm and Straw Products	27.8
家具制造业	Manufacture of Furniture	17.2
造纸和纸制品业	Manufacture of Paper and Paper Products	17.9
印刷和记录媒介复制业	Printing, Reproduction of Recording Media	15.2
文教、工美、体育和娱乐用品制造业	Manufacture of Culture, Education, Handicraft, Fine Arts, Sports and Entertainment Articles	19.6
石油加工、炼焦和核燃料加工业	Processing of Petroleum, Coking, Processing of Nuclear Fuel	9.4
化学原料和化学制品制造业	Manufacture of Raw Chemical Materials and Chemical Products	9.3
医药制造业	Manufacture of Medicines	14.6
化学纤维制造业	Manufacture of Chemical Fibers	17.7
橡胶和塑料制品业	Manufacture of Rubber and Plastics	21.1
非金属矿物制品业	Manufacture of Non-metallic Mineral Products	14.7
黑色金属冶炼和压延加工业	Smelting and Pressing of Ferrous Metals	7.7
有色金属冶炼和压延加工业	Smelting and Pressing of Nonferrous Metals	17.2
金属制品业	Manufacture of Metal Products	18.8
通用设备制造业	Manufacture of General Purpose Machinery	15.3
专用设备制造业	Manufacture of Special Purpose Machinery	13.5
汽车制造业	Manufacture of Motor Vehicles	13.0
铁路、船舶、航空航天和其他运输设备制造业	Manufacture of Railway, Ship, Aviation and Other Transporting Equipment	10.7
电气机械和器材制造业	Manufacture of Electrical Machinery and Equipment	14.7
计算机、通信和其他电子设备制造业	Manufacture of Communication Equipment, Computers and Other Electronic Equipment	12.8
仪器仪表制造业	Manufacture of Measuring Instruments and Machinery for Cultural Activity and Office Work	8.0
其他制造业	Other Manufacture	7.8
废弃资源综合利用业	Comprehensive Utilization of Waste Resources	19.8
金属制品、机械和设备修理业	Repair of Metal Products, Machinery and Equipment	13.1
电力、热力生产和供应业	Production and Supply of Electric Power and Heat Power	5.1
燃气生产和供应业	Production and Supply of Gas	10.7
水的生产和供应业	Production and Supply of Water	4.2

单位：% (%)

资本保值增值率 Ratio of Assets Appreciation YOY	资产负债率 Asset-Liability Ratio	流动资产周转率（次） Turnover Ratio of Circulating Assets (time)	成本费用利润率 Ratio of Profits to Cost	产品销售率 Sales as Percentage of Output
120.8	**57.8**	**2.1**	**8.0**	**98.0**
122.3	45.8	3.0	8.8	97.2
120.2	60.1	2.0	7.8	98.3
120.0	58.4	1.7	7.6	98.0
112.8	58.2	2.2	8.3	98.5
127.3	56.9	2.7	8.2	97.7
100.8	56.2	1.5	8.0	100.1
126.1	56.3	7.0	44.6	100.0
	102.3	1.9	3.9	93.7
97.3	71.0	1.5	8.8	100.0
116.0	39.5	3.2	10.7	98.7
	60.8	5.9	9.0	99.5
121.4	36.3	5.4	9.1	98.3
112.6	39.3	3.4	9.9	98.2
119.8	52.4	2.9	11.0	97.5
195.4	30.8	1.1	-0.7	96.6
106.5	67.1	2.6	4.6	99.0
147.4	44.3	3.3	8.7	96.1
103.9	45.4	6.7	6.2	99.9
123.6	44.3	4.6	9.3	98.7
122.6	35.3	4.4	8.7	96.0
120.8	56.9	3.3	7.0	97.2
129.1	50.1	2.2	8.2	97.8
121.1	37.4	5.0	5.4	98.5
103.6	67.9	2.1	5.0	101.1
113.2	69.0	2.7	5.1	99.4
106.7	48.7	1.6	10.3	94.2
120.8	44.6	2.2	16.0	89.6
128.5	47.2	4.3	8.4	98.2
119.7	59.6	2.1	9.7	97.3
424.5	48.5	2.6	5.1	97.4
141.4	62.9	3.7	6.0	98.8
138.1	58.1	2.8	9.3	97.6
126.9	49.3	2.1	9.3	97.0
117.8	58.2	1.7	9.5	97.7
112.4	62.0	1.7	8.5	98.6
121.9	57.6	1.8	7.1	97.3
115.5	61.4	1.9	8.0	98.0
134.2	56.7	1.8	8.1	97.7
104.7	54.6	1.0	6.3	96.6
107.1	57.4	1.0	14.1	102.5
109.1	59.1	3.2	7.7	99.1
99.8	63.8	1.6	3.1	99.8
101.8	65.8	3.1	2.3	99.7
116.9	64.9	2.8	6.5	97.9
120.8	42.6	0.6	21.0	98.6

表 12.13 续表 continued

指　标	Item	销售利润率 Rate of Return on Sale
总　计	**Total**	**7.5**
按轻、重工业分	**By Light and Heavy Industries**	
轻工业	Light Industry	8.0
重工业	Heavy Industry	7.3
按企业规模分	**By Size**	
大型企业	Large	7.2
中型企业	Medium	7.7
小型微型企业	Small&Mini	7.6
按行业分	**By Sector**	
煤炭开采和洗选业	Mining and Washing of Coal	8.1
石油和天然气开采业	Extraction of Petroleum and Natural Gas	34.6
黑色金属矿采选业	Mining and Processing of Ferrous Metal Ores	3.8
有色金属矿采选业	Mining and Processing of Non-Ferrous Metal Ores	7.7
非金属矿采选业	Mining and Processing of Nonmetal Ores	9.4
开采辅助活动	Mining Support Activities	
其他采矿业	Mining of Other Ores	8.2
农副食品加工业	Processing of Food from Agricultural Products	8.3
食品制造业	Manufacture of Foods	9.0
酒、饮料和精制茶制造业	Liquor, Beverage and Refined Tea	9.7
烟草制品业	Manufacture of Tobacco	-0.3
纺织业	Manufacture of Textile	4.5
纺织服装、服饰业	Manufacture of Textile Wearing Apparel, Footware and Caps	8.1
皮革、毛皮、羽毛及其制品和制鞋业	Manufacture of Leather, Fur, Feather and Related Products	5.9
木材加工和木、竹、藤、棕、草制品业	Processing of Timber, Manufacture of Wood, Bamboo, Rattan, Palm and Straw Products	8.5
家具制造业	Manufacture of Furniture	7.9
造纸和纸制品业	Manufacture of Paper and Paper Products	6.6
印刷和记录媒介复制业	Printing, Reproduction of Recording Media	7.6
文教、工美、体育和娱乐用品制造业	Manufacture of Culture, Education, Handicraft, Fine Arts, Sports and Entertainment Articles	5.1
石油加工、炼焦和核燃料加工业	Processing of Petroleum, Coking, Processing of Nuclear Fuel	4.7
化学原料和化学制品制造业	Manufacture of Raw Chemical Materials and Chemical Products	5.0
医药制造业	Manufacture of Medicines	9.4
化学纤维制造业	Manufacture of Chemical Fibers	13.8
橡胶和塑料制品业	Manufacture of Rubber and Plastics	7.7
非金属矿物制品业	Manufacture of Non-metallic Mineral Products	8.8
黑色金属冶炼和压延加工业	Smelting and Pressing of Ferrous Metals	5.0
有色金属冶炼和压延加工业	Smelting and Pressing of Nonferrous Metals	6.0
金属制品业	Manufacture of Metal Products	8.5
通用设备制造业	Manufacture of General Purpose Machinery	8.6
专用设备制造业	Manufacture of Special Purpose Machinery	8.7
汽车制造业	Manufacture of Motor Vehicles	8.1
铁路、船舶、航空航天和其他运输设备制造业	Manufacture of Railway, Ship, Aviation and Other Transporting Equipment	6.8
电气机械和器材制造业	Manufacture of Electrical Machinery and Equipment	7.6
计算机、通信和其他电子设备制造业	Manufacture of Communication Equipment, Computers and Other Electronic Equipment	7.4
仪器仪表制造业	Manufacture of Measuring Instruments and Machinery for Cultural Activity and Office Work	6.0
其他制造业	Other Manufacture	14.7
废弃资源综合利用业	Comprehensive Utilization of Waste Resources	7.0
金属制品、机械和设备修理业	Repair of Metal Products, Machinery and Equipment	3.1
电力、热力生产和供应业	Production and Supply of Electric Power and Heat Power	2.3
燃气生产和供应业	Production and Supply of Gas	6.2
水的生产和供应业	Production and Supply of Water	22.3

单位: % (%)

流动比率 Current Ratio	速动比率 Quick Ratio	产权比率 Equity Ratio	人均实现利税（元） Per Capita Pre-tax Profits (yuan)	从业人员人均工资（元） Per Capita Wages of Employees (yuan)
1.0	**0.8**	**1.4**	**137566**	**73221**
1.4	1.0	0.9	150957	65091
1.0	0.8	1.5	132811	76107
1.0	0.8	1.4	170779	96001
1.0	0.8	1.4	109987	72086
1.1	0.9	1.4	138492	58767
0.6	0.6	1.4	75432	83273
0.1	0.1	1.3	1979472	68987
0.5	0.5	-43.6	106314	69624
0.8	0.7	2.5	124588	60151
1.2	0.9	0.7	155845	60211
0.2	0.1	1.6	52507	38779
1.4	1.0	0.6	141646	56105
1.3	1.0	0.7	105551	61137
1.4	1.0	0.9	130336	56754
2.7	0.8	0.4	2303071	282431
0.9	0.7	2.5	83576	54168
1.5	1.0	0.9	64582	59972
2.6	2.0	0.9	68501	57311
1.3	1.0	0.9	115861	58504
1.4	1.0	0.6	89388	61217
1.2	0.9	1.3	86558	70351
1.3	1.0	1.0	100954	65950
1.3	0.9	0.7	122122	54452
1.5	1.0	2.2	197016	84158
0.6	0.4	2.3	131655	79053
1.3	1.0	1.0	172632	68082
1.2	0.9	0.8	273677	60019
1.1	0.8	0.9	134686	62774
0.9	0.8	1.5	120228	61007
1.0	0.7	1.0	123322	72603
0.8	0.6	1.7	227887	98115
1.1	0.8	1.5	111255	65541
1.3	1.0	1.0	120694	66972
1.3	1.0	1.4	126583	73560
1.1	0.9	1.6	147193	79541
1.1	0.9	1.4	80358	65678
1.3	1.0	1.6	189378	72178
1.6	1.4	1.3	157784	62701
1.4	1.2	1.2	64686	83326
1.0	0.8	1.4	88236	104128
1.6	1.3	2.0	220714	51102
1.4	1.3	1.8	30207	73501
0.4	0.3	1.9	158939	158267
1.1	1.1	1.9	215609	98249
1.6	1.5	0.7	113066	108770

表 12.14 外商投资和港澳台投资工业企业主要经济指标（2017 年）
MAIN ECONOMIC INDICATORS OF INDUSTRIAL ENTERPRISES WITH HONG KONG, MACAO, TAIWAN AND FOREIGN FUNDS (2017)

指　标	Item	单位数（个）Number of Enterprises (unit)
总　计	**Total**	**405**
按登记注册类型分	**By Status of Registration**	
#港澳台投资企业	Funded by Hong Kong, Macao and Taiwan	164
外商投资企业	Foreign-funded	241
按轻、重工业分	**By Light and Heavy Industries**	
轻工业	Light Industry	80
重工业	Heavy Industry	325
按企业规模分	**By Size**	
大型企业	Large	54
中型企业	Medium	136
小型微型企业	Small&Mini	215
按行业分	**By Sector**	
煤炭开采和洗选业	Mining and Washing of Coal	
石油和天然气开采业	Extraction of Petroleum and Natural Gas	
黑色金属矿采选业	Mining and Processing of Ferrous Metal Ores	
有色金属矿采选业	Mining and Processing of Non-Ferrous Metal Ores	
非金属矿采选业	Mining and Processing of Nonmetal Ores	
开采辅助活动	Mining Support Activities	
其他采矿业	Mining of Other Ores	
农副食品加工业	Processing of Food from Agricultural Products	9
食品制造业	Manufacture of Foods	4
酒、饮料和精制茶制造业	Liquor, Beverage and Refined Tea	10
烟草制品业	Manufacture of Tobacco	
纺织业	Manufacture of Textile	2
纺织服装、鞋、帽制造业	Manufacture of Textile Wearing Apparel, Footware and Caps	8
皮革、毛皮、羽毛（绒）及其制品业	Manufacture of Leather, Fur, Feather and Related Products	1
木材加工及木竹藤棕草制品业	Processing of Timber, Manufacture of Wood, Bamboo, Rattan, Palm and Straw Products	1
家具制造业	Manufacture of Furniture	
造纸及纸制品业	Manufacture of Paper and Paper Products	10
印刷业、记录媒介的复制	Printing, Reproduction of Recording Media	4
文教、工美、体育和娱乐用品制造业	Manufacture of Culture, Education, Handicraft, Fine Arts, Sports and Entertainment Articles	3
石油加工、炼焦及核燃料加工业	Processing of Petroleum, Coking, Processing of Nuclear Fuel	
化学原料及化学制品制造业	Manufacture of Raw Chemical Materials and Chemical Products	26
医药制造业	Manufacture of Medicines	4
化学纤维制造业	Manufacture of Chemical Fibers	
橡胶和塑料制品业	Manufacture of Rubber and Plastics	14
非金属矿物制品业	Manufacture of Non-metallic Mineral Products	21
黑色金属冶炼及压延加工业	Smelting and Pressing of Ferrous Metals	2
有色金属冶炼及压延加工业	Smelting and Pressing of Nonferrous Metals	8
金属制品业	Manufacture of Metal Products	10
通用设备制造业	Manufacture of General Purpose Machinery	22
专用设备制造业	Manufacture of Special Purpose Machinery	15
汽车制造业	Manufacture of Motor Vehicles	99
铁路、船舶、航空航天和其他运输设备制造业	Manufacture of Railway, Ship, Aviation and Other Transporting Equipment	11
电气机械及器材制造业	Manufacture of Electrical Machinery and Equipment	13
通信设备、计算机及其他电子设备制造业	Manufacture of Communication Equipment, Computers and Other Electronic Equipment	89
仪器仪表及文化、办公用机械制造业	Manufacture of Measuring Instruments and Machinery for Cultural Activity and Office Work	8
其他制造业	Other Manufacture	
废弃资源综合利用业	Comprehensive Utilization of Waste Resources	1
金属制品、机械和设备修理业	Repair of Metal Products, Machinery and Equipment	
电力、热力的生产和供应业	Production and Supply of Electric Power and Heat Power	2
燃气生产和供应业	Production and Supply of Gas	5
水的生产和供应业	Production and Supply of Water	3

单位：万元 (10 000 yuan)

从业人员平均人数（万人） Average Employment (10 000 persons)	工业总产值 Gross Output Value	工业销售产值 Sales Value of Industry	其 中 of which #出口交货值 Value of Export Delivery	实收资本 Paid-in Capital	其 中 of which #国家资本 State Capital	#外商资本 Foreign Capital
27.50	**52672523**	**51645301**	**22546392**	**7924369**	**749875**	**2736876**
11.44	18346338	17733175	11162234	2832726	80419	428346
16.06	34326185	33912126	11384158	5091643	669456	2308530
3.40	4280861	4036339	331522	1270196	7587	205074
24.11	48391662	47608961	22214870	6654173	742288	2531802
16.51	39478874	38872914	21124505	3979166	174865	1020281
8.29	7717140	7365659	998876	1869025	238140	797332
2.70	5476509	5406728	423011	2076178	336870	919262
0.18	795574	721595		45749	1035	38769
0.24	191561	184601	1474	14457		2596
0.52	460988	506258		132316	6184	75843
0.04	51801	49694	37910	1350		
0.30	195090	172741	31495	35496		12346
0.02	3297	3010		65		
0.02	25623	25418		50		
0.84	1594648	1492930	18910	824720		866
0.12	101483	101481	24526	12183		1174
0.35	134184	118595	32809	19525		
0.42	1189707	1176097	66640	771783	161637	508037
0.04	43759	43324	15270	17200		5411
0.74	946300	907262	172893	349114	54000	194623
0.88	1048083	1039638	109580	539812	4200	99327
0.02	126322	127522		56500	16500	5000
0.26	313169	305718	32652	96665	17933	5394
0.20	157464	158098	30733	100162		24570
0.82	1293772	1265983	214510	258396	58124	121293
0.30	435743	426148	9616	109971	13735	30252
7.09	17075420	17037255	186602	1929660	301551	773180
0.56	534892	513459	96144	145889	4934	43674
0.71	768943	701887	167251	130638	13270	63947
12.13	24401600	23784390	21283545	1803268		594008
0.26	249870	249096	13833	31964	4100	14821
	2149	2041		1301		
0.06	149735	149735		199506	90760	86747
0.26	298694	298672		161390		35000
0.10	82654	82654		135237	1912	

表 12.14 续表 1 continued 1

指 标	Item	资 产 Total Assets
总 计	**Total**	**36320617**
按登记注册类型分	**By Status of Registration**	
#港澳台投资企业	Funded by Hong Kong, Macao and Taiwan	12478211
外商投资企业	Foreign-funded	23842406
按轻、重工业分	**By Light and Heavy Industries**	
轻工业	Light Industry	4620145
重工业	Heavy Industry	31700473
按企业规模分	**By Size**	
大型企业	Large	21885975
中型企业	Medium	8090795
小型微型企业	Small&Mini	6343847
按行业分	**By Sector**	
煤炭开采和洗选业	Mining and Washing of Coal	
石油和天然气开采业	Extraction of Petroleum and Natural Gas	
黑色金属矿采选业	Mining and Processing of Ferrous Metal Ores	
有色金属矿采选业	Mining and Processing of Non-Ferrous Metal Ores	
非金属矿采选业	Mining and Processing of Nonmetal Ores	
开采辅助活动	Mining Support Activities	
其他采矿业	Mining of Other Ores	
农副食品加工业	Processing of Food from Agricultural Products	391562
食品制造业	Manufacture of Foods	168621
酒、饮料和精制茶制造业	Liquor, Beverage and Refined Tea	551943
烟草制品业	Manufacture of Tobacco	
纺织业	Manufacture of Textile	31563
纺织服装、鞋、帽制造业	Manufacture of Textile Wearing Apparel, Footware and Caps	104828
皮革、毛皮、羽毛（绒）及其制品业	Manufacture of Leather, Fur, Feather and Related Products	2007
木材加工及木竹藤棕草制品业	Processing of Timber, Manufacture of Wood, Bamboo, Rattan, Palm and Straw Products	12343
家具制造业	Manufacture of Furniture	
造纸及纸制品业	Manufacture of Paper and Paper Products	2413804
印刷业、记录媒介的复制	Printing, Reproduction of Recording Media	95454
文教、工美、体育和娱乐用品制造业	Manufacture of Culture, Education, Handicraft, Fine Arts, Sports and Entertainment Articles	130469
石油加工、炼焦及核燃料加工业	Processing of Petroleum, Coking, Processing of Nuclear Fuel	
化学原料及化学制品制造业	Manufacture of Raw Chemical Materials and Chemical Products	2068254
医药制造业	Manufacture of Medicines	29847
化学纤维制造业	Manufacture of Chemical Fibers	
橡胶和塑料制品业	Manufacture of Rubber and Plastics	1005229
非金属矿物制品业	Manufacture of Non-metallic Mineral Products	2071895
黑色金属冶炼及压延加工业	Smelting and Pressing of Ferrous Metals	154375
有色金属冶炼及压延加工业	Smelting and Pressing of Nonferrous Metals	450786
金属制品业	Manufacture of Metal Products	185362
通用设备制造业	Manufacture of General Purpose Machinery	1041934
专用设备制造业	Manufacture of Special Purpose Machinery	447703
汽车制造业	Manufacture of Motor Vehicles	11413574
铁路、船舶、航空航天和其他运输设备制造业	Manufacture of Railway, Ship, Aviation and Other Transporting Equipment	538906
电气机械及器材制造业	Manufacture of Electrical Machinery and Equipment	611676
通信设备、计算机及其他电子设备制造业	Manufacture of Communication Equipment, Computers and Other Electronic Equipment	10327640
仪器仪表及文化、办公用机械制造业	Manufacture of Measuring Instruments and Machinery for Cultural Activity and Office Work	205563
其他制造业	Other Manufacture	
废弃资源综合利用业	Comprehensive Utilization of Waste Resources	6843
金属制品、机械和设备修理业	Repair of Metal Products, Machinery and Equipment	
电力、热力的生产和供应业	Production and Supply of Electric Power and Heat Power	607677
燃气生产和供应业	Production and Supply of Gas	796855
水的生产和供应业	Production and Supply of Water	453905

单位：万元 (10 000 yuan)

其 中 of which	固定资产 Fixed Assets		负 债	其 中 of which
#流动资产 Circulating Assets	原 值 Original Value	净 值 Net Value	Total Liabilities	#流动负债 Total Circulating Liabilities
19062106	**21291782**	**13219650**	**22986756**	**18672356**
6115604	6849649	4778689	8043415	5657841
12946502	14442133	8440962	14943341	13014515
2397037	2671439	1741098	2382199	1610389
16665069	18620343	11478552	20604557	17061967
11496544	13228955	8243060	14887632	12483994
4322106	4626582	2801782	4518438	3477015
3243456	3436245	2174808	3580686	2711346
295205	154359	87217	231581	221185
81529	114141	71460	100675	100675
272204	457084	148554	281983	259322
13679	38846	17065	11377	4887
77509	36021	21717	19814	17486
761	2014	977	1488	1488
2576	13855	9685	749	625
1087950	1346936	1122803	1292433	634805
59538	71927	32569	56798	56798
84706	28283	23186	47505	36616
631358	1746447	1069149	1077245	616449
10131	60970	10040	12702	11518
322015	938293	604360	658611	641005
738376	1317985	830042	1294587	1018548
51399	112903	97019	128890	78348
215818	209106	146800	187617	147812
86006	153252	85561	49113	48632
669544	410747	231596	531247	479106
342727	220262	71515	245638	231657
6638166	6410133	3580062	7365674	6927627
300430	238179	162205	246788	236360
441424	254176	152067	289992	242139
6036414	5660906	3658747	7591338	6020050
170394	46806	26470	106620	100338
2523	4133	3388	6602	6077
82418	531170	503465	422043	87529
241765	321088	182367	427724	308391
105543	391760	269563	299924	136885

表 12.14 续表 2 continued 2

指　标	Item	所有者权益 Creditors' Equity
总　计	**Total**	**13134843**
按登记注册类型分	**By Status of Registration**	
#港澳台投资企业	Funded by Hong Kong, Macao and Taiwan	4333034
外商投资企业	Foreign-funded	8801809
按轻、重工业分	**By Light and Heavy Industries**	
轻工业	Light Industry	2237945
重工业	Heavy Industry	10896899
按企业规模分	**By Size**	
大型企业	Large	6998343
中型企业	Medium	3535695
小型微型企业	Small&Mini	2600806
按行业分	**By Sector**	
煤炭开采和洗选业	Mining and Washing of Coal	
石油和天然气开采业	Extraction of Petroleum and Natural Gas	
黑色金属矿采选业	Mining and Processing of Ferrous Metal Ores	
有色金属矿采选业	Mining and Processing of Non-Ferrous Metal Ores	
非金属矿采选业	Mining and Processing of Nonmetal Ores	
开采辅助活动	Mining Support Activities	
其他采矿业	Mining of Other Ores	
农副食品加工业	Processing of Food from Agricultural Products	159981
食品制造业	Manufacture of Foods	67946
酒、饮料和精制茶制造业	Liquor, Beverage and Refined Tea	269960
烟草制品业	Manufacture of Tobacco	
纺织业	Manufacture of Textile	20186
纺织服装、鞋、帽制造业	Manufacture of Textile Wearing Apparel, Footware and Caps	85014
皮革、毛皮、羽毛(绒)及其制品业	Manufacture of Leather, Fur, Feather and Related Products	519
木材加工及木竹藤棕草制品业	Processing of Timber, Manufacture of Wood, Bamboo, Rattan, Palm and Straw Products	11594
家具制造业	Manufacture of Furniture	
造纸及纸制品业	Manufacture of Paper and Paper Products	1121371
印刷业、记录媒介的复制	Printing, Reproduction of Recording Media	38656
文教、工美、体育和娱乐用品制造业	Manufacture of Culture, Education, Handicraft, Fine Arts, Sports and Entertainment Articles	82965
石油加工、炼焦及核燃料加工业	Processing of Petroleum, Coking, Processing of Nuclear Fuel	
化学原料及化学制品制造业	Manufacture of Raw Chemical Materials and Chemical Products	991009
医药制造业	Manufacture of Medicines	17146
化学纤维制造业	Manufacture of Chemical Fibers	
橡胶和塑料制品业	Manufacture of Rubber and Plastics	346619
非金属矿物制品业	Manufacture of Non-metallic Mineral Products	733391
黑色金属冶炼及压延加工业	Smelting and Pressing of Ferrous Metals	25484
有色金属冶炼及压延加工业	Smelting and Pressing of Nonferrous Metals	226507
金属制品业	Manufacture of Metal Products	136249
通用设备制造业	Manufacture of General Purpose Machinery	457353
专用设备制造业	Manufacture of Special Purpose Machinery	202065
汽车制造业	Manufacture of Motor Vehicles	4047897
铁路、船舶、航空航天和其他运输设备制造业	Manufacture of Railway, Ship, Aviation and Other Transporting Equipment	292118
电气机械及器材制造业	Manufacture of Electrical Machinery and Equipment	321684
通信设备、计算机及其他电子设备制造业	Manufacture of Communication Equipment, Computers and Other Electronic Equipment	2671201
仪器仪表及文化、办公用机械制造业	Manufacture of Measuring Instruments and Machinery for Cultural Activity and Office Work	98942
其他制造业	Other Manufacture	
废弃资源综合利用业	Comprehensive Utilization of Waste Resources	240
金属制品、机械和设备修理业	Repair of Metal Products, Machinery and Equipment	
电力、热力的生产和供应业	Production and Supply of Electric Power and Heat Power	185635
燃气生产和供应业	Production and Supply of Gas	369131
水的生产和供应业	Production and Supply of Water	153981

单位：万元 (10 000 yuan)

主营业务收入 Revenue from Principal Business	主营业务成本 Cost of Principal Business	主营业务税金及附加 Tax and Extra Charges of Principal Business	利润总额 Total After-tax Profits	利税总额 Total Pre-tax Profits	应付职工薪酬 Total Wages
52282347	**44865463**	**654541**	**3343729**	**5274034**	**2416244**
17776796	16084933	58951	712603	1090408	962617
34505551	28780530	595590	2631126	4183626	1453627
4243250	3377774	48728	424564	606255	266469
48039097	41487689	605812	2919165	4667779	2149775
39542169	34292038	581004	2336844	3822502	1555101
7349600	6136721	48616	554750	841030	624380
5390578	4436704	24921	452135	610501	236764
747177	681757	2019	43245	56863	16247
274539	212864	2314	20765	36076	23604
577436	387658	20410	56252	93344	54688
51483	42204	504	5169	7894	3303
183422	135834	1859	12908	21443	23298
3010	2751	9	59	154	909
25239	19895	374	3038	5173	1489
1499890	1165097	11712	204777	275682	47694
101472	78978	531	14161	18405	10521
118595	88197	1027	23809	27918	15598
1163733	808331	5815	191049	232742	43243
43237	39943	97	256	750	2546
894395	768192	4519	51348	90803	54716
1117057	800928	13472	159466	234632	83643
127522	130743	484	-11524	-10009	2985
304899	274675	2982	10313	32177	17673
164749	147888	713	3957	5484	13468
1260748	994812	8696	137932	173537	79816
415386	359784	2040	32682	46725	25417
17476241	13354361	538423	1895095	3140516	817976
488805	407776	3715	26727	50216	47463
692116	566214	9851	69576	100049	62418
23728705	22692262	17287	334275	546159	873169
247169	195405	1440	19744	30937	23368
3682	3593	10	-31	-75	200
147839	140167	647	-8448	-5316	7389
342295	308547	3202	32656	42052	47330
81509	56608	394	14471	19704	16077

表 12.15 外商投资和港澳台投资工业企业经济效益指标（2017 年）
INDICATORS ON ECONOMIC BENEFIT OF INDUSTRIAL ENTERPRISES WITH HONG KONG, MACAO, TAIWAN AND FOREIGN FUNDS (2017)

指 标	Item	总资产贡献率 Ratio of Total Assets to Industrial Output Value
总 计	**Total**	**15.0**
按轻、重工业分	**By Light and Heavy Industries**	
轻工业	Light Industry	13.5
重工业	Heavy Industry	15.3
按企业规模分	**By Size**	
大型企业	Large	17.8
中型企业	Medium	11.2
小型微型企业	Small&Mini	10.3
按行业分	**By Sector**	
煤炭开采和洗选业	Mining and Washing of Coal	
石油和天然气开采业	Extraction of Petroleum and Natural Gas	
黑色金属矿采选业	Mining and Processing of Ferrous Metal Ores	
有色金属矿采选业	Mining and Processing of Non-Ferrous Metal Ores	
非金属矿采选业	Mining and Processing of Nonmetal Ores	
开采辅助活动	Mining Support Activities	
其他采矿业	Mining of Other Ores	
农副食品加工业	Processing of Food from Agricultural Products	14.6
食品制造业	Manufacture of Foods	20.6
酒、饮料和精制茶制造业	Liquor, Beverage and Refined Tea	16.3
烟草制品业	Manufacture of Tobacco	
纺织业	Manufacture of Textile	25.3
纺织服装、服饰业	Manufacture of Textile Wearing Apparel, Footware and Caps	20.6
皮革、毛皮、羽毛及其制品和制鞋业	Manufacture of Leather, Fur, Feather and Related Products	7.7
木材加工和木、竹、藤、棕、草制品业	Processing of Timber, Manufacture of Wood, Bamboo, Rattan, Palm and Straw Products	42.2
家具制造业	Manufacture of Furniture	
造纸和纸制品业	Manufacture of Paper and Paper Products	12.0
印刷和记录媒介复制业	Printing, Reproduction of Recording Media	19.5
文教、工美、体育和娱乐用品制造业	Manufacture of Culture, Education, Handicraft, Fine Arts, Sports and Entertainment Articles	21.6
石油加工、炼焦和核燃料加工业	Processing of Petroleum, Coking, Processing of Nuclear Fuel	
化学原料和化学制品制造业	Manufacture of Raw Chemical Materials and Chemical Products	14.1
医药制造业	Manufacture of Medicines	2.9
化学纤维制造业	Manufacture of Chemical Fibers	
橡胶和塑料制品业	Manufacture of Rubber and Plastics	10.6
非金属矿物制品业	Manufacture of Non-metallic Mineral Products	13.1
黑色金属冶炼和压延加工业	Smelting and Pressing of Ferrous Metals	-3.7
有色金属冶炼和压延加工业	Smelting and Pressing of Nonferrous Metals	8.4
金属制品业	Manufacture of Metal Products	3.5
通用设备制造业	Manufacture of General Purpose Machinery	16.6
专用设备制造业	Manufacture of Special Purpose Machinery	12.8
汽车制造业	Manufacture of Motor Vehicles	27.7
铁路、船舶、航空航天和其他运输设备制造业	Manufacture of Railway, Ship, Aviation and Other Transporting Equipment	10.2
电气机械和器材制造业	Manufacture of Electrical Machinery and Equipment	12.9
计算机、通信和其他电子设备制造业	Manufacture of Communication Equipment, Computers and Other Electronic Equipment	5.5
仪器仪表制造业	Manufacture of Measuring Instruments and Machinery for Cultural Activity and Office Work	16.2
其他制造业	Other Manufacture	
废弃资源综合利用业	Comprehensive Utilization of Waste Resources	0.9
金属制品、机械和设备修理业	Repair of Metal Products, Machinery and Equipment	
电力、热力生产和供应业	Production and Supply of Electric Power and Heat Power	1.5
燃气生产和供应业	Production and Supply of Gas	5.1
水的生产和供应业	Production and Supply of Water	5.7

单位：%（%）

资本保值增值率 Ratio of Assets Appreciation YOY	资产负债率 Asset-Liability Ratio	流动资产周转率（次） Turnover Ratio of Circulating Assets (time)	成本费用利润率 Ratio of Profits to Cost	产品销售率 Sales as Percentage of Output
109.7	**63.3**	**2.8**	**6.8**	**98.1**
99.3	51.6	1.8	10.9	94.3
112.7	65.0	2.9	6.4	98.4
99.3	68.0	3.5	6.3	98.5
109.7	55.9	1.8	8.0	95.5
142.7	56.4	1.7	9.1	98.7
118.2	59.1	2.5	6.2	90.7
81.0	59.7	3.5	7.9	96.4
99.0	51.1	2.2	10.8	109.8
116.8	36.1	3.8	11.3	95.9
103.6	18.9	2.4	7.5	88.5
	74.1	4.0	2.0	91.3
76.3	6.1	9.8	13.9	99.2
91.7	53.5	1.4	15.1	93.6
92.2	59.5	1.7	16.3	100.0
87.3	36.4	1.4	24.9	88.4
118.9	56.0	1.9	21.3	98.8
105.3	42.6	4.3	0.6	99.0
106.1	65.5	2.8	6.0	95.9
101.5	62.5	1.6	15.7	99.2
68.9	83.5	2.5	-8.3	101.0
131.1	50.6	1.4	3.2	98.2
107.2	23.7	1.9	2.9	98.9
118.8	52.0	1.9	12.1	97.3
125.5	51.4	1.4	9.1	99.7
99.3	64.5	2.7	12.1	99.8
110.5	45.8	1.7	5.6	96.0
101.0	39.9	1.5	10.8	91.7
154.7	73.6	3.9	1.4	97.5
105.1	51.4	1.5	8.8	99.8
	96.5	1.5	-0.8	95.0
95.7	69.5	1.8	-5.3	100.0
103.4	53.7	1.5	9.3	100.0
121.3	66.1	1.1	13.9	100.0

表 12.15 续表 continued

指 标	Item	销售利润率 Rate of Return on Sale
总 计	**Total**	**6.4**
按轻、重工业分	**By Light and Heavy Industries**	
轻工业	Light Industry	10.0
重工业	Heavy Industry	6.1
按企业规模分	**By Size**	
大型企业	Large	5.9
中型企业	Medium	7.6
小型微型企业	Small&Mini	8.4
按行业分	**By Sector**	
煤炭开采和洗选业	Mining and Washing of Coal	
石油和天然气开采业	Extraction of Petroleum and Natural Gas	
黑色金属矿采选业	Mining and Processing of Ferrous Metal Ores	
有色金属矿采选业	Mining and Processing of Non-Ferrous Metal Ores	
非金属矿采选业	Mining and Processing of Nonmetal Ores	
开采辅助活动	Mining Support Activities	
其他采矿业	Mining of Other Ores	
农副食品加工业	Processing of Food from Agricultural Products	5.8
食品制造业	Manufacture of Foods	7.6
酒、饮料和精制茶制造业	Liquor, Beverage and Refined Tea	9.7
烟草制品业	Manufacture of Tobacco	
纺织业	Manufacture of Textile	10.0
纺织服装、服饰业	Manufacture of Textile Wearing Apparel, Footware and Caps	7.0
皮革、毛皮、羽毛及其制品和制鞋业	Manufacture of Leather, Fur, Feather and Related Products	2.0
木材加工和木、竹、藤、棕、草制品业	Processing of Timber, Manufacture of Wood, Bamboo, Rattan, Palm and Straw Products	12.0
家具制造业	Manufacture of Furniture	
造纸和纸制品业	Manufacture of Paper and Paper Products	13.7
印刷和记录媒介复制业	Printing, Reproduction of Recording Media	14.0
文教、工美、体育和娱乐用品制造业	Manufacture of Culture, Education, Handicraft, Fine Arts, Sports and Entertainment Articles	20.1
石油加工、炼焦和核燃料加工业	Processing of Petroleum, Coking, Processing of Nuclear Fuel	
化学原料和化学制品制造业	Manufacture of Raw Chemical Materials and Chemical Products	16.9
医药制造业	Manufacture of Medicines	0.6
化学纤维制造业	Manufacture of Chemical Fibers	
橡胶和塑料制品业	Manufacture of Rubber and Plastics	5.7
非金属矿物制品业	Manufacture of Non-metallic Mineral Products	14.3
黑色金属冶炼和压延加工业	Smelting and Pressing of Ferrous Metals	-9.0
有色金属冶炼和压延加工业	Smelting and Pressing of Nonferrous Metals	3.2
金属制品业	Manufacture of Metal Products	2.9
通用设备制造业	Manufacture of General Purpose Machinery	10.8
专用设备制造业	Manufacture of Special Purpose Machinery	8.3
汽车制造业	Manufacture of Motor Vehicles	10.8
铁路、船舶、航空航天和其他运输设备制造业	Manufacture of Railway, Ship, Aviation and Other Transporting Equipment	5.5
电气机械和器材制造业	Manufacture of Electrical Machinery and Equipment	9.7
计算机、通信和其他电子设备制造业	Manufacture of Communication Equipment, Computers and Other Electronic Equipment	1.4
仪器仪表制造业	Manufacture of Measuring Instruments and Machinery for Cultural Activity and Office Work	8.3
其他制造业	Other Manufacture	
废弃资源综合利用业	Comprehensive Utilization of Waste Resources	-0.9
金属制品、机械和设备修理业	Repair of Metal Products, Machinery and Equipment	
电力、热力生产和供应业	Production and Supply of Electric Power and Heat Power	-5.7
燃气生产和供应业	Production and Supply of Gas	9.5
水的生产和供应业	Production and Supply of Water	17.8

单位：% (%)

流动比率 Current Ratio	速动比率 Quick Ratio	产权比率 Equity Ratio	人均实现利税（元） Per Capita Pre-tax Profits (yuan)	从业人员人均工资（元） Per Capita Wages of Employees (yuan)
1.0	**0.8**	**1.8**	**191770**	**87857**
1.5	1.1	1.1	178552	78479
1.0	0.8	1.9	193632	89178
0.9	0.7	2.1	231466	94167
1.2	1.0	1.3	101425	75298
1.2	0.9	1.4	226489	87837
1.3	0.7	1.5	310897	88832
0.8	0.7	1.5	147608	96580
1.1	0.8	1.0	180096	105513
2.8	2.7	0.6	189755	79409
4.4	2.2	0.2	70351	76438
0.5	0.3	2.9	6343	37541
4.1	2.9	0.1	235123	67659
1.7	1.4	1.2	326831	56543
1.1	1.0	1.5	156373	89384
2.3	1.9	0.6	78908	44088
1.0	0.8	1.3	618734	105424
0.9	0.5	0.7	20336	69008
0.5	0.3	1.9	122840	74020
0.7	0.6	1.8	267022	95189
0.7	0.4	5.1	-490613	146304
1.4	1.1	1.3	173791	57629
1.8	1.2	0.3	39190	73163
1.4	1.2	1.2	209763	97007
1.5	1.1	1.1	169870	82551
1.0	0.8	1.8	443213	115439
1.3	1.0	0.8	89130	84244
1.7	1.4	0.7	135940	87542
1.0	0.8	2.9	44417	71978
1.7	1.4	1.1	123880	90774
0.4	0.3	27.5	-17905	47619
0.9	0.9	2.3	-95617	132887
0.8	0.8	1.2	161179	181409
0.8	0.7	2.0	202711	165399

表 12.16 大中型工业企业主要经济指标（2017 年）
MAIN ECONOMIC INDICATORS OF LARGE & MEDIUM-SIZED INDUSTRIAL ENTERPRISES (2017)

指　标	Item	单位数（个） Number of Enterprises (unit)	从业人员平均人数（万人） Average Employment (10 000 persons)	工业总产值 Gross Output Value
总　计	**Total**	**1269**	**109.98**	**138772411**
按登记注册类型分	**By Status of Registration**			
内资企业	Domestic-funded Enterprises	1079	85.17	91576397
#国有企业	State-owned	12	0.82	809052
集体企业	Collective-owned	2	0.09	33532
港澳台投资企业	Funded by Hong Kong, Macao and Taiwan	83	10.42	16735001
外商投资企业	Foreign-funded	107	14.38	30461013
按轻、重工业分	**By Light and Heavy Industries**			
轻工业	Light Industry	333	22.74	23835079
重工业	Heavy Industry	936	87.24	114937332

指　标	Item	固定资产净值 Net Value of Fixed Assets	负　债 Total Liabilities	其　中 of which #流动负债 Total Circulating Liabilities
总　计	**Total**	**48596290**	**80335896**	**64957061**
按登记注册类型分	**By Status of Registration**			
内资企业	Domestic-funded Enterprises	37551448	60929826	48996051
#国有企业	State-owned	597042	894105	745341
集体企业	Collective-owned	3120	22270	21670
港澳台投资企业	Funded by Hong Kong, Macao and Taiwan	4167096	7074264	4902819
外商投资企业	Foreign-funded	6877746	12331806	11058191
按轻、重工业分	**By Light and Heavy Industries**			
轻工业	Light Industry	6455248	8812876	6988904
重工业	Heavy Industry	42141042	71523020	57968157

单位：万元 (10 000 yuan)

工业销售产值 Sales Value of Industry	其中 of which #出口交货值 Value of Export Delivery	实收资本 Paid-in Capital	其中 of which #国家资本 State Capital	 #外商资本 Foreign Capital	资产 Total Assets	其中 of which #流动资产 Circulating Assets	固定资产原值 Original Value of Fixed Assets
136161230	**28123980**	**23634412**	**6505702**	**1926538**	**134337351**	**65439802**	**80839060**
89922656	6000599	17786221	6092697	108925	104360581	49621152	62983523
775505	14330	187656	130225		1147772	352343	1320199
33465		2676			25625	22288	6638
16182679	10936314	2312914	20900	408561	10630313	5247478	5969328
30055895	11187067	3535277	392105	1409052	19346457	10571172	11886209
23080282	712162	2819420	199429	134473	18554738	9614554	11396828
113080948	27411818	20814992	6306273	1792065	115782613	55825248	69442232

所有者权益 Creditors' Equity	主营业务收入 Revenue from Principal Business	主营业务成本 Cost of Principal Business	主营业务税金及附加 Tax and Extra Charges of Principal Business	利润总额 Total After-tax Profits	利税总额 Total Pre-tax Profits	工资总额 Total Wages
53963742	**137411509**	**115919236**	**2288745**	**9640869**	**16386500**	**9218420**
43429705	90519740	75490477	1659125	6749275	11722967	7038940
254255	763375	655433	5800	1320	42240	90949
3355	27127	25434	209	90	1018	3385
3519387	16243397	14821520	48505	589749	894432	881556
7014650	30648373	25607239	581115	2301845	3769101	1297924
9741861	23097705	17774690	860406	2028909	3943124	1636291
44221881	114313804	98144546	1428339	7611960	12443376	7582129

表 12.17 大中型工业企业经济效益指标（2017 年）
INDICATORS ON ECONOMIC BENEFIT OF LARGE & MEDIUM-SIZED INDUSTRIAL ENTERPRISES (2017)

指 标	Item	总资产贡献率 Ratio of Total Assets to Industrial Output Value
总 计	**Total**	**12.9**
按登记注册类型分	**By Status of Registration**	
内资企业	Domestic-funded Enterprises	12.0
#国有企业	State-owned	4.8
集体企业	Collective-owned	4.4
港澳台投资企业	Funded by Hong Kong, Macao and Taiwan	9.1
外商投资企业	Foreign-funded	19.9
按轻、重工业分	**By Light and Heavy Industries**	
轻工业	Light Industry	22.0
重工业	Heavy Industry	11.5

指 标	Item	销售利润率 Rate of Return on Sale
总 计	**Total**	**7.0**
按登记注册类型分	**By Status of Registration**	
内资企业	Domestic-funded Enterprises	7.4
#国有企业	State-owned	0.2
集体企业	Collective-owned	0.3
港澳台投资企业	Funded by Hong Kong, Macao and Taiwan	3.6
外商投资企业	Foreign-funded	7.5
按轻、重工业分	**By Light and Heavy Industries**	
轻工业	Light Industry	8.8
重工业	Heavy Industry	6.6

单位：% (%)

资本保值增值率 Ratio of Assets Appreciation YOY	资产负债率 Asset-Liability Ratio	流动资产周转率（次） Turnover Ratio of Circulating Assets (time)	成本费用利润率 Ratio of Profits to Cost	产品销售率 Sales as Percentage of Output
118.3	**59.8**	**2.1**	**7.4**	**98.1**
120.7	58.3	1.9	7.9	98.2
92.3	77.9	2.3	0.2	95.9
98.0	86.9	1.3	0.3	99.8
104.9	66.6	3.1	3.7	96.7
111.6	63.7	2.9	8.1	98.7
117.1	47.5	2.5	9.8	96.8
118.7	61.7	2.1	7.0	98.4

流动比率 Current Ratio	速动比率 Quick Ratio	产权比率 Equity Ratio	人均实现利税（元） Per Capita Pre-tax Profits (yuan)
1.0	**0.8**	**1**	**148439**
1.0	0.8	1	136958
0.5	0.3	4	51758
1.0	0.9	7	10887
1.1	0.9	2	85810
1.0	0.8	2	262052
1.4	1.0	1	173439
1.0	0.8	2	141947

表 12.18 规模以上工业企业主要产品产量（2016 – 2017 年）
OUTPUT OF MAJOR PRODUCTS OF INDUSTRIAL ENTERPRISES ABOVE DESIGNATED SIZE (2016-2017)

产　品	Products	2016	2017
化学纤维（万吨）	Chemical Fiber (10 000 tons)	7	8
纱（吨）	Yarn (ton)	184250	60251
布（万米）	Cloth (10 000 m)	44930	27911
印染布（万米）	Printed and Dyed Fabric (10 000 m)	9822	10568
毛　线（吨）	Knitting Wool (ton)	918	1043
蚕　丝（吨）	Silk (ton)	5051	3458
丝织品（蚕丝及交织机织物（含蚕丝≥50%））（万米）	Silk Products (silk and mixture fabric (with content of silk ≥50%)) (10 000 m)	2100	2443
彩色电视机（部）	Color TV (Sets)	178506	138063
微型计算机设备（台）	Microcomputers (units)	67646513	66197817
#笔记本计算机	Laptops	58421589	60950604
显示器（万台）	Display(10 000 setss)	2654	2420
打印机（万台）	Marking Machine(10 000 setss)	1375	1451
移动通信手持机（手机）（万台）	Mobile Telephones(10 000 setss)	28708	23733
摩托车（万辆）	Motorcycles (10 000 units)	788	596
机制纸及纸板（吨）	Machine-made Paper and Paperboard (ton)	2995712	3289902
日用陶瓷制品（万件）	Household Ceramics(10 000 pcs)	324	418
日用玻璃制品（吨）	Daily-use Glassware (ton)	480678	521568
合成洗涤剂（吨）	Synthetic Detergents (ton)	38900	34039
卷　烟（亿支）	Cigarettes (100 million pieces)	440	422
白　酒（万千升）	Liquor (10 000 kiloliters)	22	12
啤　酒（万千升）	Beer (10 000 kiloliters)	76	79
罐　头（吨）	Canned Food (ton)	123489	142146
精制食用植物油（吨）	Edible Vegetable Oil (ton)	1528077	1536313
皮革鞋靴（万双）	Leather Shoes (10 000 pairs)	9055	7460
服　装（万件）	Garments (10 000 pcs)	12567	9531
乳制品（万吨）	Dairy Products (10 000 tons)	25	23
无酒精饮料（软饮料）（吨）	Non-alcoholic Beverage (soft) (ton)	2905815	2778228
焦　炭（万吨）	Coke (10 000 tons)	134	174
发电量（万千瓦时）	Electricity (10 000 kwh)	7144631	691
天然气（万立方米）	Natural Gas (10 000 cu.m)	964469	1113100
生　铁（万吨）	Pig Iron (10 000 tons)	288	384
粗　钢（万吨）	Crude Steel (10 000 tons)	367	413
钢　材（万吨）	Steel Products (10 000 tons)	1234	917

表 12.18 续表 continued

产 品	Products	2016	2017
铝 材（吨）	Aluminum Product (ton)	2161826	1883576
硫 酸（吨）	Sulphuric Acid (ton)	1936645	1856399
盐 酸（吨）	Hydrochloric Acid (ton)	42315	30954
烧 碱（吨）	Caustic Soda (ton)	353713	340149
精甲醇（商品量）（吨）	Fine Methyl Alcohol (commodities) (ton)	2293846	2248459
涂 料（吨）	Paint (ton)	297617	411125
塑料制品（吨）	Plastics (ton)	1665704	1449480
合成橡胶（吨）	Synthetic Rubber (ton)	20002	7081
化学原料药（吨）	Chemical Raw Material (ton)	27414	33145
中成药（吨）	Traditional Chinese Medicine (ton)	118297	120375
轮胎外胎（万条）	Tire (10 000 units)	2531	2367
水 泥（万吨）	Cement (10 000 tons)	6782	6371
人造板（立方米）	Artificial Boards (cu.m)	1094021	775405
矿山设备（吨）	Mining Equipment (ton)	55331	40120
起重设备（起重机）（吨）	Hoist and Derrick (ton)	40427	38670
房间空气调节器（台）	Air-Conditioners (unit)	11998156	16443304
发电设备（千瓦）	Generating Equipment (kw)	3427367	1057767
交流电动机（万千瓦）	AC Motors(10 000 kw)	767	610
变压器（万千伏安）	Transformer Products (10 000 kva)	5295	5273
金属切削机床（台）	Metal-cutting Machines (unit)	6563	6015
汽 车（辆）	Motor Vehicles (unit)	3156208	2998157
#轿 车	Cars	979465	849444
内燃机（发动机）（万千瓦）	Internal Combustion Engines (10 000 kw)	21053	32991
泵（台）	Industry Pumps (unit)	798230	889777
风 机（台）	Air Pumps (unit)	139706	110002
气体压缩机（台）	Gas Compressors (unit)	3013109	5111969
轴 承（万套）	Bearings (10 000 sets)	10235	8432
工业锅炉（蒸吨）	Industry Boilers (ton)	837	905
民用钢质船舶（载重吨）	Civil Steel Ships (ton)	1107418	1124174
合成氨（吨）	Synthetic Ammonia (ton)	1937896	1468810
化肥（100%）（吨）	Chemical Fertilizer (100%) (ton)	1774421	1459497
#氮 肥	Nitrogen Fertilizer	1238947	1006298
磷 肥	Phosphate Fertilizer	459497	358530
配混合饲料（吨）	Mingled Forage (ton)	2447970	4825563
化学农药原药（吨）	Chemical Pesticides (ton)	13548	20114

主要统计指标解释

工业

指从事自然资源的开采，对采掘品和农产品进行加工和再加工的物质生产部门。具体包括：（1）对自然资源的开采，如采矿、晒盐、森林采伐等（不包括禽兽捕猎和水产捕捞）；（2）对农副产品的加工、再加工，如粮油加工、食品加工、轧花、缫丝、纺织、制革等；（3）对采掘品的加工、再加工，如炼铁、炼钢、化工生产、石油加工、机器制造、木材加工等，以及电力、自来水、煤气的生产和供应等；（4）对工业品的修理、翻新，如机器设备的修理、交通运输工具（包括小卧车）的修理等。

工业统计调查单位为独立核算法人工业企业。

独立核算法人工业企业指从事工业生产经营活动的单位。独立核算法人工业企业应同时具备以下条件：①依法成立，有自己的名称、组织机构和场所，能够承担民事责任；②独立拥有和使用资产，承担负债，有权与其他单位签订合同；③独立核算盈亏，并能够编制资产负债表。

本年鉴中涉及的企业登记注册类型：

（1）国有企业：指企业全部资产归国家所有，并按《中华人民共和国企业法人登记管理条例》规定登记注册的非公司制的经济组织。不包括有限责任公司中的国有独资公司。

（2）集体企业：指企业资产归集体所有，并按《中华人民共和国企业法人登记管理条例》规定登记注册的经济组织。

（3）股份合作企业：指以合作制为基础，由企业职工共同出资入股，吸收一定比例的社会资产投资组建，实行自主经营，自负盈亏，共同劳动，民主管理，按劳分配与按股分红相结合的一种集体经济组织。

（4）联营企业：两个及两个以上相同或不同所有制性质的企业法人或事业单位法人，按自愿、平等、互利的原则，共同投资组成的经济组织称为联营企业。联营企业包括国有联营企业、集体联营企业、国有与集体联营企业和其他联营企业。

国有联营企业：指所有联营单位均为国有。

集体联营企业：指所有联营单位均为集体。

国有与集体联营企业：指联营单位既有国有也有集体。

其他联营企业：指上述三种联营企业之外的其他联营形式的企业。

（5）有限责任公司：根据《中华人民共和国公司登记管理条例》规定登记注册，由两个以上，五十个以下的股东共同出资，每个股东以其所认缴的出资额对公司承担有限责任，公司以其全部资产对其债务承担责任的经济组织称为有限责任公司。有限责任公司分为国有独资公司以及其他有限责任公司。

国有独资公司：指国家授权的投资机构或者国家授权的部门单独投资设立的有限责任公司。

其他有限责任公司：指国有独资公司以外的其他有限责任公司。

（6）股份有限公司：指根据《中华人民共和国公司登记管理条例》规定登记注册，其全部注册资本由等额股份构成并通过发行股票筹集资本，股东以其认购的股份对公司承担有限责任，公司以其全部资产对其债务承担责任的经济组织。

（7）私营企业：指由自然人投资设立或由自然人控股，以雇佣劳动为基础的营利性经济组织。包括按照《公司法》、《合伙企业法》、《私营企业暂行条例》以及《个人独资企业法》规定登记注册的私营有限责任公司、私营股份有限公司、私营合伙企业、私营独资企业和个人独资企业。

（8）其他内资企业：指上述第（1）至第（7）之外的其他内资经济组织。

（9）与港澳台商合资经营企业：指港澳台地区投资者与内地企业依照《中华人民共和国中外合资经营企业法》及有关法律的规定，按合同规定的比例投资设立、分享利润和分担风险的企业。

（10）与港澳台商合作经营企业：指港澳台地区投资者与内地企业依照《中华人民共和国中外合作经营企业法》及有关法律的规定，依照合作合同的约定进行投资或提供条件设立、分配利润和分担风险的企业。

（11）港澳台商独资经营企业：指依照《中华人民共和国外资企业法》及有关法律的规定，在内地由

主要统计指标解释

港澳台地区投资者全额投资设立的企业。

（12）港澳台商投资股份有限公司：指根据国家有关规定，经外经贸部依法批准设立，其中港、澳、台商的股本占公司注册资本的比例达 25% 以上的股份有限公司。凡其中港、澳、台商的股本占公司注册资本的比例小于25%的，属于内资企业中的股份有限公司。

（13）中外合资经营企业：指外国企业或外国人与中国内地企业依照《中华人民共和国中外合资经营企业法》及有关法律的规定，按合同规定的比例投资设立、分享利润和分担风险的企业。

（14）中外合作经营企业：指外国企业或外国人与中国内地企业依照《中华人民共和国中外合作经营企业法》及有关法律的规定，依照合作合同的约定进行投资或提供条件设立、分配利润和分担风险的企业。

（15）外资企业：指依照《中华人民共和国外资企业法》及有关法律的规定，在中国内地由外国投资者全额投资设立的企业。

（16）外商投资股份有限公司：指根据国家有关规定，经外经贸部依法批准设立，其中外资的股本占公司注册资本的比例达 25% 以上的股份有限公司。凡其中外资股本占公司注册资本的比例小于 25% 的，属于内资企业中的股份有限公司。

■ 国有控股企业

是指在企业的全部实收资本中，国有经济成分的出资人拥有的实收资本（股本）所占企业全部实收资本（股本）的比例大于 50% 的国有绝对控股。

在企业的全部实收资本中，国有经济成分的出资人拥有的实收资本（股本）所占比例虽未大于 50%，但相对大于其他任何一方经济成分的出资人所占比例的国有相对控股；或者虽不大于其他经济成分，但根据协议规定拥有企业实际控制权的国有协议控股。

投资双方各占 50%，且未明确由谁绝对控股的企业，若其中一方为国有经济成分的，一律按国有控股处理。

■ 轻工业

指主要提供生活消费品和制作手工工具的工业。按其所使用的原料不同，可分为两大类：(1) 以农产品为原料的轻工业，是指直接或间接以农产品为基本原料的轻工业。主要包括食品制造、饮料制造、烟草加工、纺织、缝纫、皮革和毛皮制作、造纸以及印刷等工业；(2) 以非农产品为原料的轻工业，是指以工业品为原料的轻工业。主要包括文教体育用品、化学药品制造、合成纤维制造、日用化学制品、日用玻璃制品、日用金属制品、手工工具制造、医疗器械制造、文化和办公用机械制造等工业。

■ 重工业

指为国民经济各部门提供物质技术基础的主要生产资料的工业。按其生产性质和产品用途，可以分为下列三类：(1) 采掘（伐）工业，是指对自然资源的开采，包括石油开采、煤炭开采、金属矿开采、非金属矿开采等工业；(2) 原材料工业，指向国民经济各部门提供基本材料、动力和燃料的工业。包括金属冶炼及加工、炼焦及焦炭、化学、化工原料、水泥、人造板以及电力、石油和煤炭加工等工业；(3) 加工工业，是指对工业原材料进行再加工制造的工业。包括装备国民经济各部门的机械设备制造工业、金属结构、水泥制品等工业，以及为农业提供的生产资料如化肥、农药等工业。

根据上述划分原则，修理业中以重工业产品为修理作业对象的划为重工业，反之划为轻工业。

■ 工业总产值

指工业企业在本年内生产的以货币形式表现的工业最终产品和提供工业劳务活动的总价值量。

(1) 工业总产值计算应遵循的原则

①工业生产的原则。即凡是企业在本年内生产的最终产品和提供的劳务，均应包括在内。其中的最终产品，不管是否在本年内销售，只要是本年内生产的，就应包括在内。凡不是工业生产的产品，均不得计入工业总产值。

②最终产品的原则。即企业生产的成品价值必须是本企业生产的，经检验合格不需再进行任何加工的最终产品。企业对外销售的半成品也应视为最终产品计入工业总产值。而在本企业内各车间转移的半成品和在制品只能计算其期末期初差额价值。

③“工厂法”原则。即以法人工业企业作为一个整体计算工业总产值，是其本年内生产的最终产品和提供劳务的总价值量。

(2) 工业总产值的内容

包括三部分：生产的成品价值、对外加工费收入、自制半成品在制品期末期初差额价值。

①成品价值：指企业在本年内生产，并在本年内不再进行加工，经检验合格、包装入库的已经销售和

准备销售的全部工业成品（包括半成品）价值合计。成品价值中包括企业生产的自制设备及提供给本企业在建工程、其他非工业部门和生活福利部门等单位使用的成品价值，但不包括用订货者来料加工的成品（半成品）价值。

工业总产值是按现行价格计算的。成品价值按成品实物量乘以本年不含应交增值税（销项税额）的产品实际销售平均单价计算。会计核算中按成本价格转帐的自制设备和自产自用的成品，按成本价格计算生产成品价值。

②对外加工费收入：指企业在本年内完成的对外承做的工业品加工（包括用订货者来料加工生产）的加工费收入和对外工业品修理作业所收取的加工费收入。对外加工费收入按不含应交增值税（销项税额）的价格计算，可根据会计"产品销售收入"科目的有关资料取得。

对于以对外加工生产为主，对外加工费收入所占比重较大的企业，如果对外加工费收入出现跨年度支付的情况，为保证总产值生产口径计算的准确性，则应将对外加工费收入按实际情况调整，记录本年应实际收取的对外加工费收入。

③自制半成品在制品期末期初差额价值。为了使工业总产值与工业中间投入中的物耗价值一致，以便同口径地计算工业增加值，规定本指标的计算原则是：凡是企业会计产品成本核算中计算半成品、在制品成本，则工业总产值中必须包括自制半成品在制品期末期初差额价值。反之则不包括。

自制半成品在制品期末期初差额价值等于自制半成品在制品期末价值减去期初价值后的余额，如果期末价值小于期初价值，该指标为负值，企业在计算产值时，应按负值计算，不能作为零处理。

(3) 工业总产值计算的几种具体规定

①凡自备原材料，不论其加工繁简程度如何，一律按全价，即包括自备原材料的价值，计算工业总产值。

②凡来料加工，加工企业一律按财务上结算的加工费计算工业总产值，即不包括定货者来料的价值。一般分两种情况：a、工业企业之间的来料加工，加工企业（即承包单位）按财务上结算的加工费计算工业总产值；委托加工的企业（即发包单位）按全价计算工业总产值。b、工业企业与非工业企业之间的来料加工，当工业企业作为加工企业时一律按加工费计算工业总产值。

③自制半成品、在制品期末期初差额价值，原则上应计入工业总产值，但如果会计产品成本核算中不计算自制半成品、在制品成本，则不计入工业总产值；如果会计产品成本核算中计算自制半成品、在制品成本的，则计入工业总产值。

工业销售产值

指以货币形式表现的，工业企业在本年内销售的本企业生产的工业产品或提供工业性劳务价值的总价值量。工业销售产值包括的内容为：(1) 销售成品价值；(2) 对外加工费收入。区分来料加工与自备原材料生产的依据同工业总产值中的规定。

出口交货值

指工业企业交给外贸部门或自营（委托）出口（包括销往香港、澳门、台湾），用外汇价格结算的产品价值，以及外商来样、来料加工、来件装配和补偿贸易等生产的产品价值。在计算出口交货值时，要把外汇价格按交易时的汇率折算成人民币计算。

资产合计

指企业拥有或控制的能以货币计量的经济资源，包括各种财产、债权和其他权利。资产按其流动性（即资产的变现能力和支付能力）划分为：流动资产、长期投资、固定资产、无形资产、递延资产和其他资产。根据会计"资产负债表"中"资产总计"项的期末数填列。

（1）流动资产：指企业可以在一年内或者超过一年的一个生产周期内变现或者耗用的资产，包括现金及各种存款、短期投资，应收及预付款项、存货等。根据会计"资产负债表"中"流动资产合计"项的期末数填列。

（2）固定资产：指企业使用期限超过一年的房屋、建筑物、机器、机械、运输工具以及其他与生产、经营有关的设备、器具、工具等。不属于生产经营主要设备的物品，单位价值在2000元以上，并且使用年限超过2年的，也应当作为固定资产。"固定资产合计"根据会计"资产负债表"中"固定资产合计"项的期末数填列。

负债合计

指企业所承担的能以货币计量，将以资产或劳务偿付的债务，偿还形式包括货币、资产或提供劳务。

主要统计指标解释

负债一般按偿还期长短分为流动负债和长期负债。根据会计"资产负债表"中"负债合计"的期末数填列。

（1）流动负债：指企业在一年内或超过一年的一个营业周期内需要偿还的债务，包括短期借款、应付票据、应付帐款、预收帐款、应付工资、应交税金、应付利润、预提费用等。根据企业会计"资产负债表"中"流动负债合计"的期末数填报。

（2）长期负债：指企业偿还期在一年以上或者超过一年的一个营业周期以上的债务，包括长期借款、长期应付款、应付债券等。根据会计"资产负债表"中的"长期负债合计"的期末数填报。

■ 所有者权益

指所有者在企业资产中享有的经济利益，它等于企业资产减去负债后的余额。包括实收资本（或股本）、资本公积、盈余公积、未分配利润等。根据会计"资产负债表"中的"所有者权益合计"项的期末数填列。

■ 主营业务收入

指企业经营主要业务所取得的收入总额。根据会计"利润表"中对应指标的本年累计数填列。若执行2006年《企业会计制度》的企业，用"营业收入"的本期累计数代替。

■ 主营业务成本

指企业经营主要业务发生的实际成本。根据会计"利润表"中对应指标的本年累计数填列。若执行2006年《企业会计制度》的企业，用"营业成本"的本期累计数代替。

■ 主营业务税金及附加

指企业经营主要业务应负担的营业税、消费税、城市维护建设税、资源税、土地增值税、教育费附加。根据会计"利润表"中对应指标的本年累计数填列。若执行2006年《企业会计制度》的企业，用"营业税金及附加"的本期累计数代替。

■ 营业利润

指企业从事生产经营活动所取得的利润，即主营业务收入减主营业务成本和主营业务税金及附加，加其他业务利润，减去营业费用、管理费用、财务费用后的金额。本指标根据会计"利润表"中对应指标的"本年累计数"填列。

■ 应交增值税

指企业按税法规定，从事货物销售或提供加工、修理修配劳务等增加货物价值的活动本期应交纳的税金。指企业在报告期应交增值税额。计算公式为：

本年应交增值税 = 销项税额 -（进项税额 - 进项税额转出）- 出口抵减内销产品应纳税额 - 减免税款 + 出口退税

■ 利润总额

指企业在生产经营过程中各种收入扣除各种耗费后的盈余，反映企业在报告期内实现的亏盈总额，包括营业利润、补贴收入、投资净收益和营业外收支净额。根据会计"利润表"中的对应指标的本期累计数填列。

■ 利税总额

指企业利润总额、产品销售税金及附加、应交增值税之和。

■ 工业经济效益综合指数

是综合衡量地区工业经济效益总体水平的一种特殊相对数，是反映一定时期工业经济运行质量的主要指标。工业经济效益综合指数由总资产贡献率、资本保值增值率、资产负债率、流动资产周转率、成本费用利润率、全员劳动生产率和产品销售率的实际数值分别除以该项指标的全国标准值，并乘以各自的权数，加总后除以总权数求得。该指标可从静态水平和动态趋势上较为全面地反映各地区工业经济效益的变化情况，并可在一定程度上消除地区对比的不可比因素。

■ 总资产贡献率

反映企业全部资产的获利能力，是企业经营业绩和管理水平的集中体现，是评价和考核企业盈利能力的核心指标。计算公式为：

总资产贡献率（%）=（利润总额 + 税金总额 + 利息支出）/ 平均资产总额 ×100%

■ 资本保值增值率

反映企业净资产的变动状况，是企业发展能力的

主要统计指标解释

集中体现。计算公式为：

资本保值增值率（%）＝报告期期末所有者权益 / 上年同期期末所有者权益 ×100%

■ 资产负债率

该指标既反映企业经营风险的大小，也反映企业利用债权人提供的资金从事经营活动的能力。计算公式为：资产负债率（%）= 负债总额 / 资产总额 ×100%

■ 流动资产周转次数

指在一定时期内流动资产完成的周转次数，反映流动资产的周转速度。计算公式为：

流动资产周转次数＝产品销售收入 / 全部流动资产平均余额

■ 成本费用利润率

指在一定时期内实现的利润与成本费用之比，是反映工业生产成本及费用投入的经济效益指标，同时也是反映降低成本的经济效益的指标。计算公式为：

成本费用利润率（%）＝利润总额 / 成本费用总额 ×100%

■ 全员劳动生产率

指根据产品的价值量指标计算的平均每一就业人员在单位时间内的产品生产量。是考核企业经济活动的重要指标，是企业生产技术水平、经营管理水平、职工技术熟练程度和劳动积极性的综合表现。目前，我国的全员劳动生产率是将工业企业的增加值除以同一时期全部就业人员的平均人数来计算的。计算公式为：

全员劳动生产率＝工业增加值 / 全部从业人员平均人数

■ 产品销售率

指工业销售产值与同期全部工业总产值之比，反映工业产品已实现销售的程度，分析工业产销衔接情况，研究工业产品满足社会需求程度的指标。计算公式为：

产品销售率（%）＝现价工业销售产值 / 报告期现价工业总产值 ×100%

■ 销售利润率

指企业利润与销售收入的比率。计算公式为：

销售利润率（%）＝利润 / 销售收入 ×100%

■ 资本积累率

指企业所有者权益增长额与年初所有者权益的比率。计算公式为：

资本积累率（%）＝所有者权益增长额 / 年初所有者权益 ×100%

■ 流动比率

指流动资产与流动负债的比率，它表明每一元流动负债有多少流动资产作为偿还的保证，反映企业用可在短期内转变为现金的流动资产偿还到期流动负债的能力。计算公式为：

流动比率＝流动资产 / 流动负债

■ 速动比率

指企业速动资产与流动负债的比率。计算公式为：速动比率＝速动资产 / 流动负债

■ 产权比率

指企业负债总额与所有者权益的比率，是企业财务结构稳健与否的重要标志，也称资本负债率。计算公式为：产权比率＝负债总额 / 所有者权益

Explanatory Notes on Main Statistical Indicators

Industry

Refers to the material production sector which is engaged in extraction of natural resources and processing and reprocessing of minerals and agricultural products, including 1) extraction of natural resources, such as mining, salt production, logging (but not including hunting and fishing); 2) processing and reprocessing of farm and sideline produces, such as rice husking, flour milling, wine making, oil pressing, cotton ginning, silk reeling, spinning and weaving, and leather making; 3) manufacture of industrial products, such as steel making, iron smelting, chemicals manufacturing, petroleum processing, machine building, timber processing; water and gas production and electricity generation and supply; 4) repairing of industrial products such as the repairing of machinery and means of transport (including cars). Prior to 1984, the rural industry run by villages and cooperative organizations under village was classified into agriculture. Since 1984, it has been grouped into industry.

In industrial statistics surveys, the units of enquiry are corporate industrial enterprises with independent accounting systems.

Corporate industrial enterprises with independent accounting systems refer to enterprises engaging in industrial production activities, which meet the following requirements: (1) They are established legally, having their own names, organizations, location and able to take civil liability; (2) They possess and use their assets independently, assume liabilities and are entitled to sign contracts with other units; (3) They are financially independent and compile their own balance sheets.

Types of enterprise registration involved in this yearbook are as the following:

(1) State-owned Enterprises: refer to non-corporation economic units where the entire assets are owned by the state and which have registered in accordance with the *Regulation of the People's Republic of China on the Management of Registration of Corporate Enterprises*. Excluded from this category are sole state-funded corporations in the limited liability corporations.

(2) Collective-owned Enterprises: refer to economic units where the assets are owned collectively and which have registered in accordance with the *Regulation of the People's Republic of China on the Management of Registration of Corporate Enterprises.*

(3) Cooperative Enterprises: refer to a form of collective economic units (enterprises) where capitals come mainly from employees as their shares, with certain proportion of capital from the outside, where production is organized on the basis of independent operation, independent accounting for profits and losses, joint work, democratic management, and a distribution system that integrates remuneration according to work with dividend according to capital share.

(4) Joint Ownership Enterprises: refer to economic units established by two or more corporate enterprises or corporate institutions of the same or different ownership, through joint investment on the basis of equality, voluntary participation and mutual benefits. They include state joint ownership enterprises, collective joint ownership enterprises, joint state-collective enterprises, other joint ownership enterprises. They include:

a) State-owned joint-operation enterprises (joint operation between State-owned enterprises);

b) Collective joint-operation enterprises (joint operation between collective enterprises);

c) State-collective joint-operation enterprises (joint operation between state and collective enterprises);

d)Other joint-operation enterprises(joint operation exclude state and collective enterprises).

(5) Limited Liability Corporations: refer to economic units established with investment from 2-50 investors and registered in accordance with the *Regulation of the People's Republic of China on the Management of Registration of Corporations*, each investor bearing limited liability to the corporation depending on its share of investment, and the corporation bearing liability to its debt to the maximum of its total assets. Limited liability corporations include exclusive state-funded limited liability corporations and other limited liability corporations.

Exclusive state-funded limited liability corporations: State-authorized investment institutions or departments of State has authorized the establishment of a separate investment in the limited liability company.

Other limited liability corporations:corporation exclude exclusive state-funded limited liability company.

(6) Share holding Corporations Ltd.: refer to economic units registered in accordance with the *Regulation of the People's Republic of China on the Management of Registration of Corporations*, with total registered capitals divided into equal shares and raised through issuing stocks. Each investor bears limited liability to the corporation depending on the holding of shares, and the corporation bears liability to its debt to the maximum of its total assets.

(7) Private Enterprises: refer to profit-making economic units invested and established by natural persons, or controlled by natural persons using employed labor. Included in this category are private limited liability corporations, private share-holding corporations Ltd., private partnership enterprises and private-funded enterprises registered in accordance with the *Corporation Law, Partnership Enterprises Law and Interim Regulations on Private Enterprise*.

(8) Other Domestic-funded Enterprises: refer to domestic-funded economic units other than those mentioned above.

(9) Joint-venture Enterprises with Funds from Hong Kong, Macao and Taiwan: refer to enterprises jointly established by invertors from Hong Kong, Macao and Taiwan with enterprises in the mainland of China in accordance with the *Law of the People's Republic of China on Sino-foreign Joint Venture Enterprises* and other relevant laws, where the share of investment, profits and risks is stipulated in the contract.

(10) Cooperative Enterprises with Funds from Hong Kong Macau and Taiwan: established by investors from Hong Kong, Macau and Taiwan with enterprises in the mainland of China in accordance with the Law of the People's Republic of China on Sino-foreign Cooperative Enterprises and other relevant laws, where the investment or provision of facilities, and the share of profits and risks is stipulated in the cooperative contract.

(11) Enterprises with Sole (exclusive) Investment from Hong Kong, Macau and Taiwan: refer to enterprises established in the mainland of China with exclusive investment from investors from Hong Kong, Macau and Taiwan in accordance with the *Law of the People's Republic of China on Foreign-Funded Enterprises* and other relevant laws.

(12) Share-holding Corporations Ltd. with Investment from Hong Kong, Macau and Taiwan: refer to share-holding corporations Ltd. established with the approval from the former Ministry of Foreign Trade and Economic Relations in line with relevant state regulations, where the share of investment from Hong Kong, Macau or Taiwan businessmen exceeds 25% of the total registered capital of the corporation. In case the share of investment from Hong Kong, Macau or Taiwan is less than 25% of the total registered capital, the enterprise is to be classified as domestic-funded share-holding corporation Ltd.

(13) Joint-venture Enterprises with Foreign Investment: refer to enterprises jointly established by foreign enterprises or foreigners with enterprises in the mainland of China in accordance with the *Law of the People's Republic of China on Sino-foreign Joint Venture Enterprises* and other relevant laws, where the share of investment, profits and risks is stipulated in the contract.

(14) Cooperation Enterprises with Foreign Investment: refer to enterprises jointly established by foreign enterprises or foreigners with enterprises in the mainland of China in accordance with the Law of the People's Republic of China on Sino-foreign Cooperative Enterprises and other relevant laws, where the investment or provision of facilities, and the share of profits and risks is stipulated in the cooperative contract.

(15) Enterprises with Sole (exclusive) Foreign Investment: refer to enterprises established in the mainland of China with exclusive investment from foreign investors in accordance with the *Law of the People's Republic of China on Foreign-Funded Enterprises* and other relevant laws.

(16) Share-holding Corporations Ltd. with Foreign Investment: refer to share-holding corporations Ltd. established with the approval from the Ministry of Foreign Trade and Economic Relations in line with relevant state regulations, where the share of investment from foreign investors exceeds 25% of the total registered capital of the corporation. In case the share of foreign investment is less than 25% of the total registered capital, the enterprise is to be classified as domestic-funded share-holding corporation Ltd.

State-holding Enterprises

Refer to a classification of enterprises of mixed ownership. It means the state-owned asset of total assets is more than that of other owners. The classification shows the status of share held by state-owned economy.

Light Industry

Refers to the industry that produces consumer goods and hand tools. It consists of two categories, depending on the materials used:

(1) Industries using farm products as raw materials. These are the branches of light industry which directly or indirectly use

EXPLANATORY NOTES TO MAJOR STATISTICAL INDICATORS

farm products as basic raw materials, including the manufacture of food and beverages, tobacco processing, textile, clothing, fur and leather manufacturing, paper making, printing, etc.

(2) Industries using non-farm products as raw materials. These are the branches of light industry which use manufactured goods as raw materials, including the manufacture of cultural, educational articles and sports goods, chemicals, synthetic fibre, chemical products for daily use, glass products for daily use, metal products for daily use, hand tools, medical apparatus and instruments, and the manufacture of cultural and office machinery.

Heavy Industry

Refers to the industry which produces capital goods, and provides various sectors of the national economy with necessary material and technical basis for production. It consists of the following three branches according to the purpose of production or the use of products:

(1) Mining, quarrying and logging industry, which refers to the industry that extracts natural resources, including extraction of petroleum, coal, metal and non-metal ores.

(2) Raw materials industry refers to the industry that provides various sectors of the national economy with raw materials, fuels and power. It includes smelting and processing of metals, coking and coke chemistry, chemical materials and building materials such as cement, plywood, and power, petroleum refining and coal dressing.

(3) Manufacturing industry which refers to the industry that processes raw materials. It includes machine-building industries which equip sectors of the national economy; industries producing metal structure and cement products; and industries producing means of agricultural production, such as chemical fertilizers and pesticides.

In accordance with the above principles of classification, the repairing trades, which are engaged primarily in repairing products of heavy industry, are classified as heavy industry while those which are engaged in repairing products of light industry are classified as light industry.

Gross Industrial Output Value

Refers to the total volume of final industrial products produced and industrial services provided in this year.

(1)Principles for calculations

a) Statistics on industrial production follow the principle that all products produced by the enterprises and accepted through quality check during the reference period are to be included no matter whether they are sold or not during the reference period.

b) Determination of final products follows the principle that all products that are included in the calculation of gross industrial output value are the final products of the enterprise which have been accepted through quality check and require no further processing. If an enterprise has semi-finished products to sell, these intermediate products are considered as the final products of the enterprise.

Finished and semi-finished products which tranfer in the workshop can only calculate the difference value between the end and the beginning.

c) Gross industrial output value is calculated following the principle of factory approach, i.e. industrial enterprise is used as the basic accounting unit in calculating the gross industrial output value. By this approach, value of the same product is not to be double-counted, and the output value of different workshops (branch factories) within the enterprise should not be added. However, this approach allows the possibility of double counting between enterprises.

(2) Content

Gross industrial output value consists of 3 components: value of the finished products during the reference period, income from processing for external parties, and value of change in semi-finished products between the end and the beginning of the reference period.

a) Value of finished products during the reference period: refers to the value of all finished (semi-finished) industrial products that are produced during the reference period without the need for further processing, checked for acceptance, packed and put into the warehouse of the enterprise, including the value of own-produced equipment and the value of products provided to the projects under construction of the enterprise, and to other non-industrial or welfare units. Value of finished products does not include the value of finished products (semi-finished products) that are produced using the materials from the clients who place the orders.

Value of finished products during the reference period is calculated by the quantity of products produced using own materials multiplied by the average unit prices at which products are sold (excluding value-added tax). Own-produced equipment and products produced for own use are valued at cost prices as in the case of enterprise accounting.

b) Income from external processing: refers to income from contracted external processing of industrial products (including processing of industrial products using materials from the clients), and the income from industrial repairing work provided to other parties. Income from external processing is calculated using information from the item "products sales income" in the enterprise accounting at the prices with value-added tax excluded.

If the income from external processing is paid beyond one year, Enterprises which the share of income from processing service is significant should adjust and record actual income from external processing this year.

c) Value of change in semi-finished products between the end and the beginning of the reference period.If the enterprise accounting excludes the cost of semi-finished products,then it should not be included in the gross industrial output value,and the reverse if otherwise.

Value of change in semi-finished products between the end and the beginning of the reference period:refers to the value of change in semi-finished products between the end and the beginning of the reference period. If the value of the end is less than the beginning, the index is negative and not dealted as zero.

(3) Method of calculation

a) All products produced using own materials are to be calculated with full value in reporting the gross industrial output value irrespective of the complexity of production.

b) For external processing, it allows calculate using processing fee.There are two cases: a、Between industrial enterprises.For gross industrial output value, processing enterprises calculate using processing fee and Commissioned processing calculate using full price.b、Between industrial enterprise and non-industrial enterprise.When industrial enterprise is processing enterprise,it allows caluculate using processing fee.

c) The value of change in semi-finished products should be included in the gross industrial output value if it is included in the accounting record of the enterprise, otherwise it should not be included.

Industrial Sales Value

Is the total volume of industrial products produced and sold by industrial enterprises in a given period in monetary terms. It includes: (1) the value of finished-products; (2) the value for external processing. The difference between all products produced using own materials and external processing for calculation of industrial sales value is as same as the calculation of gross industry output value.

Value of Export Delivery

Refers to the value of products exported via foreign trade agencies or by the industrial enterprises on their own (including the export to Hong Kong, Macao and Taiwan), as well as the value of products in the productions like processing with foreign designs, processing on given materials, assembling of supplied parts and compensation trade, which is settled by foreign exchanges. The value of export delivery should be calculated in RMB according to the exchange rate at the time of trade.

Total Assets

Refer to all assets which are owned or controlled by enterprises, including circulating assets, long-term investment, fixed assets, intangible assets and deferred assets, other long-term assets, and deferred taxes, etc. The summation of above items is equal to total assets shown in the balance sheets of the enterprises. Total assets correspond to the summation item of total assets shown in the balance sheets of the enterprises

(I) Circulating assets (working capital) refer to assets which can be cashed in or spent or consumed in an operating cycle of one year or over one year, including cash, all kinds of deposits, short term investment, receivables, advance payment, stock, etc. Circulating assets correspond to the summation item of circulation assets shown in the balance sheets of the enterprises.

(II) Fixed assets refer to the assets with high unit value can keep its original body in use and last for a long period. Refers to the use of more than one year of housing, buildings, machines, machinery, transport equipment and other production and business-related equipment, apparatus, tools, etc. Some items which are not belong to the production and operation of major equipment, but the unit value of more than 2,000 yuan, and the use of more than two years, should also be as fixed assets. Fixed assets correspond to the summation item of fixed assets shown in the balance sheets of the enterprises.

(III) Intangible assets refer to the assets without material form used by enterprises over a long time, such as patents, non-patent technologies, trade marks, copyright, land use right, business reputation, etc.

EXPLANATORY NOTES TO
MAJOR STATISTICAL INDICATORS

Total Liabilities

Refer to the debts that enterprises are responsible for repayment, including liquid liabilities and long-term liabilities. The forms of reimbursement are including currency,assets and providing labor services.Total liabilities correspond to the summation item of liabilities shown in the balance sheets of the enterprises.

(I) Liquid liabilities (also called quick liabilities or immediate liabilities) refer to enterprises total debt payable within an operating cycle of one year or over one year, including short term loans, payables and advance payments, wages payable, taxes payable and profit payable, etc. Liquid liabilities correspond to the summation item of liquid liabilities shown in the balance sheets of the enterprises.

(II) Long-term liabilities refers to total debt payable within an operating cycle of one year or over one year, including long-term loans, payable liabilities, long-term payables, etc. Long-term liabilities correspond to the summation item of long-term shown in the balance sheets of the enterprises.

Creditors' Equity

Refers to investors' ownership of net assets of the enterprise. It is equal to the total assets of the enterprise minus its total liabilities, including the primary input from investors, capital accumulation fund, surplus accumulation fund and undistributed profit.It is the last digital of "creditors' equity" in "balance sheet". Creditors equity correspond to the summation item of creditors' equity shown in the balance sheets of the enterprises.

Revenue from Principal Business

Refers to the toal of revenue from principal business. It is the annual accumulation of the corresponding item in the "profit table" of the accountant. For enterprises that follow the 2006 Enterprise Accounting Standards, the year-end accumulation of Operating income is used as a substitute.

Cost of Principal Business

Refers to real costs from principal business. It is the annual accumulation of the corresponding item in the "profit table" of the accountant. For enterprises that follow the 2006 Enterprise Accounting Standards, the year-end accumulation of Operating costs is used as a substitute.

Tax and Extra Charges from Principal Business

Refer to the tax and charges including the business tax, consumption tax, city maintenance and construction tax, resources tax, land increasing value tax and extra charges for education and etc. It is the annual accumulation of the corresponding item in the "profit table" of the accountant. For enterprises that follow the 2006 Enterprise Accounting Standards, the year-end accumulation of tax and extra charges from the sales of products is used as a substitute.

Profit from business

refers to the profits from operation activities, that is the main business income minus the cost of main business and main business tax and surcharges, add other business profits, minus operating expenses, management fees, finance charges. It is the annual accumulation of the corresponding item in the "profit table" of the accountant.

Value Added Tax Payable

Refers to the amount of the value-added tax, which should be paid by the enterprises in the reporting period.According to the tax laws, increasing the activities of the current value of the goods,such as the sale of goods or the provision of processing, repair workshop and other services should pay taxes.It is calculated as follows:

Value added tax payable=tax on sales-(tax on purchases-transferred tax on purchases)- Tax credits-tax cut +export rebate

Total Profits

Refers to the annual accumulation of the corresponding item in the "profit table" of the accountant. It is the profits gained from the revenues in the reference period, including business profits, subsidies, net income of investment and net income of other business.

Total Value of Profit and Tax (Pre-tax Profits)

Refers to the sum of the total profits, products sales tax and surcharges and the value added tax payable of industrial enterprises. It is also called Pre-tax profits.

EXPLANATORY NOTES TO MAJOR STATISTICAL INDICATORS

Industrial Comprehensive Index of Economic Efficiency

Is a special kind of relative figure to comprehensively measure overall economic efficiency of regional industry, showing the quality of industrial economic efficiency of the reference period. Industrial comprehensive index of economic efficiency is calculated with 7 items of ratio of total assets to industrial output value, ratio of creditors' equity of current year to that of previous year, ratio of liabilities to assets, turnover ratio of output value, circulating funds, ratio of profits to cost, overall labor productivity, ratio of sales to products. The actual figure of every indicator above is divided by responding national standard numerical value, and the results multiply correlative weight coefficients, then the total number is divided by general weight coefficient. The index comprehensively reflects the changes of regional industrial economic efficiency in static and dynamic status, eliminating the incomparable factors at a certain extent.

Ratio of Total Assets to Industrial Output Value

Reflects the profit-making capability of all assets of the enterprise and is a key indicator manifesting the performance and management and evaluating the profit-making potential of the enterprise. It is calculated as follows:

Ratio of Total Assets to Industrial Output (%) = [(Total profits + Total taxes + Interest payment) / average assets] × 100%

Capital Maintenance and Appreciation Rate

Reflects the changes of an enterprise's net assets. It epitomizes the growth capability of an enterprise. Its calcuating formula is:

Capital Maintenance and appreciation rate = Ownership equity at the end of the reporting period/Ownership equity at the same period of the previous year.

Ratio of Liabilities to Assets

Reflect both the operation risk and the capability of the enterprise in making use of the capital from the creditors. It is calculated as follows:

Ratio of liabilities to assets (%) = Total liabilities/total assets×100%

Turnover Ratio of Circulating Funds

Refers to times of turnover of circulating funds in a given period of time, which reflects the speed of the turnover of working capital and is calculated as follows:

Turnover Ratio of Circulating Funds (%) = Sales Revenue of Products/Average Balance of Total Circulating Funds×100%

Ratio of Profits to Costs

Refers to the ratio of profits realized in a given period to the total costs in the same period, which reflects the economic efficiency of input cost and is calculated as follows:

Ratio of Profits to Cost (%) =Total Profits/Total Costs×100%

Overall Labor Productivity

Refers to the average output per employed person in industrial enterprises in value terms. At present, the value added and the average number of staff and workers of an industrial enterprises in a given period are used to calculate the overall labor productivity. The formula used is:

Overall Labor Productivity = (Value Added of Industry) / (Average Number of Staff and Workers)

Ratio of Sales to Products

Refers to the ratio of total sales in a given period to the gross output value in the same period, which reflects the extent of industrial output sold and is calculated as follows:

Ratio of Sales to Products (%) =Total Sales (at Current Prices) / Gross Output Value (at Current Prices) ×100%

Ratio of Profits to Sales

Refers to the ratio of total profits to the sales revenue in a given period and is calculated as follows: *Ratio of Profits to Sales (%) =Total Profits /Sales Revenue×100%*

Ratio of Accumulated Capital to Original Capital

Refers to the ratio of the increased volume of creditors' equity to the creditors' equity at the year's beginning. The formula used is:

Ratio of Accumulated Capital to Original Capital (%) = Increased Volume of Creditors' Equity / Creditors' Equity at Year's Beginning×100%

EXPLANATORY NOTES TO MAJOR STATISTICAL INDICATORS

Current Ratio

Refers to the ratio of the circulating assets to the circulating liabilities, i.e. the amount of circulating assets as the guarantee to pay off each yuan of circulating liabilities, which reflects the ability of the enterprise to pay off the due circulating liabilities with the circulating assets realizable in a short period of time. The formula is:

Current Ratio (%) = Circulating Assets / Circulating Liabilities

Quick Ratio

Refers to the ratio of quick assets to circulating liabilities of the enterprise, and is calculated as the follows:

Quick Ratio = Quick Assets / Circulating Liabilities

Ratio of Equity to Production

Refers to the ratio of total liabilities to creditors' equity. It is the sign of financial stability of the enterprises, and also called ratio of total liabilities to total capital. The formula is:

Ratio of Equity to Production = Total Liabilities / Creditors' Equity

第 13 章

建筑业

CONSTRUCTION

简要说明 BRIEF INTRODUCTION

本章资料包括全市按登记注册地统计的资质内建筑业基本情况、建筑企业房屋施工及竣工面积和劳务分包建筑业企业主要指标、各类建筑施工企业主要经济指标等，由市统计局固定资产投资处提供。全市建筑业增加值情况参见本书第二章国民经济核算。

The data in this chapter include the general information of all the construction enterprises with the place of registration in Chongqing, the main indicators on the floor space of buildings under construction and completed of construction enterprises and on the labor subcontractors in construction industry, as well as the main economic indicators on various construction enterprises. The data in this chapter are provided by Division of Statistics of Investment in Fixed Assets, Chongqing Municipal Bureau of Statistics. See Chapter 2 National Economic Accounting of this book for the value added of construction industry.

表 13.1 建筑业基本情况（1985 – 2017 年）
BASIC STATISTICS ON CONSTRUCTION INDUSTRY (1985-2017)

年 份 Year	企业数（个） Number of Enterprises (unit)	年末从业人数（万人） Number of Employed Persons at Year-end (10 000 persons)	总产值（万元） Gross Output Value (10 000 yuan)	房屋建筑施工面积（万平方米） Floor Space of Buildings under Construction (10 000 sq.m)	房屋建筑竣工面积（万平方米） Floor Space of Buildings Completed (10 000 sq.m)
1985	298	14.12	96201	684.85	340.18
1986	291	17.12	112719	674.54	345.37
1987	303	18.08	138515	740.55	350.79
1988	399	20.71	183070	866.76	372.69
1989	400	20.60	196510	853.54	391.35
1990	445	20.89	220685	905.58	450.19
1991	465	21.50	262155	915.31	458.23
1992	482	23.58	340256	1015.59	490.88
1993	607	22.47	426228	1238.22	537.78
1994	561	26.61	656959	1456.78	577.22
1995	556	28.24	810548	1678.02	656.38
1996	1473	64.43	2052964	4065.24	2276.97
1997	1501	68.98	2440552	4451.06	2562.73
1998	1655	80.46	2896198	5275.68	2837.02
1999	1735	75.49	3175927	5481.86	2974.82
2000	1785	73.37	3486579	6088.49	3083.72
2001	1721	83.99	4368064	7962.27	4341.38
2002	1778	82.05	5015839	8707.39	4711.06
2003	1760	81.80	5862095	9754.10	4939.62
2004	2442	86.91	6902774	10184.46	5167.65
2005	2310	83.10	7835658	10722.57	5155.18
2006	2455	86.72	8950918	11522.42	5309.27
2007	2486	96.97	11287118	13866.76	5750.65
2008	2483	105.42	14963195	15618.93	6485.30
2009	2465	118.88	19152495	16475.84	7473.16
2010	2467	139.33	25343196	19489.39	8292.00
2011	2530	134.84	33288252	21976.19	8989.56
2012	2575	138.59	39756696	26269.73	11601.82
2013	2578	170.45	47312167	29884.62	12240.32
2014	2591	167.45	55522069	32886.88	12815.64
2015	2628	177.17	62569430	32801.61	13542.58
2016	2736	181.41	70358133	32077.14	13751.59
2017	2908	187.28	76080004	33210.82	13448.18

注：1) 1993 年实行一套表制度，附营建筑企业有所增加；1996 年以前口径范围包括全民、城镇集体建筑安装企业，1996 年 -2001 年为资质等级四级以上的建筑企业（下表同）。
2) 2002 年起建筑业执行新建筑资质，2002 年房屋建筑施工、竣工面积和 2003 年起所有数据不含劳务分包企业（下表同）。
3) 2017 年起，全面采用新版建筑业企业资质证书，部分劳务分包企业转为专业承包。

Note: a) As the system of one suit of tables was implemented in 1993, the affiliated construction enterprises increased. The statistics scope before 1996 included the whole people-owned, collective-owned construction and installation enterprises; while the statistics scope from 1996 to 2001 included the construction and installation enterprises of qualification Grade-4 and above (the same below).
b) The new grade system was carried out in construction in 2002. The data of floor space under construction and completed in 2002, and all the data since 2003 exclude the data of labor subcontractors (the same below).
c) The new qualification certificate system for construction enterprises has been carried out since 2017, so some labor subcontracted enterprises changed to professional contraction enterprises.

表 13.2 建筑业企业房屋施工及竣工面积（2016 – 2017 年）
FLOOR SPACE OF BUILDINGS UNDER CONSTRUCTION AND COMPLETED BY CONSTRUCTION ENTERPRISES (2016-2017)

单位：万元 (10 000 yuan)

指 标	Item	2016	2017
房屋建筑施工面积（万平方米）	**Floor Space of Buildings under Construction (10 000 sq.m)**	**32077.14**	**33210.82**
#本年新开工面积	Floor Space of Buildings Newly Started This Year	13790.21	13932.78
#实行投标承包面积	Floor Space Contracted by Bidding	16956.56	
房屋建筑竣工面积（万平方米）	**Floor Space of Buildings Completed (10 000 sq.m)**	**13751.59**	**13448.18**
住宅房屋	Residential Buildings	9888.02	9593.89
商业及服务用房屋	Buildings for Business and Services	940.79	1003.01
#批发和零售业用房	Buildings for Wholesale and Retail	427.91	347.75
住宿和餐饮业用房	Buildings for Hotels and Catering Services	75.96	80.58
居民服务业用房	Buildings for Residential Services	380.09	538.65
办公用房	Office Buildings	566.33	680.68
科研、教育、医疗用房屋	Buildings for Scientific Research, Education, Medical Cares	476.16	448.50
#科学研究用房屋	Buildings for Scientific Research	24.50	24.27
教育用房屋	Buildings for Education	355.14	357.01
医疗用房屋（卫生医疗用房）	Buildings for Health and Medical Cares	96.52	67.22
文化、体育和娱乐用房	Buildings for Culture, Sports and Entertainment	77.23	66.79
厂房及建筑物	Works and Buildings	1002.27	1051.16
#厂 房	Works	514.01	609.34
仓 库	Warehouses	56.39	70.73
其他未列明的房屋建筑物	Other Buildings	744.39	533.42

表 13.3 劳务分包建筑业企业主要指标（2016 – 2017 年）
MAIN INDICATORS ON LABOR SUBCONTRACTORS IN CONSTRUCTION INDUSTRY (2016-2017)

指 标	Item	2016	2017
企业数（个）	Number of Enterprises (unit)	258	98
年末从业人数（人）	Number of Employed Persons at Year-end (person)	135158	27121
企业总收入	Total Revenue	1298461	366426
#劳务收入	Revenue from Labor Services	1298193	361808
税 金	Tax	63533	17578
利润总额	Total Profits	13407	4715
从业人员劳动报酬	Earnings of Employed Persons	607867	148929

表 13.4 建筑施工企业主要经济指标（2016 – 2017 年）
MAIN ECONOMIC INDICATORS ON CONSTRUCTION ENTERPRISES (2016-2017)

指 标	Type	2016	2017
企业数（个）	**Number of Enterprises (unit)**	**2736**	**2908**
年末从业人数（万人）	**Number of Employed Persons at Year-end (10 000 persons)**	**181.41**	**187.28**
总产值（万元）	**Gross Output Value (10 000 yuan)**	**70358133**	**76080004**
按登记注册类型分	By Status of Registration		
内资企业	Domestic-funded Enterprises	70229662	75993861
#国 有	State-owned Enterprises	5589983	6020476
其他有限责任	Other Limited Liability Enterprises	32924249	33788730
私 营	Private Enterprises	28419242	32737803
按构成分	By Constitution		
#建筑工程	Construction	64592912	68606862
安装工程	Installation	3384341	4522034
按行业分	By Sector		
#房屋和土木工程建筑业	Construction of Buildings and Civil Engineering	66206711	71726507
#房屋工程建筑业	Floor Space of Buildings under Construction (10 000 sq.m)	53931050	57453382
建筑安装业	Construction Installation	1956947	2036668
建筑装饰业	Construction Decoration	1301999	1262166
按资质等级分	By Grade		
施工总承包	General Contractors of Construction	66228580	70878182
#一 级	First Grade	29892484	29229237
二 级	Second Grade	19438641	20567810
专业承包	Specialized Contractors of Construction	4129552	5201822
#一 级	First Grade	1444669	1397153
二 级	Second Grade	1127683	1712493
竣工产值（万元）	**Output Value of Completed Construction (10 000 yuan)**	**36171757**	**37557825**
按登记注册类型分	By Status of Registration		
内资企业	Domestic-funded Enterprises	36117701	37531029
#国 有	State-owned Enterprises	1581077	1792987
其他有限责任	Other Limited Liability Enterprises	15963973	16643840
私 营	Private Enterprises	16431047	17345278
按行业分	By Sector		
#房屋和土木工程建筑业	Construction of Buildings and Civil Engineering	33756885	35409086
#房屋工程建筑业	Buildings	29545925	31041528
建筑安装业	Construction Installation	988210	987295
建筑装饰业	Construction Decoration	942417	662087
按资质等级分	By Grade		
施工总承包	General Contractors of Construction	34036462	35270997
#一 级	First Grade	12683266	12327463
二 级	Second Grade	10184658	10206827
专业承包	Specialized Contractors of Construction	2135295	2286828
#一 级	First Grade	799323	556256
二 级	Second Grade	561358	854256
房屋建筑施工面积（万平方米）	**Floor Space of Buildings under Construction (10 000 sq.m)**	**32077.14**	**33210.82**
房屋建筑竣工面积（万平方米）	**Floor Space of Buildings Completed (10 000 sq.m)**	**13751.59**	**13448.18**
年末自有机械设备台数（万台）	**Number of Machinery and Equipment Self-owned (year-end)(10 000 sets)**	**19.73**	**19.09**
年末自有机械设备总功率（万千瓦）	**Total Power of Machinery and Equipment Self-owned (year-end)(10 000 kw)**	**457.25**	**472.14**

表 13.5 国有建筑施工企业主要经济指标（2016 – 2017 年）
MAIN ECONOMIC INDICATORS ON STATE-OWNED CONSTRUCTION ENTERPRISES (2016-2017)

指 标	Type	2016	2017
企业数（个）	**Number of Enterprises (unit)**	**93**	**96**
年末从业人数（万人）	**Number of Employed Persons at Year-end (10 000 persons)**	**8.48**	**9.43**
总产值（万元）	**Gross Output Value (10 000 yuan)**	**5589983**	**6020476**
按构成分	By Constitution		
#建筑工程	Construction	5097666	5233764
安装工程	Installation	227381	337079
按行业分	By Sector		
#房屋和土木工程建筑业	Construction of Buildings and Civil Engineering	5433633	5836412
#房屋工程建筑业	Buildings	1875674	1884205
建筑安装业	Construction Installation	131613	92875
建筑装饰业	Construction Decoration	1579	59340
按资质等级分	By Grade		
施工总承包	General Contractors of Construction	5282475	5660516
#一 级	First Grade	3250356	3444456
二 级	Second Grade	811067	925104
专业承包	Specialized Contractors of Construction	307507	359960
#一 级	First Grade	166600	233214
二 级	Second Grade	95192	90121
竣工产值（万元）	**Output Value of Completed Construction (10 000 yuan)**	**1581077**	**1792987**
按行业分	By Sector		
#房屋和土木工程建筑业	Construction of Buildings and Civil Engineering	1514170	1760003
#房屋工程建筑业	Buildings	826415	781923
建筑安装业	Construction Installation	47404	13447
建筑装饰业	Construction Decoration		1623
按资质等级分	By Grade		
施工总承包	General Contractors of Construction	1483388	1693229
#一 级	First Grade	768880	966539
二 级	Second Grade	112123	101249
专业承包	Specialized Contractors of Construction	97689	99758
#一 级	First Grade	30153	33611
二 级	Second Grade	49153	45840
房屋建筑施工面积（万平方米）	**Floor Space of Buildings under Construction (10 000 sq.m)**	**796.49**	**779.12**
房屋建筑竣工面积（万平方米）	**Floor Space of Buildings Completed (10 000 sq.m)**	**269.78**	**289.61**
年末自有机械设备台数（万台）	**Number of Machinery and Equipment Self-owned (year-end)(10 000 sets)**	**2.09**	**2.50**
年末自有机械设备总功率（万千瓦）	**Total Power of Machinery and Equipment Self-owned (year-end)(10 000 kw)**	**95.21**	**93.47**

表 13.6 其他有限责任制建筑施工企业主要经济指标（2016 – 2017 年）
MAIN ECONOMIC INDICATORS ON OTHER CONSTRUCTION ENTERPRISES OF LIMITED LIABILITY (2016-2017)

指　标	Type	2016	2017
企业数（个）	**Number of Enterprises (unit)**	**965**	**985**
年末从业人数（万人）	**Number of Employed Persons at Year-end (10 000 persons)**	**78.19**	**75.84**
总产值（万元）	**Gross Output Value (10 000 yuan)**	**32924249**	**33788730**
按构成分	By Constitution		
#建筑工程	Construction	30285907	30793758
安装工程	Installation	1693725	1984598
按行业分	By Sector		
#房屋和土木工程建筑业	Construction of Buildings and Civil Engineering	31093998	32392932
#房屋工程建筑业	Buildings	24082278	23831319
建筑安装业	Construction Installation	1024331	844415
建筑装饰业	Construction Decoration	551202	338298
按资质等级分	By Grade		
施工总承包	General Contractors of Construction	31528390	32066891
#一　级	First Grade	18692697	16092646
二　级	Second Grade	7993368	8332802
专业承包	Specialized Contractors of Construction	1395859	1721839
#一　级	First Grade	564358	410134
二　级	Second Grade	298196	670925
竣工产值（万元）	**Output Value of Completed Construction (10 000 yuan)**	**15963973**	**16643840**
按行业分	By Sector		
#房屋和土木工程建筑业	Construction of Buildings and Civil Engineering	14909501	15784826
#房屋工程建筑业	Buildings	12582137	13222449
建筑安装业	Construction Installation	522504	527769
建筑装饰业	Construction Decoration	397813	216847
按资质等级分	By Grade		
施工总承包	General Contractors of Construction	15148062	15522522
#一　级	First Grade	8097280	7375370
二　级	Second Grade	4146821	4228481
专业承包	Specialized Contractors of Construction	815912	1121318
#一　级	First Grade	306535	235095
二　级	Second Grade	214429	524655
房屋建筑施工面积（万平方米）	**Floor Space of Buildings under Construction (10 000 sq.m)**	**17401.44**	**17151.55**
房屋建筑竣工面积（万平方米）	**Floor Space of Buildings Completed (10 000 sq.m)**	**6387.49**	**6490.67**
年末自有机械设备台数（万台）	**Number of Machinery and Equipment Self-owned (year-end)(10 000 sets)**	**9.75**	**8.08**
年末自有机械设备总功率（万千瓦）	**Total Power of Machinery and Equipment Self-owned (year-end)(10 000 kw)**	**212.54**	**221.61**

表 13.7 私营建筑施工企业主要经济指标（2016 – 2017 年）
MAIN ECONOMIC INDICATORS ON PRIVATE CONSTRUCTION ENTERPRISES (2016-2017)

指　标	Type	2016	2017
企业数（个）	**Number of Enterprises (unit)**	**1534**	**1694**
年末从业人数（万人）	**Number of Employed Persons at Year-end (10 000 persons)**	**86.13**	**93.29**
总产值（万元）	**Gross Output Value (10 000 yuan)**	**28419242**	**32737803**
按构成分	By Constitution		
#建筑工程	Construction	26178348	29433906
安装工程	Installation	1316620	2054222
按行业分	By Sector		
#房屋和土木工程建筑业	Construction of Buildings and Civil Engineering	26694874	30441360
#房屋工程建筑业	Buildings	25278748	28996875
建筑安装业	Construction Installation	657862	966128
建筑装饰业	Construction Decoration	691595	792474
按资质等级分	By Grade		
施工总承包	General Contractors of Construction	26341120	30018588
#一　级	First Grade	7536434	9300566
二　级	Second Grade	9408376	10121272
专业承包	Specialized Contractors of Construction	2078122	2719216
#一　级	First Grade	491425	539393
二　级	Second Grade	691799	855462
竣工产值（万元）	**Output Value of Completed Construction (10 000 yuan)**	**16431047**	**17345278**
按行业分	By Sector		
#房屋和土木工程建筑业	Construction of Buildings and Civil Engineering	15250910	16268010
#房屋工程建筑业	Buildings	14340885	15489077
建筑安装业	Construction Installation	352648	380432
建筑装饰业	Construction Decoration	518307	431737
按资质等级分	By Grade		
施工总承包	General Contractors of Construction	15381639	16320533
#一　级	First Grade	3573686	3885388
二　级	Second Grade	5242562	5162093
专业承包	Specialized Contractors of Construction	1049409	1024745
#一　级	First Grade	344615	283664
二　级	Second Grade	279604	270724
房屋建筑施工面积（万平方米）	**Floor Space of Buildings under Construction (10 000 sq.m)**	**12000.81**	**13427.17**
房屋建筑竣工面积（万平方米）	**Floor Space of Buildings Completed (10 000 sq.m)**	**6338.34**	**6028.41**
年末自有机械设备台数（万台）	**Number of Machinery and Equipment Self-owned (year-end)(10 000 sets)**	**7.28**	**7.98**
年末自有机械设备总功率（万千瓦）	**Total Power of Machinery and Equipment Self-owned (year-end)(10 000 kw)**	**135.07**	**145.47**

表 13.8 施工总承包建筑施工企业主要经济指标（2016 – 2017 年）
MAIN ECONOMIC INDICATORS ON GENERAL CONTRACTORS OF CONSTRUCTION (2016-2017)

指　标	Type	2016	2017
企业数（个）	**Number of Enterprises (unit)**	**1755**	**1840**
年末从业人数（万人）	**Number of Employed Persons at Year-end (10 000 persons)**	**169.67**	**165.46**
总产值（万元）	**Gross Output Value (10 000 yuan)**	**66228580**	**70878182**
按登记注册类型分	By Status of Registration		
内资企业	Domestic-funded Enterprises	66102815	70794250
#国　有	State-owned Enterprises	5282475	5660516
其他有限责任	Other Limited Liability Enterprises	31528390	32066891
私　营	Private Enterprises	26341120	30018588
按构成分	By Constitution		
#建筑工程	Construction	62199088	65451166
安装工程	Installation	2085658	3147396
按行业分	By Sector		
#房屋和土木工程建筑业	Construction of Buildings and Civil Engineering	64506366	69315882
#房屋工程建筑业	Buildings	53093828	55871925
建筑安装业	Construction Installation	1029773	996440
建筑装饰业	Construction Decoration	155721	121692
按资质等级分	By Grade		
#一　级	First Grade	29892484	29229237
二　级	Second Grade	19438641	20567810
竣工产值（万元）	**Output Value of Completed Construction (10 000 yuan)**	**34036462**	**35270997**
按登记注册类型分	By Status of Registration		
内资企业	Domestic-funded Enterprises	33983979	35245311
#国　有	State-owned Enterprises	1483388	1693229
其他有限责任	Other Limited Liability Enterprises	15148062	15522522
私　营	Private Enterprises	15381639	16320533
按行业分	By Sector		
#房屋和土木工程建筑业	Construction of Buildings and Civil Engineering	33189214	34530816
#房屋工程建筑业	Buildings	29366829	30474905
建筑安装业	Construction Installation	466503	425989
建筑装饰业	Construction Decoration	119397	52359
按资质等级分	By Grade		
#一　级	First Grade	12683266	12327463
二　级	Second Grade	10184658	10206827
房屋建筑施工面积（万平方米）	**Floor Space of Buildings under Construction (10 000 sq.m)**	**31499.82**	**31130.33**
房屋建筑竣工面积（万平方米）	**Floor Space of Buildings Completed (10 000 sq.m)**	**13436.23**	**13006.18**
年末自有机械设备台数（万台）	**Number of Machinery and Equipment Self-owned (year-end)(10 000 sets)**	**16.59**	**15.77**
年末自有机械设备总功率（万千瓦）	**Total Power of Machinery and Equipment Self-owned (year-end)(10 000 kw)**	**414.97**	**441.14**

表 13.9 专业承包建筑施工企业主要经济指标（2016 – 2017 年）
MAIN ECONOMIC INDICATORS ON SPECIALIZED CONTRACTORS OF CONSTRUCTION (2016-2017)

指 标	Type	2016	2017
企业数（个）	**Number of Enterprises (unit)**	**981**	**1068**
年末从业人数（万人）	**Number of Employed Persons at Year-end (10 000 persons)**	**11.75**	**21.81**
总产值（万元）	**Gross Output Value (10 000 yuan)**	**4129552**	**5201822**
按登记注册类型分	By Status of Registration		
内资企业	Domestic-funded Enterprises	4126847	5199611
#国 有	State-owned Enterprises	307507	359960
其他有限责任	Other Limited Liability Enterprises	1395859	1721839
私 营	Private Enterprises	2078122	2719216
按构成分	By Constitution		
#建筑工程	Construction	2393824	3155696
安装工程	Installation	1298683	1374638
按行业分	By Sector		
#房屋和土木工程建筑业	Construction of Buildings and Civil Engineering	1700345	2410625
#房屋工程建筑业	Buildings	837222	1581457
建筑安装业	Construction Installation	927175	1040228
建筑装饰业	Construction Decoration	1146277	1140475
按资质等级分	By Grade		
#一 级	First Grade	1444669	1397153
二 级	Second Grade	1127683	1712493
竣工产值（万元）	**Output Value of Completed Construction (10 000 yuan)**	**2135295**	**2286828**
按登记注册类型分	By Status of Registration		
内资企业	Domestic-funded Enterprises	2133722	2285718
#国 有	State-owned Enterprises	97689	99758
其他有限责任	Other Limited Liability Enterprises	815912	1121318
私 营	Private Enterprises	1049409	1024745
按行业分	By Sector		
#房屋和土木工程建筑业	Construction of Buildings and Civil Engineering	567671	878270
#房屋工程建筑业	Buildings	179096	566623
建筑安装业	Construction Installation	521708	561306
建筑装饰业	Construction Decoration	823021	609727
按资质等级分	By Grade		
#一 级	First Grade	799323	556256
二 级	Second Grade	561358	854256
房屋建筑施工面积（万平方米）	**Floor Space of Buildings under Construction (10 000 sq.m)**	**577.31**	**2080.49**
房屋建筑竣工面积（万平方米）	**Floor Space of Buildings Completed (10 000 sq.m)**	**315.35**	**442.00**
年末自有机械设备台数（万台）	**Number of Machinery and Equipment Self-owned (year-end)(10 000 sets)**	**3.14**	**3.32**
年末自有机械设备总功率（万千瓦）	**Total Power of Machinery and Equipment Self-owned (year-end)(10 000 kw)**	**42.28**	**31.00**

表 13.10 房屋和土木工程建筑施工企业主要经济指标（2016 – 2017 年）
MAIN ECONOMIC INDICATORS ON CONSTRUCTION ENTERPRISES OF BUILDINGS AND CIVIL ENGINEERING (2016-2017)

指　标	Type	2016	2017
企业数（个）	**Number of Enterprises (unit)**	**1828**	**1941**
年末从业人数（万人）	**Number of Employed Persons at Year-end (10 000 persons)**	**168.72**	**171.07**
总产值（万元）	**Gross Output Value (10 000 yuan)**	**66206711**	**71726507**
按登记注册类型分	By Status of Registration		
内资企业	Domestic-funded Enterprises	66153829	71690169
#国　有	State-owned Enterprises	5433633	5836412
其他有限责任	Other Limited Liability Enterprises	31093998	32392932
私　营	Private Enterprises	26694874	30441360
按构成分	By Constitution		
#建筑工程	Construction	62354368	66644098
安装工程	Installation	2024411	2802061
按资质等级分	By Grade		
施工总承包	General Contractors of Construction	64506366	69315882
#一　级	First Grade	29347436	28711510
二　级	Second Grade	18679781	19973063
专业承包	Specialized Contractors of Construction	1700345	2410625
#一　级	First Grade	530714	490723
二　级	Second Grade	444862	875520
竣工产值（万元）	**Output Value of Completed Construction (10 000 yuan)**	**33756885**	**35409086**
按登记注册类型分	By Status of Registration		
内资企业	Domestic-funded Enterprises	33704403	35383400
#国　有	State-owned Enterprises	1514170	1760003
其他有限责任	Other Limited Liability Enterprises	14909501	15784826
私　营	Private Enterprises	15250910	16268010
按资质等级分	By Grade		
施工总承包	General Contractors of Construction	33189214	34530816
#一　级	First Grade	12439831	12181868
二　级	Second Grade	9848164	9963620
专业承包	Specialized Contractors of Construction	567671	878270
#一　级	First Grade	194580	110703
二　级	Second Grade	111129	393287
房屋建筑施工面积（万平方米）	**Floor Space of Buildings under Construction (10 000 sq.m)**	**31570.06**	**32298.54**
房屋建筑竣工面积（万平方米）	**Floor Space of Buildings Completed (10 000 sq.m)**	**13383.88**	**13079.73**
年末自有机械设备台数（万台）	**Number of Machinery and Equipment Self-owned (year-end)(10 000 sets)**	**16.68**	**15.87**
年末自有机械设备总功率（万千瓦）	**Total Power of Machinery and Equipment Self-owned (year-end)(10 000 kw)**	**430.23**	**439.85**

表 13.11 建筑安装企业主要经济指标（2016 – 2017 年）
MAIN ECONOMIC INDICATORS ON CONSTRUCTION ENTERPRISES OF INSTALLATION (2016-2017)

指 标	Type	2016	2017
企业数（个）	**Number of Enterprises (unit)**	**331**	**345**
年末从业人数（万人）	**Number of Employed Persons at Year-end (10 000 persons)**	**6.25**	**6.83**
总产值（万元）	**Gross Output Value (10 000 yuan)**	**1956947**	**2036668**
按登记注册类型分	By Status of Registration		
内资企业	Domestic-funded Enterprises	1884064	1989074
#国 有	State-owned Enterprises	131613	92875
其他有限责任	Other Limited Liability Enterprises	1024331	844415
私 营	Private Enterprises	657862	966128
按构成分	By Constitution		
#建筑工程	Construction	888554	658257
安装工程	Installation	1007221	1319701
按资质等级分	By Grade		
施工总承包	General Contractors of Construction	1029773	996440
#一 级	First Grade	424974	413085
二 级	Second Grade	308061	347363
专业承包	Specialized Contractors of Construction	927175	1040228
#一 级	First Grade	255493	279073
二 级	Second Grade	300989	360241
竣工产值（万元）	**Output Value of Completed Construction (10 000 yuan)**	**988210**	**987295**
按登记注册类型分	By Status of Registration		
内资企业	Domestic-funded Enterprises	988210	987295
#国 有	State-owned Enterprises	47404	13447
其他有限责任	Other Limited Liability Enterprises	522504	527769
私 营	Private Enterprises	352648	380432
按资质等级分	By Grade		
施工总承包	General Contractors of Construction	466503	425989
#一 级	First Grade	133730	41052
二 级	Second Grade	152004	172395
专业承包	Specialized Contractors of Construction	521708	561306
#一 级	First Grade	117445	109409
二 级	Second Grade	184549	222620
房屋建筑施工面积（万平方米）	**Floor Space of Buildings under Construction (10 000 sq.m)**	**315.95**	**416.83**
房屋建筑竣工面积（万平方米）	**Floor Space of Buildings Completed (10 000 sq.m)**	**177.88**	**158.04**
年末自有机械设备台数（万台）	**Number of Machinery and Equipment Self-owned (year-end)(10 000 sets)**	**0.79**	**0.88**
年末自有机械设备总功率（万千瓦）	**Total Power of Machinery and Equipment Self-owned (year-end)(10 000 kw)**	**11.58**	**17.67**

表 13.12 建筑装饰企业主要经济指标（2016 – 2017 年）
MAIN ECONOMIC INDICATORS ON CONSTRUCTION ENTERPRISES OF DECORATION (2016-2017)

指　标	Type	2016	2017
企业数（个）	**Number of Enterprises (unit)**	**404**	**392**
年末从业人数（万人）	**Number of Employed Persons at Year-end (10 000 persons)**	**4.58**	**4.36**
总产值（万元）	**Gross Output Value (10 000 yuan)**	**1301999**	**1262166**
按登记注册类型分	By Status of Registration		
内资企业	Domestic-funded Enterprises	1300559	1261037
#国　有	State-owned Enterprises	1579	59340
其他有限责任	Other Limited Liability Enterprises	551202	338298
私　营	Private Enterprises	691595	792474
按构成分	By Constitution		
#建筑工程	Construction	788017	735204
安装工程	Installation	284926	295098
按资质等级分	By Grade		
施工总承包	General Contractors of Construction	155721	121692
#一　级	First Grade	120074	2953
二　级	Second Grade	20175	24681
专业承包	Specialized Contractors of Construction	1146277	1140475
#一　级	First Grade	595437	540808
二　级	Second Grade	324903	412099
竣工产值（万元）	**Output Value of Completed Construction (10 000 yuan)**	**942417**	**662087**
按登记注册类型分	By Status of Registration		
内资企业	Domestic-funded Enterprises	941430	660977
#国　有	State-owned Enterprises		1623
其他有限责任	Other Limited Liability Enterprises	410932	216847
私　营	Private Enterprises	516023	431737
按资质等级分	By Grade		
施工总承包	General Contractors of Construction	119397	52359
#一　级	First Grade	109705	2953
二　级	Second Grade	1766	2035
专业承包	Specialized Contractors of Construction	823021	609727
#一　级	First Grade	434812	268175
二　级	Second Grade	227582	224103
房屋建筑施工面积（万平方米）	**Floor Space of Buildings under Construction (10 000 sq.m)**	**5.35**	**1.42**
房屋建筑竣工面积（万平方米）	**Floor Space of Buildings Completed (10 000 sq.m)**	**7.74**	**0.23**
年末自有机械设备台数（万台）	**Number of Machinery and Equipment Self-owned (year-end)(10 000 sets)**	**1.97**	**1.96**
年末自有机械设备总功率（万千瓦）	**Total Power of Machinery and Equipment Self-owned (year-end)(10 000 kw)**	**5.46**	**10.06**

表 13.13 建筑施工企业按资质等级分主要财务和经济效益指标（2017 年）
MAIN INDICATORS ON FINANCE AND ECONOMIC BENEFIT OF CONSTRUCTION ENTERPRISES BY GRADE (2017)

单位：万元 (10 000 yuan)

指　标	Item	合　计 Total	其　中 of which 施工总承包 General Contractors	专业承包 Specialized Contractors
企业数（个）	Number of Enterprises (unit)	2908	1840	1068
年末从业人数（万人）	Number of Employed Persons at Year-end (10 000 persons)	187.28	165.46	21.81
自有固定资产原价	Original Value of Fixed Assets Owned	5441552	4822847	618705
自有固定资产净价	Net Value of Fixed Assets Owned	3254182	2913309	340873
总产值	Gross Output Value	76080004	70878182	5201822
实收资本	Paid-in Capital	8557537	7606355	951183
资产合计	Total Assets	57067081	51526944	5540138
#流动资产	Current Assets	45714170	40969950	4744220
固定资产	Fixed Assets	4872445	4432374	440071
负债合计	Total Liabilities	39798287	36145258	3653029
流动负债	Current Liabilities	34472856	31020836	3452020
非流动负债	Non-current Liabilities	3043553	2938615	104937
所有者权益	Creditors' Equity	17268795	15381686	1887109
利税总额	Total Pre-tax Profits	6661812	6148970	512842
#利润总额	Total Profits	3401191	3117697	283494
营业收入	Operating Revenue	63254128	57664275	5589853
#主营业务收入	Revenue from Major Business	62577112	57098123	5478989
房屋建筑施工面积（万平方米）	Floor Space of Buildings under Construction (10 000 sq.m)	33210.82	31130.33	2080.49
房屋建筑竣工面积（万平方米）	Floor Space of Buildings Completed (10 000 sq.m)	13448.18	13006.18	442.00
全员劳动生产率：	Overall Labor Productivity			
按总产值计算（元／人）	In Terms of Gross Output Value (yuan/person)	317907	329536	214679
房屋建筑面积竣工率（%）	Rate of Floor Space of Buildings Completed (%)	40.5	41.8	21.2
资产负债率（%）	Asset-Liability Ratio (%)	69.7	70.1	65.9

表 13.14 建筑施工企业按行业分主要财务和经济效益指标（2017 年）
MAIN INDICATORS ON FINANCE AND ECONOMIC BENEFIT OF CONSTRUCTION ENTERPRISES BY SECTOR (2017)

单位：万元 (10 000 yuan)

指 标	Item	合 计 Total	其 中 of which 房屋和土木工程建筑业 Building and Civil Engineering	建筑安装业 Construction Installation	建筑装饰业 Construction Decoration
企业数（个）	Number of Enterprises (unit)	2908	1941	345	392
年末从业人数（万人）	Number of Employed Persons at Year-end (10 000 persons)	187.28	171.07	6.83	4.36
自有固定资产原价	Original Value of Fixed Assets Owned	5441552	4360655	829594	116092
自有固定资产净价	Net Value of Fixed Assets Owned	3254182	2525556	602210	58760
总产值	Gross Output Value	76080004	71726507	2036668	1262166
实收资本	Paid-in Capital	8557537	7415604	621663	294910
资产合计	Total Assets	57067081	50357504	4021026	1537478
#流动资产	Current Assets	45714170	40571591	2783476	1366741
固定资产	Fixed Assets	4872445	3776589	939272	78176
负债合计	Total Liabilities	39798287	35236374	2857291	998094
流动负债	Current Liabilities	34472856	30775953	2118842	924508
非流动负债	Non-current Liabilities	3043553	2336398	642927	35019
所有者权益	Creditors' Equity	17268795	15121130	1163735	539384
利税总额	Total Pre-tax Profits	6661812	6189017	250269	118594
#利润总额	Total Profits	3401191	3134988	143720	63664
营业收入	Operating Revenue	63254128	58508462	2256062	1458847
#主营业务收入	Revenue from Major Business	62577112	57931794	2202585	1432445
房屋建筑施工面积（万平方米）	Floor Space of Buildings under Construction (10 000 sq.m)	33210.82	32298.54	416.83	1.42
房屋建筑竣工面积（万平方米）	Floor Space of Buildings Completed (10 000 sq.m)	13448.18	13079.73	158.04	0.23
全员劳动生产率：	Overall Labor Productivity				
按总产值计算（元/人）	In Terms of Gross Output Value (yuan/person)	317907	329301	271545	170547
房屋建筑面积竣工率（%）	Rate of Floor Space of Buildings Completed (%)	40.5	40.5	37.9	16.2
资产负债率（%）	Asset-Liability Ratio (%)	69.7	70.0	71.1	64.9

重/庆/统/计/年/鉴

主要统计指标解释

建筑业统计单位

指从事房屋、构筑物建造和设备安装活动的法人企业。建筑业法人企业应具有建筑业资质并能够独立核算，同时其应具备以下条件：①依法成立，有自己的名称、组织机构和场所，能够承担民事责任；②独立拥有和使用资产，承担负债，有权与其他单位签订合同；③独立核算盈亏，能够编制资产负债表。

建筑业总产值

是以货币形式表现的建筑业企业在一定时期内生产的建筑业产品和提供的服务的总和。建筑业总产值包括：

⑴建筑工程产值：指列入建筑工程预算内的各种工程价值。

⑵安装工程产值：指设备安装工程价值，不包括被安装设备本身的价值。

⑶其他产值：建筑业总产值中除建筑工程、安装工程以外的产值。包括房屋构筑物修理产值、非标准设备制造产值、总包企业向分包企业收取的管理费以及不能明确划分的施工活动所完成的产值。

a. 房屋构筑物修理产值：指房屋和构筑物修理所完成的产值，但不包括被修理房屋、构筑物本身价值和生产设备的修理产值。

b. 非标准设备制造产值：指加工制造没有定型的非标准生产设备的加工费和原材料价值（如化工厂、炼油厂用的各种罐、槽，矿井生产统一使用的各种漏斗、三角槽、阀门等）以及附属加工厂为本企业承建工程制作的非标准设备的价值。

建筑业增加值

指建筑业企业在报告期内以货币形式表现的建筑业生产经营活动的最终成果。

从2004年第一次全国经济普查开始，建筑业现价增加值按生产法和分配法（收入法）两种方法计算，以收入法的计算结果为准，即从收入的角度出发，根据生产要素在生产过程中应得的收入份额计算。具体计算方法：经济普查年度建筑业增加值按照《经济普查年度GDP核算方案》计算，非经济普查年度建筑业增加值按照《非经济普查年度GDP核算方案》计算。

房屋建筑施工面积

指在报告期内施过工的全部房屋建筑面积，包括本期新开工的房屋面积、上期施工跨入本期继续施工的房屋面积、上期停缓建在本期恢复施工的房屋面积、本期竣工的房屋面积及本期施工后又停缓建的房屋面积。

房屋建筑竣工面积

指在报告期内房屋建筑按照设计要求全部完工，达到了使用条件，经验收鉴定合格，正式移交使用单位的房屋建筑面积

Explanatory Notes on Main Statistical Indicators

Statistical Unit in the Construction Industry

Refers to a corporate enterprise engaged in the construction of buildings and structures and in the installation of equipment. A corporate construction enterprise should have qualification certificates with independent accounting system, and should meet the following 3 requirements: a) being set up in line with relevant legal basis, having its full name, organization and location, and capable of taking civil liabilities; b) independently possessing and using its assets and assuming its liabilities, and entitled to sign contracts with other institutions; and c) making independent accounts of its profits and losses, and capable of compiling its own balance sheet.

Gross Output Valuc of Construction

Refers to total of construction products and services, expressed in money terms, produced or rendered by construction and installation enterprises during a given period of time. It includes:

(1) Output value of construction projects: the value of projects covered by the project budgets;

(2) Output value of installation projects: the value of the installation of equipment, (excluding the value of the equipment to be installed);

(3) Other output values: the output value of construction industry apart from that of construction projects and installation projects. It includes: output value of repair of buildings and structures; output value of non-standard equipment manufacturing; overhead expenses received by contracted enterprises from the sub-contracted enterprises and the completed output value of construction activities for which there is no clear definition.

a. Output value of repair of buildings and structures: the value created through the repairs of buildings or structures. It does not include the value of buildings or structures being repaired and the value of the repair of production equipment;

b. Output value of manufactured non-standard equipment: the value of non-standard production equipment, including raw materials and manufacturing cost, made for the construction project (i.e., chemical plant; kettles or tanks used by refineries; various fillers, triangle tanks, valves used by mines). It also includes the output value of equipment manufactured by subsidiary workshops.

Value-added of Construction

Refers to the final result of the activities of production and operation of enterprises of the construction industry in monetary terms during the reference period.

Starting from the 2004 economic census, value-added of construction is calculated by both production approach and income approach, with the figures from the income approach as the final figures., Under the income approach,, calculation starts from the perspective of income and is based on the share of income derived from the production process by the relevant factors of production.. Specifically, value added of construction for the Census years is calculated in accordance with the Programme of Compilation of GDP and National Accounts for the Year of Economic Census, and value-added of construction for other years is calculated in accordance with the Programme of Compilation of GDP and National Accounts for the Non Economic Census Years.

Floor Space of Buildings Under Construction

Refers to floor space of buildings under construction during the reference period, including the floor space of buildings for which construction has newly started; buildings for which construction has started earlier and is continuing during the reference period; and buildings for which construction has been suspended earlier but has restarted during the reference period; buildings completed during the reference period; and buildings under construction but construction has subsequently been during the reference period.

Floor Space of Buildings Completed

Refers to the floor space of buildings that are completed in the reference period in accordance with the requirements of the design, up to the standard for being put into use, and having been checked and accepted by departments concerned as qualified ones.

第 14 章

运输和邮电

TRANSPORT, POSTAL AND TELECOMMUNICATION SERVICES

简要说明 BRIEF INTRODUCTION

本章反映全市交通运输业和邮电通信业情况，主要包括货物和旅客运输量、港口吞吐量、交通基础设施和运输营运工具、民用车辆和船舶、主要港口码头泊位和仓库、邮电业务、电信主要通信能力和邮电通信水平。本章资料由市统计局服务业统计处负责整理编辑。

交通运输有关资料来源于市交通委员会、市公安局、成都铁路局、民航重庆安全监督管理局和市统计局。邮电通信业资料来源于市邮政局和市通信管理局。

The data in this chapter show the conditions of transport, postal and telecommunication services, mainly covering the data of freight and passenger traffic, freight handled at ports, transport infrastructure and means, civil motor vehicles and transport vessels, berths and warehouses at major ports, business volume of postal and telecommunication services, main communication capacity of telecommunications and level of postal and telecommunication services. The data in this chapter are sorted and compiled by Division of Service Statistics, Chongqing Municipal Bureau of Statistics.

The data of transport are provided by Communications Commission of Chongqing Municipality, Chongqing Public Security Bureau, Chengdu Railway Bureau, CAAC Chongqing Safety Supervision and Administrative Bureau and Chongqing Municipal Bureau of Statistics. The data of postal and telecommunication services are provided by Post Bureau of Chongqing and Chongqing Communications Administration.

表 14.1 主要年份客货运输量及周转量
PASSENGER AND FREIGHT TRAFFIC AND PASSENGER-KILOMETERS AND FREIGHT TON-KILOMETERS IN MAJOR YEARS

年 份 Year	客运量（万人）Passenger Traffic (10 000 persons)	旅客周转量（万人公里）Passenger-kilometers (10 000 person-km)	货运量（万吨）Freight Traffic (10 000 tons)	货物周转量（万吨公里）Freight ton-kilometers (10 000 ton-km)
1952	82		134	31531
1957	121		842	632103
1962	965	12619	808	147390
1965	1707	23268	2365	141406
1970	2136	27461	2536	111415
1975	3602	40180	3226	276337
1978	5294	293741	4816	1189803
1980	7846	417025	4469	1106294
1985	16923	975571	13513	2004938
1986	18308	1119673	14860	2184266
1987	21002	1160714	15618	2296505
1988	21119	1206942	22881	2470614
1989	22692	1185786	20764	2676052
1990	20332	1068775	15546	2452448
1991	26598	1176783	16186	2702591
1992	32924	1543492	17419	3005694
1993	34025	1724473	18841	3282548
1994	36340	1890785	21130	3077590
1995	39731	2104270	22796	3359847
1996	42370	2094740	24339	3150421
1997	46199	2242533	23979	2972254
1998	49020	2346281	25328	2684566
1999	52442	2434000	25190	2742000
2000	56969	2577859	26852	3063900
2001	59244	2662900	28212	3253200
2002	61918	2776900	29787	3376300
2003	58290	2526100	32565	3680300
2004	63495	2994200	36434	5180300
2005	60436	3018038	39200	6248968
2006	61228	3015761	42808	8213853
2007	77187	3938936	49973	10497955
2008	107191	4430156	63651	14864332
2009	114598	4814394	68491	16442995
2010	126804	5497718	81385	20103977
2011	141499	6808274	96782	25302835
2012	157800	7553916	86398	26480626
2013	66645	6520061	87115	22932580
2014	70056	7257895	97287	25888734
2015	64164	7895976	103739	27063382
2016	63402	8048052	107840	29647694
2017	63298	8697933	115346	33707601

注：1) 1996 年起铁路数据按重庆现地域进行了调整。
2) 2013 年，据交通专项调查数据，对公路、水路客（货）运量和客（货）运周转量进行了调整。
Note: a)The data of railway have been adjusted according to present administrative divisions of Chongqing since 1996.
b) The data of freight traffic and freight ton-kilometers were adjusted according to the transport survey data in 2013.

表 14.2 主要年份港口吞吐量和公路线路里程
VOLUME OF FREIGHT HANDLED IN COASTAL PORTS AND LENGTH OF HIGHWAYS IN MAJOR YEARS

年份 Year	港口货物吞吐量（万吨）Freight Handled in Coastal Ports (10 000 tons)	其中 of which		公路线路里程（公里）Length of Highways (km)	其中 of which
		进港 In-port	出港 Out-port		高速公路 Expressways
1952	61.80	26.60	35.20	743	
1957	356.10	73.10	283.00	1021	
1962	173.50	93.40	80.10	6044	
1965	217.10	115.70	101.40	7221	
1970	267.00	161.00	106.00	7538	
1975	228.90	108.90	120.00	9753	
1978	369.80	184.10	185.70	15421	
1980	378.20	194.10	184.10	16811	
1985	438.30	195.40	242.90	19377	
1986	532.70	303.40	229.30	19666	
1987	553.70	292.28	261.42	19942	
1988	570.30	296.14	274.16	20609	
1989	651.93	330.74	321.19	20944	
1990	572.50	275.70	296.80	21162	
1991	566.10	262.77	303.33	21474	
1992	664.90	326.80	338.10	21804	
1993	687.70	299.50	388.20	21990	
1994	665.65	289.26	376.39	22148	
1995	853.00	390.00	463.00	22556	
1996	1076.00	492.00	584.00	26892	114
1997	2548.70	977.20	1571.50	27045	114
1998	2477.30	1186.60	1290.70	27210	134
1999	2599.84	1610.44	989.40	28086	134
2000	2448.00	1485.00	963.00	30354	232
2001	2839.87	1690.39	1149.48	30654	320
2002	3004.00	1718.41	1285.59	31060	399
2003	3243.76	1796.24	1447.52	31407	580
2004	4539.00	2337.09	2201.91	32344	714
2005	5251.30	2758.11	2493.19	98218	748
2006	5420.43	2747.65	2672.78	100299	778
2007	6433.54	3330.46	3103.08	104705	1049
2008	7892.80	4349.38	3543.42	108632	1165
2009	8611.62	4833.29	3778.33	110951	1577
2010	9668.42	5682.24	3986.18	116949	1861
2011	11605.67	7338.72	4266.95	118562	1861
2012	12502.40	7670.01	4832.39	120728	1909
2013	13676.00	8618.55	5057.34	122846	2312
2014	14664.78	8946.76	5718.03	127392	2401
2015	15680.00	9499.00	6181.00	140551	2525
2016	17372.00	10037.00	7335.00	142921	2818
2017	19722.00	11935.00	7787.00	147881	3023

注：2006 年起，公路线路里程包括村道，2005 年数据按同口径进行了调整。
Note: The length of highways has included village roads since 2006, and the data of 2005 has been adjusted according to the same scope.

表 14.3 主要年份邮电通信指标
INDICATORS OF POSTAL AND TELECOMMUNICATION SERVICES IN MAJOR YEARS

年份 Year	邮政局、所（个） Number of Postal Offices (unit)	邮电业务总量（万元） Total Business Volume of Postal and Telecommunication Services (10 000 yuan)	其中 of which #电信 Telecommunication Services	邮电业务收入（万元） Business Revenue from Postal and Telecommunication Services (10 000 yuan)	其中 of which #电信 Telecommunication Services
1952	1023	12		133	
1957	1846	33		874	
1962	1747	102		1000	
1965	1751	245		1461	
1970	2166	267		1371	
1975	1933	2190		1726	
1978	1925	2650		2103	
1980	1917	5071		2650	
1985	1853	7268		5796	
1986	1862	8264		6840	
1987	1896	9719		7675	
1988	1918	11853		10120	
1989	2025	14351		11734	
1990	2056	18999		14222	
1991	2047	23708		20585	
1992	2075	31305		27608	
1993	2041	47627		41653	
1994	1957	70543		71212	
1995	2220	109627		157568	
1996	2314	159929		167313	
1997	1821	233471	211458	223052	184899
1998	1958	345932	319375	264846	219493
1999	1958	519537	490494	401767	349001
2000	2018	858200	822824	544369	482075
2001	2154	706000	635041	663200	593050
2002	2202	867600	791573	770500	695409
2003	2218	1213062	1128172	870787	788000
2004	2121	1686491	1592416	1006050	918555
2005	2068	2101467	1996000	1121730	1030130
2006	2008	2761750	2634708	1197759	1099750
2007	1981	3658095	3505910	1315347	1194089
2008	1927	4247535	4065296	1518100	1397500
2009	1838	4898417	4646833	1633300	1477100
2010	1775	1997363	1795756	1790807	1598773
2011	1678	2426432	2167301	2023921	1776624
2012	1635	2771655	2458900	2311346	2006441
2013	1684	3298926	2907701	2573186	2187644
2014	1720	4180875	3710644	2696119	2218948
2015	1756	5523531	4913412	2824637	2220727
2016	1780	8875912	8083709	3219900	2453000

年份 Year	邮政局、所（个） Number of Postal Offices (unit)	邮政业务总量（万元） Total Business Volume of Postal Services (10 000 yuan)	电信业务总量（万元） Total Business Volume of Telecommunication Services (10 000 yuan)	邮电业务收入（万元） Business Revenue from Postal and Telecommunication Services (10 000 yuan)	其中 of which #电信 Telecommunication Services
2017	1781	999506	6114830	3508500	2584000

注：1）邮政业务总量 2001 年前为 1990 年不变价，2001-2009 年为 2000 年不变价口径，2010 年及以后为 2010 年不变价口径（以下各表同）。
2）电信业务总量 2001 年前为 1990 年不变价，2001-2009 年为 2000 年不变价口径，2010-2016 年为 2010 年不变价口径，2017 年及以后为 2015 年不变价口径（以下各表同）。

Note: a) The data of total business volume of postal services before 2001 were calculated at 1990 constant price, the data from 2001 to 2009 were calculated at 2000 constant price, while the data of 2010 and afterwards were calculated at 2010 constant price, the same for the tables below).
b) The data of total business volume of telecommunication services before 2001 were calculated at 1990 constant price, the data from 2001 to 2009 were calculated at 2000 constant price, the data from 2010 to 2016 were calculated at 2010 constant price, while the data of 2017 and afterwards were calculated at 2015 constant price (the same for the tables below).

表 14.4 邮电业务主要指标（1985 – 2017 年）
MAIN INDICATORS OF POSTAL AND TELECOMMUNICATION SERVICES (1985-2017)

年份 Year	函件（万件） Number of Letters (10 000 pcs)	特快专递（万件） Pieces of Express Mail Services (10 000 pcs)	邮政部门报刊累计数（万份） Accumulated Issue of Newspapers and Magazines (10 000 copies)	长途电话（万分钟） Long-distance Calls (10 000 minutes)	移动电话用户（万户） Mobile Telephone Subscribers (10 000 subscribers)	固定互联网络用户（万户） Subscribers of Internet Services (10 000 subscribers)	本地电话年末用户（万户） Subscribers of Local Telephone at Year-end (10 000 subscribers)	其中 of which #城市电话用户 Urban Fixed Telephone Subscribers
1985	8961		32750	477			3.80	3.10
1986	10210		34696	515			4.83	3.42
1987	11755	1	36902	595			5.39	3.93
1988	12432	1	40591	707			6.07	4.58
1989	11609	2	16162	724			6.62	5.17
1990	11544	2	16037	873	0.08		7.25	5.70
1991	11539	3	17540	1227	0.09		8.87	7.15
1992	13618	7	18216	2132	0.15		12.63	10.69
1993	16013	22	18464	3519	0.59		18.53	16.30
1994	16519	40	15491	7022	1.73		29.00	25.39
1995	14633	52	16453	11650	3.62		37.24	32.10
1996	14100	63	15572	18288	9.00	0.03	66.50	56.33
1997	12159	68	28025	23527	19.15	0.20	126.25	108.91
1998	12715	97	30922	23912	40.73	0.76	156.28	123.52
1999	13266	145	33532	22210	79.90	2.49	197.88	148.22
2000	11542	210	31232	23424	160.00	10.00	268.43	186.93
2001	13561	260	27506	22555	245.80	28.60	337.70	221.40
2002	18038	235	27177	23607	424.70	55.60	413.63	262.34
2003	20497	272	25945	23408	619.40	88.65	533.40	343.80
2004	18426	334	19833	26115	811.61	122.16	642.39	425.49
2005	12499	348	22369	27450	943.40	128.66	688.91	456.51
2006	9553	386	22455	27018	1064.60	140.60	725.50	469.07
2007	6579	520	22178	28379	1176.90	169.30	723.13	459.27
2008	5476	1608	23475	233680	1281.70	189.57	688.10	435.10
2009	5218	2240	25281	254955	1440.92	203.80	627.73	397.80
2010	4927	2829	24942	386223	1664.40	263.10	582.70	376.40
2011	6146	4068	31217	582024	1801.19	326.78	571.25	384.54
2012	5706	5498	32440	936647	2069.65	388.07	575.71	409.31
2013	5348	10615	34834	746564	2380.78	505.00	580.33	430.29
2014	4700	13886	35824	807641	2589.89	539.70	582.97	441.22
2015	3119	20525	36334	894215	2788.78	696.50	564.98	436.64
2016	2301	28383	41273	996066	2880.10	848.80	541.62	420.20
2017	1768	32875	40898	573184	3274.88	1074.00	566.80	435.80

注：1）1985 年 -2007 年长途电话计量单位为（万次）；2008 年起对长途电话通话时长统计口径作了调整，同时长途电话计量单位改为通话时长计量（万分钟）；2017 年对长途电话通话时长统计口径进行了调整，长途电话（万分钟）仅包括去话通话时长，不再包括来话通话时长。
2）2009 年起特快专递包括快递公司数据，2008 年数据按同口径进行了调整。

Note: a) From 1985 to 2007, the data of long-distance calls was calculated at 10 000 times. From 2008 to 2016, the data of long-distance calls has been calculated by hold-on time (10 000 min). Since 2017, the data of long-distance calls has been calculated just by the length of outgoing call time (10 000 min), and the length of incoming call has been not included.
b) Since 2009, the data of express mail services has included the data of express delivery companies and the data of 2008 has been adjusted according to the same scope.

表 14.5 交通基础设施和交通运输营运工具（2016 – 2017 年）
TRANSPORT INFRASTRUCTURE AND TRANSPORT MEANS (2016-2017)

指　标	Item	2016	2017
交通基础设施	**Transport Infrastructure**		
公路线路里程（公里）	Length of Highways (km)	142921	147881
按行政等级分	By Administrative Level		
#国　道	National	7888	8054
省　道	Provincial	10008	10071
按技术等级分	By Technical Level		
等级公路	Expressway and Class I-IV Highways	116149	122758
#高速公路	Expressway	2818	3023
一级公路	First Class	857	926
二级公路	Second Class	7918	8373
等外公路	Highways Below Class IV	26771	25123
公路桥梁数量（座）	Number of Highway-bridges (unit)	11101	11503
公路桥梁总延米（延米）	Extended Length of Highway-bridges (extended meter)	778285	845014
铁路营运里程（公里）	Length of Railways in Operation (km)	2231	2371
内河航道里程（公里）	Length of Navigable Inland Waterways (km)	4472	4472
#等级航道	Standard Waterways	1917	1917
与重庆正班通航点（个）	Number of Navigable Cities from Chongqing (city)	180	202
国　内	Domestic Routes	132	150
国　际（地区）	International (regional) Routes	48	52
交通运输营运工具	Transport Means		
公路营运载货汽车（辆）	Business Trucks (unit)	269100	295200
公路营运载客汽车（辆）	Business Buses and Cars(unit)	55807	56000
运输船舶实有数（艘）	Transportation Vessels(unit)	3368	2936
机动船	Motor Vessels	3323	2907
驳　船	Barges	45	29
重庆机场飞行起降架次（万架次）	Throughput of Civil Aircrafts in Chongqing Airport (10 000 flights)	29.63	31.47

表 14.6 民用车辆、船舶拥有量（2016 – 2017 年）
POSSESSION OF CIVIL MOTOR VEHICLES AND TRANSPORT VESSELS (2016-2017)

指　标	Item	2016	2017
民用车辆拥有量（辆）	**Possession of Civil Motor Vehicles (unit)**	**5102500**	**5674952**
#私人民用车辆拥有量	Private Vehicles	4590198	5138074
#载客汽车	Buses and Cars	2579547	2989779
载货汽车	Trucks	202349	206709
#汽　车	Motor Vehicles	3280703	3710685
载客汽车	Buses and Cars	2868498	3284214
载货汽车	Trucks	388565	402598
其它汽车	Others	23640	23873
摩托车	Motorcycles	1783454	1919042
民用船舶拥有量（艘）	**Possession of Civil Transport Vessels (unit)**	**3368**	**2936**
#私人船舶拥有量	Private Vessels	985	665
#机动船	Motor Vessels	977	657
#客　船	Passenger Vessels	477	234
货　船	Cargo Vessels	498	420
驳　船	Barges	8	8
#机动船	Motor Vessels	3323	2907
#客　船	Passenger Vessels	910	593
货　船	Cargo Vessels	2389	2289
驳　船	Barges	45	29

表 14.7 客货运输量、周转量及港口吞吐量（2016 – 2017 年）
PASSENGER AND FREIGHT TRAFFIC, PASSENGER-KILOMETERS AND FREIGHT TON-KILOMETERS AND VOLUME OF FREIGHTS HANDLED IN COASTAL PORTS (2016-2017)

指　标	Item	2016	2017
客运量总计（万人）	**Total Passenger Traffic (10 000 persons)**	**63402.00**	**63298.02**
铁　路	Railway	4911.00	6349.24
公　路	Highway	55594.00	53307.00
水　路	Waterway	750.00	865.61
民　航	Civil Aviation	2147.00	2776.16
旅客周转量总计（亿人公里）	**Total Passenger-kilometers (100 million person-km)**	**804.81**	**869.79**
铁　路	Railway	160.22	196.96
公　路	Highway	336.75	289.54
水　路	Waterway	5.10	5.68
民　航	Civil Aviation	302.74	377.61
货运量总计（万吨）	**Total Freight Traffic (10 000 tons)**	**107840.00**	**115346.14**
铁　路	Railway	1789.00	1808.38
公　路	Highway	89389.00	95019.00
水　路	Waterway	16649.00	18505.50
民　航	Civil Aviation	13.00	13.26
货物周转量总计（亿吨公里）	**Total Freight Ton-kilometers (100 million ton-km)**	**2964.77**	**3370.76**
铁　路	Railway	151.23	174.13
公　路	Highway	935.45	1068.96
水　路	Waterway	1876.10	2125.72
民　航	Civil Aviation	1.99	1.95
港口货物吞吐量（万吨）	**Total Cargo Handled at Ports (10 000 tons)**	**17372.00**	**19722.00**
#集装箱	Containers	1406.60	1663.90
进港量	In-port	10037.00	11935.00
出港量	Out-port	7335.00	7787.00
空港吞吐量	**Throughput of Airports**		
旅　客（万人）	Passengers (10 000 persons)	3659.00	3966.00
货　物（万吨）	Cargo (10 000 tons)	36.34	36.89

注：1）2012 年将四川航空纳入统计范围，交通运输客运货运量（周转量）同期出现相应变化。
　　2）2011 年起，空港吞吐量包含黔江武陵机场。
Note: a) Sichuan Airline was taken into statistics in 2012, so the data of passenger and freight traffic (turnover) in 2012 has been adjusted.
　　b) the data of Qianjiang Wuling Airport has been included in the throughput of airports since 2011.

表 14.8 港口码头泊位数（2016 – 2017 年）
NUMBER OF BERTHS IN COASTAL PORTS (2016-2017)

指　标	Item	2016	2017
码头岸线长度（米）	**Length of Quay Line (m)**	**91843**	**78531**
非生产用	For Productive Use	70667	67000
非生产用	For Non-productive Use	21176	11531
泊位个数（个）	**Number of Berths (unit)**	**1174**	**1101**
生产用	For Productive Use	811	741
非生产用	For Non-productive Use	363	360

表 14.9 主要港口码头仓库（2016 – 2017 年）
WAREHOUSES IN MAIN COASTAL PORTS (2016-2017)

指　标	Item	2016	2017
年末职工人数（人）	Number of Staff and Workers at Year-end (person)	5515	4642
仓库总面积（平方米）	Total Area of Warehouses (sq.m)	978001	978001
堆场总面积（平方米）	Total Area of Stacking Yard (sq.m)	5204135	5204135
集装箱吞吐量（吨）	Containers Handled in Coastal Ports (ton)	12340156	15358739
国际集装箱	International Containers	4731847	5859671
国内集装箱	Domestic Containers	7608309	9499068
集装箱吞吐量（TEU）	Containers Handled in Coastal Ports (TEU)	968712	1131642
国际集装箱	International Containers	465917	544604
国内集装箱	Domestic Containers	502795	587038

注：TEU 是“折合 20 英尺标准箱”的英文缩写。
Note: TEU is the abbreviation of " Twenty-foot Equivalent Unit".

表 14.10 邮电业务基本情况（2016 – 2017 年）
BASIC CONDITIONS OF POSTAL AND TELECOMMUNICATION SERVICES (2016-2017)

指　标	Item	2016	2017
邮政局（所）数（处）	Number of Postal Offices (unit)	1780	1781
邮电业务总量（万元）	Business Volume of Postal and Telecommunication Services (10 000 yuan)	8875912	
邮　政	Postal Services	792203	999506
电　信	Telecommunication Services	8083709	6114830
函件（万件）	Number of Letters (10 000 pcs)	2301	1768
包件（万件）	Number of Parcels (10 000 pcs)	39	36
特快专递（万件）	Pieces of Express Mail Services (10 000 pcs)	28383	32875
邮政部门报刊累计数（万份）	Accumulated Issue of Newspapers and Magazines (10 000 copies)	41273	40898
长途电话（万分钟）	Long-distance Calls (10 000 min)	996066	573184
本地固定电话用户（万户）	Number of Fixed Telephone Subscribers at Year-end (10 000 subscribers)	541.62	566.80
城市电话用户	Urban Fixed Telephone Subscribers	420.20	435.80
#住宅电话	Household Fixed Telephone Subscribers	303.10	310.80
乡村电话用户	Rural Fixed Telephone Subscribers	121.42	130.99
#住宅电话	Household Fixed Telephone Subscribers	107.90	115.70
公用电话（万户）	Public Telephones (10 000 subscribers)	4.00	3.00
移动电话年末用户（万户）	Mobile Telephone Subscribers at Year-end (10 000 subscribers)	2880.10	3274.88
固定互联网络用户（万户）	Internet Subscribers (10 000 subscribers)	848.80	1074.00

注：1）2017 年电信业务总量为 2015 年不变价口径，2016 年为 2010 年不变价口径。
2）2017 年长途电话（万分钟）仅包括去话通话时长，2016 年包括去话和来话通话时长。

Note: a) The data of total business volume of telecommunication services in 2016 was calculated at 2010 constant price, and services in 2017 was calculated at 2015 constant price.
b) Since 2017, the data of long-distance calls (10 000 min) has been calculated just by the length of outgoing call time, and the length of incoming call has been not included.

表 14.11 快递业务量(1997 – 2017 年)
BUSINESS VOLUME OF EXPRESS SERVICES (1997-2017)

年份 Year	快递 (万件) Pieces of Express Mail Services (10 000 pcs)	快递业务收入 (万元) Revenue from Express Service (10 000 yuan)
1997	67.0	2127.0
1998	98.0	3201.0
1999	144.0	4245.0
2000	208.0	7544.0
2001	260.0	10484.0
2002	229.0	6600.0
2003	271.0	8031.0
2004	335.0	7611.0
2005	349.0	8401.0
2006	385.0	11153.0
2007	519.0	13941.0
2008	1651.3	35346.1
2009	2240.0	48879.2
2010	2829.4	60268.1
2011	4068.3	76828.8
2012	5497.9	103426.5
2013	10614.8	136957.5
2014	13886.3	201060.0
2015	20525.4	286533.2
2016	28382.5	389617.2
2017	32874.9	447311.0

表 14.12 电信主要通信能力（2016 － 2017 年）
MAIN COMMUNICATION CAPACITY OF TELECOMMUNICATIONS (2016-2017)

指　标	Item	2016	2017
长途电话业务电路（2M）	Capacity of Long-distance Telephone Lines (2M)	3447000	6131738
接入网设备容量（万门）	Capacity of Access Network Equipments (10 000 lines)		180
移动电话交换机容量（万户）	Capacity of Mobile Telephone Exchanges (10 000 subscribers)	4037	4099
移动电话基站数（个）	Number of Base Stations of Mobile Telephones (unit)	114574	148530
移动语音信道数（万个）	Number of Signal Channels of Mobile Telephones (10 000 lines)	205	206
移动短信息中心容量（万条）	Capacity of SMS Center (10 000 messages)	12100	12100
光缆线路长度（万公里）	Length of Optical Cable Lines (10 000km)	81	93

表 14.13 邮电通信水平（2016 － 2017 年）
POSTAL AND TELECOMMUNICATION SERVICES AVAILABLE (2016-2017)

指　标	Item	2016	2017
平均每一邮政局所服务面积（平方公里）	Average Area Served by Every Post Office (sq.km)	46.29	46.27
平均每一邮政局所服务人口（万人）	Average Population Served by Every Post Office (10 000 persons)	1.71	1.73
平均每人每年发函件数（件）	Annual Average Number of Letters Mailed Per Capita (piece)	0.75	0.57
平均每人每年自邮政部门订报刊数（份）	Annual Average Number of Newspapers and Magazines Subscribed from Postal Departments Per Capita (piece)	13.54	13.30
平均每百人拥有电话机（含移动）（部）	Number of Telephone Sets (including mobile phones) Owned Per 100 Persons (unit)	112.25	124.93
平均每百人拥有移动电话（部）	Number of Mobile Telephones Owned Per 100 Persons (unit)	94.48	106.49

注：人均指标按年末常住人口计算。
Note: The per capital indicators are calculated upon the permanent population at year-end.

重/庆/统/计/年/鉴

主要统计指标解释

货（客）运量

指在一定时期内，各种运输工具实际运送的货物（旅客）数量。是反映运输业为国民经济和人民生活服务的数量指标，也是制定和检查运输生产计划，研究运输发展规模和速度的重要指标。货运按吨计算，客运按人计算。货物不论运输距离长短或货物类别，均按实际重量统计；旅客不论行程远近或票价多少，均按一人一次作为客运量统计。半价票，小孩票也按一人统计。

货物（旅客）周转量

指在一定时期内，由各种运输工具运送的货物（旅客）数量与其相应运输距离的乘积之总和。是反映运输业生产总成果的重要指标，也是编制和检查运输生产计划，计算运输效率、劳动生产率以及核算运输单位成本的主要基础资料。通常以吨公里和人公里为计算单位。计算货物周转量通常按发出站与到达站之间的最短距离，也就是计费距离计算。计算公式为：

货物（旅客）周转量 = Σ货物（旅客）运输量 × 运输距离

公路里程

指在一定时期内实际达到《公路工程技术标准 JTG B01-2003》规定的等级公路，并经公路主管部门正式验收交付使用的公路里程数。包括大中城市的郊区公路以及通过小城镇街道部分的公路里程和公路桥梁长度、隧道长度、渡口宽度等，不包括大中城市的街道、厂矿、林区生产用道和农业生产用道的里程。两条或多条公路共同经由同一路段，只计算一次，不得重复计算里程长度。它是反映公路建设发展规模的重要指标，也是计算运输网密度等指标的基础资料。

内河航道里程

也称内河通航里程，指在一定时期内，能通航运输船舶及排筏的天然河流、湖泊水库、运河及通航渠道的长度。包括全年季节性通航累计三个月以上的航道，不包括仅供零散流放竹、木排的河道。它是反映内河水运网规模、水平和发展情况的主要指标。

民用汽车拥有量

指报告期末，在公安交通管理部门按照《机动车注册登记工作规范》，已注册登记领有民用车辆牌照的全部汽车数量。汽车拥有量统计的主要分类：根据汽车结构分为载客汽车、载货汽车及其他汽车；根据汽车所有者不同分为个人（私人）汽车、单位汽车；根据汽车的使用性质分为营运汽车、非营运汽车和特种汽车；根据汽车大小规格不同载客汽车分为大型、中型、小型和微型，载货汽车分为重型、中型、轻型和微型。

邮电业务总量

指以货币表现的邮电通信企业为社会提供各类邮电通信服务的总数量。邮电业务量按专业分类包括函件、包件、汇票、报刊发行、邮政快件、特快专递、邮政储蓄、集邮、传真、长途电话、出租电路、移动电话、分组交换数据通信、出租代维等。计算方法为各类产品乘以相应的平均单价（不变价）之和，再加上出租电路和设备、代用户维护电话交换机和线路等的服务收入。它综合反映了一定时期邮电业务发展的总成果，是研究邮电业务量构成和发展趋势的重要指标。计算公式为：

邮电业务总量 = Σ（各类邮电业务量 × 不变单价）＋出租代维及其他业务收入 = 邮政业务总量＋电信业务总量

本地电话用户

指接入本地电信运营商固定电话网上的电话用户。包括：住宅用户、单位用户、公用电话用户等。按电话用户位置又分为城市电话用户和乡村电话用户。1997年以前，“市内电话用户”是指接入县城及县以上城市的电话网上的电话用户；“农村电话用户”是指接入县邮电局农话台及县以下农村电话交换点，以县城为中心（除市话用户外）联通县、乡（镇）、行政村、

主要统计指标解释

村民小组的用户。从1997年起，电话用户数分组调整为以用户所在区域划分为“城市电话用户”和“乡村电话用户”，与过去的按市内电话和农村电话划分方法不同。而电话用户总数、电话机总部数统计范围不变。

■ 城市电话用户

指直辖市、省辖市、地级市、县级市的市区、市郊区及县城（包括县人民政府所在地的县城关区或行政建制相当于县人民政府所在地的镇）范围内接入局用交换机的电话用户数，包括分布在农村地区的独立工矿区、林区、驻军等接入局用交换机的电话用户数。

■ 乡村电话用户

指县城关区以下的集镇和农村接入局用交换机的电话用户数。

■ 住宅电话用户

指安装在居民住宅或农民家里并按照住宅电话用户登记注册和收费的电话用户。包括私人付费、单位付费和按规定免费的住宅电话用户。

■ 移动电话用户

指通过移动电话交换机进入移动电话网、占用移动电话号码的各类电话用户。包括签约用户和智能网预付费用户。一个移动电话号码统计为一户。

■ 局用交换机容量

是指安装在电信运营企业内用于接续本地固定电话的电话交换机容量、有倍增设备按倍增后的数量计数。包括现用和备用的人工或自动交换机的全部容量。不包括用户交换机容量。

■ 移动电话交换机容量

指移动电话交换机根据一定话务模型和交换机处理能力计算出来的最大同时服务用户的数量。

Explanatory Notes on Main Statistical Indicators

Freight (Passenger) Traffic

Refers to the volume of freight (passenger) transported with various means. Freight transport is calculated in tons and passenger traffic is calculated in the number of persons. Despite the type of freight and traveling distance, the freight transport is calculated in the actual weight of the goods; and despite the traveling distance and ticket price, the passenger traffic is calculated by the principle that one person can be counted only once in one travel. The passenger who travels with a half-price ticket or a child ticket is also calculated as one person. The freight (passenger) traffic provides a quantitative measure to show how the transport industry serves the national economy and people, and is also an important indicator for planning the transport industry and for studying the development scale and speed of the transport industry.

Freight Ton-kilometers (Passenger-kilometers)

Refer to the sum of the products of the volume of transported cargo (passengers) multiplying by the transport distance. It is an important indicator to reflect the achievement of transportation industry. Normally, the shortest distance between the departure station and the destination station (i.e., the payable distance) is the basis to calculate the freight ton-kilometers. This is an important indicator to show the total results of the transport industry, to prepare and examine the transport plan and to measure the efficiency, the labour productivity and the unit cost of transport. The formula is as follows:

Freight Ton-kilometers (Passenger-Kilometers) $= \sum$ *[Freight (Passenger) Traffic × Distance of Transportation]*

Length of Highways

Refers to the length of highways which are built in conformity with the grades specified by the highway engineering standard formulated by the Ministry of Communications, and have been formally checked and accepted by the departments of highways and put into use. The length of highways includes that of the suburb highways at large and medium-sized cities, highways passing through streets at small cities and towns, and also the length of bridge and ferries. It does not include the length of streets in big and medium-sized cities and highways built for the production purpose at factories, mines, forest areas and agricultural areas. If two more highways go the same section of the way, the length of the section is only calculated for once and no duplication is allowed. The length of highways is an important indicator to show the development of the highway construction and to provide essential information to calculate the transport network density.

Length of Navigable Inland Waterways

An indicator reflecting the size and development of inland water network, it refers to the length of the natural rivers, lakes, reservoirs, canals, and ditches open to navigation during a given period, which enables the transport by ships and rafts. It includes the channels open to navigation for over an accumulative 3 months in a year, yet this does not include the river courses which are only used to float odd logs and bamboo rafts.

Possession of Civil Motor Vehicles

Refer to the total numbers of vehicles that are registered and received vehicles' license tags according to the Work Standard for Motor Vehicles Registration formulated by transport management office under department of public security at the end of reference period. They are divided into following categories according to the structure of motor vehicles: passenger vehicles, trucks and others; and private vehicles and vehicles for units use according to ownerships; working vehicles, non-working vehicles and special motor vehicles according to kind of usage; large passenger vehicles, medium passenger vehicles and small passenger vehicles, heavy trucks, light-heavy trucks and light trucks according to sizes of vehicles.

Business Volume of Postal and Telecommunication Services

Refers to the total amount of post and telecommunications services, expressed in value terms, provided by the post and telecommunications departments for the society. Postal

EXPLANATORY NOTES TO MAJOR STATISTICAL INDICATORS

and telecommunication services can be classified as letters, parcels, remittance, issue of newspapers and magazines, fast mail service, express mail service, saving deposits, stamps for collection, public and individual telegraph service, facsimiles, long-distance telephone service, leasing of telephone lines, urban paging service, mobile telephone service, data transfer and transmission, etc.. The accounting approach is to multiply the service products of all types with their average unit price (constant price) to get sum of business value, plus income from other services such as leasing of telephone lines and equipment, maintenance of telephone switchboards and lines on behalf of customers. This indicator reflects the overall results of post and telecommunications service during a given period, and is important to study the composition of business service and the development of post and telecommunications service. The formula is as follows:

Business Volume of Postal and Telecommunication Services = ∑ *(Transaction of Post and Telecommunication Services* × *Constant Price)* + *Income from Leasing, Maintenance and other Services* = *Business Volume of Postal Services* + *Business Volume of Telecommunication Services*

Local Telephone Subscribers

Refer to subscribers that are connected to the local telecommunication service provider through fix line network, including household subscribers, institutional subscribers and public telephones. They are also classified as city subscribers and rural subscribers according to locations. Before 1997, city subscribers referred to those connected to city telephone networks in county towns and cities, while village subscribers referred to those connected to village telephone stations at and below counties. Since 1997, the classification of telephone subscribers was modified on the basis of physical location of the subscribers as urban telephone subscribers and rural telephone subscribers, which is different from the previous classification of categorizing local telephones and rural telephones, while the definition of total subscribers and total number of telephones remain unchanged.

Urban Telephone Subscribers

Refer to subscribers telephone subscribers, located at municipalities, cities under the jurisdiction of province, cities at prefectural level, downtown and suburb of city at county level town and county towns (including country towns where county government located, and towns of county level according to the administrative organizational system), that are connected to the public line telephone network, including rural mineral area, forest area, military area.

Rural Telephone Subscribers

Refer to telephone subscribers, located at counties (towns) and villages outside the range of cities according to administrative jurisdiction.

Household Telephone Subscribers

Refer to telephone sets installed in resident dwellings, including those with telephone charges paid by individuals, by public units and free of charge.

Mobile Telephone Subscribers

Refer to the persons who own mobile telephone numbers and are connected with the mobile telephone communication network through the mobile telephone switchboards, including contracted subscribers and pre-paid subscribers for intelligent network. One mobile telephone is taken as a subscriber.

Capacity of Office Telephone Exchanges

Refers to the capacity (measured in gate) of telephone exchanges installed in the offices of telecommunication service providers for communication between fixed telephones. It includes the capacity of both manual and automatic exchanges in use and for stand-by purpose, excluding the capacity of subscribers exchanges.

Capacity of Mobile Telephone Exchanges

Refers to the capacity of the maximum services provided to subscribers at one time basing on a certain model and transacting capacity of the mobile telephone exchanges.

第 15 章

国内贸易

DOMESTIC TRADE

简要说明 BRIEF INTRODUCTION

本章主要内容有社会消费品零售总额，批发和零售业商品销售总额，限额以上批发零售和住宿餐饮业企业财务状况、限额以上住宿业和限额以上餐饮业基本经营情况，以及限额以上批发和零售业、住宿和餐饮业连锁经营情况。本章资料由市统计局贸易外经处提供。

The data in this chapter cover the total sales of the consumer goods, total sales of wholesale and retail trade, the financial indicators of wholesale and retail, hotel and catering enterprises above designated size the operation of hotels and the enterprises in catering trade above designated size, and the operation of chain enterprises above designated size in wholesale, retail, hotel and catering trade. All the data in this chapter are provided by Division of Trade and External Economic Relations Statistics, Municipal Bureau of Statistics.

表 15.1 社会消费品零售总额 (1949–2017 年)
TOTAL RETAIL SALES OF CONSUMER GOODS (1949-2017)

单位：万元 (10 000 yuan)

年 份 Year	社会消费品零售总额 Total Retail Sales of Consumer Goods	其 中 of which 国有经济 State-owned	集体经济 Collective -owned	个体及私营经济 Self-employed Individual and Private	外资及港澳台经济 Funded by Hong Kong, Macao, Taiwan & Foreign Entrepreneurs	其 他 Others
1949	46167					
1950	50695					
1951	55644					
1952	61973	19332	9941	32009		691
1953	77007	28033	13017	34889		1068
1954	83302	38415	19862	23381		1644
1955	84015	37910	18769	25264		2072
1956	98852	50892	39094	4648		4218
1957	108061	55533	43171	4458		4899
1958	119981	72248	40787	2705		4241
1959	141591	106899	26508	3006		5178
1960	156655	116749	28958	7877		3071
1961	133022	101961	20412	8403		2246
1962	124248	87477	27335	6987		2449
1963	112094	74490	31651	3913		2040
1964	122995	85845	32817	2405		1928
1965	134722	94009	35935	2318		2460
1966	147697	103011	38259	3585		2842
1967	155358	110170	40829	1502		2857
1968	132702	91591	37960	535		2616
1969	152531	110384	38638	638		2871
1970	163612	118044	40460	2120		2988
1971	172626	124688	42034	2739		3165
1972	191113	135637	45994	5863		3619
1973	195825	141100	48694	2376		3655
1974	197474	140839	50050	2682		3903
1975	217537	148811	53318	11876		3532
1976	218022	111129	95330	8200		3363
1977	233979	118830	102849	8402		3898
1978	250188	126981	112537	6599		4071
1979	301563	156918	130798	8043		5804
1980	366349	178516	162400	17649		7784
1981	405952	193060	180443	24020		8429
1982	431269	201845	188198	30649		10577

表 15.1 续表 continued

单位：万元 (10 000 yuan)

年 份 Year	社会消费品零售总额 Total Retail Sales of Consumer Goods	其 中 of which				
		国有经济 State-owned	集体经济 Collective -owned	个体及私营经济 Self-employed Individual and Private	外资及港澳台经济 Funded by Hong Kong, Macao, Taiwan & Foreign Entrepreneurs	其 他 Others
1983	466704	212294	190909	53632		9869
1984	538909	229611	202957	93137		13204
1985	690779	256981	261103	155266		17429
1986	780787	290656	260816	207041		22274
1987	926227	343448	302177	253031		27571
1988	1191747	430347	372593	350032		38775
1989	1332450	445314	380342	344338		162456
1990	1371244	464257	370361	352587		184039
1991	1569138	524150	448634	359098		237256
1992	2031140	661857	554059	494300		320924
1993	2573768	933913	704291	492283	2372	440909
1994	3343325	1079062	664616	880747	3166	715734
1995	4161295	1004126	752266	1223620	23727	1157556
1996	4986299	1106800	792017	1550975	25224	1511283
1997	5681890	1137394	853410	1529836	34914	2126336
1998	6193991	1029384	710562	2103320	82477	2268248
1999	6670104	1129936	643832	2562478	115128	2218730
2000	7199508	1075849	675284	2855855	163455	2429065
2001	7823114	1190283	634269	3243281	205648	2549633
2002	8535962	1166478	544491	3717999	208733	2898261
2003	9346711	1117167	406950	4449249	221716	3151629
2004	10683290	864210	201479	7404246	210630	2002725
2005	12278119	1062661	210209	8242314	266333	2496602
2006	14315133	1741735	235363	9545634	345925	2446476
2007	17111165	1446490	254185	11391396	523912	3495182
2008	21471209	1215973	366449	13829885	751017	5307885
2009	25150155	1120799	316943	17276857	1808557	4626999
2010	30511078	1902684	456845	19040132	837470	8273947
2011	37823300	3206202	536627	23684988	2761399	7634084
2012	44029922	3308480	563925	25858861	3207278	11091378
2013	50557683	2410511	584603	33794724	1693685	12074160
2014	57106660	2512026	616649	36266710	1853831	15857444
2015	64240226	2867787	678242	40497664	2148777	18047756
2016	72713516	3121311	761442	45662569	2756528	20411666
2017	80676654	1864808	871713	53593575	3433342	20913216

注：2009 年 -2013 年已根据三经普调整。
Note: The data of 2009-2013 has been adjusted according to the result of the 3rd National Economic Census.

表 15.2 社会消费品零售总额（2016 – 2017 年）
TOTAL RETAIL SALES OF CONSUMER GOODS (2016-2017)

单位：万元 (10 000 yuan)

指 标	Item	2016	2017
总 计	**Total**	**72713516**	**80676654**
按销售单位所在地分	**By Location**		
城 镇	City	69057413	76511785
#城 区	County	48299610	53525076
乡 村	Under County Level	3656103	4164869
按登记注册类型分	**By Status of Registration**		
国有经济	State-owned	3121311	1864808
集体经济	Collective-owned	761442	871713
个体及私营经济	Individual and Private	45662569	53593575
外资及港澳台经济	Funded by Hong Kong, Macao, Taiwan & Foreign Entrepreneurs"	2756528	3433342
其他经济	Others	20411666	20913216
按行业分	**By Sector**		
批发和零售业	Wholesale and Retail Trades	62192705	68860324
住宿和餐饮业	Hotels and Catering Services	10520811	11816330

表 15.3 限额以上住宿和餐饮业法人企业基本经营情况（2016 – 2017 年）
BASIC CONDITIONS OF ENTERPRISES ABOVE DESIGNATED SIZE OF HOTELS AND CATERING SERVICES (2016-2017)

指 标	Item	2016	2017
营业额（万元）	Business Revenue(10 000 yuan)	3585954	3211024
客房收入	From Hotel Rooms	619964	591176
餐费收入	From Meals	2707455	2381864
商品销售收入	From Commodities	162495	144077
其他收入	Other Income	96040	93907
住宿餐饮设施	Infrastructure of Hotels and Catering Services		
床位数（个）	Number of Beds (unit)	230016	223735
餐位数（位）	Number of Catering Seats (unit)	994020	1035484

表 15.4 批发和零售业商品销售总额(2017 年)
TOTAL SALES OF ENTERPRISES IN WHOLESALE AND RETAIL TRADES (2017)

单位：万元 (10 000 yuan)

指 标	Item	销售总额 Total Sales	其中 of which 批发 Wholesale	零售 Retail
总 计	**Total**	**269276357**	**200911258**	**68365099**
限额以上批发和零售法人企业	**Enterprises above Designated Size in Wholesales and Retail Trade**	**116779726**	**81026160**	**35753566**
按登记注册类型分	**By Status Registration**			
内资企业	Domestic-funded Enterprises	108508268	75879663	32628605
国有企业	State-owned Enterprises	8421610	7951876	469734
集体企业	Collective-owned Enterprises	227513	153726	73787
股份合作企业	Cooperative Enterprises	469294	368116	101178
联营企业	Joint-owned Enterprises	7171		7171
有限责任公司	Limited-liability Companies	53217271	40756045	12461226
股份有限公司	Share Holding Corporation Ltd.	9076201	4090270	4985931
私营企业	Private Enterprises	36831697	22416870	14414827
其他企业	Other Enterprises	257511	142760	114751
港、澳、台商投资企业	Enterprises Funded by Hong Kong, Macao and Taiwan	5327332	4151082	1176250
外商投资企业	Foreign-funded Enterprises	2944126	995415	1948711
按行业分	**By Sector**			
农、林、牧产品批发	Wholesale of Farm, Forestry and Animal Husbandry Products	983368	884256	99112
食品、饮料及烟草制品批发	Wholesale of Food, Beverages and Tobacco	14542730	13716542	826188
纺织、服装及家电用品批发	Wholesale of Textiles, Garments and Household Electrical Appliances	9302910	9033714	269196
文化、体育用品及器材批发	Wholesale of Cultural, Sports Appliances and Equipment	1120886	909993	210893
医药及医疗器材批发	Wholesale of Medicines and Medical Appliances	6782848	6178399	604449
矿产品、建材及化工产品批发	Wholesale of Mineral Products, Building Materials and Chemical Products	31913911	29998213	1915698
机械设备、五金交电及电子产品批发	Wholesale of Machinery, Hardware and Electronic Products	15476419	14495858	980561
贸易经纪与代理	Trade Broker and Agency	106952	106952	
其他批发	Other Wholesale not Classified Elsewhere	1231029	1160918	70111
综合零售	Retail Trades	8530430	445959	8084471
食品、饮料及烟草制品专门零售	Special Retail of Food, Beverages and Tobacco	1648538	474347	1174191
纺织、服装及日用品专门零售	Special Retail of Textiles, Garments and Daily Consumer Articles	1294807	125267	1169540
文化、体育用品及器材专门零售	Retail of Cultural, Sports Appliances and Equipment	851542	284333	567209
医药及医疗器材专门零售	Retail of Medicines and Medical Appliances	1448152	356962	1091190
汽车、摩托车、零配件和燃料及其他动力销售	Retail of Motor Vehicles, Motorcycles, Fuel and Parts	14487431	1523967	12963464
家用电器及电子产品专门零售	Special Retail of Household Electrical Appliances and Electronic Products	3207457	604362	2603095
五金、家具及室内装修材料专门零售	Special Retail of Hardware, Furniture and Decoration Materials	3050750	648371	2402379
货摊、无店铺及其他零售	Stalls, Non-shop and Other Retails	799566	77747	721819

表 15.5 社会消费品零售总额（2016 – 2017 年）
TOTAL RETAIL SALES OF CONSUMER GOODS (2016-2017)

单位：亿元（100 million yuan）

指　标	Item	销售总额 Total Sales		其中 of which 批发 Wholesale		零售 Retail	
		2016	2017	2016	2017	2016	2017
总　计	**Total**	**13434.32**	**13570.04**	**8785.67**	**8890.93**	**4648.65**	**4679.11**
其中：通过互联网实现的商品销售	Commodities Sold Over the Web	1028.44	1305.34	782.31	1006.73	246.13	298.61
粮油、食品、饮料、烟酒类	Grain and Oil, Food, Beverages, Tobacco and Liquor	2460.92	2446.36	1763.47	1685.54	697.45	760.82
#肉禽蛋类	Meat, Poultry and Eggs	231.66	227.31	155.37	137.82	76.29	89.49
其他食品类	Other Food	1208.78	1112.99	733.83	595.36	474.95	517.63
饮料类	Beverages	74.47	124.29	27.81	73.24	46.66	51.05
烟酒类	Tobacco and Liquor	946.01	981.77	846.46	879.12	99.55	102.65
服装鞋帽、针、纺织品类	Clothing, Shoes, Hats and Textiles	650.81	739.65	260.59	327.68	390.22	411.97
服装类	Clothing	464.71	531.78	169.83	220.10	294.88	311.68
鞋帽类	Shoes and Hats	114.90	134.81	48.19	64.42	66.71	70.39
针、纺织品类	Knitwear and Textiles	71.20	73.05	42.57	43.15	28.63	29.90
化妆品类	Cosmetics	99.73	119.49	59.76	77.85	39.97	41.64
金银珠宝类	Gold, Silver and Jewelry	117.28	129.76	74.50	73.55	42.78	56.21
日用品类	Articles for Daily Use	277.87	340.20	109.49	147.45	168.38	192.75
#儿童玩具类	Children Toys	8.86	10.18	1.29	1.02	7.57	9.16
五金、电料类	Hardware and Electrical Materials	74.81	81.25	31.11	33.93	43.70	47.32
体育、娱乐用品类	Sports and Recreation Articles	12.83	14.70	7.42	9.73	5.41	4.97
#照相器材类	Photographic Equipment	0.42	0.33	0.29	0.22	0.13	0.11
书报杂志类	Newspapers and Magazines	41.63	42.61	17.59	17.64	24.04	24.97
电子出版物及音像制品类	E-journal and Video Products	2.99	2.86	1.00	0.93	1.99	1.93
家用电器和音像器材类	Household Appliances and Video Appliances	584.40	671.21	243.93	307.52	340.47	363.69
中西药品类	Traditional Chinese and Western Medicines	904.40	979.24	580.25	609.13	324.15	370.11
#西　药	Western Medicines	657.68	718.87	423.93	449.94	233.75	268.93
中草药及中成药	Traditional Chinese Medicines	96.15	107.69	58.37	62.85	37.78	44.84
文化办公用品类	Cultural and Office Articles	257.84	249.29	127.65	127.83	130.19	121.46
#计算机及其配套产品	Computer and Supporting Products	103.58	90.29	57.44	49.25	46.14	41.04
家具类	Furniture	306.98	273.29	67.08	45.82	239.90	227.47
通讯器材类	Communication Appliances	481.27	451.81	355.41	339.50	125.86	112.31
煤炭及制品类	Coal and Related Products	447.70	378.21	434.13	366.93	13.57	11.28
木材及制品类	Wood and Wooden Products	29.99	25.59	29.99	25.59		
石油及制品类	Petroleum and Related Products	1293.53	1314.10	790.35	860.13	503.18	453.97
化工材料及制品类	Chemical Materials and Related Products	824.01	820.79	824.01	820.79		
#化肥类	Fertilizers	198.08	185.09	198.08	185.09		
金属材料类	Metal Materials	1323.01	1450.18	1323.01	1450.18		
建筑及装潢材料类	Building and Decoration Materials	423.43	429.35	239.73	258.58	183.70	170.77
机电产品设备类	Mechanical and Electrical Products	354.55	307.36	281.55	235.25	73.00	72.11
#农机类	Agricultural Machinery	13.82	13.42	13.82	13.42		
汽车类	Automobiles	1995.26	1831.08	789.39	682.61	1205.87	1148.47
种子饲料类	Seed and Feedstuff	33.12	33.72	33.12	33.72		
棉麻类	Cotton, Hemp	9.11	22.52	8.74	22.06	0.37	0.46
其他类	Others	426.85	415.42	332.38	330.98	94.47	84.44

表 15.6 限额以上批发业法人企业财务状况(2017 年)
FINANCIAL INDICATORS OF WHOLESALE ENTERPRISES ABOVE DESIGNATED SIZE (2017)

指 标	Item	法人企业数(个) Number of Enterprises(unit)	其中 of which: 执行《2006年企业会计准则》企业数(个) Number of Enterprises which Implemented Accounting standard for Business Enterprise in 2006	一、年初存货 Inventory at the Begining of Year
总 计	**Total**	**2445**	**1711**	**4571708**
按批发行业小类分	**By Wholesale Sector**			
农、林、牧、渔产品批发	Wholesale of Farm, Forestry and Animal Husbandry Products	77	51	56853
谷物、豆及薯类批发	Wholesale of Cereal, Bean and Tubers	17	15	32425
种子批发	Wholesale of Seeds	9	2	1475
畜牧渔业饲料批发	Wholesale of Feedstuff	2	2	843
棉、麻批发	Wholesale of Cotton and Fiber Crops	3	2	8179
林业产品批发	Wholesale of Forestry Products	8	5	7823
牲畜批发	Wholesale of Livestock	15	7	3149
其他农牧产品批发	Wholesale of Other Farm Products and Livestock Products	23	18	2960
食品、饮料及烟草制品批发	Wholesale of Food, Beverages and Tobacco	441	314	727772
米、面制品及食用油批发	Wholesale of Rice, Flour and Edible Oil	77	52	150501
糕点、糖果及糖批发	Wholesale of Cake, Candy and Sugar	15	14	16205
果品、蔬菜批发	Wholesale of Fruits and Vegetables	72	41	10246
肉、禽、蛋、奶及水产品批发	Wholesale of Meat, Poultry, Eggs and Aquatic Products	65	54	49867
盐及调味品批发	Wholesale of Salts and Condiments	20	15	15528
营养和保健品批发	Wholesale of Nutraceutical Products	6	3	1757
酒、饮料及茶叶批发	Wholesale of Liquor, Beverages and Tea	91	58	36033
烟草制品批发	Wholesale of Tobacco	38	34	422273
其他食品批发	Wholesale of other Food	57	43	25362
纺织、服装及家庭用品批发	Wholesale of Textiles, Garments and Household Articles	105	74	1118311
纺织品、针织品及原料批发	Wholesale of Textiles, Knitwear and Raw aterials	9	6	11630
服装批发	Wholesale of Garments	10	9	291536
鞋帽批发	Wholesale of Shoes and Hats	5	3	1448
化妆品及卫生用品批发	Wholesale of Cosmetics and Sanitary Articles	14	10	19604
厨房、卫生间用具及日用杂货批发	Wholesale of Kitchen Utensils, Bathroom Articles and Daily Groceries	14	10	21203
灯具、装饰物品批发	Wholesale of Light Fittings and Decorative rticles	6	3	33826
家用视听设备批发	Wholesale of Household Audio-visual quipments	17	11	538450
日用家电批发	Wholesale of Household Electrical Appliances	15	12	119744
其他家庭用品批发	Wholesale of Other Household Articles	15	10	80870
文化、体育用品及器材批发	Wholesale of Cultural and Sports Articles and Equipment	36	27	263204
文具用品批发	Wholesale of Cultural Articles	9	7	16981
体育用品及器材批发	Wholesale of Sports Articles	2	1	5334
图书批发	Wholesale of Books	1		162
首饰、工艺品及收藏品批发	Wholesale of Jewelry, Handicrafts and ollections	18	16	238149
其他文化用品批发	Wholesale of Other Cultural Goods	6	3	2578
医药及医疗器材批发	Wholesale of Medicines and Medical Appliances	292	222	437785
西药批发	Wholesale of Western Medicines	191	150	379565
中药批发	Wholesale of Traditional Chinese Medicines	29	20	22599
动物用药品批发	Wholesale of Animal Drugs	10	8	7910
医疗用品及器材批发	Wholesale of Medical Articles and Appliances	62	44	27711

单位：万元（10 000 yuan）

二、期末资产负债 Assets and Liabilities

流动资产合计 Total Current Assets	其中 of which		固定资产合计 Total Fixed Assets	固定资产原价 Total Original Value of Fixed Assets	其中 of which			累计折旧 ccumulative Depreciation	其中 of which
	应收帐款 Accounts Receivable	存货 Inventory			房屋和构筑物 Buildings and Structures	机器设备 Machinery and Equipments	运输工具 Transportation Equipments		本年折旧 Depreciation
27365963	**7254998**	**4939741**	**1736145**	**2285553**	**785213**	**244797**	**139515**	**780550**	**130093**
206888	35944	63334	73493	93126	28638	5430	1065	26472	3048
104181	7034	51530	50256	60394	25277	4410	416	16302	1163
3662	1160	754	3921	4454		20		686	129
2668	737	942	440	645	158	349	13	205	59
51003	17567	3546	2809	4660	960	480	160	1852	763
15266	4865	810	2753	3995	454	51	226	1249	124
11553	1685	1803	6916	7834	729	60	134	1096	459
18554	2897	3949	6398	11143	1060	60	117	5083	352
3187067	310968	596812	640238	837219	373499	132544	49169	316344	44101
621349	58512	126269	246907	185702	51786	4861	2504	42008	7684
48108	9631	19709	10854	13779	9440	699	765	2926	532
99082	24836	8733	39218	45505	9360	3193	4334	7374	2005
119348	32805	56372	54250	61313	38461	8480	2209	13307	2537
180001	16392	16141	12355	14635	6242	1942	1801	5983	915
12053	791	2264	1291	1839	13	21	50	571	318
201456	1310	37041	32162	39279	12332	4430	4425	7930	1346
1727212	125390	294435	210934	439548	227092	107146	32075	229312	26860
178458	41301	35849	32268	35619	18773	1772	1006	6934	1904
3728432	1657097	1058227	23188	31901	5176	2488	1884	10638	2002
70061	5543	12107	242	925	125	3	41	687	48
1636791	1105724	388851	388	1263	764	141	156	931	27
15823	2578	2256	429	590	117	84	361	325	50
108677	9569	18374	7868	10622	1710	65	189	2991	663
53228	17904	25083	3476	4549	1025	70	496	1163	204
91878	6703	43772	4044	4560		1966	285	1098	263
1066971	475947	381895	346	990			209	698	64
586688	17865	113549	3317	5262	1132	114	113	1983	376
98314	15263	72341	3079	3140	304	46	34	762	308
711881	200911	288743	10926	25923		2100	265	16167	1134
103167	45884	20280	986	314			105	179	47
34786	28866	4626	121	384				264	31
1688	1012	73	97	505				408	116
563257	121197	260070	8852	23191		1949	26	14639	861
8984	3952	3693	871	1529		151	135	678	80
3023345	1398426	480531	180773	208844	56111	13231	10947	64792	15570
2557631	1156560	430381	152796	169215	43371	8740	7713	52088	10815
113746	64181	16287	6384	9046	3441	179	603	2911	1507
86451	26748	6984	4582	7152	164	147	314	2578	474
265518	150937	26879	17012	23432	9135	4165	2318	7216	2773

表 15.6 续表 1 continued 1

指 标	Item	二、期末资产负债 Assets and Liabilities 在建工程 Construction in Process	非流动资产合计 Total Non-current Assets	资产总计 Total Assets
总 计	**Total**	**311653**	**5276417**	**32716577**
按批发行业小类分	**By Wholesale Sector**			
农、林、牧、渔产品批发	Wholesale of Farm, Forestry and Animal Husbandry Products	24243	183890	393949
谷物、豆及薯类批发	Wholesale of Cereal, Bean and Tubers	23851	100761	207674
种子批发	Wholesale of Seeds		10700	14362
畜牧渔业饲料批发	Wholesale of Feedstuff		491	3159
棉、麻批发	Wholesale of Cotton and Fiber Crops		19906	70909
林业产品批发	Wholesale of Forestry Products	2	15593	31064
牲畜批发	Wholesale of Livestock	261	25230	37018
其他农牧产品批发	Wholesale of Other Farm Products and Livestock Products	130	11209	29764
食品、饮料及烟草制品批发	Wholesale of Food, Beverages and Tobacco	128974	1405106	4616101
米、面制品及食用油批发	Wholesale of Rice, Flour and Edible Oil	57281	477813	1112680
糕点、糖果及糖批发	Wholesale of Cake, Candy and Sugar	331	13824	61932
果品、蔬菜批发	Wholesale of Fruits and Vegetables	1433	55528	160020
肉、禽、蛋、奶及水产品批发	Wholesale of Meat, Poultry, Eggs and Aquatic Products	20452	165088	286844
盐及调味品批发	Wholesale of Salts and Condiments	3548	145570	324744
营养和保健品批发	Wholesale of Nutraceutical Products	38	1508	13562
酒、饮料及茶叶批发	Wholesale of Liquor, Beverages and Tea		39855	242844
烟草制品批发	Wholesale of Tobacco	45888	453877	2183013
其他食品批发	Wholesale of other Food	4	52043	230461
纺织、服装及家庭用品批发	Wholesale of Textiles, Garments and Household Articles	5881	98409	3846867
纺织品、针织品及原料批发	Wholesale of Textiles, Knitwear and Raw aterials		1910	71971
服装批发	Wholesale of Garments		16235	1672694
鞋帽批发	Wholesale of Shoes and Hats		285	16272
化妆品及卫生用品批发	Wholesale of Cosmetics and Sanitary Articles	472	13735	122411
厨房、卫生间用具及日用杂货批发	Wholesale of Kitchen Utensils, Bathroom Articles and Daily Groceries		3702	56930
灯具、装饰物品批发	Wholesale of Light Fittings and Decorative rticles	5409	9591	101470
家用视听设备批发	Wholesale of Household Audio-visual quipments		16573	1083545
日用家电批发	Wholesale of Household Electrical Appliances		32878	619566
其他家庭用品批发	Wholesale of Other Household Articles		3501	102009
文化、体育用品及器材批发	Wholesale of Cultural and Sports Articles and Equipment	12	22688	734569
文具用品批发	Wholesale of Cultural Articles		1815	104982
体育用品及器材批发	Wholesale of Sports Articles		121	34907
图书批发	Wholesale of Books		2057	3744
首饰、工艺品及收藏品批发	Wholesale of Jewelry, Handicrafts and ollections	12	17624	580881
其他文化用品批发	Wholesale of Other Cultural Goods		1072	10056
医药及医疗器材批发	Wholesale of Medicines and Medical Appliances	4186	702937	3731872
西药批发	Wholesale of Western Medicines	2558	655730	3218827
中药批发	Wholesale of Traditional Chinese Medicines		10780	124526
动物用药品批发	Wholesale of Animal Drugs		10691	97142
医疗用品及器材批发	Wholesale of Medical Articles and Appliances	1628	25736	291377

单位：万元（10 000 yuan）

二、期末资产负债 Assets and Liabilities								
流动负债合计 Total Current Liabilities	其　中 of which	非流动负债合计 Total Non-current Liabilities	负债合计 Total Liabilities	所有者权益合计 Total Owner's Equity	其　中 of which			
	应付账款 Accounts Payable				实收资本 Paid-up Capital	其　中 of which		
						国家资本 State Capital	集体资本 Collective Capital	法人资本 Corporate Capital
20814267	**6695296**	**1822836**	**22626447**	**10090130**	**5996126**	**801521**	**62149**	**3797206**
180925	26224	27610	208625	185324	59058	19023	1150	24394
92115	3881	22499	114614	93059	18945	14638	150	3784
3586	745	969	4555	9808	9052	3100		75
2027	482		2027	1132	1100			500
47617	9797		47617	23292	10620			10000
17502	1936	3060	20652	10412	6225	1285		3615
6255	1325	724	6979	30039	5107		1000	2721
11822	8059	358	12180	17583	8010			3699
1723408	520796	261031	1981174	2634927	388545	28729	9965	240781
287353	29845	134732	425550	687130	79651	22348	16	42293
44846	11379	1849	46695	15238	11155	500	181	5464
46761	12710	6262	52896	107125	47201	50	4440	25371
201867	168305	2971	204838	82006	34692		4797	9176
85412	18307	83409	168356	156388	72751	3500		63995
3945	2	169	4114	9448	4113	7		3953
191581	26712	3909	195491	47354	44643		446	23651
729187	247123	6363	728972	1454042	50668	1000		49668
132457	6414	21368	154264	76197	43673	1324	85	17211
3097991	1614627	30640	3120033	726833	1324124	33000	2600	1166525
69433	5226		60836	11135	20044	15000	300	3748
1198250	989371	103	1198353	474341	59515	18000		40641
14501	2433		14501	1771	1330			499
77246	49527	2011	79258	43154	1110940		2300	1102020
51413	15666	90	51503	5427	5760			2533
71037	3914	14845	85882	15587	2580			1380
1000997	503677	2128	1003125	80420	110838			6498
537346	1794	826	538172	81394	6469			3116
77769	43021	10636	88405	13604	6648			6091
452335	206970	611	452946	281623	75104	1275	3000	42882
66700	33366	62	66762	38220	25340			23475
35066	24823		35066	-159	211			211
472		324	796	2948	200			
344028	147624		344028	236853	47355	1275	3000	19076
6070	1157	225	6295	3761	1998			120
2422158	857527	66000	2486900	1244973	1467609	163518	1022	1123200
2078376	710343	59558	2136675	1082152	1385929	152751	1022	1085313
86788	37016	1880	88668	35858	23513	2310		15706
74430	25112	462	74892	22250	9248	1515		3645
182564	85056	4100	186664	104713	48919	6941		18537

表 15.6 续表 2 continued 2

指 标	Item	二、期末资产负债 Assets and Liabilities 其中 of which 个人资本 Personal Capital	港澳台资本 HMT Capital	外商资本 Foreign Capital
总 计	**Total**	**1197116**	**82015**	**56119**
按批发行业小类分	**By Wholesale Sector**			
农、林、牧、渔产品批发	Wholesale of Farm, Forestry and Animal Husbandry Products	14491		
谷物、豆及薯类批发	Wholesale of Cereal, Bean and Tubers	373		
种子批发	Wholesale of Seeds	5876		
畜牧渔业饲料批发	Wholesale of Feedstuff	600		
棉、麻批发	Wholesale of Cotton and Fiber Crops	620		
林业产品批发	Wholesale of Forestry Products	1325		
牲畜批发	Wholesale of Livestock	1386		
其他农牧产品批发	Wholesale of Other Farm Products and Livestock Products	4311		
食品、饮料及烟草制品批发	Wholesale of Food, Beverages and Tobacco	99108		9962
米、面制品及食用油批发	Wholesale of Rice, Flour and Edible Oil	14994		
糕点、糖果及糖批发	Wholesale of Cake, Candy and Sugar	5009		
果品、蔬菜批发	Wholesale of Fruits and Vegetables	17340		
肉、禽、蛋、奶及水产品批发	Wholesale of Meat, Poultry, Eggs and Aquatic Products	20720		
盐及调味品批发	Wholesale of Salts and Condiments	5255		
营养和保健品批发	Wholesale of Nutraceutical Products	153		
酒、饮料及茶叶批发	Wholesale of Liquor, Beverages and Tea	10584		9962
烟草制品批发	Wholesale of Tobacco			
其他食品批发	Wholesale of other Food	25053		
纺织、服装及家庭用品批发	Wholesale of Textiles, Garments and Household Articles	121899		100
纺织品、针织品及原料批发	Wholesale of Textiles, Knitwear and Raw aterials	996		
服装批发	Wholesale of Garments	874		
鞋帽批发	Wholesale of Shoes and Hats	831		
化妆品及卫生用品批发	Wholesale of Cosmetics and Sanitary Articles	6620		
厨房、卫生间用具及日用杂货批发	Wholesale of Kitchen Utensils, Bathroom Articles and Daily Groceries	3228		
灯具、装饰物品批发	Wholesale of Light Fittings and Decorative rticles	1200		
家用视听设备批发	Wholesale of Household Audio-visual quipments	104240		100
日用家电批发	Wholesale of Household Electrical Appliances	3353		
其他家庭用品批发	Wholesale of Other Household Articles	557		
文化、体育用品及器材批发	Wholesale of Cultural and Sports Articles and Equipment	4487	23061	400
文具用品批发	Wholesale of Cultural Articles	1865		
体育用品及器材批发	Wholesale of Sports Articles			
图书批发	Wholesale of Books	200		
首饰、工艺品及收藏品批发	Wholesale of Jewelry, Handicrafts and ollections	544	23061	400
其他文化用品批发	Wholesale of Other Cultural Goods	1878		
医药及医疗器材批发	Wholesale of Medicines and Medical Appliances	178818	750	300
西药批发	Wholesale of Western Medicines	145793	750	300
中药批发	Wholesale of Traditional Chinese Medicines	5497		
动物用药品批发	Wholesale of Animal Drugs	4088		
医疗用品及器材批发	Wholesale of Medical Articles and Appliances	23441		

单位：万元（10 000 yuan）

三、损益及分配 Profits and Losses

营业收入 Business Cost	其 中 of which 主营业务收入 Main Business Cost	营业成本 Sales Expenses	其 中 of which 主营业务成本 Main Sales Expenses	营业税金及附加 Business Tax and Surcharges	其 中 of which 主营业务税金及附加 Business Tax and Surtax	其他业务利润 Other Business Profits	销售费用 Sales Expenses	管理费用 Management Expenses
73231451	**72800122**	**67095343**	**66797041**	**1069796**	**1057794**	**124942**	**1747778**	**1037702**
883610	877246	800548	795249	4630	4561	644	19138	18269
252618	251072	236319	234816	402	401	541	5749	6976
65570	65570	55412	55412	601	601	83	3641	3198
52360	52360	50826	50826	375	375		253	525
189877	189877	183814	183814	253	253		996	930
85904	85614	82288	82202	143	140	21	872	875
92223	91252	70412	69679	1161	1161		3614	2599
145058	141500	121477	118500	1695	1631		4013	3166
13110467	13009068	10653995	10584781	863575	854941	50812	405311	399775
1963407	1949287	1846042	1836658	9382	9261	4302	46862	32542
191740	191175	175517	175517	714	710	2643	8192	3656
1251523	1249050	1030942	1030243	7826	7780	4	30248	24774
496788	481156	401760	393196	3027	2872	1704	22673	10185
351870	349371	322671	320609	994	897	607	16074	9800
29730	29730	20447	20447	396	376		5725	1514
755183	754036	648305	648019	4377	4288	209	55149	23790
6793415	6731392	5010981	4965639	834562	826497	40725	184782	281678
1276810	1273872	1197331	1194454	2297	2261	618	35606	11837
8866448	8802646	8388237	8333890	88733	88682	9947	173225	100282
55216	55215	51024	50311	112	112		2902	1622
4453083	4449198	4163136	4159409	7978	7966	-47	76982	20146
22997	22997	20477	20477	115	115		1024	802
273366	272662	234236	234236	75298	75298	1965	43519	6861
85427	85427	73941	73941	647	647	210	4604	2718
257727	257727	224666	224666	1248	1248		9090	7708
2095518	2069261	2074622	2050472	2064	2030	1212	3724	44108
1459876	1426921	1406743	1380984	843	837	6607	19940	13200
163239	163239	139392	139392	430	430		11442	3117
1007317	997331	840106	835942	3076	3071	3161	67470	18193
258468	258273	222009	222009	789	789		18300	6611
16670	16670	15246	15246	109	109		586	320
3174	3174	2221	2221	13	13		42	146
696624	687274	570879	566729	1984	1979	2789	47368	10139
32381	31940	29750	29736	181	181	372	1175	977
5901317	5879921	5336185	5324102	16270	15762	23786	220755	142842
5076292	5056922	4656959	4649322	12551	12390	18491	162718	101424
264187	263716	225297	225284	704	704	572	19664	10142
148344	147234	131214	127184	395	395		9459	4251
412493	412048	322714	322312	2619	2273	4724	28914	27025

表 15.6 续表 3 continued 3

指 标	Item	三、损益及分配 Profits and Losses			
		财务费用 Financial Expenses	其中 of which 利息收入 Interest Income	其中 of which 利息支出 Interest Expenses	资产减值损失 Impairment of Assets
总 计	**Total**	**255557**	**76275**	**187940**	**88598**
按批发行业小类分	**By Wholesale Sector**				
农、林、牧、渔产品批发	Wholesale of Farm, Forestry and Animal Husbandry Products	4352	1208	2843	355
谷物、豆及薯类批发	Wholesale of Cereal, Bean and Tubers	855	730	1075	171
种子批发	Wholesale of Seeds	255	3	27	
畜牧渔业饲料批发	Wholesale of Feedstuff	35		34	
棉、麻批发	Wholesale of Cotton and Fiber Crops	683	44	723	
林业产品批发	Wholesale of Forestry Products	418	6	7	67
牲畜批发	Wholesale of Livestock	701		437	
其他农牧产品批发	Wholesale of Other Farm Products and Livestock Products	1407	426	540	116
食品、饮料及烟草制品批发	Wholesale of Food, Beverages and Tobacco	2337	36546	14007	22668
米、面制品及食用油批发	Wholesale of Rice, Flour and Edible Oil	6880	3828	7460	17753
糕点、糖果及糖批发	Wholesale of Cake, Candy and Sugar	1383	394	662	-41
果品、蔬菜批发	Wholesale of Fruits and Vegetables	5777	407	1817	1375
肉、禽、蛋、奶及水产品批发	Wholesale of Meat, Poultry, Eggs and Aquatic Products	1213	218	435	3
盐及调味品批发	Wholesale of Salts and Condiments	3003	5190	-2351	3240
营养和保健品批发	Wholesale of Nutraceutical Products	8	-1	3	35
酒、饮料及茶叶批发	Wholesale of Liquor, Beverages and Tea	3761	330	2468	18
烟草制品批发	Wholesale of Tobacco	-24019	26121	1785	-18
其他食品批发	Wholesale of other Food	4332	58	1728	302
纺织、服装及家庭用品批发	Wholesale of Textiles, Garments and Household Articles	13334	2302	5842	560
纺织品、针织品及原料批发	Wholesale of Textiles, Knitwear and Raw aterials	347	51	440	21
服装批发	Wholesale of Garments	2730	673	2780	534
鞋帽批发	Wholesale of Shoes and Hats	45	-3		
化妆品及卫生用品批发	Wholesale of Cosmetics and Sanitary Articles	159	5	9	-94
厨房、卫生间用具及日用杂货批发	Wholesale of Kitchen Utensils, Bathroom Articles and Daily Groceries	1009	30	412	29
灯具、装饰物品批发	Wholesale of Light Fittings and Decorative rticles	2735	1	1898	2
家用视听设备批发	Wholesale of Household Audio-visual quipments	4585	54	26	
日用家电批发	Wholesale of Household Electrical Appliances	-839	1485	254	16
其他家庭用品批发	Wholesale of Other Household Articles	2562	8	25	52
文化、体育用品及器材批发	Wholesale of Cultural and Sports Articles and Equipment	493	-272	-49	1427
文具用品批发	Wholesale of Cultural Articles	1104	20	220	708
体育用品及器材批发	Wholesale of Sports Articles	206			
图书批发	Wholesale of Books	9			
首饰、工艺品及收藏品批发	Wholesale of Jewelry, Handicrafts and ollections	-977	-295	-360	718
其他文化用品批发	Wholesale of Other Cultural Goods	151	3	91	
医药及医疗器材批发	Wholesale of Medicines and Medical Appliances	34097	10097	24061	4869
西药批发	Wholesale of Western Medicines	28447	9705	20198	4226
中药批发	Wholesale of Traditional Chinese Medicines	1652	85	1399	1
动物用药品批发	Wholesale of Animal Drugs	1075	42	500	24
医疗用品及器材批发	Wholesale of Medical Articles and Appliances	2922	265	1964	618

单位：万元 (10 000 yuan)

三、损益及分配 Profits and Losses								四、人工成本及增值税 Labor Costs and Value Added Tax		五、从事批发业活动的从业人员平均人数（人）
公允价值变动收益 Fair Value	投资收益 Income from Investment	其他收益 Other Income	营业利润 Business Profits	营业外收入 Non-business Income	营业外支出 Non-business Expenses	利润总额 Total Profits	所得税费用 Income Tax Payable	应付职工薪酬（本年贷方累计发生额） Total Payable Salaries	应交增值税 Value Added Tax Payable	Average Employees
3285	**79841**	**37792**	**2205695**	**164870**	**33298**	**2323392**	**331483**	**965252**	**935500**	**107076**
272	27	5610	42310	3047	340	35673	2112	32856	4915	2630
15	1	5607	7768	2871	221	6361	117	25576	954	853
			2546			1943	1	1142	351	232
			347			347	4	366		64
202	16		3418	75	1	3409	504	954	519	170
		3	1243	23	36	-350	3	988	-192	261
			13738			11399	247	1806	1202	490
55	10		13251	79	83	12565	1237	2024	2081	560
295	7601	10822	793182	69233	5942	852859	149643	401041	407589	27606
2	452	10522	20651	11046	1486	32586	1931	31381	6189	4730
3	42		2180	931	42	3212	341	10277	1332	1153
-3	727	302	151494	572	24	152112	4749	18375	28657	3400
1	-166		57762	5850	139	60915	7424	12888	8197	3046
7	738	1	-3167	591	54	-2512	403	10095	8486	911
11	27		1642	6	15	1334	350	1095	1684	192
3	-14		26028	758	172	23319	6717	17128	25506	3451
	5793		511237	46725	3974	554111	125135	281539	321396	6657
271	3	-2	25355	2753	36	27783	2593	18262	6142	4066
89	12212	1547	228222	17883	670	244229	44211	39909	76174	7898
			-812	27		-253	9	1280	271	487
12	73	1358	183019	16561	23	199557	33248	1848	49436	399
			534	5		551	13	595	852	212
	-652	11	25021	67	578	24435	3667	7497	7606	1732
29			2509	59	11	2558	714	2799	1351	668
-2		8	12285	12		12295	2009	3305	6372	583
	3600		-29962	894	11	-30747	676	4807	2574	1542
	9191		29164	43	47	29160	2901	11184	5660	1319
50		170	6464	217		6673	975	6595	2053	956
		3574	80127	4068	538	83751	13797	38920	24778	6241
			8947	542	15	9594	1703	7405	9606	1591
			203			203	26	650	204	115
			742			742		116	95	38
		3574	70087	3178	521	72721	12060	29801	14450	4206
			148	348	1	491	9	949	424	291
223	30062	2133	174685	12035	2168	186607	23304	151644	92497	18267
37	29418	2115	141974	8759	1641	150105	17084	125081	64334	13967
120	420		7266	171	79	7358	242	10063	8271	2013
	157		2085	2325	210	4155	654	2480	1270	302
65	66	18	23360	780	238	24990	5325	14021	18622	1985

表 15.6 续表 4 continued 4

指 标	Item	法人企业数(个) Number of Enterprises(unit)	其中 of which: 执行《2006年企业会计准则》企业数(个) Number of Enterprises which Implemented Accounting standard for Business Enterprise in 2006	一、年初存货 Inventory at the Begining of Year
矿产品、建材及化工产品批发	Wholesale of Mineral Products, Building Materials and Chemical Products	1047	724	1467713
煤炭及制品批发	Wholesale of Coal and Related Products	148	95	37086
石油及制品批发	Wholesale of Petroleum and Related Products	93	67	119418
非金属矿及制品批发	Wholesale of Nonmetal Mineral and Related Products	14	9	2250
金属及金属矿批发	Wholesale of Metal and Metal Mineral	281	209	301949
建材批发	Wholesale of Building Materials	296	195	763419
化肥批发	Wholesale of Fertilizers	64	40	101132
农药批发	Wholesale of Pesticides	1		274
农用薄膜批发	Wholesale of Films for Agriculture	1		36
其他化工产品批发	Wholesale of Other Chemical Products	149	109	142150
机械设备、五金产品及电子产品批发	Wholesale of Machinery, Hardware and Electronic Products	357	238	471274
农业机械批发	Wholesale of Agricultural Machinery	18	10	2007
汽车及零配件批发	Wholesale of Automobile Fittings	127	61	197571
摩托车及零配件批发	Wholesale of Motorcycle and Fittings	53	45	47406
五金产品批发	Wholesale of Hardware	36	27	10668
电气设备批发	Wholesale of Electric Equipment	11	8	5486
计算机、软件及辅助设备批发	Wholesale of Computers, Software and Assistant Equipment	11	9	116032
通讯设备批发	Wholesale of Communication Equipment	22	18	8033
广播影视设备批发	Wholesale of Broadcast and TV Equipment	9	7	26752
其他机械设备及电子产品批发	Wholesale of Other Machinery and Electronic Products	70	53	57321
贸易经纪与代理	Trade Broker and Agency	5	3	396
贸易代理	Trade Agency	5	3	396
其他批发业	Other Wholesales	85	58	28402
再生物资回收与批发	Wholesale of Recycled Materials	64	42	24758
互联网批发	Wholesale of Internet Device	3	2	1969
其他未列明批发业	Other Wholesale not Classified Elsewhere	18	14	1674
按登记注册类型分	**By Status of Registration**			
内资企业	Domestic-funded Enterprises	2419	1690	4192957
国有企业	State-owned Enterprises	52	47	450038
集体企业	Collective-owned Enterprises	7	6	8388
股份合作企业	Cooperative Enterprises	9	7	13458
有限责任公司	Limited Liability Corporations	866	626	2775791
国有独资公司	State Sole Funded Corporations	56	52	989219
其他有限责任公司	Other Limited Liability Corporations	810	574	1786572
股份有限公司	Share-holding Corporations Ltd.	61	49	120483
私营企业	Private Enterprises	1406	947	822952
私营独资企业	Private-funded Enterprises	18	8	6005
私营合伙企业	Private Partnership Enterprises	4	1	604
私营有限责任公司	Private Limited Liability Corporations	1334	903	784930
私营股份有限公司	Private Share-holding Corporations Ltd.	50	35	31412
其他企业	Other Enterprises	18	8	1847

单位：万元（10 000 yuan）

二、期末资产负债 Assets and Liabilities									
流动资产合计 Total Current Assets	其 中 of which		固定资产合计 Total Fixed Assets	固定资产原价 Total Original Value of Fixed Assets	其 中 of which			累计折旧 ccumulative Depreciation	其 中 of which
	应收帐款 Accounts Receivable	存 货 Inventory			房屋和构筑物 Buildings and Structures	机器设备 Machinery and Equipments	运输工具 Transportation Equipments		本年折旧 Depreciation
10132085	2010545	1863518	585697	815776	239464	65125	48685	284290	50293
1052105	195589	57943	48168	81946	16960	3598	21508	35307	5285
1294402	506978	139461	269615	374299	70178	39397	4051	138829	20648
89447	18323	6048	3189	5284	413	380	570	4057	285
2392935	678668	387601	91320	126504	61618	8126	9034	36338	7744
3778266	365485	957927	95255	118458	47490	8400	7596	30905	6672
497299	82421	135676	28870	39313	16411	1643	1555	13742	3531
972	375	252	1209	1383	1355	16	12	174	49
400	125	13	23	50	18	5	27	27	4
1026259	162583	178599	48047	68540	25022	3560	4333	24911	6076
6116333	1561918	554626	136327	177245	33563	10508	15158	49865	10785
13109	5671	1469	5762	7331	455	2	104	1772	74
2438918	275522	191528	28899	42539	16865	4568	5978	14064	2974
1437960	486713	56467	26798	30540	7166	1340	2571	10245	2635
113088	54186	6989	10387	13222	2081	162	1637	3175	682
37922	11102	14055	42204	46471	154	29	193	4282	2149
1010389	449169	91881	1062	1498	48	931	97	608	165
174672	36589	47526	5073	6773		14	246	1703	78
338847	96364	71895	809	1238	551	68	24	656	111
551429	146602	72817	15335	27634	6242	3394	4309	13362	1918
10618	434	929	2081	2188	2176			107	104
10618	434	929	2081	2188	2176			107	104
249314	78757	33020	83422	93333	46586	13371	12341	11876	3057
198386	65445	26786	78089	86353	44553	13153	11673	9771	2602
21006	3091	3730	81	272			13	191	17
29922	10220	2505	5252	6709	2032	219	655	1914	437
25633420	6533140	4561717	1622976	2143200	740662	228984	128640	746943	127549
1828543	173588	323413	233252	482642	234161	109202	32453	256157	29060
21462	2134	10190	1564	2032	456	548	54	832	42
110839	418	17309	20211	27826	13933	3	2118	8783	2563
16126837	3942017	3134868	721665	807560	297035	59143	30435	250557	44045
5176168	554191	1269266	247135	208257	70691	4637	3465	57379	8179
10950669	3387826	1865602	474530	599303	226343	54506	26970	193178	35866
1203579	386318	132021	166963	195921	25102	4699	2216	54905	9096
6328580	2023962	941921	473588	618807	168077	55160	61240	172864	42108
41034	3352	4252	3021	6960	308	16	64	4042	134
1822	111	531	2641	3371				735	32
6004808	1938252	898496	436164	572935	165142	54047	57082	157833	39716
280917	82247	38643	31761	35541	2626	1097	4095	10254	2226
13580	4704	1994	5733	8413	1900	230	123	2845	636

表 15.6 续表 5 continued 5

指 标	Item	二、期末资产负债 Assets and Liabilities 在建工程 Construction in Process	非流动资产合计 Total Non-current Assets	资产总计 Total Assets
矿产品、建材及化工产品批发	Wholesale of Mineral Products, Building Materials and Chemical Products	113502	2161148	12310012
煤炭及制品批发	Wholesale of Coal and Related Products	7521	220079	1272184
石油及制品批发	Wholesale of Petroleum and Related Products	59042	650505	1956733
非金属矿及制品批发	Wholesale of Nonmetal Mineral and Related Products	321	6506	95953
金属及金属矿批发	Wholesale of Metal and Metal Mineral	2263	355553	2751671
建材批发	Wholesale of Building Materials	6992	686999	4466884
化肥批发	Wholesale of Fertilizers	29273	165812	663193
农药批发	Wholesale of Pesticides	611	1820	2792
农用薄膜批发	Wholesale of Films for Agriculture		23	423
其他化工产品批发	Wholesale of Other Chemical Products	7479	73851	1100179
机械设备、五金产品及电子产品批发	Wholesale of Machinery, Hardware and Electronic Products	30339	565869	6686524
农业机械批发	Wholesale of Agricultural Machinery		12050	27429
汽车及零配件批发	Wholesale of Automobile Fittings	572	118677	2557824
摩托车及零配件批发	Wholesale of Motorcycle and Fittings	3260	170069	1608446
五金产品批发	Wholesale of Hardware		14563	128587
电气设备批发	Wholesale of Electric Equipment	145	54653	92574
计算机、软件及辅助设备批发	Wholesale of Computers, Software and Assistant Equipment	11997	104342	1114731
通讯设备批发	Wholesale of Communication Equipment	14121	21750	196423
广播影视设备批发	Wholesale of Broadcast and TV Equipment		3897	342744
其他机械设备及电子产品批发	Wholesale of Other Machinery and Electronic Products	244	65868	617768
贸易经纪与代理	Trade Broker and Agency		3289	13907
贸易代理	Trade Agency		3289	13907
其他批发业	Other Wholesales	4517	133082	382776
再生物资回收与批发	Wholesale of Recycled Materials	4517	126274	325041
互联网批发	Wholesale of Internet Device		129	21135
其他未列明批发业	Other Wholesale not Classified Elsewhere		6679	36600
按登记注册类型分	**By Status of Registration**			
内资企业	Domestic-funded Enterprises	282937	4891344	30598757
国有企业	State-owned Enterprises	48584	481915	2312383
集体企业	Collective-owned Enterprises	363	2880	24342
股份合作企业	Cooperative Enterprises		21450	132279
有限责任公司	Limited Liability Corporations	172434	2712797	18868670
国有独资公司	State Sole Funded Corporations	72139	1233694	6418349
其他有限责任公司	Other Limited Liability Corporations	100294	1479103	12450322
股份有限公司	Share-holding Corporations Ltd.	9063	602721	1806301
私营企业	Private Enterprises	52232	1062873	7431762
私营独资企业	Private-funded Enterprises	10	4778	47619
私营合伙企业	Private Partnership Enterprises	112	6455	8277
私营有限责任公司	Private Limited Liability Corporations	51735	1009157	7050358
私营股份有限公司	Private Share-holding Corporations Ltd.	375	42483	325509
其他企业	Other Enterprises	261	6708	23020

单位：万元（10 000 yuan）

二、期末资产负债 Assets and Liabilities								
流动负债合计 Total Current Liabilities	其 中 of which	非流动负债合计 Total Non-current Liabilities	负债合计 Total Liabilities	所有者权益合计 Total Owner's Equity	其 中 of which			
	应付账款 Accounts Payable				实收资本 Paid-up Capital	其 中 of which		
						国家资本 State Capital	集体资本 Collective Capital	法人资本 Corporate Capital
7590063	1543373	1246190	8841017	3468995	1503753	535319	15579	483971
887752	133899	25525	913277	358907	205822	69096	500	48909
1120957	469089	20910	1142236	814498	307961	136552	2536	138860
72243	7801	4018	76261	19692	12405	5100		5400
2035567	302286	37425	2073454	678217	489395	192648	587	125951
2128788	164725	1109698	3242476	1224408	315131	107525	1295	74804
474936	57475	37055	512002	151192	48555	10457	1994	28497
448	133		448	2344	336		220	
166	85	11	177	246	50			
869205	407880	11549	880687	219492	124099	13941	8448	61550
5136902	1868078	148255	5282766	1403759	1099408	20054	400	694542
9183	3952	164	9300	18128	6651			4271
2253513	748290	12492	2266005	291819	181295	6876		140163
1267404	299092	2241	1269645	338801	345263	6038	400	327832
49589	23073	37648	84943	43643	24473			9757
32820	8384	24252	57072	35502	19266			18291
631233	404420	46714	677947	436784	226942			134180
137440	27279	627	138067	58356	21659			16747
301048	207079		301048	41696	26565			23153
454674	146510	24116	478738	139029	247296	7141		20149
9113	1804	198	9312	4595	3200			1300
9113	1804	198	9312	4595	3200			1300
201373	55897	42302	243675	139102	75325	605	28433	19610
162806	46003	42264	205070	119971	61892	165	28331	9212
13222	1411		13222	7913	7558			6738
25345	8484	38	25383	11218	5875	440	102	3660
19520542	6077316	1724512	21234398	9364360	5821489	781521	62149	3780899
802486	258319	12936	808843	1503540	69944	14710		55233
17836	3110		17836	6506	1774		1774	
109086	315	97	109183	23096	7084	18	1003	5243
12574129	4120493	1510990	14079676	4788994	2022317	665450	48868	729520
3244381	580617	1145690	4389871	2028477	509816	319752		190064
9329747	3539875	365299	9689805	2760517	1512502	345699	48868	539456
1030702	324756	30573	1061406	744894	209991	96343	220	59962
4982276	1369207	169633	5153141	2278621	3507454	5000	9133	2930691
13094	2473	1342	14668	32951	3042			625
407	165	15	422	7854	4611		4456	19
4752242	1289165	164376	4917619	2132740	3448926	5000	4676	2903459
216533	77404	3900	220433	105076	50875		2	26587
4027	1117	284	4311	18709	2925		1150	250

表 15.6 续表 6 continued 6

指　标	Item	二、期末资产负债 Assets and Liabilities 其 中 of which 个人资本 Personal Capital	港澳台资本 HMT Capital	外商资本 Foreign Capital
矿产品、建材及化工产品批发	Wholesale of Mineral Products, Building Materials and Chemical Products	464170	3568	1146
煤炭及制品批发	Wholesale of Coal and Related Products	87318		
石油及制品批发	Wholesale of Petroleum and Related Products	30013		
非金属矿及制品批发	Wholesale of Nonmetal Mineral and Related Products	1821	84	
金属及金属矿批发	Wholesale of Metal and Metal Mineral	168836	1373	
建材批发	Wholesale of Building Materials	131507		
化肥批发	Wholesale of Fertilizers	7607		
农药批发	Wholesale of Pesticides	116		
农用薄膜批发	Wholesale of Films for Agriculture	50		
其他化工产品批发	Wholesale of Other Chemical Products	36902	2112	1146
机械设备、五金产品及电子产品批发	Wholesale of Machinery, Hardware and Electronic Products	294028	46173	44211
农业机械批发	Wholesale of Agricultural Machinery	2381		
汽车及零配件批发	Wholesale of Automobile Fittings	33956		300
摩托车及零配件批发	Wholesale of Motorcycle and Fittings	10926		67
五金产品批发	Wholesale of Hardware	14716		
电气设备批发	Wholesale of Electric Equipment	975		
计算机、软件及辅助设备批发	Wholesale of Computers, Software and Assistant Equipment	3100	46173	43489
通讯设备批发	Wholesale of Communication Equipment	4912		
广播影视设备批发	Wholesale of Broadcast and TV Equipment	3412		
其他机械设备及电子产品批发	Wholesale of Other Machinery and Electronic Products	219651		355
贸易经纪与代理	Trade Broker and Agency	1900		
贸易代理	Trade Agency	1900		
其他批发业	Other Wholesales	18215	8463	
再生物资回收与批发	Wholesale of Recycled Materials	15722	8463	
互联网批发	Wholesale of Internet Device	820		
其他未列明批发业	Other Wholesale not Classified Elsewhere	1673		
按登记注册类型分	**By Status of Registration**			
内资企业	Domestic-funded Enterprises	1195770	750	400
国有企业	State-owned Enterprises			
集体企业	Collective-owned Enterprises			
股份合作企业	Cooperative Enterprises	821		
有限责任公司	Limited Liability Corporations	578078		400
国有独资公司	State Sole Funded Corporations			
其他有限责任公司	Other Limited Liability Corporations	578078		400
股份有限公司	Share-holding Corporations Ltd.	52716	750	
私营企业	Private Enterprises	562630		
私营独资企业	Private-funded Enterprises	2417		
私营合伙企业	Private Partnership Enterprises	136		
私营有限责任公司	Private Limited Liability Corporations	535791		
私营股份有限公司	Private Share-holding Corporations Ltd.	24285		
其他企业	Other Enterprises	1525		

单位：万元 (10 000 yuan)

三、损益及分配 Profits and Losses								
营业收入 Business Cost	其中 of which	营业成本 Sales Expenses	其中 of which	营业税金及附加 Business Tax and Surcharges	其中 of which	其他业务利润 Other Business Profits	销售费用 Sales Expenses	管理费用 Management Expenses
	主营业务收入 Main Business Cost		主营业务成本 Main Sales Expenses		主营业务税金及附加 Business Tax and Surtax			
28453218	28314267	26969308	26877796	56487	54079	15449	441919	225127
2808217	2789885	2482256	2462749	14072	13973	3881	68012	33271
7272852	7186939	6849862	6805668	12567	11089	1621	146868	37331
120896	120744	111080	111080	362	353	326	2426	2311
8961954	8955832	8688920	8682632	8202	7719	2903	95414	61298
3109681	3088832	2904646	2885317	12023	11914	5081	57421	45374
1706031	1702310	1619243	1618351	4192	4188	35	21855	15556
29595	29595	28475	28475	37	32		275	224
4938	4938	4409	4409	1	1		15	43
4439055	4435195	4280418	4279116	5031	4809	1602	49634	29719
13729921	13642489	12924217	12863832	27093	26796	19744	401721	115743
72609	72388	64681	64681	436	435	422	2870	1383
5101310	5037036	4716254	4671095	9962	9961	13562	231817	39048
1109712	1109039	1007703	1006985	1061	1061	287	45760	13674
414679	407090	390436	380263	2039	2039	886	6391	4810
227184	226801	212892	212892	137	137		8133	2381
2722007	2721817	2663395	2663255	1964	1964	6	25378	7281
516232	513003	470150	469918	1219	1219	1832	16358	5234
1401686	1401222	1358310	1358310	1678	1678	421	17441	16922
2164502	2154093	2040397	2036433	8597	8302	2330	47573	25011
106131	106131	103080	103080	959	959		621	653
106131	106131	103080	103080	959	959		621	653
1173021	1171023	1079668	1078371	8975	8944	1397	17620	16818
972869	971388	896153	894870	7973	7965	1119	13034	12010
27777	27777	26145	26145	17	17		817	467
172375	171857	157370	157356	985	962	278	3769	4341
68241442	67819604	62389587	62095528	1064713	1053600	122092	1627404	1012733
7028799	6966717	5241457	5194912	828560	820519	40945	190192	285366
166657	166390	158492	157874	338	320	248	2898	3545
364284	364052	330819	330784	2202	2202	180	13650	4615
37289854	37035141	35189838	35027084	146016	144604	42649	753690	367546
6105647	6076461	5875886	5853048	6872	6689	3533	72672	49763
31184206	30958680	29313952	29174037	139145	137914	39116	681019	317783
3477603	3453275	3243204	3223185	12337	11740	15452	90289	37559
19771263	19691110	18109929	18045852	67414	66398	21802	573200	309209
316122	315112	271259	270454	1359	1348		2650	13654
17584	17584	12616	12616	597	543		632	492
18670081	18593826	17159581	17098737	59697	58837	21322	545874	283416
767476	764588	666473	664045	5761	5670	479	24045	11647
142983	142919	115848	115837	7846	7818	818	3486	4893

表 15.6 续表 7 continued 7

指 标	Item	三、损益及分配 Profits and Losses			
		财务费用 Financial Expenses	其中 of which		资产减值损失 Impairment of Assets
			利息收入 Interest Income	利息支出 Interest Expenses	
矿产品、建材及化工产品批发	Wholesale of Mineral Products, Building Materials and Chemical Products	152570	11276	103350	18594
煤炭及制品批发	Wholesale of Coal and Related Products	17505	367	8530	2915
石油及制品批发	Wholesale of Petroleum and Related Products	13576	746	4301	5633
非金属矿及制品批发	Wholesale of Nonmetal Mineral and Related Products	144	-1250	840	117
金属及金属矿批发	Wholesale of Metal and Metal Mineral	43909	5923	35257	6745
建材批发	Wholesale of Building Materials	28881	4129	21317	885
化肥批发	Wholesale of Fertilizers	12542	155	10486	610
农药批发	Wholesale of Pesticides	20		20	
农用薄膜批发	Wholesale of Films for Agriculture	2			
其他化工产品批发	Wholesale of Other Chemical Products	35993	1206	22601	1690
机械设备、五金产品及电子产品批发	Wholesale of Machinery, Hardware and Electronic Products	44443	14823	37029	39107
农业机械批发	Wholesale of Agricultural Machinery	434	14	143	1
汽车及零配件批发	Wholesale of Automobile Fittings	5048	5301	6091	19203
摩托车及零配件批发	Wholesale of Motorcycle and Fittings	20538	7788	18978	18856
五金产品批发	Wholesale of Hardware	2672	30	1052	105
电气设备批发	Wholesale of Electric Equipment	1723	-1	85	
计算机、软件及辅助设备批发	Wholesale of Computers, Software and Assistant Equipment	4877	1497	5103	-503
通讯设备批发	Wholesale of Communication Equipment	1067	8	97	108
广播影视设备批发	Wholesale of Broadcast and TV Equipment	-253	-165	614	
其他机械设备及电子产品批发	Wholesale of Other Machinery and Electronic Products	8337	350	4866	1336
贸易经纪与代理	Trade Broker and Agency	-38	-5	-2	
贸易代理	Trade Agency	-38	-5	-2	
其他批发业	Other Wholesales	3970	300	859	1019
再生物资回收与批发	Wholesale of Recycled Materials	3834	179	739	822
互联网批发	Wholesale of Internet Device	48	5	49	
其他未列明批发业	Other Wholesale not Classified Elsewhere	88	116	71	197
按登记注册类型分	**By Status of Registration**				
内资企业	Domestic-funded Enterprises	240521	75474	177969	87591
国有企业	State-owned Enterprises	-22057	26195	3272	230
集体企业	Collective-owned Enterprises	899	23	273	-77
股份合作企业	Cooperative Enterprises	2469	319	552	2
有限责任公司	Limited Liability Corporations	155965	28192	118016	71084
国有独资公司	State Sole Funded Corporations	61244	15437	47670	34304
其他有限责任公司	Other Limited Liability Corporations	94721	12755	70346	36780
股份有限公司	Share-holding Corporations Ltd.	12183	6754	9320	7261
私营企业	Private Enterprises	90880	13989	46527	9092
私营独资企业	Private-funded Enterprises	316	3	24	
私营合伙企业	Private Partnership Enterprises	507			80
私营有限责任公司	Private Limited Liability Corporations	87029	13622	44956	6982
私营股份有限公司	Private Share-holding Corporations Ltd.	3028	364	1547	2029
其他企业	Other Enterprises	181	1	9	

单位：万元（10 000 yuan）

三、损益及分配 Profits and Losses								四、人工成本及增值税 Labor Costs and Value Added Tax		五、从事批发业活动的从业人员平均人数（人） Average Employees
公允价值变动收益 Fair Value	投资收益 Income from Investment	其他收益 Other Income	营业利润 Business Profits	营业外收入 Non-business Income	营业外支出 Non-business Expenses	利润总额 Total Profits	所得税费用 Income Tax Payable	应付职工薪酬（本年贷方累计发生额） Total Payable Salaries	应交增值税 Value Added Tax Payable	
2726	25071	10254	654562	27423	20567	604657	52257	184537	189343	27275
747	756	4206	195894	4217	11489	173884	14623	17577	41284	3434
5	1455	1409	234669	3503	1311	205763	13516	51903	75024	7113
	81	71	4485	75	3	4854	215	1425	1055	228
1786	3276	1567	67167	14244	6162	72219	8889	47065	31112	5237
74	14228	10	74290	1590	701	70531	7325	30882	19549	5794
4	945	2489	35472	1886	404	37008	2108	12260	4372	2226
			563			563	141	74	307	15
			468			468	3	91	9	27
111	4331	503	41555	1908	497	39367	5438	23260	16632	3201
-444	4530	3851	186331	22759	2817	261459	42248	103191	120224	14561
			2806	11	1	2356	594	1672	779	309
-1	3678	1542	86657	2912	737	150897	23163	34732	51496	4214
-1906	221	122	851	1892	656	2010	4021	19520	7678	3218
39	2	20	8286	196	26	8271	673	4306	2975	921
	330		2249	40	6	2141	178	2353	786	412
	1		19616	13727	13	33315	5169	5671	5997	487
	184	829	22660	760	28	22024	3140	12577	24858	1082
			7588	202	2	7788	1349	3099	6880	720
1424	115	1337	35618	3019	1347	32658	3962	19261	18777	3198
			857	36		893	108	495	1106	115
			857	36		893	108	495	1106	115
125	340	1	45418	8386	256	53264	3804	12660	18874	2483
125	322		39489	8352	241	47318	2693	8503	16191	1890
			284	15	1	298	71	228	144	46
	18	1	5644	20	14	5648	1040	3929	2539	547
3217	79739	32925	2083560	147954	32975	2184805	311901	924309	913660	101910
155	5839	111	536247	51202	4154	558224	125501	285078	321132	7287
	11		572	1	50	1185	258	1642	1097	314
1			10527	26	249	10304	644	1425	3004	317
3743	41625	27769	800937	67293	23483	883873	119548	293369	305789	40577
1398	5656	18359	33181	16399	1156	49492	9496	70216	18967	4667
2345	35969	9410	767756	50894	22326	834381	110052	223153	286822	35910
35	29220	215	104919	8460	884	109589	5378	43936	52653	5196
-716	3045	4829	619628	20951	4125	612974	60154	294997	226426	47675
			26884	3		24977	1043	2501	2246	534
		302	2962	122		2029	26	765	147	178
-865	3024	4527	535276	20070	3517	536346	52534	281311	198295	45039
148	21		54506	756	608	49622	6552	10420	25738	1924
			10730	22	31	8657	419	3863	3559	544

表 15.6 续表 8 continued 8

指 标	Item	法人企业数(个) Number of Enterprises(unit)	其中 of which: 执行《2006年企业会计准则》企业数(个) Number of Enterprises which Implemented Accounting standard for Business Enterprise in 2006	一、年初存货 Inventory at the Begining of Year
港、澳、台商投资企业	Enterprises with Funds from Hong Kong, Macao and Taiwan	12	8	330776
合资经营企业(港或澳、台资)	Joint-venture Enterprises	2	1	86539
港、澳、台商独资经营企业	Enterprises with Sole Fund	6	4	210478
港、澳、台商投资股份有限公司	Share-holding Corporations Ltd. with Investment	1	1	188
其他港澳台投资企业	Other Enterprises with Funds from Hong Kong, Macao and Taiwan	3	2	33571
外商投资企业	Foreign-funded Enterprises	14	13	47976
中外合资经营企业	Joint-venture Enterprises	6	6	27123
中外合作经营企业	Cooperative Enterprises	1	1	
外资企业	Enterprises with Sole Fund	6	5	20791
其他外商投资企业	Other Foreign-funded Enterprises	1	1	62
按控股情况分	**Trade Broker and Agency**			
国有控股	State-holding	232	211	1771130
集体控股	Collective-holding	42	27	119163
私人控股	Private-holding	1961	1312	1801438
港澳台商控股	Held by Corporation from Hong Kong, Macao and Taiwan	10	7	243574
外商控股	Foreign-holding	8	7	21750
其 他	Other	192	147	614654
按经营形式分	**By Form of Business**			
独立门店	Independent Store	1719	1170	1577772
连锁总店	Central Shop of Chain Stores	17	13	302907
连锁门店	Branch Shop of Chain Stores	3	3	24223
其 他	Other	706	525	2666807
按单位规模分	**By Size of Enterprise**			
大 型	Large	57	53	1107710
中 型	Medium	799	598	1480910
小 型	Small	1384	907	1675364
微 型	Micro	205	153	307725

单位：万元（10 000 yuan）

二、期末资产负债 Assets and Liabilities									
流动资产合计 Total Current Assets	其中 of which		固定资产合计 Total Fixed Assets	固定资产原价 Total Original Value of Fixed Assets	其中 of which			累计折旧 ccumulative Depreciation	其中 of which
	应收帐款 Accounts Receivable	存货 Inventory			房屋和构筑物 Buildings and Structures	机器设备 Machinery and Equipments	运输工具 Transportation Equipments		本年折旧 Depreciation
1227485	627961	288788	71796	84602	40372	11649	10793	14085	1954
230264	137754	75167	360	474	116	154	125	114	14
944571	483951	190168	2227	4435	26	1948	44	2209	316
363	152	178	62546	65268	40230	9547	10624	3701	960
52287	6103	23275	6663	14425				8062	664
505057	93897	89237	41373	57752	4179	4164	81	19522	590
291955	81333	48786	39059	54281	2940	4050		18365	451
211891	11498	40405	2297	3391	1239	115	81	1094	130
1212	1067	46	17	80				63	9
9884310	1724080	1991361	786378	1062877	350988	138711	40061	423282	57755
467118	90322	153322	25326	29129	14891	957	1014	10539	2040
11369699	3161460	1834818	714319	946751	297591	78278	78145	275313	59785
1083697	495069	212483	70729	83329	40256	11495	10668	13879	1935
217895	12072	41907	2307	3421	1239	115	81	1114	139
4343244	1771996	705851	137088	160048	80248	15242	9545	56423	8437
11547416	3240458	1955892	990614	1280805	393547	92429	76009	396300	69114
1848620	183924	225452	157222	306356	127852	96776	25549	149744	13025
26375	3810	20830	4013	9786	2675	1708	25	5773	152
13943553	3826806	2737567	584296	688607	261139	53884	37932	228733	47801
6428645	1052558	1041951	536451	760179	294537	148150	32908	315891	41652
11224173	3053309	1670572	835734	1052952	343510	61081	75068	331265	61989
6728123	1484421	1498600	339622	440436	132176	33167	28857	124901	25381
2985022	1664710	728618	24338	31987	14989	2399	2682	8493	1071

表 15.6 续表 9 continued 9

指 标	Item	二、期末资产负债 Assets and Liabilities 在建工程 Construction in Process	非流动资产合计 Total Non-current Assets	资产总计 Total Assets
港、澳、台商投资企业	Enterprises with Funds from Hong Kong, Macao and Taiwan		146277	1373762
合资经营企业(港或澳、台资)	Joint-venture Enterprises		602	230866
港、澳、台商独资经营企业	Enterprises with Sole Fund		74690	1019261
港、澳、台商投资股份有限公司	Share-holding Corporations Ltd. with Investment		62599	62962
其他港澳台投资企业	Other Enterprises with Funds from Hong Kong, Macao and Taiwan		8387	60674
外商投资企业	Foreign-funded Enterprises	28716	238795	744058
中外合资经营企业	Joint-venture Enterprises	16719	200446	492401
中外合作经营企业	Cooperative Enterprises			
外资企业	Enterprises with Sole Fund	11997	34311	246406
其他外商投资企业	Other Foreign-funded Enterprises		4039	5251
按控股情况分	**Trade Broker and Agency**			
国有控股	State-holding	158744	2913522	12808243
集体控股	Collective-holding	29387	171463	642302
私人控股	Private-holding	90907	1677328	13104963
港澳台商控股	Held by Corporation from Hong Kong, Macao and Taiwan		162359	1246056
外商控股	Foreign-holding	11997	34320	252420
其 他	Other	20619	317424	4662592
按经营形式分	**By Form of Business**			
独立门店	Independent Store	96216	2075313	13665476
连锁总店	Central Shop of Chain Stores	49722	670650	2538937
连锁门店	Branch Shop of Chain Stores		4510	30885
其 他	Other	165715	2525943	16481278
按单位规模分	**By Size of Enterprise**			
大 型	Large	131071	1691981	8120729
中 型	Medium	155746	2373835	13654936
小 型	Small	24321	1126751	7869819
微 型	Micro	516	83849	3071093

单位：万元（10 000 yuan）

二、期末资产负债 Assets and Liabilities								
流动负债合计 Total Current Liabilities	其　中 of which	非流动负债合计 Total Non-current Liabilities	负债合计 Total Liabilities	所有者权益合计 Total Owner's Equity	其　中 of which			
	应付账款 Accounts Payable				实收资本 Paid-up Capital	其　中 of which		
						国家资本 State Capital	集体资本 Collective Capital	法人资本 Corporate Capital
880669	456974	89291	969960	403802	114630	20000		13019
195776	13680	9801	205577	25289	20280	20000		
667733	437336	39233	706966	312294	65986			12262
452	402	40257	40709	22253	8463			
16708	5556		16708	43966	19901			757
413057	161006	9033	422089	321968	60007			3288
263745	92638	1593	265338	227063	5500			3288
144309	64801	7440	151749	94658	54407			
5003	3567		5003	248	100			
6467921	1453871	1254694	7707171	5101072	1167006	781917	350	373042
447939	101050	35576	483516	158787	73241		44684	25568
9395789	2720100	408299	9807072	3297891	4338291	7360	14469	3176404
755191	447198	79502	834693	411363	123492			42312
148576	67996	7440	156016	96404	55407			1000
3598851	1905081	37325	3637979	1024613	238689	12244	2646	178881
9397370	2825437	452582	9850144	3815332	4302789	306102	52586	3005941
696511	265092	4120	700499	1838438	177241	1902	362	171773
45858	3740	498	46356	-15471	6066	1049		5000
10674529	3601027	1365635	12029447	4451831	1510030	492468	9202	614492
4724167	1309359	122291	4846126	3274604	668737	169503		405920
9189581	2676055	541372	9728418	3926518	3095286	487754	25786	1901715
4418761	1148280	1151546	5566205	2303614	1977338	130465	36362	1399306
2481759	1561603	7627	2485698	585395	254765	13800		90266

表 15.6 续表 10 continued 10

指 标	Item	二、期末资产负债 Assets and Liabilities 其中 of which 个人资本 Personal Capital	港澳台资本 HMT Capital	外商资本 Foreign Capital
港、澳、台商投资企业	Enterprises with Funds from Hong Kong, Macao and Taiwan	346	81265	
合资经营企业（港或澳、台资）	Joint-venture Enterprises	196	84	
港、澳、台商独资经营企业	Enterprises with Sole Fund		53724	
港、澳、台商投资股份有限公司	Share-holding Corporations Ltd. with Investment		8463	
其他港澳台投资企业	Other Enterprises with Funds from Hong Kong, Macao and Taiwan	150	18994	
外商投资企业	Foreign-funded Enterprises	1000		55719
中外合资经营企业	Joint-venture Enterprises	1000		1212
中外合作经营企业	Cooperative Enterprises			
外资企业	Enterprises with Sole Fund			54407
其他外商投资企业	Other Foreign-funded Enterprises			100
按控股情况分	**Trade Broker and Agency**			
国有控股	State-holding	11396		300
集体控股	Collective-holding	2989		
私人控股	Private-holding	1139975	84	
港澳台商控股	Held by Corporation from Hong Kong, Macao and Taiwan		81181	
外商控股	Foreign-holding			54407
其 他	Other	42756	750	1412
按经营形式分	**By Form of Business**			
独立门店	Independent Store	899385	27457	11318
连锁总店	Central Shop of Chain Stores	3205		
连锁门店	Branch Shop of Chain Stores	18		
其 他	Other	294509	54558	44801
按单位规模分	**By Size of Enterprise**			
大 型	Large	70254	23061	
中 型	Medium	580456	55386	44189
小 型	Small	407341	2196	1667
微 型	Micro	139065	1373	10262

单位：万元（10 000 yuan）

三、损益及分配 Profits and Losses								
营业收入 Business Cost	其 中 of which	营业成本 Sales Expenses	其 中 of which	营业税金及附加 Business Tax and Surcharges	其 中 of which	其他业务利润 Other Business Profits	销售费用 Sales Expenses	管理费用 Management Expenses
	主营业务收入 Main Business Cost		主营业务成本 Main Sales Expenses		主营业务税金及附加 Business Tax and Surtax			
3865184	3856071	3707574	3703583	3305	2450	2813	43025	9916
424856	424855	409371	409371	187	8		4572	1267
3140184	3133268	3053614	3049885	1713	1036	2813	16435	2375
78111	78111	70489	70489	22	22		24	268
222033	219836	174101	173839	1384	1384		21993	6005
1124825	1124447	998182	997930	1778	1744	37	77350	15053
681299	681292	595141	595141	1020	1020	1	26948	8605
441259	441250	400991	400990	717	717	36	50293	6427
2268	1906	2050	1800	41	7		109	22
22220776	22097202	19736473	19635765	847236	837881	58585	420393	407774
1263333	1259839	1207711	1206976	1590	1562	666	20186	13950
32773774	32603623	30255790	30124599	109222	107947	44662	812357	509751
3840800	3831688	3683273	3679463	3415	2738	2813	39508	9528
454601	454592	411926	411924	747	747	36	52968	6449
12678167	12553177	11800171	11738315	107586	106920	18180	402367	90250
38990429	38738305	35942202	35771799	316405	312605	74680	958726	532800
4088465	4064166	2919296	2897943	442747	437604	2895	139775	169647
87736	87604	80077	80076	104	104		9692	433
30064821	29910047	28153768	28047222	310541	307482	47367	639586	334822
14576364	14392095	12529528	12402253	602680	596315	22625	583087	297573
36022238	35861725	33334673	33234794	382289	378527	86957	782007	454298
15389523	15337365	14352206	14314545	48358	46759	15066	271183	208858
7243326	7208936	6878937	6845449	36470	36193	295	111502	76973

表 15.6 续表 11 continued 11

指 标	Item	三、损益及分配 Profits and Losses 财务费用 Financial Expenses	其中 of which 利息收入 Interest Income	利息支出 Interest Expenses	资产减值损失 Impairment of Assets
港、澳、台商投资企业	Enterprises with Funds from Hong Kong, Macao and Taiwan	13872	118	9960	765
合资经营企业(港或澳、台资)	Joint-venture Enterprises	6699	44	4970	397
港、澳、台商独资经营企业	Enterprises with Sole Fund	7159	75	4967	-240
港、澳、台商投资股份有限公司	Share-holding Corporations Ltd. with Investment	16		16	
其他港澳台投资企业	Other Enterprises with Funds from Hong Kong, Macao and Taiwan	-2		7	607
外商投资企业	Foreign-funded Enterprises	1165	684	11	242
中外合资经营企业	Joint-venture Enterprises	2142	-308		745
中外合作经营企业	Cooperative Enterprises				
外资企业	Enterprises with Sole Fund	-979	991	11	-503
其他外商投资企业	Other Foreign-funded Enterprises	1			
按控股情况分	**Trade Broker and Agency**				
国有控股	State-holding	85995	49460	92898	55047
集体控股	Collective-holding	9139	-52	7587	1803
私人控股	Private-holding	136203	19334	66337	28584
港澳台商控股	Held by Corporation from Hong Kong, Macao and Taiwan	7890	80	5386	368
外商控股	Foreign-holding	-981	989	11	-503
其 他	Other	17312	6464	15722	3298
按经营形式分	**By Form of Business**				
独立门店	Independent Store	181829	23201	102416	41373
连锁总店	Central Shop of Chain Stores	-22745	26019	1186	667
连锁门店	Branch Shop of Chain Stores	136	1	43	-1
其 他	Other	96336	27054	84296	46558
按单位规模分	**By Size of Enterprise**				
大 型	Large	5553	46611	35366	16787
中 型	Medium	167228	23113	106859	50818
小 型	Small	68073	6292	38699	18196
微 型	Micro	14703	258	7017	2797

单位：万元（10 000 yuan）

三、损益及分配 Profits and Losses								四、人工成本及增值税 Labor Costs and Value Added Tax		五、从事批发业活动的从业人员平均人数（人） Average Employees
公允价值变动收益 Fair Value	投资收益 Income from Investment	其他收益 Other Income	营业利润 Business Profits	营业外收入 Non-business Income	营业外支出 Non-business Expenses	利润总额 Total Profits	所得税费用 Income Tax Payable	应付职工薪酬（本年贷方累计发生额） Total Payable Salaries	应交增值税 Value Added Tax Payable	
68	40	4861	91696	4579	159	96115	13733	26690	18263	3412
		1222	3584	268		3852	684	1306	56	82
68	40	388	59623	4264	136	63751	9416	6172	8322	1006
			7292			7292		175	24	39
		3251	21196	46	23	21219	3634	19037	9861	2285
	62	7	30439	12338	164	42472	5848	14253	3578	1754
	68		46766	6	48	46664	3031	7362	3355	1123
	-6	7	-16372	12332	116	-4192	2818	5491	223	325
			45					1400		306
3465	42321	24642	773307	83967	8190	819688	155260	442482	421945	20362
17	886	2489	12414	2036	451	14685	2072	9702	5248	1805
-411	32720	5008	960352	36749	19537	995066	100411	402338	370199	68876
68	153	3639	100678	4308	159	104825	13308	26348	18774	3349
	-6	7	-16688	12382	116	-4459	2928	6261	230	414
146	3767	2008	375631	25428	4845	393586	57505	78122	119104	12270
1364	28426	18685	1100801	58769	25432	1131222	118285	520925	418845	64996
	6459	89	445517	24386	3497	466531	105640	148593	200327	4420
			-2704	143	305	-2867	177	3581	806	597
1921	44957	19019	662081	81573	4063	728506	107381	292153	315523	37063
-1919	36453	14471	705462	59744	6142	757857	162720	378145	355250	25301
4111	38034	22370	949887	65560	14469	965600	96390	439749	413661	52973
1026	1617	911	424554	21541	12315	457158	37518	137494	108367	27146
68	3736	41	125791	18026	372	142776	34855	9864	58222	1656

表 15.7 限额以上零售业法人企业财务状况（2017 年）
FINANCIAL INDICATORS OF RETAIL ENTERPRISES ABOVE DESIGNATED SIZE (2017)

指 标	Item	法人企业数（个）Number of Enterprises(unit)	其中 of which 执行《2006年企业会计准则》企业数（个）Number of Enterprises which Implemented Accounting standard for Business Enterprise in 2006	一、年初存货 Inventory at the Begining of Year
总 计	**Total**	**3525**	**2360**	**1987961**
按零售行业小类分	**By Retail Sector**			
综合零售	Comprehensive Retails	429	293	539622
百货零售	Department Stores	243	182	335920
超级市场零售	Supermarkets	115	66	189960
便利店零售	Convenience Stores	2	2	1217
其他综合零售	Other Comprehensive Retails	69	43	12525
食品、饮料及烟草制品专门零售	Special Retail of Food, Beverages and Tobacco	433	264	110067
粮油零售	Retail of Grains and Edible Oil	53	36	30296
糕点、面包零售	Retail of Cakes and Bread	18	13	3894
果品、蔬菜零售	Retail of Fruits and Vegetables	46	30	23236
肉、禽、蛋、奶及水产品零售	Retail of Meat, Poultry, Eggs and Aquatic Products	79	42	10007
营养和保健品零售	Retail of Nutraceutical Products	10	5	1930
酒、饮料及茶叶零售	Retail of Liquor, Beverages and Tea	99	59	17934
烟草制品零售	Retail of Tobacco	2	1	7578
其他食品零售	Retail of Other Food	126	78	15192
纺织、服装及日用品专门零售	Special Retail of Textile, Garments and Daily Consumer Articles	203	150	145872
纺织品及针织品零售	Retail of Textiles and Knitwear	22	15	4216
服装零售	Retail of Garments	96	71	90735
鞋帽零售	Retail of Shoes and Hats	13	12	9395
化妆品及卫生用品零售	Retail of Cosmetics and Sanitary Articles	17	16	8979
厨具卫具及日用杂品零售	Retail of Cooking Utensils, Bathroom Articles and Daily Groceries	11	5	6375
钟表、眼镜零售	Retail of Clocks, Watches and Glasses	11	9	22613
箱包零售	Retail of Suitcases and Bags	3	2	840
自行车等代步设备零售	Retail of Bicycles	1	1	56
其他日用品零售	Retail of Other General Merchandise	29	19	2664
文化、体育用品及器材专门零售	Special Retail of Cultural and Sports Articles	94	60	120111
文具用品零售	Retail of Cultural Articles	46	29	10351
体育用品及器材零售	Retail of Sports Articles	5	4	4123
图书、报刊零售	Retail of Books, Newspapers and Magazines	12	8	79157
珠宝首饰零售	Retail of Jewelry	20	12	24617
工艺美术品及收藏品零售	Retail of Handicrafts and Collections	9	5	1064
乐器零售	Retail of Musical Instrument	1	1	157
其他文化用品零售	Retail of Other Cultural Goods	1	1	642

单位：万元（10 000 yuan）

二、期末资产负债 Assets and Liabilities									
流动资产合计 Total Current Assets	其 中 of which		固定资产合计 Total Fixed Assets	固定资产原价 Total Original Value of Fixed Assets	其 中 of which			累计折旧 ccumulative Depreciation	其 中 of which
	应收帐款 Accounts Receivable	存 货 Inventory			房屋和构筑物 Buildings and Structures	机器设备 Machinery and Equipments	运输工具 Transportation Equipments		本年折旧 Depreciation
9067439	**1258456**	**2087860**	**2002438**	**2915972**	**509578**	**244917**	**74405**	**1039456**	**156697**
2632540	65482	549062	650253	1055785	55959	52348	8374	441955	35976
2272986	61781	350618	473469	798539	15506	32382	3301	331908	21443
283119	-10835	174469	147548	221099	33829	18801	3612	101943	12633
2466	63	1295	340	909				570	112
73969	14474	22681	28897	35238	6625	1166	1460	7535	1789
359604	82988	97112	109977	131122	40854	10400	4846	32686	8202
66759	15853	26488	29975	32728	19702	2550	651	8378	1129
18872	3298	3561	7856	12670	1200	2473	262	5400	1249
58274	4039	5179	20792	23315	724	205	97	3967	1115
44167	17446	8781	17638	20049	7001	1916	1009	3756	1193
4859	1557	1462	1500	1763	519	105	107	545	355
78981	17676	25541	12751	16603	5864	1338	923	4709	1566
17779	73	10748	614	826	533		58	212	33
69914	23047	15352	18851	23170	5311	1813	1738	5719	1563
507035	45362	174394	131717	149549	51884	9408	1587	25276	6482
11534	2899	5335	3181	2805	1278	200	69	465	241
252759	29356	107008	82015	92070	7259	6524	532	10292	4615
150417	-423	10403	32899	34473	30870	114	72	7659	593
14226	3171	8613	1154	1710	1076	143	127	637	150
15615	219	11021	1722	2334	64	366	7	668	72
51519	7437	25993	9874	14860	11137	1900	654	5060	593
1396	504	843	1	1					
51	2	50	28	30				2	2
9517	2196	5129	842	1267	200	162	126	494	217
377255	68003	65714	96961	154330	9841	2542	772	58599	1827
49647	14364	8922	6461	10256	1379	1042	430	4030	879
10518	1727	6283	7104	7516				412	236
246724	33438	24657	79288	131403	7140	366	313	52145	281
54032	12364	22891	2522	3284	1322	28	29	1237	181
4667	269	2150	561	771		5		218	68
615									
11053	5842	812	1025	1101		1101		558	182

表 15.7 续表 1 continued 1

指 标	Item	二、期末资产负债 Assets and Liabilities 在建工程 Construction in Process	非流动资产合计 Total Non-current Assets	资产总计 Total
总 计	**Total**	**364450**	**4468955**	**13561139**
按零售行业小类分	**By Retail Sector**			
综合零售	Comprehensive Retails	41299	1448629	4084062
百货零售	Department Stores	7599	1029087	3302579
超级市场零售	Supermarkets	30460	347934	633297
便利店零售	Convenience Stores		1136	3602
其他综合零售	Other Comprehensive Retails	3240	70472	144584
食品、饮料及烟草制品专门零售	Special Retail of Food, Beverages and Tobacco	5959	229991	592215
粮油零售	Retail of Grains and Edible Oil	721	86440	153198
糕点、面包零售	Retail of Cakes and Bread		16509	35380
果品、蔬菜零售	Retail of Fruits and Vegetables	1581	54062	112351
肉、禽、蛋、奶及水产品零售	Retail of Meat, Poultry, Eggs and Aquatic Products	1002	25230	70450
营养和保健品零售	Retail of Nutraceutical Products	44	2077	6936
酒、饮料及茶叶零售	Retail of Liquor, Beverages and Tea	1668	18687	98858
烟草制品零售	Retail of Tobacco		723	18502
其他食品零售	Retail of Other Food	943	26264	96540
纺织、服装及日用品专门零售	Special Retail of Textile, Garments and Daily Consumer Articles	850	169296	677044
纺织品及针织品零售	Retail of Textiles and Knitwear		3159	14776
服装零售	Retail of Garments	678	104746	357975
鞋帽零售	Retail of Shoes and Hats	171	41951	192368
化妆品及卫生用品零售	Retail of Cosmetics and Sanitary Articles		2042	16268
厨具卫具及日用杂品零售	Retail of Cooking Utensils, Bathroom Articles and Daily Groceries		1891	17667
钟表、眼镜零售	Retail of Clocks, Watches and Glasses		13532	65051
箱包零售	Retail of Suitcases and Bags		122	1518
自行车等代步设备零售	Retail of Bicycles		46	97
其他日用品零售	Retail of Other General Merchandise	1	1807	11324
文化、体育用品及器材专门零售	Special Retail of Cultural and Sports Articles	144567	504313	881835
文具用品零售	Retail of Cultural Articles	521	12465	62227
体育用品及器材零售	Retail of Sports Articles		20215	30758
图书、报刊零售	Retail of Books, Newspapers and Magazines	144046	449427	696150
珠宝首饰零售	Retail of Jewelry		3793	57951
工艺美术品及收藏品零售	Retail of Handicrafts and Collections		601	5268
乐器零售	Retail of Musical Instrument		4	619
其他文化用品零售	Retail of Other Cultural Goods		17810	28862

单位：万元（10 000 yuan）

二、期末资产负债 Assets and Liabilities								
流动负债合计 Total Current Liabilities	其中 of which	非流动负债合计 Total Non-current Liabilities	负债合计 Total Liabilities	所有者权益合计 Total Owner's Equity	其中 of which			
						其中 of which		
	应付账款 Accounts Payable				实收资本 Paid-up Capital	国家资本 State Capital	集体资本 Collective Capital	法人资本 Corporate Capital
8515787	**1577401**	**916102**	**9414494**	**4149570**	**2472187**	**207407**	**38969**	**1303763**
2690898	523520	289329	2970640	1113422	549463	17678	6490	363856
2171403	396778	212717	2372592	929987	369950	8559	2473	246509
446240	109012	68684	516855	116443	149836	8304	3153	104671
5038	4339	1200	6238	-2635	5056			
68218	13391	6728	74956	69628	24621	815	864	12676
234799	48272	42373	277467	314749	128286	6178	1902	58049
47443	4668	17172	64615	88583	10899	2525	79	4584
14440	3758	1847	16287	19094	3701			486
30239	5872	13513	43751	68600	29513		12	21575
30569	8331	2947	33491	36959	22961	715	676	10571
2698	1179	303	3002	3935	2520			692
56531	14602	2145	58992	39865	22795		606	12034
14067	570		14067	4435	2200	2000		
38812	9292	4446	43262	53278	33697	938	529	8107
318892	96514	139507	459186	217858	151262	20276	38	90885
10284	3763	402	10696	4080	2852		38	958
195732	57341	9013	204772	153203	110704			80602
28628	10531	126760	155388	36981	23718	20000		1728
9602	4256	1132	10733	5535	3070	204		760
14037	1999	164	14201	3466	2028			625
54460	16375	1681	56141	8910	5492			4287
1401			1401	117	160			150
13	13		13	84	10			
4735	2237	355	5841	5483	3227	72		1776
395306	108800	48659	444304	437531	52019	13715	734	19211
27377	12311	1264	28653	33574	15209	15	334	6955
6617	5767	1241	8594	22164	1330			400
310028	66338	41385	351004	345146	16857	13700	375	1914
42474	21819	505	42979	14973	10695			6522
1198	1013		1198	4070	2478		26	4
565			565	54	50			50
7047	1552	4264	11311	17551	5400			3367

表 15.7 续表 2 continued 2

指 标	Item	二、期末资产负债 Assets and Liabilities		
		其 中 of which		
		个人资本 Personal Capital	港澳台资本 HMT Capital	外商资本 Foreign Capital
总 计	**Total**	**692591**	**142380**	**87078**
按零售行业小类分	**By Retail Sector**			
综合零售	Comprehensive Retails	75707	67711	18020
百货零售	Department Stores	36524	62658	13227
超级市场零售	Supermarkets	28907	7	4793
便利店零售	Convenience Stores	10	5046	
其他综合零售	Other Comprehensive Retails	10266		
食品、饮料及烟草制品专门零售	Special Retail of Food, Beverages and Tobacco	62156		2
粮油零售	Retail of Grains and Edible Oil	3711		
糕点、面包零售	Retail of Cakes and Bread	3215		
果品、蔬菜零售	Retail of Fruits and Vegetables	7926		
肉、禽、蛋、奶及水产品零售	Retail of Meat, Poultry, Eggs and Aquatic Products	10999		
营养和保健品零售	Retail of Nutraceutical Products	1828		
酒、饮料及茶叶零售	Retail of Liquor, Beverages and Tea	10155		
烟草制品零售	Retail of Tobacco	200		
其他食品零售	Retail of Other Food	24121		2
纺织、服装及日用品专门零售	Special Retail of Textile, Garments and Daily Consumer Articles	34239	5824	
纺织品及针织品零售	Retail of Textiles and Knitwear	1856		
服装零售	Retail of Garments	24878	5224	
鞋帽零售	Retail of Shoes and Hats	1991		
化妆品及卫生用品零售	Retail of Cosmetics and Sanitary Articles	2106		
厨具卫具及日用杂品零售	Retail of Cooking Utensils, Bathroom Articles and Daily Groceries	1403		
钟表、眼镜零售	Retail of Clocks, Watches and Glasses	605	600	
箱包零售	Retail of Suitcases and Bags	10		
自行车等代步设备零售	Retail of Bicycles	10		
其他日用品零售	Retail of Other General Merchandise	1379		
文化、体育用品及器材专门零售	Special Retail of Cultural and Sports Articles	18358		
文具用品零售	Retail of Cultural Articles	7905		
体育用品及器材零售	Retail of Sports Articles	930		
图书、报刊零售	Retail of Books, Newspapers and Magazines	869		
珠宝首饰零售	Retail of Jewelry	4173		
工艺美术品及收藏品零售	Retail of Handicrafts and Collections	2448		
乐器零售	Retail of Musical Instrument			
其他文化用品零售	Retail of Other Cultural Goods	2033		

单位：万元（10 000 yuan）

三、损益及分配 Profits and Losses

营业收入 Business Cost	其中 of which 主营业务收入 Main Business Cost	营业成本 Sales Expenses	其中 of which 主营业务成本 Main Sales Expenses	营业税金及附加 Business Tax and Surcharges	其中 of which 主营业务税金及附加 Business Tax and Surtax	其他业务利润 Other Business Profits	销售费用 Sales Expenses	管理费用 Management Expenses
32047787	**31326217**	**27712086**	**27235095**	**228467**	**217870**	**322704**	**2002547**	**944997**
8214757	7947615	6817338	6759077	51331	50187	205303	809922	298959
5280125	5085693	4334385	4295286	41836	40777	154076	540884	218654
2447876	2376319	2046439	2028528	7095	7053	50838	251577	69816
8242	8181	6111	6111	20	20	61	2539	330
478514	477423	430404	429151	2380	2338	328	14923	10160
1498195	1490521	1242692	1237005	9627	9484	5757	105647	51071
237054	234829	211615	210396	1635	1617	2249	7862	8153
108850	108736	68710	68464	411	404	-11	27705	5936
179689	179069	160550	159968	669	643		3235	4774
279258	276616	231613	229373	2087	2076	2422	17539	8505
103864	103752	91473	91062	146	146		1004	1337
232662	232158	179620	179019	2082	2039	187	26620	9211
28457	28457	25624	25624	64	64		1293	665
328362	326905	273488	273100	2533	2495	910	20390	12490
1107803	1087324	838266	822493	9719	8676	17652	131788	62552
37249	37174	29601	29510	254	236	469	2935	2170
692797	686238	517507	514289	6769	5770	2211	89916	38793
115796	104726	90561	79526	677	671	8768	4021	11208
50133	49476	39622	39121	412	412	111	5465	2243
41481	41481	34160	34160	247	241	5286	9279	2058
111040	109262	76176	75733	857	845	571	17602	4290
7941	7941	7104	7104	5	5		686	133
1631	1631	1375	1375	4	4		67	49
49735	49395	42160	41677	495	492	237	1818	1610
821112	809087	664232	574440	5687	3882	8006	55211	38668
136487	135441	109163	108712	1213	1185	80	9650	6779
39523	39523	33403	33403	123	122		3205	1531
501628	491038	403123	314074	2524	748	6439	30819	26380
118969	118613	100172	100128	1750	1749	1487	9793	2843
11048	11016	9040	9038	65	65		637	321
1426	1426	1279	1279	2	2		103	23
12031	12031	8051	7805	10	10		1004	790

表 15.7 续表 2 continued 2

指 标	Item	三、损益及分配 Profits and Losses 财务费用 Financial Expenses	其中 of which 利息收入 Interest Income	利息支出 Interest Expenses	资产减值损失 Impairment of Assets
总 计	**Total**	**161126**	**16376**	**85627**	**30831**
按零售行业小类分	**By Retail Sector**				
综合零售	Comprehensive Retails	31789	7851	18718	23345
百货零售	Department Stores	18997	7729	13802	18552
超级市场零售	Supermarkets	10624	109	4430	4489
便利店零售	Convenience Stores	140			
其他综合零售	Other Comprehensive Retails	2028	13	485	303
食品、饮料及烟草制品专门零售	Special Retail of Food, Beverages and Tobacco	10282	1029	3400	1295
粮油零售	Retail of Grains and Edible Oil	2111	758	872	427
糕点、面包零售	Retail of Cakes and Bread	495	121	96	28
果品、蔬菜零售	Retail of Fruits and Vegetables	1668	8	136	38
肉、禽、蛋、奶及水产品零售	Retail of Meat, Poultry, Eggs and Aquatic Products	2132	42	1204	36
营养和保健品零售	Retail of Nutraceutical Products	121		8	24
酒、饮料及茶叶零售	Retail of Liquor, Beverages and Tea	1455	84	589	690
烟草制品零售	Retail of Tobacco	219	-6	128	1
其他食品零售	Retail of Other Food	2082	22	368	51
纺织、服装及日用品专门零售	Special Retail of Textile, Garments and Daily Consumer Articles	9484	1157	6282	3235
纺织品及针织品零售	Retail of Textiles and Knitwear	269	9	27	12
服装零售	Retail of Garments	5993	247	3036	3191
鞋帽零售	Retail of Shoes and Hats	1281	131	1297	5
化妆品及卫生用品零售	Retail of Cosmetics and Sanitary Articles	241	7	94	3
厨具卫具及日用杂品零售	Retail of Cooking Utensils, Bathroom Articles and Daily Groceries	77	12	28	3
钟表、眼镜零售	Retail of Clocks, Watches and Glasses	1464	751	1729	
箱包零售	Retail of Suitcases and Bags				
自行车等代步设备零售	Retail of Bicycles	3			
其他日用品零售	Retail of Other General Merchandise	157		72	23
文化、体育用品及器材专门零售	Special Retail of Cultural and Sports Articles	1136	216	-412	201
文具用品零售	Retail of Cultural Articles	647	47	156	19
体育用品及器材零售	Retail of Sports Articles	34	1	27	
图书、报刊零售	Retail of Books, Newspapers and Magazines	-989	167	-1171	183
珠宝首饰零售	Retail of Jewelry	883		577	
工艺美术品及收藏品零售	Retail of Handicrafts and Collections	31			
乐器零售	Retail of Musical Instrument				
其他文化用品零售	Retail of Other Cultural Goods	530			

单位：万元（10 000 yuan）

三、损益及分配 Profits and Losses								四、人工成本及增值税 Labor Costs and Value Added Tax		五、从事零售业活动的从业人员平均人数（人） Average Employees
公允价值变动收益 Fair Value	投资收益 Income from Investment	其他收益 Other Income	营业利润 Business Profits	营业外收入 Non-business Income	营业外支出 Non-business Expenses	利润总额 Total Profits	所得税费用 Income Tax Payable	应付职工薪酬（本年贷方累计发生额） Total Payable Salaries	应交增值税 Value Added Tax Payable	
4755	**43961**	**4533**	**1022181**	**80316**	**41219**	**1051598**	**111136**	**941698**	**538849**	**207065**
3378	20393	1796	211095	13618	9680	201808	36482	248794	153950	74618
3064	20039	1761	133545	6588	6024	120123	24654	92869	103074	38744
4	262	35	59731	6406	2347	65657	10600	142784	46473	33088
			-900	31	3	-872		660	184	158
310	92		18718	593	1306	16902	1228	12482	4219	2628
309	57	1487	79666	6359	1665	81251	7217	61953	16889	14376
60	16	1300	6626	3450	121	8788	1249	6025	1660	1160
	2		5568	425	29	5895	359	13291	1442	2941
1	2		8717	964	67	6891	2393	4712	820	1169
214	-93	183	17673	260	724	18279	722	10100	3734	2541
1	2	1	9763	4	21	9764	13	1739	91	458
30	66	3	13257	1114	90	13956	1233	10690	4532	2666
			592			592	31	980	93	236
2	63	1	17441	143	613	17087	1217	14417	4518	3205
118	3332		56090	554	16237	44524	6126	79502	27679	17736
121			2156	47	5	2136	130	2274	448	611
-11	530		30897	284	608	28957	2431	50859	16681	11436
-3	2800		10842	33	15474	-4616	1600	5926	2249	1373
2	2		2152	2	2	2153	418	2693	1607	970
2			-4340	16	18	944	71	3855	1317	833
			10651	108	130	10518	1362	10961	5044	1889
			13			13		279	26	104
			134			134		30	41	10
6			3585	65	1	4286	116	2625	268	510
7	3005	287	58573	15393	598	73605	1861	38887	8466	6793
7	9	2	8315	144	6	8610	1152	5685	3512	1695
	9		1236	6	3	1239	255	1674	1080	892
	2987		42591	15141	493	57346	42	25387	2346	2918
			3528	91		3617	110	4207	1046	992
			954	7	95	861	11	524	237	120
			18	3				50		16
		285	1932	1	1	1932	290	1361	245	160

表 15.7 续表 3 continued 3

指 标	Item	法人企业数（个）Number of Enterprises(unit)	其中 of which 执行《2006年企业会计准则》企业数（个）Number of Enterprises which Implemented Accounting standard for Business Enterprise in 2006	一、年初存货 Inventory at the Begining of Year
医药及医疗器材专门零售	Special Retail of Medicine and Medical Appliances	148	98	113383
西药零售	Retail of Western Medicine	123	84	108664
中药零售	Retail of Tradition Chinese Medicine	2	1	798
动物用药品零售	Retail of Animal Drugs	1		70
医疗用品及器材零售	Retail of Medical Articles and Appliances	19	12	2369
保健辅助治疗器材零售	Retail of Health and Fitness Adjunctive Therapy Appliances	3	1	1481
汽车、摩托车、零配件和燃料及其他动力销售	Special Retail of Automobiles, Motorcycles, Fuel and Spare Parts	1123	796	743728
汽车新车零售	Retail of New Automobiles	831	597	676468
汽车旧车零售	Retail of Second-hand Automobiles	13	10	2844
汽车零配件零售	Retail of Automobile Fittings	47	32	8290
摩托车及零配件零售	Retail of Motorcycles and Parts	94	62	10910
机动车燃料零售	Retail of Motor Fuel	126	85	40034
机动车燃气零售	Retail of Motor Gas	12	10	5181
家用电器及电子产品专门零售	Special Retail of Household Electrical Appliances and Electronic Products	457	316	107701
家用视听设备零售	Retail of Household Audio and Video Appliances	88	55	26184
日用家电设备零售	Retail of Household Electrical Appliances	152	110	42888
计算机、软件及辅助设备零售	Retail of Computers, Software and Assistant Equipment	131	87	16312
通信设备零售	Retail of Communication Equipment	60	43	19607
其他电子产品零售	Retail of Other Electronic Products	26	21	2710
五金、家具及室内装饰材料专门零售	Special Retail of Hardware, Furniture and Decoration Materials	453	273	61536
五金零售	Retail of Hardware	97	67	8348
灯具零售	Retail of Light Fittings	20	8	1603
家具零售	Retail of Furniture	108	64	25128
涂料零售	Retail of Paint	6	4	1182
卫生洁具零售	Retail of Sanitary Ware	7	4	289
木质装饰材料零售	Retail of Wooden Decorative Materials	29	21	2494
陶瓷、石材装饰材料零售	Retail of Ceramics and Stone Decorative Materials	48	27	4427
其他室内装饰材料零售	Retail of Other Indoor Decoration Materials	138	78	18066
货摊、无店铺及其他零售业	Stall, Non-shop and Other Retails	185	110	45941
互联网零售	E-commerce Retails	107	63	31329
邮购及电视、电话零售	Retails by Post, TV and Telephone	1	1	
自动售货机零售	Retails by Vending Machine	17	10	605
旧货零售	Retail of Used Goods	1	1	980
生活用燃料零售	Retail of Fuel for Daily Use	24	15	728
宠物食品用品零售	Retail of Pet Foods and Articles	4	4	111
其他未列明零售业	Other Retails not Classified Elsewhere	31	16	12188

单位：万元（10 000 yuan）

二、期末资产负债 Assets and Liabilities									
流动资产合计 Total Current Assets	其 中 of which		固定资产合计 Total Fixed Assets	固定资产原价 Total Original Value of Fixed Assets	其 中 of which			累计折旧 ccumulative Depreciation	其 中 of which
	应收帐款 Accounts Receivable	存 货 Inventory			房屋和构筑物 Buildings and Structures	机器设备 Machinery and Equipments	运输工具 Transportation Equipments		本年折旧 Depreciation
445810	202314	108321	45219	66940	8456	2506	2546	25536	4683
412119	183770	102706	42658	63774	8101	2094	2340	24195	4161
3013	1519	884	100	221		80		122	3
120	27	72							
28063	16356	3374	2435	2830	355	246	176	1130	486
2495	642	1286	26	116		86	29	89	33
3213282	286637	819548	720657	1018955	273114	144844	44847	352150	80770
2714028	246051	744368	449986	596839	217312	76418	40825	188318	62040
18965	2279	2969	12032	11105	10217	45	64	779	626
33458	11349	10944	6318	10479	4059	743	701	4280	676
45947	9985	13281	6911	10230	2492	631	579	3455	755
270265	16017	42409	207111	324978	24506	53661	2110	128165	12973
130619	955	5578	38299	65325	14527	13345	567	27153	3700
826389	348712	160038	81956	106894	22332	7837	4768	31871	6256
236226	120961	30860	21521	29391	12162	3857	708	10286	1422
360347	147872	86032	35787	44147	6120	1793	2500	10903	2672
132955	43239	17421	8642	11216	2503	1677	1004	4099	889
80804	28506	22789	15167	20692	1374	453	478	5959	1187
16058	8135	2935	839	1448	173	58	79	624	87
503022	123606	53433	135807	195633	38933	9268	4160	62332	9938
45391	22516	9128	11976	15139	3025	792	620	3274	720
9532	3264	2134	1300	1581	491	124	10	305	88
281946	13122	16494	71113	113547	28764	6098	750	43192	2903
4035	1823	1431	1465	1427	998	134	190	367	110
1116	86	282	264	296		25		32	7
14530	3238	3202	3455	3739	704	26	231	618	216
21753	8406	6112	6674	7660	1570	562	374	1189	296
124719	71151	14651	39560	52244	3381	1506	1986	13354	5599
202503	35353	60237	29891	36764	8205	5764	2507	9050	2563
125174	16517	48534	12645	13357	4874	1997	1088	2005	979
12341	12		25	30				5	4
2989	1037	399	1510	1655	207	287	109	307	132
3912	1170	1307	70	219		185	34	149	26
10908	1434	831	7820	11047	1080	2290	890	3333	561
336	44	137	381	462		10	13	100	30
46843	15139	9031	7441	9993	2044	996	373	3151	832

表 15.7 续表 4 continued 4

指 标	Item	二、期末资产负债 Assets and Liabilities		
		在建工程 Construction in Process	非流动资产合计 Total Non-current Assets	资产总计 Total Assets
医药及医疗器材专门零售	Special Retail of Medicine and Medical Appliances	1032	123469	569370
西药零售	Retail of Western Medicine	1032	119941	532087
中药零售	Retail of Tradition Chinese Medicine		216	3229
动物用药品零售	Retail of Animal Drugs			120
医疗用品及器材零售	Retail of Medical Articles and Appliances		3093	31219
保健辅助治疗器材零售	Retail of Health and Fitness Adjunctive Therapy Appliances		219	2715
汽车、摩托车、零配件和燃料及其他动力销售	Special Retail of Automobiles, Motorcycles, Fuel and Spare Parts	158520	1577232	4798430
汽车新车零售	Retail of New Automobiles	19364	829859	3551357
汽车旧车零售	Retail of Second-hand Automobiles	1085	12803	31768
汽车零配件零售	Retail of Automobile Fittings		6872	40330
摩托车及零配件零售	Retail of Motorcycles and Parts	120	13301	59248
机动车燃料零售	Retail of Motor Fuel	108459	566096	836806
机动车燃气零售	Retail of Motor Gas	29491	148302	278921
家用电器及电子产品专门零售	Special Retail of Household Electrical Appliances and Electronic Products	1995	139787	967770
家用视听设备零售	Retail of Household Audio and Video Appliances	1482	33286	269973
日用家电设备零售	Retail of Household Electrical Appliances	487	45251	406199
计算机、软件及辅助设备零售	Retail of Computers, Software and Assistant Equipment	6	28847	162093
通信设备零售	Retail of Communication Equipment	20	30936	111899
其他电子产品零售	Retail of Other Electronic Products		1466	17606
五金、家具及室内装饰材料专门零售	Special Retail of Hardware, Furniture and Decoration Materials	1095	216962	727904
五金零售	Retail of Hardware	134	18483	63878
灯具零售	Retail of Light Fittings		1990	11767
家具零售	Retail of Furniture	369	126294	414568
涂料零售	Retail of Paint	405	570	5565
卫生洁具零售	Retail of Sanitary Ware		283	1399
木质装饰材料零售	Retail of Wooden Decorative Materials	187	5776	20305
陶瓷、石材装饰材料零售	Retail of Ceramics and Stone Decorative Materials		9302	31236
其他室内装饰材料零售	Retail of Other Indoor Decoration Materials		54264	179186
货摊、无店铺及其他零售业	Stall, Non-shop and Other Retails	9134	59275	262509
互联网零售	E-commerce Retails	488	19272	144446
邮购及电视、电话零售	Retails by Post, TV and Telephone		31	12372
自动售货机零售	Retails by Vending Machine		7081	10070
旧货零售	Retail of Used Goods		70	3982
生活用燃料零售	Retail of Fuel for Daily Use	2572	14565	25731
宠物食品用品零售	Retail of Pet Foods and Articles		409	745
其他未列明零售业	Other Retails not Classified Elsewhere	6075	17848	65163

单位：万元 (10 000 yuan)

二、期末资产负债 Assets and Liabilities								
流动负债合计 Total Current Liabilities	其中 of which	非流动负债合计 Total Non-current Liabilities	负债合计 Total Liabilities	所有者权益合计 Total Owner's Equity	其中 of which			
						其中 of which		
	应付账款 Accounts Payable				实收资本 Paid-up Capital	国家资本 State Capital	集体资本 Collective Capital	法人资本 Corporate Capital
420173	214455	14507	424690	144680	94264	28297	673	35000
402642	207480	14007	406649	125438	88009	28272	673	32875
2470	1355		2470	759	350	26		300
92	69		92	27	15			
14287	5263	6	14293	16927	4976			1825
683	288	494	1186	1528	914			
3538436	359491	193916	3726317	1075038	1060781	118811	21762	547800
2440728	303977	90286	2525156	1026201	656674	25343	21490	325084
20542	1368	1280	21822	9946	3192			1107
19420	4550	1198	21368	18962	14292	2448		6581
20265	8610	492	20757	38491	22007	265	102	5911
854285	33284	68026	921384	-81654	321621	90754	170	187940
183195	7702	32634	215829	63092	42996			21177
512537	96620	101542	614297	353473	240349		5613	110346
144956	14328	1392	146492	123481	77314			7112
185763	23139	85502	271242	134958	101607		89	80966
103446	37395	3049	106542	55551	33322		5524	14168
67262	18642	11144	78439	33460	23412			6977
11110	3116	455	11583	6023	4693			1124
226650	63497	82174	315772	412132	128553	69	319	38459
33088	9124	1635	34823	29054	14875	69	319	6674
7494	2439	154	7649	4119	2820			331
96922	20158	74360	177776	236792	60365			15600
3212	1176		3212	2353	1775			1645
779	44	9	789	610	245			160
13515	3320	641	14156	6149	2232			386
8861	1242	790	9268	21969	11112			6320
62778	25996	4583	68100	111087	35130			7344
178097	66232	4096	181821	80688	67210	2383	1437	40158
108544	47612	1581	110129	34317	29689	2089	1387	15832
11355	11355		11355	1018	1000			1000
6222	838	321	6546	3524	6402			5075
3292	139	19	3311	671	919			609
11358	1239	1259	12616	13114	6515	294	25	2578
83	46	207	290	455	425			
37243	5004	708	37574	27589	22260		26	15064

表 15.7 续表 5 continued 5

指 标	Item	二、期末资产负债 Assets and Liabilities		
		其 中 of which		
		个人资本 Personal Capital	港澳台资本 HMT Capital	外商资本 Foreign Capital
医药及医疗器材专门零售	Special Retail of Medicine and Medical Appliances	30294		
西药零售	Retail of Western Medicine	26190		
中药零售	Retail of Tradition Chinese Medicine	25		
动物用药品零售	Retail of Animal Drugs	15		
医疗用品及器材零售	Retail of Medical Articles and Appliances	3151		
保健辅助治疗器材零售	Retail of Health and Fitness Adjunctive Therapy Appliances	914		
汽车、摩托车、零配件和燃料及其他动力销售	Special Retail of Automobiles, Motorcycles, Fuel and Spare Parts	266203	67492	38713
汽车新车零售	Retail of New Automobiles	193871	67492	23394
汽车旧车零售	Retail of Second-hand Automobiles	2084		
汽车零配件零售	Retail of Automobile Fittings	5264		
摩托车及零配件零售	Retail of Motorcycles and Parts	15729		
机动车燃料零售	Retail of Motor Fuel	42756		
机动车燃气零售	Retail of Motor Gas	6500		15319
家用电器及电子产品专门零售	Special Retail of Household Electrical Appliances and Electronic Products	122937	1353	100
家用视听设备零售	Retail of Household Audio and Video Appliances	70202		
日用家电设备零售	Retail of Household Electrical Appliances	19100	1353	100
计算机、软件及辅助设备零售	Retail of Computers, Software and Assistant Equipment	13631		
通信设备零售	Retail of Communication Equipment	16435		
其他电子产品零售	Retail of Other Electronic Products	3569		
五金、家具及室内装饰材料专门零售	Special Retail of Hardware, Furniture and Decoration Materials	59464		30242
五金零售	Retail of Hardware	7813		
灯具零售	Retail of Light Fittings	2490		
家具零售	Retail of Furniture	14523		30242
涂料零售	Retail of Paint	130		
卫生洁具零售	Retail of Sanitary Ware	85		
木质装饰材料零售	Retail of Wooden Decorative Materials	1846		
陶瓷、石材装饰材料零售	Retail of Ceramics and Stone Decorative Materials	4792		
其他室内装饰材料零售	Retail of Other Indoor Decoration Materials	27786		
货摊、无店铺及其他零售业	Stall, Non-shop and Other Retails	23233		
互联网零售	E-commerce Retails	10382		
邮购及电视、电话零售	Retails by Post, TV and Telephone			
自动售货机零售	Retails by Vending Machine	1327		
旧货零售	Retail of Used Goods	310		
生活用燃料零售	Retail of Fuel for Daily Use	3619		
宠物食品用品零售	Retail of Pet Foods and Articles	425		
其他未列明零售业	Other Retails not Classified Elsewhere	7171		

单位：万元（10 000 yuan）

三、损益及分配 Profits and Losses

营业收入 Business Cost	其中 of which 主营业务收入 Main Business Cost	营业成本 Sales Expenses	其中 of which 主营业务成本 Main Sales Expenses	营业税金及附加 Business Tax and Surcharges	其中 of which 主营业务税金及附加 Business Tax and Surtax	其他业务利润 Other Business Profits	销售费用 Sales Expenses	管理费用 Management Expenses
1258084	1250076	1046883	1044822	6204	5887	8499	128970	47587
1178951	1170944	986355	984295	5663	5347	8313	121911	43228
3815	3815	2759	2759	9	9		708	132
1197	1197	972	972	5	5		98	95
51508	51508	36554	36554	504	503		5093	3112
22612	22612	20244	20244	23	23	186	1160	1019
12594051	12256999	11556555	11275753	50140	46392	58564	403134	190872
9017958	8927884	8347740	8312462	35605	33884	48833	252020	153710
166511	165744	133247	132527	1091	1086	248	2411	1685
288381	287718	264178	263611	595	564	94	8082	4221
361427	360721	333094	332361	1936	1608	250	7610	6427
2315096	2077806	2095491	1858527	9472	8037	9140	107264	17959
444678	437126	382805	376265	1442	1213		25747	6871
2919963	2893957	2582924	2574313	21889	21733	15805	148086	59829
1028366	1017091	917235	910586	4934	4916	95	56248	14240
930228	923913	802756	802327	13506	13447	5702	53850	22695
535006	533861	495208	494057	2007	1960	505	11140	9931
390939	383845	337662	337304	1296	1270	9504	24726	11515
35425	35247	30063	30040	146	141		2122	1448
2926048	2884315	2371715	2355790	70298	68184	1420	146629	175537
160129	157259	137474	135168	1515	1514	735	7051	5175
33593	33593	27624	27624	398	398		1347	1239
1500765	1494634	1168136	1166277	53939	53850	4	98247	124408
10397	10397	9093	9093	44	44		637	188
7776	7776	6030	6030	43	43		169	172
91483	90987	70400	70385	2439	2439		5126	4002
114736	114037	89547	89530	1979	1960	25	2809	2652
1007169	975634	863411	851683	9942	7937	656	31244	37701
707774	706322	591483	591401	3572	3446	1698	73160	19923
423117	421803	356571	356530	1601	1525	297	50073	11555
78248	78242	64324	64324	287	287	7	13656	73
32917	32807	28103	28063	352	350		2324	1529
3479	3479	2642	2642	5	5		664	169
69931	69931	56216	56216	395	395	991	3283	2889
11644	11644	7855	7855	86	38		272	121
88438	88417	75773	75773	846	846	403	2888	3587

表 15.7 续表 6 continued 6

指 标	Item	三、损益及分配 Profits and Losses			
		财务费用 Financial Expenses	其中 of which 利息收入 Interest Income	利息支出 Interest Expenses	资产减值损失 Impairment of Assets
医药及医疗器材专门零售	Special Retail of Medicine and Medical Appliances	4910	357	2769	165
西药零售	Retail of Western Medicine	4598	358	2633	165
中药零售	Retail of Tradition Chinese Medicine	30		26	
动物用药品零售	Retail of Animal Drugs	1			
医疗用品及器材零售	Retail of Medical Articles and Appliances	239	-3	81	1
保健辅助治疗器材零售	Retail of Health and Fitness Adjunctive Therapy Appliances	41	1	29	
汽车、摩托车、零配件和燃料及其他动力销售	Special Retail of Automobiles, Motorcycles, Fuel and Spare Parts	63486	4277	39493	1013
汽车新车零售	Retail of New Automobiles	53131	3711	32780	632
汽车旧车零售	Retail of Second-hand Automobiles	542	12	307	14
汽车零配件零售	Retail of Automobile Fittings	964	21	504	77
摩托车及零配件零售	Retail of Motorcycles and Parts	1299	8	344	21
机动车燃料零售	Retail of Motor Fuel	5322	389	3766	269
机动车燃气零售	Retail of Motor Gas	2228	136	1792	
家用电器及电子产品专门零售	Special Retail of Household Electrical Appliances and Electronic Products	11604	936	4189	365
家用视听设备零售	Retail of Household Audio and Video Appliances	4109	402	1303	183
日用家电设备零售	Retail of Household Electrical Appliances	4170	74	1467	31
计算机、软件及辅助设备零售	Retail of Computers, Software and Assistant Equipment	980	423	498	109
通信设备零售	Retail of Communication Equipment	2214	38	906	33
其他电子产品零售	Retail of Other Electronic Products	131		14	8
五金、家具及室内装饰材料专门零售	Special Retail of Hardware, Furniture and Decoration Materials	24422	391	8947	590
五金零售	Retail of Hardware	1074	44	414	30
灯具零售	Retail of Light Fittings	238	4	37	10
家具零售	Retail of Furniture	12019	242	7616	16
涂料零售	Retail of Paint	95	62	8	
卫生洁具零售	Retail of Sanitary Ware	82		10	
木质装饰材料零售	Retail of Wooden Decorative Materials	773	7	10	41
陶瓷、石材装饰材料零售	Retail of Ceramics and Stone Decorative Materials	433	10	68	65
其他室内装饰材料零售	Retail of Other Indoor Decoration Materials	9708	23	785	430
货摊、无店铺及其他零售业	Stall, Non-shop and Other Retails	4014	162	2243	623
互联网零售	E-commerce Retails	2776	93	1464	576
邮购及电视、电话零售	Retails by Post, TV and Telephone	1	1		
自动售货机零售	Retails by Vending Machine	198		10	14
旧货零售	Retail of Used Goods	19	1	18	
生活用燃料零售	Retail of Fuel for Daily Use	226	44	114	
宠物食品用品零售	Retail of Pet Foods and Articles	103			30
其他未列明零售业	Other Retails not Classified Elsewhere	691	23	637	3

单位：万元（10 000 yuan）

三、损益及分配 Profits and Losses								四、人工成本及增值税 Labor Costs and Value Added Tax		五、从事零售业活动的从业人员平均人数 Average Employees
公允价值变动收益 Fair Value	投资收益 Income from Investment	其他收益 Other Income	营业利润 Business Profits	营业外收入 Non-business Income	营业外支出 Non-business Expenses	利润总额 Total Profits	所得税费用 Income Tax Payable	应付职工薪酬（本年贷方累计发生额） Total Payable Salaries	应交增值税 Value Added Tax Payable	
6	8902	-19	32637	1201	368	33977	2846	75881	25608	14980
5	8901	-19	26300	1182	320	27958	2071	72977	23634	14415
			177		6	171	44	341	68	92
			27			27	7	101	42	21
1	1		6007	18	42	5694	712	1963	1799	342
			126	2		127	12	499	65	110
638	3427	822	326483	25417	8547	361288	31843	292623	184709	46756
595	3413	742	180149	10187	3821	214887	21473	216661	92162	30784
2			27523	23	8	27538	464	2080	570	406
24			10289	296	107	10402	1008	6732	2145	792
5		80	11125	57	6	9098	506	4274	2241	1326
11	14		71809	14159	3716	74044	2963	48895	79062	11774
2			25588	696	889	25319	5429	13981	8529	1674
126	4597	6	104760	13397	3132	102618	8445	68239	40916	16019
-17	4145		40422	1135	2623	30493	3209	17970	6195	3394
11	397		33628	10574	210	37493	3325	19723	11841	5814
97	22	6	15645	410	195	15241	1076	11679	4407	2623
33	32		13557	1273	104	17913	821	16753	18052	3749
2	0		1508	5		1477	15	2114	422	439
98	16	2	137534	653	324	136015	14478	49355	67757	9885
8	37	1	8388	242	79	7939	420	6329	2504	1375
-2	1	1	2738	1		2660	98	1012	598	255
3			44033	293	62	43863	4864	22813	47900	3793
			339			379	82	576	152	125
			1281			1281	12	203	78	50
35	15		8754	6	5	8368	1435	1822	619	441
53	10		17314	67	33	17243	79	3305	1199	994
	-47		54687	44	144	54282	7487	13295	14708	2852
76	232	153	15345	3725	668	16512	1839	26464	12875	5902
17	231		210	3530	558	2970	742	15983	5267	2680
			-93	107	5	9	2	67	2080	5
1	1	149	549	30	41	453	2	1667	1040	312
			-20			-19		164	3	46
1		4	6926	17	25	5726	521	2556	1456	564
55			3232			3232	10	291	36	82
2			4541	41	39	4141	561	5736	2994	2213

表 15.7 续表 7 continued 7

指 标	Item	法人企业数(个) Number of Enterprises(unit)	其中 of which: 执行《2006年企业会计准则》企业数(个) Number of Enterprises which Implemented Accounting standard for Business Enterprise in 2006	一、年初存货 Inventory at the Begining of Year
按登记注册类型分	**By Status of Registration**			
内资企业	Domestic-funded Enterprises	3473	2309	1869857
国有企业	State-owned Enterprises	12	10	8353
集体企业	Collective-owned Enterprises	12	7	1592
股份合作企业	Cooperative Enterprises	12	11	2546
联营企业	Joint-owned Enterprises	2	1	35
集体联营企业	Collective Joint-owned Enterprises	1		4
国有与集体联营企业	Joint State-collective Enterprises	1	1	32
有限责任公司	Limited Liability Corporations	970	708	741788
国有独资公司	State Sole Funded Corporations	22	17	12788
其他有限责任公司	Other Limited Liability Corporations	948	691	729000
股份有限公司	Share-holding Corporations Ltd.	78	57	282790
私营企业	Private Enterprises	2369	1499	831200
私营独资企业	Private-funded Enterprises	155	97	14567
私营合伙企业	Private Partnership Enterprises	6	4	194
私营有限责任公司	Private Limited Liability Corporations	2100	1313	770310
私营股份有限公司	Private Share-holding Corporations Ltd.	108	85	46129
其他企业	Other Enterprises	18	16	1553
港、澳、台商投资企业	Enterprises Funded by Hong Kong, Macao and Taiwan	35	34	72912
合资经营企业(港或澳、台资)	Joint-venture Enterprises	6	6	16278
港、澳、台商独资经营企业	Enterprises with Sole Fund	22	21	53729
港、澳、台商投资股份有限公司	Share-holding Corporations Ltd. with Investment	1	1	1966
其他港澳台投资企业	Other Enterprises with Funds from Hong Kong, Macao and Taiwan	6	6	940
外商投资企业	Foreign-funded Enterprises	17	17	45193
中外合资经营企业	Joint-venture Enterprises	4	4	5773
中外合作经营企业	Cooperative Enterprises	1	1	11243
外资企业	Enterprises with Sole Fund	10	10	22034
其他外商投资企业	Other Foreign-funded Enterprises	2	2	6143
按控股情况分	**By Holding Entity of Share**			
国有控股	State-holding	135	119	560533
集体控股	Collective-holding	29	20	5668
私人控股	Private-holding	3106	2018	1145094
港澳台商控股	Held by Corporation from Hong Kong, Macao and Taiwan	28	27	70670
外商控股	Foreign-holding	12	12	35440
其 他	Other	215	164	170555

单位：万元（10 000 yuan）

二、期末资产负债 Assets and Liabilities

流动资产合计 Total Current Assets	其 中 of which		固定资产合计 Total Fixed Assets	固定资产原价 Total Original Value of Fixed Assets	其 中 of which			累计折旧 ccumulative Depreciation	其 中 of which
	应收帐款 Accounts Receivable	存 货 Inventory			房屋和构筑物 Buildings and Structures	机器设备 Machinery and Equipments	运输工具 Transportation Equipments		本年折旧 Depreciation
8306702	1232914	1943995	1741775	2490908	437021	195367	69527	869544	140935
31300	11208	8970	28372	48298	6392	936	1343	19995	2371
10360	2920	1658	2183	3406	1990	641	112	1240	669
6214	1880	2246	3590	3470				895	184
1347	183	29	189	395				239	207
576	183	1	37	37				33	1
771		28	153	358				206	206
3196370	513746	704092	590259	858873	178167	84605	30879	299482	49064
128381	18351	16223	84526	133749	6576	916	373	52057	8198
3067988	495395	687869	505733	725124	171591	83689	30506	247425	40866
1054115	37506	278934	450247	677908	44928	8919	980	239063	18582
3982206	664216	942268	663517	894297	205392	100139	36173	307726	69703
60774	6223	20662	29205	33107	6203	1753	537	6094	1761
3123	101	228	1045	1291	563	82	32	296	50
3156711	602570	875895	599962	816825	190090	97772	34840	290211	65652
761599	55322	45483	33306	43074	8536	532	764	11125	2240
24790	1254	5798	3417	4263	152	126	40	906	155
314619	21187	90342	133906	234212	59665	40571	4464	103034	9705
47717	5224	17083	26943	35493	29634	2967	1820	8688	1555
223975	15110	68949	104028	195477	27815	37011	2490	94039	8065
2232	69	2163	2635	2677	2062	501	114	42	15
40695	785	2146	300	565	155	92	41	266	70
446118	4356	53523	126757	190852	12892	8979	414	66878	6058
57045	242	4843	47310	53746	7099	7070	229	6436	1970
33479		9579	9537	46703				37166	
338849	-349	29976	58619	76725	5793	1909	185	20890	1702
16746	4463	9125	11292	13678				2386	2386
1849060	182006	485710	695381	1100842	54435	61225	4882	418342	35992
22097	8212	3128	8507	11638	4224	1178	498	3480	1029
5378907	954237	1273895	922071	1232783	313488	126363	52681	402943	94513
305426	24986	91088	135871	234013	48530	38580	3931	100732	11553
374790	-217	39555	99083	154496	5793	1909	185	58196	1742
1137159	89233	194485	141524	182201	83109	15663	12229	55764	11867

表 15.7 续表 8 continued 8

指　标	Item	二、期末资产负债 Assets and Liabilities 在建工程 Construction in Process	非流动资产合计 Total Non-current Assets	资产总计 Total Assets
按登记注册类型分	**By Status of Registration**			
内资企业	Domestic-funded Enterprises	355814	4058408	12389854
国有企业	State-owned Enterprises	1887	44017	75317
集体企业	Collective-owned Enterprises		2949	13309
股份合作企业	Cooperative Enterprises		3981	10334
联营企业	Joint-owned Enterprises	166	515	1862
集体联营企业	Collective Joint-owned Enterprises		37	612
国有与集体联营企业	Joint State-collective Enterprises	166	479	1250
有限责任公司	Limited Liability Corporations	175394	1555241	4754775
国有独资公司	State Sole Funded Corporations	6489	160873	289254
其他有限责任公司	Other Limited Liability Corporations	168904	1394369	4465521
股份有限公司	Share-holding Corporations Ltd.	21015	914196	1968568
私营企业	Private Enterprises	155713	1532227	5535618
私营独资企业	Private-funded Enterprises	605	37237	99438
私营合伙企业	Private Partnership Enterprises		1224	4347
私营有限责任公司	Private Limited Liability Corporations	153283	1325594	4501729
私营股份有限公司	Private Share-holding Corporations Ltd.	1825	168173	930105
其他企业	Other Enterprises	1639	5281	30071
港、澳、台商投资企业	Enterprises Funded by Hong Kong, Macao and Taiwan	960	186028	500647
合资经营企业（港或澳、台资）	Joint-venture Enterprises	4	47291	95008
港、澳、台商独资经营企业	Enterprises with Sole Fund	956	135190	359166
港、澳、台商投资股份有限公司	Share-holding Corporations Ltd. with Investment		2635	4867
其他港澳台投资企业	Other Enterprises with Funds from Hong Kong, Macao and Taiwan		912	41607
外商投资企业	Foreign-funded Enterprises	7676	224519	670638
中外合资经营企业	Joint-venture Enterprises	6298	99852	156898
中外合作经营企业	Cooperative Enterprises		11730	45208
外资企业	Enterprises with Sole Fund	1378	101615	440464
其他外商投资企业	Other Foreign-funded Enterprises		11322	28068
按控股情况分	**By Holding Entity of Share**			
国有控股	State-holding	183448	1797790	3646850
集体控股	Collective-holding	826	10572	32669
私人控股	Private-holding	168551	1962381	7365840
港澳台商控股	Held by Corporation from Hong Kong, Macao and Taiwan	960	184257	489683
外商控股	Foreign-holding	1378	154472	529262
其　他	Other	9287	359484	1496835

单位：万元（10 000 yuan）

二、期末资产负债 Assets and Liabilities								
流动负债合计 Total Current Liabilities	其　中 of which	非流动负债合计 Total Non-current Liabilities	负债合计 Total Liabilities	所有者权益合计 Total Owner's Equity	其　中 of which			
	应付账款 Accounts Payable				实收资本 Paid-up Capital	其　中 of which		
						国家资本 State Capital	集体资本 Collective Capital	法人资本 Corporate Capital
7860367	1463775	813157	8667804	3724975	2138450	200549	38969	1189777
30764	6217	4329	33973	41344	41643	38142		3500
8177	443	137	8314	4995	2145	7	1535	412
4350	1675	354	4751	5583	3487		12	1713
502	246		502	1361	769	731	38	
400	209		400	212	38		38	
102	38		102	1148	731	731		
3473508	633048	219860	3694740	1060035	787228	114329	13123	400066
688237	68727	9969	698206	-408952	16031	3461		12570
2785271	564322	209891	2996535	1468986	771198	110868	13123	387496
1028692	309524	165434	1194126	777368	232119	37447	372	179695
3294748	511720	422342	3711070	1824548	1059129	9893	23889	593530
23764	6751	5579	29449	69989	21506			6333
225		150	375	3972	981			801
2502276	465746	401318	2897527	1604202	949333	9593	23259	516410
768483	39222	15295	783719	146385	87308	300	630	69986
19627	901	702	20328	9743	11931			10860
260727	62202	39191	299790	200857	155690			36878
59206	23717	1681	60887	34121	21163			1127
188540	28721	37450	225862	133304	123548			35556
117	69		117	4750	100			
12864	9696	60	12924	28683	10879			195
394693	51424	63753	446900	223738	178047	6858		77108
32740	8995	4133	36873	120025	76892	6858		47857
33479	12663		21932	23276	24251			24251
312461	28027	59620	372081	68383	61332			5000
16013	1739		16013	12054	15572			
2610314	633701	101727	2710321	939454	470501	169091	1491	266532
18442	4586	411	18852	13817	6591	34	3054	2944
4435233	730363	488294	4919498	2446342	1455095	10972	26244	783575
253934	58846	37450	291256	198427	168148			35556
351839	40690	59620	399914	129349	112083			55751
846024	109214	228599	1074652	422183	259770	27311	8180	159406

表 15.7 续表 9 continued 9

指 标	Item	二、期末资产负债 Assets and Liabilities		
		其 中 of which		
		个人资本 Personal Capital	港澳台资本 HMT Capital	外商资本 Foreign Capital
按登记注册类型分	**By Status of Registration**			
内资企业	Domestic-funded Enterprises	690329	10259	8569
国有企业	State-owned Enterprises			
集体企业	Collective-owned Enterprises	191		
股份合作企业	Cooperative Enterprises	1762		
联营企业	Joint-owned Enterprises			
集体联营企业	Collective Joint-owned Enterprises			
国有与集体联营企业	Joint State-collective Enterprises			
有限责任公司	Limited Liability Corporations	259692	12	7
国有独资公司	State Sole Funded Corporations			
其他有限责任公司	Other Limited Liability Corporations	259692	12	7
股份有限公司	Share-holding Corporations Ltd.	14605		
私营企业	Private Enterprises	413009	10247	8561
私营独资企业	Private-funded Enterprises	15173		
私营合伙企业	Private Partnership Enterprises	180		
私营有限责任公司	Private Limited Liability Corporations	381264	10247	8561
私营股份有限公司	Private Share-holding Corporations Ltd.	16392		
其他企业	Other Enterprises	1071		
港、澳、台商投资企业	Enterprises Funded by Hong Kong, Macao and Taiwan	1690	117121	
合资经营企业（港或澳、台资）	Joint-venture Enterprises	536	19500	
港、澳、台商独资经营企业	Enterprises with Sole Fund	471	87521	
港、澳、台商投资股份有限公司	Share-holding Corporations Ltd. with Investment		100	
其他港澳台投资企业	Other Enterprises with Funds from Hong Kong, Macao and Taiwan	683	10000	
外商投资企业	Foreign-funded Enterprises	572	15000	78509
中外合资经营企业	Joint-venture Enterprises			22177
中外合作经营企业	Cooperative Enterprises			
外资企业	Enterprises with Sole Fund			56332
其他外商投资企业	Other Foreign-funded Enterprises	572	15000	
按控股情况分	**By Holding Entity of Share**			
国有控股	State-holding	33388		
集体控股	Collective-holding	558		
私人控股	Private-holding	615478	10259	8569
港澳台商控股	Held by Corporation from Hong Kong, Macao and Taiwan	471	132121	
外商控股	Foreign-holding			56332
其 他	Other	42696		22177

单位：万元（10 000 yuan）

三、损益及分配 Profits and Losses

营业收入 Business Cost	其中 of which	营业成本 Sales Expenses	其中 of which	营业税金及附加 Business Tax and Surcharges	其中 of which	其他业务利润 Other Business Profits	销售费用 Sales Expenses	管理费用 Management Expenses
	主营业务收入 Main Business Cost		主营业务成本 Main Sales Expenses		主营业务税金及附加 Business Tax and Surtax			
29807830	29136755	25844039	25377615	218378	207813	289183	1782786	864891
398652	392447	375339	369846	564	401	677	18510	2961
42420	41976	34086	33782	444	440	2	2709	2915
55712	55089	47286	47283	593	593		1500	1207
7270	7165	6517	6427	28	18		299	76
2110	2110	1893	1893	7	7		36	18
5160	5055	4624	4535	21	11		263	58
10909449	10538842	9640047	9272393	59741	53132	74287	589067	256207
639714	422008	581512	363774	1519	1106	9438	31230	5613
10269736	10116834	9058534	8908619	58222	52026	64850	557837	250594
4927616	4756332	4189688	4146057	29873	28803	134632	412673	141917
13365002	13243778	11460485	11411239	125837	123129	79004	755378	456797
441860	441194	354242	353315	5877	5822	19	18387	13971
23001	23001	19688	19688	120	120		688	583
11978205	11861376	10282292	10238786	112470	110133	78020	697563	400991
921936	918208	804264	799450	7370	7054	965	38740	41252
101709	101126	90592	90588	1299	1299	580	2652	2811
890538	860819	709276	698838	5688	5659	15776	107262	43684
187768	186536	151275	151241	1530	1530	1716	18728	5850
612025	586424	488505	478113	2859	2859	11187	82243	35501
21164	21164	14365	14365	202	202		814	765
69582	66696	55131	55119	1098	1069	2874	5477	1568
1349419	1328644	1158771	1158642	4400	4397	17745	112499	36422
228530	228510	180363	180360	1088	1088	73	16085	5591
93043	85212	71600	71600	310	310	7831	18390	3267
955265	950617	841454	841328	2597	2593	1564	75368	24494
72581	64305	65354	65354	405	405	8277	2656	3069
8146130	7695135	7107424	6735107	37210	33030	160526	598945	203470
222933	221447	191862	191530	9346	9332	1017	9629	7425
18703600	18508769	16089518	16013650	161661	156055	112316	1060385	593291
902055	864849	734009	723617	5279	5279	24020	100356	43495
1078053	1065574	936571	936445	3161	3158	9395	95792	28122
2995015	2970444	2652702	2634746	11809	11016	15431	137439	69194

表 15.7 续表 10 continued 10

指 标	Item	三、损益及分配 Profits and Losses			
		财务费用 Financial Expenses	其中 of which		资产减值损失 Impairment of Assets
			利息收入 Interest Income	利息支出 Interest Expenses	
按登记注册类型分	**By Status of Registration**				
内资企业	Domestic-funded Enterprises	152090	13574	79319	27578
国有企业	State-owned Enterprises	582	74	603	-13
集体企业	Collective-owned Enterprises	100	7	59	3
股份合作企业	Cooperative Enterprises	396	12	102	16
联营企业	Joint-owned Enterprises	10	4	14	
集体联营企业	Collective Joint-owned Enterprises				
国有与集体联营企业	Joint State-collective Enterprises	10	4	14	
有限责任公司	Limited Liability Corporations	57725	5546	29944	5105
国有独资公司	State Sole Funded Corporations	1421	205	810	151
其他有限责任公司	Other Limited Liability Corporations	56303	5342	29134	4954
股份有限公司	Share-holding Corporations Ltd.	7556	5618	4231	18252
私营企业	Private Enterprises	85214	2310	44352	4214
私营独资企业	Private-funded Enterprises	5120	2	707	118
私营合伙企业	Private Partnership Enterprises	195	3	14	1
私营有限责任公司	Private Limited Liability Corporations	74506	2048	41102	4088
私营股份有限公司	Private Share-holding Corporations Ltd.	5394	256	2530	8
其他企业	Other Enterprises	509	1	14	3
港、澳、台商投资企业	Enterprises Funded by Hong Kong, Macao and Taiwan	4084	1937	3853	3222
合资经营企业(港或澳、台资)	Joint-venture Enterprises	-290	1704	975	
港、澳、台商独资经营企业	Enterprises with Sole Fund	4242	96	2722	3062
港、澳、台商投资股份有限公司	Share-holding Corporations Ltd. with Investment	142	36	83	160
其他港澳台投资企业	Other Enterprises with Funds from Hong Kong, Macao and Taiwan	-10	101	73	
外商投资企业	Foreign-funded Enterprises	4951	865	2456	31
中外合资经营企业	Joint-venture Enterprises	1943	-251	1200	20
中外合作经营企业	Cooperative Enterprises	-788	686	-101	
外资企业	Enterprises with Sole Fund	3313	430	1358	11
其他外商投资企业	Other Foreign-funded Enterprises	483			
按控股情况分	**By Holding Entity of Share**				
国有控股	State-holding	13298	8013	10569	18687
集体控股	Collective-holding	723	21	164	8
私人控股	Private-holding	116771	4600	55443	8823
港澳台商控股	Held by Corporation from Hong Kong, Macao and Taiwan	4784	1155	3763	3222
外商控股	Foreign-holding	3209	1116	1256	11
其 他	Other	22342	1472	14432	80

单位：万元（10 000 yuan）

三、损益及分配 Profits and Losses								四、人工成本及增值税 Labor Costs and Value Added Tax		五、从事零售业活动的从业人员平均人数 Average Employees
公允价值变动收益 Fair Value	投资收益 Income from Investment	其他收益 Other Income	营业利润 Business Profits	营业外收入 Non-business Income	营业外支出 Non-business Expenses	利润总额 Total Profits	所得税费用 Income Tax Payable	应付职工薪酬（本年贷方累计发生额） Total Payable Salaries	应交增值税 Value Added Tax Payable	
4482	41591	4461	972021	76893	40144	996601	93150	868677	491976	193622
	47	4	780	1556	436	1918	185	12144	42304	1432
5	19		2188	250		2699	596	2801	2330	730
9	2		4726		359	3258	259	1713	1159	440
			341	10	12	313	139	178	306	28
			157	4	1		42	22	230	10
			184	5	11	313	98	156	76	18
598	7698	2348	314164	40012	7714	392761	31765	351464	140071	60703
-9	-4	1280	19535	6363	1178	25825	944	13512	23465	2066
607	7702	1069	294629	33649	6536	366936	30821	337952	116606	58637
2453	20810	1598	145170	9691	21357	133098	19777	59904	84449	31731
1415	13015	511	500806	24569	10266	458432	40303	438501	219670	98231
49	-33	4	44167	43	28	41815	806	10677	7004	3012
1			1727			1727	118	280	708	73
1343	13036	506	429667	24114	7026	400068	38522	406218	201666	89985
23	12	2	25246	412	3213	14822	857	21326	10293	5161
1	1		3846	806		4121	126	1972	1687	327
273	548	5	16815	2130	106	21623	9525	39662	21075	7752
	3		9410	94	59	12394	2468	9678	12158	1153
153	545	5	-3749	1872	45	-1931	4985	26845	6666	6105
120			4836			4836	601	1835	516	289
			6318	165	3	6324	1471	1304	1735	205
	1821	68	33345	1293	968	33374	8461	33360	25798	5691
			23440	52	673	22892	5200	10320	13420	1727
			-627	32	53	-648		4968	668	1354
	1821	68	9918	1158	105	10971	3261	15804	12087	2429
			613	52	138	159		2269	-376	181
2551	19015	2582	183768	39793	10099	209629	23362	177368	173062	47710
5	21		3967	275	22	4304	719	4691	4737	1203
1920	19248	1387	706755	33623	13450	659551	62886	620467	285021	131941
273	548	5	10405	1980	205	15121	8596	35589	17719	7005
	1821	68	12186	1190	158	13218	3261	24098	17300	4608
6	3308	492	105099	3456	17286	149775	12312	79484	41010	14598

表 15.7 续表 11 continued 11

指 标	Item	法人企业数（个）Number of Enterprises(unit)	其中 of which 执行《2006年企业会计准则》企业数（个）Number of Enterprises which Implemented Accounting standard for Business Enterprise in 2006	一、年初存货 Inventory at the Begining of Year
按经营形式分	**By Form of Business**			
独立门店	Independent Store	3075	2040	1166098
连锁总店	Central Shop of Chain Stores	74	59	604712
连锁直营店	Direct-sale Shop of Chain Stores	27	25	40873
连锁加盟店	Branch Shop of Chain Stores	3	3	3381
其 他	Other	346	233	172898
按单位规模分	**By Size of Enterprise**			
大 型	Large	56	52	712561
中 型	Medium	617	484	814090
小 型	Small	2031	1277	395402
微 型	Micro	821	547	65908
按零售业态分	**By Type of Retail Business**			
有店铺零售	In-store Retail	3312	2223	1937479
食杂店	Grocery Store	48	30	2830
便利店	Convenience Store	35	21	3186
折扣店	Discount Store	1		70
超 市	Super Market	261	155	60700
大型超市	Large Super Market	45	37	205101
仓储会员店	Warehouse Membership Store	11	8	8412
百货店	Department Store	253	189	333444
专业店	Specialized Store	1396	918	682720
专卖店	Exclusive Store	939	666	564445
家居建材商店	Home Furnishing Store	215	129	42820
购物中心	Shopping Center	19	17	11011
厂家直销中心	Factory Outlet Center	89	53	22742
无店铺零售	Off-store Retail	206	132	49694
电视购物	TV Shopping	1	1	
邮 购	Mail Order	2	1	24
网上商店	Online Shop	139	89	37006
电话购物	Telephone Order	1		41
其 他	Others	63	41	12624

单位：万元（10 000 yuan）

二、期末资产负债 Assets and Liabilities									
流动资产合计 Total Current Assets	其 中 of which		固定资产合计 Total Fixed Assets	固定资产原价 Total Original Value of Fixed Assets	其 中 of which			累计折旧 ccumulative Depreciation	其 中 of which
	应收帐款 Accounts Receivable	存 货 Inventory			房屋和构筑物 Buildings and Structures	机器设备 Machinery and Equipments	运输工具 Transportation Equipments		本年折旧 Depreciation
5808149	808231	1324701	1146005	1580622	405560	164633	64274	513883	106371
1681069	150961	524295	596875	934631	38491	57734	4441	365609	27974
272483	122873	36234	36528	92619	23518	5710	1112	57665	2999
14401	6547	3583	401	467	32	3		228	5
1291337	169844	199047	222629	307634	41978	16837	4578	102071	19348
2566434	311413	623025	849809	1347514	91003	83624	4906	526224	41806
3983563	344265	885222	655211	882258	306446	87133	38251	276274	55598
2189188	532083	512085	373840	459517	94386	68102	26924	130670	46628
328254	70695	67527	123578	226683	17743	6057	4324	106288	12665
8484545	1152991	2006945	1942487	2838697	502078	238782	71241	1019358	145857
14074	6215	3092	3851	4364	183	163	376	845	300
12516	3201	5996	4704	5635	942	591	271	1786	394
581	3	71	11	96				85	10
209082	34991	67883	85054	124881	18262	5192	1899	44670	6412
316813	-15380	186311	146770	251757	28605	18553	3760	134087	13551
17255	6593	2606	1449	1827	10		5	850	67
2208419	74194	367406	478718	753792	47227	34848	3731	284193	20547
3145551	720090	747504	681928	971395	207648	133517	30863	341288	65532
1973527	203117	560715	343779	467816	146301	34844	25788	145738	27517
361478	85648	35127	95801	144772	29539	7653	2675	50261	6370
131884	7590	11705	63658	68805	4800	32	67	5270	2630
93366	26729	18530	36765	43558	18563	3388	1807	10287	2528
570284	101055	79176	58849	75994	7427	6093	2061	19884	10663
12341	12		25	30				5	4
375	94	14	44	95		30	26	51	8
385303	41220	55929	49769	62859	6589	3791	1534	14973	9165
312	156		150	120				55	24
171953	59573	23233	8862	12890	837	2273	500	4800	1463

表 15.7 续表 12 continued 12

指 标	Item	二、期末资产负债 Assets and Liabilities		
		在建工程 Construction in Process	非流动资产合计 Total Non-current Assets	资产总计 Total Assets
按经营形式分	**By Form of Business**			
独立门店	Independent Store	120592	2290814	8122780
连锁总店	Central Shop of Chain Stores	181622	1651927	3333306
连锁直营店	Direct-sale Shop of Chain Stores	1106	55353	327837
连锁加盟店	Branch Shop of Chain Stores	163	632	15033
其 他	Other	60968	470229	1762184
按单位规模分	**By Size of Enterprise**			
大 型	Large	197862	1925202	4491636
中 型	Medium	132778	1714388	5701541
小 型	Small	31224	642253	2851739
微 型	Micro	2585	187113	516223
按零售业态分	**By Type of Retail Business**			
有店铺零售	In-store Retail	357815	4359589	12868778
食杂店	Grocery Store		10041	24116
便利店	Convenience Store	195	5721	18380
折扣店	Discount Store		11	592
超 市	Super Market	5420	152188	363613
大型超市	Large Super Market	29364	401356	718478
仓储会员店	Warehouse Membership Store		1983	19252
百货店	Department Store	5795	969121	3178019
专业店	Specialized Store	288523	1853108	5013008
专卖店	Exclusive Store	19404	664020	2640827
家居建材商店	Home Furnishing Store	640	153195	515409
购物中心	Shopping Center	940	82714	214598
厂家直销中心	Factory Outlet Center	7536	66130	162487
无店铺零售	Off-store Retail	6488	104505	674889
电视购物	TV Shopping		31	12372
邮 购	Mail Order		150	525
网上商店	Online Shop	3807	70542	455845
电话购物	Telephone Order		98	510
其 他	Others	2681	33685	205638

单位：万元 (10 000 yuan)

二、期末资产负债 Assets and Liabilities								
流动负债合计 Total Current Liabilities	其 中 of which	非流动负债合计 Total Non-current Liabilities	负债合计 Total Liabilities	所有者权益合计 Total Owner's Equity	其 中 of which			
	应付账款 Accounts Payable				实收资本 Paid-up Capital	其 中 of which		
						国家资本 State Capital	集体资本 Collective Capital	法人资本 Corporate Capital
4955895	666947	516437	5464337	2658443	1870169	92699	30631	1009793
1966720	610396	121542	2090109	1243197	255710	43599	54	186306
237988	39961	5740	232053	95784	104914	316		28883
14678	8486		14678	355	1500			1000
1340507	251611	272382	1613317	151793	239894	70793	8284	77781
3049604	675868	176258	3216035	1275601	488563	72024		282304
3834143	477267	484703	4309898	1394568	1029395	115408	7676	573911
1391285	291630	236521	1627157	1224582	771763	18108	24664	374833
240754	132636	18619	261404	254819	182466	1868	6629	72715
7965405	1405405	907845	8856106	4015597	2378402	205075	37082	1250998
8589	2963	1348	9937	14179	11610	234		7462
7760	3681	202	7973	10407	4925	500		1714
8	8		8	584	508			
185945	53847	21481	207565	156047	85706	5171	3188	32582
509596	120624	84639	584407	134071	171392	7343	2752	135860
8313	2239	130	8442	10809	2008	32	101	1675
1963064	399489	316505	2279669	898350	367391	29431	1983	215678
2919315	539092	302601	3215607	1797401	1087229	140196	19752	580214
2081477	217881	92348	2168344	475408	460406	21654	8585	177103
128632	43809	77188	209304	306105	73689			16571
75078	9551	10253	85331	129267	78411			61795
77628	12221	1150	79518	82968	35129	515	722	20344
534736	170444	8089	542570	132319	91346	2089	1887	51732
11355	11355		11355	1018	1000			1000
139	88		139	386	130			81
376114	111382	2365	378483	77362	61248	2089	1387	34403
39	36		39	472	130			
147090	47584	5723	152555	53082	28838		500	16248

表 15.7 续表 13 continued 13

指 标	Item	二、期末资产负债 Assets and Liabilities		
		其 中 of which		
		个人资本 Personal Capital	港澳台资本 HMT Capital	外商资本 Foreign Capital
按经营形式分	**By Form of Business**			
独立门店	Independent Store	526298	133353	77396
连锁总店	Central Shop of Chain Stores	22593	3158	
连锁直营店	Direct-sale Shop of Chain Stores	61089	5046	9580
连锁加盟店	Branch Shop of Chain Stores	500		
其 他	Other	82111	823	102
按单位规模分	**By Size of Enterprise**			
大 型	Large	75128	3966	55141
中 型	Medium	236800	76232	19368
小 型	Small	326417	15176	12565
微 型	Micro	54246	47005	4
按零售业态分	**By Type of Retail Business**			
有店铺零售	In-store Retail	655792	142380	87076
食杂店	Grocery Store	3914		
便利店	Convenience Store	2711		
折扣店	Discount Store	508		
超 市	Super Market	39710	5053	3
大型超市	Large Super Market	15757	100	9580
仓储会员店	Warehouse Membership Store	200		
百货店	Department Store	47837	64026	8437
专业店	Specialized Store	307726	12200	27141
专卖店	Exclusive Store	185384	56008	11672
家居建材商店	Home Furnishing Store	26875		30242
购物中心	Shopping Center	13623	2993	
厂家直销中心	Factory Outlet Center	11547	2000	
无店铺零售	Off-store Retail	35638		
电视购物	TV Shopping			
邮 购	Mail Order	49		
网上商店	Online Shop	23369		
电话购物	Telephone Order	130		
其 他	Others	12090		

单位：万元（10 000 yuan）

三、损益及分配 Profits and Losses

营业收入 Business Cost	其中 of which 主营业务收入 Main Business Cost	营业成本 Sales Expenses	其中 of which 主营业务成本 Main Sales Expenses	营业税金及附加 Business Tax and Surcharges	其中 of which 主营业务税金及附加 Business Tax and Surtax	其他业务利润 Other Business Profits	销售费用 Sales Expenses	管理费用 Management Expenses
19524615	19116175	17021594	16735313	175368	168051	93647	887169	610649
7398810	7147799	6177892	6038832	35011	32659	195806	754947	236798
981599	960844	846678	842235	4273	3979	7888	105694	14801
18179	18179	15175	15175	45	45	673	2031	918
4124584	4083220	3650746	3603540	13769	13136	24690	252705	81831
11747517	11252081	9811424	9450442	95063	91672	219583	1116269	391285
10911955	10733823	9725927	9648539	56836	52657	86793	544494	313891
7842501	7810442	6848755	6823138	61499	59023	14509	266292	205155
1545814	1529872	1325981	1312977	15069	14518	1819	75492	34666
30242651	29525897	26097010	25622606	224239	213728	320461	1863292	916273
83764	83227	67276	66813	556	552	324	5307	3708
81853	81452	65542	65444	1104	1104	160	4085	3437
7718	7718	7475	7475	4	4		220	
1173634	1166021	1008544	1002374	10877	9815	3683	58836	35152
2486843	2401157	2073809	2055936	7145	7073	61726	284563	67947
130083	130031	115302	115302	114	114	2	2087	1390
4610349	4422232	3697668	3650320	39032	37692	152170	500438	227243
11235229	11137731	9919484	9765313	61579	57206	48711	531302	236940
7404597	7112082	6687446	6455543	34843	33473	50642	325457	150569
2049280	2045125	1627310	1625469	59724	59651	316	117444	144661
578768	541064	475878	464598	6487	4464	827	20005	32381
400534	398057	351278	348020	2775	2581	1901	13548	12845
1763448	1758948	1583716	1581650	4181	4095	2054	136710	27864
78248	78242	64324	64324	287	287	7	13656	73
1576	1338	966	707	21	20	-21	442	58
1172037	1169730	1035858	1035655	2984	2904	297	111029	18134
1408	1408	1071	1071				121	124
510178	508231	481498	479893	889	884	1771	11462	9475

表 15.7 续表 14 continued 14

指 标	Item	三、损益及分配 Profits and Losses			
		财务费用 Financial Expenses	其中 of which		资产减值损失 Impairment of Assets
			利息收入 Interest Income	利息支出 Interest Expenses	
按经营形式分	**By Form of Business**				
独立门店	Independent Store	125020	7297	63474	6644
连锁总店	Central Shop of Chain Stores	15893	6331	10982	19720
连锁直营店	Direct-sale Shop of Chain Stores	1510	1835	1214	32
连锁加盟店	Branch Shop of Chain Stores	94		20	645
其 他	Other	18610	913	9938	3790
按单位规模分	**By Size of Enterprise**				
大 型	Large	31132	8644	19585	23920
中 型	Medium	73694	5836	41743	4646
小 型	Small	49915	1952	22026	1926
微 型	Micro	6385	-55	2273	339
按零售业态分	**By Type of Retail Business**				
有店铺零售	In-store Retail	157284	15930	83784	30170
食杂店	Grocery Store	708	8	94	70
便利店	Convenience Store	789	4	56	6
折扣店	Discount Store				
超 市	Super Market	4794	78	1520	821
大型超市	Large Super Market	11016	994	7781	4207
仓储会员店	Warehouse Membership Store	248	3	202	20
百货店	Department Store	17454	7104	11871	21602
专业店	Specialized Store	44948	4920	25726	3447
专卖店	Exclusive Store	47871	2353	25797	-521
家居建材商店	Home Furnishing Store	13937	325	7713	495
购物中心	Shopping Center	12631	-2	2210	3
厂家直销中心	Factory Outlet Center	2888	142	815	22
无店铺零售	Off-store Retail	3822	453	1821	658
电视购物	TV Shopping	1	1		
邮 购	Mail Order	9	1		12
网上商店	Online Shop	3104	160	1589	610
电话购物	Telephone Order	2		2	
其 他	Others	705	291	231	37

单位：万元（10 000 yuan）

三、损益及分配 Profits and Losses								四、人工成本及增值税 Labor Costs and Value Added Tax		五、从事零售业活动的从业人员平均人数 Average Employees
公允价值变动收益 Fair Value	投资收益 Income from Investment	其他收益 Other Income	营业利润 Business Profits	营业外收入 Non-business Income	营业外支出 Non-business Expenses	利润总额 Total Profits	所得税费用 Income Tax Payable	应付职工薪酬（本年贷方累计发生额） Total Payable Salaries	应交增值税 Value Added Tax Payable	
2182	6864	2799	719048	38862	14497	740089	68760	553942	279398	108698
2532	29836	1306	192213	29202	8871	213395	28003	255698	136228	71132
7	4076	68	11760	1096	677	12107	2737	35111	7971	7672
			-729	24	13	-718	1	1798	160	371
34	3185	361	99889	11133	17161	86725	11635	95150	115092	19192
2804	31351	1374	314592	38083	11232	348721	47878	361007	269223	91201
761	11319	2499	202289	21334	22794	262205	34268	369462	155418	67409
857	1134	647	416977	17973	6062	356844	25041	182874	92437	42975
333	156	13	88324	2926	1130	83828	3948	28356	21770	5480
4733	43729	4096	1015671	74266	40494	1037699	107347	906324	519834	200427
27	32	20	6218	14	3	3581	2411	3915	1025	968
5	1		6885	1	4	5786	50	2525	1090	774
						20	2	92	32	28
56	132	377	55093	3424	842	54084	3686	48446	24601	14470
435	332	68	39654	4850	3407	41158	8235	144660	32702	34466
		73	10996	453	12	11363	411	1171	891	246
2929	22681	1351	135914	4763	21465	111480	26793	92180	102986	35392
816	16322	759	462017	34526	9968	505739	34687	366179	186856	67426
434	3659	323	162355	24995	4367	168206	14780	189277	96119	35392
41	-4	2	85700	343	178	85211	10419	31457	55496	6076
-12	544		31916	285	24	32197	4799	14090	11776	2623
4	31	1122	18922	612	225	18874	1075	12333	6261	2566
19	229	437	7155	5625	673	11844	3350	34048	18754	6389
			-93	107	5	9	2	67	2080	5
	3		71	30		101	12	284	44	40
12	228	149	681	5427	635	5281	2257	23912	13799	4026
			89	1		89	3	100		26
7	-2	288	6407	61	33	6364	1076	9684	2832	2292

表 15.8 限额以上住宿业法人企业财务状况(2017 年)
FINANCIAL INDICATORS OF ENTERPRISES ABOVE DESIGNATED SIZE OF HOTELS (2017)

指 标	Item	法人企业数(个) Number of Enterprises(unit)	其中 of which 执行《2006年企业会计准则》企业数(个) Number of Enterprises which Implemented Accounting standard for Business Enterprise in 2006	一、年初存货 Inventory at the Begining of Year
合 计	**Total**	**461**	**323**	**49427**
按住宿业行业小类分	**By Classification of Hotels**			
旅游饭店	Tourist Hotels	250	188	43148
旅游饭店	Tourist Hotels	250	188	43148
一般旅馆	General Hotels	192	123	4817
经济型连锁酒店	Economical Chain Hotels	55	43	2110
其他一般旅馆	Other General Hotels	137	80	2707
民宿服务	Homestay Services	2	2	163
民宿服务	Homestay Services	2	2	163
其他住宿业	Other Hotels	17	10	1299
其他住宿业	Other Hotel Services	17	10	1299
按登记注册类型分	**By Status of Registration**			
内资企业	Domestic-funded Enterprises	454	317	48607
国有企业	State-owned Enterprises	14	14	937
集体企业	Collective-owned Enterprises	6	5	460
有限责任公司	Limited Liability Corporations	165	128	35384
国有独资公司	State Sole Funded Corporations	12	12	20676
其他有限责任公司	Other Limited Liability Corporations	153	116	14708
股份有限公司	Share-holding Corporations Ltd.	11	8	510
私营企业	Private Enterprises	251	158	10866
私营独资企业	Private-funded Enterprises	20	13	438
私营合伙企业	Private Partnership Enterprises	3	2	227
私营有限责任公司	Private Limited Liability Corporations	215	136	9813
私营股份有限公司	Private Share-holding Corporations Ltd.	13	7	389
其他企业	Other Enterprises	7	4	449
港、澳、台商投资企业	Enterprises Funded by Hong Kong, Macao and Taiwan	3	3	234
与港澳台商合资经营企业	Cooperative Enterprises	1	1	188
港澳台商独资企业	Enterprises with Sole Fund	2	2	45

单位：万元 (10 000 yuan)

二、期末资产负债 Assets and Liabilities

流动资产合计 Total Current Assets	其中 of which		固定资产合计 Total Fixed Assets	固定资产原价 Total Original Value of Fixed Assets	其中 of which			累计折旧 ccumulative Depreciation	其中 of which
	应收帐款 Accounts Receivable	存货 Inventory			房屋和构筑物 Buildings and Structures	机器设备 Machinery and Equipments	运输工具 Transportation Equipments		本年折旧 Depreciation
1291313	**45644**	**50464**	**950305**	**1400942**	**549372**	**90644**	**5391**	**519261**	**99376**
1139022	34369	44675	780753	1182123	422597	80038	4325	458640	87643
1139022	34369	44675	780753	1182123	422597	80038	4325	458640	87643
145419	10698	5165	162892	207078	125468	10019	1055	55379	11225
24642	3771	1770	83806	102768	72306	5453	566	19517	5530
120777	6927	3395	79086	104311	53162	4566	490	35863	5695
2984	167	134	1456	4346	1011			2890	194
2984	167	134	1456	4346	1011			2890	194
3888	411	490	5204	7395	297	587	10	2352	315
3888	411	490	5204	7395	297	587	10	2352	315
1203840	42594	49842	884141	1244572	518652	89617	5241	429053	82018
63246	3262	998	90034	142146	83940	9932	284	52113	9936
3678	282	410	4940	9857	5439	318		5036	612
817835	19240	35401	488807	724572	284156	58122	3289	248323	48464
163170	3484	21006	95662	119533	18523	1160	221	23939	5887
654665	15756	14395	393145	605039	265633	56962	3068	224384	42578
8326	1378	528	40958	51120	29351	1570	142	12820	2344
306814	18325	12152	254132	308137	115128	19624	1525	107267	20619
2206	370	415	3606	6752	1138	42	45	3223	482
1999	621	172	909	4405				3787	365
296749	16752	11157	227053	265460	90604	16970	1385	90929	18311
5861	582	410	22564	31520	23386	2612	95	9328	1462
3942	107	354	5271	8740	637	52		3494	43
11858	258	211	37699	64207				26509	1936
9730	-27	174	22699	39960				17260	1861
2128	285	37	15000	24247				9249	76

表 15.8 续表 1 continued 1

指 标	Item	二、期末资产负债 Assets and Liabilities		
		在建工程 Construction in Process	非流动资产合计 Total Non-current Assets	资产总计 Total Assets
合 计	**Total**	128914	1467762	2805101
按住宿业行业小类分	**By Classification of Hotels**			
旅游饭店	Tourist Hotels	116876	1226072	2381956
旅游饭店	Tourist Hotels	116876	1226072	2381956
一般旅馆	General Hotels	12038	233008	407444
经济型连锁酒店	Economical Chain Hotels	356	76135	129782
其他一般旅馆	Other General Hotels	11682	156874	277662
民宿服务	Homestay Services		2171	5154
民宿服务	Homestay Services		2171	5154
其他住宿业	Other Hotels		6511	10547
其他住宿业	Other Hotel Services		6511	10547
按登记注册类型分	**By Status of Registration**			
内资企业	Domestic-funded Enterprises	128255	1341977	2591843
国有企业	State-owned Enterprises	5922	98974	162219
集体企业	Collective-owned Enterprises	17	5773	9451
有限责任公司	Limited Liability Corporations	86426	778090	1641001
国有独资公司	State Sole Funded Corporations	2926	142916	306086
其他有限责任公司	Other Limited Liability Corporations	83500	635174	1334916
股份有限公司	Share-holding Corporations Ltd.		46508	54834
私营企业	Private Enterprises	35541	407142	714905
私营独资企业	Private-funded Enterprises	2678	15156	17520
私营合伙企业	Private Partnership Enterprises		915	2913
私营有限责任公司	Private Limited Liability Corporations	25681	356681	654133
私营股份有限公司	Private Share-holding Corporations Ltd.	7182	34391	40339
其他企业	Other Enterprises	350	5490	9432
港、澳、台商投资企业	Enterprises Funded by Hong Kong, Macao and Taiwan	1	42043	53900
与港澳台商合资经营企业	Cooperative Enterprises		24787	34517
港澳台商独资企业	Enterprises with Sole Fund	1	17256	19384

单位：万元 (10 000 yuan)

二、期末资产负债 Assets and Liabilities								
流动负债合计 Total Current Liabilities	其　中 of which	非流动负债合计 Total Non-current Liabilities	负债合计 Total Liabilities	所有者权益合计 Total Owner's Equity	其　中 of which			
	应付账款 Accounts Payable				实收资本 Paid-up Capital	其　中 of which		
						国家资本 State Capital	集体资本 Collective Capital	法人资本 Corporate Capital
1395015	122467	833620	2228340	576760	1314565	150030	7827	828564
1193155	81459	723042	1914715	467240	663113	147878	2726	279186
1193155	81459	723042	1914715	467240	663113	147878	2726	279186
182012	39996	106522	289700	117744	647459	2072	5100	546628
53553	8487	12996	67957	61825	80909	724		17499
128459	31509	93526	221743	55918	566550	1348	5100	529129
18118	438	222	18340	-13186	101			101
18118	438	222	18340	-13186	101			101
1730	575	3834	5585	4962	3892	80		2650
1730	575	3834	5585	4962	3892	80		2650
1315336	119851	773351	2088392	503451	1255583	150030	7827	828564
92514	2255	49709	142222	19997	21087	18554		2533
3295	838	6456	9751	-300	3477		2223	859
812296	71052	477782	1291842	349160	964981	131476	5273	738752
174528	5892	81205	255733	50353	25655	19065		6590
637768	65160	396578	1036109	298806	939327	112412	5273	732162
33000	2662	654	33654	21180	23548		330	21218
373611	42944	233231	604784	110121	240070			63347
9368	1851	4591	12794	4726	3370			737
800	99	6	806	2107	1310			5
347972	38346	196990	544069	110064	224322			62403
15472	2648	31644	47116	-6776	11068			203
620	100	5519	6139	3292	2419			1856
22233	639	48650	70883	-16982	25993			
17354	611	39000	56354	-21838	11000			
4879	28	9650	14529	4855	14993			

表 15.8 续表 2 continued 2

指 标	Item	二、期末资产负债 Assets and Liabilities 其中 of which 个人资本 Personal Capital	港澳台资本 HMT Capital	外商资本 Foreign Capital
合 计	**Total**	**269162**	**25993**	**32990**
按住宿业行业小类分	**By Classification of Hotels**			
旅游饭店	Tourist Hotels	185833	14500	32990
旅游饭店	Tourist Hotels	185833	14500	32990
一般旅馆	General Hotels	82166	11493	
经济型连锁酒店	Economical Chain Hotels	62686		
其他一般旅馆	Other General Hotels	19480	11493	
民宿服务	Homestay Services			
民宿服务	Homestay Services			
其他住宿业	Other Hotels	1163		
其他住宿业	Other Hotel Services	1163		
按登记注册类型分	**By Status of Registration**			
内资企业	Domestic-funded Enterprises	269162		
国有企业	State-owned Enterprises			
集体企业	Collective-owned Enterprises	395		
有限责任公司	Limited Liability Corporations	89480		
国有独资公司	State Sole Funded Corporations			
其他有限责任公司	Other Limited Liability Corporations	89480		
股份有限公司	Share-holding Corporations Ltd.	2000		
私营企业	Private Enterprises	176723		
私营独资企业	Private-funded Enterprises	2633		
私营合伙企业	Private Partnership Enterprises	1305		
私营有限责任公司	Private Limited Liability Corporations	161920		
私营股份有限公司	Private Share-holding Corporations Ltd.	10865		
其他企业	Other Enterprises	564		
港、澳、台商投资企业	Enterprises Funded by Hong Kong, Macao and Taiwan		25993	
与港澳台商合资经营企业	Cooperative Enterprises		11000	
港澳台商独资企业	Enterprises with Sole Fund		14993	

单位：万元（10 000 yuan）

三、损益及分配 Profits and Losses								
营业收入 Business Cost	其中 of which	营业成本 Sales Expenses	其中 of which	营业税金及附加 Business Tax and Surcharges	其中 of which	其他业务利润 Other Business Profits	销售费用 Sales Expenses	管理费用 Management Expenses
	主营业务收入 Main Business Cost		主营业务成本 Main Sales Expenses		主营业务税金及附加 Business Tax and Surtax			
889328	**872139**	**428244**	**420413**	**19656**	**16639**	**7127**	**200504**	**181202**
674009	659403	321597	314451	15345	12652	4040	159370	137811
674009	659403	321597	314451	15345	12652	4040	159370	137811
192053	190025	92272	91991	3862	3577	2672	38852	40214
74869	73698	26640	26507	1311	1053	1077	19515	21425
117184	116327	65633	65484	2551	2524	1596	19337	18789
5826	5543	3433	3161	40	27	284	194	1611
5826	5543	3433	3161	40	27	284	194	1611
17440	17169	10941	10810	409	384	131	2088	1566
17440	17169	10941	10810	409	384	131	2088	1566
842411	826950	411749	404174	17787	15106	5901	191321	168387
50467	50145	21612	21611	1675	791	85	15428	15218
9672	9159	3950	3926	180	180		3456	1332
386057	377115	173027	170195	6918	6571	1609	97015	89521
49393	46073	26258	24395	1078	1076	285	9174	14246
336664	331042	146769	145800	5841	5495	1325	87840	75275
18941	18702	8933	8905	368	365	2283	3848	4665
372358	366913	201457	196767	8449	7024	1814	71327	57298
17253	16646	11200	10981	622	618	142	853	795
4108	3813	3760	2389	86	86		752	673
329617	325980	176696	174185	6155	5980	1661	66928	51081
21381	20474	9802	9212	1587	341	11	2793	4748
4917	4917	2771	2771	197	175	110	247	354
12802	12802	2731	2731	207	207		4476	6915
8411	8411	894	894	29	29		3262	5654
4391	4391	1837	1837	179	179		1214	1261

表 15.8 续表 3 continued 3

指 标	Item	三、损益及分配 Profits and Losses			
		财务费用 Financial Expenses	其 中 of which		资产减值损失 Impairment of Assets
			利息收入 Interest Income	利息支出 Interest Expenses	
合 计	**Total**	47981	1319	34940	526
按住宿业行业小类分	**By Classification of Hotels**				
旅游饭店	Tourist Hotels	42486	1213	32173	427
旅游饭店	Tourist Hotels	42486	1213	32173	427
一般旅馆	General Hotels	5410	25	2761	87
经济型连锁酒店	Economical Chain Hotels	1265	7	459	29
其他一般旅馆	Other General Hotels	4145	17	2302	58
民宿服务	Homestay Services	-9	22	5	2
民宿服务	Homestay Services	-9	22	5	2
其他住宿业	Other Hotels	94	59	1	10
其他住宿业	Other Hotel Services	94	59	1	10
按登记注册类型分	**By Status of Registration**				
内资企业	Domestic-funded Enterprises	45483	1294	34749	526
国有企业	State-owned Enterprises	3123	40	3002	1
集体企业	Collective-owned Enterprises	79	20	22	13
有限责任公司	Limited Liability Corporations	26115	333	19765	736
国有独资公司	State Sole Funded Corporations	4326	30	260	60
其他有限责任公司	Other Limited Liability Corporations	21789	303	19505	676
股份有限公司	Share-holding Corporations Ltd.	584	3	145	1
私营企业	Private Enterprises	15031	898	11312	-234
私营独资企业	Private-funded Enterprises	450		26	7
私营合伙企业	Private Partnership Enterprises	36		36	
私营有限责任公司	Private Limited Liability Corporations	12834	892	9713	-262
私营股份有限公司	Private Share-holding Corporations Ltd.	1711	6	1538	20
其他企业	Other Enterprises	551		504	9
港、澳、台商投资企业	Enterprises Funded by Hong Kong, Macao and Taiwan	3124	8	138	
与港澳台商合资经营企业	Cooperative Enterprises	2417			
港澳台商独资企业	Enterprises with Sole Fund	707	8	138	

单位：万元（10 000 yuan）

三、损益及分配 Profits and Losses								四、人工成本及增值税 Labor Costs and Value Added Tax		五、从事住宿业活动的从业人员平均人数（人） Average Employees
公允价值变动收益 Fair Value	投资收益 Income from Investment	其他收益 Other Income	营业利润 Business Profits	营业外收入 Non-business Income	营业外支出 Non-business Expenses	利润总额 Total Profits	所得税费用 Income Tax Payable	应付职工薪酬（本年贷方累计发生额） Total Payable Salaries	应交增值税 Value Added Tax Payable	
6784	-219	581	12398	9575	5386	2600	8267	172404	33078	37887
-321	-231	51	-8778	8505	4959	-17315	6717	133537	28089	28181
-321	-231	51	-8778	8505	4959	-17315	6717	133537	28089	28181
7107	10	531	18289	1060	414	17820	1180	33576	4277	8654
14	9		3992	661	47	4644	483	14260	1791	3465
7093	2	531	14297	399	366	13177	698	19315	2486	5189
			554	1	7	548	216	2163	347	294
			554	1	7	548	216	2163	347	294
-2	2		2333	9	7	1547	154	3129	365	758
-2	2		2333	9	7	1547	154	3129	365	758
6784	-219	581	4497	8404	3379	-1026	5549	161715	19710	36047
		38	-5160	2359	359	-5316	55	13125	2230	2113
12	8		681	44	6	719	132	2082	271	514
6793	145	9	-11966	4353	2636	-13031	2233	88461	8262	18364
	133		-5615	1612	1174	-5164	135	15322	952	2238
6793	12	9	-6351	2741	1463	-7867	2098	73139	7310	16126
			543	24	17	379	29	3335	477	989
-18	-374	534	19599	1624	360	15469	3100	53515	8376	13747
-2		531	3712	5		3352	96	1565	371	464
			171			171		508	120	140
16	-380	4	15272	1571	333	11161	2672	47498	7366	12240
-32	6		445	48	27	785	333	3944	519	903
-3	2		800			754	1	1197	94	320
			-807	11	2	-4650		3402	392	633
				3		-3842		2458	238	419
			-807	8	2	-808		944	154	214

表 15.8 续表 4 continued 4

指 标	Item	法人企业数(个) Number of Enterprises(unit)	其 中 of which 执行《2006年企业会计准则》企业数(个) Number of Enterprises which Implemented Accounting standard for Business Enterprise in 2006	一、年初存货 Inventory at the Begining of Year
外商投资企业	Foreign-funded Enterprises	4	3	586
外资企业	Enterprises with Sole Fund	4	3	586
按控股情况分	**By Holding Entity of Share**			
国有控股	State-holding	55	50	24887
集体控股	Collective-holding	12	7	663
私人控股	Private-holding	340	220	18232
港澳台商控股	Held by Corporation from Hong Kong, Macao and Taiwan	3	3	234
外商控股	Foreign-holding	5	4	586
其 他	Other	46	39	4824
按经营形式分	**By Form of Business**			
独立门店	Independent Store	413	288	45257
连锁总店	Central Shop of Chain Stores	1		16
连锁直营店	Direct-sale Shop of Chain Stores	5	5	
连锁加盟店	Branch Shop of Chain Stores	4	3	7
其 他	Other	38	27	4147
按单位规模分	**By Size of Enterprise**			
大 型	Large	5	5	4338
中 型	Medium	93	82	31763
小 型	Small	336	216	12638
微 型	Micro	27	20	687
按星级分	**By Star of Hotel**			
五 星	5-Star	30	27	27490
四 星	4-Star	51	42	4267
三 星	3-Star	90	64	6393
二 星	2-Star	8	6	2048
其 他	Other	281	183	9228

单位：万元 (10 000 yuan)

二、期末资产负债 Assets and Liabilities									
流动资产合计 Total Current Assets	其　中 of which		固定资产合计 Total Fixed Assets	固定资产原价 Total Original Value of Fixed Assets	其　中 of which			累计折旧 ccumulative Depreciation	其 中 of which
	应收帐款 Accounts Receivable	存　货 Inventory			房屋和构筑物 Buildings and Structures	机器设备 Machinery and Equipments	运输工具 Transportation Equipments		本年折旧 Depreciation
75615	2792	411	28464	92164	30720	1027	150	63700	15422
75615	2792	411	28464	92164	30720	1027	150	63700	15422
374870	8656	24812	269927	389807	174286	17292	1590	121334	22446
23785	346	586	6023	15689	6369	951	204	10040	716
595812	29311	20384	442135	590858	222078	42516	2204	208039	49263
11858	258	211	37699	64207				26509	1936
75829	2815	411	28567	92583	30720	1027	150	64035	15434
209159	4259	4060	165953	247798	115919	28857	1242	89304	9581
938617	40432	45654	816941	1269822	543904	87350	4002	494655	91852
59485	84	13	5914	8635				2721	276
4857	170	38	395	713		3		337	13
241	-4	77	94	151				57	35
288113	4942	4682	126962	121622	5468	3291	1389	21490	7200
320501	3684	5083	132282	218035	75316	18067	359	86573	23654
585462	16408	32410	570252	820780	329342	50861	2348	295430	56115
317990	24818	12256	242659	354431	140432	21168	2633	134584	19382
67360	735	715	5112	7696	4282	548	51	2675	225
573446	9134	28956	392281	593458	191230	48009	647	231905	56556
158837	11923	3849	172902	251786	119668	8064	1477	90007	13860
152415	8561	5106	102391	172101	87271	12128	953	75087	7860
119846	537	1731	4056	7251	2994	663	625	4096	2535
286673	15415	10817	278637	376307	148182	21776	1680	118165	18565

表 15.8 续表 5 continued 5

指 标	Item	二、期末资产负债 Assets and Liabilities		
		在建工程 Construction in Process	非流动资产合计 Total Non-current Assets	资产总计 Total Assets
外商投资企业	Foreign-funded Enterprises	658	83742	159357
外资企业	Enterprises with Sole Fund	658	83742	159357
按控股情况分	**By Holding Entity of Share**			
国有控股	State-holding	49773	382574	757444
集体控股	Collective-holding	262	7210	30995
私人控股	Private-holding	37765	635321	1277159
港澳台商控股	Held by Corporation from Hong Kong, Macao and Taiwan	1	42043	53900
外商控股	Foreign-holding	658	83939	159769
其 他	Other	40454	316676	525834
按经营形式分	**By Form of Business**			
独立门店	Independent Store	87254	1230974	2215617
连锁总店	Central Shop of Chain Stores		7436	66921
连锁直营店	Direct-sale Shop of Chain Stores		1879	6736
连锁加盟店	Branch Shop of Chain Stores		1325	1565
其 他	Other	41660	226148	514262
按单位规模分	**By Size of Enterprise**			
大 型	Large	1096	278791	599291
中 型	Medium	68467	775160	1406392
小 型	Small	57121	372317	690563
微 型	Micro	2229	41496	108855
按星级分	**By Star of Hotel**			
五 星	5-Star	59538	672976	1262494
四 星	4-Star	9081	209917	368841
三 星	3-Star	6663	177322	330430
二 星	2-Star	40863	50840	170686
其 他	Other	12769	356669	672515

单位：万元（10 000 yuan）

二、期末资产负债 Assets and Liabilities								
流动负债合计 Total Current Liabilities	其中 of which	非流动负债合计 Total Non-current Liabilities	负债合计 Total Liabilities	所有者权益合计 Total Owner's Equity	其中 of which			
	应付账款 Accounts Payable				实收资本 Paid-up Capital	其中 of which		
						国家资本 State Capital	集体资本 Collective Capital	法人资本 Corporate Capital
57446	1977	11619	69065	90292	32990			
57446	1977	11619	69065	90292	32990			
410809	15620	162690	573499	183945	146354	126850		19504
29497	1513	5402	34899	-3904	16710		2377	13689
653501	82853	466414	1119917	157242	879828			664829
22233	639	48650	70883	-16982	25993			
57524	1991	11619	69143	90626	33090			100
221452	19851	138845	360001	165834	212591	23180	5450	130442
1147414	107290	697507	1843117	372499	1195494	88737	7827	795350
56594	532	3500	60094	6827	17500			17500
3789	533		5949	787	270			100
635	472	6	641	925	897			5
186584	13640	132607	318539	195723	100404	61293		15610
298087	23047	216062	514149	85143	38942			28858
732375	42521	450393	1182769	223623	396372	77628	2100	203913
329142	53930	126183	455030	235532	869303	72352	5727	588701
35411	2970	40982	76393	32462	9949	50		7093
612007	44385	528274	1140281	122213	229000	40970		120724
224859	15914	97691	322550	46292	125477	25239	2100	69715
119812	12724	64919	184435	145995	88253	19107	5223	45344
32053	4529	25680	57733	112953	62153	61300	30	203
406278	44910	117054	523334	149182	809555	3415	473	592486

表 15.8 续表 6 continued 6

指 标	Item	二、期末资产负债 Assets and Liabilities 其中 of which 个人资本 Personal Capital	港澳台资本 HMT Capital	外商资本 Foreign Capital
外商投资企业	Foreign-funded Enterprises			32990
外资企业	Enterprises with Sole Fund			32990
按控股情况分	**By Holding Entity of Share**			
国有控股	State-holding			
集体控股	Collective-holding	645		
私人控股	Private-holding	214998		
港澳台商控股	Held by Corporation from Hong Kong, Macao and Taiwan		25993	
外商控股	Foreign-holding			32990
其 他	Other	53518		
按经营形式分	**By Form of Business**			
独立门店	Independent Store	244598	25993	32990
连锁总店	Central Shop of Chain Stores			
连锁直营店	Direct-sale Shop of Chain Stores	170		
连锁加盟店	Branch Shop of Chain Stores	892		
其 他	Other	23502		
按单位规模分	**By Size of Enterprise**			
大 型	Large	200		9884
中 型	Medium	75508	14500	22723
小 型	Small	190648	11493	384
微 型	Micro	2806		
按星级分	**By Star of Hotel**			
五 星	5-Star	23700	11000	32607
四 星	4-Star	28423		
三 星	3-Star	15080	3500	
二 星	2-Star	621		
其 他	Other	201305	11493	384

单位：万元（10 000 yuan）

三、损益及分配 Profits and Losses

营业收入 Business Cost	其中 of which 主营业务收入 Main Business Cost	营业成本 Sales Expenses	其中 of which 主营业务成本 Main Sales Expenses	营业税金及附加 Business Tax and Surcharges	其中 of which 主营业务税金及附加 Business Tax and Surtax	其他业务利润 Other Business Profits	销售费用 Sales Expenses	管理费用 Management Expenses
34115	32387	13763	13507	1662	1326	1226	4707	5900
34115	32387	13763	13507	1662	1326	1226	4707	5900
154324	149991	74364	72500	3864	2977	385	44613	42413
19487	18602	6793	6457	407	323	68	5992	4525
535592	526731	275355	270008	11272	9586	2009	104650	88161
12802	12802	2731	2731	207	207		4476	6915
35233	33504	13789	13533	1662	1327	1226	5099	6192
131891	130509	55211	55183	2243	2220	3439	35673	32997
773826	760911	366377	360227	17709	14715	7127	178092	158877
5005	5005	216	216	23	23		3451	496
11586	10792	5935	5935	94	94		1196	1893
2596	2499	830	830	22	22		1027	582
96315	92932	54886	53205	1808	1785		16738	19354
76900	72349	37211	34934	2373	2373	388	7282	13521
438749	433562	171175	169804	8304	5582	2049	130326	116129
365908	358517	215192	211105	8704	8411	4690	62342	50220
7772	7710	4666	4569	275	274		553	1332
219665	213162	80748	77956	6162	4640	1736	53573	60296
153892	151464	68224	67785	2860	1913	259	44221	32230
167153	165931	100195	97889	4204	4091	-8	29315	24369
15595	15595	12181	12171	345	336		608	1386
332760	325759	166734	164473	6073	5648	5140	72777	62877

表 15.8 续表 7 continued 7

指 标	Item	三、损益及分配 Profits and Losses			
		财务费用 Financial Expenses	其中 of which		资产减值损失 Impairment of Assets
			利息收入 Interest Income	利息支出 Interest Expenses	
外商投资企业	Foreign-funded Enterprises	-625	17	52	
外资企业	Enterprises with Sole Fund	-625	17	52	
按控股情况分	**By Holding Entity of Share**				
国有控股	State-holding	9941	146	5667	74
集体控股	Collective-holding	112	25	22	13
私人控股	Private-holding	25985	955	20433	-193
港澳台商控股	Held by Corporation from Hong Kong, Macao and Taiwan	3124	8	138	
外商控股	Foreign-holding	-624	17	52	
其 他	Other	9443	168	8628	632
按经营形式分	**By Form of Business**				
独立门店	Independent Store	38933	1310	30714	910
连锁总店	Central Shop of Chain Stores	3780		3770	
连锁直营店	Direct-sale Shop of Chain Stores	37			
连锁加盟店	Branch Shop of Chain Stores	5			
其 他	Other	5227	9	456	-384
按单位规模分	**By Size of Enterprise**				
大 型	Large	9132	50	4847	
中 型	Medium	29178	1209	24103	804
小 型	Small	9487	107	5803	-286
微 型	Micro	185	-48	188	8
按星级分	**By Star of Hotel**				
五 星	5-Star	28227	946	20900	35
四 星	4-Star	5777	76	4336	675.0
三 星	3-Star	2758	120	1513	17
二 星	2-Star	16	17	5	
其 他	Other	11191	159	8185	-201

单位：万元（10 000 yuan）

三、损益及分配 Profits and Losses								四、人工成本及增值税 Labor Costs and Value Added Tax		五、从事住宿业活动的从业人员平均人数（人） Average Employees
公允价值变动收益 Fair Value	投资收益 Income from Investment	其他收益 Other Income	营业利润 Business Profits	营业外收入 Non-business Income	营业外支出 Non-business Expenses	利润总额 Total Profits	所得税费用 Income Tax Payable	应付职工薪酬（本年贷方累计发生额） Total Payable Salaries	应交增值税 Value Added Tax Payable	
			8708	1160	2005	8276	2719	7287	12975	1207
			8708	1160	2005	8276	2719	7287	12975	1207
10	136	47	-20941	4451	1779	-20507	278	46237	4457	7536
12	8		1664	47	6	1255	132	4329	390	1033
-346	-365	534	20554	2494	665	15660	4301	80400	11760	20469
			-807	11	2	-4650		3402	392	633
			9115	1165	2006	8687	2818	7418	13142	1238
7109	2		2815	1408	927	2155	739	30619	2935	6978
6779	26	578	15442	9251	5180	7559	7935	147638	30560	32586
			-2962	11	17	-2967		1059	193	194
			1721	6	1	354	99	3238	170	418
			130		1	129		353	91	97
5	-244	4	-1933	307	188	-2475	233	20117	2064	4592
	133		-1827	84	140	-1883	2201	13982	1652	1961
9	20	45	-13600	8206	3953	-19674	3354	101385	23816	20726
-334	-371	536	19963	1238	1293	16468	2668	56199	7563	14908
7110			7862	48		7690	44	837	47	292
4	139	2	-14728	3463	3252	-17880	3299	47528	17198	8988
-345.7	5	38	-383	1548	594	-4552	1455	33190	4202	7142
7123	6	4	14528	1282	888	13522	831	25008	3629	6701
		225	1283	30	12	1197	148	2082	334	445
4	-369	312	11674	3252	641	10290	2535	64567	7707	14601

表 15.9 限额以上餐饮业法人企业财务状况（2017 年）

FINANCIAL INDICATORS OF ENTERPRISES ABOVE DESIGNATED SIZE OF CATERING SERVICES (2017)

指 标	Item	法人企业数（个）Number of Enterprises(unit)	其中 of which：执行《2006 年企业会计准则》企业数（个）Number of Enterprises which Implemented Accounting standard for Business Enterprise in 2006	一、年初存货 Inventory at the Begining of Year
总 计	**Total**	**1389**	**785**	**44861**
按餐饮业行业小类分	**By Sector**			
正餐服务	Dinner Services	1337	747	42339
正餐服务	Dinner Services	1337	747	42339
快餐服务	Fast Food Services	21	17	1522
快餐服务	Fast Food Services	21	17	1522
饮料及冷饮服务	Beverages and Cold Beverage Services	2	2	19
咖啡馆服务	Cafe Services	2	2	19
餐饮配送及外卖送餐服务	Bar Services	7	6	444
餐饮配送服务	Other Beverages and Cold Beverage Services	7	6	444
其他餐饮业	Other Catering Services	22	13	538
小吃服务	Snack Services	4	4	18
其他未列明餐饮业	Other Catering Business	18	9	520
按登记注册类型分	**By Status of Registration**			
内资企业	Domestic-funded Enterprises	1380	778	42123
国有企业	State-owned Enterprises	1	1	8
集体企业	Collective-owned Enterprises	20	10	143
股份合作企业	Cooperative Enterprises	2	2	24
有限责任公司	Limited Liability Corporations	296	187	12210
国有独资公司	State Sole Funded Corporations	3	1	156
其他有限责任公司	Other Limited Liability Corporations	293	186	12054
股份有限公司	Share-holding Corporations Ltd.	12	7	1522
私营企业	Private Enterprises	1020	553	27413
私营独资企业	Private-funded Enterprises	171	111	1908
私营合伙企业	Private Partnership Enterprises	10	6	132
私营有限责任公司	Private Limited Liability Corporations	814	424	24171
私营股份有限公司	Private Share-holding Corporations Ltd.	25	12	1203

单位：万元（10 000 yuan）

二、期末资产负债 Assets and Liabilities

流动资产合计 Total Current Assets	其中 of which 应收帐款 Accounts Receivable	存货 Inventory	固定资产合计 Total Fixed Assets	固定资产原价 Total Original Value of Fixed Assets	其中 of which 房屋和构筑物 Buildings and Structures	机器设备 Machinery and Equipments	运输工具 Transportation Equipments	累计折旧 ccumulative Depreciation	其中 of which 本年折旧 Depreciation
578248	**74155**	**51373**	**482718**	**669459**	**164824**	**32928**	**8967**	**221738**	**41103**
511128	63615	48032	435331	592433	147764	28529	7478	189629	38243
511128	63615	48032	435331	592433	147764	28529	7478	189629	38243
32975	2057	1693	18372	43716	70	35	61	25368	1237
32975	2057	1693	18372	43716	70	35	61	25368	1237
316	12	13	226	334				107	95
316	12	13	226	334				107	95
14709	6773	431	5272	7839	1915	1141	1354	3072	460
14709	6773	431	5272	7839	1915	1141	1354	3072	460
19119	1699	1204	23517	25138	15075	3223	74	3562	1068
2860	255	426	1279	350	269	11	20	3	1
16259	1444	779	22238	24788	14806	3212	54	3559	1067
522362	72082	48064	450341	612469	164463	32876	8944	196192	37625
82	33	41	834	854				20	13
2186	658	298	4680	5930	4478	451	10	1423	501
132	45	25	46	60				14	4
169049	21787	15957	116330	176757	42281	10874	3232	69869	11096
22927	300	357	8663	11394				2731	502
146122	21487	15600	107667	165363	42281	10874	3232	67138	10594
22609	2917	1379	31265	51807	422	14	2	20745	448
325997	46186	29950	291794	369275	116228	21317	5641	101537	25244
17147	2910	2400	30865	38851	11818	1202	572	9859	2452
966	249	104	1678	2304	875	3	7	629	142
301533	41494	26328	248116	310986	101775	19909	5016	83659	20454
6352	1533	1118	11136	17133	1760	204	46	7390	2195

表 15.9 续表 1 continued 1

指 标	Item	二、期末资产负债 Assets and Liabilities		
		在建工程 Construction in Process	非流动资产合计 Total Non-current Assets	资产总计 Total Assets
总 计	**Total**	**31471**	**751186**	**1351050**
按餐饮业行业小类分	**By Sector**			
正餐服务	Dinner Services	28553	674135	1206880
正餐服务	Dinner Services	28553	674135	1206880
快餐服务	Fast Food Services	2701	38902	71877
快餐服务	Fast Food Services	2701	38902	71877
饮料及冷饮服务	Beverages and Cold Beverage Services		1089	1405
咖啡馆服务	Cafe Services		1089	1405
餐饮配送及外卖送餐服务	Bar Services	217	6246	20956
餐饮配送服务	Other Beverages and Cold Beverage Services	217	6246	20956
其他餐饮业	Other Catering Services		30813	49933
小吃服务	Snack Services		2745	5605
其他未列明餐饮业	Other Catering Business		28069	44328
按登记注册类型分	**By Status of Registration**			
内资企业	Domestic-funded Enterprises	30558	703905	1247883
国有企业	State-owned Enterprises		985	1067
集体企业	Collective-owned Enterprises		5357	7543
股份合作企业	Cooperative Enterprises		60	192
有限责任公司	Limited Liability Corporations	2321	190574	361078
国有独资公司	State Sole Funded Corporations		26470	49397
其他有限责任公司	Other Limited Liability Corporations	2321	164104	311681
股份有限公司	Share-holding Corporations Ltd.	4906	98593	121323
私营企业	Private Enterprises	23330	401587	747057
私营独资企业	Private-funded Enterprises	516	38621	57948
私营合伙企业	Private Partnership Enterprises		2623	3588
私营有限责任公司	Private Limited Liability Corporations	18941	328920	647745
私营股份有限公司	Private Share-holding Corporations Ltd.	3873	31424	37776

单位：万元（10 000 yuan）

二、期末资产负债 Assets and Liabilities								
流动负债合计 Total Current Liabilities	其　中 of which	非流动负债合计 Total Non-current Liabilities	负债合计 Total Liabilities	所有者权益合计 Total Owner's Equity	其　中 of which			
	应付账款 Accounts Payable				实收资本 Paid-up Capital	其　中 of which		
						国家资本 State Capital	集体资本 Collective Capital	法人资本 Corporate Capital
542960	**104315**	**147970**	**689005**	**662045**	**422746**	**13516**	**6183**	**161801**
462967	89704	134503	595545	611335	394863	11544	5651	146344
462967	89704	134503	595545	611335	394863	11544	5651	146344
29826	5150	6108	35933	35943	15529	3		6778
29826	5150	6108	35933	35943	15529	3		6778
1649	77		1649	-244	130			130
1649	77		1649	-244	130			130
6172	3622	13	6185	14771	3897	1958		1879
6172	3622	13	6185	14771	3897	1958		1879
42346	5762	7346	49692	241	8328	12	533	6670
2827	1633	1350	4177	1428	2360			2360
39519	4129	5996	45515	-1187	5968	12	533	4309
514250	94636	142592	654917	592966	376483	13516	6183	159324
352		488	839	228	200			200
1577	739	968	2545	4998	4721		4716	5
16	5	10	26	166	190			30
154871	23383	32144	187015	174062	105601	13311	572	55367
14759	385	17244	32003	17394	5118	5118		
140112	22998	14900	155012	156669	100483	8194	572	55367
66056	21099	1730	67877	53446	6475		9	1293
288342	48444	107066	393393	353663	255976	191	832	101250
8823	1967	2446	11581	46367	28681	5		6476
1109	59	150	1264	2325	2114			336
266051	44351	95072	358791	288954	214603	187	832	90435
12359	2066	9399	21758	16018	10578			4003

表 15.9 续表 2 continued 2

指 标	Item	二、期末资产负债 Assets and Liabilities		
		其 中 of which		
		个人资本 Personal Capital	港澳台资本 HMT Capital	外商资本 Foreign Capital
总 计	**Total**	**197405**	**2123**	**41718**
按餐饮业行业小类分	**By Sector**			
正餐服务	Dinner Services	192948	55	38322
正餐服务	Dinner Services	192948	55	38322
快餐服务	Fast Food Services	3283	2068	3397
快餐服务	Fast Food Services	3283	2068	3397
饮料及冷饮服务	Beverages and Cold Beverage Services			
咖啡馆服务	Cafe Services			
餐饮配送及外卖送餐服务	Bar Services	60		
餐饮配送服务	Other Beverages and Cold Beverage Services	60		
其他餐饮业	Other Catering Services	1114		
小吃服务	Snack Services			
其他未列明餐饮业	Other Catering Business	1114		
按登记注册类型分	**By Status of Registration**			
内资企业	Domestic-funded Enterprises	197405	55	
国有企业	State-owned Enterprises			
集体企业	Collective-owned Enterprises			
股份合作企业	Cooperative Enterprises	160		
有限责任公司	Limited Liability Corporations	36301	50	
国有独资公司	State Sole Funded Corporations			
其他有限责任公司	Other Limited Liability Corporations	36301	50	
股份有限公司	Share-holding Corporations Ltd.	5173		
私营企业	Private Enterprises	153698	5	
私营独资企业	Private-funded Enterprises	22201		
私营合伙企业	Private Partnership Enterprises	1778		
私营有限责任公司	Private Limited Liability Corporations	123144	5	
私营股份有限公司	Private Share-holding Corporations Ltd.	6576		

单位：万元（10 000 yuan）

三、损益及分配 Profits and Losses

营业收入 Business Cost	其中 of which 主营业务收入 Main Business Cost	营业成本 Sales Expenses	其中 of which 主营业务成本 Main Sales Expenses	营业税金及附加 Business Tax and Surcharges	其中 of which 主营业务税金及附加 Business Tax and Surtax	其他业务利润 Other Business Profits	销售费用 Sales Expenses	管理费用 Management Expenses
2124892	**2105171**	**1359687**	**1348132**	**36507**	**35972**	**8894**	**287615**	**189903**
1939932	1923021	1266097	1256071	35345	34811	4955	231553	171842
1939932	1923021	1266097	1256071	35345	34811	4955	231553	171842
118972	117146	51615	51313	577	577	3940	44536	10182
118972	117146	51615	51313	577	577	3940	44536	10182
5072	5072	2193	2193	58	58		1257.1	16
5072	5072	2193	2193	58	58		1257.1	16
24501	24137	14833	14639	230	230		3524	3055
24501	24137	14833	14639	230	230		3524	3055
36415	35795	24950	23916	298	298		6745	4809
2808	2808	1903	1903	9	9		875	811
33607	32987	23047	22014	289	289		5870	3998
1947810	1930084	1227631	1216428	35881	35346	4955	270423	175009
3462	3452	2423	2423	14	14		36	311
29763	29745	25929	25915	222	218	5	495.8	1164
829	829	557	557	3	3		90	112
534801	530901	314421	313081	9588	9420	1601	112927	41192
15124	15124	5444	5444	120	120	174	3900	5944
519677	515777	308978	307638	9468	9300	1427	109026	35248
75760	75760	40253	40253	468	468		14954	12125
1265032	1252018	815557	807385	24791	24429	3347	139104	118669
172847	171805	114883	114244	3570	3469	153	6490	7902
5236	5226	3634	3634	78	78		726	172
1026766	1017579	661494	656886	19102	18850	3182	124505	102428
60183	57408	35546	32621	2041	2031	11	7384	8167

表 15.9 续表 3 continued 3

指 标	Item	三、损益及分配 Profits and Losses			
		财务费用 Financial Expenses	其中 of which		资产减值损失 Impairment of Assets
			利息收入 Interest Income	利息支出 Interest Expenses	
总 计	**Total**	**21158**	**1321**	**11262**	**1883**
按餐饮业行业小类分	**By Sector**				
正餐服务	Dinner Services	20348	1242	10557	1830
正餐服务	Dinner Services	20348	1242	10557	1830
快餐服务	Fast Food Services	-148	-12	-124	40
快餐服务	Fast Food Services	-148	-12	-124	40
饮料及冷饮服务	Beverages and Cold Beverage Services	7			
咖啡馆服务	Cafe Services	7			
餐饮配送及外卖送餐服务	Bar Services	-70	90	10	
餐饮配送服务	Other Beverages and Cold Beverage Services	-70	90	10	
其他餐饮业	Other Catering Services	1022	1	819	14
小吃服务	Snack Services	85			
其他未列明餐饮业	Other Catering Business	937	1	819	14
按登记注册类型分	**By Status of Registration**				
内资企业	Domestic-funded Enterprises	21186	907	10994	1848
国有企业	State-owned Enterprises	20			
集体企业	Collective-owned Enterprises	78		10	2
股份合作企业	Cooperative Enterprises				
有限责任公司	Limited Liability Corporations	4459	83	2180	137
国有独资公司	State Sole Funded Corporations	103	2	63	
其他有限责任公司	Other Limited Liability Corporations	4355	82	2118	137
股份有限公司	Share-holding Corporations Ltd.	2422	495	2814	1
私营企业	Private Enterprises	13915	326	5911	1705
私营独资企业	Private-funded Enterprises	1542	64	355	92
私营合伙企业	Private Partnership Enterprises	31		4	
私营有限责任公司	Private Limited Liability Corporations	11034	242	5382	1595
私营股份有限公司	Private Share-holding Corporations Ltd.	1309	20	170	17

单位：万元 (10 000 yuan)

三、损益及分配 Profits and Losses								四、人工成本及增值税 Labor Costs and Value Added Tax		五、从事餐饮业活动的从业人员平均人数(人) Average Employees
公允价值变动收益 Fair Value	投资收益 Income from Investment	其他收益 Other Income	营业利润 Business Profits	营业外收入 Non-business Income	营业外支出 Non-business Expenses	利润总额 Total Profits	所得税费用 Income Tax Payable	应付职工薪酬（本年贷方累计发生额） Total Payable Salaries	应交增值税 Value Added Tax Payable	
1246	**961**	**2905**	**245815**	**5574**	**3933**	**230012**	**22273**	**275275**	**36324**	**77853**
1245	900	489	228417	4878	3183	214932	19048	250955	33743	71105
1245	900	489	228417	4878	3183	214932	19048	250955	33743	71105
		2409	14303	232	711	13911	2513	14010	1263	4506
		2409	14303	232	711	13911	2513	14010	1263	4506
			1517	2		-367		405		83
			1517	2		-367		405		83
	61		2991	393	4	3008	407	6082	1146	1064
	61		2991	393	4	3008	407	6082	1146	1064
1		7	-1413	69	36	-1473	306	3823	172	1095
			-873		1	-872		769	1	197
1		7	-539	69	35	-601	306	3054	171	898
1246	812	496	230951	5204	2576	216131	19408	240886	35572	68949
			658			658	66	219	104	69
2			1875	14	26	1669	106	4820	163	769
			67			67		138	7	31
72	406	2	53133	2633	1240	52803	5615	65420	9764	17132
	1.7		-385	1819	2	1607	114	1147	580	268
72	404	2	53518	814	1239	51196	5501	64273	9184	16864
			5538	572	171	5917	557	17957	2618	6380
1169	398	494	165184	1965	1126	151864	12856	148973	22412	43580
40	67	289	38764	52	127	34972	2269	13087	3288	3232
		163	690			755	14	1312	85	293
1115	329	43	119411	1886	953	113520	8988	128941	17014	38637
15	1		6319	27	47	2617	1586	5633	2025	1418

表 15.9 续表 4 continued 4

指　标	Item	法人企业数(个) Number of Enterprises(unit)	其中 of which 执行《2006年企业会计准则》企业数(个) Number of Enterprises which Implemented Accounting standard for Business Enterprise in 2006	一、年初存货 Inventory at the Begining of Year
其他企业	Other Enterprises	29	18	802
港、澳、台商投资企业	Enterprises Funded by Hong Kong, Macao and Taiwan	3	2	143
港澳台商独资企业	Enterprises with Sole Fund	2	1	127
其他港澳台投资企业	Other Enterprises with Funds from Hong Kong, Macao and Taiwan	1	1	15
外商投资企业	Foreign-funded Enterprises	6	5	2596
中外合资经营企业	Joint-venture Enterprises	1		16
外资企业	Enterprises with Sole Fund	5	5	2579
按控股情况分	**By Holding Entity of Share**			
国有控股	State-holding	12	10	1577
集体控股	Collective-holding	22	12	179
私人控股	Private-holding	1276	713	36599
港澳台商控股	Held by Corporation from Hong Kong, Macao and Taiwan	3	2	143
外商控股	Foreign-holding	5	5	2579
其　他	Other	71	43	3784
按经营形式分	**By Form of Business**			
独立门店	Independent Store	1258	705	30881
连锁总店	Central Shop of Chain Stores	34	26	4745
连锁直营店	Direct-sale Shop of Chain Stores	17	11	4277
连锁加盟店	Branch Shop of Chain Stores	3	1	165
其　他	Other	77	42	4792
按单位规模分	**By Size of Enterprise**			
大　型	Large	15	12	5705
中　型	Medium	68	38	9842
小　型	Small	1165	653	28264
微　型	Micro	141	82	1050

单位：万元（10 000 yuan）

二、期末资产负债 Assets and Liabilities

流动资产合计 Total Current Assets	其中 of which		固定资产合计 Total Fixed Assets	固定资产原价 Total Original Value of Fixed Assets	其中 of which			累计折旧 ccumulative Depreciation	其中 of which
	应收帐款 Accounts Receivable	存货 Inventory			房屋和构筑物 Buildings and Structures	机器设备 Machinery and Equipments	运输工具 Transportation Equipments		本年折旧 Depreciation
2308	**457**	**416**	**5392**	**7786**	**1054**	**220**	**59**	**2584**	**319**
9448	**14**	214	**2627**	**5792**				**3165**	**10**
9363		202	2615	5698				3082	
85	14	11	12	95				82	10
46437	2060	3095	29750	51198	361	51	23	22381	3468
53	13	9	8	9				1	
46384	2047	3086	29741	51189	361	51	23	22380	3468
39170	5367	1774	21860	33472	9415	1693	1391	12389	1557
3650	683	334	4705	6477	4480	452	12	1944	505
422985	60576	41684	396324	518115	143780	29298	7366	152981	32905
9448	14	214	2627	5792				3165	10
46384	2047	3086	29741	51189	361	51	23	22380	3468
56611	5470	4281	27461	54415	6788	1434	175	28880	2658
346748	49199	37262	357033	455910	144574	29940	6439	125017	30425
92834	9922	6384	54205	96012	11348	682	1014	48351	2973
65007	3770	3683	36999	70408	10	44	5	33532	4583
3070	193	23	501	649	149			148	23
70588	11072	4021	33979	46480	8744	2262	1509	14690	3099
121287	11555	6071	72994	140234	2276	1134	1416	67240	5624
173204	23481	11014	104250	146215	50375	8690	1135	50203	9541
277526	38138	33270	286540	361977	102590	21793	6136	101738	25429
6230	982	1019	18933	21034	9583	1311	280	2557	510

表 15.9 续表 5 continued 5

指　标	Item	二、期末资产负债 Assets and Liabilities		
		在建工程 Construction in Process	非流动资产合计 Total Non-current Assets	资产总计 Total Assets
其他企业	Other Enterprises		6749	9625
港、澳、台商投资企业	Enterprises Funded by Hong Kong, Macao and Taiwan		4657	14106
港澳台商独资企业	Enterprises with Sole Fund		4623	13986
其他港澳台投资企业	Other Enterprises with Funds from Hong Kong, Macao and Taiwan		35	120
外商投资企业	Foreign-funded Enterprises	913	42624	89061
中外合资经营企业	Joint-venture Enterprises		65	118
外资企业	Enterprises with Sole Fund	913	42559	88942
按控股情况分	**By Holding Entity of Share**			
国有控股	State-holding	5	42819	81989
集体控股	Collective-holding		6248	9898
私人控股	Private-holding	29492	602454	1047029
港澳台商控股	Held by Corporation from Hong Kong, Macao and Taiwan		4657	14106
外商控股	Foreign-holding	913	42559	88942
其　他	Other	1061	52450	109086
按经营形式分	**By Form of Business**			
独立门店	Independent Store	20348	489771	857860
连锁总店	Central Shop of Chain Stores	5874	151325	244159
连锁直营店	Direct-sale Shop of Chain Stores	665	49435	114443
连锁加盟店	Branch Shop of Chain Stores		539	3609
其　他	Other	4584	60117	130980
按单位规模分	**By Size of Enterprise**			
大　型	Large	5964	167751	289038
中　型	Medium	3961	156551	337177
小　型	Small	16522	401254	691596
微　型	Micro	5024	25630	33238

单位：万元 (10 000 yuan)

二、期末资产负债 Assets and Liabilities

流动负债合计 Total Current Liabilities	其中 of which: 应付账款 Accounts Payable	非流动负债合计 Total Non-current Liabilities	负债合计 Total Liabilities	所有者权益合计 Total Owner's Equity	其中 of which: 实收资本 Paid-up Capital	其中 of which: 国家资本 State Capital	集体资本 Collective Capital	法人资本 Corporate Capital
3037	966	186	3222	6402	3320	14	55	1180
5286	2026	3236	8521	5584	2468			400
4677	1794	3236	7913	6073	2068			
608	231		608	-488	400			400
23424	7653	2142	25566	63494	43795			2077
48	36		48	70	70			70
23376	7617	2142	25518	63424	43725			2007
25133	5585	17981	43113	38876	13892	13250		642
1883	743	2042	3924	5973	4880		4725	155
439870	79885	116957	554903	492127	325209	203	1123	135259
5286	2026	3236	8521	5584	2468			400
23376	7617	2142	25518	63424	43725			2007
47413	8458	5613	53025	56061	32573	64	335	23338
344135	55759	119872	461222	396638	312172	6171	5599	126269
126183	32977	7831	134874	109286	39706	58	106	20760
31812	6816	164	31977	82466	44450		1	4765
2156	605		2156	1453	201			201
38675	8158	20102	58777	72203	26216	7287	477	9805
124872	32885	3011	128705	160333	65773	1958	272	17065
156539	24639	72080	225803	111374	73112	5121	164	35260
257253	45416	70414	327640	363956	265672	6437	5748	102415
4297	1375	2464	6857	26382	18189			7060

表 15.9 续表 6 continued 6

指 标	Item	二、期末资产负债 Assets and Liabilities		
		其 中 of which		
		个人资本 Personal Capital	港澳台资本 HMT Capital	外商资本 Foreign Capital
其他企业	Other Enterprises	2072		
港、澳、台商投资企业	Enterprises Funded by Hong Kong, Macao and Taiwan		2068	
港澳台商独资企业	Enterprises with Sole Fund		2068	
其他港澳台投资企业	Other Enterprises with Funds from Hong Kong, Macao and Taiwan			
外商投资企业	Foreign-funded Enterprises			41718
中外合资经营企业	Joint-venture Enterprises			
外资企业	Enterprises with Sole Fund			41718
按控股情况分	**By Holding Entity of Share**			
国有控股	State-holding			
集体控股	Collective-holding			
私人控股	Private-holding	188569	55	
港澳台商控股	Held by Corporation from Hong Kong, Macao and Taiwan		2068	
外商控股	Foreign-holding			41718
其 他	Other	8836		
按经营形式分	**By Form of Business**			
独立门店	Independent Store	174077	55	
连锁总店	Central Shop of Chain Stores	13188	2068	3527
连锁直营店	Direct-sale Shop of Chain Stores	1492		38192
连锁加盟店	Branch Shop of Chain Stores			
其 他	Other	8648		
按单位规模分	**By Size of Enterprise**			
大 型	Large	4836		41642
中 型	Medium	30423	2068	76
小 型	Small	151022	50	
微 型	Micro	11124	5	

单位：万元（10 000 yuan）

三、损益及分配 Profits and Losses								
营业收入 Business Cost	其中 of which 主营业务收入 Main Business Cost	营业成本 Sales Expenses	其中 of which 主营业务成本 Main Sales Expenses	营业税金及附加 Business Tax and Surcharges	其中 of which 主营业务税金及附加 Business Tax and Surtax	其他业务利润 Other Business Profits	销售费用 Sales Expenses	管理费用 Management Expenses
38163	37379	28491	26814	795	795	3	2817	1436
6861	5237	1868	1865	6	6	3940	3173	3490
5671	4140	1528	1525	6	6	3940	2352	3383
1190	1097	340	340				821	107
170221	169850	130188	129839	620	620		14019	11404
308	308	187	187	1	1		10	19
169914	169543	130001	129653	619	619		14010	11386
46843	46373	26614	26420	919	919	174	8046	7952
33265	33120	27243	27229	236	232	5	1871	1606
1684620	1669151	1083546	1074585	32507	32010	3389	203171	154228
6861	5237	1868	1865	6	6	3940	3173	3490
169914	169543	130001	129653	619	619		14010	11386
183390	181748	90414	88380	2220	2187	1387	57344	11241
1370748	1357401	895379	886711	28027	27511	3115	145907	107651
286934	282267	156017	155246	3738	3730	4439	82368	30614
251769	251497	163819	163706	1170	1170	923	30191	33228
11121	11121	4271	4271	103	103	235	3567	1316
204319	202885	140201	138199	3470	3458	182	25582	17095
460988	460253	282402	281860	3912	3912	502	88357	50170
388813	382634	223128	221541	5511	5503	4151	88357	45583
1216629	1204342	815629	806746	25746	25250	4224	108463	91156
58462	57942	38527	37986	1339	1308	17	2438	2994

表 15.9 续表 7 continued 7

指 标	Item	三、损益及分配 Profits and Losses			
		财务费用 Financial Expenses	其中 of which		资产减值损失 Impairment of Assets
			利息收入 Interest Income	利息支出 Interest Expenses	
其他企业	Other Enterprises	294	2	78	3
港、澳、台商投资企业	Enterprises Funded by Hong Kong, Macao and Taiwan	-158		-164	
港澳台商独资企业	Enterprises with Sole Fund	-159		-164	
其他港澳台投资企业	Other Enterprises with Funds from Hong Kong, Macao and Taiwan				
外商投资企业	Foreign-funded Enterprises	130	414	432	36
中外合资经营企业	Joint-venture Enterprises				
外资企业	Enterprises with Sole Fund	130	414	432	36
按控股情况分	**By Holding Entity of Share**				
国有控股	State-holding	120	110	65	
集体控股	Collective-holding	164	1	21	3
私人控股	Private-holding	19232	822	9770	1827
港澳台商控股	Held by Corporation from Hong Kong, Macao and Taiwan	-158		-164	
外商控股	Foreign-holding	130	414	432	36
其 他	Other	1671	-25	1138	18
按经营形式分	**By Form of Business**				
独立门店	Independent Store	16280	323	7414	1815
连锁总店	Central Shop of Chain Stores	3898	512	3638	37
连锁直营店	Direct-sale Shop of Chain Stores	40	368	24	
连锁加盟店	Branch Shop of Chain Stores	86	10		
其 他	Other	855	108	186	32
按单位规模分	**By Size of Enterprise**				
大 型	Large	3144	966	3525	36
中 型	Medium	6546	17	4632	1222
小 型	Small	10906	311	3049	612
微 型	Micro	562	26	56	14

单位：万元（10 000 yuan）

三、损益及分配 Profits and Losses								四、人工成本及增值税 Labor Costs and Value Added Tax		五、从事餐饮业活动的从业人员平均人数（人）Average Employees
公允价值变动收益 Fair Value	投资收益 Income from Investment	其他收益 Other Income	营业利润 Business Profits	营业外收入 Non-business Income	营业外支出 Non-business Expenses	利润总额 Total Profits	所得税费用 Income Tax Payable	应付职工薪酬（本年贷方累计发生额） Total Payable Salaries	应交增值税 Value Added Tax Payable	
3	8		4496	19	14	3154	207	3360	504	988
		2409	891	24	210	705	191	1073	195	143
		2409	969	24	208	785	191	879	191	100
			-79		2	-80		193	4	43
	150		13974	346	1147	13175	2675	33316	556	8761
			92			92		61	8	8
	150		13882	346	1147	13083	2675	33254	548	8753
	113		3305	1853	14	5319	552	6871	1629	988
2			2145	28	28	1929	106	5547	193	971
1237	691	494	204954	3041	2040	189952	16913	207532	31492	61277
		2409	891	24	210	705	191	1073	195	143
	150		13882	346	1147	13083	2675	33254	548	8753
7	8	2	20640	282	494	19025	1836	20997	2267	5721
1249	471	496	178993	2172	1311	170235	14752	153081	26280	43209
	20	2409	24320	1028	867	22149	2505	65116	5009	20036
	150		23470	305	1175	20322	3479	30205	748	8166
	3		1782	34	8	141	34	840	150	155
-3	318		17251	2035	572	17165	1503	26033	4136	6287
	61		41253	1139	1579	36745	5063	67108	4314	19411
975	673	2409	25156	2871	1084	27384	3545	69802	6415	19949
267	221	484	166794	1533	1259	154580	12736	134987	24900	37451
5	6	12	12612	31	11	11303	929	3378	695	1042

表 15.10 按行业和业态分连锁零售企业基本情况 (2017 年)
BASIC CONDITIONS OF CHAIN RETAIL ENTERPRISES BY SECTORS AND BUSINESS CATEGORIES (2017)

指 标	Item	总店数（个）Number of Head Stores (unit)	门店总数（个）Number of Stores (unit)	年末从业人数（人）Engaged Persons at Year-end (persons)	年末零售营业面积（平方米）Operating Area of Retail Enterprises at Year-end (sq.m)	商品销售额（万元）Total Sales of Commodities (10 000 yuan)	商品购进总额（万元）Purchases Value (10 000 yuan)	统一配送商品购进额（万元）Centralized Purchase and Delivery (10 000 yuan)
总 计	**Total**	**72**	**10419**	**78970**	**4243425**	**7493954**	**4950231**	**3661696**
按行业分	**By Sector**							
#综合零售	Integrated Retail	27	3873	54824	3486191	5743206	3501378	2332898
食品、饮料及烟草制品专门零售	Retail of Food, Beverages and Tobacco	8	1128	3827	26242	133068	79739	65660
纺织、服装及日用品专门零售	Special Retail of Textiles, Garments and Daily Consumer Articles	7	198	1836	59889	120835	100368	64412
文化、体育用品及器材专门零售	Retail of Cultural, Sports Appliances and Equipments	2	108	2500	129000	448844	371508	365410
医药及医疗器材专门零售	Retail of Medicines and Medical Appliances	22	5018	13988	363653	777051	636793	578318
汽车、摩托车、燃料及零配件专门零售	Retail of Motor Vehicles, Motorcycles,Fuel and Parts	3	27	84	3162	11039	10117	4670
家用电器及电子产品专门零售	Special Retail of Household Electrical Appliances and Electronic Products	3	67	1911	175288	259911	250328	250328
五金、家具及室内装修材料专门零售	Special Retail of Hardware, Furniture and Decoration Materials							
无店铺及其他零售	Non-shop and Other Retails							
按业态分	**By Business ategories**							
便利店	Convenience Store	2	199	447	13794	15979	13730	
折扣店	Discount Store							
超 市	Super Market	17	3073	13402	502202	542749	489563	463441
大型超市	Hyper Market	3	130	17454	675850	1460904	1207615	89742
仓储会员店	Warehouse Club							
百货店	Department Store	4	350	22158	2091941	3172876	1279846	1269092
专业店	Specialty Store	42	6595	27017	1030181	3095742	2740996	2053000
#加油站	Gas Station	4	642	6418	279555	1095557	1067026	465523
专卖店	Franchised Store	12	1192	5961	230920	568733	514879	338116
家居建材商店	Building Material Store							
厂家直销中心	Factory Outlets Center	2	15	230	1860	419526	408114	408114
其 他	Other Store	6	770	1856	77122	170490	135011	81327

表 15.11 按行业分连锁餐饮企业基本情况(2017 年)
BASIC CONDITIONS OF CHAIN CATERING ENTERPRISES BY SECTOR (2017)

指 标	Item	总店数(个) Number of Head Stores (unit)	门店总数(个) Number of Stores (unit)	年末从业人员(人) Engaged Persons at Year-end (persons)	年末餐饮营业面积(平方米) Operating Area of Catering Enterprises at Year-end(sq.m)	餐位数(位) Number of Dining-seats (unit)	营业额(万元) Business Revenue (10 000 yuan)	商品购进总额(万元) Total Purchases Value(10 000 yuan)	统一配送商品购进额(万元) Centralized Purchase and Delivery (10 000 yuan)
总 计	**Total**	**25**	**2460**	**91839**	**1300598**	**526273**	**1311945**	**588801**	**299074**
正餐服务业	Restaurant	21	2169	87671	1267198	513208	1223810	552312	262585
快餐服务业	Fast Food	2	121	3369	27591	11588	67316	22337	22337
饮料及冷饮服务业	Beverages and Cold rinks	1	5	50	1750	385	8145	5786	5786
其他餐饮服务业	Others	1	165	749	4059	1092	12674	8366	8366

表 15.12 批发和零售业连锁经营情况(2016 – 2017 年)
OPERATION OF CHAIN ENTERPRISES IN WHOLESALE AND RETAIL TRADES (2016-2017)

指 标	Item	合 计 Total		其 中 of which #直营店 Regular Chain	
		2016	2017	2016	2017
门店总数(个)	Number of Stores(unit)	12714	12324	4471	4588
年末从业人员数(人)	Engaged Persons at Year-end(person)	93796	88525	79974	75077
年末零售营业面积(平方米)	Business Area of Catering Services at Year-end (sq.m)	4336533	4623870	3973213	4239593
连锁门店商品购进额(万元)	Total Purchases Value of Chain Retail Stores(10000 yuan)	7050386	6789754	6740032	6461696
#统一配送商品购进额	Centralized Purchase and Delivery	4844151	4702831	4634590	4445965
#自有配送中心配送商品购进额	Purchases of Self-owned Delivery Center	3234952	3154722	3086489	2941951
非自有配送中心配送商品购进额	Purchases of Non-self-owned Delivery Center	1128931	1069611	1103855	1050561
连锁门店商品销售额(万元)	Total Sales (Wholesale & Retail)of Chain Retail Stores(10 000 yuan)	9561915	9446998	9140507	8999560
#零售额	Retail Sales	7441719	7509504	7158550	7160117

表 15.13 住宿和餐饮业连锁经营情况（2016 – 2017 年）
OPERATION OF CHAIN ENTERPRISES IN HOTELS AND CATERING SERVICES (2016-2017)

指 标	Item	合 计 Total		其 中 of which #直营店 Regular Chain	
		2016	2017	2016	2017
门店总数（个）	Number of Stores(unit)	2411	2460	530	521
年末从业人员数（人）	Engaged Persons at Year-end(person)	92014	91839	20395	21272
年末餐饮营业面积（平方米）	Business Area of Catering Enterprises at Year-end (sq.m)	1313115	1300598	381977	362174
客房数（间）	Number of Rooms(room)	315	251	315	251
床位数（个）	Number of beds(unit)	611	471	611	471
餐位数（位）	Number of Dinning-seats(unit)	513700	526273	122313	114633
连锁门店商品购进额（万元）	Total Purchases Value of Chain Retail Stores(10 000 yuan)	575742	588801	266349	268854
#统一配送商品购进额	Centralized Purchase and Delivery	287022	299075	127060	133606
#自有配送中心配送商品购进额	Purchases of Self-owned Delivery Center	163336	174375	55752	62661
非自有配送中心配送商品购进额	Purchases of Non-self-owned Delivery Center	82516	81969	33841	32500
连锁门店营业额（万元）	Business Revenue of Chain Retail Stores(10 000 yuan)	1257020	1311945	440058	421180
#餐费收入	From Meals	1240086	1292361	425487	402908
商品销售额	Total Sales of Commodities	14712	16656	13685	15344

重/庆/统/计/年/鉴

主要统计指标解释

社会消费品零售总额

指企业（单位、个体户）通过交易直接售给个人、社会集团非生产、非经营用的实物商品金额，以及提供餐饮服务所取得的收入金额。个人包括城乡居民和入境人员，社会集团包括机关、社会团体、部队、学校、企事业单位、居委会或村委会等。

批发业 指批发商向批发、零售单位及其他企事业、机关单位批量销售生活用品和生产资料的活动，以及从事进出口贸易和贸易经纪与代理的活动。批发商可以对所批发的货物拥有所有权，并以本单位、公司的名义进行交易活动；也可以不拥有货物的所有权，而以中介身份做代理销售商。还包括各类商品批发市场中固定摊位的批发活动。

零售业

指百货商店、超级市场、专门零售商店、品牌专卖店、售货摊等主要面向最终消费者（如居民等）的销售活动。包括以互联网、邮政、电话、售货机等方式的销售活动，还包括在同一地点，后面加工生产，前面销售的店铺（如前店后厂的面包房）。不包括：谷物、种子、饲料、牲畜、矿产品、生产用原料、化工原料、农用化工产品、机械设备（乘用车、计算机及通信设备等除外）等生产资料的销售（列入批发业）；非零售单位附带的零售活动，如汽车修理单位销售汽车零件（列入单位主业所对应的行业类别中）；商业零售单位所在商厦的物业管理（列入物业管理）；商业零售单位所在的商品市场、商业大厦的市场管理活动（列入市场管理）。

批发和零售业商品购进、销售、库存额

指各种登记注册类型的批发和零售业企业（单位）以本企业（单位）为总体的，从国内、国外市场购进的商品总量，销售和出口的商品总量，库存的商品总量等情况。该指标可以反映商品流转过程中商品的购进、销售、库存之间的比例关系和存在的问题。

商品销售额

指对本单位以外的单位和个人出售的商品金额（包括售给本单位消费用的商品，含增值税）。商品销售包括（1）售给城乡居民和社会集团消费用的商品；（2）售给农业、工业、建筑业、运输邮电业、服务业、公用事业等国民经济各行业用于生产、经营用的商品，包括售予批发和零售业作为转卖或加工后转卖的商品；（3）对国（境）外直接出口的商品。不包括：（1）未通过买卖行为付出的商品，如随机构变动移交给其他企业单位的商品、借出的商品、归还受其他单位委托代保管的商品、付出的加工原料和赠送给其他单位的样品等；（2）经本单位介绍，由买卖双方直接结算，本单位只收取手续费的业务；（3）购货退回的商品；（4）商品损耗和损失；（5）出售本单位自用的废旧物资。

住宿业

指有偿为顾客提供临时住宿的服务活动。不包括提供长期住宿场所的活动，如出租房屋、公寓等（列入房地产开发经营）。

餐饮业

指在一定场所，对食物进行现场烹饪、调制，并出售给顾客主要供现场消费的服务活动。

营业额

指住宿和餐饮业单位在经营活动中因提供服务或销售商品等取得的收入。包括：客房收入、餐费收入、商品销售额和其他收入。其中，客房收入指住宿和餐饮业单位在经营活动中因提供住宿服务取得的收入。餐费收入指住宿和餐饮业单位因为顾客提供就餐服务取得的收入，包括经烹饪、调制加工后出售的各种食品，如主食、炒菜、凉拌菜等的收入。

主要统计指标解释

连锁总店（总部）

指负责连锁企业资源（商号、商誉、经营模式、服务标准、管理模式等等）的开发、配置、控制或使用等功能的企业核心管理机构。连锁经营是指经营同类商品或服务，使用统一商号的若干店铺，在同一总店（总部）的管理下，采取统一采购或特许经营等方式，实现规模效益的组织形式，包括直营连锁、特许连锁和自愿连锁三种形式。其中，直营连锁是指连锁店铺由连锁公司全资或控股开设，在总部的直接控制下，开展统一经营的连锁经营形式；特许连锁是指拥有注册商标、企业标志、专利、专有技术等经营资源的企业（特许人），以合同形式将其拥有的经营资源许可其他经营者（被特许人）使用，被特许人按合同约定在统一的经营模式下开展经营，并向特许人支付特许经营费用的连锁经营形式；自愿连锁是指若干个店铺或企业自愿组合起来，在不改变各自资产所有权关系的情况下，以同一个品牌形象面对消费者，以共同进货为纽带开展的连锁经营形式。

Explanatory Notes on Main Statistical Indicators

Total Retail Sales of Consumer Goods

refer to the amount obtained by enterprises (units, self-employed individuals) through direct sales of non-production and non-business physical commodity to individuals, social institutions, and revenue from providing catering services. Individuals include rural and urban households, population from abroad, social institutions include government agencies, social organizations, military units, schools, institutions, neighbourhood (village) committees.

Wholesale Trade

refers to the activities of wholesaler selling at wholesale commodities for daily use and capital goods to enterprises of wholesale and retail trades and other enterprises, institutions and government offices, including the activities of wholesaler engaged in import and export and acting as a trade agent. The wholesaler may have the right of ownership over the commodities of wholesale and trade in the name of its own's or a company, the wholesaler may not have the right of ownership, only acts an agent. The wholesale trade also include the activities of wholesaler at the fixed stalls of the wholesale market of different commodities.

Retail Trade

refers to the activities of department store, supermarket, franchised store, brand store, retail stall and on-the-spot-making-selling store selling commodities to the final consumers (citizens) by any means including internet, post, telephone, sales machine. Retail trade excludes the activities of sales of capital goods such a grain, seed, feed, livestock, mineral products, raw material for production, industrial chemicals, chemical products for farm, machine and equipment (vehicle, computer and communication equipment), and the activities of supplementary sales of non-retailer such as the sales of spare parts of car repair business (listed as branch in correspondence with principle business), property management of buildings of retail units (listed as property management); market management of commercial markets and buildings of retail units (listed as market management) .

Purchase, Sales and Stock of Commodities by Wholesale and Retail Trades

refer to the total volume of commodities purchased, total volume of sales and exports, and the stock of commodities by wholesale and retail enterprises (establishments) of different status of registration from domestic and overseas markets. This indicator reflects the relationship among purchase, sales and stock of commodities in the circulation of goods and reveals the existing problems.

Total Sales of Commodities

refer to value of commodities sold by the establishments to other establishments and individuals (including goods sold for self consumption, including the value-added tax). The commodities include: (1) commodities sold to urban and rural residents and social groups for their consumption, (2) commodities sold to establishments in all industries for their production and operation, including agriculture, industry, construction, transportation, post and telecommunications, catering services, and public utility including commodities sold to wholesale and retail establishments for re-selling, with or without further processing; and (3) commodities for direct export to abroad. Excluded are (1) extended commodities without trading, such as goods handed over to other enterprises and institutions because of the change of organizations, lent goods, returned goods preserved for others, extended processing materials and samples donated to others, (2) goods of direct settlement between buyer and seller with handling fees introduced by others, 3. goods returned after purchase, (4) damaged and spoiled goods, (5) waste and used goods of self use.

Hotel Services

refer to the charged accommodation services provided to customers, excluding the long term accommodation service activities such as rental housing and apartments(it is under real estate development and management).

EXPLANATORY NOTES TO MAJOR STATISTICAL INDICATORS

Catering Services

refer to the activities of enterprises providing on-the-spot services of selling food cooked and prepared to the customer in certain sites.

Business Revenue

refers to revenue of hotels and catering services received from providing services or selling commodities through business activities, including income from hotels, from catering services, from selling of commodities and from other services. Income from hotels refers to income of hotels and catering services by providing lodging services through business activities. Income from catering services refers to income of hotels and catering services by providing catering services, including selling of cooked or prepared foods, such as staple food, cooked dishes, or cold dishes.

Chain Head Stores (headquarter)

refer to the core leading stores responsible for development, allocation, administration and utilization of resources (name of stores, brand of stores, operation model, service standard, management way, etc.) of chain stores. Chain stores refers to the stores engaged in providing homogeneous commodities or services, with the central leadership of head store (headquarters) and guided by common policies, conduct centralized purchase and distributed selling of commodities, in order to gain better efficiency through standardized operation. The chain stores include regular chain stores, franchise chain stores and voluntary chain stores.

Regular Chain store refers to chain stores that are invested or controlled by the headquarters. They operate under direct and unified management from the headquarters.

Franchise chain store refers to the chain stores (franchisees) which are franchised with operation resources such as trade marks, names, patent and operation know-how by the franchisors in form of contract and pay the operation fees to the franchisors.

Voluntary chain store refers to the stores operate jointly on the voluntary bases while maintaining their status of independent legal entities with full ownership of their assets. They sell goods of same brand from same channel of resource to the consumers.

第 16 章

对外经济贸易和旅游业

FOREIGN ECONOMIC RELATIONS,
TRADE AND TOURISM

简要说明

BRIEF INTRODUCTION

本章内容包括全市进出口、利用外资、对外承包工程和劳务合作、旅游情况，以及利用内资方面的资料。进出口、利用外资、对外投资与合作、旅游和国外友好城市交流资料由市统计局贸易外经处分别根据重庆海关、市商务委、市旅游局和市政府外事办公室的有关资料加工整理，利用内资数据由市统计局贸易外经处提供。

The data in this chapter include the statistics on imports & exports, utilization of foreign capital, contracted projects and labor cooperation with foreign countries (territories) and tourism as well as the utilization of domestic capital. The data of imports & exports, utilization of foreign capital, contracted projects and labor cooperation with foreign countries and territories, tourism and communications with foreign twin-cities and tourism are provided by Chongqing Customs, Chongqing Commerce Commission, Chongqing Tourism Administration and Foreign Affairs Office of Chongqing Municipal Government, and sorted and compiled by Division of Trade and External Economic Relations Statistics, Chongqing Municipal Bureau of Statistics. The data of utilization of domestic capital are provided by Division of Trade and External Economic Relations Statistics of Municipal Bureau of Statistics.

表 16.1 人民币汇率(年平均价)(1985 – 2017 年)
REFERENCE EXCHANGE RATE OF RENMINBI (PERIOD AVERAGE) (1985-2017)

单位：人民币元 (RMB yuan)

年 份 Year	100 美元 100 US Dollars	100 日元 100 Japanese Yen	100 港元 100 Hong Kong Dollars	100 欧元 100 Euros
1985	293.66	1.2457	37.57	
1986	345.28	2.0694	44.22	
1987	372.21	2.5799	47.74	
1988	372.21	2.9082	47.70	
1989	376.51	2.7360	48.28	
1990	478.32	3.3233	61.39	
1991	532.33	3.9602	68.45	
1992	551.46	4.3608	71.24	
1993	576.20	5.2020	74.41	
1994	861.87	8.4370	111.53	
1995	835.10	8.9225	107.96	
1996	831.42	7.6352	107.51	
1997	828.98	6.8600	107.09	
1998	827.91	6.3488	106.88	
1999	827.83	7.2932	106.66	
2000	827.84	7.6864	106.18	
2001	827.70	6.8075	106.08	
2002	827.70	6.6237	106.07	800.58
2003	827.70	7.1466	106.24	936.13
2004	827.68	7.6552	106.23	1029.00
2005	819.17	7.4484	105.30	1019.53
2006	797.18	6.8570	102.62	1001.90
2007	760.40	6.4632	97.46	1041.75
2008	694.51	6.7427	89.19	1022.27
2009	683.10	7.2986	88.12	952.70
2010	676.95	7.7279	87.13	897.25
2011	645.88	8.1050	82.97	900.11
2012	631.25	7.9037	81.38	810.67
2013	619.32	6.3323	79.85	822.19
2014	614.28	5.8196	79.22	816.51
2015	622.84	5.1553	80.34	691.41
2016	664.23	6.1243	85.58	734.26
2017	675.18	6.0244	86.64	763.03

表 16.2 进出口总值（1987 – 2017 年）
TOTAL VALUE OF IMPORTS AND EXPORTS (1987-2017)

单位：万美元 (USD 10 000)

年 份 Year	进出口总值 Total Imports and Exports	其中 of which 出 口 Exports	其中 of which 进 口 Imports	进出口差额 Balance of Imports and Exports
1987	29681	17446	12235	5211
1988	41078	22171	18907	3264
1989	60299	29052	31247	-2195
1990	68095	32729	35366	-2637
1991	61950	39249	22701	16548
1992	74244	40867	33377	7490
1993	85470	41160	44310	-3150
1994	123957	71527	52430	19097
1995	141859	84733	57126	27607
1996	158543	59365	99178	-39813
1997	167843	78015	89828	-11813
1998	103386	51411	51975	-564
1999	121044	49039	72005	-22966
2000	178547	99522	79025	20497
2001	183384	110248	73136	37112
2002	179401	109119	70282	38837
2003	259488	158509	100979	57530
2004	385735	209119	176616	32503
2005	429283	252054	177229	74825
2006	547013	335192	211821	123371
2007	744546	450772	293774	156998
2008	952121	572182	379939	192243
2009	770859	428008	342851	85157
2010	1242634	748875	493759	255116
2011	2921786	1983813	937973	1045840
2012	5320358	3857043	1463315	2393728
2013	6870410	4679749	2190661	2489088
2014（美元计价）USD	9545024	6340935	3204089	3136846
2014（人民币计价）Yuan-denominated	58632248	38947663	19684585	19263078
2015（美元计价）USD	7447656	5518994	1928662	3590332
2015（人民币计价）Yuan-denominated	46154929	34170285	11984644	22185641
2016（美元计价）USD	6277125	4069415	2207710	1861705
2016（人民币计价）Yuan-denominated	41403855	26779585	14624271	12155314
2017（美元计价）USD	6660391	4259899	2400492	1859407
2017（人民币计价）Yuan-denominated	45082489	28837099	16245390	12591709

表 16.3 利用外资基本情况（1985 – 2017 年）
BASIC STATISTICS ON UTILIZATION OF FOREIGN CAPITAL (1985-2017)

单位：万美元 (USD 10 000)

年 份 Year	新签利用外资协议（合同）数（个） Number of Newly Signed Agreements (Contracts) of Foreign Capital Utilization (unit)	其 中 of which #外商直接投资 Foreign Direct Investment	协议合同金额 Value of Agreements and Contracts	其 中 of which #外商直接投资 Foreign Direct Investment	实际利用外资额 Foreign Capital Actually Utilized	其 中 of which #外商直接投资 Foreign Direct Investment
1985	28		3991		2499	427
1986	21	6	2957	1528	3596	790
1987	31	10	3320	774	4509	1924
1988	72	18	54862	1913	13153	2069
1989	39	15	3887	7141	22479	756
1990	81	55	19133	6245	14489	332
1991	110	80	12074	4252	16143	977
1992	516	443	59665	37919	29745	10247
1993	795	681	106629	72892	41970	25915
1994	453	364	65266	47932	65644	44953
1995	341	280	112473	74567	61554	37926
1996	233	160	35873	24232	44151	21878
1997	289	229	77109	46017	98208	38466
1998	263	222	75099	47577	55163	43107
1999	199	169	70115	50688	32699	23893
2000	237	190	86888	35716	34532	24436
2001	191	172	71884	44261	42442	25649
2002	169	148	64824	50215	45034	28089
2003	218	187	71397	55301	56654	31112
2004	281	258	66621	66315	68214	40508
2005	266	208	81877	80213	70423	51575
2006	252	223	112960	111558	87667	69595
2007	263	240	440891	440499	122011	102857
2008	197	135	283124	208757	285688	245196
2009	220	161	379861	244278	419178	337577
2010	261	232	628902	402848	636956	304264
2011	361	326	633609	624570	1057862	582575
2012	294	248	559368	505724	1057661	352418
2013	248	192	405748	382459	1059715	414353
2014	250	203	462645	448258	1062946	423348
2015	315	242	481728	466628	1076505	377183
2016	224	224	409337	401022	1134190	279037
2017	238	238	383207	383207	1018255	222004

注：1）2004 年起，新签利用外资协议（合同）数、协议合同金额均不含对外借款。
2）2007 年起，外商直接投资数据为上报国家商务部口径。
3）2016 年起，利用外资指标口径有调整。

Note: a) Foreign loans have been excluded from the number of newly signed agreements (contracts) of foreign capital utilization and the value of agreements and contracts since 2004.
b) The data of foreign direct investment has become the data reported to the Ministry of Commerce since 2007.
c) The statistic scope about utilization of foreign capital in 2016 was adjusted.

表 16.4 对外经济合作（1985 – 2017 年）
COOPERATION WITH FOREIGN COUNTRIES AND TERRITORIES (1985-2017)

单位：万美元 (USD 10 000)

年 份 Year	签订合同数（个） Number of Contracts (unit)	合同金额 Value of Contracts	实际完成营业额 Value of Turnover Fulfilled
1985	9	2109	572
1986	18	1571	337
1987	15	1540	572
1988	13	2640	2683
1989	27	2605	2574
1990	14	2971	2189
1991	16	4329	2436
1992	19	3765	2896
1993	13	9440	2704
1994	45	4106	4132
1995	33	4032	3757
1996	35	6654	3160
1997	22	2607	2725
1998	24	1969	3203
1999	235	4591	3842
2000	231	9232	5806
2001	232	11590	6700
2002	117	12200	7959
2003	94	13450	8810
2004	81	14805	10078
2005	70	18498	12138
2006	72	21447	16050
2007	67	30714	20585
2008	55	86398	30673
2009	80	104463	36885
2010	48	81560	45074
2011	49	66797	43738
2012	42	107550	58406
2013	104	111288	103450
2014	132	117065	103488
2015	91	136003	120872
2016	105	275360	133546
2017	92	211179	170089

注：2011 年起数据仅为对外承包工程，不再包含对外劳务合作。
Note:Due to the modification of statistics system, the data only includes the contracted projects with foreign countries and territories since 2011, and foreign labor cooperation not included.

表 16.5 国际旅游人数和外汇收入（1983 – 2017 年）
NUMBER OF INTERNATIONAL TOURISTS AND FOREIGN EXCHANGE EARNINGS (1983-2017)

年份 Year	接待入境旅游人数（人次） Number of Overseas Visitor Arrivals Received (person-time)	其中 of which: #外国人 Foreigners	#港澳台同胞 Chinese Compatriots from Hong Kong, Macao and Taiwan	旅游外汇收入（万美元） Foreign Exchange Earnings from Tourism (USD 10 000)	入境旅游者人均逗留天数（天） Average Staying Period of Overseas Visitors per Capita (day)	旅行社组织出境旅游人数（万人次） Number of Outbound Tourists Organized by Travel Agencies (10 000 person-time)
1983	23032	18706	3997	26	1.3	
1984	28094	21110	6505	259	1.7	
1985	49508	40460	8370	527	2.1	
1986	55152	44290	8904	860	1.7	
1987	60894	52177	8253	1063	1.5	
1988	64181	45193	18711	1281	1.5	
1989	41248	21454	19595	1027	1.6	
1990	69609	19913	49570	1823	1.3	
1991	81745	29625	51950	2354	1.6	
1992	141165	52949	88050	3997	1.3	
1993	135596	59140	76025	4819	1.4	
1994	138593	93408	44180	5432	1.5	
1995	142892	93625	48942	6333	2.0	
1996	161761	108163	53238	7090	2.3	
1997	259414	154919	103720	10548	2.7	
1998	163738	116288	47211	8837	3.2	
1999	184936	133629	51173	9726	3.2	
2000	266081	192863	73218	13837	3.2	
2001	313254	219214	94040	16341	3.1	
2002	461484	310934	150550	21802	2.7	
2003	234521	181744	52777	11323	2.8	
2004	434423	338892	95531	20308	2.7	
2005	523872	418076	105796	26436	3.0	7.33
2006	603239	488249	114990	30872	3.2	9.38
2007	761676	622427	139249	38231	3.2	10.69
2008	871907	742792	129115	44977	3.0	10.29
2009	1048125	847967	200158	53721	3.0	16.05
2010	1370231	1039598	330633	70320	3.4	22.73
2011	1864016	1326135	537881	96806	3.9	40.36
2012	2242834	1526320	716514	116832	3.4	68.44
2013	2422605	1619340	803265	126831	3.1	91.99
2014	2637590	1686523	951067	135444	2.7	120.84
2015	2825339	1888294	937045	146857	2.5	182.22
2016	3165843	2084166	1081677	168682	2.5	196.24
2017	3583545	2174307	1409238	194759	2.6	206.30

表 16.6 按商品类别分的进出口总值（2016 – 2017 年）
TOTAL VALUE OF IMPORTS AND EXPORTS BY COMMODITY CATEGORY (2016-2017)

单位：万美元 (USD 10 000)

商品类别	Categories of Commodities	出口 Exports		进口 Imports	
		2016	2017	2016	2017
总　值	**Total Value**	**4069415**	**4259899**	**2207710**	**2400492**
按进出口商品类章分	**By Category of Imported and Exported Goods**				
活动物、动物产品	Live Animals and Animal Products	3650	3257	4576	6556
植物产品	Vegetable Products	23135	8772	77203	46664
动植物油脂及分解产品、精制食用油脂，动植物蜡	Animal or Vegetable Fats and Oils and Their Cleavage Products, Prepared Edible Fats, Animal or Vegetable Waxes	69	1698	2686	2207
食品、饮料、酒及醋；烟草及烟草代用品的制品	Prepared Foodstuffs; Beverages, Spirits and Vinegar; Tobacco and Manufactured Tobacco Substitutes	27073	6649	45124	40676
矿产品	Mineral Products	2237	2814	81959	177129
化学工业及其相关工业的产品	Products of The Chemical or Industries Allied	106036	106003	89180	125108
塑料及其制品、橡胶及其制品	Plastics and Articles Thereof Rubber and Articles Thereof	81155	63568	130461	164076
生皮、皮革、毛皮及制品；鞍具及挽具；旅行用品、手提包及类似品；动物肠线（蚕胶丝除外）制品	Raw Hides and Skins, Leather, Fur Skins and Articles Thereof; Saddlery and Harness; Travel Goods, Handbags and Similar Containers; Articles of Animal Gut (Other Than Silk-Worm Gut)	30551	19718	1582	2130
木及木制品；木炭；软木及软木制品；稻草、秸秆、针茅或其他编结材料制品；蓝筐及柳条编结品	Wood and Articles of Wood; Wood Charcoal; Cork and Articles of Cork; Manufactures of Straw, of Esparto or of Other Plaiting Materials; Basket Ware and Wickerwork	4925	2212	4383	15256
木浆及其他纤维状纤维素浆；回收（废碎）纸或纸板；纸、纸板及其制品	Pulp of Wood or of Other Fibrous Cellulosic Material; Waste and Scrap of Paper or Paperboard; Paper and Paperboard and Articles Thereof	31374	16016	30231	42599

表 16.6 续表 continued

单位：万美元 (USD 10 000)

商品类别	Categories of Commodities	出口 Exports		进口 Imports	
		2016	2017	2016	2017
纺织原料及纺织制品	Textiles and Textile Articles	97341	76843	5259	5078
鞋、帽、伞、杖、鞭及其零件；已加工的羽毛及其制品；人造花；人发制品	Footwear, Headgear, Umbrellas, Sun Umbrellas, Walking-Sticks, Seat-Sticks, Whips, Riding-Crops and Parts Thereof; Prepared Feathers and Articles Made Therewith; Artificial Flowers; Articles of Human Hair	53253	41735	436	277
石料、石膏、水泥、石棉、云母及类似材料的制品；陶瓷产品；玻璃及其制品	Articles of Stone, Plaster, Cement, Asbestos, Mica or Similar Materials; Ceramic Products; Glass and Glassware	100527	72596	29788	29684
天然或养殖珍珠、宝石或半宝石、贵金属、包贵金属″	Natural or Cultured Pearls, Precious or Semi-Precious Stones, Precious Metals, Metals Clad With Precious Metal and Stones	4010	1291	1363	3379
贱金属及其制品	Base Metals and Articles of Base Metal	154771	116226	55645	145594
机器、机械器具、电气设备及其零件；录音机及放声机、电视图象、声音的录制和重放设备及其零件、附件	Machinery and Mechanical Appliances; Electrical Equipment; Parts Thereof; Sound Recorders and Reproducers, Television Image and Sound Recorders and Reproducers; and Parts and Accessories of Such Articles	2879210	3245495	1422527	1363056
车辆、航空器、船舶及运输设备	Vehicles, Aircraft, Vessels and Associated Transport Equipment	277968	311341	116846	128349
光学、照相、电影、计量、检验、医疗或外科用仪器及设备、精密仪器及设备；钟表；乐器；上述物品的零件、附件	Optical, Photographic, Cinematographic, Measuring, Checking, Precision, Medical or Surgical Instruments and Apparatus; Clocks And Watches; Musical Instruments; Parts and Accessories Thereof	60190	57882	91318	91623
武器、弹药及其零件、附件	Arms and Ammunition; Parts and Accessories Thereof	231	57326	0	3789
杂项制品	Miscellaneous Manufactured Articles	130667	47612	16130	5433
艺术品、收藏品及古玩	Works of Art, Collectors' Pieces and Antiques	1019	467	293	323
特殊交易品及未分类商品	Commodities and Transactions not Classified According to Kind	24	17	721	1598

表 16.7 按贸易方式分的进出口总值（2016 － 2017 年）
TOTAL VALUE OF IMPORTS AND EXPORTS BY CUSTOMS REGIME (2016-2017)

单位：万美元 (USD 10 000)

指　标	Item	进出口总值 Total Imports and Exports		其　中 of which 出　口 Exports		进　口 Imports	
		2016	2017	2016	2017	2016	2017
总　计	**Total**	**6277125**	**6660391**	**4069415**	**4259899**	**2207710**	**2400492**
一般贸易	Ordinary Trade	2731992	2702510	1729082	1455849	1002910	1246661
国家间国际组织无偿援助和赠送的物资	Donations by Foreign Countries and International Associations	140	104	140	104		
其他境外捐赠物资	Other Donations from Abroad	2	3	1	3	1	
加工贸易	Processing Trade	2526184	3065816	2192939	2681345	333245	384471
补偿贸易	Compensation Trade						
来料加工装配贸易	Processing and Assembling Trade	203572	271749	110328	147673	93244	124076
进料加工贸易	Feeding Processing Trade	2322612	2794067	2082611	2533671	240001	260396
加工贸易进口设备	Equipment Importation for Processing Trade		17				17
寄售代销贸易	Consignment Trade						
边境小额贸易（边民互市贸易除外）	Petty Trade in Border Areas (excluding the barter trade between border residents)						
对外承包工程出口货物	Goods Exportation for Contracted Projects with Foreign Countries	2374	918	2374	918		
租赁贸易	Leasing Trade						
外商投资企业作为投资进口的设备物品	Imported Equipment and Materials as Investment of Foreign-FundedEnterprises	21447	23535			21447	23535
出料加工贸易	Outward Processing Trade		198		89		109
易货贸易	Barter Trade						
免税外汇商品	Tax-Free Commodities on Foreign Exchange						
保税监管场所进出境货物	Inbound and Outbound Goods in Bonded Warehouses	114473	82653	34764	15568	79709	67085
海关特殊监管区域物流货物	Transit Goods in Specialized Bonded Warehouses	874633	768236	109409	105355	765224	662881
海关特殊监管区域进口设备	Imported Equipment in Specialized Bonded Warehouses	3490	14307			3490	14307
其　他	Others	2389	2094	706	668	1683	1426

表 16.8 按国别(地区)分的进出口总值(2016 – 2017 年)
IMPORTS AND EXPORTS BY COUNTRIES OR REGIONS (2016-2017)

单位：万美元 (USD 10 000)

国 别(地区)	Country (Region)	进出口总值 Total Imports and Exports		其 中 of which			
				出 口 Exports		进 口 Imports	
		2016	2017	2016	2017	2016	2017
进出口贸易总值	**Total Import-Export Value**	**6277125**	**6660391**	**4069415**	**4259899**	**2207710**	**2400492**
亚 洲	**Asia**	**3279231**	**3150956**	**1547753**	**1403067**	**1731478**	**1747889**
巴 林	Bahrain	4689	1549	4689	1483		66
孟加拉国	Bangladesh	12259	8604	12246	8600	13	4
文 莱	Brunei	4089	480	4089	480		
缅 甸	Burma	42953	25312	42947	24989	6	323
柬埔寨	Cambodia	3810	4753	3787	4671	23	82
朝 鲜	DPRK	2435	6026	2435	6026		
香 港	Hong Kong	402865	162577	395212	160895	7653	1682
印 度	India	111988	123105	109683	114168	2305	8937
印度尼西亚	Indonesia	74049	102042	58896	76914	15153	25128
伊 朗	Iran	36649	33047	28204	32543	8445	504
伊拉克	Iraq	6148	2794	6148	2794		
以色列	Israel	10945	10968	9393	9695	1552	1273
日 本	Japan	269992	304873	111002	129365	158990	175508
约 旦	Jordan	2657	1303	2657	1303		
科威特	Kuwait	3598	1807	2045	1347	1553	460
老 挝	Laos	2623	2410	2622	2409	1	1
黎巴嫩	Lebanon	2448	1400	2448	1400		
澳 门	Macau	2114	965	2114	965		
马来西亚	Malaysia	311868	351047	70264	114673	241604	236374
马尔代夫	Maldives	457	213	457	213		
蒙 古	Mongolia	914	1663	914	1092		571
尼泊尔联邦民主共和国	Nepal	641	156	641	156		
阿 曼	Oman	1772	914	1367	914	405	
巴基斯坦	Pakistan	34404	30352	34196	30352	208	
巴勒斯坦	Palestine	140	190	140	190		
菲律宾	Philippines	120273	120166	46505	51416	73768	68750
卡塔尔	Qatar	1626	1554	1106	973	520	581
沙特阿拉伯	Saudi Arabia	43723	43609	22428	18513	21295	25096
新加坡	Singapore	147733	123038	114339	87375	33394	35663
韩 国	South Korea	428733	538212	167081	202814	261652	335398
斯里兰卡	Sri Lanka	5438	3519	5435	3511	3	8
叙利亚	Syria	875	476	875	476		
泰 国	Thailand	168351	262158	54224	55393	114127	206765
土耳其	Turkey	32316	34124	30720	32329	1596	1795
阿联酋	UAE	75060	81192	70602	76328	4458	4864
也 门	Yemen	1981	869	1981	869		
越 南	Vietnam	229017	182304	60289	52369	168728	129935
中华人民共和国	China	270672	241772			270672	241772
台湾省	Taiwan	398113	331393	54976	85148	343137	246245
哈萨克斯坦	Kazakhstan	4139	6060	4139	6060		
吉尔吉斯斯坦	Kyrgyzstan	1518	112	1518	112		
非 洲	**Africa**	**166681**	**131186**	**154760**	**107244**	**11921**	**23942**
阿尔及利亚	Algeria	4769	2141	4769	2141		
安哥拉	Angora	1315	3390	1259	3390	56	
贝 宁	Benin	1139	795	1139	795		
布隆迪	Burundi	479	187	479	187		

表 16.8 续表 1 continued 1

单位：万美元 (USD 10 000)

国别（地区）	Country (Region)	进出口总值 Total Imports and Exports		其中 of which 出口 Exports		进口 Imports	
		2016	2017	2016	2017	2016	2017
喀麦隆	Cameroon	1399	1112	1399	1112		
刚　果（布）	Congo	746	254	746	254		
吉布提	Djibouti	2739	817	2739	817		
埃　及	Egypt	13473	7609	13259	7401	214	208
埃塞俄比亚	Ethiopia	2056	4779	1835	4648	221	131
加　蓬	Gabon	3582	1935	205	77	3377	1858
加　纳	Ghana	6103	5492	5361	4347	742	1145
几内亚	Guinea	1663	1114	1663	1114		
科特迪瓦	Cote d'Ivoire	1166	949	1166	949		
肯尼亚	Kenya	5916	3795	5907	3795		
利比里亚	Liberia	834	311	834	311		
利比亚	Libya	1119	398	1119	398		
马达加斯加	Madagascar	1726	1727	1525	1539	201	188
马　里	Mali	302	413	302	413		
毛里塔尼亚	Mauritania	849	1813	849	438		1375
毛里求斯	Mauritius	636	675	634	675	2	
摩洛哥	Morocco	4061	3497	3946	3493	115	4
莫桑比克	Mozambique	1545	2876	1509	2596	36	280
纳米比亚	Namibia	314	130	314	130		
尼日利亚	Nigeria	12282	10254	11665	9823	617	431
塞内加尔	Senegal	1885	1864	1885	1864		
塞拉利昂	Sierra Leone	309	309	309	309		
南　非	South Africa	23907	37611	18363	19704	5544	17907
苏　丹	Sudan	2095	1437	2095	1437		
坦桑尼亚	Tanzania	30454	2539	30454	2539		
多　哥	Togo	5104	4923	5104	4923		
突尼斯	Tunisia	4263	2595	4182	2569	81	26
乌干达	Uganda	24026	20033	24026	19984		49
布基纳法索	Burkina Faso	493	892	493	892		
刚　果（金）	Democratic Republic of the Congo	1451	537	957	537	494	
津巴布韦	Zimbabwe	407	321	407	321		
欧　洲	**Europe**	**1166959**	**1340725**	**976360**	**1120955**	**190599**	**219770**
比利时	Belgium	25387	27758	21116	20855	4271	6903
丹　麦	Demark	6152	6133	5348	4436	804	1697
英　国	UK	82922	82410	65871	63617	17051	18793
德　国	Germany	472103	621006	400407	538476	71696	82530
法　国	France	65075	75746	55969	67562	9106	8184
爱尔兰	Ireland	4842	8717	3007	6523	1835	2194
意大利	Italy	55111	51613	38141	37915	16970	13698
卢森堡	Luxembourg	292	508	41	145	251	363
荷　兰	Holland	166132	142035	150136	122658	15996	19377
希　腊	Greece	23403	29606	23393	29597	10	9
葡萄牙	Portugal	9003	9648	7138	8173	1865	1475
西班牙	Spain	41420	38097	32276	29785	9144	8312
阿尔巴尼亚	Albania	734	348	615	314	119	34
奥地利	Austria	4641	6894	1599	2207	3042	4687
保加利亚	Bulgaria	1411	2080	1157	1225	254	855
芬　兰	Finland	4488	7214	2904	3363	1584	3851
匈牙利	Hungary	16724	18243	14146	15580	2578	2663
马耳他	Malta	2866	3133	1994	1889	872	1244
挪　威	Norway	2641	3783	2452	3401	189	382

表 16.8 续表 2 continued 2

单位：万美元 (USD 10 000)

国　别（地区）	Country (Region)	进出口总值 Total Imports and Exports		其　中 of which			
				出　口 Exports		进　口 Imports	
		2016	2017	2016	2017	2016	2017
波　兰	Poland	23547	35693	19700	27491	3847	8202
罗马尼亚	Romania	7533	8495	6180	7046	1353	1449
瑞　典	Sweden	14309	21340	7046	12694	7263	8646
瑞　士	Switzerland	11990	15439	4909	7742	7081	7697
爱沙尼亚	Estonia	1430	370	1407	305	23	65
拉脱维亚	Latvia	974	938	961	911	13	27
立陶宛	Lithuania	1625	2217	1614	2215	11	2
格鲁吉亚	Georgia	1271	2237	1258	2215	13	22
亚美尼亚	Armenia	512	106	21	49	491	57
阿塞拜疆	Azerbaijan	474	581	472	581	2	
俄罗斯联邦	Russia	64787	60501	61544	54406	3243	6095
乌克兰	Ukraine	4845	7909	4537	5847	308	2062
斯洛文尼亚	Slovenia	2717	2429	2543	2319	174	110
克罗地亚	Croatia	1838	1695	1826	1685	12	10
捷　克	Czech	37624	38816	31341	32214	6283	6602
斯洛伐克	Slovakia	4774	5421	2094	4097	2680	1324
塞尔维亚	Serbia	484	536	483	521	1	15
拉丁美洲	**Latin America**	**374946**	**468739**	**272039**	**314315**	**102907**	**154424**
阿根廷	Argentina	25179	38659	19256	37392	5923	1267
伯利兹	Belize	357	427	357	405		22
多民族玻利维亚国	Bolivia	1982	1978	1848	1819	134	159
巴　西	Brazil	73072	81290	31084	33030	41988	48260
智　利	Chile	39039	90546	28941	33210	10098	57336
哥伦比亚	Columbia	18615	22886	17875	22886	740	0
哥斯达黎加	Costa Rica	3318	3604	3284	3493	34	111
多米尼加共和国	Dominica	4053	3476	4051	3463	2	13
厄瓜多尔	Ecuador	2795	7376	2791	5926	4	1450
危地马拉	Guatemala	4815	5058	4815	5048		10
圭亚那	Guyana	1004	679	425	360	579	319
海　地	Haiti	442	721	442	721		
洪都拉斯	Honduras	2600	3380	2600	3380		
牙买加	Jamaica	548	244	548	244		
墨西哥	Mexico	125586	120480	89271	91359	36315	29121
尼加拉瓜	Nicaragua	8242	2889	8242	2889		
巴拿马	Panama	22256	25503	22256	25503		
巴拉圭	Paraguay	4418	6085	4417	6085	1	
秘　鲁	Peru	28465	37680	22178	24005	6287	13675
萨尔瓦多	El Salvador	1868	1526	1868	1526		
乌拉圭	Uruguay	4060	12246	3283	9604	777	2642
委内瑞拉	Venezuela	1132	780	1132	780		
北美洲	**North America**	**1177409**	**1357138**	**1031295**	**1219628**	**146114**	**137510**
加拿大	Canada	76212	81965	53935	64628	22277	17337
美　国	USA	1101196	1275173	977359	1154999	123837	120174
大洋洲	**Oceania**	**111847**	**211569**	**87208**	**94690**	**24639**	**116879**
澳大利亚	Australia	91219	178796	72135	77626	19084	101170
斐　济	Fiji	667	256	667	256		
新西兰	New Zealand	17945	31071	12646	15500	5299	15571
巴布亚新几内亚	Papua New Guinea	907	668	907	668		
东　盟（10 国）	**ASEAN**	**1104766**	**1173710**	**457961**	**470689**	**646805**	**703021**
欧　盟（27 国）	**European Union(EU)**	**1076637**	**1246659**	**897662**	**1043397**	**178975**	**203262**

表 16.9 主要商品出口数量和金额（2016 – 2017 年）
MAIN EXPORT COMMODITIES IN VOLUME AND VALUE (2016-2017)

单位：万美元 (USD 10 000)

品　名	Name	数　量 Volume		金　额 Value	
		2016	2017	2016	2017
按产品分	**By Products**				
肉及杂碎（吨）	Meat and Meat Offal (ton)	4546	3942	2316	2223
#猪　肉（吨）	Pork (ton)	1990	1202	949	567
冻　鸡（吨）	Frozen Chicken (ton)	1533	1606	538	481
粮食（吨）	Cereals (ton)	793	3160	137	195
#谷物及谷物粉（吨）	Cereal and Cereal Flour (ton)	375	355	93	103
#稻谷和大米（吨）	Rice (ton)	275	355	78	103
薯类及含有淀粉的块茎（吨）	Tubers (ton)	316	2759	41	88
豆　类（吨）	Beans (ton)	102	46	3	4
蔬　菜（吨）	Vegetables (ton)	28609	72283	4367	8643
#鲜或冷藏蔬菜（吨）	Fresh or Frozen Vegetables (ton)	6888	51656	1179	5485
干的食用菌类（吨）	Dried Edible Mushroom (ton)	353	260	687	686
鲜、干水果及坚果（吨）	Fresh or Dried Fruits and Nuts(ton)	393	8576	32	374
#橘、橙（吨）	Tangor or Orange(ton)	281	220	22	10
苹　果（吨）	Apple(ton)	103	6876	6	219
食用植物油（包括棕榈油）（吨）	Edible Vegetable Oils(including Palm Oil) (ton)	329	3053	43	330
#豆　油（吨）	Soybean Oils (ton)	329	3039	43	325
茶　叶（吨）	Tea (ton)	3962	4000	320	344
辣椒干（吨）	Dried Chili (ton)	786	598	149	42
猪肉罐头（吨）	Canned Pork (ton)	2623	3141	757	883
蘑菇罐头（吨）	Canned Mushroom (ton)	758	943	111	152
肠　衣（吨）	Casings (ton)	999	1090	809	1147
填充用羽毛；羽绒（吨）	Down Feathers and Feathers for Stuffing (ton)	60	10	106	28
中药材及中式成药（吨）	Medical Materials and Medicaments of Chinese Type (ton)	2412	1981	908	676
#植物性药材（吨）	Botanical Medicine Materials (ton)	2372	1929	865	609
肥　料（吨）	Fertilizers (ton)	285714	291494	7823	7837
#矿物肥料及化肥（吨）	Mineral Fertilizers and Chemical Fertilizers (ton)	251770	266979	7467	7626
#尿　素（吨）	Urea (ton)	107236	52259	2622	1453
磷酸氢二铵（吨）	Diammonium Phosphate (ton)	24536	45426	848	1594
锯　材（吨）	Sawn Timber (ton)	357	174	83	39
胶合板及类似多层板（吨）	Plywood and Similar Products (ton)	548	2482	89	179
印刷品（吨）	Presswork (ton)	2453	1578	1771	1568
黏土及其他耐火矿物（吨）	Clay and Other Fire-resisting Minerals (ton)	33456	1572	461	38
#天然石墨（吨）	Natural Graphite(ton)	1591	202	77	12
天然碳酸镁；氧化镁（吨）	Natural Magnesium Carbonate, Magnesium Oxide (ton)	23807	322	180	6
稀土及其制品（吨）	Rare Earth and Products (ton)	594	582	181	234
氧化铝（吨）	Aluminum Oxide (ton)	77	302	28	213
碳酸钠（纯碱）（吨）	Sodium Carbonate (ton)	176859	85997	3311	1868
合成有机染料（吨）	Synthetic Organic Dyestuffs (ton)	577	626	224	304
锌钡白（立德粉）（吨）	Lithopone(ton)	131	1041	24	275

表 16.9 续表 1 continued 1

单位：万美元 (USD 10 000)

品　名	Name	数　量 Volume		金　额 Value	
		2016	2017	2016	2017
医药品（吨）	Medical and Pharmaceutical Products (ton)	2004	2744	6428	8782
#抗菌素（制剂除外）（吨）	Bacteriophage (Excluding Preparation) (ton)	171	199	3958	4597
中式成药（吨）	Chinese patent medicine(ton)	39	52	43	67
医用敷料（吨）	Pharmaceutical Goods(ton)	93	54	102	81
美容化妆品及护肤品（吨）	Cosmetics and Skin-care Products(ton)	14	77	5	19
口腔及牙齿清洁剂（吨）	Oral Hygiene and Tooth Cleaner(ton)	178	95	132	50
洗衣粉（吨）	Washing Powder(ton)	491	357	63	32
松香及树脂酸（吨）	Resin and Resin Acid (ton)	6180	5150	1126	935
杀虫剂、除草剂及类似品（吨）	Insecticide, Herbicide and other Pesticides (ton)	3977	3624	914	1073
初级形状的聚氯乙烯（吨）	PVC in Primary Forms (ton)	324	510	125	78
新的充气橡胶轮胎（吨）	New Pneumatic Rubber Tyres (10,000 units)	55442	66829	18041	21743
家用或装饰用木制品（吨）	Wood Products for Household or Decoration Use (ton)	1053	530	883	360
纸及纸板（未切成形的）（吨）	Paper and Paperboard (Unchopped in shape) (ton)	47826	13320	12721	4394
#牛皮纸（吨）	Kraft paper (ton)	6690	991	1725	480
纺织纱线、织物及制品	Yarn, Textile and Products	34406	18878	48367	37555
#棉纱线（吨）	Cotton Yarn (ton)	1097	197	761	124
丝织物	Silk Textile			853	507
棉机织物	Cotton Textile			1593	1168
亚麻及苎麻机织物（万米）	Flax or Ramie Woven Fabric (10,000 meters)	1552	1272	8396	7265
合成短纤与棉混纺机织物（万米）	Synthetic Short Fibre and Cotton-fibre Mixture Woven Fabric (10,000 meters)	455	451	496	416
地　毯（吨）	Carpets (ton)	716	642	691	331
塑料编织袋（周转袋除外）（万条）	Bags of PP or PE Strip (excluding Turnover Bags) (10,000 pcs)	11355	269	924	48
水泥及水泥熟料（吨）	Cement and Cement Clinker (ton)	12647	3631	86	24
花岗岩石材及制品（吨）	Granite and Products (ton)	34387	16442	4082	830
平板玻璃（吨）	Plate Glass(ton)	11386	9616	723	413
玻璃制品（吨）	Glass Products (ton)	26535	22646	8589	5166
#玻璃器皿（吨）	Glass Ware (ton)	10840	9621	3446	1886
陶瓷产品（吨）	Porcelain and Pottery Ware (ton)	111184	111823	49254	33387
#家用陶瓷（吨）	Ceramics for Household Use (ton)	52887	30003	29240	22221
建筑用陶瓷（吨）	Ceramics for Building Use (ton)	48070	74546	11036	4500
装饰用陶瓷（吨）	Ceramics for Decoration Use (ton)	6506	2377	6479	4556
珍珠、钻石、宝石及半宝石	Pearl, Diamond, Jewel and Semi-precious Stones	37	19	1	1
钢　材（吨）	Rolled Steel (ton)	140142	66302	15556	7315
#钢铁棒材（吨）	Bar Iron and Steel (ton)	15753	10758	922	502
角钢及型钢（吨）	Angle Steel and Structural Steel (ton)	28474	6933	1767	569
钢铁板材（吨）	Sheet Iron and Steel (ton)	64837	29858	4886	2950
钢铁线材（吨）	Iron and Steel Wire (ton)	13747	5313	1728	428
钢铁管配件（吨）	Iron and Steel Pipe and Fittings (ton)	3915	2782	1525	760
未锻轧铜及铜材（吨）	Unwrought Copper and Rolled Copper (ton)	2244	333	1629	212
#铜　材（吨）	Rolled Copper (ton)	2244	329	1629	209

表 16.9 续表 2 continued 2

单位：万美元 (USD 10 000)

品 名	Name	数 量 Volume		金 额 Value	
		2016	2017	2016	2017
未锻轧铝及铝材（吨）	Unwrought Aluminum and Rolled Aluminum (ton)	106764	106923	25906	25255
#未锻造的铝（包括铝合金）（吨）	Unwrought Aluminum (including Aluminum Alloy) (ton)	10027	17489	1632	3105
铝 材（吨）	Rolled Aluminum (ton)	96737	89434	24274	22151
镁及其制品（包括废碎料）（吨）	Magnesium and Products (Including Scrap) (ton)	13526	6013	3226	1291
未锻轧锰（吨）	Unwrought Manganese (ton)	5211	5795	873	1134
钢铁或铜制标准紧固件（吨）	Iron or Copper Nails, Bolts, etc. (ton)	16079	5189	4179	1552
不锈钢厨具、餐具等家用器具（吨）	Household Utensils like Stainless Steel Cookers and Tableware (ton)	11379	8454	8226	7094
餐桌、厨房及其他家用搪瓷器（吨）	Enamel Ware for Dining, Kitchen and Other Home Use (ton)	330	429	250	1461
手用或机用工具（吨）	Tools for Manual or Mechanical Use (ton)	11841	11740	5996	6270
电 扇（百台）	Electric Fan (100 sets)	23735	24438	2835	2234
纺织机械及零件	Textile Machinery			2640	2960
工业用缝纫机（百台）	Sewing Machine for Industrial Use (100 sets)	101	88	361	225
金属加工机床（台）	Machine Tools (set)	239610	324157	2554	2718
#车 床（台）	Lathe (set)	151	219	170	392
铣 床（台）	Milling Machine (set)	77	80	62	112
电子计算器（包括具有计算功能的袖珍数据记录）（千台）	Electronic Calculator (including mini data recorder) (1,000 sets)	1524	1082	425	377
自动数据处理设备及其部件（千台）	Automatic Data Processing Machines and Components (1,000 sets)	116329	116101	1959380	2366635
#自动数据处理设备（千台）	Automatic Data Processing Machines (1000 sets)	53271	55126	1747927	2072779
#平板电脑（千台）	Tablet PC (1,000sets)	6257	4381	96167	88113
便携式电脑（平板电脑除外）（千台）	Notebook Computer (1,000 sets)	45434	48569	1591718	1898231
微型电脑（千台）	Micro Computer (1,000 sets)	1580	2175	60022	86404
中央处理部件（千台）	CPU Components (1,000 sets)	1767	3524	46353	106569
显示器（千台）	Displays (1,000 sets)	3685	5993	20241	51277
#液晶显示器（千台）	LCD (1,000 sets)	3685	5992	20241	47616
存储部件（千台）	Storage Components (1,000 sets)	1067	2303	4710	11439
键盘、鼠标器（千个）	Keyboards and Mouses (1,000 sets)	32939	28015	12689	12397
自动数据处理设备的零件（吨）	Parts for Auto Data Processing Equipment (ton)	6596	5631	27744	27558
打印机（包括多功能一体机）（千台）	Printers (Including Multi-Purpose Printers) (1,000 sets)	12500	12962	92597	79935
液晶显示板（万个）	LCD Panel (10,000 pcs)	587	672	25414	34559
轴 承（万套）	Bearing (10,000 sets)	3476	3888	4227	3791
电动机及发电机（万台）	Electric Motors and Generators (10 000 sets)	247	92	2632	1927
变压器（万个）	Transformer (10 000 units)	7539	6502	3892	6685
静止式变流器	Static Converters (10 000 units)	4282	3440	14521	10128

表 16.9 续表 3 continued 3

单位：万美元 (USD 10 000)

品　名	Name	数　量 Volume		金　额 Value	
		2016	2017	2016	2017
原电池（万个）	Primary Cells and Batteries (10 000 units)	5901	4206	303	245
蓄电池（万个）	Electric Accumulators (10,000 pcs)	1755	1605	19868	17879
#铅酸蓄电池（万个）	Lead-Acid Batteries (10 000 units)	414	493	10820	7497
太阳能电池（万个）	Solar Batteries (10 000 units)	17	68	529	126
电话机（万台）	Telephone Sets (10,000 sets)	5669	1802	185809	59151
#手持或车载无线电话机（万台）	Mobile Phones or Car Phones (10,000 sets)	5657	1779	185607	58747
扬声器（万个）	Speakers (10,000 pcs)	1652	2007	11323	45320
激光唱机（百台）	CD Players (100 sets)	86	306	27	142
录、放像机（百台）	Video Recorders and Players (100 sets)	3890	2338	954	1125
#DVD 播放机（百台）	DVD Players (100 sets)	2965	1121	480	306
声音录制或重放设备（百台）	Audio Recording or Replay Equipment (100 sets)	12835	8661	1700	1547
收音设备（包括收录音组合机及整套散件）（百台）	Radio Sets (including Sound Recording Apparatus) (100 sets)	9560	5973	2402	1553
彩色电视机（百台）	TV Sets (Including Components) (100 sets)	652	806	1598	1127
#液晶电视机（百台）	Colored TV Sets (Including Components) (100 sets)	336	503	487	437
录放音、像机及唱机的零附件	Components and Accessories of Sound and Video Recorder and Player			328	443
电视、收音机及无线电讯设备的零附件（吨）	Parts of TV sets, Radio Sets and Telecommunication Equipment (ton)	1452	1095	3082	1908
电容器（吨）	Electrical Capacitor (ton)	153	204	2652	906
印刷电路（块）	Printed Circuit Board (10,000 pcs)	6053	9369	9561	14270
通断保护电路装置及零件	Electrical Apparatus for Switching or Protecting Electrical Circuits	4123	3144	17132	9438
二极管及类似半导体器件（百万个）	Diode and Semi Conductors (1 million pcs)	2161	1502	3521	2375
集成电路（百万个）	IC (1 million pcs)	1217	1423	125999	158280
#处理器及控制器（万个）	Processors and Controllers (10,000 pcs)	89087	105233	17798	10618
存储器（万个）	Computer Memory (10,000 pcs)	25427	29837	106539	146280
放大器（万个）	Amplifiers (10,000 pcs)	2057	214	738	170
电线和电缆（吨）	Insulated Wire or Cable (ton)	4637	5657	8641	8439
汽　车（辆）	Motor Vehicles (including parts) (unit)	66603	77635	50189	60115
#小轿车（辆）	Cars (unit)	41016	41844	33896	35043
小客车（九座及以下的）（辆）	Minivans (Less Than 9 Seats) (unit)	6004	15538	4034	12508
货　车（辆）	Trucks (unit)	16510	17562	9364	10268
汽车零配件	Parts of Motor Vehicles	12874	14585	71188	87944
摩托车（辆）	Motorcycles (unit)	3320373	3545738	143106	156717
自行车（辆）	Bicycles (unit)	66205	38262	522	125
摩托车及自行车的零配件	Parts of Motorcycles and Bicycles	5902	6184	24789	24515
船　舶（艘）	Ships (unit)	23	19	212	40
眼镜及其零件	Glasses and Parts			2669	981
眼镜架及其零件（吨）	Spectacle Frames and Parts(ton)	79	29	569	304

表 16.9 续表 4 continued 4

单位：万美元 (USD 10 000)

品 名	Name	数 量 Volume		金 额 Value	
		2016	2017	2016	2017
眼镜成品（吨）	Complete Spectacles(ton)	791	307	2072	602
医疗仪器及器械	Medical Instruments and Appliances			3237	2109
手 表（万只）	Watches (10,000 pcs)	895	891	3714	3209
#机械手表（万只）	Mechanical Watches (10,000 pcs)	54	18	290	1138
电动手表（万只）	Electronic Watches (10,000 pcs)	841	874	3424	2071
日用钟（万只）	Clocks (10 000 sets)	166	91	1396	596
家具及其零件	Furniture			35574	16976
床垫、寝具及类似品	Mattress and Bed Linens			2923	1801
灯具、照明装置及零件	Lights, Illumination Devices and Similar Products			54853	37735
箱包及类似容器（吨）	Suitcases, Bags and Similar Containers	20909	14114	28470	18916
体育用品及设备	Sports Appliances and Equipment			6425	4388
服装及衣着附件	Garments and Accessories			64595	51863
#织物制服装	Textile Garments			50082	46101
#非针织钩编织物服装	Non Knitted or Crocheted Garments			24670	24978
针织或钩编的服装	Knitted or Crocheted Garments			25411	21122
皮革服装（吨）	Leather Garments(ton)	4	4	15	6
裘皮服装（吨）	Fur Garments (ton)	3	1	166	23
皮革手套（吨）	Leather Gloves (ton)	210	193	373	238
织物制手套（万双）	Textile Gloves (10,000 pairs)	1169	621	845	348
织物制袜子（万双）	Textile Socks (10,000 pairs)	2392	1641	1026	686
帽 类（万个）	Hats (10,000 pcs)	1767	763	2691	1200
鞋 类（吨）	Footwear(ton)	24313	18940	38273	30548
#鞋（吨）	Shoes (ton)	22102	17279	36478	29002
#外底及鞋面均以橡胶或塑料制的鞋（吨）	Shoes with Outer of Rubber or Artificial Plastic Materials(ton)	13574	10389	21215	15989
皮面鞋（吨）	Leather Shoes (ton)	3451	2569	6602	4574
橡胶或塑料底纺织材料为面的鞋（吨）	Textile Shoes with Outer of Rubber or Artificial Plastic Materials (ton)	4891	4151	8236	8161
鞋靴零件；护腿及类似品（吨）	Footwear Accessories, Leg Warmer and Similar Products(ton)	2211	1661	1796	1547
塑料制品（吨）	Plastic Articles (ton)	42370	23597	41066	24017
玩 具	Toys			5736	24626
游戏机及零附件	Video Game Consoles			6521	729
圣诞用品（吨）	Articles for Christmas (ton)	1523	2845	2412	7368
足球、篮球、排球（万个）	Footballs, Basketballs and Volleyballs (10,000 pcs)	71	24	204	49
艺术珍藏品及古董	Artworks, Collections and Antiques			1019	467
贵金属或包贵金属的首饰（克）	Precious Metal Jewelry	1002	1	32	6
伞（吨）	Umbrellas (ton)	876	480	1024	428
文化产品	Cultural Products	11158	25236	71242	84313

表 16.9 续表 5 continued 5

单位：万美元 (USD 10 000)

品　名	Name	数　量 Volume 2016	数　量 Volume 2017	金　额 Value 2016	金　额 Value 2017
#图　书（吨）	Books(ton)	1043	833	657	676
报纸和期刊（吨）	Newspapers and Periodicals(ton)	18	9	13	4
其他出版物（吨）	Other Publications(ton)	1345	705	1033	836
雕塑工艺品	Sculpture Crafts(ton)			8120	3310
金属工艺品（吨）	Metal Crafts(ton)	1550	629	2072	1069
花画工艺品	Floral Painting Crafts(ton)			11379	8965
天然植物纤维编织工艺品（吨）	Plaiting Crafts of Natural Vegetable Fibers(ton)	245	28	436	20
园林、陈设艺术陶瓷制品（吨）	Garden and Display Art Ceramic(ton)	6506	2377	6479	4556
乐　器	Musical Instruments			980	770
玩　具	Toys			5736	24626
游艺用品及室内游艺器材	Entertainment Products and Indoor Entertainment Equipments			6578	754
其他娱乐用品	Other Entertainment Products			4787	12209
印刷机	Printing Machine			9252	6176
广播电视节目制作设备台	Broadcasting and TV Program Production			2605	1051
电影制作及放映设备	Film Production			8353	18097
按类别分	**By Category**				
机电产品（包括本目录已具体列名的机电产品）	Mechanical and Electrical Products(including products that had been listed)			3403235	3747561
#金属制品（吨）	Metal Products	242972	219028	109606	80822
机械设备	Mechanical Equipments			2210412	2626740
电器及电子产品	Electrical Equipmens			668798	617897
运输工具	Transport Equipments			277968	312242
仪器仪表	Instrument and Meters			52332	51921
其他机电产品	Other Products			84119	57939
高新技术产品	High and New-tech Products			2512750	2818149
#生物技术（吨）	Biotechnology	1	1	42	33
生命科学技术	Life Science Technology			28614	22926
光电技术	Electrooptical Technology			34013	39335
计算机与通信技术	Computer and Information Technology			2287624	2559702
电子技术	Electronic Technology			151095	179951
计算机集成制造技术	Computer-integrated Manufacturing Technology			7943	12934
材料技术（吨）	Materials Technology	533	220	784	807
航空航天技术	Aerospace Technology			221	502
其他高新技术产品	Other Technology			2414	1958
农产品	Agricultural Products			55700	20792

表 16.10 主要商品进口数量和金额（2016 – 2017 年）
MAIN IMPORT COMMODITIES IN VOLUME AND VALUE (2016-2017)

单位：万美元 (USD 10 000)

品　名	Name	数　量 Volume		金　额 Value	
		2016	2017	2016	2017
按产品分	**By Products**				
水海产品（吨）	Aquatic and Marine Products (ton)	1272	1084	1152	791
肉及杂碎	Meat and Meat Offal (ton)	11934	15771	3134	5211
鲜、干水果及坚果（吨）	Fresh Dry Fruits, and Nuts (ton)	578	23718	236	3891
乳　品（吨）	Diary Products (ton)	8953	15763	15533	27662
#奶　粉（吨）	Milk Powder (ton)	7974	13794	15265	26649
粮　食（吨）	Grains (ton)	1277797	997233	52152	41501
谷物及谷物粉（吨）	Cereals (ton)	4440	35400	163	1632
#小　麦（吨）	Wheat(ton)	1532	1463	41	40
稻谷和大米（吨）	Rice(ton)	2886	33937	121	1592
大　豆（吨）	Soybean (ton)	1271897	958253	51853	39418
食用植物油（吨）	Edible Vegetable Oil (ton)	26020	13710	2015	998
#菜子油和芥子油（吨）	Canola Oil (ton)	24958	1507	1888	125
酒　类（升）	Liquor (liter)	269	180	827	673
#啤　酒（升）	Beer(liter)	53	36	50	65
葡萄酒（升）	Wine(liter)	212	144	769	605
饲料用鱼粉（吨）	Fish Meal (ton)	25014	16451	3572	2180
天然橡胶（包括胶乳）(吨)	Natural Rubber (including Latex) (ton)	217906	171529	30621	32427
合成橡胶（包括胶乳）(吨)	Synthetic Rubber (including Latex) (ton)	418022	504876	56753	90752
原　木（吨）	Timbers or Logs (ton)	238816	729157	3509	12692
锯　材（吨）	Sawn Timber (ton)	11031	33390	547	1457
纸　浆（吨）	Paper Pulp (ton)	232293	280916	13125	17953
铁矿砂及其精矿（万吨）	Iron Ore (10 000 tons)	259	1212	15895	88423
锰矿砂及其精矿（吨）	Manganese Ore (ton)	598810	598554	7347	10383
铜矿砂及其精矿（吨）	Copper Ore (ton)	94449	99496	11035	15570
铬矿砂及其精矿（吨）	Chromium Ore (ton)	130973	394084	1921	7821
铅矿砂及其精矿（吨）	Lead Ore (ton)	2327	7355	270	1248
煤及褐煤（吨）	Coal and Lignite Coal (ton)	1994821	1467065	9168	8582
其他烟煤（吨）	Other Soft Coal (ton)	806178	365259	4458	2488
褐　煤（吨）	Brown Coal(ton)	906641	762405	3266	4019
成品油（吨）	Refined Oil (ton)	49658	31300	2769	1908
二甲苯（吨）	Xylene (ton)	166625	469692	13243	39796
苯乙烯（吨）	Styrene(ton)	36125	7974	3702	968
乙二醇（吨）	Ethylene Glycol (ton)	492767	394541	31957	33514
医药品（吨）	Pharmaceutical Products (ton)	29	358	1432	2845
美容化妆品及护肤品（吨）	Cosmetics and Skin-care Products (ton)	393	1191	1864	5895
钛白粉（吨）	Titanium Dioxide(ton)	150	153	49	55
聚合物油漆及清漆（吨）	Polymer Varnish(ton)	349	369	520	502
感光材料（吨）	Photographic Materials(ton)	17	28	39	63
初级形状的塑料（吨）	Primary-Shaped Plastics (ton)	206143	145184	29114	26090
#初级形状的聚乙烯（吨）	Primary-Shaped Polyethylene (ton)	99816	55000	11115	6418
初级形状的线型低密度聚乙烯（吨）	Primary-Shaped Low-Density Polyethylene (ton)	21327	6200	2449	726

表 16.10 续表 1 continued 1

单位：万美元 (USD 10 000)

品　名	Name	数　量 Volume		金　额 Value	
		2016	2017	2016	2017
初级形状的聚丙烯（吨）	Primary-Shaped Polypropylene (ton)	1849	1524	272	244
初级形状的苯乙烯聚合物（吨）	Primary-Shaped Styrene Polymer (ton)	48654	47837	6852	8385
#ABS 树脂（吨）	ABS Resin (ton)	31343	28726	4392	5360
初级形状的聚氯乙烯（吨）	Primary-Shaped Polyvinyl Chloride (ton)	863	507	137	89
初级形状的聚酯（吨）	Primary-Shaped Polyester (ton)	12292	16402	2943	3944
#聚酯切片（PET）（吨）	Polyester Chips(ton)	110	71	31	17
聚酰胺切片（吨）	Polyamide Chips (ton)	489	461	162	159
非泡沫塑料的板、片、膜、箔（吨）	Non-Foam-Plastic Plates, Sheets, Films and Foils (ton)	2044	2324	928	1231
杀虫剂、除草剂及类似品（吨）	Insecticide, Herbicide and other Pesticides (ton)	124	56	69	118
牛皮革及马皮革（吨）	Cow Leather and Horse Leather(ton)	2028	399	273	744
废　纸（吨）	Waste Paper (ton)	703774	723689	12845	16762
纸及纸板（未切成形的）（吨）	Paper and Paperboard (Unchopped in Shape) (ton)	3192	8575	908	1593
纺织纱线、织物及制品	Yarn, Textile and Products			4436	4365
#棉纱线（吨）	Cotton Yarn (ton)	1832	473	447	119
合成纤维纱线（吨）	Synthetic Fibre Yarn(ton)	14	633	22	470
丝织物（米）	Silk Textile(meter)	7769	16136	3	5
棉机织物	Cotton Textile			293	83
合成纤维长丝机织物（万米）	Synthetic Filament Yarn Textile (10 000 m)	34	44	141	201
涂覆浸渍塑料的织物（吨）	Plastic Coated or Impregnated Textile (ton)	1206	1458	1334	1477
针织或钩编织物（米）	Knitted or Crocheted Textile(meter)	12904	14113	13	12
服装及衣着附件	Garment and Accessories			1077	354
玻璃纤维及其制品（吨）	Glass Fiber and Products (ton)	1758	126	518	328
废金属（吨）	Waste Metal (ton)	16670	38336	2124	5319
#废　铝（吨）	Waste Aluminum (ton)	16620	38336	2106	5319
钢　材（吨）	Rolled Steel (ton)	116729	134586	8436	10680
#钢铁棒材（吨）	Bar Iron and Steel (ton)	282	512	65	159
角钢及型钢（吨）	Angle Steel and Structural Steel (ton)	4251	1956	624	329
钢铁板材（吨）	Sheet Iron and Steel (ton)	111056	130455	7141	9490
钢铁管材及空心异形材（吨）	Steel Pipe and Hollow Shaped Material(ton)	843	1402	207	374
钢铁制标准紧固件（吨）	Iron Nails, Bolts, etc. (ton)	20060	18241	11862	10674
未锻轧铜及铜材（吨）	Unwrought Copper and Rolled Copper (ton)	32372	152876	17464	95596
#未锻轧铜（包括铜合金）（吨）	Unwrought Copper (Including Copper Alloy) (ton)	31897	152310	16814	94623
铜　材（吨）	Rolled Copper (ton)	475	567	650	973
未锻轧铝及铝材（吨）	Unwrought Aluminum and Rolled Aluminum (ton)	623	761	332	523
#铝　材（吨）	Rolled Aluminum (ton)	623	760	332	518
钢铁或铝制结构体及其部件（吨）	Steel or Aluminum Structure and Components (ton)	62	123	198	255
活塞式内燃机的零件（吨）	Parts of Piston Combustion Engines (ton)	4938	5110	9552	8567
液泵及液体提升机（台）	Liquid Pump and Liquid Lifter (unit)	1554181	1587465	7995	8152
制冷设备用压缩机（台）	Compressors for Refrigeration (unit)	2837	43139	65	298
空气调节器（车用除外）（台）	Air Conditioner(Not for Automobile)	22	3	57	108
冷冻机和制冷设备及零件（台）	Refrigerating Machine and Refrigeration Equipments (unit)	75	69	59	62

表 16.10 续表 2 continued 2

单位：万美元 (USD 10 000)

品 名	Name	数 量 Volume		金 额 Value	
		2016	2017	2016	2017
非家用型水的过滤、净化机器（台）	Water Filter Machine Not for Home Use (set)	75	197	341	62
机械提升搬运装卸设备及零件	Mechanical Lifting, Handling, Loading and Unloading Equipment and Parts			15387	8742
建筑及采矿用机械及零件	Building and Mining Machinery and Parts			671	251
制造纸及纸制品用机械及零件	Paper and Paper Products Manufacture Machinery and Parts			2809	2759
印刷、装订机械及零件	Printing and Binding Machinery and Parts			31018	26011
纺织机械及零件	Textile Machinery and Parts			1431	1477
#纺织纱线生产及预处理机（台）	Textile Yarn Produced and Preprocessed Equipments (set)	382	26	714	532
工业用缝纫机（台）	Sewing Machine for Industrial Use (100 sets)	6	6	19	52
金属加工机床（台）	Machine Tools (set)	723	924	30220	25926
#加工中心（台）	Processing Centers (set)	314	225	13100	9960
数控机床（台）	CNC Machine Tools (set)	166	147	8795	6877
金属轧机及零件	Rolling Mill and Parts			315	558
橡胶或塑料加工机械及零件	Rubber or Plastic Processing Machinery and Parts			2487	2432
型模及金属铸造用型箱	Dies and Boxes for Metal Casting			2258	3590
阀 门（万套）	Valves (10 000 sets)	550	574	2677	2513
自动数据处理设备及其部件	Automatic Data Processing Machines and Components (1 000 sets)			215911	291607
#数字式自动数据处理设备（千台）	Digital Automatic Data Processing Machines (1000 sets)	97		3454	324
数字式中央处理部件（千台）	Parts of Digital Central Automatic Data Processing (1000 sets)	104	43	312	916
存储部件（千台）	Memory Unit (1 000 sets)	48723	52982	202760	284980
自动数据处理设备的零件（吨）	Parts for Auto Data Processing Equipment (ton)	1642	711	54226	53009
制造单晶柱或晶圆用的机器及装置（台）	Crystal Column or Wafer Manufacturing Machines and Devices (set)	25	21	1794	576
制造半导体器件或集成电路用的机器及装置（台）	Machines and Devices for the Manufacture of Semiconductor Devices and IC (set)	22	37	661	1009
制造平板显示器用的机器及装置（台）	Machines and Devices for the Manufacture of Flat Display (set)	250	146	38107	24525
电动机及发电机（万台）	Electric Motors and Generators (10 000 sets)	1690	1513	5127	4015
变压、整流、电感器及零件	Transformers, Rectifiers, Inductors and Parts			5076	6844
蓄电池（万个）	Electric Accumulators (10 000 pcs)	10851	9407	18957	15867
无线电导航雷达及遥控设备（台）	Radio Navigation Radars and Remote Control Equipment (set)	1892161	1603916	2520	1938
电视摄像机、数字照相机及视频摄录一体机（百台）	Video Cameras and Digital Cameras (100 sets)	4236	2249	543	438
电视、收音机及无线电讯设备的零附件（吨）	Parts of TV sets, Radio Sets and Telecommunication Equipment (ton)	138	216	1393	3191

表 16.10 续表 3 continued 3 单位：万美元 (USD 10 000)

品　名	Name	数　量 Volume		金　额 Value	
		2016	2017	2016	2017
电容器（吨）	Electrical Capacitors (ton)	453	341	6849	6584
电阻器（吨）	Resistor (ton)	56	52	13425	943
印刷电路（万块）	Printed Circuit (10 000 units)	413737	437464	11969	9362
通断保护电路装置及零件	Electrical Apparatus for Switching or Protecting Electrical Circuits			24870	21690
二极管及类似半导体器件（百万个）	Diode and Semi Conductors (1 million pcs)	6856	6996	30215	14780
集成电路（百万个）	IC (1 million pcs)	4511	5701	677792	668668
电线和电缆（吨）	Insulated Wire or Cable (ton)	924	1485	2748	3663
汽　车（辆）	Motor Vehicles (including parts) (unit)	3519	5604	19968	31616
#小轿车（辆）	Cars (unit)	169	447	690	3116
四轮驱动轻型越野车（辆）	SUVs (unit)	3053	4587	18331	25988
汽车零配件	Parts of Motor Vehicles			100195	97083
飞机及其他航空器（架）	Planes and Other Aircrafts (unit)	14	10	3411	5592
#空载重量超过 2 吨的飞机（架）	Planes over 2 Ton of Empty-load Weight (unit)	1	1	1328	5000
液晶显示板（万个）	LCD Panel (10 000 units)	1628	3396	24340	21091
医疗仪器及器械	Medical Instruments and Appliances			7742	9397
计量检测分析自控仪器及器具	Metering, Testing, Analyzing and Auto Controlling Instruments and Appliances			51737	52109
手　表（只）	Watches (pcs)	1258	2635	13	5
#电动手表（只）	Electronic Watches (pcs)	1258	2597	13	4
已组装的完整表芯（只）	Assembled Complete Watch Movements (pcs)	66264	106300	454	362
印刷品（吨）	Printed Matters (ton)	248	187	3080	5992
塑料制品（吨）	Plastic Articles (ton)	2714	2496	4140	4721
文化产品	Cultural Products			11677	5797
#露天游乐场所游乐设备（吨）	Equipments for Outdoor Amusement Park(ton)	2036	815	3144	2406
游艺用品及室内游艺器材	Entertainment Products and Indoor Entertainment Equipments	43	94	5190	43
胶印机（台）	Offset Press(set)	41	65	1992	2206
按类别分	**By Category**				
机电产品（包括本目录已具体列名的机电产品）	Mechanical and Electrical Products (including products that had been listed)			1663309	1612058
#金属制品	Metal Products			23711	24990
机械设备	Mechanical Equipments			505069	534332
电器及电子产品	Electrical Equipmens			917458	828658
运输工具	Transport Equipments			116846	128311
仪器仪表	Instrument and Meters			89777	89690
其他机电产品	Other Products			10448	6077
高新技术产品	High and New-tech Products			1301355	1279977
#生命科学技术	Life Science Technology			8374	11952
光电技术	Electrooptical Technology			49039	46467
计算机与通信技术	Computer and Information Technology			387534	415731
电子技术	Electronic Technology			737119	705328
计算机集成制造技术	Computer-integrated Manufacturing Technology			111987	90999
材料技术	Materials Technology			330	1118
航空航天技术	Aerospace Technology			6911	8331
其他高新技术产品	Other Technology			60	52
农产品	Agricultural Products			130302	97790

表 16.11 利用外资情况（2016 – 2017 年） UTILIZATION OF FOREIGN CAPITAL (2016-2017)

单位：万美元 (USD 10 000)

指 标	Item	2016	2017
新签利用外资协议（合同）数（个）	**Number of Newly Signed Agreements (Contracts) of Foreign Capital Utilization (unit)**	**224**	**238**
外商直接投资	Foreign Direct Investment	224	238
外商其他投资	Other Foreign Investment		
协议（合同）额	**Value of Agreements (Contracts)**	**401022**	**383207**
外商直接投资	Foreign Direct Investment	401022	383207
外商其他投资	Other Foreign Investment		
实际利用外资额	**Foreign Capital Actually Utilized**	**1134190**	**1018255**
外商直接投资	Foreign Direct Investment	279037	222004
外商其他投资	Other Foreign Investment	132839	173809
对外借款	Foreign Loans	425307	301738
其他利用外资	Other Foreign Capital Utilized	297007	320704

注：1）2004 年起，新签利用外资协议（合同）数、协议合同金额数均不含对外借款。
2）2007 年起，外商直接投资数据为上报国家商务部口径。
3）2016 年，利用外资指标口径有调整。

Note: a) Foreign loans have been excluded from the number of newly signed agreements (contracts) of foreign capital utilization and the value of agreements and contracts since 2004.
b) The data of foreign direct investment has become the data reported to the Ministry of Commerce since 2007.
c) The statistic scope about utilization of foreign capital in 2016 was adjusted.

表 16.12 对外投资与合作（2016 – 2017 年） OVERSEAS INVESTMENT AND COOPERATION (2016-2017)

指 标	Item	2016	2017
实际对外直接投资额（万美元）	Value of Overseas Direct Investment(USD 10 000)	242917	153018
#现汇投资	Cash Investment	191185	149558
内保外贷	Offshore Financing Against Domestic Guamntee	43754	
对外承包工程签订合同数（个）	Number of Contracts Signed	105	92
对外承包工程合同金额（万美元）	Value of Contracts (USD 10 000)	275360	211179
对外承包工程营业额（万美元）	Value of Turnover Fulfilled (USD 10 000)	133546	170089
对外劳务合作派出人数（人）	Labor Exported (person)	5301	3687

表 16.13 实际利用内资（1996–2017 年）
ACTUAL UTILIZATION OF DOMESTIC CAPITAL (1996-2017)

单位：万美元 (USD 10 000)

年 份 Year	总 计 Total	按资金来源分 By Source of Domestic Capital			按产业分 By Sector		
		东部地区 Eastern Region	中部地区 Middle Region	西部地区 Western Region	第一产业 Primary Industry	第二产业 Secondary Industry	第三产业 Tertiary Industry
1996	341109	228986	25379	86744	2831	105369	232909
1997	378156	253856	28135	96165	3139	116812	258205
1998	395891	265762	29454	100675	3286	122291	270314
1999	406169	272661	30219	103289	3371	125466	277332
2000	430388	288919	32021	109448	3572	132947	293869
2001	463819	311381	34517	117921	3857	143292	316670
2002	515296	314469	64164	136663	12748	180584	321964
2003	572766	357869	78764	136133	15593	260960	296213
2004	868731	600433	85290	183008	18667	471589	378475
2005	2058990	1480168	146817	432005	38813	949952	1070225
2006	2982509	2408160	140849	433500	30800	1262178	1689531
2007	4300287	3284574	274940	740773	39961	2232621	2027705
2008	8428422	6608697	549696	1270029	90772	4077438	4260212
2009	14680196	11432656	1017089	2230451	334215	7069998	7275983
2010	26382949	20152791	2075639	4154519	730882	11385667	14266400
2011	49198400	34891428	4993544	9313428	1598697	22073414	25526289
2012	59146368	39987932	5689892	13468544	2283784	27139587	29722997
2013	60071981	41347326	5886121	12838534	2409618	23814257	33848106
2014	72468937	47912908	6760518	17795511	3399354	29803838	39265745
2015	85301314	54763030	9648096	20890188	4020931	34873820	46406563
2016	93450431	58224827	11657963	23567641	4833879	37254235	51362317
2017	96823627	62683123	11081220	23059284	5521610	41033320	50268697

表 16.14 外商直接投资项目(企业)数、合同额和实际投资额(2016 – 2017 年)
NUMBER, CONTRACTED VALUE AND ACTUAL INVESTMENT OF PROJECTS (ENTERPRISES) FUNDED BY FOREIGN DIRECT INVESTMENT (2016-2017)

指 标	Item	签定项目(合同)数(个) Number of Projects (Contracts) Signed (unit)		
		2016	2017	至当年底累计 Accumulated Projects by the end of this year
总 计	**Total**	**224**	**238**	**6620**
按投资方式分	**By Investment Mode**			
合资经营	Joint Venture	66	94	3011
合作经营	Cooperative Operation		1	298
独资经营	Solely Foreign-Funded	156	141	3291
股份制	Share Holding	2	1	15
合作开发	Cooperative Operation			
其 他	Others		1	5
按行业分	**By Sector**			
第一产业	Primary Industry	7	6	175
第二产业	Secondary Industry	65	53	3544
工 业	Industry	64	49	3302
建筑业	Construction	1	4	237
第三产业	Tertiary Industry	152	179	2901
批发和零售业	Wholesale and Retail Trades	48	49	385
交通运输、仓储及邮政业	Transport, Storage, Post and Communication"	12	11	153
住宿和餐饮业	Hotels and Catering Services	12	10	296
信息传输、软件和信息技术服务业	Information Transmission, Computer Services and Softwares	11	13	121
金融业	Financial Intermediation	8	21	104
房地产业	Real Estate	7	6	686
租赁和商务服务业	Leasing and Business Services	41	47	965
科学研究和技术服务业	Scientific Research, Technical Service and Geologic Prospecting"	6	9	53
水利、环境和公共设施管理业	Management of Water Conservancy, Environment and Public Facilities			31
居民服务、修理和其他服务业	Services to Households and Other Services	1	4	41
教 育	Education	1	1	24
文化、体育与娱乐业	Culture, Sports and Entertainment	4	3	28
卫生、社会保障和社会福利业	Health, Social Security and Social Welfare	1	5	6
其 他	Others			8
按主要国别(地区)分	**By Country (Region)**			
香 港	Hong Kong (China)	84	86	2911
印度尼西亚	Indonesia			15
日 本	Japan	4	2	272
韩 国	South Korea	38	22	226
澳 门	Macao (China)			53
马来西亚	Malaysia	5		72
台 湾	Taiwan (China)	20	11	974
泰 国	Thailand		1	54
新加坡	Singapore	19	16	276
比利时	Belgium			5
法 国	France		1	41
瑞 典	Sweden			11
瑞 士	Switzerland	1	1	9
英 国	UK	1	3	80
美 国	USA	11	13	581
加拿大	Canada	2	4	132
澳大利亚	Australia	3	6	83
新西兰	New Zealand			17

单位：万美元 (USD 10 000)

协议投资额 Contracted Foreign Investment			实际利用额 Foreign Capital Actually Utilized		
2016	2017	至当年底累计 Accumulated Projects by the end of this year	2016	2017	至当年底累计 Accumulated Projects by the end of this year
401022	**383207**	**5384112**	**279037**	**222004**	**4130636**
169201	46839	1602145	81737	17431	1200088
	-6777	224426			95442
231492	342530	3495848	180894	181809	2724045
329	318	57696		791	68829
				326	326
	297	3997	16406	21647	41906
31848	28332	137870	173	46	9403
125941	109006	1828416	55287	27154	1481949
125902	60041	1692998	55138	27104	1460010
39	48965	115039	149	50	12846
243233	245869	3417826	223577	194805	3084753
17472	46763	181021	5413	23081	97956
21500	12719	177914	17460	10834	119415
436	1457	53912	291	414	24873
732	14038	35761	1608	5841	20443
54523	89088	381472	52107	42083	470795
88126	-22756	1868629	95377	43686	1761247
57149	92368	569488	39330	62812	160526
1016	2654	6561	482	121	1398
-2811	-258	61571	11146		66300
3750	88	51536	2		51272
150	1	5179			4742
1083	757	14927	361	1606	3550
107	8950	9057		4327	4327
		798			765
237897	184482	3545884	200466	165174	2979502
		2017			75
-2990	1239	110757	461	1375	98283
9925	4044	91982	17058	7756	106215
-600		8392			3470
30110		41269			4085
1217	894	68064	837	360	34467
	60	9279			1343
70678	36843	362525	31231	33994	345411
	42	210			208
2258		18314	1748		11685
		4635	29		4308
76	157	1743			5792
93	1291	34403	382	701	29462
1651	1501	94660	11282	1497	90867
453	1261	28433	50		17178
6364	411	22559			4080
		2251			198

表 16.15 实际利用内资项目资金来源情况（2016–2017 年）
ACTUAL UTILIZATION OF DOMESTIC CAPITAL BY SOURCE (2016-2017)

单位：万元 (10 000 yuan)

项　目	Item	2016	2017
总　计	**Total**	**93450431**	**96823627**
按资金来源分组	**By Source of Domestic Capital**		
北　京	Beijing	13886311	15566623
天　津	Tianjin	915683	954371
河　北	Hebei	1506606	1574344
山　西	Shanxi	972426	654324
内蒙古	Inner Mongolia	132102	152686
辽　宁	Liaoning	822118	1617533
吉　林	Jilin	257265	392521
黑龙江	Heilongjiang	426433	499505
上　海	Shanghai	6160626	6111592
江　苏	Jiangsu	4968518	5415551
浙　江	Zhejiang	6252696	6236734
安　徽	Anhui	985593	1468701
福　建	Fujian	3374914	3558990
江　西	Jiangxi	1351944	849246
山　东	Shandong	3050740	2434870
河　南	Henan	1394476	1289133
湖　北	Hubei	4581246	4454073
湖　南	Hunan	1688580	1473717
广　东	Guangdong	17107589	18781566
广　西	Guangxi	656576	395303
海　南	Hainan	179026	430949
四　川	Sichuan	15343727	16476149
贵　州	Guizhou	1918880	1793020
云　南	Yunnan	3051533	2148035
西　藏	Tibet	143306	159107
陕　西	Shaanxi	923163	531848
甘　肃	Gansu	511095	497511
青　海	Qinghai	58151	84466
宁　夏	Ningxia	209502	197239
新　疆	Xinjiang	619606	623920
按区域分组	**By District**		
东部地区	Eastern Region	58224827	62683123
中部地区	Middle Region	11657963	11081220
西部地区	Western Region	23567641	23059284

表 16.16 实际利用内资项目资金行业分布情况（2016–2017 年）
ACTUAL UTILIZATION OF DOMESTIC CAPITAL BY SECTOR (2016-2017)

单位：万元 (10 000 yuan)

项　目	Item	2016	2017
总　计	**Total**	**93450431**	**96823627**
按资金来源分组	**By Source of Domestic Capital**		
第一产业	Primary Industry	4833879	5521610
第二产业	Secondary Industry	37254235	41033320
采矿业	Mining and Quarrying	1744989	1382300
制造业	Manufacturing	31931538	35013641
电力、燃气及水的生产和供应业	Production and Supply of Electricity, Gas and Water	1400517	1296270
建筑业	Construction	2177191	3341109
第三产业	Tertiary Industry	51362317	50268697
批发和零售业	Wholesale and Retail Trades	3760316	3358151
交通运输、仓储和邮政业	Transport, Storage and Post	3638158	3082274
住宿和餐饮业	Hotels and Catering Services	1394892	1451406
信息传输、软件和信息技术服务业	Information Transmission, Software and Information Technology	2114130	2692117
金融业	Financial Intermediation	2377026	2098678
房地产业	Real Estate	26356484	24716373
租赁和商务服务业	Leasing and Business Services	3027838	2932220
科学研究和技术服务业	Scientific Research and Technical Services	564071	934439
水利、环境和公共设施管理业	Management of Water Conservancy, Environment and Public Utilities	3047304	3245593
居民服务、修理和其他服务业	Services to Households, Repai and Other Services	1188099	1062325
教　育	Education	1129932	955384
卫生和社会工作	Health and Social Undertakings	826773	805150
文化、体育和娱乐业	Culture, Sports and Entertainment	1632311	2313222

表 16.17 5000万元以上利用内资项目合同（协议、计划）资金来源情况（2017年）
UTILIZATION OF CONTRACTED (AGREED, PLANNED) DOMESTIC CAPITAL ABOVE 50 MILLION YUAN BY SOURCE (2017)

单位：万元（10 000 yuan）

项 目	Item	外省投入的项目合同（协议、计划）总资金 Total Contracted (Agreed, Planned) Capital From Outside Chongqing
总 计	**Total**	**392004000**
按资金来源分组	**By Source of Domestic Capital**	
北 京	Beijing	86094402
天 津	Tianjin	3844115
河 北	Hebei	5503745
山 西	Shanxi	1615188
内蒙古	Inner Mongolia	249700
辽 宁	Liaoning	7719127
吉 林	Jilin	590125
黑龙江	Heilongjiang	1118000
上 海	Shanghai	28537609
江 苏	Jiangsu	15764796
浙 江	Zhejiang	26350301
安 徽	Anhui	5570916
福 建	Fujian	10302602
江 西	Jiangxi	3061458
山 东	Shandong	12954772
河 南	Henan	3256479
湖 北	Hubei	15763683
湖 南	Hunan	2713554
广 东	Guangdong	77883670
广 西	Guangxi	1281445
海 南	Hainan	938400
四 川	Sichuan	56895332
贵 州	Guizhou	4701100
云 南	Yunnan	9451639
西 藏	Tibet	200110
陕 西	Shaanxi	4268068
甘 肃	Gansu	2096406
青 海	Qinghai	207488
宁 夏	Ningxia	358000
新 疆	Xinjiang	2711770
按区域分组	**By District**	
东部地区	Eastern Region	275893539
中部地区	Middle Region	33689403
西部地区	Western Region	82421058

表 16.18 5000 万元以上实际利用内资项目资金来源情况（2017 年）
ACTUAL UTILIZATION OF DOMESTIC CAPITAL ABOVE 50 MILLION YUAN BY SOURCE (2017)

单位：万元 (10 000 yuan)

项　目	Item	实际利用内资 Domestic Capital Actually Utilized
总　计	**Total**	**85326940**
按资金来源分组	**By Source of Domestic Capital**	
北　京	Beijing	14958629
天　津	Tianjin	803840
河　北	Hebei	1246536
山　西	Shanxi	505678
内蒙古	Inner Mongolia	55986
辽　宁	Liaoning	1449962
吉　林	Jilin	322976
黑龙江	Heilongjiang	415107
上　海	Shanghai	5316550
江　苏	Jiangsu	4545607
浙　江	Zhejiang	5274019
安　徽	Anhui	1147648
福　建	Fujian	2867170
江　西	Jiangxi	607470
山　东	Shandong	2049552
河　南	Henan	1034585
湖　北	Hubei	4042878
湖　南	Hunan	1029297
广　东	Guangdong	17603866
广　西	Guangxi	319778
海　南	Hainan	329109
四　川	Sichuan	14424822
贵　州	Guizhou	1406055
云　南	Yunnan	1758933
西　藏	Tibet	132598
陕　西	Shaanxi	368999
甘　肃	Gansu	456467
青　海	Qinghai	69746
宁　夏	Ningxia	180500
新　疆	Xinjiang	602577
按区域分组	**By District**	
东部地区	Eastern Region	56444840
中部地区	Middle Region	9105639
西部地区	Western Region	19776461

表 16.19 5000万元以上利用内资项目 合同(协议、计划)资金行业分布及登记注册类型情况(2017年)
UTILIZATION OF CONTRACTED (AGREED, PLANNED) DOMESTIC CAPITAL ABOVE 50 MILLION YUAN BY SECTOR AND BY REGISTRATION (2017)

单位：万元 (10 000 yuan)

项　目	Item	外省投入的项目合同（协议、计划）总资金 Total Contracted (Agreed, Planned) Capital From Outside Chongqing
总　计	**Total**	**392004000**
按行业分	**By Sector**	
第一产业	Primary Industry	12824835
第二产业	Secondary Industry	139057750
采矿业	Mining and Quarrying	6328916
制造业	Manufacturing	105669279
电力、燃气及水的生产和供应业	Production and Supply of Electricity, Gas and Water	9712850
建筑业	Construction	17346705
第三产业	Tertiary Industry	240121415
#批发和零售业	Wholesale and Retail Trades	11951621
交通运输、仓储和邮政业	Transport, Storage and Post	15719229
住宿和餐饮业	Hotels and Catering Services	2394316
信息传输、软件和信息技术服务业	Information Transmission, Software and Information Technology	8620765
金融业	Financial Intermediation	10653090
房地产业	Real Estate	137756542
租赁和商务服务业	Leasing and Business Services	13718693
科学研究和技术服务业	Scientific Research and Technical Services	2437717
水利、环境和公共设施管理业	Management of Water Conservancy, Environment and Public Utilities	14427342
居民服务、修理和其他服务业	Services to Households, Repair and Other Services	3864097
教　育	Education	3827177
卫生和社会工作	Health and Social Undertakings	2148897
文化、体育和娱乐业	Culture, Sports and Entertainment	11034519
按外省单位登记注册类型分	**By Status of Registration**	
国有企业	State-owned Enterprises	22484115
集体企业	Collective-owned Enterprises	522000
股份合作企业	Cooperative Enterprises	668500
联营企业	Joint-owned Enterprises	
有限责任公司	Limited Liabilities Corporation	241653439
股份有限公司	Share-holding Ltd.	66680704
私营企业	Private Enterprises	24921363
其他企业	Other Enterprises	1760919
个　人	Individual	33061260
其　他	Others	251700

表 16.20 5000万元以上利用内资项目资金 行业分布及登记注册类型情况(2017年)
UTILIZATION OF DOMESTIC CAPITAL ABOVE 50 MILLIONYUAN BY SECTOR AND BY REGISTRATION (2017)

单位：万元 (10 000 yuan)

项 目	Item	实际利用内资 Domestic Capital Actually Utilized
总 计	**Total**	**85326940**
按行业分	**By Sector**	
第一产业	Primary Industry	4089862
第二产业	Secondary Industry	36272835
采矿业	Mining and Quarrying	1230343
制造业	Manufacturing	31301749
电力、燃气及水的生产和供应业	Production and Supply of Electricity, Gas and Water	1177516
建筑业	Construction	2563227
第三产业	Tertiary Industry	44964243
#批发和零售业	Wholesale and Retail Trades	2110389
交通运输、仓储和邮政业	Transport, Storage and Post	2688156
住宿和餐饮业	Hotels and Catering Services	710527
信息传输、软件和信息技术服务业	Information Transmission, Software and Information Technology	2312993
金融业	Financial Intermediation	1956733
房地产业	Real Estate	24231760
租赁和商务服务业	Leasing and Business Services	2378178
科学研究和技术服务业	Scientific Research and Technical Services	699340
水利、环境和公共设施管理业	Management of Water Conservancy, Environment and Public Utilities	3093966
居民服务、修理和其他服务业	Services to Households, Repair and Other Services	739599
教 育	Education	790956
卫生和社会工作	Health and Social Undertakings	679603
文化、体育和娱乐业	Culture, Sports and Entertainment	2025923
按外省单位登记注册类型分	**By Status of Registration**	
国有企业	State-owned Enterprises	2773764
集体企业	Collective-owned Enterprises	12323
股份合作企业	Cooperative Enterprises	151030
联营企业	Joint-owned Enterprises	
有限责任公司	Limited Liabilities Corporation	54291183
股份有限公司	Share-holding Ltd.	10841385
私营企业	Private Enterprises	6373578
其他企业	Other Enterprises	483816
个 人	Individual	10325916
其 他	Others	73945

表 16.21 旅游基本情况（2016 – 2017 年）
BASIC STATISTICS ON TOURISM (2016-2017)

项　目	Item	2016	2017
接待入境旅游人数（人次）	**Number of Overseas Vistior Arrival Received (person-time)**	**3165844**	**3583545**
外国人	Foreigners	2084166	2174307
#亚　洲	Asia	1251433	1151653
#日　本	Japan	197584	201370
韩　国	South Korea	595403	438614
印度尼西亚	Indonesia	23508	32658
马来西亚	Malaysia	97794	105467
新加坡	Singapore	105217	127377
泰　国	Thailand	169199	177519
欧　洲	Europe	302382	319442
#英　国	UK	59207	57809
法　国	France	50708	46837
德　国	Gemany	78148	93170
意大利	Italy	30318	31127
俄罗斯	Russia	22757	20342
西班牙	Spain	11127	19596
美　洲	America	271383	413139
#美　国	USA	203951	229744
加拿大	Canada	56869	169056
大洋州	Oceania	61915	80872
#澳大利亚	Australia	52866	66181
非　洲	Africa	12331	13160
香港同胞	Compatriots from Hong Kong	335859	402132
澳门同胞	Compatriots from Macao	48505	45470
台湾同胞	Compatriots from Taiwan	697314	961636
来渝国际旅游者平均逗留天数（天）	**Average Period Foreign Tourists Staying in Chongqing (day)**	**2.5**	**2.6**
旅行社组织国内居民出境旅游人数（万人天）	**Number of Outbound Chinese Tourists Organized by Travel Agencies (10 000 person-days)**	**1087.06**	**3857.74**
国际旅游外汇收入（万美元）	**Foreign Exchange Earnings from International Tourism (USD 10 000)**	**168682**	**194759**
星级饭店数（个）	**Number of Star-Rated Hotel (unit)**	**225**	**210**
年末旅行社数（个）	**Number of Travel Agencies at Year-end (unit)**	**558**	**622**
出境旅行社	International Travel Agencies	84	95
一般旅行社	Domestic Travel Agencies	474	527
年末旅行社从业人员（人）	**Number of Employees of Travel Agencies at Year-end (person)**	8196	8935
出境旅行社	International Travel Agencies	5826	4700
一般旅行社	Domestic Travel Agencies	2370	4235

表 16.22 星级饭店基本情况（2016 – 2017 年）
BASIC STATISTICS ON STAR-RATED HOTELS (2016-2017)

单位：万元 (10 000 yuan)

项　目	Item	2016	2017
星级饭店数（个）	**Number of Star-rated Hotels (unit)**	225	210
按星级分	By Star Level		
#五星级	5-star	28	28
四星级	4-star	54	54
三星级	3-star	117	105
按注册类型分	By Registration		
内　资	Domestic Funded	218	202
外商及港澳台投资	Foreign-funded and Funded by Hong Kong, Macao and Taiwan	7	8
按饭店客房规模分	By Capacity		
300 间以上	With 300 Rooms and Above	16	17
200-299 间	With 200-299 Rooms	20	22
100-199 间	With 100-199 Rooms	74	73
99 间以下	With Less Than 100 Rooms	115	99
星级饭店客房数（间）	**Number of Rooms in Star-rated Hotels (unit)**	**28953**	**28078**
#五星级	5-star	8152	8152
四星级	4-star	8796	8786
三星级	3-star	10417	9654
星级饭店床位数（张）	**Number of Beds in Star-rated Hotels (unit)**	**47846**	**46378**
#五星级	5-star	12202	12202
四星级	4-star	14329	14389
三星级	3-star	18426	17144

重/庆/统/计/年/鉴

主要统计指标解释

进出口总额

指实际进出我国国境的货物总金额。包括对外贸易实际进出口货物，来料加工装配进出口货物，国家间、联合国及国际组织无偿援助物资和赠送品，华侨、港澳台同胞和外籍华人捐赠品，租赁期满归承租人所有的租赁货物，进料加工进出口货物，边境地方贸易及边境地区小额贸易进出口货物（边民互市贸易除外），中外合资企业、中外合作经营企业、外商独资经营企业进出口货物和公用物品，到、离岸价格在规定限额以上的进出口货样和广告品（无商业价值、无使用价值和免费提供出口的除外），从保税仓库提取在中国境内销售的进口货物，以及其他进出口货物。该指标可以观察一个国家在对外贸易方面的总规模。我国规定出口货物按离岸价格统计，进口货物按到岸价格统计。

商品经营单位所在地进、出口额

指在所在地海关注册登记的有进出口经营权的企业实际进、出口额。

进出口统计国别（地区）　进口货物统计原产国（地），出口货物统计最终目的国（地）。原产国指进口货物的生产、开采或加工制造的国家。对经过几个国家加工制造的进口货物，以最后一个对货物进行经济上可以视为实质性加工的国家作为该货物的原产国。原产国确实不详时，按“国别不详”统计。最终目的国指出口货物已知的消费、使用或进一步加工制造的国家。最终目的国不能确定时，按货物出口时尽可能预知的最后运往国统计。

外商直接投资

指外国投资者在我国境内通过设立外商投资企业、合伙企业、与中方投资者共同进行石油资源的合作勘探开发以及设立外国公司分支机构等方式进行投资。外国投资者可以用现金、实物、无形资产、股权等投资，还可以用从外商投资企业获得的利润进行再投资。

外商其他投资

指除对外借款和外商直接投资以外的各种利用外资的形式。包括企业在境内外股票市场公开发行的以外币计价的股票发行价总额，国际租赁进口设备的应付款，补偿贸易中外商提供的进口设备、技术、物料的价款，加工装配贸易中外商提供的进口设备、物料的价款。

入境游客

指来中国（大陆）观光、度假、探亲访友、就医疗养、购物、参加会议或从事经济、文化、体育、宗教活动的外国人、港澳台同胞等游客（即入境旅游人数）。统计时，入境游客按每入境一次统计。

旅游外汇收入　指入境旅游者在中国（大陆）境内旅行、游览过程中用于交通、参观展览、住宿、餐饮、购物、娱乐等全部花费。

对外承包工程

指各对外承包公司以招标议标承包方式承揽的下列业务：(1) 承包国外工程建设项目；(2) 承包我国对外经援项目；(3) 承包我国驻外机构的工程建设项目；(4) 承包我国境内利用外资进行建设的工程项目；(5) 与外国承包公司合营或联合承包工程项目时我国公司分包部分；(6) 对外承包兼营的房屋开发业务。对外承包工程的营业额是以货币表现的本期内完成的对外承包工程的工作量，包括以前年度签订的合同和本年度新签订的合同在报告期内完成的工作量。

对外劳务合作

指以收取工资的形式向业主或承包商提供技术和劳动服务的活动。我国对外承包公司在境外开办的合营企业，中国公司同时又提供劳务的，其劳务部分也纳入劳务合作统计。劳务合作营业额按报告期内向雇主提交的结算数（包括工资、加班费和奖金等）统计。

主要统计指标解释

■ 内资

指重庆市以外中华人民共和国境内（不包括港、澳、台地区）的企、事业单位、社会团体及其他投资者，在重庆市行政辖区内以从事经济社会活动为主要目的，遵循市场机制法则，本着互利互惠的原则进行的独资、合资、参股合作等而流入的资金。它不包括中央和各级政府无偿捐赠、证券市场融资和金融机构业务往来资金等。

Explanatory Notes on Main Statistical Indicators

Total Imports and Exports at Customs

Refer to the real value of commodities imported and exported across the border of China. They include the actual imports and exports through foreign trade, imported and exported goods under the processing and assembling trades and materials , supplies and gifts as aid given gratis between governments and by the United Nations and other international organizations, and contributions donated by overseas Chinese, compatriots in Hong Kong and Macao and Chinese with foreign citizenship, leasing commodities owned by tenant at the expiration of leasing period, the imported and exported commodities processed with imported materials, commodities trading in border areas (excluding mutual exchange goods), the imported and exported commodities and articles for public use of the Sino-foreign joint ventures, cooperative enterprises and ventures with sole foreign investment. Also included is import or export of samples and advertising goods for which CIF or FOB value are beyond the permitted ceiling (excluding goods of no trading or use value and free commodities for export), imported goods sold in China from bonded warehouses and other imported or exported goods. The indicator of the total imports and exports at customs can be used to observe the total size of external trade in a country. In accordance with the stipulation of the Chinese government, imports are calculated at CIF, while exports are calculated at FOB.

Import Export Value by Location of Commodity Management Units

Refers to actual value of imports and exports carried out by corporations which have been registered by the local Customs house and are vested with right to run import export business.

Imports and Exports by Countries (Regions)

Refers to the origin countries (regions) of imports and the destination countries (regions) of export. The origin countries refer to the countries where the imported products were produced, exploited, processed or manufactured. As for the imported products processed and manufactured by more than one country, the country where those products were actually processed from the economic point of view for the last time should be regarded as the origin country. Where the origin is unclear, it should be calculated as "Origin Unknown". The destination countries refer to the countries where the exported products will be consumed, used or further processed and manufactured. Where the final destination is unclear, it should be calculated as the last known destination.

Foreign Direct Investment

Refers to foreign investment in China through the establishment of foreign invested enterprises, cooperative exploration and development of petroleum resources with domestic investors and the establishment of branch organizations of foreign enterprises. Foreign investment can be made in forms of cash, physical investment, technical know-how and reinvestment of the foreign enterprises with the profits gained from the investment.

Other Foreign Investment

Refers to all forms of utilization of foreign capitals other than foreign borrowings and foreign direct investment. It includes the total value of stock shares in foreign currencies issued by enterprises at domestic or foreign stock exchanges, rent payable for the imported equipment through international leasing arrangement, cost of imported equipment, technology and materials provided by foreign counterparts in compensation trade and processing and assembly trade.

Visitor arrivals

Refer to the number of foreigners, Chinese compatriots from Hong Kong, Macao and Taiwan Chinese (mainland) who come to China (mainland) for sight-seeing, vacation, visiting relatives, medical treatment, shopping, attending conference, or to engage in economic, cultural, sports and religious activities. In compiling statistics, each time of entering China is counted as one person-time.

EXPLANATORY NOTES TO
MAJOR STATISTICAL INDICATORS

Foreign Exchange Earnings from Tourism

Refer to the total expenditures cost in the process of foreigners' tourism in the mainland of China, including traffic, visit, accommodation, table, shopping and amusement expenditures.

Overseas Contracted Project

Refers to projects undertaken by Chinese contractors (project contracting companies) through bidding process. They include: (1) overseas civil engineering construction projects financed by foreign investors; (2) overseas projects financed by the Chinese government through its foreign aid programs; (3) construction projects of Chinese diplomatic missions, trade offices and other institutions stationed abroad; (4) construction projects in China financed by foreign investment; (5) sub-contracted projects to be taken by Chinese contractors through a joint umbrella project with foreign contractor(s); (6) housing development projects. The business income from international contracted projects is the work volume of contracted projects completed during the reference period, expressed in monetary terms, including completed work on projects signed in previous years.

Overseas Labour Services

Refer to the activities of providing technology and labour services to employers or contractors in the forms of receiving salaries and wages. Labour services providing by contractual joint ventures of Chinese international contracting corporations should be included in the statistics of service co-operation with foreign countries. The business income of labour service cooperation is the income in the form of wages and salaries, overtime pay, bonuses and other remuneration received from the employers during the reference period.

Domestic Capital

Refers to capital inpoured by the way of sole investment, joint venture and cooperative operation from the corporations, social unions and other investors within China boundaries but outside Chongqing municipality (excluding Hong Kong, Macao, Taiwan) who consider engaging economic and social activities as their main destination in Chongqing, and follow the market system on behalf of equality. It excludes free donations from the central and local governments, financing from the stock market, and business funds from the banking institutions.

第 17 章

金融业

FINANCIAL STATISTICS

简要说明 BRIEF INTRODUCTION

本章资料包括全市金融机构信贷收支、证券和保险业情况，由市统计局综合处根据有关部门资料整理编辑。资料分别来源于中国人民银行重庆营业部、重庆市发展和改革委员会、重庆证监局、重庆保监局和重庆保险行业协会。

The data in this chapter include the statistics on credit funds balance of financial institutions, securities and insurance, which are sorted and compiled by Division of Comprehensive Statistics, Chongqing Municipal Bureau of Statistics. The data are provided by Chongqing Business Department of the People's Bank of China, Chongqing Development and Reform Commission, China Securities Regulatory Commission Chongqing Bureau, China Insurance Regulatory Commission Chongqing Bureau and Insurance Association of Chongqing.

表 17.1 主要金融机构数（2016 – 2017 年）
NUMBER OF MAIN FINANCIAL INSTITUTIONS (2016-2017)

单位：个 (unit)

指 标	Item	2016	2017
银行机构	**Banks**		
法人 / 市级分行	Corporate Entity / Branch at Municipal Level	106	110
#法 人	Corporate Entity	53	56
#村镇银行	Village and Township Bank	36	41
#市级分行	Branches at Municipal Level	53	54
中 资	Domestic Funded	38	39
外 资	Foreign Funded	15	15
支 行	Sub-branches	2130	2199
分理处	Banking Offices	1853	1782
储蓄所	Saving Offices	1	
保险机构	**Insurance Institutions**		
保险公司法人机构	Corporate Entity of Insurance Companies	4	5
内资保险公司	Dometic-funded Insurance Companies		
省（市）级分公司	Branches at Provincial (Municipal) Level	40	51
中心支公司	Central Sub-branches	84	92
支公司	Sub-branches	536	557
营销服务部	Marketing & Service Departments	566	582
中外合资、外资保险公司	Insurance Joint-venturse with Foreign Investment and Wholly Foreign-owned Insurance Companies	10	10
外资保险公司代表处	Agencies of Foreign-funded Insurance Companies	1	1
专业保险中介机构	Professional Insurance Intermediary Institutions		
保险代理公司	Insurance Agent Companies	48	69
保险公估公司	Insurance Assessment Companies	12	11
保险经纪公司	Insurance Broker Companies	24	34
证券机构	**Security Institutions**		
证券公司	Security Companies	1	1
证券分公司	Branch Companies	23	37
营业部	Business Departments	186	202

注：1）中外合资、外资金融机构数只统计到省（市）级。
2）保险机构数不含中国出口信用保险公司重庆营业管理部。
3）银行机构数含信托公司、财务公司、金融租赁公司和汽车金融公司等银行业金融机构。

Note: a) Joint-venture financial institutions with foreign investment and wholly foreign-owned financial institutions are accounted up to provincial (municipal) level only.
b) Chongqing Business Department of China Export & Credit Insurance Corporation is not incuded in the number of insurance institutions.
c) The number of banks includes the financial institutions like trust companies, financial companies, financial leasing companies and automobile financial companies, etc.

表 17.2 地方金融市场运行情况（2016 – 2017 年）
OPERATION OF LOCAL FINANCIAL MARKET (2016-2017)

指 标	Item	2016	2017
融资担保行业	**Financing Guarantee**		
家 数（家）	Number (unit)	152	140
注册资本（亿元）	Registered Capital (100 million yuan)	377.5	377.9
在保余额（亿元）	Guaranteed Balance (100 million yuan)	2696.6	2570.0
小额贷款公司行业	**Small Loan Companies**		
家 数（家）	Number (unit)	272	287
注册资本（亿元）	Registered Capital (100 million yuan)	649.7	801.8
贷款余额（亿元）	Balance of Loans (100 million yuan)	1048.9	1554.7
上市与挂牌	**Listed Companies**		
境内外上市公司家数（家）	Number of Companies Listed Overseas (unit)	62	69
境内外上市公司市值（亿元）	Market Value of Companies Listed Overseas (100 million yuan)	8380.6	8131.0
新三板挂牌家数（家）	Number of Companies Listed in NEEQ Market (unit)	114	144
重庆股份转让中心挂牌家数（家）	Number of Companies Listed in Chongqing Share Transfer Center (unit)	414	675
股权投资类企业	**Equity Investment Companies**		
备案家数（家）	Numberof Companies Registered (unit)	585	671
注册及认缴资本（亿元）	Registered and Subscribed Capital (100 million yuan)	2145.3	3062.7
金融要素市场	**Financial Factor Market**		
家 数（家）	Number of Companies (unit)	14	14
交易量（亿元）	Turnover(100 million yuan)	15857.5	24726.6

注：1）境外是指在其他国家和地区上市的企业。
2）股权投资类企业为按照地方口径，在市金融办备案的企业。
3）金融要素市场的交易量为当年累计交易量。

Note: a) Overseas refers to the companies listed in the stock market of other countries or regions.
b) Equity investment companies refer to those registered with Chongqing Financial Affairs Office according to the local statistic scope.
c) The turnover of financial factor market refers to the accumulative turnover of the year.

表 17.3 金融机构(含外资)存贷款年末余额(1980 – 2017 年)
YEAR-END DEPOSIT AND LOAN BALANCE OF FINANCIAL INSTITUTIONS (INCLUDING FOREIGN-FUNDED INSTITUTIONS) (1980-2017)

单位：亿元 (100 million yuan)

年 份 Year	本外币存款余额 Total Deposit Balance of RMB and Foreign Currencies	人民币存款余额 Total Deposit Balance of RMB	其 中 of which		本外币存款余额 Total Deposit Balance of RMB and Foreign Currencies	人民币存款余额 Total Deposit Balance of RMB	其 中 of which	
			#企业存款 Enterprise Deposits	#储蓄存款 Urban and Rural Saving Deposits			短期贷款 Short-term Loans	中长期贷款 Medium & Long-term Loans
1980		29.15	11.32	6.22		42.19	40.96	1.23
1981		33.98	11.86	8.35		50.29	47.69	2.21
1982		38.66	12.44	10.56		55.30	51.50	3.05
1983		45.22	15.29	13.34		63.25	58.14	4.32
1984		70.86	25.40	18.39		84.53	70.42	11.76
1985		62.38	22.87	25.41		101.56	84.85	14.89
1986		84.57	27.94	34.79		131.70	110.61	18.86
1987		110.37	31.84	44.46		163.63	125.85	22.99
1988		123.47	38.22	50.50		183.32	141.01	25.90
1989		146.71	39.27	68.17		214.41	167.66	29.65
1990		198.00	48.51	92.17		268.40	205.63	38.30
1991		253.57	63.76	121.95		336.85	249.51	58.82
1992		315.70	83.75	154.45		408.64	294.63	78.75
1993		386.86	89.57	198.05		495.71	357.59	98.88
1994		518.27	143.26	285.40		596.96	409.16	136.46
1995		676.70	193.38	401.45		755.39	501.66	185.89
1996	885.91	846.43	266.42	500.71	968.71	913.93	601.10	219.05
1997	1147.92	1098.67	429.42	580.67	1224.01	1156.13	873.14	248.06
1998	1359.52	1306.04	483.80	724.54	1443.65	1358.61	978.51	299.59
1999	1638.21	1580.80	544.00	909.10	1693.64	1611.68	1093.09	398.22
2000	1982.21	1904.71	645.54	1085.36	1966.40	1881.29	1246.81	470.70
2001	2377.99	2294.05	750.81	1317.17	1969.97	1871.98	1043.84	631.26
2002	2903.42	2821.04	909.43	1595.01	2338.17	2244.72	1191.70	754.57
2003	3512.82	3438.61	1098.15	1896.56	2976.67	2774.81	1378.85	1010.69
2004	4105.09	4039.61	1230.85	2189.73	3309.13	3246.28	1362.75	1346.91
2005	4784.76	4727.72	1337.05	2545.85	3779.28	3719.52	1471.86	1810.83
2006	5587.50	5519.75	1551.98	2949.05	4443.84	4388.28	1510.73	2392.26
2007	6662.36	6576.68	1997.71	3228.15	5197.08	5131.69	1597.12	3220.70
2008	8102.00	8021.95	2377.48	3988.96	6384.03	6320.81	1617.52	4093.50
2009	11084.82	10933.00	3770.43	4908.68	8856.56	8766.06	1499.85	6563.63
2010	13613.97	13454.98	4666.88	5839.66	10999.87	10888.15	1686.11	8705.32
2011	16128.87	15832.81	8254.56	6990.25	13195.16	13001.39	2529.81	9968.14
2012	19423.90	18934.83	9851.06	8361.64	15594.18	15131.22	3626.89	10919.76
2013	22789.17	22202.10	11697.54	9622.31	18005.69	17381.55	4613.86	12105.13
2014	25160.11	24501.54	12788.24	10774.12	20630.69	20011.50	5404.51	13615.01

注：2011 年起“企业存款”更名为“单位存款”。
Note: The index of "enterprise deposit" is replaced by "corporate deposit" since 2011.

年 份 Year	本外币存款余额 Total Deposit Balance of RMB and Foreign Currencies	人民币存款余额 Total Deposit Balance of RMB	其 中 of which		本外币存款余额 Total Deposit Balance of RMB and Foreign Currencies	人民币存款余额 Total Deposit Balance of RMB	其 中 of which	
			#住户存款 Deposits of Households	政府存款 Deposits of Governments			短期贷款 Short-term Loans	中长期贷款 Medium & Long-term Loans
2015	28778.80	28094.37	12207.28	4235.04	22955.21	22393.93	5539.43	15394.18
2016	32160.09	31216.45	13399.44	4743.21	25524.17	24785.19	5383.08	17657.00
2017	34853.53	33718.98	14367.38	5994.81	28417.46	27871.89	5517.30	20764.52

表 17.4 金融机构（含外资）本外币信贷收支表（2016 – 2017 年）
SOURCES AND USES OF RMB AND FOREIGN CURRENCIES CREDIT FUNDS OF FINANCIAL INSTITUTIONS (INCLUDING FOREIGN-FUNDED INSTITUTIONS) (2016-2017)

单位：亿元 (100 million yuan)

项　目	Item	2016	2017
各项存款余额	Total Deposit Balance	32160.09	34853.53
境内存款	Domestic Deposit	32132.53	34816.71
住户存款	Deposits of Households	13480.84	14441.64
活期存款	Demand Deposits	4812.72	5028.23
定期及其他存款	Time & Other Deposits	8668.13	9413.42
非金融企业存款	Deposits of Non-financial Enterprises	12063.73	11766.73
活期存款	Demand Deposits	4618.12	4869.36
定期及其他存款	Time & Other Deposits	7445.61	6897.38
政府存款	Deposits of Governments	4744.78	5998.89
财政性存款	Fiscal Deposits	338.63	901.96
机关团体存款	Deposits of Government Departments & Organizations	4406.15	5096.93
非银行业金融机构存款	Deposits of Non-banking Financial Institutions	1843.17	2609.45
境外存款	Overseas Deposits	27.57	36.81
各项贷款余额	Total Loan Balance	25524.17	28417.46
境内贷款	Domestic Loans	25506.93	28388.82
住户贷款	Loans to Households	8106.71	9866.73
短期贷款	Short-term Loans	1213.89	1277.80
消费贷款	Consumption Loans	402.08	500.16
经营贷款	Operating Loans	811.81	777.65
中长期贷款	Med & Long-term Loans	6892.82	8588.93
消费贷款	Consumption Loans	6319.99	7922.56
经营贷款	Operating Loans	572.83	666.37
非金融企业及机关团体	Loans to Non-financial Enterprises and Government Departments & Organizations	17400.22	18512.29
短期贷款	Short-term Loan	4767.57	4635.15
中长期贷款	Mid & Long-term Loans	10894.89	12300.15
票据融资	Paper Financing	1108.73	772.17
融资租赁	Financial Leases	604.61	788.75
各项垫款	Total Advances	24.42	16.07
非银行业金融机构贷款	Loans of Non-banking Financial Institutions		9.80
境外贷款	Overseas Loans	17.24	28.64

注：外币折本币所用汇率为当年最后一个交易日的中间汇率。
Note: The exchange rates between foreign currencies and RMB are the middle rates on the last trading day in current year.

表 17.5 金融机构(含外资)人民币信贷收支表(2016 – 2017 年)
SOURCES AND USES OF RMB CREDIT FUNDS OF FINANCIAL INSTITUTIONS (INCLUDING FOREIGN-FUNDED INSTITUTIONS) (2016-2017)

单位：亿元 (100 million yuan)

项　目	Item	2016	2017
各项存款余额	Total Deposit Balance	31216.45	33718.98
境内存款	Domestic Deposit	31195.12	33695.09
住户存款	Deposits of Households	13399.44	14367.38
活期存款	Demand Deposits	4760.37	4983.63
定期及其他存款	Time & Other Deposits	8639.07	9383.75
非金融企业存款	Deposits of Non-financial Enterprises	11214.57	10727.17
活期存款	Demand Deposits	4484.02	4730.93
定期及其他存款	Time & Other Deposits	6730.55	5996.23
广义政府存款	Deposits of Governments	4743.21	5994.81
财政性存款	Fiscal Deposits	338.63	901.96
机关团体存款	Deposits of Government Departments & Organizations	4404.58	5092.86
非银行业金融机构存款	Deposits of Non-banking Financial Institutions	1837.90	2605.72
境外存款	Overseas Deposits	21.34	23.89
各项贷款余额	Total Loan Balance	24785.19	27871.89
境内贷款	Domestic Loans	24777.84	27858.80
住户贷款	Loans to Households	8106.28	9866.38
短期贷款	Short-term Loans	1213.53	1277.50
消费贷款	Consumption Loans	401.72	499.85
经营贷款	Operating Loans	811.81	777.65
中长期贷款	Med & Long-term Loans	6892.75	8588.88
消费贷款	Consumption Loans	6319.92	7922.51
经营贷款	Operating Loans	572.83	666.37
非金融企业及机关团体	Loans to Non-financial Enterprises and Government Departments & Organizations	16671.56	17982.62
短期贷款	Short-term Loan	4169.55	4230.00
中长期贷款	Mid & Long-term Loans	10764.25	12175.64
票据融资	Paper Financing	1108.73	772.17
融资租赁	Financial Leases	604.61	788.75
各项垫款	Total Advances	24.42	16.07
非银行业金融机构贷款	Loans of Non-banking Financial Institutions		9.80
境外贷款	Overseas Loans	7.35	13.10

表 17.6 按行业分金融机构(含外资)本外币贷款结构(2016 – 2017 年)
LOAN COMPOSITION OF RMB AND FOREIGN CURRENCIES OF FINANCIAL INSTITUTIONS (INCLUDING FOREIGN-FUNDED INSTITUTIONS) (BY SECTOR) (2016-2017)

单位：亿元 (100 million yuan)

项 目	Item	2016	2017
贷款总计	**Total Loans**	**25214**	**28570**
按行业分	**By Sector**		
#农、林、牧、渔业	Farming, Forestry, Animal Husbandry and Fishery	176	180
采矿业	Mining and Quarrying	196	192
制造业	Manufacturing	2829	2609
电力、燃气及水的生产和供应业	Production and Supply of Electricpower,Gas & Water	779	919
建筑业	Construction	1277	1391
批发和零售业	Wholesale and Retail Trades	1461	1488
交通运输、仓储和邮政业	Transport, Storage and Post	2479	2739
住宿和餐饮业	Hotels and Catering Services	139	135
信息传输、软件和信息技术服务业	Information Transmission, Software and IT Services	51	63
金融业	Financial Intermediation	905	1072
房地产业	Real Estate	1893	1770
租赁和商务服务业	Leasing and Business Services	1858	2568
科学研究和技术服务业	Scientific Research and Technology Services	42	73
水利、环境和公共设施管理业	Administration of Water Conservancy, Environment and Public Utilities"	2371	2988
居民服务、修理和其他服务业	Household Services and Repairs and Other Services	44	36
教 育	Education	117	106
卫生和社会工作	Health and Social Work	141	131
文化、体育和娱乐业	Culture, Sports and Entertainment	78	88
公共管理、社会保障和社会组织	Public Administration, Social Security and Social Organization	253	126
对境外贷款	Loans Abroad	17	29
个人贷款	Individual Loans	8107	9867

表 17.7 金融机构（含外资）房地产贷款投向表（2016 – 2017 年）
LOANS TO REAL ESTATE FROM FINANCIAL INSTITUTIONS (INCLUDING FOREIGN-FUNDED INSTITUTIONS) (2016-2017)

单位：亿元 (100 million yuan)

项 目	Item	2016	2017
合 计	**Total Loans**	**8500.17**	**9651.17**
房地产开发贷款	Loans to Real Estate Development	2372.70	2258.92
地产开发贷款	Loans to Land Development	1015.10	948.70
#政府土地储备机构贷款	Loans to Government Land Reserve Institutions	598.35	314.84
房产开发贷款	Loans to Housing Development	1357.60	1310.23
住房开发贷款	Loans to Residential Housing Development	959.17	899.67
#保障性住房开发贷款	Loans to Low-income Housing Development	317.89	323.23
商业用房开发贷款	Loans to Housing for Commercial Use	341.06	350.72
其他房产开发贷款	Loans to Other Housing Development	57.37	59.84
购房贷款	Housing Purchase Loan	6084.31	7269.38
企业购房贷款	Enterprise Housing Purchase Loan	53.73	53.62
商业用房贷款	Loan for Housing for Commercial Use	53.70	51.86
住房贷款	Loan for Housing for Residential Use	0.03	1.75
个人购房贷款	Individual Housing Loan	6029.81	7215.07
个人商业用房贷款	Loan for Housing for Commercial Use	272.59	306.68
个人住房贷款	Loan for Housing for Residential Use	5757.22	6908.39
新建房贷款	Loan for Newly Built Housing	4412.12	5185.08
#抵押贷款	Mortgage Loan	4377.42	5174.40
再交易房贷款	Loan for Second-hand Housing	1345.10	1723.30
个人购买保障性住房贷款	Individual Loan for Purchasing Low-income Housing	10.66	10.12

表 17.8 金融机构（含外资）—境内大中小型企业人民币贷款情况统计表（2016 – 2017 年）

STATISTICS ON THE RMB LOANS TO THE DOMESTIC LARGE, MEDIUM AND SMALL ENTERPRISES FROM FINANCIAL INSTITUTIONS (INCLUDING FOREIGN-FUNDED INSTITUTIONS) (2016-2017)

单位：亿元 (100 million yuan)

项　目	Item	大型企业贷款		中型企业贷款		小型企业贷款	
		2016	2017	2016	2017	2016	2017
境内企业贷款合计	**Total Loans to Domestic Enterprises**	**5552.15**	**6075.61**	**5446.80**	**5982.01**	**3876.29**	**4669.74**
#农、林、牧、渔业	Farming, Forestry, Animal Husbandry and Fishery	44.55	59.42	53.03	63.74	66.40	43.55
采矿业	Mining and Quarrying	125.76	127.05	45.39	38.01	25.15	25.23
制造业	Manufacturing	1594.16	1396.81	546.48	490.56	642.80	681.09
电力、燃气及水的生产和供应业	Production and Supply of Electricpower,Gas & Water	230.19	267.51	211.67	225.59	307.69	398.40
建筑业	Construction	441.94	452.68	552.25	561.94	242.03	313.19
批发和零售业	Wholesale and Retail Trades	222.17	239.19	580.41	599.03	584.56	556.65
交通运输、仓储和邮政业	Transport, Storage and Post	1299.36	1450.38	486.88	562.24	535.35	680.72
#政府投融资平台	Government Investment and Financing Platform	868.61	918.06	112.89	125.22	4.76	1.97
住宿和餐饮业	Hotels and Catering Services	19.87	29.02	76.41	66.98	39.71	34.87
信息传输、计算机服务和软件业	Data Transmission, Computer Services and Software	9.11	21.07	22.21	18.38	15.64	18.77
金融业	Financial Intermediation	13.36	48.72	40.63	41.62	5.03	15.28
房地产业	Real Estate	417.22	527.22	977.74	867.57	159.07	140.03
#政府投融资平台	Government Investment and Financing Platform	188.64	196.16	86.84	90.08	78.13	75.62
租赁和商务服务业	Leasing and Business Services	482.31	788.26	747.59	922.80	571.06	808.32
#政府投融资平台	Government Investment and Financing Platform	249.76	323.51	334.61	321.55	140.29	153.47
科学研究和技术服务业	Scientific Research and T echnology Service	17.27	15.37	4.99	30.04	9.81	19.18
水利、环境和公共设施管理业	Administration of Water Conservancy, Environment and Public Utilities	563.55	591.45	1048.06	1436.16	635.24	886.28
#政府投融资平台	Government Investment and Financing Platform	465.89	364.13	685.72	806.63	255.83	313.80
居民服务、修理和其他服务业	Household Services and Other Services	13.89	5.97	6.78	10.39	21.09	18.83
教　育	Education	11.36	5.34	17.18	23.22	5.58	16.27
卫生和社会工作	Health and Social Work	3.47	2.62	6.75	8.29	7.01	10.70
文化、体育和娱乐业	Culture, Sports and Entertainment	42.63	47.53	22.36	15.45	3.08	2.39
公共管理、社会保障和社会组织	Public Administration, Social Security and Social Organization						
境内企业贷款合计	**Total Loans to Domestic Enterprises**	**5552.15**	**6075.61**	**5446.80**	**5982.01**	**3876.29**	**4669.74**
正常类贷款	Pass Loan	5332.76	5852.22	5011.46	5612.21	3636.33	4367.34
关注类贷款	Special Mention Loan	208.32	211.01	351.30	278.63	171.06	207.09
次级类贷款	Substandard Loan	4.18	2.43	48.09	34.47	36.62	40.47
可疑类贷款	Doubtful Loan	6.24	6.26	33.00	50.40	25.23	41.81
损失类贷款	Loss Loan	0.65	3.69	2.94	6.31	7.06	13.03
境内企业贷款合计	**Total Loans to Domestic Enterprises**	**5552.15**	**6075.61**	**5446.80**	**5982.01**	**3876.29**	**4669.74**
信用贷款	Fiduciary Loan	1298.32	1711.70	717.59	1117.31	568.99	863.51
保证贷款	Guaranteed Loan	1409.22	1562.46	1286.55	1519.36	1408.94	1868.02
抵（质）押贷款	Mortgage Loan	2844.62	2801.45	3442.65	3345.34	1898.36	1938.21
境内企业贷款合计	**Total Loans to Domestic Enterprises**	**5552.15**	**6075.61**	**5446.80**	**5982.01**	**3876.29**	**4669.74**
国有控股企业	State-holding Enterprise	3972.07	4491.38	3059.97	3770.54	2103.89	2862.61
集体控股企业	Collective-holding Enterprise	111.11	128.00	268.85	256.92	115.12	124.44
私人控股企业	Private-holding Enterprise	870.29	1017.07	1878.74	1744.83	1522.24	1507.18
港澳台商控股企业	Hong Kong, Macao or Taiwan-holding Enterprise	408.73	344.41	166.10	145.49	75.38	98.86
外商控股企业	Foreign-holding Enterprise	189.95	94.75	73.13	64.23	59.66	76.64

表 17.9 上市公司情况（1993 – 2017 年）
STATISTICS ON LISTED COMPANIES (1993-2017)

单位：个 (unit)

年 份 Year	全市总计 Total	其 中 of which					
		上交所 Shanghai Stock Exchange	深交所 Shenzhen Stock Exchange	仅发 A 股公司 A Share Only	发 A、B 股公司 A&B Shares	仅发 B 股公司 B Share Only	发 A、H 股公司 A&H Shares
1993	3	1	2	3			
1994	5	2	3	5			
1995	7	3	4	6		1	
1996	11	4	7	10		1	
1997	19	8	11	17	1	1	
1998	19	8	11	17	1	1	
1999	22	9	13	20	1	1	
2000	25	11	14	23	1	1	
2001	26	12	14	24	1	1	
2002	27	13	14	25	1	1	
2003	27	13	14	25	1	1	
2004	29	14	15	27	1	1	
2005	29	14	15	27	1	1	
2006	29	14	15	27	1	1	
2007	30	15	15	27	1	1	1
2008	31	15	16	28	1	1	1
2009	31	15	16	28	1	1	1
2010	34	16	18	31	1	1	1
2011	36	20	16	33	1	1	1
2012	37	19	18	34	1	1	1
2013	37	19	18	34	1	1	1
2014	40	21	19	37	1	1	1
2015	43	21	22	40	1	1	1
2016	44	22	22	41	1	1	1
2017	50	26	24	47	1	1	1

注：本表不包括仅发 H 股的公司。
Note: companies with H share only are not included in this table.

表 17.10 有价证券发行情况（1981 – 2017 年）
ISSUANCE OF SECURITIES (1981-2017)

单位：亿元 (100 million yuan)

年 份 Year	企业债券发行额 Issued Value of Corporate Bonds	股票发行量（万股） Amount of Issued Shares (10 000shares)	其 中 of which A 股 A Shares	 B 股 B Shares	股票筹资额 Raised Capital	其 中 of which A 股 A Shares	 B 股 B Shares	股转系统 Share transfer system
1981								
1982								
1983								
1984								
1985								
1986	1.50							
1987	0.59							
1988	1.85							
1989	0.39							
1990	1.95							
1991	3.90							
1992	5.45							
1993	4.18	7220	7220		2.08	2.08		
1994	1.17	3000	3000		1.13	1.13		
1995		17200	5200	12000	5.30	0.52	4.78	
1996	3.60	50610	15610	35000	10.41	4.56	5.85	
1997	4.85	42039	42039		26.76	26.76		
1998	3.40	5000	5000		3.75	3.75		
1999	4.10	10000	10000		7.21	7.21		
2000		29600	29600		22.63	22.63		
2001		3108	3108		4.73	4.73		
2002	15.00	2000	2000		3.16	3.16		
2003		3275	3275		3.74	3.74		
2004		22285	22285		15.65	15.65		
2005	17.00							
2006	30.00	31133	31133		14.63	14.63		
2007	20.00	51929	51929		26.37	26.37		
2008	45.00	22062	22062		12.73	12.73		
2009	105.00	237708	237708		17.56	17.56		
2010	91.00	809055	809055		149.00	149.00		
2011	74.00	192243	192243		158.02	158.02		
2012	260.00	43744	43744		30.00	30.00		
2013	238.00	349506	385319	-35813	131.23	131.23		
2014	273.00	525675	525675		180.88	180.83		0.05
2015	115.00	967462	967462		127.01	127.01		
2016	278.50	833773	833773		443.56	443.56		
2017	166.25	153412	153412		102.97	102.97		

注：股票发行量和筹资额均不含 H 股。
Note: The amount of issued shares and raised capital don't include H share.

表 17.11 保险业务基本情况（1996 – 2017 年）
BASIC STATISTICS ON INSURANCE BUSINESS (1996-2017)

单位：亿元 (100 million yuan)

年 份 Year	保费收入 Premium	其 中 of which		赔款及给付 Claim and Payments	其 中 of which	
		财产保险 Property Insurance	人身保险 Life Insurance		财产保险 Property Insurance	人身保险 Life Insurance
1996	12.82	8.05	4.77	6.48	4.44	2.04
1997	19.52	9.03	10.49	7.18	4.39	2.79
1998	22.77	9.31	13.46	10.64	6.55	4.09
1999	25.39	10.04	15.35	8.91	4.96	3.95
2000	27.71	10.72	16.99	8.27	5.28	2.99
2001	33.72	11.32	22.40	11.25	5.91	5.34
2002	46.17	13.31	32.86	14.20	7.57	6.63
2003	57.93	15.24	42.69	14.53	8.56	5.97
2004	66.51	17.45	49.06	16.25	9.43	6.82
2005	73.10	19.46	53.64	17.59	10.54	7.05
2006	93.24	24.17	69.07	20.51	12.08	8.43
2007	124.68	33.10	91.58	35.25	18.44	16.81
2008	200.55	37.76	162.80	45.64	22.59	23.05
2009	244.70	47.05	197.65	56.63	28.88	27.75
2010	321.08	65.96	255.12	62.10	32.05	30.05
2011	311.81	81.63	230.19	73.98	39.31	34.66
2012	331.03	95.20	235.83	91.78	52.23	39.55
2013	359.23	112.52	246.71	124.60	62.98	61.62
2014	407.26	138.87	268.39	151.43	74.07	77.36
2015	514.58	155.93	358.65	220.19	84.65	135.54
2016	601.61	165.23	436.38	250.16	90.37	159.79
2017	744.75	183.87	560.88	256.83	96.46	160.37

表 17.12 按险种分的保险业务指标（2016 – 2017 年）
STATISTICS ON INSURANCE BUSINESS BY CLASSIFICATION (2016-2017)

单位：万元 (10 000 yuan)

项 目	Item	保 费 Premium		赔款及给付 Claim and Payment	
		2016	2017	2016	2017
合 计	**Total**	**6016053**	**7447535**	**2501592**	**2568330**
财产保险	**Property Insurance**	**1652267**	**1838714**	**903677**	**964630**
企业财产保险	Enterprise Property Insurance	48986	53353	22143	27467
家庭财产保险	Family Property Insurance	3817	6268	2071	2964
机动车辆保险	Motor Vehicle Insurance	1419514	1541708	745726	818924
工程保险	Engineering Insurance	10321	22057	15238	6505
责任保险	Liability Insurance	70202	85091	35982	41808
信用保险	Export Credit Insurance	10825	13301	15053	4123
保证保险	Guarantee Insurance	27634	46643	22674	14074
船舶保险	Ship Insurance	8924	7630	7533	6497
货物运输保险	Freight Transport Insurance	17462	17350	12986	12925
特殊风险保险	Special Risks Insurance	2075	2601	1399	280
农业保险	Agriculture Insurance	31414	40680	21915	27931
其他保险	Other Insurances	1093	2032	957	1132
人身保险	**Life Insurance**	**4363785**	**5608821**	**1597915**	1603700
人寿保险	Life Insurance	3352452	4365977	1032219	1021424
健康保险	Health Insurance	834840	1041866	507347	517406
意外伤害保险	Personal Accident Insurance	176494	200978	58349	64869

重/庆/统/计/年/鉴

主要统计指标解释

信贷资金

指金融机构以信用方式积聚和分配的货币资金。金融机构信贷资金的来源有各项存款、金融债券发行、应付及暂收款、对国际金融机构负债、流通中货币、各项准备、所有者权益和其他项目等；信贷资金的运用有各项贷款、有价证券及投资、应收及预付款、委托投资、金银占款、外汇占款、库存现金、财政借款及在国际金融机构中的资产等。

存款

指企业、机关、团体或居民根据资金必须收回的原则，把货币资金存入银行或其他信贷机构保管并取得一定利息的一种信用活动形式。根据存款对象或性质的不同可划分为企业存款、财政存款、机关团体存款、基本建设存款、储蓄存款、农村存款、委托存款、其他存款等科目。它是银行信贷资金的主要来源。

贷款

指银行或其他信贷机构根据资金必须归还的原则，按一定利率，为企业、个人等提供资金的一种信用活动形式。我国银行贷款分为短期贷款、委托及信托类贷款、其他类贷款等。

金融机构往来

指各金融机构之间的资金往来，包括同业存放款和同业拆借款。

准备金

指各金融机构在中央银行的存款及缴存中央银行的法定准备金。

证券

由债券购买者承购的或因销售产品而拥有的，可在金融市场上交易并代表一定债权的书面证明。包括政府债券、金融债券、企业债券、商业票据、股票、支付固定收入但不提供法人企业残余价值分享权的优先股等。

股票

指股票购买者及直接投资者对其投资企业净资产所拥有的权益。股票是股份公司签发的证明股东投资并按其所持股份享有权益和承担义务的权益性证券。

保险公司

在中国境内的、经过保险监督部门批准设立，并依法登记注册的各类商业保险公司。

保费

指投保人为取得保险人在约定范围内所承担赔偿责任而支付给保险人的费用。

赔款

指保险人根据保险合同的规定，向被保险人支付的赔偿保险责任损失的金额。

给付

包括死伤医疗给付和满期给付。死伤医疗给付是指保险人根据人寿保险及长期健康保险合同的规定，因被保险人在保险期内发生保险责任范围内的保险事故支付给被保险人（或受益人）的金额。满期给付是指被保险人生存期满，保险人按人寿保险合同规定支付给被保险人的满期保险金额。

Explanatory Notes on Main Statistical Indicators

Credit Funds

Refer to the funds issued as loans by banking institutions. The sources of credit funds of the banking institutions included deposits, issue of financial bonds, account-payable and temporary gathering, liabilities to international financial institutions, currency in circulation, various reserves, owners rights and interests and other items. The credit funds can be used in forms of loans, securities and investment, account receivable and advance payment, entrusted investment, gold, foreign exchange, cash on hand, government debt and assets in the international financial institutions.

Deposit

Is a form of credit by which enterprises, institutions, organizations or households can put money into banks and other credit institutions for safekeeping and interest earning under the principle of free withdrawal. According to different depositors, deposits are divided into enterprise deposits, treasury deposits, deposits of government agencies and organizations, capital construction deposits, savings deposits, rural saving deposits, entrusted deposits and other deposits. Deposits are major sources of the credit funds of banks.

Loan

Is a form of credit by which banks and other credit institutions provide funds at certain interest rate to enterprises and individuals in the light of the principle of unconditional repayment. Loans from Chinese banks include short-term loan, medium-term and long-term loans, entrusted loans, and other loans.

Transactions between Financial Institutions

Refer to flow of capital between financial institutions, including inter-bank deposits and loans.

Reserve Funds

Refer to savings of financial institutions in the central bank and designated reserves to the central bank.

Securities

Refer to written certificates representing creditors' rights, purchased by bond holders or owned by selling products, which can be transacted at the financial markets. They include government bonds, financial bonds, corporation bonds, commercial drafts, stocks, preferential stocks that provide fixed income without the right to share the residual value of corporations, etc.

Stocks

Refer to the rights by stockholders and direct investors on the net assets of corporations they invested in. Stocks refer to negotiable securities on creditor's rights, issued by stock companies certifying the investment by stockholders and their rights and duties depending on their stocks.

Insurance Companies

Refer to commercial insurance companies of various forms registered by law and established in China with the approval of insurance regulatory agencies.

Premium

Is the fee paid by the insurant based on a proportion of the benefit he or she may get from the insurance plus the insurance value. It includes the income from the deposit of property insurance and personal insurance.

Settled Claim

Is the compensation paid by the insurer to the insurant in accordance with the insurance contract.

Payment

Includes payment for death, injury or medical treatment and mature payment. Payment for death, injury or medical treatment refers to the money paid to the insurant (of the beneficiary) in accordance with the life of health insurance contract when the insurant encounters accidents within the insured period covered in the contract. Mature payment refers to the mature payment to the insurant in accordance with the life insurance contract at the end of the insured period for the loss which has been checked and found to be in the range of liability of the insurance after an accident has happened to the insured property or to a person who has insured his life. It is further divided into settled and unsettled claim.

第 18 章

教育、科技和文化业

EDUCATION, SCIENCE, TECHNOLOGY AND CULTURE

简要说明
BRIEF INTRODUCTION

本章资料主要包括全市教育事业、科学技术活动和文化事业的基本情况，由市统计局社会科技统计处根据调查资料和有关部门资料整理编辑。

教育部分包括各类教育的学校、教师和学生情况，由市教育委员会提供；专利资料由市知识产权局提供；商标申请注册来源于市工商行政管理局；产品质量监督抽查由市质量技术监督局提供；文化部分主要包括图书馆、文物、群众艺术文化、广播电视、新闻出版等情况，资料主要来自市文化委。

The data in this chapter include the basic statistics on education, scientific & technological activities and culture undertakings. All the data are compiled by Division of Social and Technology Statistics, Chongqing Municipal Bureau of Statistics on the basis of the data from survey and related departments.

The statistics of education cover the data of schools, teachers and students of various kinds, which were provided by Chongqing Education Commission. The data of patent are provided by Chongqing Intellectual Property Office. The data of trademark application and registration are provided by Chongqing Administration for Industry and Commerce. The data of sampling supervision & check on quality of products are provided by Chongqing Bureau of Quality and Technical Supervision. The data of culture mainly include public libraries, cultural relics, mass arts & culture, radio and television, and press and publication, which are provided by Chongqing Cultural Commission.

表 18.1 主要年份各级各类学校数
NUMBER OF SCHOOLS BY LEVEL AND TYPE IN MAJOR YEARS

单位：所 (unit)

年 份 Year	普通高等学校 Regular Institutions of Higher Education	普通中学 Regular Secondary Schools	小 学 Primary Schools	特殊教育学校 Special Schools	幼儿园 Kindergartens
1952	7	128	12920		
1957	9	249	16201		
1962	10	402	14148		
1965	11	696	31503		
1970	11	1700	21253		
1975	8	1366	25465		
1978	13	2948	25002		
1980	16	1989	25120		
1985	18	1788	22793	7	5800
1986	19	1739	22486	19	5230
1987	19	1759	22094	18	5542
1988	20	1753	21629	20	5009
1989	20	1751	20972	23	4726
1990	20	1753	20248	24	5232
1991	20	1762	19829	29	4486
1992	20	1766	19496	32	4814
1993	20	1746	18849	30	4061
1994	20	1725	18175	31	4094
1995	22	1638	19637	30	6046
1996	22	1651	16779	36	5538
1997	22	1606	16261	37	5741
1998	22	1555	15737	37	5412
1999	23	1552	15223	42	6007
2000	22	1568	14730	42	6659
2001	29	1607	13076	44	3726
2002	29	1574	12031	38	3477
2003	33	1564	10966	41	3093
2004	34	1511	10409	43	3408
2005	35	1414	9558	43	3287
2006	38	1373	8754	44	3376
2007	38	1361	7990	43	3351
2008	47	1325	7575	41	3582
2009	51	1304	7096	36	3700
2010	53	1273	5544	36	4105
2011	59	1259	5248	36	4114
2012	60	1231	4810	36	4401
2013	63	1200	4728	36	4547
2014	63	1179	4586	36	4669
2015	64	1167	4170	36	4816
2016	65	1120	2979	36	5109
2017	65	1118	2954	36	5210

注：1) 2001 年起幼儿园资料按教育部对幼儿园数的认定标准统计，与以往年数不可比（下表同）。
2) 2008 年学校数含“独立学院”数。

Note: a) The data of kindergartens have been calculated in accordance with the definition by Ministry of Education since 2001, not comparable with that of previous years (the same below).
b) Number of schools in 2008 includes the number of "non-university tertiary".

表 18.2 主要年份各级各类学校在校学生数
NUMBER OF STUDENTS ENROLLMENT BY LEVEL AND TYPE IN MAJOR YEARS

单位：人 (person)

年 份 Year	普通高等学校 Regular Institutions of Higher Education	普通中学 Regular Secondary Schools	小 学 Primary Schools	特殊教育学校 Special Schools	幼儿园 Kindergartens
1952	6437	61345	1524145		
1957	15211	181423	1539805		
1962	21173	163628	1640036		
1965	17408	266504	1967997		
1970	4235	651232	2130534		
1975	10194	963304	3415196		
1978	16357	1631581	4035934		
1980	25349	1323181	4316902		
1985	39871	1102702	3857331	418	296336
1986	44454	1107545	3610433	543	306591
1987	47644	1122462	3279059	571	409209
1988	49981	1124510	2858642	669	389185
1989	48449	1111706	2581889	831	351175
1990	49331	1080755	2393235	803	413552
1991	49964	978204	2314986	1179	505799
1992	54121	868431	2361261	1966	549271
1993	63795	790396	2500362	1850	445940
1994	71118	876008	2595400	1415	534177
1995	73398	977079	2638555	1783	577162
1996	79929	1012654	2737051	1832	588854
1997	83764	1002915	2854307	1706	590464
1998	86913	1083691	2884385	2325	613298
1999	101601	1282599	2802741	9007	625666
2000	132512	1477861	2761308	21160	640804
2001	170006	1540317	2777859	18383	599282
2002	211221	1574357	2797557	17199	587645
2003	255266	1663728	2779441	14483	572538
2004	303913	1707489	2718999	15973	544759
2005	357926	1735166	2609754	12463	536266
2006	405118	1794129	2523824	12151	530842
2007	445800	1834364	2384527	11773	535457
2008	485013	1907856	2243916	12172	574187
2009	523279	1920158	2081367	13189	632170
2010	565868	1908158	1999407	14618	708711
2011	613026	1838917	1954818	16978	842846
2012	670174	1747002	1943177	13083	892635
2013	707610	1678976	1989128	15622	893338
2014	740534	1627301	2034165	13893	894679
2015	767114	1583562	2073320	14059	915616
2016	784631	1572832	2098191	16079	932584
2017	805208	1592207	2099536	18585	958667

注：2001 年起幼儿园资料按教育部对幼儿园数的认定标准统计，与以往年数不可比（下表同）。
Note: The data of kindergartens have been calculated in accordance with the definition by Ministry of Education since 2001, not comparable with that of previous years (the same below).

表 18.3 主要年份各级各类学校专任教师数
NUMBER OF FULL-TIME TEACHERS BY LEVEL AND TYPE IN MAJOR YEARS

单位：人 (person)

年 份 Year	普通高等学校 Regular Institutions of Higher Education	普通中学 Regular Secondary Schools	小 学 Primary Schools	特殊教育学校 Special Schools	幼儿园 Kindergartens
1952	839	3385	41698		
1957	2193	7940	52530		
1962	3297		55213		
1965	3336		78503		
1970	3177	24970	73695		
1975	3574	42893			
1978	3914				
1980	5025	60953	125304		
1985	8061	58886	119119	74	11937
1986	8236	55071	113724	101	12054
1987	8622	57044	112163	113	15090
1988	8823	60450	111596	145	15873
1989	8726	61938	109691	186	15898
1990	8677	64056	110580	186	17443
1991	8596	64934	111305	277	19313
1992	8696	65030	111667	321	19244
1993	8777	63555	113834	326	18388
1994	9186	65316	116603	360	19729
1995	9409	67498	117497	353	19948
1996	9400	69503	117711	383	20111
1997	9432	70661	119881	411	20665
1998	9498	72333	121062	400	20962
1999	9987	76158	120229	469	21088
2000	10449	81766	119014	569	22598
2001	12125	85030	118623	474	12067
2002	13954	87427	117543	510	11666
2003	16013	89560	115212	543	12141
2004	18214	92051	114007	541	12351
2005	20184	93997	114326	556	13220
2006	23717	95782	113724	584	13615
2007	26089	99807	119831	652	14270
2008	28398	103111	119161	670	15507
2009	29883	106544	117460	699	16579
2010	31070	109303	116057	715	19966
2011	33110	110951	115343	763	22807
2012	35744	112452	114036	804	26735
2013	37130	113880	115204	852	30199
2014	38944	114076	116360	878	32921
2015	39891	114709	118897	889	36979
2016	40583	115217	123066	926	41009
2017	41708	115645	125270	965	44327

表 18.4 研究生基本情况（1996 – 2017 年）
BASIC STATISTICS ON POSTGRADUATES (1996-2017)

单位：人 (person)

年 份 Year	在校学生数 Total Enrollment	招生数 New Enrollment	毕业生数 Graduates
1996	2953	1052	762
1997	3199	1108	847
1998	3726	1389	862
1999	5032	2132	991
2000	6233	2686	1084
2001	8358	3410	1401
2002	11110	4423	1616
2003	14763	6392	2715
2004	19367	8202	3426
2005	24363	9436	4193
2006	29000	10475	5492
2007	32145	11312	7483
2008	35005	12376	8925
2009	39080	14159	9759
2010	43149	14851	10347
2011	45213	15341	12351
2012	46569	15925	13844
2013	48210	16324	14189
2014	48979	16647	14915
2015	50534	17231	14866
2016	52156	17562	15378
2017	58349	22437	15517

表 18.5 主要年份文化机构数
NUMBER OF CULTURAL INSTITUTIONS IN MAJOR YEARS

单位：个 (unit)

年 份 Year	艺术表演团体 Specialized Troupes	文化馆、艺术馆 Cultural Centers and Art Centers	图书馆 Libraries
1975	54	33	10
1978	54	36	10
1980	55	35	21
1985	54	35	25
1986	52	35	26
1987	51	35	26
1988	45	35	27
1989	44	35	35
1990	42	39	36
1991	42	39	38
1992	42	39	38
1993	41	39	41
1994	36	40	41
1995	36	40	42
1996	39	46	42
1997	39	47	42
1998	39	47	42
1999	36	46	42
2000	35	44	42
2001	36	44	42
2002	32	44	43
2003	32	44	44
2004	29	44	44
2005	29	42	43
2006	78	41	43
2007	84	41	43
2008	177	41	43
2009	160	41	43
2010	381	41	43
2011	282	41	43
2012	244	41	43
2013	443	41	43
2014	512	41	43
2015	730	41	43
2016	770	41	43
2017	1283	41	43

注：艺术表演团体数据 2006 年起统计口径调整为含系统内、系统外两部分。
Note: The data of specialized troupes has included the units either inside or outside the public-owned system since 2006.

表 18.6 教育事业基本情况（2016 － 2017 年）
BASIC STATISTICS ON EDUCATION (2016-2017)

单位：人、所 (person, unit)

指　标	Item	2016	2017
学校数	**Number of Schools**		
高等学校	Higher Education	69	69
普通高等学校	Regular Higher Education Institutions	65	65
本科院校	HEIs Offering Degree Programs	25	25
#独立学院	Independent Institutions	6	6
专科院校	Higher Vocational Colleges	40	40
成人高等学校	Adult Higher Education Institutions	4	4
高中阶段学校	Senior Secondary Education	442	437
普通高中	Regular Senior Secondary Schools	260	255
中等职业学校	Vocational Secondary Schools	182	182
义务教育学校	Compulsory Education	3839	3817
普通初中	Regular Junior Secondary Schools	860	863
普通小学	Regular Primary Schools	2979	2954
特殊教育学校	Special Education	36	36
幼儿园	Kindergartens	5109	5210
工读学校	Correctional Work-Study Schools	2	2
成人中学	Adult Secondary Schools	11	11
成人小学	Adult Primary Schools	337	281
#扫盲班	Literacy Courses	139	121
在校学生数	**Total Enrollment**		
高等教育	Higher Education	1092845	1099752
研究生	Postgraduates	52156	58349
博　士	Doctor's Degree	5997	6213
硕　士	Master's Degree	46159	52136
普通本专科	Undergraduate in Regular HEIs	732475	746859
本　科	Normal Courses	445398	453829
专　科	Short-cycle Courses	287077	293030
成人本专科	Undergraduate in Adult HEIs	138152	119796
本　科	Normal Courses	26286	22827
专　科	Short-cycle Courses	111866	96969
在职人员攻读博硕士学位	Employees Enrolled in Graduate Programs Leading to Doctor and Master Degrees	20397	15136
网络本专科	Web-based Undergraduates	149665	159612
本　科	Normal Courses	68324	71224
专　科	Short-cycle Courses	81341	88388
高中阶段教育	Senior Secondary Education	1008443	1000056
普通高中	Regular Senior Secondary Schools	606811	601804

表 18.6 续表 1 continued 1

单位：人、所 (person, unit)

指　标	Item	2016	2017
中等职业教育	Vocational Secondary Education	401632	398252
义务教育	Compulsory Education	3064212	3089939
普通初中	Regular Junior Secondary Schools	966021	990403
普通小学	Regular Primary Schools	2098191	2099536
特殊教育	Special Education	16079	18585
学前教育	Pre-school Education	932584	958667
工读学校	Correctional Work-Study Schools	36	32
成人中学	Adult Secondary Schools	4724	3784
成人小学	Adult Primary Schools	52551	44785
#扫盲班	Literacy Courses	5600	4597
招生数	**New Enrollment**		
高等教育	Higher Education	353168	372875
研究生	Postgraduates	17562	22437
博　士	Doctor's Degree	1332	1454
硕　士	Master's Degree	16230	20983
普通本专科	Undergraduate in Regular HEIs	215241	221492
本　科	Normal Courses	116103	118196
专　科	Short-cycle Courses	99138	103296
成人本专科	Undergraduate in Adult HEIs	48717	42475
本　科	Normal Courses	8803	8663
专　科	Short-cycle Courses	39914	33812
在职人员攻读博硕士学位	Employees Enrolled in Graduate Programs Leading to Doctor and Master Degrees"	4977	
网络本专科	Web-based Undergraduates	66671	86471
本　科	Normal Courses	28972	39964
专　科	Short-cycle Courses	37699	46507
高中阶段教育	Senior Secondary Education	337390	336942
普通高中	Regular Senior Secondary Schools	199687	201279
中等职业教育	Vocational Secondary Education	137703	135663
义务教育	Compulsory Education	666349	673188
普通初中	Regular Junior Secondary Schools	331725	347162
普通小学	Regular Primary Schools	334624	326026
特殊教育	Special Education	2863	3348
学前教育	Pre-school Education	421820	412896
工读学校	Correctional Work-Study Schools	36	32
成人中学	Adult Secondary Schools		
成人小学	Adult Primary Schools		
#扫盲班	Literacy Courses		

表 18.6 续表 2 continued 2

单位：人 (person)

指　标	Item	2016	2017
毕业生数	**Graduates**		
高等教育	Higher Education	334636	338821
研究生	Postgraduates	15378	15517
博　士	Doctor's Degree	925	1046
硕　士	Master's Degree	14453	14471
普通本专科	Undergraduate in Regular HEIs	189918	196414
本　科	Normal Courses	109317	104704
专　科	Short-cycle Courses	80601	91710
成人本专科	Undergraduate in Adult HEIs	57268	55480
本　科	Normal Courses	11773	11280
专　科	Short-cycle Courses	45495	44200
在职人员攻读博硕士学位	Employees Enrolled in Graduate Programs Leading to Doctor and Master Degrees		
网络本专科	Web-based Undergraduates	72072	71410
本　科	Normal Courses	30763	34602
专　科	Short-cycle Courses	41309	36808
高中阶段教育	Senior Secondary Education	345411	332339
普通高中	Regular Senior Secondary Schools	219224	210874
中等职业教育	Vocational Secondary Education	126187	121465
义务教育	Compulsory Education	640863	654209
普通初中	Regular Junior Secondary Schools	319126	317673
普通小学	Regular Primary Schools	321737	336536
特殊教育	Special Education	1769	2162
学前教育	Pre-school Education	355392	349272
工读学校	Correctional Work-Study Schools	92	68
成人中学	Adult Secondary Schools	4100	4224
成人小学	Adult Primary Schools	49842	42876
#扫盲班	Literacy Courses	5651	4662
教职工数	**Teachers and Staff**		
高等学校	Higher Education	58631	59606
普通高等学校	Regular Higher Education Institutions	57453	58388
本科院校	HEIs Offering Degree Programs	39655	39949
#独立学院	Independent Institutions	6148	6024
专科院校	Higher Vocational Colleges	17798	18439
成人高等学校	Adult Higher Education Institutions	1178	1218
高中阶段、义务教育学校	Senior Secondary Education and Compulsory Education	277131	279384
普通中学	Regular Secondary Schools	132304	132388
中等职业	Vocational Secondary Schools	23074	23156

表 18.6 续表 3 continued 3

单位：人 (person)

指　标	Item	2016	2017
普通小学	Regular Primary Schools	121753	123840
特殊教育学校	Special Education	1028	1058
幼儿园	Pre-school Education	79479	86163
工读学校	Correctional Work-Study Schools	23	26
成人中学	Adult Secondary Schools	126	59
成人小学	Adult Primary Schools	957	700
#扫盲班	Literacy Courses	281	171
专任教师数	**Full-time Teachers**		
高等学校	Higher Education	41212	42429
普通高等学校	Regular Higher Education Institutions	40583	41708
本科院校	HEIs Offering Degree Programs	27581	28020
#独立学院	Independent Institutions	4524	4503
专科院校	Higher Vocational Colleges	13002	13688
成人高等学校	Adult Higher Education Institutions	629	721
高中阶段学校	Senior Secondary Education	58995	58668
普通高中	Regular Senior Secondary Schools	39887	39436
中等职业教育	Vocational Secondary Schools	19108	19232
义务教育	Compulsory Education	198396	201479
普通初中	Regular Junior Secondary Schools	75330	76209
普通小学	Regular Primary Schools	123066	125270
特殊教育学校	Special Education	926	965
幼儿园	Kindergartens	41009	44327
工读学校	Correctional Work-Study Schools	21	24
成人中学	Adult Secondary Schools	93	42
成人小学	Adult Primary Schools	361	267
#扫盲班	Literacy Courses	160	92
每一教师负担学生数	**Student-Teacher Ratio**		
小　学	Primary Schools	17.0	16.8
普通初中	Regular Junior Secondary Schools	12.8	13.0
普通高中	Regular Senior Secondary Schools	15.2	15.3
中职（不含技工校）	Secondary Vocational Schools (not including technical schools)	21.0	20.6
普通高等学校	Regular Higher Education Institutions	17.3	17.4
每十万人口在校学生数	**Student Enrollment per 100 000 population**		
高等教育	Higher Education	3059	3034
高中阶段	Senior Secondary Education	3343	3281
初中阶段	Junior Secondary Education	3202	3249
小　学	Primary Education	6956	6887
幼儿园	Kindergartens	3092	3145

表 18.7 各级学校入学率及升学率（2016 – 2017 年）
NET ENROLLMENT RATIO AND PROMOTION RATE OF SCHOOLS BY LEVEL (2016-2017)

单位：% (%)

指　标	Item	2016	2017
小学学龄儿童入学率	Net Enrollment Ratio of Primary Schools	99.99	99.99
初中适龄人口入学率	Net Enrollment Ratio of Junior Secondary Schools	99.80	99.84
高中阶段毛入学率	Gross Enrollment Ratio of Senior Secondary Schools	95.12	95.98
高等教育毛入学率	Gross Enrollment Ratio of Higher Education	43.00	45.20
初中毕业生升学率	Promotion Rate of Junior Secondary School Graduates	98.50	98.69
#升普通高中	To Regular Senior Secondary Schools	62.57	63.36
小学毕业生升学率	Promotion Rate of Primary School Graduates	100.00	100.00

表 18.8 普通高等学校分科学生数（2017 年）
STUDENT ENROLLMENT IN REGULAR HIGHER EDUCATION INSTITUTIONS BY FIELD OF STUDY (2017)

单位：人 (person)

项　目	Item	在校学生数 Total Enrollment	其中 of which #本科 Undergraduate Courses	招生数 New Enrollment	其中 of which #本科 Undergraduate Courses	毕业生数 Graduates	其中 of which #本科 Undergraduate Courses
总　计	**Total**	**512178**	**453829**	**140633**	**118196**	**120221**	**104704**
哲　学	Philosophy	564	255	126	39	175	77
经济学	Economics	28353	26740	7332	6640	6376	5930
法　学	Law	29934	23177	8378	5930	8112	5989
教育学	Education	22799	16989	8417	4757	4563	3435
文　学	Literature	59979	56371	16626	15296	14270	13019
历史学	History	2339	2047	651	552	602	510
理　学	Science	31493	27431	8266	6933	7694	6641
工　学	Engineering	157892	138910	44298	37567	34506	29424
农　学	Agriculture	9349	7550	2726	2022	2319	1907
医　学	Medicine	24501	18706	6031	4082	5816	4408
管理学	Administrators	96966	89519	25427	22703	24516	22572
艺术学	Art	48009	46134	12355	11675	11272	10792

注：1）本表仅指研究生、普通本科学生。不含普通专科、成人本专科学生、网络本专科学生和在职人员攻读学位人员。
2）不含在渝军事院校。

Note: a) The table here above only covers the data of postgraduates and undergraduates. The data of junior college, adult undergraduates and web-based undergraduates are not included.
b) The data of military universities in Chongqing are not included.

表 18.9 中等职业教育学校分科学生情况（2017 年）
STUDENTS IN VOCATIONAL SECONDARY SCHOOLS BY FIELD OF STUDY (2017)

单位：人 (person)

项　目	Item	毕业生数 Graduates	招生数 New Enrollment	在校学生数 Total Enrollment
总　计	**Total**	**94965**	**109163**	**308252**
农林类	Agriculture and Forestry	4701	2718	12794
资源与环境类	Resources and Environment	229	148	277
能源类	Energy	120	116	314
土木水利工程类	Civil and Hydraulic Engineering	8086	3579	12798
加工制造类	Manufacturing	15156	18964	53159
石油化工类	Petroleum and Chemical	75	263	599
轻纺食品类	Light Industry, Textile and Food	817	722	1975
交通运输类	Communication & Transportation	11868	16645	44214
信息技术类	Information Technologies	15608	19183	51950
医药卫生类	Medicine and Health	10704	11195	33861
休闲保健类	Leisure and Health	727	1064	2537
财经商贸类	Finance and Trade	8360	8838	27410
旅游类	Tourism	5510	9106	23995
文化艺术	Culture and Arts	3076	2774	8215
体育类	Sports	214	277	701
教育类	Education	8864	11580	29684
司法类	Judicature	403	793	2019
社会公共事务类	Social and Public Affairs	434	890	1390
其　他	Others	13	308	360

注：本表不含技工学校。
Note: The data of vestibule schools are not included in this table.

表 18.10 各级学校在校女学生和女专任教师数（2016 – 2017 年）
NUMBER OF FEMALE STUDENTS AND FEMALE FULL-TIME TEACHERS BY SCHOOL LEVEL (2016-2017)

单位：人 (person)

项 目	Item	2016	2017
女学生数	**Number of Female Students**	**2991263**	**3006800**
高等教育	Higher Education	572015	570176
#研究生	Postgraduate	26949	30864
普通本专科学校	Undergraduate in Regular HEIs	398119	402201
高中教育阶段	High School Education	493826	487057
普通高中	Regular High School	311425	309945
中等职业教育	Vocational Secondary Schools	182401	177112
义务教育	Compulsory Education	1447537	1462524
普通初中	Regular Junior Secondary School	453889	465947
普通小学	Regular Primary School	993648	996577
女学生占学生总数的百分比 (%)	**Percentage of Female Students to Total Students (%)**	**48.5**	**48.4**
高等教育	Higher Education	52.3	51.8
#研究生	Postgraduate	51.7	52.9
普通本专科学校	Undergraduate in Regular HEIs	54.4	53.9
高中教育阶段	High School Education	49.0	48.7
普通高中	Regular High School	51.3	51.5
中等职业教育	Vocational Secondary Schools	45.4	44.5
义务教育	Compulsory Education	47.2	47.3
普通初中	Regular Junior Secondary School	47.0	47.0
普通小学	Regular Primary School	47.4	47.5
女专任教师数	**Number of Female Full-time Teachers**	**200602**	**210039**
普通高等学校	Regular Higher Education Institutions	18919	19714
高中阶段学校	High School Education	29056	29874
普通高中	Regular High School	19184	19407
中等职业学校	Vocational Secondary Schools	9872	10467
义务教育学校	Compulsory Education	110962	115430
普通初中	Regular Junior Secondary School	37360	38282
普通小学	Regular Primary School	73602	77148
女专任教师占专任教师总数的百分比 (%)	**Percentage of Female Full-time Teachers to Total Full-time Teachers (%)**	**58.8**	**60.3**
普通高等学校	Regular Higher Education Institutions	46.6	47.3
高中阶段学校	High School Education	49.3	50.9
普通高中	Regular High School	48.1	49.2
中等职业学校	Vocational Secondary Schools	51.7	54.4
义务教育学校	Compulsory Education	55.9	57.3
普通初中	Regular Junior Secondary School	49.6	50.2
普通小学	Regular Primary School	59.8	61.6

表 18.11 科技经费、科技奖励情况（2016 – 2017 年）
FUNDS AND REWARDS FOR SCIENTIFIC AND TECHNOLOGICAL RESEARCH (2016-2017)

单位：项 (item)

指　标	Item	2016	2017
科学支出（万元）	**Expenditure of Scientific Research (10 000 yuan)**	**51.5**	**59.3**
市　级	Municipal	19.6	23.7
区　县	District and County	31.9	35.6
科技奖励情况（项）	**Rewards for Scientific and Technological Research**		
国家科学技术奖励	National Rewards for Scientific and Technological Research	6	5
最高科学技术奖	Top Science and Technology Award		
自然科学奖	Award for Natural Sciences		
一等奖	1st Prize		
二等奖	2nd Prize		
技术发明奖	Award for Technological Invention		
一等奖	1st Prize		
二等奖	2nd Prize		
科技进步奖	Award for Science and Technology Progress	6	5
特　等	Special Prize		1
一等奖	1st Prize		
二等奖	2nd Prize	6	4
国际科学技术合作奖	International Science and Technology Cooperation Award		
重庆市科学技术奖励	Chongqing Rewards for Scientific and Technological Research	119	142
科技突出贡献奖	Prize for The Outstanding Contribution in Science and Technology Research		
自然科学奖	Award for Natural Sciences	11	23
一等奖	1st Prize	1	4
二等奖	2nd Prize	4	7
三等奖	3rd Prize	6	12
技术发明奖	Award for Technological Invention	4	5
一等奖	1st Prize	1	1
二等奖	2nd Prize	1	2
三等奖	3rd Prize	2	2
科技进步奖	Award for Science and Technology Progress	100	112
一等奖	1st Prize	15	16
二等奖	2nd Prize	40	36
三等奖	3rd Prize	45	60
企业技术创新奖	Award for Enterprise Technology Innovation	4	2
国际科学技术合作奖	Award for International Science and Technology Cooperation		

表 18.12 科学技术协会活动情况（2017 年）
ACTIVITIES OF SCIENCE AND TECHNOLOGY ASSOCIATIONS (2017)

指　标	Item	合　计 Total	其　中 of which 市级科协 Science and Technology Associations at Municipal Level	市级学会 Learned Societies at Municipal Level	区县科协 Science and Technology Associations below Municipal Level
国内学术会议	**Domestic Academic Meetings**				
举办次数（次）	Number of Meetings (time)	456	29	392	35
参加人数（人次）	Number of Participants (person-times)	102887	13460	85021	4406
交流论文数（篇）	Number of Theses Presented (piece)	8046	448	6931	667
境内国际学术会议	**International Academic Conference in Chongqing**				
举办次数	Number of Conferences	31	14	17	0
参加人数（人次）	Number of Participants (person-time)	11977	5550	6427	0
境外专家学者（人次）	Foreign Experts and Scholars (person-time)	679	476	203	0
交流论文（篇）	Number of Theses Presented (piece)	317	173	144	0
科普活动	**Science Popularization Activities**				
举办科普宣讲活动（次）	Number of Science Popularization Lectures (time)	935	95	312	528
宣讲活动受众人数（万人次）	Number of Audience (10 000 person-time)	2791072	667330	1137056	986686
举办青少年科学营（次）	Number of Science and Technology Summer (Winter) Camps for Teenagers (time)	10	4	3	3
参加人数（人次）	Number of Participants (person-time)	1865	644	391	830
举办青少年科技竞赛（项）	Number of Teenagers Science and Technology Competitions (time)	147	10	19	118
参加人数（万人次）	Number of Participants (10 000 person-time)	1337220	712860	53945	570415
获奖人数（人次）	Number of Prize Winners (person-time)	29648	3358	7848	18442

表 18.13 研究与试验发展（R&D）活动基本情况（2017 年）
BASIC STATISTICS ON R&D ACTIVITIES (2017)

单位：人 (person)

指　标	Item	合　计 Total	科研机构 Research Institutes	高等院校 Colleges & Universities
有 R&D 活动的单位数（个）	Units Engaged in R&D Activities (unit)	2314	30	122
R&D 经费内部支出（万元）	Inner Expenditure of R&D Funds (10 000 yuan)	3646309	188372	340854
#基础研究	Basic Research	157618	32306	114335
应用研究	Application Research	351867	62703	170850
试验发展	Testing Development	3136824	93364	55669
#日常性支出	Daily Expenditure	3050672	125434	247150
#人员劳务费	Remuneration for Personnel	1060847	69885	79832
#资产性支出	Expenditure for Assets	595637	62939	93704
#仪器和设备	Facilities	510021	31871	59260
#政府资金	Funds from Government	507509	135150	160740
企业资金	Funds from Enterprises	2973184	11025	97261
境外资金	Foreign Funds	5139		446
其他资金	Others	160478	42197	82407
R&D 人员（人）	R&D Personnel (person)	131977	5954	25494
#女　性	Female	34203	2168	9660
#全时人员	Full-time Employees	84020	4026	7497
#博士毕业	With Doctor's Degree	9641	689	8043
硕士毕业	With Master's Degree	18008	1789	9391
本科毕业	With Bachelor's Degree	62011	2541	6619
R&D 人员全时当量（人年）	Full-time Personnel (person-year)	79149	5032	9589
#研究人员	Researchers	35289	3212	8138
#基础研究	Personnel of Basic Research	5568	1232	3692
应用研究	Personnel of Application Research	10770	1895	4992
试验发展	Personnel of Testing Development	62815	1905	904
R&D 项目（课题）数（项）	Number of R&D Projects (Topics)	40925	2452	25653
R&D 项目（课题）人员全时当量（人年）	Number of Full-time Persons for Each R&D Project (Topic) (person-year)	73852	4298	9585
R&D 项目（课题）经费支出（万元）	Expenditure for R&D Projects (Topics) (10 000 yuan)	3374737	87112	211353
研究机构机构数（个）	Number of Research Institutions (unit)	1803	31	415
研究机构 R&D 人员（人）	R&D Personnel in Research Institutions (person)	50017	5954	5754
#博士和硕士	With Doctor's Degree and Master's Degree	12790	2478	4801
研究机构 R&D 经费支出（万元）	Research Institutions' Expenditure for R&D (10 000 yuan)	1488467	188372	84471
研究机构仪器设备原价（万元）	Original Price of Instruments and Equipment in Research Institutions (10 000 yuan)	1889268	177717	300120
#进　口	Imported	624687	56011	122238
专利申请数（件）	Number of Patent Applications (pcs)	25680	500	5908
#发明申请	Invention Patent	8953	308	2788
有效发明专利数（件）	Number of Effective Invention Patents (pcs)	22836	971	7684
专利所有权转让及许可数（件）	Number of Patent Right Transfers and Permissions (pcs)	618	41	113
专利所有权转让及许可收入（万元）	Income from Patent Right Transfers and Permissions (10 000 yuan)	13895	3902	2344
形成国家或行业标准数（项）	Number of National or Industrial Standards Newly Formed (items)	446	30	15
发表科技论文（篇）	Number of Scientific and Technical Theses Published (theses)	40452	2631	32854
出版科技著作（种）	Scientific and Technical Works Published (kind)	1571	81	1444

表 18.13 续表 continued

指　标	Item	企　业 Enterprises	其　中 of which #工业企业 Industrial Enterprises	其　他 Others
有 R&D 活动的单位数（个）	Units Engaged in R&D Activities (unit)	1983	1906	179
R&D 经费内部支出（万元）	Inner Expenditure of R&D Funds (10 000 yuan)	3004417	2799986	112666
#基础研究	Basic Research	7570	771	3407
应用研究	Application Research	62603	44230	55712
试验发展	Testing Development	2934244	2754985	53547
#日常性支出	Daily Expenditure	2597244	2406576	80845
#人员劳务费	Remuneration for Personnel	867481	788028	43650
#资产性支出	Expenditure for Assets	407173	393410	31821
#仪器和设备	Facilities	399764	386214	19126
#政府资金	Funds from Government	114376	104018	97242
企业资金	Funds from Enterprises	2858150	2665070	6747
境外资金	Foreign Funds	4693	4693	
其他资金	Others	27198	26205	8677
R&D 人员（人）	R&D Personnel	94422	87140	6107
#女　性	Female	20104	18786	2271
#全时人员	Full-time Employees	69695	65089	2802
#博士毕业	With Doctor's Degree	660	608	249
硕士毕业	With Master's Degree	5324	5150	1504
本科毕业	With Bachelor's Degree	50608	44782	2243
R&D 人员全时当量（人年）	Full-time Personnel	60443	56416	4086
#研究人员	Researchers	21440	19656	2499
#基础研究	Personnel of Basic Research	501	66	143
应用研究	Personnel of Application Research	1938	1416	1945
试验发展	Personnel of Testing Development	58008	54934	1998
R&D 项目（课题）数（项）	Number of R&D Projects (Topics)	11418	10624	1402
R&D 项目（课题）人员全时当量（人年）	Number of Full-time Persons for Each R&D Project (Topic) (person-year)	56568	52770	3402
R&D 项目（课题）经费支出（万元）	Expenditure for R&D Projects (Topics) (10 000 yuan)	2997008	2792789	79264
研究机构机构数（个）	Number of Research Institutions	1316	1264	41
研究机构 R&D 人员（人）	R&D Personnel in Research Institutions (person)	37131	36134	1178
#博士和硕士	With Doctor's Degree and Master's Degree	5193	5018	318
研究机构 R&D 经费支出（万元）	Research Institutions' Expenditure for R&D (10 000 yuan)	1193112	1174480	22511
研究机构仪器设备原价（万元）	Original Price of Instruments and Equipment in Research Institutions (10 000 yuan)	1385536	1264506	25895
#进　口	Imported	432913	377530	13524
专利申请数（件）	Number of Patent Applications (pcs)	19116	17269	156
#发明申请	Invention Patent	5785	5149	72
有效发明专利数（件）	Number of Effective Invention Patents (pcs)	14022	12472	159
专利所有权转让及许可数（件）	Number of Patent Right Transfers and Permissions (pcs)	459	459	5
专利所有权转让及许可收入（万元）	Income from Patent Right Transfers and Permissions (10 000 yuan)	7650	7650	
形成国家或行业标准数（项）	Number of National or Industrial Standards Newly Formed (items)	354	354	47
发表科技论文（篇）	Number of Scientific and Technical Theses Published (theses)	2080	2079	2887
出版科技著作（种）	Scientific and Technical Works Published (kind)			46

表 18.14 大中型工业企业科技机构情况（2017 年）
SCIENTIFIC AND TECHNOLOGICAL INSTITUTIONS OF LARGE & MEDIUM-SIZED INDUSTRIAL ENTERPRISES (2017)

项 目	Item	科技机构数（个）Number of Institutions (unit)	科技机构科技活动人数（人）Personnel of Institutions (person)	科技机构经费内部支出（万元）Inner Expenditure for Science and Technology (10 000 yuan)
总 计	**Total**	**520**	**39549**	**1374753**
按隶属关系分	**By Relationship**			
中 央	Central	53	10913	651007
地 方	Local	467	28636	723746
按登记注册类型分	**By Registration**			
内资企业	Domestic-funded	466	34082	1093823
国有企业	State-owned	9	389	7027
集体企业	Collective-owned			
股份合作企业	Cooperative Enterprise			
联营企业	Joint Ownership Enterprises			
有限责任公司	Limited Liability Corporations	211	14520	370134
股份有限公司	Share Holding Limited Corporations	70	9820	475005
私营企业	Private Enterprises	176	9353	241658
其他企业	Others			
港、澳、台商投资企业	Enterprises Funded by Hong Kong, Macao and Taiwan	29	2311	38536
合资经营企业	Joint-venture Enterprises	13	939	23440
合作经营企业	Cooperative Enterprises			
独资经营企业	Enterprises with Sole Funded from Hong Kong, Macao and Taiwan	14	1285	14358
投资股份有限公司	Share-holding Corporations Ltd. with Investment from Hong Kong, Macao and Taiwan	2	87	738
其他港澳台投资企业	Others			
外商投资企业	Foreign Funded Enterprises	25	3156	242394
中外合资经营企业	Joint-venture Enterprises	17	2647	224198
中外合作经营企业	Cooperation Enterprises			
外资企业	Enterprises with Sole Fund	5	197	3786
外商投资股份有限公司	Share-holding Corporations Ltd. with Foreign Investment	2	276	13331
其他外商投资企业	Others	1	36	1080
按行业分	**By Sector**			
采矿业	Mining	3	113	401
煤炭开采和洗选业	Mining and Washing of Coal	2	92	150
石油和天然气开采业	Extraction of Petroleum and Natural Gas			
黑色金属矿采选业	Mining and Processing of Ferrous Metal Ores			
有色金属矿采选业	Mining and Processing of Non-Ferrous Metal Ores			
非金属矿采选业	Mining and Processing of Nonmetal Ores	1	21	251
开采辅助活动	Mining Support Activities			
其他采矿业	Mining of Other Ores			
制造业	Manufacture	508	39053	1369125
农副食品加工业	Processing of Food from Agricultural Products	13	405	7920
食品制造业	Manufacture of Foods	11	168	2616

表 18.14 续表 continued

项　目	Item	科技机构数（个） Number of Institutions (unit)	科技机构科技活动人数（人） Personnel of Institutions (person)	科技机构经费内部支出（万元） Inner Expenditure for Science and Technology (10 000 yuan)
酒、饮料和精制茶制造业	Liquor, Beverages and Refined Tea	5	175	2551
烟草制品业	Manufacture of Tobacco			
纺织业	Manufacture of Textile	1	33	1005
纺织服装、服饰业	Manufacture of Textile Wearing Apparel, Footwear and Caps	1	36	1171
皮革、毛皮、羽毛及其制品和制鞋业	Manufacture of Leather, Fur, Feather and Related Products	1	42	1927
木材加工和木、竹、藤、棕、草制品业	Processing of Timber, Manufacture of Wood, Bamboo, Rattan, Palm and Straw Products"	1	3	6
家具制造业	Manufacture of Furniture			
造纸和纸制品业	Manufacture of Paper and Paper Products	4	291	2001
印刷和记录媒介复制业	Printing, Reproduction of Recording Media	3	110	1452
文教、工美、体育和娱乐用品制造业	Manufacture of Culture, Education, Handicraft, Fine Arts, Sports and Entertainment Articles	5	128	2830
石油加工、炼焦和核燃料加工业	Processing of Petroleum, Coking, Processing of Nuclear Fuel	1	93	2136
化学原料和化学制品制造业	Manufacture of Raw Chemical Materials and Chemical Products	33	1356	42091
医药制造业	Manufacture of Medicines	45	2444	75205
化学纤维制造业	Manufacture of Chemical Fibers	2	86	5309
橡胶和塑料制品业	Manufacture of Rubber and Plastics	8	392	6389
非金属矿物制品业	Manufacture of Non-metallic Mineral Products	19	941	14091
黑色金属冶炼和压延加工业	Smelting and Pressing of Ferrous Metals	3	40	2804
有色金属冶炼和压延加工业	Smelting and Pressing of Nonferrous Metals	14	622	16748
金属制品业	Manufacture of Metal Products	16	639	15076
通用设备制造业	Manufacture of General Purpose Machinery	33	2197	61460
专用设备制造业	Manufacture of Special Purpose Machinery	27	1274	36103
汽车制造业	Manufacture of Motor Vehicles	110	17186	821407
铁路、船舶、航空航天和其他运输设备制造业	Manufacture of Railway, Ship, Aviation and Other Transporting Equipment	43	3653	99914
电气机械和器材制造业	Manufacture of Electrical Machinery and Equipment	29	1184	25085
计算机、通信和其他电子设备制造业	Manufacture of Communication Equipment, Computers and Other Electronic Equipment"	57	4257	99018
仪器仪表制造业	Manufacture of Measuring Instruments and Machinery for Cultural Activity and Office Work"	17	819	16241
其他制造业	Other Manufacture	6	479	6569
废弃资源综合利用业	Comprehensive Utilization of Waste Resources			
金属制品、机械和设备修理业	Repair of Metal Products, Machinery and Equipment			
电力、热力、燃气及水生产和供应业	Production and Supply of Electric Power, Heat Power and Gas	9	383	5228
电力、热力生产和供应业	Production and Supply of Electric Power and Heat Power	7	333	4928
燃气生产和供应业	Production and Supply of Gas	2	50	300
水的生产和供应业	Production and Supply of Water			

表 18.15 规模以上工业企业科技机构情况（2017 年）
SCIENTIFIC AND TECHNOLOGICAL INSTITUTIONS OFINDUSTRIAL ENTERPRISES ABOVE DESIGNATED SIZE (2017)

项 目	Item	科技机构数（个） Number of Institutions (unit)	科技机构科技活动人数（人） Personnel of Institutions (person)	科技机构经费内部支出（万元） Inner Expenditure for Science and Technology (10 000 yuan)
总 计	**Total**	**1264**	**51764**	**1610584**
按隶属关系分	**By Relationship**			
中 央	Central	64	11674	665473
地 方	Local	1200	40090	945111
按登记注册类型分	**By Registration**			
内资企业	Domestic-funded	1185	45745	1318445
国有企业	State-owned	10	401	7242
集体企业	Collective-owned	1	15	592
股份合作企业	Cooperative Enterprise			
联营企业	Joint Ownership Enterprises			
有限责任公司	Limited Liability Corporations	428	18520	461424
股份有限公司	Share Holding Limited Corporations	103	10478	488690
私营企业	Private Enterprises	642	16321	360338
其他企业	Others	1	10	160
港、澳、台商投资企业	Enterprises Funded by Hong Kong, Macao and Taiwan	45	2687	43567
合资经营企业	Joint-venture Enterprises	20	1116	26971
合作经营企业	Cooperative Enterprises			
独资经营企业	Enterprises with Sole Funded from Hong Kong, Macao and Taiwan	23	1484	15858
投资股份有限公司	Share-holding Corporations Ltd. with Investment from Hong Kong, Macao and Taiwan	2	87	738
其他港澳台投资企业	Others			
外商投资企业	Foreign Funded Enterprises	34	3332	248571
中外合资经营企业	Joint-venture Enterprises	22	2747	228929
中外合作经营企业	Cooperation Enterprises			
外资企业	Enterprises with Sole Fund	9	273	5232
外商投资股份有限公司	Share-holding Corporations Ltd. with Foreign Investment	2	276	13331
其他外商投资企业	Others	1	36	1080
按行业分	**By Sector**			
采矿业	Mining	8	201	1507
煤炭开采和洗选业	Mining and Washing of Coal	2	92	150
石油和天然气开采业	Extraction of Petroleum and Natural Gas	1	44	518
黑色金属矿采选业	Mining and Processing of Ferrous Metal Ores			
有色金属矿采选业	Mining and Processing of Non-Ferrous Metal Ores			
非金属矿采选业	Mining and Processing of Nonmetal Ores	5	65	840
开采辅助活动	Mining Support Activities			
其他采矿业	Mining of Other Ores			
制造业	Manufacture	1243	51104	1601846
农副食品加工业	Processing of Food from Agricultural Products	57	931	16898
食品制造业	Manufacture of Foods	32	444	10415

表 18.15 续表 continued

项 目	Item	科技机构数（个） Number of Institutions (unit)	科技机构科技活动人数（人） Personnel of Institutions (person)	科技机构经费内部支出（万元） Inner Expenditure for Science and Technology (10 000 yuan)
酒、饮料和精制茶制造业	Liquor, Beverages and Refined Tea	20	372	5518
烟草制品业	Manufacture of Tobacco			
纺织业	Manufacture of Textile	8	154	4282
纺织服装、服饰业	Manufacture of Textile Wearing Apparel, Footwear and Caps	3	60	1544
皮革、毛皮、羽毛及其制品和制鞋业	Manufacture of Leather, Fur, Feather and Related Products	3	74	2097
木材加工和木、竹、藤、棕、草制品业	Processing of Timber, Manufacture of Wood, Bamboo, Rattan, Palm and Straw Products"	5	76	1501
家具制造业	Manufacture of Furniture	4	44	699
造纸和纸制品业	Manufacture of Paper and Paper Products	14	475	5373
印刷和记录媒介复制业	Printing, Reproduction of Recording Media	14	286	3767
文教、工美、体育和娱乐用品制造业	Manufacture of Culture, Education, Handicraft, Fine Arts, Sports and Entertainment Articles	8	156	3572
石油加工、炼焦和核燃料加工业	Processing of Petroleum, Coking, Processing of Nuclear Fuel	4	128	3799
化学原料和化学制品制造业	Manufacture of Raw Chemical Materials and Chemical Products	87	2208	56844
医药制造业	Manufacture of Medicines	81	3097	87235
化学纤维制造业	Manufacture of Chemical Fibers	2	86	5309
橡胶和塑料制品业	Manufacture of Rubber and Plastics	44	880	18901
非金属矿物制品业	Manufacture of Non-metallic Mineral Products	78	1758	31091
黑色金属冶炼和压延加工业	Smelting and Pressing of Ferrous Metals	12	221	4460
有色金属冶炼和压延加工业	Smelting and Pressing of Nonferrous Metals	29	903	21897
金属制品业	Manufacture of Metal Products	46	1645	29575
通用设备制造业	Manufacture of General Purpose Machinery	82	2973	70460
专用设备制造业	Manufacture of Special Purpose Machinery	78	2217	53427
汽车制造业	Manufacture of Motor Vehicles	210	18938	868197
铁路、船舶、航空航天和其他运输设备制造业	Manufacture of Railway, Ship, Aviation and Other Transporting Equipment	92	4414	112633
电气机械和器材制造业	Manufacture of Electrical Machinery and Equipment	73	1930	38552
计算机、通信和其他电子设备制造业	Manufacture of Communication Equipment, Computers and Other Electronic Equipment"	115	5081	117281
仪器仪表制造业	Manufacture of Measuring Instruments and Machinery for Cultural Activity and Office Work"	28	989	18489
其他制造业	Other Manufacture	12	546	7965
废弃资源综合利用业	Comprehensive Utilization of Waste Resources	2	18	65
金属制品、机械和设备修理业	Repair of Metal Products, Machinery and Equipment			
电力、热力、燃气及水生产和供应业	Production and Supply of Electric Power, Heat Power and Gas	13	459	7231
电力、热力生产和供应业	Production and Supply of Electric Power and Heat Power	9	388	6798
燃气生产和供应业	Production and Supply of Gas	2	50	300
水的生产和供应业	Production and Supply of Water	2	21	132

表 18.16 大中型工业企业 R&D 人员情况（2017 年）
STATISTICS ON R&D PERSONNEL IN LARGE & MEDIUM-SIZED INDUSTRIAL ENTERPRISES (2017)

项　目	Item	R&D 人员数（人）R&D Personnel (person)	其　中 of which		R&D 人员折合全时当量（人年）Full-time Personnel (person-year)	其　中 of which
			#参加项目人员 IResearchers	#R&D 全时人员 Full-time Employees		#试验发展人员 Personnel of Testing Development
总　计	**Total**	**62758**	**56591**	**47261**	**41911**	**40687**
按隶属关系分	**By Relationship**					
中　央	Central	12344	10822	10272	8726	8238
地　方	Local	50414	45769	36989	33185	32449
按登记注册类型分	**By Registration**					
内资企业	Domestic-funded	52388	47169	39515	34041	32929
国有企业	State-owned	415	365	292	274	269
集体企业	Collective-owned	46	44	30	26	26
股份合作企业	Cooperative Enterprise					
联营企业	Joint Ownership Enterprises					
有限责任公司	Limited Liability Corporations	23703	21663	17412	15257	14641
股份有限公司	Share Holding Limited Corporations	11486	10262	9609	8068	7675
私营企业	Private Enterprises	16738	14835	12172	10416	10318
其他企业	Others					
港、澳、台商投资企业	Enterprises Funded by Hong Kong, Macao and Taiwan	4246	3931	3184	3090	3014
合资经营企业	Joint-venture Enterprises	2372	2129	1580	1717	1641
合作经营企业	Cooperative Enterprises					
独资经营企业	Enterprises with Sole Funded from Hong Kong, Macao and Taiwan	1791	1726	1529	1320	1320
投资股份有限公司	Share-holding Corporations Ltd. with Investment from Hong Kong, Macao and Taiwan	83	76	75	54	54
其他港澳台投资企业	Others					
外商投资企业	Foreign Funded Enterprises	6124	5491	4562	4780	4744
中外合资经营企业	Joint-venture Enterprises	3834	3416	2807	2900	2864
中外合作经营企业	Cooperation Enterprises	256	238	142	148	148
外资企业	Enterprises with Sole Fund	1654	1520	1397	1484	1484
外商投资股份有限公司	Share-holding Corporations Ltd. with Foreign Investment	373	313	210	242	242
其他外商投资企业	Others	7	4	6	6	6
按行业分	**By Sector**					
采矿业	Mining	306	261	180	165	156
煤炭开采和洗选业	Mining and Washing of Coal	139	132	35	36	36
石油和天然气开采业	Extraction of Petroleum and Natural Gas					
黑色金属矿采选业	Mining and Processing of Ferrous Metal Ores	125	87	113	102	93
有色金属矿采选业	Mining and Processing of Non-Ferrous Metal Ores					
非金属矿采选业	Mining and Processing of Nonmetal Ores	42	42	32	27	27
开采辅助活动	Mining Support Activities					
其他采矿业	Mining of Other Ores					

表 18.16 续表 continued

项 目	Item	R&D人员数（人） R&D Personnel (person)	其 中 of which #参加项目人员 IResearchers	#R&D全时人员 Full-time Employees	R&D人员折合全时当量（人年） Full-time Personnel (person-year)	其 中 of which #试验发展人员 Personnel of Testing Development
制造业	Manufacture	61966	55870	46933	41362	40253
农副食品加工业	Processing of Food from Agricultural Products	562	487	309	296	286
食品制造业	Manufacture of Foods	708	662	626	544	544
酒、饮料和精制茶制造业	Liquor, Beverages and Refined Tea	277	253	193	157	137
烟草制品业	Manufacture of Tobacco	362	360	294	56	56
纺织业	Manufacture of Textile	147	125	109	57	57
纺织服装、服饰业	Manufacture of Textile Wearing Apparel, Footwear and Caps	42	42	38	26	26
皮革、毛皮、羽毛及其制品和制鞋业	Manufacture of Leather, Fur, Feather and Related Products	159	149	111	110	110
木材加工和木、竹、藤、棕、草制品业	Processing of Timber, Manufacture of Wood, Bamboo, Rattan, Palm and Straw Products	112	110	89	66	66
家具制造业	Manufacture of Furniture	240	222	133	74	74
造纸和纸制品业	Manufacture of Paper and Paper Products	625	622	556	532	480
印刷和记录媒介复制业	Printing, Reproduction of Recording Media	274	261	156	152	145
文教、工美、体育和娱乐用品制造业	Manufacture of Culture, Education, Handicraft, Fine Arts, Sports and Entertainment Articles	164	137	68	95	95
石油加工、炼焦和核燃料加工业	Processing of Petroleum, Coking, Processing of Nuclear Fuel	74	57	60	48	48
化学原料和化学制品制造业	Manufacture of Raw Chemical Materials and Chemical Products	2242	2052	1524	1437	1423
医药制造业	Manufacture of Medicines	2896	2646	2345	1935	1928
化学纤维制造业	Manufacture of Chemical Fibers	77	74	44	43	40
橡胶和塑料制品业	Manufacture of Rubber and Plastics	903	836	621	399	399
非金属矿物制品业	Manufacture of Non-metallic Mineral Products	2216	2062	1310	1274	1253
黑色金属冶炼和压延加工业	Smelting and Pressing of Ferrous Metals	1113	1045	741	801	795
有色金属冶炼和压延加工业	Smelting and Pressing of Nonferrous Metals	1768	1638	978	745	740
金属制品业	Manufacture of Metal Products	1229	1169	988	895	878
通用设备制造业	Manufacture of General Purpose Machinery	3363	3068	2649	2262	2184
专用设备制造业	Manufacture of Special Purpose Machinery	1578	1440	1314	1035	944
汽车制造业	Manufacture of Motor Vehicles	19443	16919	15829	14178	13820
铁路、船舶、航空航天和其他运输设备制造业	Manufacture of Railway, Ship, Aviation and Other Transporting Equipment	6816	5968	5058	4325	4075
电气机械和器材制造业	Manufacture of Electrical Machinery and Equipment	2796	2644	1864	1268	1255
计算机、通信和其他电子设备制造业	Manufacture of Communication Equipment, Computers and Other Electronic Equipment	8990	8347	6745	6117	6053
仪器仪表制造业	Manufacture of Measuring Instruments and Machinery for Cultural Activity and Office Work	1404	1273	980	1065	1002
其他制造业	Other Manufacture	1386	1202	1201	1371	1339
废弃资源综合利用业	Comprehensive Utilization of Waste Resources					
金属制品、机械和设备修理业	Repair of Metal Products, Machinery and Equipment					
电力、热力、燃气及水生产和供应业	Production and Supply of Electric Power, Heat Power and Gas	486	460	148	384	277
电力、热力生产和供应业	Production and Supply of Electric Power and Heat Power	486	460	148	384	277
燃气生产和供应业	Production and Supply of Gas					
水的生产和供应业	Production and Supply of Water					

表 18.17 规模以上工业企业 R&D 人员情况（2017 年）
STATISTICS ON R&D PERSONNEL IN INDUSTRIAL ENTERPRISES ABOVE DESIGNATED SIZE (2017)

项　目	Item	R&D人员数（人） R&D Personnel (person)	其　中 of which #参加项目人员 IResearchers	#R&D 全时人员 Full-time Employees	R&D人员折合全时当量（人年） Full-time Personnel (person-year)	其　中 of which #试验发展人员 Personnel of Testing Development
总　计	**Total**	**85390**	**77766**	**63776**	**55190**	**53707**
按隶属关系分	**By Relationship**					
中　央	Central	13499	11929	11141	9354	8865
地　方	Local	71891	65837	52635	45836	44842
按登记注册类型分	**By Registration**					
内资企业	Domestic-funded	73891	67267	55201	46622	45257
国有企业	State-owned	451	395	313	290	285
集体企业	Collective-owned	49	47	32	27	27
股份合作企业	Cooperative Enterprise	13	13	12	7	7
联营企业	Joint Ownership Enterprises					
有限责任公司	Limited Liability Corporations	31015	28424	22790	19657	18994
股份有限公司	Share Holding Limited Corporations	12655	11350	10417	8758	8347
私营企业	Private Enterprises	29678	27008	21610	17882	17596
其他企业	Others	30	30	27	1	1
港、澳、台商投资企业	Enterprises Funded by Hong Kong, Macao and Taiwan	4889	4545	3659	3465	3389
合资经营企业	Joint-venture Enterprises	2618	2358	1766	1859	1783
合作经营企业	Cooperative Enterprises					
独资经营企业	Enterprises with Sole Funded from Hong Kong, Macao and Taiwan	2188	2111	1818	1553	1553
投资股份有限公司	Share-holding Corporations Ltd. with Investment from Hong Kong, Macao and Taiwan	83	76	75	54	54
其他港澳台投资企业	Others					
外商投资企业	Foreign Funded Enterprises	6610	5954	4916	5103	5061
中外合资经营企业	Joint-venture Enterprises	4170	3738	3056	3122	3085
中外合作经营企业	Cooperation Enterprises	256	238	142	148	148
外资企业	Enterprises with Sole Fund	1804	1661	1502	1585	1580
外商投资股份有限公司	Share-holding Corporations Ltd. with Foreign Investment	373	313	210	242	242
其他外商投资企业	Others	7	4	6	6	6
按行业分	**By Sector**					
采矿业	Mining	452	390	235	259	250
煤炭开采和洗选业	Mining and Washing of Coal	139	132	35	36	36
石油和天然气开采业	Extraction of Petroleum and Natural Gas	86	76	29	63	63
黑色金属矿采选业	Mining and Processing of Ferrous Metal Ores	125	87	113	102	93
有色金属矿采选业	Mining and Processing of Non-Ferrous Metal Ores					
非金属矿采选业	Mining and Processing of Nonmetal Ores	102	95	58	58	58
开采辅助活动	Mining Support Activities					
其他采矿业	Mining of Other Ores					

表 18.17 续表 continued

项　目	Item	R&D人员数（人）R&D Personnel (person)	其中 of which #参加项目人员 IResearchers	#R&D全时人员 Full-time Employees	R&D人员折合全时当量（人年）Full-time Personnel (person-year)	其中 of which #试验发展人员 Personnel of Testing Development
制造业	Manufacture	84367	76836	63342	54500	53132
农副食品加工业	Processing of Food from Agricultural Products	1291	1161	805	719	706
食品制造业	Manufacture of Foods	918	853	775	696	696
酒、饮料和精制茶制造业	Liquor, Beverages and Refined Tea	507	457	341	276	248
烟草制品业	Manufacture of Tobacco	362	360	294	56	56
纺织业	Manufacture of Textile	215	188	166	102	91
纺织服装、服饰业	Manufacture of Textile Wearing Apparel, Footwear and Caps	61	57	45	35	35
皮革、毛皮、羽毛及其制品和制鞋业	Manufacture of Leather, Fur, Feather and Related Products	232	218	160	144	143
木材加工和木、竹、藤、棕、草制品业	Processing of Timber, Manufacture of Wood, Bamboo, Rattan, Palm and Straw Products	230	215	175	122	122
家具制造业	Manufacture of Furniture	259	240	147	85	85
造纸和纸制品业	Manufacture of Paper and Paper Products	875	860	711	686	635
印刷和记录媒介复制业	Printing, Reproduction of Recording Media	570	533	368	361	350
文教、工美、体育和娱乐用品制造业	Manufacture of Culture, Education, Handicraft, Fine Arts, Sports and Entertainment Articles	250	217	130	154	154
石油加工、炼焦和核燃料加工业	Processing of Petroleum, Coking, Processing of Nuclear Fuel	116	94	93	73	73
化学原料和化学制品制造业	Manufacture of Raw Chemical Materials and Chemical Products	3432	3170	2372	2141	2121
医药制造业	Manufacture of Medicines	3848	3514	3063	2519	2490
化学纤维制造业	Manufacture of Chemical Fibers	77	74	44	43	40
橡胶和塑料制品业	Manufacture of Rubber and Plastics	1945	1831	1338	997	990
非金属矿物制品业	Manufacture of Non-metallic Mineral Products	3468	3259	2218	2050	2010
黑色金属冶炼和压延加工业	Smelting and Pressing of Ferrous Metals	1374	1301	923	945	939
有色金属冶炼和压延加工业	Smelting and Pressing of Nonferrous Metals	2537	2392	1500	1122	1110
金属制品业	Manufacture of Metal Products	2459	2364	1954	1505	1440
通用设备制造业	Manufacture of General Purpose Machinery	5049	4639	3923	3220	3137
专用设备制造业	Manufacture of Special Purpose Machinery	3601	3294	2773	2320	2210
汽车制造业	Manufacture of Motor Vehicles	22950	20247	18520	16300	15917
铁路、船舶、航空航天和其他运输设备制造业	Manufacture of Railway, Ship, Aviation and Other Transporting Equipment	8422	7409	6237	5274	5007
电气机械和器材制造业	Manufacture of Electrical Machinery and Equipment	4807	4499	3247	2378	2354
计算机、通信和其他电子设备制造业	Manufacture of Communication Equipment, Computers and Other Electronic Equipment	11009	10259	8330	7281	7190
仪器仪表制造业	Manufacture of Measuring Instruments and Machinery for Cultural Activity and Office Work	1991	1811	1402	1450	1387
其他制造业	Other Manufacture	1450	1263	1247	1406	1363
废弃资源综合利用业	Comprehensive Utilization of Waste Resources	62	57	41	38	35
金属制品、机械和设备修理业	Repair of Metal Products, Machinery and Equipment					
电力、热力、燃气及水生产和供应业	Production and Supply of Electric Power, Heat Power and Gas	571	540	199	432	325
电力、热力生产和供应业	Production and Supply of Electric Power and Heat Power	545	517	177	420	313
燃气生产和供应业	Production and Supply of Gas					
水的生产和供应业	Production and Supply of Water	26	23	22	12	12

表 18.18 大中型工业企业 R&D 活动经费支出与项目情况（2017 年）
EXPENDITURE AND PROJECTS OF SCIENTIFIC & TECHNOLOGICAL ACTIVITIES OF LARGE & MEDIUM-SIZED INDUSTRIAL ENTERPRISES (2017)

单位：万元 (10 000 yuan)

项　目	Item	R&D 项目数（项）Projects (unit)	研究与发展经费内部支出 Internal Expenses for R&D	技术改造经费支出 Expenditure for Technical Transformation	技术引进经费支出 Expenditure for Technical Recommendation	购买境内技术用款 Purchases of Civil Technology
总　计	**Total**	**6741**	**2191646**	**581954**	**335506**	**50813**
按隶属关系分	**By Relationship**					
中　央	Central	1130	618695	375498	320231	28938
地　方	Local	5611	1572951	206456	15275	21876
按登记注册类型分	**By Registration**					
内资企业	Domestic-funded	5808	1793650	236390	11339	49832
国有企业	State-owned	124	13389	1347		35
集体企业	Collective-owned	6	795			
股份合作企业	Cooperative Enterprise					
联营企业	Joint Ownership Enterprises					
有限责任公司	Limited Liability Corporations	2779	754804	116517	3865	12844
股份有限公司	Share Holding Limited Corporations	999	437617	48399	2608	30071
私营企业	Private Enterprises	1900	587045	70128	4867	6882
其他企业	Others					
港、澳、台商投资企业	Enterprises Funded by Hong Kong, Macao and Taiwan	217	117669	9818		
合资经营企业	Joint-venture Enterprises	156	89621	7311		
合作经营企业	Cooperative Enterprises					
独资经营企业	Enterprises with Sole Funded from Hong Kong, Macao and Taiwan	53	25591	2507		
投资股份有限公司	Share-holding Corporations Ltd. with Investment from Hong Kong, Macao and Taiwan	8	2458			
其他港澳台投资企业	Others					
外商投资企业	Foreign Funded Enterprises	716	280327	335745	324167	981
中外合资经营企业	Joint-venture Enterprises	421	212408	327769	324167	981
中外合作经营企业	Cooperation Enterprises	23	10117			
外资企业	Enterprises with Sole Fund	161	41056	6629		
外商投资股份有限公司	Share-holding Corporations Ltd. with Foreign Investment	110	16302	1282		
其他外商投资企业	Others	1	444	65		
按行业分	**By Sector**					
采矿业	Mining	18	6600	26427		7128
煤炭开采和洗选业	Mining and Washing of Coal	6	2252	25408		7014
石油和天然气开采业	Extraction of Petroleum and Natural Gas					
黑色金属矿采选业	Mining and Processing of Ferrous Metal Ores	11	2880			
有色金属矿采选业	Mining and Processing of Non-Ferrous Metal Ores					
非金属矿采选业	Mining and Processing of Nonmetal Ores	1	1467	1019		114
开采辅助活动	Mining Support Activities					
其他采矿业	Mining of Other Ores					

表 18.18 续表 continued

单位：万元 (10 000 yuan)

项　目	Item	R&D 项目数（项） Projects (unit)	研究与发展经费内部支出 Internal Expenses for R&D	技术改造经费支出 Expenditure for Technical Transformation	技术引进经费支出 Expenditure for Technical Recommendation	购买境内技术用款 Purchases of Civil Technology
制造业	Manufacture	6564	2173089	548122	335506	43685
农副食品加工业	Processing of Food from Agricultural Products	72	15992	3372		6
食品制造业	Manufacture of Foods	23	14696	2283		
酒、饮料和精制茶制造业	Liquor, Beverages and Refined Tea	30	6585	1485	50	100
烟草制品业	Manufacture of Tobacco	36	2146			
纺织业	Manufacture of Textile	7	2583			40
纺织服装、服饰业	Manufacture of Textile Wearing Apparel, Footwear and Caps	4	1373			
皮革、毛皮、羽毛及其制品和制鞋业	Manufacture of Leather, Fur, Feather and Related Products	13	2557			
木材加工和木、竹、藤、棕、草制品业	Processing of Timber, Manufacture of Wood, Bamboo, Rattan, Palm and Straw Products	11	1594			
家具制造业	Manufacture of Furniture	15	3361			
造纸和纸制品业	Manufacture of Paper and Paper Products	36	40845			
印刷和记录媒介复制业	Printing, Reproduction of Recording Media	36	6070	233		385
文教、工美、体育和娱乐用品制造业	Manufacture of Culture, Education, Handicraft, Fine Arts, Sports and Entertainment Articles	21	2764	332		
石油加工、炼焦和核燃料加工业	Processing of Petroleum, Coking, Processing of Nuclear Fuel	24	1622		42	
化学原料和化学制品制造业	Manufacture of Raw Chemical Materials and Chemical Products	274	71510	10135	72	1114
医药制造业	Manufacture of Medicines	647	103909	22352	2850	8816
化学纤维制造业	Manufacture of Chemical Fibers	10	5214			
橡胶和塑料制品业	Manufacture of Rubber and Plastics	75	19124	908		13
非金属矿物制品业	Manufacture of Non-metallic Mineral Products	181	46178	5632	938	981
黑色金属冶炼和压延加工业	Smelting and Pressing of Ferrous Metals	66	40680	3746		136
有色金属冶炼和压延加工业	Smelting and Pressing of Nonferrous Metals	210	72322	52113		
金属制品业	Manufacture of Metal Products	183	34085	338		
通用设备制造业	Manufacture of General Purpose Machinery	408	95975	11761	3913	
专用设备制造业	Manufacture of Special Purpose Machinery	263	49703	478	184	35
汽车制造业	Manufacture of Motor Vehicles	1856	953111	397925	320423	30313
铁路、船舶、航空航天和其他运输设备制造业	Manufacture of Railway, Ship, Aviation and Other Transporting Equipment	768	207713	8733	6837	1377
电气机械和器材制造业	Manufacture of Electrical Machinery and Equipment	216	80227	13895	50	224
计算机、通信和其他电子设备制造业	Manufacture of Communication Equipment, Computers and Other Electronic Equipment	727	223565	4005	148	46
仪器仪表制造业	Manufacture of Measuring Instruments and Machinery for Cultural Activity and Office Work	210	28834	660		100
其他制造业	Other Manufacture	142	38753	7737		
废弃资源综合利用业	Comprehensive Utilization of Waste Resources					
金属制品、机械和设备修理业	Repair of Metal Products, Machinery and Equipment					
电力、热力、燃气及水生产和供应业	Production and Supply of Electric Power, Heat Power and Gas	159	11958	7405		
电力、热力生产和供应业	Production and Supply of Electric Power and Heat Power	159	11958	7405		
燃气生产和供应业	Production and Supply of Gas					
水的生产和供应业	Production and Supply of Water					

表 18.19 规模以上工业企业 R&D 活动经费支出与项目情况(2017 年)
EXPENDITURE AND PROJECTS OF SCIENTIFIC & TECHNOLOGICAL ACTIVITIES OF INDUSTRIAL ENTERPRISES ABOVE DESIGNATED SIZE (2017)

单位:万元 (10 000 yuan)

项　目	Item	R&D 项目数（项） Projects (unit)	研究与发展经费内部支出 Internal Expenses for R&D	技术改造经费支出 Expenditure for Technical Transformation	技术引进经费支出 Expenditure for Technical Recommendation	购买境内技术用款 Purchases of Civil Technology
总　计	**Total**	**10740**	**2799986**	**628000**	**344998**	**54684**
按隶属关系分	**By Relationship**					
中　央	Central	1296	665200	377591	320388	28938
地　方	Local	9444	2134786	250409	24610	25746
按登记注册类型分	**By Registration**					
内资企业	Domestic-funded	9646	2364084	279369	11597	52336
国有企业	State-owned	142	15132	1500		35
集体企业	Collective-owned	7	949			
股份合作企业	Cooperative Enterprise	2	181			
联营企业	Joint Ownership Enterprises			68		
有限责任公司	Limited Liability Corporations	4109	973987	140816	4022	14703
股份有限公司	Share Holding Limited Corporations	1290	465279	50372	2608	30092
私营企业	Private Enterprises	4096	908156	86398	4968	7506
其他企业	Others		400	215		
港、澳、台商投资企业	Enterprises Funded by Hong Kong, Macao and Taiwan	291	136263	11467	10	7
合资经营企业	Joint-venture Enterprises	188	99033	8589		
合作经营企业	Cooperative Enterprises					
独资经营企业	Enterprises with Sole Funded from Hong Kong, Macao and Taiwan	95	34773	2877	10	7
投资股份有限公司	Share-holding Corporations Ltd. with Investment from Hong Kong, Macao and Taiwan	8	2458			
其他港澳台投资企业	Others					
外商投资企业	Foreign Funded Enterprises	803	299639	337165	333391	2341
中外合资经营企业	Joint-venture Enterprises	487	227415	327820	327301	2341
中外合作经营企业	Cooperation Enterprises	23	10117			
外资企业	Enterprises with Sole Fund	182	45362	7950	6090	
外商投资股份有限公司	Share-holding Corporations Ltd. with Foreign Investment	110	16302	1282		
其他外商投资企业	Others	1	444	112		
按行业分	**By Sector**					
采矿业	Mining	58	26962	26591		7128
煤炭开采和洗选业	Mining and Washing of Coal	6	2252	25408		7014
石油和天然气开采业	Extraction of Petroleum and Natural Gas	36	18757	164		
黑色金属矿采选业	Mining and Processing of Ferrous Metal Ores	11	2880			
有色金属矿采选业	Mining and Processing of Non-Ferrous Metal Ores					
非金属矿采选业	Mining and Processing of Nonmetal Ores	5	3073	1019		114
开采辅助活动	Mining Support Activities					
其他采矿业	Mining of Other Ores					

表 18.19 续表 continued

单位：万元 (10 000 yuan)

项　目	Item	R&D 项目数（项）Projects (unit)	研究与发展经费内部支出 Internal Expenses for R&D	技术改造经费支出 Expenditure for Technical Transformation	技术引进经费支出 Expenditure for Technical Recommendation	购买境内技术用款 Purchases of Civil Technology
制造业	Manufacture	10509	2758132	594004	344998	47556
农副食品加工业	Processing of Food from Agricultural Products	173	34935	7679		6
食品制造业	Manufacture of Foods	57	19738	5028		54
酒、饮料和精制茶制造业	Liquor, Beverages and Refined Tea	58	14094	2164	50	100
烟草制品业	Manufacture of Tobacco	36	2146			
纺织业	Manufacture of Textile	15	3887	76		40
纺织服装、服饰业	Manufacture of Textile Wearing Apparel, Footwear and Caps	6	1542	148		
皮革、毛皮、羽毛及其制品和制鞋业	Manufacture of Leather, Fur, Feather and Related Products	20	4663	6		
木材加工和木、竹、藤、棕、草制品业	Processing of Timber, Manufacture of Wood, Bamboo, Rattan, Palm and Straw Products	32	5547			
家具制造业	Manufacture of Furniture	20	3691	118		
造纸和纸制品业	Manufacture of Paper and Paper Products	78	47263	8		5
印刷和记录媒介复制业	Printing, Reproduction of Recording Media	101	16365	669		515
文教、工美、体育和娱乐用品制造业	Manufacture of Culture, Education, Handicraft, Fine Arts, Sports and Entertainment Articles	37	6168	332		
石油加工、炼焦和核燃料加工业	Processing of Petroleum, Coking, Processing of Nuclear Fuel	32	3023		42	
化学原料和化学制品制造业	Manufacture of Raw Chemical Materials and Chemical Products	503	109952	15384	75	1114
医药制造业	Manufacture of Medicines	896	131416	25305	2850	9474
化学纤维制造业	Manufacture of Chemical Fibers	10	5214			
橡胶和塑料制品业	Manufacture of Rubber and Plastics	242	44282	4285		15
非金属矿物制品业	Manufacture of Non-metallic Mineral Products	417	89448	9012	938	1234
黑色金属冶炼和压延加工业	Smelting and Pressing of Ferrous Metals	104	48123	3746		136
有色金属冶炼和压延加工业	Smelting and Pressing of Nonferrous Metals	322	93042	53235		80
金属制品业	Manufacture of Metal Products	322	57345	1560		15
通用设备制造业	Manufacture of General Purpose Machinery	755	133836	12280	3913	334
专用设备制造业	Manufacture of Special Purpose Machinery	571	102003	7302	3314	55
汽车制造业	Manufacture of Motor Vehicles	2480	1051354	404966	326531	31732
铁路、船舶、航空航天和其他运输设备制造业	Manufacture of Railway, Ship, Aviation and Other Transporting Equipment	1107	241836	9487	7003	1377
电气机械和器材制造业	Manufacture of Electrical Machinery and Equipment	546	123736	16310	135	255
计算机、通信和其他电子设备制造业	Manufacture of Communication Equipment, Computers and Other Electronic Equipment	1093	279723	5815	148	46
仪器仪表制造业	Manufacture of Measuring Instruments and Machinery for Cultural Activity and Office Work	317	41383	1158		949
其他制造业	Other Manufacture	150	40599	7933		21
废弃资源综合利用业	Comprehensive Utilization of Waste Resources	9	1779			
金属制品、机械和设备修理业	Repair of Metal Products, Machinery and Equipment					
电力、热力、燃气及水生产和供应业	Production and Supply of Electric Power, Heat Power and Gas	173	14892	7405		
电力、热力生产和供应业	Production and Supply of Electric Power and Heat Power	168	14044	7405		
燃气生产和供应业	Production and Supply of Gas					
水的生产和供应业	Production and Supply of Water	5	849			

表 18.20 大中型工业企业新产品开发情况（2017 年）
NEW PRODUCTS DEVELOPMENT OF LARGE & MEDIUM-SIZED INDUSTRIAL ENTERPRISES (2017)

单位：万元 (10 000 yuan)

项　目	Item	新产品项目数（项） Projects of New Products (unit)	新产品开发经费支出 Development Funds of New Products	新产品产值 Output Value of New Products	新产品销售收入 Sales Revenue of New Products	其　中 of which #新产品出口 Exports of New Products
总　计	**Total**	**6398**	**2447580**	**45748078**	**46393402**	**12730651**
按隶属关系分	**By Relationship**					
中　央	Central	906	774922	11537018	12715802	198631
地　方	Local	5492	1672658	34211060	33677601	12532021
按登记注册类型分	**By Registration**					
内资企业	Domestic-funded	5456	1929377	25623167	26450412	1980142
国有企业	State-owned	92	12911	228822	223860	14330
集体企业	Collective-owned	6	797	2089	2115	
股份合作企业	Cooperative Enterprise	1	388	1155	866	
联营企业	Joint Ownership Enterprises					
有限责任公司	Limited Liability Corporations	2545	772799	9779291	10204972	1250622
股份有限公司	Share Holding Limited Corporations	956	508265	6693441	7636309	324060
私营企业	Private Enterprises	1856	634218	8918369	8382290	391129
其他企业	Others					
港、澳、台商投资企业	Enterprises Funded by Hong Kong, Macao and Taiwan	217	113952	7027836	7082058	6161160
合资经营企业	Joint-venture Enterprises	145	81103	844225	817603	139330
合作经营企业	Cooperative Enterprises					
独资经营企业	Enterprises with Sole Funded from Hong Kong, Macao and Taiwan	63	30240	6102967	6183330	6020866
投资股份有限公司	Share-holding Corporations Ltd. with Investment from Hong Kong, Macao and Taiwan	9	2608	80644	81125	965
其他港澳台投资企业	Others					
外商投资企业	Foreign Funded Enterprises	725	404251	13097075	12860932	4589349
中外合资经营企业	Joint-venture Enterprises	491	336271	7729843	7535534	237716
中外合作经营企业	Cooperation Enterprises	24	13467	104410	64120	6970
外资企业	Enterprises with Sole Fund	195	49508	4697344	4699211	4329154
外商投资股份有限公司	Share-holding Corporations Ltd. with Foreign Investment	13	4118	499544	496141	6543
其他外商投资企业	Others	2	888	65935	65927	8965
按行业分	**By Sector**					
采矿业	Mining	7	2894	19738	19738	
煤炭开采和洗选业	Mining and Washing of Coal	1	53	19738	19738	
石油和天然气开采业	Extraction of Petroleum and Natural Gas					
黑色金属矿采选业	Mining and Processing of Ferrous Metal Ores	5	1373			
有色金属矿采选业	Mining and Processing of Non-Ferrous Metal Ores					
非金属矿采选业	Mining and Processing of Nonmetal Ores	1	1467			
开采辅助活动	Mining Support Activities					
其他采矿业	Mining of Other Ores					

表 18.20 续表 continued

单位：万元 (10 000 yuan)

项 目	Item	新产品项目数（项） Projects of New Products (unit)	新产品开发经费支出 Development Funds of New Products	新产品产值 Output Value of New Products	新产品销售收入 Sales Revenue of New Products	其中 of which #新产品出口 Exports of New Products
制造业	Manufacture	6348	2434765	45660919	46306243	12730651
农副食品加工业	Processing of Food from Agricultural Products	72	19720	586925	371409	8652
食品制造业	Manufacture of Foods	30	15884	91936	90278	
酒、饮料和精制茶制造业	Liquor, Beverages and Refined Tea	22	5349	84799	83641	
烟草制品业	Manufacture of Tobacco	14	3931	18439	14942	
纺织业	Manufacture of Textile	7	2454	70658	70201	60796
纺织服装、服饰业	Manufacture of Textile Wearing Apparel, Footwear and Caps	6	1920	51323	42088	
皮革、毛皮、羽毛及其制品和制鞋业	Manufacture of Leather, Fur, Feather and Related Products	13	2604	13651	10654	
木材加工和木、竹、藤、棕、草制品业	Processing of Timber, Manufacture of Wood, Bamboo, Rattan, Palm and Straw Products	11	1912	4635	4661	
家具制造业	Manufacture of Furniture	15	3686	62683	59228	
造纸和纸制品业	Manufacture of Paper and Paper Products	35	34556	307179	301970	4311
印刷和记录媒介复制业	Printing, Reproduction of Recording Media	28	6359	92879	74606	
文教、工美、体育和娱乐用品制造业	Manufacture of Culture, Education, Handicraft, Fine Arts, Sports and Entertainment Articles	19	3005	31646	30358	25752
石油加工、炼焦和核燃料加工业	Processing of Petroleum, Coking, Processing of Nuclear Fuel	12	807	117644	129882	
化学原料和化学制品制造业	Manufacture of Raw Chemical Materials and Chemical Products	158	52240	1554775	1353696	101480
医药制造业	Manufacture of Medicines	596	102946	1849273	1759611	145377
化学纤维制造业	Manufacture of Chemical Fibers	9	5339	152031	135711	9022
橡胶和塑料制品业	Manufacture of Rubber and Plastics	72	21990	316691	267721	4729
非金属矿物制品业	Manufacture of Non-metallic Mineral Products	171	45333	875124	854322	87228
黑色金属冶炼和压延加工业	Smelting and Pressing of Ferrous Metals	72	50924	714806	700759	3088
有色金属冶炼和压延加工业	Smelting and Pressing of Nonferrous Metals	203	74096	697838	706982	92783
金属制品业	Manufacture of Metal Products	190	39105	366390	368473	39616
通用设备制造业	Manufacture of General Purpose Machinery	397	101748	1140225	1105583	116847
专用设备制造业	Manufacture of Special Purpose Machinery	249	50323	282583	271732	14722
汽车制造业	Manufacture of Motor Vehicles	1876	1163456	18266866	18611524	288419
铁路、船舶、航空航天和其他运输设备制造业	Manufacture of Railway, Ship, Aviation and Other Transporting Equipment	776	232843	1965417	1848871	287511
电气机械和器材制造业	Manufacture of Electrical Machinery and Equipment	241	92363	1396504	1878117	168393
计算机、通信和其他电子设备制造业	Manufacture of Communication Equipment, Computers and Other Electronic Equipment	729	228825	13970968	14542870	11250958
仪器仪表制造业	Manufacture of Measuring Instruments and Machinery for Cultural Activity and Office Work	207	32712	330227	328714	16502
其他制造业	Other Manufacture	117	38289	246805	287640	4466
废弃资源综合利用业	Comprehensive Utilization of Waste Resources					
金属制品、机械和设备修理业	Repair of Metal Products, Machinery and Equipment	1	50			
电力、热力、燃气及水生产和供应业	Production and Supply of Electric Power, Heat Power and Gas	43	9922	67421	67421	
电力、热力生产和供应业	Production and Supply of Electric Power and Heat Power	43	9922	67421	67421	
燃气生产和供应业	Production and Supply of Gas					
水的生产和供应业	Production and Supply of Water					

表 18.21 规模以上工业企业新产品开发情况（2017 年）
NEW PRODUCTS DEVELOPMENT OF INDUSTRIAL ENTERPRISES ABOVE DESIGNATED SIZE (2017)

单位：万元 (10 000 yuan)

项　目	Item	新产品项目数（项） Projects of New Products (unit)	新产品开发经费支出 Development Funds of New Products	新产品产值 Output Value of New Products	新产品销售收入 Sales Revenue of New Products	其中 of which #新产品出口 Exports of New Products
总　计	Total	11227	3252278	52856648	53227016	13021817
按隶属关系分	By Relationship					
中　央	Central	1083	809575	12389840	13557209	198679
地　方	Local	10144	2442703	40466808	39669806	12823138
按登记注册类型分	By Registration					
内资企业	Domestic-funded	10027	2672846	32235868	32815636	2233315
国有企业	State-owned	119	15520	233947	228050	14363
集体企业	Collective-owned	6	797	2151	2177	
股份合作企业	Cooperative Enterprise	4	577	4759	4470	
联营企业	Joint Ownership Enterprises	1	52			
有限责任公司	Limited Liability Corporations	4115	1050429	12338099	12686382	1307984
股份有限公司	Share Holding Limited Corporations	1234	538147	6959658	7884031	326848
私营企业	Private Enterprises	4543	1066386	12689132	12002741	584120
其他企业	Others	5	937	8122	7785	
港、澳、台商投资企业	Enterprises Funded by Hong Kong, Macao and Taiwan	347	135423	7256847	7297362	6179575
合资经营企业	Joint-venture Enterprises	195	91457	979803	944095	150153
合作经营企业	Cooperative Enterprises					
独资经营企业	Enterprises with Sole Funded from Hong Kong, Macao and Taiwan	142	40755	6196399	6272142	6028457
投资股份有限公司	Share-holding Corporations Ltd. with Investment from Hong Kong, Macao and Taiwan	10	3211	80644	81125	965
其他港澳台投资企业	Others					
外商投资企业	Foreign Funded Enterprises	853	444009	13363933	13114017	4608927
中外合资经营企业	Joint-venture Enterprises	589	366138	7870049	7679169	242079
中外合作经营企业	Cooperation Enterprises	24	13467	104410	64120	6970
外资企业	Enterprises with Sole Fund	221	58915	4823995	4808661	4344369
外商投资股份有限公司	Share-holding Corporations Ltd. with Foreign Investment	13	4118	499544	496141	6543
其他外商投资企业	Others	6	1371	65935	65927	8965
按行业分	By Sector					
采矿业	Mining	12	5460	733105	733045	
煤炭开采和洗选业	Mining and Washing of Coal	1	53	19738	19738	
石油和天然气开采业	Extraction of Petroleum and Natural Gas			696289	696289	
黑色金属矿采选业	Mining and Processing of Ferrous Metal Ores	5	1373			
有色金属矿采选业	Mining and Processing of Non-Ferrous Metal Ores					
非金属矿采选业	Mining and Processing of Nonmetal Ores	6	4034	17078	17018	
开采辅助活动	Mining Support Activities					
其他采矿业	Mining of Other Ores					

表 18.21 续表 continued

单位：万元 (10 000 yuan)

项 目	Item	新产品项目数（项）Projects of New Products (unit)	新产品开发经费支出 Development Funds of New Products	新产品产值 Output Value of New Products	新产品销售收入 Sales Revenue of New Products	其中 of which #新产品出口 Exports of New Products
制造业	Manufacture	11159	3233498	52027906	52400337	13021817
农副食品加工业	Processing of Food from Agricultural Products	265	60356	957627	724620	11466
食品制造业	Manufacture of Foods	96	29486	246793	238390	433
酒、饮料和精制茶制造业	Liquor, Beverages and Refined Tea	56	13601	168356	164447	9862
烟草制品业	Manufacture of Tobacco	14	3931	18439	14942	
纺织业	Manufacture of Textile	25	10313	149075	144869	87796
纺织服装、服饰业	Manufacture of Textile Wearing Apparel, Footwear and Caps	11	2630	82359	62212	12597
皮革、毛皮、羽毛及其制品和制鞋业	Manufacture of Leather, Fur, Feather and Related Products	18	4056	36097	33555	
木材加工和木、竹、藤、棕、草制品业	Processing of Timber, Manufacture of Wood, Bamboo, Rattan, Palm and Straw Products	45	9215	68191	59168	
家具制造业	Manufacture of Furniture	41	7308	73424	70444	
造纸和纸制品业	Manufacture of Paper and Paper Products	73	42189	381420	372626	9754
印刷和记录媒介复制业	Printing, Reproduction of Recording Media	84	16869	215735	185083	1733
文教、工美、体育和娱乐用品制造业	Manufacture of Culture, Education, Handicraft, Fine Arts, Sports and Entertainment Articles	40	7397	60934	59096	30488
石油加工、炼焦和核燃料加工业	Processing of Petroleum, Coking, Processing of Nuclear Fuel	23	4394	142671	154992	
化学原料和化学制品制造业	Manufacture of Raw Chemical Materials and Chemical Products	417	105850	2011941	1787230	123055
医药制造业	Manufacture of Medicines	820	132600	2063857	1945826	176069
化学纤维制造业	Manufacture of Chemical Fibers	9	5339	152031	135711	9022
橡胶和塑料制品业	Manufacture of Rubber and Plastics	300	58721	687248	623610	6896
非金属矿物制品业	Manufacture of Non-metallic Mineral Products	427	96142	1342612	1295208	87228
黑色金属冶炼和压延加工业	Smelting and Pressing of Ferrous Metals	113	61705	818604	794949	3088
有色金属冶炼和压延加工业	Smelting and Pressing of Nonferrous Metals	299	96361	899473	896593	102019
金属制品业	Manufacture of Metal Products	389	71852	517640	516509	45715
通用设备制造业	Manufacture of General Purpose Machinery	761	150356	1446273	1390159	120342
专用设备制造业	Manufacture of Special Purpose Machinery	621	113781	735856	710616	26753
汽车制造业	Manufacture of Motor Vehicles	2711	1293146	19211803	19551884	295069
铁路、船舶、航空航天和其他运输设备制造业	Manufacture of Railway, Ship, Aviation and Other Transporting Equipment	1190	283731	2199283	2082176	295462
电气机械和器材制造业	Manufacture of Electrical Machinery and Equipment	634	154212	1975414	2438791	185951
计算机、通信和其他电子设备制造业	Manufacture of Communication Equipment, Computers and Other Electronic Equipment	1189	307085	14628955	15177627	11356618
仪器仪表制造业	Manufacture of Measuring Instruments and Machinery for Cultural Activity and Office Work	357	49331	461779	457728	19936
其他制造业	Other Manufacture	124	40017	271397	308797	4466
废弃资源综合利用业	Comprehensive Utilization of Waste Resources	6	1477	2621	2481	
金属制品、机械和设备修理业	Repair of Metal Products, Machinery and Equipment	1	50			
电力、热力、燃气及水生产和供应业	Production and Supply of Electric Power, Heat Power and Gas	56	13320	95637	93634	
电力、热力生产和供应业	Production and Supply of Electric Power and Heat Power	54	12628	95521	93521	
燃气生产和供应业	Production and Supply of Gas	1	342			
水的生产和供应业	Production and Supply of Water	1	351	116	112	

表 18.22 专利申请受理量及专利授权量（2016 – 2017 年）
PATENT APPLICATIONS ACCEPTED AND GRANTED (2016-2017)

单位：件 (pcs)

项　目	Item	申请受理量 Applications Accepted		专利授权量 Applications Granted	
		2016	2017	2016	2017
总　计	Total	**59518**	**64648**	**42738**	**34780**
按种类分	By Type				
发　明	Inventions	19981	19297	5044	6138
实用新型	Utility Models	32099	37525	30428	23261
外观设计	Designs	7438	7826	7266	5381
按对象分	**By Applicant**				
个　人	Individuals	10907	9338	5699	4000
大专院校	Universities and Colleges	7394	8457	3697	4474
科研单位	Research Institutions	1009	882	529	525
工矿企业	Industrial and Mineral Enterprises	38364	44266	31991	24973
机关团体	Government Agencies and Organizations	1844	1705	822	808

表 18.23 图书发行流转及销售情况（2016 – 2017 年）
STATISTICS ON PUBLICATION, CIRCULATION AND SALES OF BOOKS (2016-2017)

单位：万册、万元 (10 000 copies, 10 000 yuan)

项　目	Item	册　数 Number of Books		金　额 Value	
		2016	2017	2016	2017
购　进	**Purchases**	**30187**	**30410**	**439750**	**434805**
销　售	**Sales**	**28795**	**31189**	**432087**	**456774**
零　售	Retail	14880	15022	160783	168761
区　县	Districts and County	12633	13007	136196	146689
县以下	Below County	2247	2015	24587	22072
批　发	Wholesale	13915	14058	271304	288012
区　县	Districts and County	13915	14058	271304	288012
县以下	Below County				
库　存	**Inventory**	**12241**	**10288**	**190370**	**175367**

表 18.24 规模以上工业企业专利主要指标（2016 – 2017 年）
MAJOR INDICATORS ON THE PATENTS OF INDUSTRIAL ENTERPRISES ABOVE DESIGNATED SIZE (2016-2017)

指 标	Item	2016	2017
有专利申请的企业数（个）	Number of Enterprises with Patent Application (unit)	1066	1113
有专利授权的企业数（个）	Number of Enterprises with Patent Granted (unit)	908	978
拥有有效专利的企业数（累计值）（个）	Number of Enterprises with Valid Patent (cumulative value) (unit)	1180	1435
专利授权量（项）	Number of Patents Granted (unit)	13022	13216
专利投入（亿元）	Investment in Patent (100 million yuan)	105	125
专利许可收入（亿元）	Revenue from Patent License (100 million yuan)	89	59
专利转让收入（亿元）	Revenue from Patent Transfer (100 million yuan)	2	1
专利产品类别数量（类）	Number of Patent Categories (category)	16324	17695
专利产品产值（亿元）	Output Value of Patented Products (100 million yuan)	3168	4201
#自主研发专利产品产值	Output Value of Self-developed Patented Products	3104	4013
技术引进专利产品产值	Output Value of Imported Patented Products	64	188
#出口专利产品产值	Output Value of Exported Patented Products	200	216
专利产品销售收入（亿元）	Sales Revenue of Patented Products (100 million yuan)	3052	3888
#自主研发专利产品销售收入	Sales Revenue of Self-developed Patented Products	3001	3807
技术引进专利产品销售收入	Sales Revenue of Imported Patented Products	51	81
#出口专利产品销售收入	Sales Revenue of Exported Patented Products	172	198
被许可的有效专利量（项）	Number of Licensed Patents (unit)	4400	2811
被许可生产的专利产品产值（当年价格）（亿元）	Output Value of the Patented Products Permitted for Production (current price) (100 million yuan)	212	186
被许可生产的专利产品销售收入（亿元）	Sales Revenue of the Patented Products Permitted for Production (100 million yuan)	195	181

表 18.25 各类技术合同签定及执行情况（2017 年）
SIGNING AND IMPLEMENTATION OF TECHNICAL CONTRACTS BY TYPE (2017)

项 目	Item	合同数（项）Number of Contracts (item)	合同成交金额（万元）Value of Contracts (10 000 yuan)	其 中 of which	
				#技术交易额（万元）Technology Transaction Value (10 000 yuan)	技术交易额比重 (%) As Percentage of Contract Value (%)
总 计	**Total**	**2129**	**1216870.31**	**855049.98**	**70.27**
技术开发	Technical Development	1387	512734.17	363322.59	70.86
技术转让	Technical Transfer	386	482002.86	269642.73	55.94
技术咨询	Technical Consultation	31	8885.63	8885.63	100.00
技术服务	Technical Services	325	213247.64	213199.03	99.98

表 18.26 新闻出版机构和人员数（2016 – 2017 年）
NUMBER OF INSTITUTIONS AND PERSONS ENGAGED IN PRESS AND PUBLICATION (2016-2017)

单位：个、人 (unit, person)

指 标	Item	2016	2017
书刊出版社	**Publishing Houses**		
机构数	Institutions	3	3
从业人员	Personnel	1703	1685
书刊印刷厂	**Printing Houses**		
机构数	Institutions	86	78
从业人员	Personnel	8015	7471
国有书店	**State-owned Book Stores**		
机构数	Institutions	267	267
从业人员	Personnel	3161	3017

表 18.27 地震监测情况（1997 – 2017 年）
SITUATION OF EARTHQUAKE MONITORING (1997-2017)

单位：个 (10 000 yuan)

年 份 Year	地震台数总数 Number of Seismic Stations	其 中 of which 国家级台 Number of National Stations	省级台 Number of Provincial Stations	市、县级台 Number of Municipality/ County-level Stations	企业台 Number of Enterprise Stations	强震观测点 Number of Strong Motion Observation Spots
1997	7	1		6		
1998	7	1		6		
1999	8	1		7		
2000	8	1		7		
2001	8	1		7		
2002	8	1		7		
2003	7	1		6		
2004	7	1		6		
2005	7	1		6		
2006	7	1		6		
2007	15	1	13			1
2008	44	1	35		6	2
2009	44	1	35		6	2
2010	44	1	35		6	2
2011	44	1	35		6	2
2012	44	1	35		6	2
2013	45	1	33	4	7	34
2014	49	1	41		7	4
2015	49	1	41		7	4
2016	49	1	41		7	4
2017	49	1	41		7	4

注：2014 年的数据做了调整。
Note: The data of 2014 has been adjusted.

表 18.28 图书、杂志和报纸出版情况（2016 – 2017 年）
PUBLICATION OF BOOKS, MAGAZINES AND NEWSPAPERS (2016-2017)

指　标	Item	2016	2017
图　书	**Books Published**		
种　数（种）	Number of Publications (kind)	5685	5320
总印数（万册、万张）	Printed Copies (10 000 copies)	12749	13532
总印张数（万印张）	Printed Sheets (10 000 sheets)	887149	904517
期　刊	**Magazines Published**		
种　数（种）	Number of Publications (kind)	135	135
每期平均印数（万册）	Average Printed Copies Per Issue (10 000 copies)	217	212
总印数（万册）	Printed Copies (10 000 copies)	4853	4706
总印张数（万印张）	Printed Sheets (10 000 sheets)	28444	274827
报　纸	**Newspapers Published**		
种　数（种）	Number of Publications (kind)	27	27
每期平均印数（万份）	Average Printed Copies Per Issue (10 000 copies)	222	188
总印数（万份）	Printed Copies (10 000 copies)	44041	38600
总印张数（万印张）	Printed Sheets (10 000 sheets)	191709	145806

表 18.29 气象业务站点及观测项目情况 (1997 – 2017 年)
STATUS OF OPERATIONAL METEOROLOGICAL STATIONS AND THEIR OBSERVATION ITEMS (1997-2017)

年份 Year	地面观测业务 Surface Observation Stations	高空探测业务 Upper-air Observation Stations	自动气象站 Automatic Weather Stations	天气雷达观测业务 Weather Radar Observation Stations	大气成分观测业务 Atmospheric Composition Observation Stations	农业气象观测业务 Agro-Meteorological Observation Stations
1997	35	1		1		13
1998	35	1		1		13
1999	35	1		1		13
2000	35	1		1		13
2001	35	1		1		13
2002	35	1		1		13
2003	35	1		1		13
2004	35	1	63	1		13
2005	35	1	83	1		13
2006	35	1	109	1		13
2007	35	1	257	2		13
2008	35	1	302	3		13
2009	35	1	41	3		13
2010	35	1	41	3		13
2011	35	1	655	3		13
2012	35	1	356	4	1	13
2013	35	1	1759	3		13
2014	35	1	1924	4	1	13
2015	35	1	1924	4	7	13
2016	35	1	1924	4	7	13
2017	35	1	1924	4	7	13

单位：人 (person)

生态与农业气象试验业务 Eco- & Agro-Meteorological Observation Stations	大气本底站 Atmospheric Background Stations	闪电定位监测业务 Lightning Position Monitoring Stations	太阳辐射观测业务 Solar Radiation Observation Stations	紫外线观测业务 UV Observation	酸雨观测业务 Acid Rain Observation	臭氧观测业务 Ozone Observation	卫星云图接收业务 Satellite Cloud Images Receiving Stations
			1		4		1
			1		4		1
			1		4		1
			1		4		1
			1		4		1
			1		4		1
			1		4		1
			1	1	35		1
		5	1	1	35		1
		5	1	1	35		1
		5	1	1	35		1
		5	1	1	35		1
		5	1	1	35		1
		5	1	1	35		1
		5	1	1	35		1
1		5	1	1	35		1
		5	1	1	35		1
		5	1	1	35		1
		5	14	7	35		1
		5	14	7	35		1
1		5	14	7	35		1

表 18.30 出入境货物检验检疫情况 (2000 － 2017 年)
GENERAL STATISTICS ON ENTRY-EXIT INSPECTION AND QUARANTINE OF FREIGHT BY REGION (2000-2017)

年份 Year	总计 Total				工业品检验检疫 Commodity				动物及动物产品检验检疫	
	批次（批） Number of Batch(batch-time)	其中 of which #不合格 Disqualification	货值（万美元） Value (10 000USD)	其中 of which #不合格 Disqualification	批次（批） Number of Batch(batch-time)	其中 of which #不合格 Disqualification	货值（万美元） Value (10 000USD)	其中 of which #不合格 Disqualification	批次（批） Number of Batch(batch-time)	其中 of which #不合格 Disqualification
2000	2987		26596.0		2133		24127.0		236	
2001	9938	5	70661.0	5.0	6408	1	61387.0	2.0	688	
2002	15677	2	74226.0	2.0	11034	1	62681.0	1.0	915	
2003	23890	7	97518.0	3.0	18885	4	84619.0	2.0	794	
2004	31962	17	173805.6	42.8	26860	14	157978.9	42.1	904	
2005	37696	58	208881.3	614.0	32482	57	191906.9	613.6	1055	
2006	36237	97	235993.8	1225.1	31028	97	219022.0	1225.1	1071	
2007	41441	92	318190.5	1317.7	36342	90	299003.2	1311.2	1041	
2008	44031	49	402115.6	806.9	38708	46	375530.7	797.3	902	
2009	34464	88	247022.3	506.2	28888	85	220520.3	496.6	1157	
2010	46618	52	412828.8	362.3	40834	49	376319.9	346.6	1246	
2011	53130	115	540133.8	4332.4	47308	97	498822.5	4130.7	1075	12
2012	66845	227	734526.5	4301.3	60513	190	692038.0	4126.3	1196	22
2013	65084	848	709122.5	11461.4	58479	709	671148.4	10887.3	1137	13
2014	31549	1383	358714.0	13929.3	25022	1048	318699.0	12027.2	928	42
2015	24366	1856	247926.2	20146.4	17661	1542	202806.7	17680.5	936	8
2016	21089	1352	207354.3	13152.0	14561	1101	165721.7	12028.7	977	4
2017	40767	1222	369373.9	8558.8	28276	946	313302.8	7832.5	1147	10

Animal and Its Products		植物及植物产品检验检疫		Plant and Its Products		食品及化妆品检验检疫		Food and Cosmetics	
货值（万美元）	其中 of which	批次（批）	其中 of which	货值（万美元）	其中 of which	批次（批）	其中 of which	货值（万美元）	其中 of which
Value (10 000USD)	#不合格 Disqualification	Number of Batch(batch-time)	#不合格 Disqualification	Value (10 000USD)	#不合格 Disqualification	Number of Batch(batch-time)	#不合格 Disqualification	Value (10 000USD)	#不合格 Disqualification
1139.0		109		350.0		509		980.0	
2997.0		433		2084.0		2409	4	4193.0	3.0
5186.0		430		1314.0		3298	1	5045.0	1.0
5513.0		497		2068.0		3714	3	5318.0	1.0
7510.4		465		2365.5		3733	3	5950.8	0.7
8372.4		514		2521.2		3645	1	6080.8	0.4
7480.2		485		3099.8		3653		6391.8	
7929.4		538		4442.6		3520	2	6815.3	6.5
10265.2		495		5720.1		3926	3	10599.6	9.6
9369.0		499	1	5336.1	4.7	3920	2	11796.9	4.9
9934.1		732	2	12007.2	15.1	3806	1	14567.6	0.6
10502.4	187.0	771	2	13470.5	10.8	3976	4	17338.4	3.9
10636.7	166.8	754		14011.2		4382	15	17840.6	8.2
8801.1	200.9	899	57	11792.7	160.2	4528	65	16944.8	212.9
7462.3	424.3	1855	143	18558.8	997.6	3683	148	13139.3	462.9
6482.6	12.7	2190	114	23088.2	1764.3	3444	192	14446.5	689.0
6312.1	7.3	1994	32	16054.7	373.1	3506	213	18433.2	722.8
4818.6	43.8	6483	63	20757.9	35.6	4347	192	26595.9	608.0

表 18.31 文化机构和人员数（2016 – 2017 年）
NUMBER AND PERSONNEL IN CULTURE AND CULTURAL RELICS INSTITUTIONS (2016-2017)

项 目	Item	2016	2017
机构数（个）	**Number of Institutions(unit)**	**7927**	**8641**
文化合计	**Cultural**	**7810**	**8501**
艺术表演团体	Art Performance Troups	770	1283
艺术表演场所	Art Performance Places	22	24
#剧场、影剧院	Theaters, Music Halls and Cinemas	14	16
公共图书馆	Public Libraries	43	43
文化馆	Cultural Centers	41	41
文化站	Cultural Stations	1021	1025
艺术展览创作机构	Art Exhibition and Creative Institutions	9	9
艺术教育业	Culture and Education	2	2
文化科研机构	Art Research Institutions	1	1
文化市场经营机构	Institutions of Bussiness of Culture	5824	5994
文化行政主管部门	Administrative Department of Culture	40	40
其他文化机构	Other Cultural Institutions	37	39
文物合计	**Cultural Relics**	**117**	**140**
博物馆	Museums	82	94
文物保护管理机构	Agencies of Cultural Relics Preservation	29	39
文物科研机构	Scientific and Research Agencies	1	1
文物商店	Cultural Relics Shops	2	2
其他文物机构	Other Cultural Relics Agencies	3	4
从业人员数	**Number of Employed Persons (person)**	**59236**	**65178**
文化合计	**Cultural**	**56555**	**62076**
艺术表演团体	Art Performance Troups	10015	15300
艺术表演场所	Art Performance Places	451	325
#剧场、影剧院	Theaters, Music Halls and Cinemas	125	83
公共图书馆	Public Libraries	920	964
文化馆	Cultural Centers	939	1000
文化站	Cultural Stations	4428	4564
艺术展览创作机构	Art Exhibition and Creative Institutions	100	103
艺术教育业	Culture and Education	416	537
文化科研机构	Art Research Institutions	36	38
文化市场经营机构	Institutions of Bussiness of Culture	37491	37249
文化行政主管部门	Administrative Department of Culture	1022	1055
其他文化机构	Other Cultural Institutions	737	941
文物合计	**Cultural Relics**	**2681**	**3102**
博物馆	Museums	2232	2652
文物保护管理机构	Agencies of Cultural Relics Preservation	235	238
文物科研机构	Scientific and Research Agencies	157	150
文物商店	Cultural Relics Shops	18	18
其他文物机构	Other Cultural Relics Agencies	39	44

表 18.32 公共图书馆情况（2016 – 2017 年）
BASIC STATISTICS ON PUBLIC LIBRARIES (2016-2017)

项 目	Item	总 计 Total		其 中 of which #市 级 At Municipal Level	
		2016	2017	2016	2017
总藏量（万册、件）	Total Collections (10 000 volumes)	1441.83	1671.79	434.49	454.04
书架总长度（万米）	Total Monolayer Length of Bookshelves (10 000 meters)	31.07	32.85	4.43	4.43
有效借书证数（万个）	Number of Valid Library Cards (10 000 units)	72.90	156.77	31.25	35.35
图书流通情况	Circulation of Books				
总流通人次（万人次）	Total Number of Circulation (10 000 person-times)	1308.50	1524.03	345.12	318.72
书刊外借册次（万册次）	Number of Books Borrowed by Readers (10 000 volume-times)"	1026.17	1222.65	153.02	145.41
总支出（万元）	Total Expenditure (10 000 yuan)	27796.30	31117.70	9487.90	10855.50
#新增藏量购置费	Purchase Expenses	2861.10	2445.60	710.80	489.10
新增数字资源购置费（万元）	Purchase Expenses about Digital Resource (10 000 yuan)	1097.00	1708.80	461.60	1239.40
本年新增藏量（万册）	Number of Books Purchased During Current Year (10 000 volumes)	152.51	202.76	18.75	19.55
本年新增电子图书（万册）	Number of E-Books Purchased During Current Year (10 000 volumes)	178.53	289.55	34.51	38.07
实际使用房屋建筑面积（万平方米）	Floor Space of Public Buildings actually used (10 000 sq.m)	30.97	34.01	5.62	5.62
#书 库	Stack Rooms	6.04	6.52	1.07	1.07
阅览室座席（个）	Seating Capacity of Reading Rooms (seat)	24575	27622	2379	2379
#少儿坐席	Child Seats	6203	6280	611	611

表 18.33 文物业情况（2017 年）
STATISTICS ON CULTURAL RELICS (2017)

项 目	Item	文物业 Cultural Relics	其 中 of which #博物馆 Museums	#文物保护管理机构 Protection and Management Agencies
藏 品（件）	Number of Collections(pcs)	643174	560457	30296
#一级品	Grade One	1143	1133	10
经费支出（万元）	Total Expenditure(10 000 yuan)	93322.30	75859.90	8247.30

表 18.34 群众艺术馆和文化馆(站)情况(2017 年)
MASS ART CENTERS AND CULTURAL CENTERS (2017)

项　目	Item	合　计 Total	其　中 of which		
			群众艺术馆 Mass Art Centers	文化馆 Cultural Centers	文化站 Cultural Stations
单位数(个)	Number of Units (unit)	1066	1	40	1025
举办展览个数(个)	Conducting Exhibitions (unit)	6277	15	620	5642
组织文艺活动次数(次)	Art Performances (time)	29578	75	4516	24987
举办培训班班次(次)	Training Courses (time)	20528	164	5066	15298

表 18.35 艺术表演团体演出情况(2017 年)
BASIC STATISTICS ON ART PERFORMANCE TROUPES (2017)

项　目	Item	国内演出场数(万场) Number of Performances in China (10 000show)	国内演出观众人数(万人次) Number of Spectators of the Performances in China (10 000 person-times)
总　计	**Total**	**15.15**	**3371.00**
按登记注册类型分	**By Registration**		
国　有	State-owned	0.25	196.55
集　体	Collective-owned		
其　他	Others	14.89	3174.45
按剧种分	**By Art Troupes**		
话剧、儿童剧、滑稽剧团	Drama, Plays for Children and Comedy Troupes	1.10	161.34
歌舞、音乐类	Song and Dance Troupes, Musicals	2.72	942.56
京剧、昆曲类	Peking Opera and Kunqu Opera	0.02	12.51
#京　剧	Peking Opera Troupes	0.02	12.51
地方戏曲类	Local Opera Troupes	0.12	40.53
杂技、魔术、马戏类	Acrobatics, Performing Magic and Circus Troupes	0.04	17.82
曲艺类	Folk Arts	1.14	75.12
综合性艺术表演团体	Comprehensive Art Performance	10.02	2121.12

注：2014 年的数据做了调整。
Note: The data of 2014 has been adjusted.

表 18.36 广播电台、电视台情况（2016 – 2017 年）
STATISTICS ON RADIO AND TV STATIONS (2016-2017)

项 目	Item	2016	2017
广播电台情况	**Statistics on Radio Stations**		
公共广播节目套数（套）	Number of Programs (set)	34	35
广播节目综合人口覆盖率（%）	Radio Coverage of Population (%)	98.86	98.96
中短波转播发射台（座）	Transmission and Relaying Stations of Medium and Short Wave Broadcast(unit)	5	5
中短波广播发射功率（千瓦）	Power of Transmitters of Medium and Short Wave Broadcast (kw)"	120	120
调频转播发射台（座）	Number of Transmission and Relaying Stations of Frequency Modulation Broadcast (unit)	63	65
调频发射功率（千瓦）	Power of Transmitters of Frequency Modulation Broadcast (kw)	174.16	177.21
全年公共广播节目播出时间（小时）	Public Programs Broadcasting Hours of the Year (hour)	179331	177196
#新闻资讯	News Programs	42208	40784
专题服务	Special Subject Programs	49736	48620
综 艺	General Entertainment Programs	26618	30385
广播剧	TV Play Programs	17740	15288
广 告	Advertising Programs	11358	16226
电视台情况	**Statistics on TV Stations**		
公共电视节目套数（套）	Number of Programs (unit)	46	46
电视节目综合人口覆盖率 (%)	TV Coverage of Population (%)	99.19	99.22
电视发射功率（千瓦）	Power of Television Transmitters (kw)	134.27	145.06
全年公共电视节目播出时间（小时）	Public Programs Broadcasting Hours of the Year (hour)	297161	303614
#新闻资讯	News Programs	34291	32578
专题服务	Special Subject Programs	69528	72517
综艺益智	General Entertainment Programs	19865	21482
影视剧	TV Play Programs	108010	105235
广 告	Advertising Programs	25497	29366

表 18.37 产品质量监督抽查情况（2017 年）
RESULTS OF SAMPLING CHECK UNDER SUPERVISION ON THE QUALITY OF PRODUCTS (2017)

产品名称	Name of Product	监督企业数（个）Number of Enterprises Supervised & Checked (unit)	检验批次（批次）Number of Batches Checked (batch-time)	合格批次（批次）Number of Conforming Batches (batch-time)	批次合格率（%）Rate of Conforming Batches (%)
总　计	**Total**	**6559**	**16217**	**14993**	**92.5**
包装产品（不含食品包装物、危化品包装物）	Packaging Prducts(Excluding Food and Hazardous Chemicals Packaging Materials)	138	295	265	89.8
包装桶（袋）	Packaging Barrels and Bags	32	65	65	100.0
电工器材及电力设备	Electrician Apparatus and Electric Equipment	203	486	465	95.7
电缆电线	Cables and Wires	62	175	166	94.9
电信终端设备	Telecommunication Terminal Equipment	5	11	10	90.9
电学计量器具	Electrical Measuring Instruments	19	23	23	100.0
发动机	Engines	37	39	39	100.0
纺织品	Textile Products	277	555	477	85.9
肥　料	Chemical Fertilizers	34	42	40	95.2
服　装	Garments	145	333	303	91.0
工业用玻璃制品	Glass Products for Industrial Use	108	347	325	93.7
工业用塑料制品	Plastic Products for Industrial Use	6	11	11	100.0
工业用化工产品	Chemical Products for Industrial Use	15	17	17	100.0
机动车灯具	Luminaire of Automobiles	32	172	172	100.0
机械电子产品	Machinery and Electronic Products	46	68	67	98.5
家　具	Furniture	415	918	611	66.6
家用和类似用途电器	Electrical Appliances for Household and Similar Use	36	106	105	99.1
家用纸制品	Paper Products for Household Use	98	181	178	98.3
建筑保温材料	Building Thermal Insulation Materials	45	85	68	80.0
建筑防水材料	Water-proof Building Material	12	18	18	100.0
建筑钢材	Structural Steel	49	103	98	95.1
建筑门窗	Building Doors and Windows	279	572	544	95.1
胶粘剂	Adhesive	16	33	32	97.0
力学计量器具	Mechanics Metering Devices	18	26	26	100.0
铝合金建筑型材	Aluminum Alloy Building Profile	9	15	15	100.0
其他建筑装修材料	Other Building and Decoration Materials	326	627	592	94.4
摩托车	Motorcycles	30	46	38	82.6
能源产品	Energy Products	213	372	355	95.4
农　药	Pesticides	12	19	17	89.5
农业机械	Agricultural Machinery	98	274	240	87.6
农用薄膜	Film for Agricultural Use	1	2	2	100.0
其他农业生产资料	Other Agriculture Means of Production	13	18	18	100.0
皮革制品	Leather Products	43	105	68	64.8
其他危化品	Other Dangerous Chemicals	28	29	28	96.6
其它电子信息类产品	Other Electronic Information Products	1	2	2	100.0
其它工业生产资料	Other Industrial Means of Production	109	343	321	93.6
其它日用消费品	Other Products for Daily Use	254	476	430	90.3
汽　车	Automobiles	22	23	23	100.0

表 18.37 续表 continued

产品名称	Name of Product	监督企业数（个） Number of Enterprises Supervised & Checked (unit)	检验批次（批次） Number of Batches Checked (batch-time)	合格批次（批次） Number of Conforming Batches (batch-time)	批次合格率（%） Rate of Conforming Batches (%)
汽车、摩托车的其他零部件和附件（摩托车发动机、汽车安全带、机动车后视镜、机动车用喇叭、汽车门锁及汽车门铰链、机动车燃油箱、汽车座椅及座椅头枕、机动车回复反射器等）	Other Components and Fittings of Automobiles and Motorcycles (Motorcycle Engines, Automobile Safety Belt, Rearview Mirror, Horn, Door Lock and Hinge, Petroleum Tank, Seat and Headrest and Reflectors)"	133	358	351	98.0
汽车、摩托车轮胎	Tires of Automobiles and Motorcycles	6	10	10	100.0
汽车及摩托车低压线及线束	Low-tension Wire and Wire Harness of Automobiles and Motorcycles	9	22	22	100.0
汽车摩托车点火线圈	Ignition Coil of Automobiles and Motorcycles	9	9	9	100.0
汽车摩托车液压制动软管总成	Hydropower Braking Hose Assembly of Automobiles and Motorcycles	4	5	5	100.0
汽车摩托车用制动器衬片	Brake Linings of Automobiles and Motorcycles	6	9	9	100.0
汽车内饰件	Interior Decoration of Automobiles	41	142	133	93.7
墙体材料	Wall Materials	648	1180	1093	92.6
燃气用具	Gas Appliances	46	138	102	73.9
人造板	Artificial Slabs	42	81	78	96.3
日用电器	Electrical Appliances for Daily Use	7	20	20	100.0
日用化工品	Chemical Products for Daily Use	24	47	46	97.9
食品包装容器工具	Food Packaging, Containers and Tools	205	421	389	92.4
水　泥	Cement	46	55	55	100.0
水泥制品、混凝土制品	Cement and Concrete Products	227	365	311	85.2
塑料管材及管件	Plastic Pipes and Fittings	53	126	116	92.1
塑料型材	Plastic Profile	12	29	28	96.6
条码印刷产品	Barcode Printing Products	272	562	545	97.0
通用电器产品	General Electrical Appliances	24	40	40	100.0
通用设备	General Equipment	72	89	86	96.6
音频设备	Audio Equipment	2	3	3	100.0
安全防范产品	Security and Protection Products	2	3	3	100.0
消防器材（消火栓）	Fire-fighting Apparatus (Fire Hydrant)	499	1707	1676	98.2
鞋　类	Footwear	420	1158	1055	91.1
信息技术设备	IT Equipment	12	36	36	100.0
眼　镜	Glasses	898	1702	1661	97.6
冶金产品	Metallurgic Products	17	41	41	100.0
油漆涂料	Paint	273	820	789	96.2
长度计量器具	Length Measuring Instruments	4	7	7	100.0

重/庆/统/计/年/鉴

主要统计指标解释

普通高等学校

指按照国家规定的设置标准和审批程序批准举办的，通过全国普通高等学校统一招生考试，招收高中毕业生为主要培养对象，实施高等教育的全日制大学、独立设置的学院和高等专科学校、高等职业学校和其他机构。

大学、独立设置的学院主要实施本科层次以上教育，高等专科学校、高等职业学校实施专科层次教育，其他机构是承担国家普通招生计划任务不计校数的机构。包括普通高等学校分校和批准筹建的普通高等学校等。

成人高等学校

指按照国家规定的设置标准和审批程序批准举办的，通过全国成人高等学校统一招生考试，招收具有高中毕业或同等学历的在职从业人员为主要培养对象，利用函授、业余、脱产等多种形式对其实施高等学历教育的学校。包括职工高等学校、农民高等学校、管理干部学院、教育学院、独立函授学院、广播电视大学、其他机构等。其他机构是承担国家成人招生计划任务不计校数的机构。

小学学龄儿童入学率

指调查范围内已入小学学习的学龄儿童占校内外学龄儿童总数（包括弱智儿童在内，但不包括盲聋哑儿童）的比重。计算公式：

小学学龄儿童入学率＝已入学的小学学龄儿童数/校内外小学学龄儿童总数 ×100%

专利

是专利权的简称，是对发明人的发明创造经审查合格后，由专利局依据专利法授予发明人和设计人对该项发明创造享有的专有权。包括发明、实用新型和外观设计。反映拥有自主知识产权的科技和设计成果情况。

有专利申请的企业

指在报告年内向国家知识产权局或中国以外的国家知识产权局（地区专利组织）提交专利申请，并收到《专利申请受理通知书》和缴纳相关费用的工业企业。

有专利授权的企业

指报告年内获得国家知识产权局或中国以外的国家知识产权局（地区专利组织）《专利授权通知书》并缴纳相关费用的工业企业。

拥有有效专利的企业（累计值）

指截至报告年末，有专利权处于维持状态的工业企业。

专利产品产值（当年价格）

工业企业在报告年度内生产的以货币形式表现的工业最终专利产品的总价值量。专利产品产值计算参照国家关于“工业总产值”的计算方法。

专利产品销售收入

工业企业在报告期内销售专利产品的货币收入总额。

发明

指对产品、方法或其改进所提出的新的技术方案。是国际通行的反映拥有自主知识产权技术的核心指标。

实用新型

指对产品的形状、构造或者其结合所提出的适于实用的新的技术方案。反映具有一定技术含量的技术成果情况。

外观设计

指对产品的形状、图案、色彩或者其结合所做出的富有美感并适于工业上应用的新设计。反映拥有自主知识产权的外观设计成果情况。

主要统计指标解释

驰名商标

是指在市场上享有较高声誉并为相关公众所熟知的注册商标，也是一种法律保护手段。

著名商标

著名商标的知名度介于驰名商标和普通商标之间的商标群落，是驰名商标坚实的后备力量。

文化事业机构

指从事专业文化工作和为专业文化工作服务的独立建制的单位。不包括这些单位另外举办独立核算的其他机构和各部门的业余文化组织。

艺术表演团体

指从事戏曲、音乐、舞蹈、杂技等专业艺术表演，有独立帐户。不包括半工半艺、半农半艺和民间职业剧团。

艺术表演观众人数

指售票、包场演出或民族地区免费演出的艺术表演观众人次数，不包括彩排审查和内部观摩演出的观看人次数。

Explanatory Notes on Main Statistical Indicators

Regular Institutions of Higher Education

Refer to educational establishments set up according to the government evaluation and approval procedures, enrolling graduates from senior secondary schools and providing higher education courses and training for senior professionals. They include full-time universities, colleges, high professional schools, high professional vocational schools and others.

Universities and colleges are mainly providing undergraduate courses; those high professional schools and high professional vocational schools are mainly providing professional trainings; and others refer to educational establishments, which are responsible for enrolling students but not covered in the total number of schools, including: branch schools of universities and colleges, and universities and colleges that have been proved and prepared to construct.

Institutions of Higher Learning for Adults

Refer to educational establishments, set up in line with relevant rules approved by the government, enrolling staff and workers with senior secondary school or equivalent education, and providing higher education courses in many forms of correspondence, spare time, or full time for adults. Professionals thus trained receive a qualification equivalent to graduates studying regular courses at regular universities, colleges and professional colleges. Institutions of higher learning for adults include schools of high education for staff and workers, schools of high education for peasants, colleges for management cadres, pedagogical colleges, independent correspondence colleges, Radio and TV universities and other educational establishments. Other educational establishments are responsible for enrolling adult students but not covered in the number of schools.

Enrollment Rate of Primary School-aged Children

Refers to the proportion of school-aged children enrolled at schools to the total number of school-age children both in and outside schools (including retarded children, but excluding blind, deaf and mute children). The formula is:

Enrollment Rate of Primary School-aged Children =Total Primary School-aged Children at Schools/Total Primary School-age Children Both at and Outside Schools×100%

Patent

Is an abbreviation for the patent right and refers to the exclusive right of ownership by the inventors or designers for the creation or inventions, given from the patent offices after due process of assessment and approval in accordance with the Patent Law. Patents are granted for inventions, utility models and designs. This indicator reflects the achievements of S&T and design with independent intellectual property.

Enterprise with Patent Application

Refers to the industrial enterprise which has submitted patent application to the State Intellectual Property Office or the national intellectual property administration outside China (regional patent organization), received the "Notification of Patent Application Acceptance" and paid off the related fees within the year of report.

Enterprise with Patent Granted

Refers to the industrial enterprise which has received the "Notification of Patent Granted" from the State Intellectual Property Office or the national intellectual property administration outside China (regional patent organization) and paid off the related fees within the year of report.

Enterprise with Valid Patents (Cumulative Value)

Refers to the industrial enterprise with patents in the status of maintenance by the end of the year of report.

Output Value of Patented Products (Current Price)

Refers to the total value of the final patented industrial products produced by the industrial enterprises in the year of

EXPLANATORY NOTES TO MAJOR STATISTICAL INDICATORS

report in the form of currency. Refer to the calculation method of "gross industrial output value" stipulated by the state for the calculation of the output value of patented products

Sales Revenue of Patented Products

Refers to the total revenue of currency from the sales of the patented products by the industrial enterprises within the year of report.

Inventions

Refer to the new technical proposals to the products or methods or their modifications. This is universal core indicator reflecting the technologies with independent intellectual property.

Utility Models

Refer to the practical and new technical proposals on the shape and structure of the product or the combination of both. This indicator reflects the condition of technological results with certain technical content.

Designs

Refer to the aesthetics and industrially applicable new designs for the shape, pattern and color of the product, or their combinations. This indicator reflects the appearance design achievements with independent intellectual property.

Famous Trade Marks

Refer to trade marks publicly known with higher honors. It is also a legal protection.

Well-known Trade Marks

Their fames are between famous trade marks and ordinary trade marks. And they are tough reserve force of famous trade marks.

Cultural Institutions

Refer to units which have their own organizational system and independent accounting system and specialize in or serve cultural development. They exclude other establishments run by these cultural institutions and amateur cultural groups established by various departments.

Art Troupe

Refers to the troupe who is engaged in drama, opera, music, dance, acrobatics or other art performance, opens independent accounts with banks and has self-supporting accounting system; excluding the troupes who are engaged partly in industrial or agricultural activities, partly in art performance and the professional troupes organized by the people.

Number of Spectators at Art Performance

Refers to the number of attendants at commercial shows, completely booked shows of free shows given in minority national areas, and does not include the number of spectators at rehearsals for examination and internal shows for study.

第 19 章

卫生、体育和其他社会活动

PUBLIC HEALTH, SPORTS AND OTHER SOCIAL ACTIVITIES

简要说明 综述
BRIEF INTRODUCTION

本章资料主要包括卫生事业、体育事业、民政事业、劳动和社会保障事业、公检法司情况、安全生产情况、火灾事故和道路交通事故等内容，由市统计局社会科技统计处根据有关部门资料整理提供。

卫生资料来自市卫生和计划生育委员会，体育资料来源于市体育局，民政和劳动社会保障有关资料分别由市民政局、市人力资源和社会保障局提供，公检法司资料分别由市公安局、市人民检察院、市高级人民法院和市司法局提供，安全生产情况来自于市安全生产监督管理局，火灾事故和道路交通事故分别由市消防总队和市公安交通管理局提供。

The data in this chapter mainly cover public health, sports, civil affairs, labor & social securities, public security, procuratorial, legal & judicial affairs, work safety, and fires & highway traffic accidents. The data are sorted and compiled by Division of Social and Technology Statistics, Chongqing Municipal Bureau of Statistics on the basis of the data provided by other related departments.

The data on public health are provided by Chongqing Health and family planning commission; the data on sports are provided by Chongqing Administration of Sports; the data on civil affairs and labor & social securities are provided by Chongqing Civil Affairs Bureau and Chongqing Administration of Labor and Social Security; the data on public security, procuratorial and legal affairs are provided by Chongqing Public Security Bureau, Chongqing People's Procuratorate, Higher People's Court and Chongqing Justice Bureau; the data on work safety are provided by Chongqing Administration of Work Safety; and the data on fires & highway traffic accidents are provided by Chongqing Fire Brigade and Chongqing Bureau of Traffic Administration.

表 19.1 主要年份卫生事业情况
STATISTICS ON PUBLIC HEALTH CARE IN MAJOR YEARS

年 份 Year	机构数（个） Number of Institutions (unit)	其 中 of which #医院、卫生院 Hospitals and Health Centers	床位数（张） Number of Beds in Health Care Institutions(bed)	卫生技术人员（人） Medical Technical Personnel (person)	其 中 of which #执业（助理）医师 Licensed (Assistant) Doctors	#注册护士 Registered Nurses
1952	742		5031	19807		
1957	2185		10255	30290		
1962	3591		22971	35681		
1965	3938		20314	36762	10234	
1970	3579	2183	25038	39813	10475	
1975	4221	2286	37300	51536	12442	
1978	4789	2294	48948	59934	12870	
1980	4686	2316	51194	65441	12806	
1985	4796	2170	54054	76486	12577	11724
1986	5095	2140	54801	77437	12895	11921
1987	5136	2136	57178	78382	13201	12156
1988	5148	2151	59514	80153	21004	13688
1989	5229	2152	61912	81219	27789	16027
1990	5248	2154	62568	82690	28824	16929
1991	5326	2153	64057	83973	28652	17163
1992	5328	2160	64978	85204	28643	17557
1993	4807	2114	65859	84125	29516	17714
1994	4795	2590	66891	85586	30915	18298
1995	4801	2505	67243	86041	31169	18692
1996	4777	2567	66339	87542	30733	19289
1997	4743	2553	69591	88423	43178	19593
1998	4643	2438	65934	83696	43423	19804
1999	4552	2351	66003	88569	44453	20263
2000	4382	2250	65666	88619	44940	20773
2001	4151	2020	64981	86430	44666	20533
2002	2725	1717	61875	79850	37873	20729
2003	2705	1682	63287	78628	37122	20629
2004	2539	1574	63899	77516	36603	20249
2005	2447	1463	64674	78780	37321	20842
2006	2478	1450	68298	79805	37511	21269
2007	2410	1447	74785	83736	38739	23972
2008	2258	1396	81950	88746	39417	26799
2009	2425	1404	92689	97199	41943	31756
2010	17495	1449	103624	111079	47969	37611
2011	17660	1407	115627	120169	49585	42767
2012	17961	1405	130813	131658	51990	49823
2013	18923	1502	147436	142218	55221	55417
2014	18766	1510	160446	154091	58007	62662
2015	19805	1568	176674	166812	61013	69996
2016	19933	1606	190850	179346	64700	77463
2017	19615	1640	206080	191254	68419	84768

注：1) 2002 年起卫生统计制度变更，其指标名称和统计口径变化，与往年不可比：从 2002 年起卫生机构、床位、卫生技术人员统计范围均不含“医学院校”、“卫生学校”和“计生站”。卫生技术人员中，2002 年前为医生和护师（士），2002 年后改为执业（助理）医师和注册护士（表 18-1 至 18-5 同）。

2) 2011 年卫生统计口径变化，与往年不可比：从 2010 年起卫生机构、卫生技术人员、执业（助理医师）、注册护士统计范围均含“村卫生室”和“个体办诊所”。

Note: a) Due to the changes of health care statistic system since 2002, the indicators and statistic scopes were changed, not comparable with the previous years: since 2002, the scope of the number of health care institutions, the number of beds and the number of medial technical personnel has not included the data of “medical universities”, “health schools” and “family plan service stations”. The indicators of “doctor” and “nurse” before 2002 have been replaced by “licensed (assistant) doctors” and “registered nurses” since 2002 (the same applies to the tables from 18-1 to 18-5).

b) Due to the change of statistic scope, the date are not comparable with the previous years. The data of "village health station" and "individual-run clinics" are included in the data of health institutions, medical technical personnel, licensed (assistant) doctors and registered nurses since 2010.

表 19.2 卫生事业情况（2016 – 2017 年）
STATISTICS ON PUBLIC HEALTH CARE (2016-2017)

指　标	Item	2016	2017
执业（助理）医师数（人）	Number of Licensed (Assistant) Doctors (person)	64700	68419
医院床位数（张）	Number of Beds in Hospitals (bed)	136245	150280
孕产妇死亡率（1/10 万）	Mortality Rate of Pregnant Women (per 100 000 persons)	13.10	14.97
新生儿死亡率（‰）	Mortality Rate of New Infants (‰)	2.71	2.49
甲乙类传染病发病率（1/10 万）	Incidence Disease Rate of Class A and B Infections Diseases (per 100 000 persons)	263.6	283.73
农村自来水普及率（%）	Rate of Access to Tap Water in Rural Area (%)	75.0	79.3

注：农村自来水普及率来自于市水利局，与往年不可比。
Note: The popularization rate of rural tap water comes from the Water Conservancy Bureau of the city, which is comparable with that of previous years.

表 19.3 医院、卫生院、社区诊疗情况（2017 年）
STATISTICS ON VISITS AND INPATIENTS IN HOSPITALS, HEALTH STATIONS AND COMMUNITY HEALTH CENTERS (2017)

机构类别	Type of Institution	诊疗人次（万人次） Number of Visits (10 000 person -times)	其中 of which #门诊急诊 Outpatients and Emergency Treatment	健康检查人数（万人） Medical Examination (10 000 patients)	住院人数（万人） Number of Inpatients (10 000 patients)	每百门急诊次的入院人数（人） Number of Inpatients per 100 Visits (person)
医　院	**Hospitals**	**6811.03**	**6633.32**	**403.01**	**461.15**	**6.98**
#综合医院	General Hospitals	4698.68	4550.65	323.33	334.88	7.39
中医医院	Hospitals Specialized in Traditional Chinese Medicine	1212.76	1197.20	60.42	74.89	6.28
中西医结合医院	Hospitals of Integrated Traditional Chinese with Western Medicine	99.91	94.16	8.28	12.10	12.94
口腔医院	Stomatological Hospitals	124.58	124.30	1.34	0.41	0.33
肿瘤医院	Cancer Hospitals	33.80	33.80	2.17	4.37	12.95
妇产（科）医院	OB/GYN Hospitals	40.75	40.13	0.28	3.08	7.75
儿科医院	Children's Hospital	303.11	303.11	0.38	8.35	2.76
精神病院	Mental Hospitals	113.02	110.16	1.19	5.48	4.82
传染病院	Hospitals for Infectious Diseases	15.27	15.27	1.21	1.24	8.22
社区卫生服务中心（站）	**Community Health Service Center (Station)**	**807.33**	**773.08**	**76.71**	**28.53**	**3.70**
卫生院	**Health Centers**	**2099.52**	**2010.14**	**188.04**	**171.37**	**8.57**
#乡镇卫生院	Township Health Centers	2037.36	1949.07	182.89	167.62	8.65

表 19.4 卫生机构、床位、人员数（2017 年）
NUMBER OF HEALTH CARE INSTITUTIONS, BEDS AND PERSONNEL (2017)

机构类别	Type of Institutions	机构数（个） Health Care Institutions (unit)	床位数（张） Beds (bed)	人员合计（人） Total Personnel (person)	其中 of which			
					卫生技术人员 Medical Technical Personnel	其他技术人员 Other Technical Personnel	管理人员 Management Personnel	工勤人员 Logistic Workers
总　计	**Total**	**19615**	**206080**	**255252**	**191254**	**9111**	**13288**	**21759**
#医院、卫生院	Total Number of Hospitals	1640	192519	189726	152617	7060	11150	18899
医　院	Hospitals	745	150280	155484	124297	5379	9790	16018
#综合医院	General Hospitals	456	98307	106792	86220	3154	6610	10808
中医医院	Hospitals Specialized in Traditional Chinese Medicine	92	23162	23799	19911	763	1236	1889
中西医结合医院	Hospitals of Integrated Traditional Chinese with Western Medicine	33	3978	3633	2854	137	237	405
口腔医院	Stomatological Hospitals	19	299	1631	1225	146	152	108
肿瘤医院	Cancer Hospitals	2	1300	1605	1359	92	63	91
胸科医院	Chest Hospitals							
妇产（科）医院	OB/GYN Hospitals	19	1436	2204	1435	221	177	371
儿童医院	Children's Hospital	4	1837	3407	2623	216	209	359
精神病院	Mental Hospitals	35	13384	4126	3090	132	271	633
传染病院	Hospitals for Infectious Diseases	3	695	907	753	19	77	58
卫生院	Health Centers	895	42239	34242	28320	1681	1360	2881
街道卫生院	Urban Subdistrict Health Centers	14	1146	1147	929	60	36	122
乡镇卫生院	Township Health Centers	881	41093	33095	27391	1621	1324	2759
门诊部	Outpatient Department	319	207	2864	2277	111	186	290
采供血机构	Blood Centers	11		627	453	47	49	78
妇幼保健院（所、站）	Women and Children Care Centers	42	3642	8333	6586	399	482	866
专科疾病防治院（所）	Specialized Disease Prevention & Treatment Institutions	15	467	417	291	33	44	49
疾病预防控制中心	CDC (Epidemic Preventation Stations)	41		2928	2048	307	287	286
医学科学研究机构	Research Institutes of Medical Sciences							
医学在职培训机构	Training Institutes for Medical Staff and Workers	6		171	124	19	17	11
健康教育所（中心）	Health Care Training Centers	3		62	18	23	20	1
疗养院	Sanatoriums	6	705	313	221	5	39	48
社区卫生服务中心（站）	Community Health Service Centers	468	8540	11132	9303	375	604	850
卫生监督所	Health Supervision Institutes	39		1075	1004	2	49	20
其他卫生机构	Other Health Care Institutions	17		1010	92	565	230	123
村卫生室	Village Health Stations	10988		22817	2982			
诊所、卫生所、医务室	Clinics, Health Centers and Hygienic Centers	6015		13597	13227	50	81	234

注：本表机构数包含个体办诊所、村卫生室。
Note: The number of institutions in this table includes individual-run clinics.

表 19.5 卫生机构各类人员数（2016 – 2017 年）
NUMBER OF EMPLOYED PERSONS IN HEALTH INSTITUTIONS (2016-2017)

单位：人、% (person, %)

人员分类	Type of Personnel	人 数 Personnel		构 成 Composition	
		2016	2017	2016	2017
总 计	**Total**	**242829**	**255252**	**100.00**	**100.00**
卫生技术人员	Medical Technical Personnel	179346	191254	73.86	74.93
执业医师	Licensed Doctors	51470	55151	21.20	21.61
执业助理医师	Licensed Assistant Doctors	13230	13268	5.45	5.20
注册护士	Registered Nurses	77463	84768	31.90	33.21
药剂人员	Pharmacists	8574	8808	3.53	3.45
技 师(士)	Technical Workers	8748	9342	3.60	3.66
其他人员	Others	19861	19940	8.18	7.81
其他技术人员	Other Technical Personnel	8385	9111	3.45	3.57
管理人员	Management Personnel	12466	13288	5.13	5.21
工勤人员	Logistics Workers	20984	21759	8.64	8.52
每万人口拥有卫生技术人员	**Number of Medical Technical Personnel per 10 000 Population**	**53**	**56**		

表 19.6 结婚登记和离婚登记情况（2016 – 2017 年）
STATISTICS ON MARRIAGES AND DIVORCES (2016-2017)

项 目	Item	2016	2017
登记结婚件数(件)	Registered Marriages (couple)	278527	266004
内地居民	Registered Marriages in the Mainland	277882	265356
涉外及华侨、港澳台居民	Registered Marriages with Foreigner or Citizen of Hong Kong, Macao and Taiwan	645	648
登记结婚人数(人)	Registered Newly Married People (person)	557054	532008
初 婚	First Marriages	380608	353545
再 婚	Remarriages	176446	178463
登记离婚件数(件)	Registered Divorces (couple)	122072	133667
#内地居民	Registered Divorces in the Mainland	121931	133538

表 19.7 民政事业情况（2016 – 2017 年）
STATISTICS ON CIVIL AFFAIRS (2016-2017)

指　标	Item	2016	2017
民政经费支出（万元）	Expenditure for Civil Affairs (10 000 yuan)	1299702	1563301
城市居民最低生活保障人数（万人）	Number of Persons Receiving Minimum Living Allowance in Urban Areas (10000 persons)	34.78	33.97
农村居民最低生活保障人数（万人）	Number of Persons Receiving Minimum Living Allowance in Rural Areas (10000 persons)	58.98	60.22
农村特困供养人数（万人）	Number of Persons Receiving Livelihood Guaranteed in Five Aspects in Rural Areas (10000person)	16.88	11.15
享受城市居民最低生活保障人数占非农业人口比重 (%)	Number of Persons Receiving Minimum Living Allowance in Urban Areas as Percentage to Total Non-agricultural Population (%)	1.8	1.7
提供住宿的社会服务机构床位数（张）	Number of Beds in the Social Service Institutions Providing Accommodation (pcs)	92649	89068
福利企业职工人数（人）	Number of Staff and Workers in Welfare Enterprises (person)	52905	
#残疾职工	Disabled Staff and Workers	19034	
城镇便民、利民服务网点（个）	Number of Service Stations for Urban Residents (unit)	9794	
福利彩票销售额（万元）	Sales of Welfare Lotteries (10000 yuan)	449408	555296

注：非农人口使用的是常住人口中的城镇人口，比往年不可比。
Note: The data about non-agricultural population is calculated by the urban population of permanent resident population，it is incomparable with the previous years.

表 19.8 优抚对象基本情况（2016 – 2017 年）
STATISTICS ON SPECIAL CARES FOR SERVICEMEN (2016-2017)

单位：人 (person)

项　目	Item	2016	2017
优抚对象	**Residents Receiving Special Cares for Serviceman**	**253368**	**222071**
享受定期抚恤金人数	Persons Receiving Regular Pensions	4224	3842
享受定期补助人数	Persons Receiving Regular Subvention	229162	198648
#在乡复员军人	Demobilized Soldiers in the Countryside	16810	14556
带病回乡退伍军人	Veterans in the Countryside	64365	62368
伤残人员	Wounded and Disabled Servicemen	19982	19581

表 19.9 社会福利事业、企业单位数和工作人员数（2016 – 2017 年）
NUMBER OF SOCIAL WELFARE INSTITUTIONS & ENTERPRISES AND EMPLOYED PERSONS (2016-2017)

单位：人、个 (person, unit)

项　目	Item	机　构 Number of Institutions and Enterprises		工作人员 Number of Personnel	
		2016	2017	2016	2017
提供住宿的社会服务机构	Social Service Institutions Providing Accommodation	690	745	8429	8926
救助管理站	Salvation Management Stations	38	37	347	355
殡葬事业单位	Funeral and Interment Institutions	106	106	1927	2037
福利彩票发行单位	Welfare Lottery Issuing Units	1	1	167	169
社区服务中心	Community Service Centers	339	446	1934	2878

表 19.10 提供住宿的社会服务基本情况（2017 年）
BASIC STATISTICS ON THE SOCIAL SERVICE INSTITUTIONS PROVIDING ACCOMMODATION (2017)

项　目	Item	院　数（个） Number of Institutions (unit)	工作人员（人） Number of Staff and Workers (person)	床位数（张） Number of Beds (bed)	年末在院人数（人） Number of Residents at Year-end (person)
提供住宿的社会服务机构	**Social Service Institutions Providing Accommodation**	**745**	**8926**	**89068**	**47857**
老年人与残疾人服务机构	Service Institutions for the Old and the Disabled	688	7716	82005	44448
智障与精神疾病服务机构	Service Institutions for the Retarded and People with Mental Diseases	9	495	2450	2215
为儿童提供住宿的社会服务机构	Social Service Institutions Providing Accommodation for Children	6	301	2579	938
其他提供住宿的社会服务机构	Other Social Service Institutions Providing Accommodation	42	414	2034	256

表 19.11 社会活动参与情况（2016 – 2017 年）
PARTICIPATION IN SOCIAL ACTIVITIES (2016-2017)

单位：人、个 (person, unit)

指　标	Item	2016	2017
省级人大代表人数	Number of Municipal Deputies of People's Congress	868	856
#女　性	Female	214	226
省级政协委员人数	Number of Municipal Deputies of People's Political Consultative Conferences	847	847
#女　性	Female	183	182
基层地方妇联组织数	Number of Local Women's Federation Unions	12185	12175
工会基层组织数	Number of Grassroots Trade Unions	57750	56252
工会会员人数（万人）	Membership of Trade Unions(10 000 persons)	724	675

表 19.12 基本养老保险情况（2016 – 2017 年）
STATISTICS ON BASIC PENSION INSURANCE (2016-2017)

单位：亿元、万人 (100 million yuan, 10 000 persons)

指　标	Item	2016	2017
城镇职工基本养老保险参保人数	Number of Contributors to Urban Enterprise Basic Pension Insurance	862.25	886.25
#参保职工	Employees	545.91	560.98
#企　业	Enterprises	393.01	402.39
城镇职工基本养老保险实际支付人数	Actual Beneficiaries of Urban Enterprise Basic Pension Insurance	316.33	325.27
城镇职工基本养老保险基金收入	Total Revenue of Urban Enterprise Basic Pension Insurance	815.00	87000
城镇职工基本养老保险基金支出	Expenditure of Urban Enterprise Basic Pension Insurance	736.00	809.00
社会化发放人数	Number of Social Beneficiaries	316.33	325.27
离休、退休、退职人员年末人数	Number of Retires at Year-end	316.33	325.27
机关事业单位社会养老保险参保人数	Number of Contributors to Social Pension Insurance in Government and Public Institutions	90.00	102.93
城乡居民社会养老保险参保人数	Number of Urban and Rural Residents Participating in Social Pension Insurance	1115.82	1109.00

注：机关事业单位社会养老保险参保人数含市级、区县级机关事业单位参保人数。
Note: The number of contributors to social pension insurance in government and public institutions includes the contributors from the governments and public institutions at municipal, district and county levels.

表 19.13 失业保险基本情况（2016 － 2017 年）
STATISTICS ON UNEMPLOYMENT INSURANCE (2016-2017)

指　标	Item	2016	2017
年末失业保险参保人数（万人）	Unemployment Insurance Contributors at Year-end (10 000 persons)	447.10	466.27
企　业	Enterprises	383.97	401.06
事业单位	Institutions	37.15	37.62
其　他	Others	25.98	27.59
失业保险基金总收入　（亿元）	Total Revenue of Unemployment Insurance (100 million yuan)	20.02	17.16
失业保险费总收入（亿元）	Total Premium of Unemployment Insurance (100 million yuan)	17.36	14.59
失业保险基金总支出（亿元）	Total Expenditure of Unemployment Insurance (100 million yuan)	15.80	15.52
失业保险金总支出（亿元）	Total Payment of Unemployment Insurance (100 million yuan)	4.48	5.41
失业保险基金当年末结余额（亿元）	Year-end Balance of Unemployment Insurance (100 million yuan)	112.20	113.85
年末城镇登记失业人员数（万人）	Year-end Registered Urban Unemployment (10 000 persons)	15.68	14.26
城镇登记失业人员再就业人数（万人）	Registered Urban Unemployment Reemployed (10 000 persons)	29.30	30.67
领取失业保险人数（万人）	Actual Beneficiaries of Unemployment Insurance (10 000 persons)	8.52	8.47
本年领取失业保险金人次数（万人次）	Person-times of Reception of Unemployment Insurance in Current Year (10 000 person-times)	51.65	51.51

表 19.14 基本医疗保险情况（2016 － 2017 年）
STATISTICS ON BASIC MEDICAL CARE INSURANCE (2016-2017)

单位：亿元、万人 (100 million yuan, 10 000 persons)

指　标	Item	2016	2017
城镇职工基本医疗保险参保人数	Basic Urban Workers Medical Care Insurance Contributors at Year-end	604.76	640.28
在职职工	Staff and Workers	425.29	455.34
退休人员	Retirees	179.47	184.94
城镇职工基本医疗保险基金总收入	Total Revenue of Urban Workers Basic Medical Care Insurance	263.00	295.00
城镇职工基本医疗保险基金总支出	Total Expenses of Urban Workers Basic Medical Care Insurance	249.00	275.00

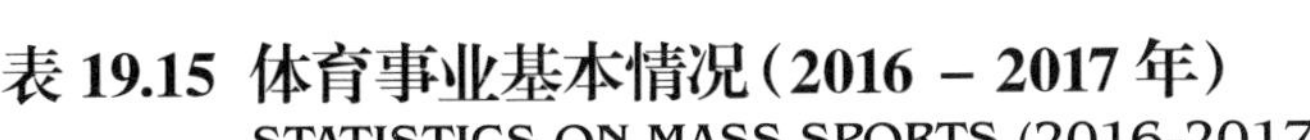

表 19.15 体育事业基本情况（2016 – 2017 年）
STATISTICS ON MASS SPORTS (2016-2017)

项　目	Item	2016	2017
体育经费（万元）	Sports Expenditures (10 000 yuan)	133699	126057
体育彩票销售额（万元）	Sales Value of Sports Lotteries (10 000 yuan)	350921	474659
等级运动员（人）	Graded Athletes (person)	2176	2264
国际级运动健将	International Masters of Sports		1
运动健将	Masters of Sports	23	12
一级运动员	First Grade Athletes	550	372
二级运动员	Second Grade Athletes	1603	1879
获得全国最高水平比赛奖牌（个）	Number of Medals Won in the Domestic Top Competitions (Unit)	14	54
金　牌	Gold	14	18
银　牌	Silver		8
铜　牌	Copper		28
获得世界三大赛奖牌（个）	Number of Medals Won in the Three Biggest World Games (Unit)	17	6
金　牌	Gold	17	4
银　牌	Silver		1
铜　牌	Copper		1
社区健身点（个）	Community Fitness Centers (unit)		300
人均体育场地面积（平方米）	Per Capita Sports Fields (sq.m)	1.37	1.37

注：体育经费包括体育事业费和体育基建支出。
Note: Sports expenditures include sports funds and expenditure for sports infrastructure.

表 19.16 律师、公证、调解工作基本情况（2016 – 2017 年）
STATISTICS ON LAWYERS, NOTARIZATION AND MEDIATION (2016-2017)

项　目	Item	2016	2017
律师工作	**Lawyers**		
律师事务所（所）	Number of Law Offices (unit)	799	857
执业律师（人）	Number of Licensed Lawyers (person)	8571	9791
#专　职	Full-time Lawyers	7053	7965
聘请担任法律顾问单位（家）	Number of Units with Permanent Legal Advisors (unit)	14181	16332
民事诉讼代理（件）	Agent of Civil Cases (case)	76732	86202
刑事辩护（件）	Defender of Criminal Cases (case)	9435	10206
行政诉讼代理（件）	Agent of Administrative Action (case)	2853	3325
非诉讼法律事务（件）	Cases of Non-litigious Legal Affairs (case)	6888	8267
咨询和代写法律文书	Advisory Services and Legal Documents Written on Behalf of Clients (case)	201731	214441
公证工作	**Notarization**		
公证处（个）	Number of Notary Offices (unit)	40	40
公证员（人）	Public Notaries (person)	205	220
办理公证书（件）	Notarized Documents (case)	255250	283522
人民调解工作	**Number of People's Mediation**		
人民调解委员会（个）	Number of People's Mediation Committees (unit)	12836	12411
人民调解员（人）	Number of Mediators (person)	83616	66917
调解纠纷（件）	Number of Disputes Mediated (case)	486487	447568
司法所建设	Construction of Judicial Institute		
司法所（个）	Judicial Institute (unit)	1028	1029
司法助理员（人）	Judicial Assistance (person)	2398	2394
安置帮教对象（人）	Persons Resettled and Helped (person)	26432	27360
社区矫正对象（人）	Persons under Community Correction (person)	13430	13901
基层法律服务	Legal Service at Grassroots Level		
基层法律服务所（个）	Legal Service Institute at Grassroots Level (unit)	299	305
基层法律工作者（人）	Grassroots Legal Service Workers (person)	1661	1662
办理法律援助（件）	Legal Assistance Handled (case)	10000	9640

表 19.17 国内外公证文书（2016 – 2017 年）
DOMESTIC AND FOREIGN-RELATED NOTARIAL DOCUMENTS (2016-2017)

单位：件、% (case, %)

项目	Item	国内公证文书 Domestic Notarial Documents			
		办证件数 Number of Notarial Documents Issued		比重 Percentage	
		2016	2017	2016	2017
办理公证总数	**Total**	**255250**	**283522**	**100.0**	**100.0**
按国内外分类	**Classification at home and abroad**				
国内公证数	Domestic Notarial Documents	206524	236472	80.9	83.4
涉外公证数	Foreign-related Notarial Documents	45692	44050	17.9	15.5
涉港澳公证数	Notarial Documents Related to Hong Kong and Macao	600	717	0.2	0.3
涉台公证数	Notarial Documents Related to Taiwan	2434	2283	1.0	0.8
按内容分类	**Categorization by content**				
合 同(协议)	Contract (Agreement)	14102	18764	5.5	6.6
继 承	Inheritance	24158	38723	9.5	13.7
委 托	Consignment	38232	60838	15.0	21.5
声 明	Declaration	22839	30116	8.9	10.6
赠 与	Bestowal	1436	5252	0.6	1.9
遗 嘱	Testament	1879	2874	0.7	1.0
现成监督	On-the-spot supervision	513	2118	0.2	0.7
婚姻状况、亲属关系、收养关系	Marital Status,Kinship Confirmation and Adoptive Relationship	7401	5534	2.9	2.0
出生、生存、死亡	Birth,Living and Death	5756	5199	2.3	1.8
身份、经历、学历、学位、职务、职称	Identity,Experience,Education Background, Degree,Post,Professional Title	229	1159	0.1	0.4
有无违法犯罪记录	Illegal and Criminal Record Check	5386	4584	2.1	1.6
公司章程	Corporation Constitutions	3	2		
保全证据	Preservation of evidence	1323	3902	0.5	1.4
证书、执照	Certificate,License	9017	10856	3.5	3.8
签名、印鉴	Signature ,Stamp	68651	54596	26.9	19.3
文本相符	Conformity of Documentation	15397	13748	6.0	4.8
赋予强制执行效力	Executor Force	16751	18913	6.6	6.7
执行证书	Certificate of Execution	1094	768	0.4	0.3
抵押登记	Mortgage Registration	16	153		0.1
提 存	Drawing	33	57		
保 管	Storage	7508	13	2.9	
其 他	Others	13526	5353	5.3	1.9

表 19.18 公安机关立案的刑事案件情况（2016 – 2017 年）
CRIMINAL CASES REGISTERED IN PUBLIC SECURITY ORGANS (2016-2017)

指　标	Item	2016	2017
人民警察数（人）	Number of Police (person)	40869	41238
刑事案件立案数（起）	Total Registered Criminal Cases (case)	167519	132699
刑事案件破案率 (%)	Rate of Solved Criminal Cases (%)	20.7	26.3

表 19.19 检察机关直接立案侦查案件情况（2017 年）
CASES UNDER DIRECT INVESTIGATION BY PEOPLE'S PROCURATORATE (2017)

指　标	Item	受案（件）Cases Accepted (case)	立案件数（件）Registered Cases (case)	立案人数（人）Person of Cases Registered (person)	其　中 of which #要　案 Key Cases	结案合计 Total Settled Cases 件 (case)	人 (person)
合　计	**Total**	**893**	**556**	**686**	**118**	**681**	**843**
贪污贿赂案件	**Cases on Corruption and Bribery**	**785**	**486**	**608**	**102**	**615**	**765**
贪　污	Corruption	297	111	169	11	120	188
贿　赂	Bribery	448	343	398	90	455	529
挪用公款	Misappropriation of Public Funds	35	32	41	1	40	48
集体私分	Collective Illegal Possession of Public Funds"	1					
巨额财产来源不明	Unstated Source of Large Amount of Properties"	4					
其　他	Others						
渎职案件	**Cases on Abuse and Dereliction of Duty**	**108**	**70**	**78**	**16**	**66**	**78**
滥用职权	Abuse of Power	38	29	34	12	23	30
玩忽职守	Dereliction of Duty	45	29	31	3	30	34
徇私舞弊	Fraudulent Practice	18	12	13	1		
侵犯公民人身权利	Infringement of Citizens' Personal Rights	6					
其　他	Others	1					

表 19.20 检察机关审查批准、决定逮捕犯罪嫌疑人和提起公诉被告人情况（2017 年）
ARRESTS OF CRIMINAL SUSPECTS AND DEFENDANTS UNDER PUBLIC PROSECUTION APPROVED BY PEOPLE'S PROCURATORATE (2017)

案件类别	Category of Cases	批捕、决定逮捕合计 Total of Arrests		决定起诉合计 Total of Public Prosecutions	
		件 (case)	人 (person)	件 (case)	人 (person)
合　计	**Total**	**13853**	**17468**	**26273**	**36153**
公安、安全、监狱机关侦查	**Handled by Departments of State, Public Security and Prisons**	**13638**	**17239**	**25775**	**35514**
危害国家安全案	Offences Against State Security	1	1		
危害公共安全案	Offences Against Public Security	227	246	4835	4971
破坏社会主义市场经济秩序案	Offences Against Socialist Economic Order	383	558	763	1398
侵犯公民人身、民主权利案	Offences Against Citizens' Personal and Democratic Rights	1314	1525	2461	3427
侵犯财产案	Offences Against Properties	6916	8958	9974	14116
妨害社会管理秩序案	Offences Against Social Management of Order	4795	5949	7737	11596
危害国防利益案	Offences Against National Defense	2	2	5	6
军人违反职责案	Offences on Dereliction of Duty by Servicemen				
检察机关侦查	**Handled by Procuratorates**	**215**	**229**	**498**	**639**
贪污贿赂案	Offences on Corruption and Bribery	210	223	465	600
渎职案	Offences on Abuse and Dereliction of Duty	5	6	33	39

表 19.21 人民法院刑事一审案件收结案情况（2016 – 2017 年）
FIRST TRIAL CRIMINAL CASES ACCEPTED AND SETTLED BY COURTS (2016-2017)

单位：件 (case)

案件类别	Category of Cases	收　案 Accepted Cases		结　案 Settled Cases	
		2016	2017	2016	2017
合　计	**Total**	**26726**	**27645**	**25667**	**26591**
危害公共安全罪	Offences against Public Security	5052	4924	4987	4851
破坏社会主义市场经济秩序罪	Offences against Socialist Economic Order	901	948	712	778
侵犯公民人身权利、民主权利罪	Offences against Citizens' Personal and Democratic Rights	2750	2638	2584	2455
侵犯财产罪	Offences against Properties	9913	10397	9658	10141
妨害社会管理秩序罪	Offences against social Management of Order	7382	8103	7125	7854
危害国防利益罪	Offences against National Defense	4	3	4	3
贪污贿赂罪	Offences on Corruption and Bribery	689	593	570	491
渎职罪	Offences on Dereliction of Duty	31	36	26	17
危害国家安全罪	Offences against Country Safety				
其　它	Others	4	3	1	1

注：收结案中含上年结转。
Note: The numbers of accepted and settled cases include the cases turned over from the previous year.

表 19.22 人民法院民事、行政一审案件收结案情况（2016 – 2017 年）
FIRST TRIAL CIVIL AND ADMINISTRATIVE CASES ACCEPTED AND SETTLED BY COURTS (2016-2017)

单位：件 (case)

案件类别	Category of Cases	收 案 Accepted Cases		结 案 Settled Cases	
		2016	2017	2016	2017
民事一审案件	**First Trial of Civil Cases**	**398762**	**434110**	**362442**	**398751**
婚姻家庭、继承纠纷	Disputes of Marriages and Family Affairs	53998	56764	52154	54600
物权纠纷	Disputes of Inheritance	8712	8625	7655	7293
合同纠纷	Disputes of Contracts	241344	274426	216321	250417
劳动争议、人事争议	Labour Dispute and Personnel Dispute	43824	35141	40765	32898
侵权责任纠纷	Disputes of Ownership and Infringement of Right	29974	37063	26899	33946
其他民事一审案件	Other First Trial of Civil Cases	20910	22091	18648	19597
行政一审案件	**First Trial of Administrative Cases**	**9281**	**8603**	**8444**	**7639**

注：收案中含上年结转。
Note: The number of accepted cases includes the cases turned over from the previous year.

表 19.23 安全生产情况（2002 – 2017 年）
BASIC STATISTICS ON WORK SAFETY (2002-2017)

年 份 Year	亿元地区生产总值生产安全事故死亡率 Mortality Rate of Work Safety Accident Per 100 Billion Yuan GDP	工矿商贸企业从业人员十万人生产安全事故死亡率 Mortality Rate of Work Safety Accident Per 100 000 Employees of Enterprises	煤炭生产百万吨死亡率 Mortality Rate Per 1 Million Tons of Coal Production	道路交通万车死亡率 Mortality Rate of Highway Traffic Accident Per 10 000 Vehicles
2002	1.44	9.90	21.08	37.50
2003	1.41	13.43	17.82	30.70
2004	0.89	10.24	12.24	18.30
2005	0.75	10.62	13.73	14.51
2006	0.61	8.49	9.30	10.83
2007	0.47	8.05	7.64	9.26
2008	0.34	7.13	6.82	7.60
2009	0.30	6.39	5.44	6.00
2010	0.23	5.05	4.00	4.45
2011	0.17	4.51	3.00	3.13
2012	0.13	3.84	2.73	2.60
2013	0.12	3.42	2.39	2.39
2014	0.10	3.21	2.60	2.35
2015	0.08	2.78	1.26	2.20
2016	0.07	2.57	3.34	2.02
2017	0.05	2.23	0.29	1.99

表 19.24 安全生产事故死亡情况（2001 – 2017 年）
BASIC STATISTICS ON DEATH TOLL OF WORK SAFETY ACCIDENTS (2001-2017)

年 份 Year	生产安全事故死亡起数（起） Safety Accidents with Death Toll (case)	其 中 of which			生产安全事故死亡人数（人） Death Toll in Safety Accidents (person)	其 中 of which		
		道路交通事故 Traffic Accidents	煤矿事故 Coal Mine Accidents	火灾事故 Fires		道路交通事故 Traffic Accidents	煤矿事故 Coal Mine Accidents	火灾事故 Fires
2001	2225	1767	241	44	2794	2083	309	53
2002	2535	1872	323	39	3208	2245	460	43
2003	2732	1989	315	44	3613	2317	446	56
2004	2237	1434	342	56	2694	1707	419	63
2005	2117	1333	349	54	2596	1616	455	57
2006	2002	1175	288	42	2381	1424	357	44
2007	1813	1105	257	35	2197	1331	321	40
2008	1681	1063	212	35	1982	1219	280	39
2009	1679	1109	160	35	1928	1209	234	43
2010	1576	1079	136	22	1793	1215	174	28
2011	1444	983	105	24	1656	1098	135	29
2012	1374	937	89	20	1539	1052	103	20
2013	1346	908	63	1	1499	988	84	2
2014	1207	820	50	1	1379	919	85	2
2015	1142	790	23	1	1256	862	31	2
2016	1030	678	12		1148	734	48	
2017	901	570	3	1	967	602	3	3

表 19.25 火灾事故情况（2017 年）
BASIC STATISTICS ON FIRES (2017)

单位：件 (case)

项 目	Item	合 计 Total	按事故发生程度分 By Serious Degree of Fires			
			特 大 Extra-Serious	重 大 Serious	较 大 Large	一 般 Ordinary
发 生（起）	Fires (case)	5472				5472
死 亡（人）	Deaths (person)	12				12
受 伤（人）	Injuries (person)	32				32
损失折款（万元）	Losses Converted into Cash (10 000 yuan)	10394.39				10394.39
平均每起事故损失(万元)	Average Loss Per Fire (10 000 yuan)	1.90				1.90

注：损失折款指直接经济损失（下表同）。
Note: The losses converted into cash refer to direct losses (the same for tables below).

表 19.26 道路交通事故情况（2017 年）
BASIC STATISTICS ON TRAFFIC ACCIDENTS (2017)

类 别	Type	发生数（起） Number of Traffic Accidents (case)	死亡人数（人） Number of Deaths (person)	受伤人数（人） Number of Injuries (person)	损失折款（万元） Losses Converted into Cash (10 000 yuan)
总 计	**Total**	**4558**	**951**	**5889**	**1810.85**
#死亡事故	Deaths	890	951	384	607.92
伤人事故	Injuries	3623		5505	1033.77
财产损失事故	Assets Losses	45			169.16
#机动车	Motor Vehicles	4231	878	5501	1740.24
#汽 车	Automobiles	2545	572	3220	1366.28
摩托车	Motorcycles	1594	270	2165	353.66
拖拉机	Tractors	54	28	76	10.58
非机动车	Non-motor-driven Vehicles	265	45	345	61.47
#自行车	Bicycles	29	9	34	17.76
行人乘车人	Pedestrians and Passengers	62	28	43	9.14

主要统计指标解释

等级运动员人数

指经考核正式批准授予等级运动员称号的人数。运动员等级分为国际级运动健将、运动健将、一级运动员、二级运动员、三级运动员、少年级运动员。

等级裁判员人数

指经考核正式批准授予等级裁判员称号的人数。裁判员等级分为国际裁判、国家级裁判、一级裁判、二级裁判、三级裁判。

卫生机构

包括医疗机构、疾病预防控制中心（防疫站）、采供血机构、卫生监督及监测（检验）机构、医学科研和在职培训机构、健康教育所等。

医疗机构

包括医院、社区卫生服务中心（站）、疗养院、卫生院、门诊部、诊所（卫生所、医务室）、妇幼保健院（所、站）、专科疾病防治院（所、站）、急救中心（站）和临床检验中心。医疗机构分为非赢利性医疗机构和赢利性医疗机构。

医院

包括综合医院、中医医院、中西医结合医院、民族医院、各类专科医院和护理院。

卫生技术人员

指卫生机构中医生、护理人员 、药剂人员、检验人员等卫生技术人员。

医生

指在医疗、预防保健机构工作且取得《执业医师证书》的执业医师和执业助理医师。

社会福利企业单位

指以安置城镇有一定劳动能力的盲、聋、哑和肢体残疾人员就业为目的，享受国家减免税待遇的国有或集体企业。包括福利工厂、福利商业和服务业、假肢厂和安置农场等单位。该指标主要反映我国对残疾人照顾的特殊政策。

基本养老保险

（1）参加保险人数：指报告期末按照国家法律、法规和有关政策规定参加基本养老保险的职工人数。包括不能正常缴费、已中断缴费但未终止保险关系的职工人数。

（2）社会统筹基金收入：指根据国家规定，由纳入基本养老保险范围的单位，按照国家规定的缴费基数和缴费比例缴纳的社会统筹基金，以及通过其他方式取得的形成基金来源的收入，包括：单位缴纳的社会统筹基金收入、财政补贴收入、利息收入、其他收入。

（3）社会统筹基金支出：指按照国家政策规定的开支范围和开支标准从社会统筹基金中支付给参加基本养老保险的离休、退休、退职人员个人的养老金、丧葬抚恤补助，以及由于保险关系转移、上下级之间调剂资金等原因而发生的支出。包括：基础性养老金、过渡性养老金、离休金、退休金、退职金、补贴、丧葬抚恤补助、其他支出。

（4）社会统筹基金结余：指截止报告期末基本养老保险的社会统筹基金结余金额。包括银行存款、财政专户、债券投资和其他。

离休、退休、退职人员

指正式办理了离休、退休、退职手续，并享受相应的离休、退休、退职待遇的人员。

失业保险

（1）参加保险人数：指报告期末按照国家法律、法规和有关政策规定参加了失业保险的城镇企业事业单位的职工及地方政府规定参加失业保险的其他人员的人数。

（2）失业保险金：指为保障失业人员的基本生活而按规定支付的失业保险金金额。

主要统计指标解释

基本医疗保险

（1）参加保险人数：指报告期末按国家有关规定参加基本医疗保险的人数。包括参加保险的职工人数和退休人员人数。

（2）社会统筹基金收入：指根据国家有关规定，由纳入基本医疗保险范围的缴费单位，按国家规定的缴费基数和缴费比例缴纳的社会统筹基金，以及通过其他方式取得的形成基金来源的款项，包括：单位缴纳的社会统筹基金收入、财政补贴收入、利息收入、其他收入。

（3）社会统筹基金支出：指按照国家政策规定的开支范围和开支标准从社会统筹基金中支付给参加基本医疗保险的职工和退休人员的医疗保险待遇支出及其他支出。包括：住院医疗费用支出、门急诊医疗费用支出、其他支出。

（4）社会统筹基金结余：指截止报告期末基本医疗保险的社会统筹基金结余金额。包括银行存款、财政专户、债券投资和其他。

律师

指依法取得律师执业证书，担任法律顾问，民事（刑事、行政）案件代理人、刑事案件辩护人、办理非诉讼业务，解答法律询问，代写法律事务文书等，为社会提供法律服务的人员。

公证人员

指在公证处工作的人员总称，包括公证处主任、副主任、公证员、公证员助理（助理公证员）和其他从事辅助性工作的人员。

公证文书

指公证处根据当事人申请，依照事实和法律，按照法定程序制作的，具有法律效力的司法证明文书。

调解员

指在人民调解委员会担负调解民间纠纷工作的人员，包括调解委员会的委员和调解小组的调解员。

调解民间纠纷

指调解委员会按照法律规定，根据自愿原则，用说服教育的方法调解民间发生的有关民事权利和义务争执的件数，包括调解成功数和调解未成功数。

立案

指人民检察院对受理的报案、控告、举报或自首及自行发现的犯罪线索、犯罪嫌疑人进行初步调查后，认为存在职务犯罪事实和应追究刑事责任，并决定作为刑事案件进行侦查的诉讼活动，是追究犯罪的开始。该指标主要反映人民检察院依法将职务犯罪线索作为刑事案件进行侦查的诉讼活动。

大案

指贪污、贿赂案数额在 5 万元以上，挪用公款案数额在 10 万元以上，集体私分、巨额财产来源不明、隐瞒境外存款案数额在 50 万元以上以及按照《人民检察院直接受理的渎职、侵权重、特大案件标准（试行）》认定的案件。该指标主要反映人民检察院立案查办的职务犯罪案件中经济损失大、社会危害严重的案件。

要案

指县、处级以上干部的犯罪案件。该指标主要反映国家工作人员中县、处级以上干部因职务犯罪被人民检察院依法立案侦查的情况。

决定逮捕

指人民检察机关对直接受理、自行侦查的案件，认为需要逮捕犯罪嫌疑人时，依据法律作出的逮捕决定。

批准逮捕

指人民检察机关对公安机关、国家安全机关、监狱管理机关提出逮捕的犯罪嫌疑人进行审查，根据事实，依法作出逮捕决定。

决定起诉

指人民检察机关对公安机关、国家安全机关、监狱管理机关和检察机关内设机构反贪污贿赂部门移送起诉的刑事犯罪嫌疑人进行审查，根据事实，依法向人民法院提起公诉。

Explanatory Notes on Main Statistical Indicators

Number of Athletes in Grades

refers to the number of athletes who have been given titles through examination. The titles of athletes include international masters of sports, masters of sports, first-grade, second-grade and third-grade sportsmen and young athletes.

Number of Referees in Grades

Refers to the number of referees who have been given titles after examination. They are classified as international referees, national referees and referees of the first, second and third grades.

Health Care Institutions

Include medical institutions, disease prevention and control centers (epidemic prevention stations), blood gathering and supplying institutions, health supervision and inspection (check up) institutions, medicinal scientific research and on-job training institutions, health education and so on.

Medical Organizations

Include hospitals, health service centers (stations) of communities, nursing homes, health centers, clinics, clinics (health stations and infirmaries), maternity and child care agencies (centers and stations), special disease prevention and curing agencies (centers and stations), first aid centers (stations) and clinical inspection centers. Medical organizations are grouped by two types: profit-making and non-profit-making medical organizations.

Hospitals

Include polyclinics, traditional Chinese medical hospitals, hospitals integrated with traditional Chinese therapeutics and western therapeutics, ethical hospitals, various specialties hospitals and nursing hospitals.

Medical Technical Personnel

Refers to doctors, assistant nurses, pharmacists, and laboratory technicians working in medical institutions.

Doctors

Refer to certified physicians and certified assistant physicians with certifications working in medical and health care and prevention agencies.

Social Welfare Enterprises

Are collective owned enterprises which employ the blind, deaf-mute, and other handicapped people who are able to work in cities and towns and enjoy exemption from state taxes, including welfare plants, welfare commercial services, artificial limb plants and farms, etc. This indicator reflects the preferential policies toward disabled persons.

Basic Endowment Insurance

(I) Number of people participating in the insurance program: by the end of reference period, number of staff and workers participating in the insurance program in line with national laws, regulations and related policies, including those who can not make regular payment or interrupt payment but not terminate the insurance program.

(II) Revenue of social comprehensive funds: according to national provision, payments made by units covered in basic endowment insurance program, and income from other resources, including: income of social comprehensive funds paid by unites, financial subsidies, interest income and others.

(III) Expenditure of social comprehensive funds: refer to payment made to those retired and resigned people covered in endowment insurance program in terms of pension or compensation within the expenditure scope and standards according to related national policies, and the expenditure occurred due to shift of the insurance relationship or adjustment funds among agencies, including: basic pension, transitional pension, pension for resigned people, pension for retired people, pension for people quitting jobs, subsidies, funeral subsidies and other expenditure.

(IV) Balance of social comprehensive funds: refer to the balance of basic endowment insurance of social comprehensive funds at the end of the reference period, including: bank savings, special fiscal account, investment in bonds and others.

EXPLANATORY NOTES TO MAJOR STATISTICAL INDICATORS

Retired or Resigned Personnel

refers to people who have formally gone through the formalities for their retirement or quitting work and enjoy the corresponding treatments.

Unemployment Insurance

(I) Number of people participated in unemployment insurance program: number of staff and workers in urban enterprises or institutions and other people according to local government regulations participated in unemployment insurance program in line with national law, regulations and related policies by the end of the reference period.

(II) Sum of Unemployment Insurance: refer to total amount of insurance paid to un-employees to guarantee their basic lives according to related regulations.

Basic Medical Care Insurance

(I) Number of people participated in the insurance program: refer to number of people participated in the basic medical care insurance program according to related regulation by the end of reference period, including: number of staff and workers and retired persons participated in this insurance program.

(II) Revenue of social comprehensive funds: according to national provision, payments made by units covered in basic medical care insurance program, and income from other resources, including: income of social comprehensive funds paid by unites, financial subsidies, interest income and others.

(III) Expenditure of social comprehensive funds: refer to payment made to those retired and resigned people covered in basic medical care insurance within the expenditure scope and standards according to related national policies, including: expenditure on fee-for-service in hospital, expenditure on fee-for-service in clinic and other expenditure.

(IV) Balance of social comprehensive funds: refer to the balance of medical care insurance of social comprehensive funds at the end of the reference period, including: bank savings, special fiscal account, investment in bonds and others.

Lawyers

Are certified legal workers according to law, and who are employed by legal counseling firms to act as legal advisers, agents in criminal or civil lawsuits, or defenders in criminal lawsuits, or to handle non-litigious legal affairs, to advise on matters of law or to write legal papers for others, and provide service to the public.

Notary Personnel

Refers to people working for notary offices including: directors, deputy director, notaries, assistant notaries, and other people providing assistance.

Notary Documents

Refer to the judicatory notary documents drawn up by the request of the party and are in accordance with facts and laws and following certain legal proceedings.

Mediators

Refer to workers on people mediation committees responsible for mediating in civil disputes and cases of slight infraction of the law. They include members of the mediation committees and mediators of mediation groups.

Mediation of Civil Disputes

Refers to number of cases made by mediation committees in mediating in civil disputes concerning civil rights and duties through persuasion and education in accordance with the provisions of law on a voluntary basis, so as to solve disputes by helping the parties involved come to an agreement and understanding, including those unsuccessful ones.

Acceptance of Case

Refers to the decision made by the people's procuratorate office on reported cases, prosecution, impeachment, surrender, self-found criminal clues or suspects after initial investigation to confirm the act of crime and to start legal proceedings of the case as criminal case.

Large Cases

Refer to cases involving a corruption or bribery of over 50,000 yuan, or a misappropriation of over 100,000 yuan, Cases of collectively illegal possession of public funds, unstated sources of large properties, or disguised overseas savings deposits involving 500,000 yuan, or a case that has been defined by Standard on Serious and Large Cases of Misconduct and Tortious that Directly Accepted by People's Procurators Office (trial). This

EXPLANATORY NOTES TO MAJOR STATISTICAL INDICATORS

indicator mainly reflects number of accepted cases of job-related criminals that caused serious economic losses or extremely harmful to the society.

Key Cases

Refer to cases committed by government officials with a ranking of division director or county administrator. This indicator mainly reflects the recorded and spied on cases by the people's procurators offices toward government official with a ranking of division director or county administrator.

Decision of Arrest

Refers to decision made by procurators office, in accordance with laws, to arrest the suspect(s) in the cases that are accepted and to be investigated by procurators office.

Approval for Arrest

Refers to the decision made by procurators office, in accordance with laws and relevant facts, to approve the arrest of the suspect(s) that is proposed by the public security departments, state security departments or authority of prisons.

Decision on Prosecution

Refers to the decision made by procurators office, in accordance with laws and relevant facts, to institute proceedings to the people court against the suspect(s) of criminal cases handed over by the public security departments, state security departments or authority of prisons, or by the anti-corruption departments within the procurators office.

第 20 章

区　县

DISTRICTS, COUNTIES

简要说明
BRIEF INTRODUCTION

本章资料包括按“主城片区、渝西片区、渝东北片区和渝东南片区”四个分组的全市38个区县(自治县)的主要经济社会统计资料。

“主城片区”包括渝中区、大渡口区、江北区、沙坪坝区、九龙坡区、南岸区、北碚区、渝北区、巴南区，即主城九区；“渝西片区”包括涪陵区、长寿区、江津区、合川区、永川区、南川区、綦江区、大足区、璧山区、铜梁区、潼南区和荣昌区；“渝东北片区”包括万州区、开州区、梁平区、城口县、丰都县、垫江县、忠县、云阳县、奉节县、巫山县和巫溪县。“渝东南片区”包括黔江区、武隆区、石柱县、秀山县、酉阳县和彭水县。

为便于排版，对资料中各区县名称均采用简称，即：石柱土家族自治县、秀山土家族苗族自治县、酉阳土家族苗族自治县、彭水苗族土家族自治县统一简称为：石柱县、秀山县、酉阳县、彭水县。

本章资料分别由市统计局人口就业处、核算处、工业处、服务业处、固定资产投资处、贸易外经处、社会科技处、能源资源统计处、普查中心、综合处和国家统计局重庆调查总队根据有关专业统计资料、各区县统计局资料和市级有关部门的区县资料整理编辑。

This chapter includes the main economic and social indicators of 38 districts and counties (autonomous counties) grouped by the "Metropolitan Developed Economic Area, West Area of Chongqing, Northeast Area of Chongqing and Southeast Area of Chongqing.

The "Metropolitan Developed Economic Area" covers the 9 central urban districts, namely Yuzhong, Dadukou, Jiangbei, Shapingba, Jiulongpo, Nan'an, Beibei, Yubei and Banan. The "West Area of Chongqing" covers the districts and counties of Fuling, Changshou, Jiangjin, Hechuan, Yongchuan, Nanchuan, Qijiang, Dazu, Tongnan, Tongliang, Rongchang and Bishan. The "Northeast Area of Chongqing" covers 11 districts and counties of Wanzhou, Kaizhou, Liangping, Wulong, Chengkou, Fengdu, Dianjiang, Zhongxian, Yunyang, Fengjie, Wushan, Wuxi. The "Southeast Area of Chongqing" covers 5 districts and counties of Qianjiang, Shizhu, Xiushan, Youyang, Pengshui.

For the convinience of layout, shorter terms are used for the name of some districts and counties. Shizhu Tujia Autonom ous County, Xiushan Tujia and Miao Autonomous County, You yang Tujia and Miao Autonomous County, Pengshui Miao and Tujia Autonomous County are uniformly called as Shizhu Coun ty, Xiushan County, Youyang County, Pengshui County.

The data in this chapter are prepared and compiled by Division of Population and Employment Statistics, Division of National Economic Accounting, Division of Industry Statistics, Division of Service Statistics, Division of Statistics of Investment in Fixed Assets, Division of Trade and Foreign Economic Relations Statistics, Division of Social and Technology Statistics, Division of Energy and Natural Resources Statistics, Census Center, Division of Comprehensive Statistics of Chongqing Municipal Bureau of Statistics as well as the NBS Survey Office in Chongqing on the basis of the data provided by the related divisions of Municipal Bureau of Statistics, the statistical bureaus of districts and counties and the related municipal departments.

表 20.1 各区县户数和人口（2017 年）
HOUSEHOLDS AND POPULATION BY REGION (2017)

区 县	Region	年末总户数（户籍统计）（万户） Year-end Households (registration statistics) (10 000 households)	年末总人口（户籍统计）（万人） Year-end Population (registration statistics) (10 000 persons)	其 中 of which #城镇人口 Non-agricultural	#女 性 Female	按年龄组分 By Age 0-17 岁 Aged 0-17	18-35 岁 Aged 18-35	35-59 岁 Aged 35-59	60 岁及以上 Aged 60 and Over
全 市	**Total**	**1260.93**	**3389.82**	**1636.81**	**1648.69**	**630.13**	**755.88**	**1297.60**	**706.21**
主城片区	Metropolitan Developed Economic Area	276.22	671.40	547.99	338.31	111.37	138.95	263.77	157.31
渝西片区	West Area of Chongqing	472.75	1247.19	583.65	607.64	218.03	264.97	489.64	274.55
渝东北片区	Northeast Area of Chongqing	386.86	1097.87	386.24	526.20	216.32	257.51	413.71	210.33
渝东南片区	Southeast Area of Chongqing	125.10	373.36	118.93	176.54	84.41	94.45	130.48	64.02
万州区	Wanzhou District	69.77	174.14	72.58	85.61	28.02	35.86	72.29	37.97
黔江区	Qianjiang District	20.58	55.45	23.36	26.20	12.36	14.43	19.66	9.00
涪陵区	Fuling District	45.71	115.83	51.74	56.92	20.53	23.62	47.83	23.85
渝中区	Yuzhong District	20.47	50.77	50.77	25.88	5.65	9.69	19.31	16.12
大渡口区	Dadukou District	11.69	26.31	26.31	13.36	4.41	5.24	10.50	6.16
江北区	Jiangbei District	25.94	61.41	57.65	31.06	9.38	13.10	23.87	15.06
沙坪坝区	Shapingba District	32.09	83.17	73.20	42.12	14.38	17.92	31.78	19.09
九龙坡区	Jiulongpo District	38.87	93.05	77.99	47.14	16.20	19.04	36.59	21.22
南岸区	Nan'an District	28.54	71.32	65.47	36.34	13.12	14.53	27.84	15.83
北碚区	Beibei District	25.92	63.02	42.31	31.72	8.49	12.12	25.57	16.84
渝北区	Yubei District	54.49	130.47	95.10	65.30	25.40	29.02	52.14	23.91
巴南区	Ba'nan District	38.21	91.88	59.19	45.39	14.34	18.29	36.17	23.08
长寿区	Changshou District	37.40	89.49	38.96	44.11	13.98	18.08	37.53	19.90
江津区	Jiangjin District	62.29	149.66	71.54	72.90	25.13	29.02	59.59	35.92
合川区	Hechuan District	59.25	153.27	74.59	74.19	23.79	31.38	61.12	36.98
永川区	Yongchuan District	40.50	113.97	51.52	56.17	22.71	23.16	44.28	23.82
南川区	Nanchuan District	25.97	68.63	29.05	33.69	12.72	13.25	28.27	14.39
綦江区	Qijiang District	46.75	120.06	60.96	58.87	19.64	26.61	47.01	26.80
#綦江区（不含万盛）	Qijiang District (excluding Wansheng)	36.74	93.35	42.68	45.46	15.62	20.68	36.21	20.84
大足区	Dazu District	32.59	106.79	50.66	51.19	21.82	25.82	38.23	20.92
璧山区	Bishan District	25.43	64.50	33.73	31.83	10.70	13.41	25.56	14.83
铜梁区	Tongliang District	32.92	84.97	39.49	41.27	14.70	17.25	33.50	19.52
潼南区	Tongnan District	32.85	95.06	39.47	44.88	17.21	24.27	33.94	19.64
荣昌区	Rongchang District	31.09	84.96	41.94	41.62	15.10	19.10	32.78	17.98
开州区	Kaizhou District	56.98	168.43	62.87	80.24	36.43	41.60	60.23	30.17
梁平区	Liangping District	32.36	92.92	37.47	44.46	17.55	20.40	36.99	17.98
武隆区	Wulong District	14.12	41.27	11.63	19.68	7.97	8.72	16.08	8.50
城口县	Chengkou County	8.84	25.11	6.86	11.81	5.76	6.06	8.95	4.34
丰都县	Fengdu County	27.54	82.37	24.57	39.60	17.11	17.71	31.94	15.61
垫江县	Dianjiang County	33.69	97.14	40.72	46.61	20.60	22.10	36.26	18.18
忠 县	Zhongxian County	34.70	99.73	32.37	47.81	19.34	20.97	38.51	20.91
云阳县	Yunyang County	44.36	134.15	45.64	63.86	26.37	34.60	48.56	24.62
奉节县	Fengjie County	35.48	105.93	27.98	50.19	20.98	28.21	37.62	19.12
巫山县	Wushan County	23.39	63.69	16.39	30.27	13.14	16.35	22.89	11.31
巫溪县	Wuxi County	19.75	54.26	18.79	25.74	11.02	13.65	19.47	10.12
石柱县	Shizhu County	19.53	54.78	16.25	26.48	11.44	13.04	20.44	9.86
秀山县	Xiushan County	21.32	66.58	20.00	31.71	14.70	18.88	22.09	10.91
酉阳县	Youyang County	26.96	85.26	27.35	39.95	21.52	21.76	28.09	13.89
彭水县	Pengshui County	22.59	70.02	20.34	32.52	16.42	17.62	24.12	11.86

表 20.1 续表 continued

区 县	Region	出 生（户籍统计） Birth (registration statistics)		死 亡（户籍统计） Mortality (registration statistics)		自然增长（户籍统计） Natural Growth (registration statistics)		常住人口（万人） Resident Popolation (10 000 persons)	其 中 of which	城镇化率（%）
		人 数（万人） Population (10 000 persons)	出生率（‰） Birth Rate (‰)	人 数（万人） Population (10 000 persons)	死亡率（‰） Mortality Rate (‰)	人 数（万人） Population (10 000 persons)	自然增长率（‰） Natural Growth Rate (‰)		城镇人口 Urban	Urban Rate (%)
全 市	**Total**	**41.09**	**12.12**	**44.79**	**13.21**	**-3.70**	**-1.09**	**3075.16**	**1970.68**	**64.08**
主城片区	Metropolitan Developed Economic Area	9.02	13.52	10.68	16.01	-1.66	-2.49	865.06	777.05	89.83
渝西片区	West Area of Chongqing	14.63	11.71	15.11	12.10	-0.48	-0.38	1124.09	696.94	62.00
渝东北片区	Northeast Area of Chongqing	12.62	11.46	14.62	13.28	-2.00	-1.82	813.58	387.19	47.59
渝东南片区	Southeast Area of Chongqing	4.82	12.90	4.38	11.72	0.44	1.18	272.43	109.50	40.19
万州区	Wanzhou District	1.78	10.17	3.19	18.22	-1.41	-8.05	163.58	107.07	65.45
黔江区	Qianjiang District	0.80	14.43	0.63	11.37	0.17	3.07	47.76	23.45	49.10
涪陵区	Fuling District	1.23	10.59	1.29	11.11	-0.06	-0.52	116.02	77.94	67.18
渝中区	Yuzhong District	0.47	9.10	1.58	30.60	-1.11	-21.49	65.90	65.90	100.00
大渡口区	Dadukou District	0.32	12.22	0.50	19.09	-0.18	-6.87	35.50	34.58	97.41
江北区	Jiangbei District	0.83	13.56	1.21	19.76	-0.38	-6.21	87.44	84.02	96.09
沙坪坝区	Shapingba District	1.16	14.07	1.31	15.89	-0.15	-1.82	115.08	109.42	95.08
九龙坡区	Jiulongpo District	1.31	14.18	1.20	12.99	0.11	1.19	121.51	113.00	93.00
南岸区	Nan'an District	0.99	14.02	1.24	17.56	-0.25	-3.54	89.10	84.98	95.37
北碚区	Beibei District	0.64	10.12	1.24	19.61	-0.60	-9.49	80.58	66.29	82.27
渝北区	Yubei District	2.19	17.13	1.11	8.68	1.08	8.45	163.23	133.08	81.53
巴南区	Ba'nan District	1.11	12.11	1.29	14.07	-0.18	-1.96	106.72	85.78	80.38
长寿区	Changshou District	0.88	9.79	1.28	14.24	-0.40	-4.45	83.75	53.94	64.40
江津区	Jiangjin District	1.57	10.48	1.73	11.54	-0.16	-1.07	137.40	91.47	66.57
合川区	Hechuan District	1.63	10.59	2.49	16.17	-0.86	-5.59	139.01	93.37	67.17
永川区	Yongchuan District	1.46	12.83	0.98	8.61	0.48	4.22	112.00	76.05	67.90
南川区	Nanchuan District	0.69	10.05	0.65	9.46	0.04	0.58	58.21	34.37	59.05
綦江区	Qijiang District	1.40	11.63	1.48	12.30	-0.08	-0.66	109.85	67.08	61.07
#綦江区（不含万盛）	Qijiang District (excluding Wansheng)	1.09	11.65	1.19	12.71	-0.10	-1.07	82.55	44.95	54.45
大足区	Dazu District	1.55	14.54	1.07	10.04	0.48	4.50	78.74	45.03	57.19
璧山区	Bishan District	0.79	12.26	0.71	11.02	0.08	1.24	74.00	41.63	56.26
铜梁区	Tongliang District	1.00	11.78	0.91	10.72	0.09	1.06	72.54	39.75	54.80
潼南区	Tongnan District	1.26	13.21	1.48	15.52	-0.22	-2.31	71.57	37.39	52.24
荣昌区	Rongchang District	1.17	13.76	1.04	12.23	0.13	1.53	71.00	38.92	54.82
开州区	Kaizhou District	2.13	12.62	2.39	14.16	-0.26	-1.54	118.05	54.75	46.38
梁平区	Liangping District	1.09	11.72	1.01	10.86	0.08	0.86	65.33	29.20	44.69
武隆区	Wulong District	0.41	9.91	0.49	11.85	-0.08	-1.93	34.72	14.82	42.68
城口县	Chengkou County	0.33	13.11	0.38	15.09	-0.05	-1.99	18.43	6.42	34.86
丰都县	Fengdu County	0.81	9.79	1.00	12.09	-0.19	-2.30	57.86	26.00	44.94
垫江县	Dianjiang County	1.19	12.23	1.17	12.02	0.02	0.21	69.06	30.92	44.77
忠 县	Zhongxian County	1.02	10.20	1.04	10.40	-0.02	-0.20	72.45	31.31	43.21
云阳县	Yunyang County	1.54	11.45	1.60	11.89	-0.06	-0.45	92.67	39.20	42.30
奉节县	Fengjie County	1.31	12.33	1.50	14.11	-0.19	-1.79	72.79	30.83	42.36
巫山县	Wushan County	0.79	12.38	0.67	10.50	0.12	1.88	44.83	17.89	39.90
巫溪县	Wuxi County	0.63	11.58	0.67	12.32	-0.04	-0.74	38.53	13.60	35.30
石柱县	Shizhu County	0.62	11.32	0.45	8.22	0.17	3.10	37.91	16.10	42.46
秀山县	Xiushan County	0.90	13.51	0.85	12.76	0.05	0.75	48.05	19.34	40.25
酉阳县	Youyang County	1.19	13.95	1.04	12.19	0.15	1.76	54.91	18.46	33.62
彭水县	Pengshui County	0.90	12.83	0.92	13.11	-0.02	-0.29	49.08	17.33	35.31

表 20.2 各区县就业（2017 年）
EMPLOYMENT BY REGION (2017)

区 县	Region	城镇非私营单位在岗职工人数（万人）Employment of On-Post Urban Non-private Units (10 000 persons)	其 中 of which		年末失业人员登记数（人）Year-end Registered Unemployment (person)
			#国 有 State-owned	#集 体 Collective-owned	
全 市	**Total**	**369.18**	**112.83**	**6.56**	**142617**
主城片区	Metropolitan Developed Economic Area	178.35	43.87	1.07	52868
渝西片区	West Area of Chongqing	111.77	32.36	3.30	49753
渝东北片区	Northeast Area of Chongqing	62.25	25.87	1.80	30032
渝东南片区	Southeast Area of Chongqing	16.81	10.73	0.39	9964
万州区	Wanzhou District	19.14	6.51	0.58	8098
黔江区	Qianjiang District	3.44	2.10	0.01	2309
涪陵区	Fuling District	15.42	3.65	0.46	4660
渝中区	Yuzhong District	41.32	11.32	0.18	5997
大渡口区	Dadukou District	4.86	1.20	0.03	2087
江北区	Jiangbei District	16.99	3.10	0.06	6752
沙坪坝区	Shapingba District	17.41	5.12	0.37	7994
九龙坡区	Jiulongpo District	18.80	4.67	0.25	9907
南岸区	Nan'an District	14.44	4.03	0.04	4954
北碚区	Beibei District	10.53	3.26	0.06	3629
渝北区	Yubei District	39.97	7.85	0.04	7147
巴南区	Ba'nan District	14.03	3.32	0.04	4401
长寿区	Changshou District	9.61	2.66	0.27	4482
江津区	Jiangjin District	11.78	3.60	0.08	4791
合川区	Hechuan District	14.03	3.35	0.45	6424
永川区	Yongchuan District	17.86	3.61	0.24	5650
南川区	Nanchuan District	3.67	2.02	0.18	3226
綦江区	Qijiang District	10.43	2.94	0.05	5916
#綦江区（不含万盛）	Qijiang District (excluding Wansheng)	5.91	2.01	0.03	3394
大足区	Dazu District	8.69	2.20	0.17	3487
璧山区	Bishan District	7.86	1.78	0.10	3096
铜梁区	Tongliang District	3.18	2.11	0.18	2855
潼南区	Tongnan District	5.44	2.40	1.04	1582
荣昌区	Rongchang District	3.80	2.04	0.08	3584
开州区	Kaizhou District	6.68	2.82	0.02	2867
梁平区	Liangping District	5.70	1.99	0.19	2459
武隆区	Wulong District	2.14	1.30	0.10	685
城口县	Chengkou County	1.24	0.87	0.03	498
丰都县	Fengdu County	3.22	1.83	0.18	2507
垫江县	Dianjiang County	7.11	2.04	0.59	3071
忠 县	Zhongxian County	2.77	2.04	0.03	2438
云阳县	Yunyang County	5.52	2.27	0.01	3217
奉节县	Fengjie County	6.20	2.46	0.06	2508
巫山县	Wushan County	2.54	1.68	0.06	1396
巫溪县	Wuxi County	2.13	1.36	0.05	973
石柱县	Shizhu County	2.97	1.85	0.15	1469
秀山县	Xiushan County	2.98	1.70	0.07	1706
酉阳县	Youyang County	2.62	1.95	0.06	1993
彭水县	Pengshui County	2.66	1.83		1802

表 20.3 各区县生产总值(2017 年)
GROSS DOMESTIC PRODUCT BY REGION (2017)

(上年 =100) (preceding year=100)

区　县	Region	地区生产总值指数(可比价) Indices of GDP (constant prices)	其中 of which: 第一产业 Primary Industry	第二产业 Secondary Industry	其中 of which: #工业 Industry	第三产业 Tertiary Industry	人均地区生产总值指数 Indices of Per Capita GDP
全　市	**Total**	**109.3**	**104.0**	**109.5**	**109.4**	**109.9**	**108.3**
主城片区	Metropolitan Developed Economic Area						
渝西片区	West Area of Chongqing						
渝东北片区	Northeast Area of Chongqing						
渝东南片区	Southeast Area of Chongqing						
万州区	Wanzhou District	108.5	104.5	109.6	108.5	108.3	107.5
黔江区	Qianjiang District	105.8	104.5	107.1	106.4	104.7	104.1
涪陵区	Fuling District	109.7	104.1	111.4	111.4	107.2	108.7
渝中区	Yuzhong District	105.1		101.0	101.6	105.2	104.4
大渡口区	Dadukou District	107.4	87.5	109.0	110.6	106.6	103.9
江北区	Jiangbei District	110.5	87.1	109.9	111.2	110.8	109.0
沙坪坝区	Shapingba District	107.1	92.2	110.5	111.1	104.9	106.1
九龙坡区	Jiulongpo District	107.5	93.4	110.6	110.8	105.3	106.3
南岸区	Nan'an District	107.0	89.7	106.2	106.5	108.1	105.0
北碚区	Beibei District	109.7	99.0	111.2	111.9	107.7	108.3
渝北区	Yubei District	107.0	98.7	102.8	103.0	113.3	104.3
巴南区	Ba'nan District	110.1	100.1	110.0	110.8	111.8	106.9
长寿区	Changshou District	109.0	103.9	111.4	111.8	106.6	108.1
江津区	Jiangjin District	109.9	104.0	111.1	111.0	109.6	108.2
合川区	Hechuan District	109.0	104.3	110.5	110.7	108.5	107.8
永川区	Yongchuan District	109.4	103.9	111.1	110.9	108.0	108.2
南川区	Nanchuan District	109.5	104.5	110.3	110.2	111.0	107.8
綦江区	Qijiang District	109.5	104.1	110.7	110.8	109.7	108.5
#綦江区(不含万盛)	Qijiang District (excluding Wansheng)	110.0	104.3	111.1	110.9	110.9	109.0
大足区	Dazu District	109.6	104.0	111.0	110.9	109.0	108.0
璧山区	Bishan District	110.1	103.7	111.1	111.0	108.2	108.9
铜梁区	Tongliang District	109.8	104.3	110.8	110.5	110.0	106.9
潼南区	Tongnan District	109.1	104.0	111.1	110.6	108.5	106.6
荣昌区	Rongchang District	109.2	103.6	110.4	110.5	108.9	108.5
开州区	Kaizhou District	107.9	104.3	109.5	107.7	107.2	107.4
梁平区	Liangping District	108.9	104.8	109.9	109.4	109.0	109.7
武隆区	Wulong District	107.7	105.0	109.9	110.6	106.5	107.6
城口县	Chengkou County	105.0	104.1	109.6	106.7	100.0	105.6
丰都县	Fengdu County	109.3	104.6	110.4	109.0	110.3	110.9
垫江县	Dianjiang County	108.5	105.0	109.3	108.6	108.9	107.4
忠　县	Zhongxian County	112.0	104.4	117.6	121.1	108.3	110.7
云阳县	Yunyang County	108.9	104.4	110.9	110.5	109.0	107.1
奉节县	Fengjie County	110.8	104.9	113.3	119.4	111.4	112.8
巫山县	Wushan County	110.0	104.8	110.5	108.1	111.8	111.7
巫溪县	Wuxi County	102.4	105.1	101.5	80.5	102.0	103.2
石柱县	Shizhu County	109.0	104.9	110.3	110.8	108.9	110.0
秀山县	Xiushan County	107.2	105.0	107.3	106.7	107.9	108.4
酉阳县	Youyang County	106.0	104.7	106.5	105.2	106.1	106.7
彭水县	Pengshui County	106.0	104.6	105.4	102.4	107.3	107.7

表 20.4 各区县农业和农村经济（2017 年）
AGRICULTURE AND RURAL ECONOMY BY REGION (2017)

区 县	Region	农林牧渔业总产值（万元） Gross Output Value (10 000 yuan)	其中 of which 农业 Farming	林业 Forestry	牧业 Animal Husbandry	渔业 Fishery	农林牧渔服务业 Farming, Forestry, Animal Husbandry and Fishery Services	农林牧渔业总产值指数（可比价）（上年=100） Indices of Gross Output (constant prices) (preceding year=100)
全 市	**Total**	**20093608**	**11936920**	**851673**	**6013935**	**947880**	**343200**	**103.7**
主城片区	Metropolitan Developed Economic Area	1735514	1216069	43722	310267	93238	72218	98.2
渝西片区	West Area of Chongqing	9560415	5783039	345552	2751046	553019	127760	104.2
渝东北片区	Northeast Area of Chongqing	6489692	3760813	322612	2037765	258425	110078	104.6
渝东南片区	Southeast Area of Chongqing	2307987	1257656	146041	833482	44383	26424	104.7
万州区	Wanzhou District	1035525	675339	53167	239428	50221	17369	104.3
黔江区	Qianjiang District	350557	160293	22821	158944	4154	4345	104.6
涪陵区	Fuling District	901665	579141	45574	217983	42255	16712	104.0
渝中区	Yuzhong District							
大渡口区	Dadukou District	23179	17003	2512	1334	507	1823	88.9
江北区	Jiangbei District	18400	7724	4924	4104	1021	627	89.2
沙坪坝区	Shapingba District	95135	58401	1377	9743	7364	18250	96.8
九龙坡区	Jiulongpo District	136318	106909	1433	13724	6491	7762	94.9
南岸区	Nan'an District	57385	45476	1410	4098	4997	1404	89.1
北碚区	Beibei District	232237	185131	3248	24733	12818	6307	98.7
渝北区	Yubei District	433424	265562	16724	119437	14122	17579	98.2
巴南区	Ba'nan District	739436	529862	12096	133093	45919	18466	100.2
长寿区	Changshou District	673516	352057	12557	236165	59383	13355	104.4
江津区	Jiangjin District	1257908	822668	25960	338380	58283	12617	104.5
合川区	Hechuan District	1070091	683588	30911	272306	70792	12493	104.7
永川区	Yongchuan District	844883	455389	30800	278359	70523	9813	103.8
南川区	Nanchuan District	667676	385717	35358	209416	24427	12758	104.4
綦江区	Qijiang District	874711	586684	51399	207204	21731	7693	104.0
#綦江区（不含万盛）	Qijiang District (excluding Wansheng)	735928	504406	28365	178926	17645	6586	104.3
大足区	Dazu District	668966	404115	33588	187187	37563	6513	103.0
璧山区	Bishan District	418502	236952	5756	139808	32250	3736	104.0
铜梁区	Tongliang District	655457	304059	13300	269123	57116	11859	104.7
潼南区	Tongnan District	791004	540671	35997	150666	57173	6496	104.3
荣昌区	Rongchang District	736037	431996	24352	244450	21523	13715	103.8
开州区	Kaizhou District	925705	538903	32374	286566	54760	13102	104.2
梁平区	Liangping District	637086	367246	25778	198805	37438	7819	104.7
武隆区	Wulong District	343571	221697	15228	92464	12647	1536	104.7
城口县	Chengkou County	136790	60411	14583	59469	1503	824	103.9
丰都县	Fengdu County	497194	261544	36789	174677	18689	5496	105.0
垫江县	Dianjiang County	645246	353940	13967	232868	28881	15590	105.1
忠 县	Zhongxian County	598798	376237	19913	169306	26074	7268	104.5
云阳县	Yunyang County	708389	411184	38243	213997	24121	20844	104.8
奉节县	Fengjie County	658299	420023	13158	203092	10767	11259	104.9
巫山县	Wushan County	362112	172899	41248	138611	3041	6313	104.6
巫溪县	Wuxi County	284547	123088	33391	120945	2929	4194	104.9
石柱县	Shizhu County	394140	205170	15856	159673	10348	3093	104.8
秀山县	Xiushan County	348024	210703	22595	94669	9560	10498	105.0
酉阳县	Youyang County	452676	221819	42127	179403	6207	3120	104.7
彭水县	Pengshui County	419019	237975	27415	148330	1467	3832	104.6

表 20.4 续表 1 continued 1

区 县	Region	乡村从业人员（万人） Rural Employment (10 000 persons)	农作物播种面积（公顷） Sown Areas of Farm Crops (hectare)	其中 of which #粮 食 Grain
全 市	**Total**	**1281.69**	**3606418**	**2238973**
主城片区	Metropolitan Developed Economic Area	100.23	195973	108713
渝西片区	West Area of Chongqing	517.69	1456526	854580
渝东北片区	Northeast Area of Chongqing	470.61	1309465	884660
渝东南片区	Southeast Area of Chongqing	193.16	644433	391000
万州区	Wanzhou District	68.90	180011	111353
黔江区	Qianjiang District	29.53	84930	55453
涪陵区	Fuling District	54.76	187865	98773
渝中区	Yuzhong District			
大渡口区	Dadukou District	0.95	1900	320
江北区	Jiangbei District	0.93	1220	800
沙坪坝区	Shapingba District	5.91	7370	2833
九龙坡区	Jiulongpo District	11.01	10341	4767
南岸区	Nan'an District	14.95	1531	500
北碚区	Beibei District	15.53	27683	10967
渝北区	Yubei District	22.52	58299	35613
巴南区	Ba'nan District	28.43	87630	52913
长寿区	Changshou District	28.76	93612	70880
江津区	Jiangjin District	66.31	157083	102773
合川区	Hechuan District	73.15	176302	119213
永川区	Yongchuan District	40.71	108407	67833
南川区	Nanchuan District	30.22	107456	55920
綦江区	Qijiang District	46.61	127894	78900
#綦江区（不含万盛）	Qijiang District (excluding Wansheng)	39.79	106619	66447
大足区	Dazu District	24.34	113706	65387
璧山区	Bishan District	31.91	55898	28353
铜梁区	Tongliang District	41.61	94315	59747
潼南区	Tongnan District	37.99	151955	59400
荣昌区	Rongchang District	41.31	82034	47400
开州区	Kaizhou District	81.26	183661	127213
梁平区	Liangping District	47.97	105799	75747
武隆区	Wulong District	23.05	90609	49813
城口县	Chengkou County	9.80	51490	33400
丰都县	Fengdu County	32.56	110100	73747
垫江县	Dianjiang County	50.09	92154	64780
忠 县	Zhongxian County	37.81	111097	79387
云阳县	Yunyang County	44.50	137633	99260
奉节县	Fengjie County	43.80	142850	92793
巫山县	Wushan County	28.59	95224	62360
巫溪县	Wuxi County	25.34	99446	64620
石柱县	Shizhu County	25.99	95443	56373
秀山县	Xiushan County	34.86	108686	55233
酉阳县	Youyang County	45.40	142846	89487
彭水县	Pengshui County	34.32	121917	84640

农用化肥施用量（折纯）（吨） Consumption of Chemical Fertilizer (net) (ton)	农村用电量（万千瓦时） Electricity Consumption in Rural Areas (10 000 kwh)	农药使用量（吨） Consumption of Chemical Pesticides (ton)	粮食产量（吨） Output of Grain (ton)
954649	**801802**	**17467**	**11671521**
45120	185381	701	584870
405521	364333	7970	5178585
341363	170541	5982	4176031
162644	81547	2816	1732035
39380	18587	1128	531800
25361	4287	665	253222
39486	20263	1335	452534
996	4459	10	2032
378	505	7	3699
2612	60792	28	12751
2080	13401	125	20948
1336	5040	8	2289
9016	66492	223	49679
13774	10395	88	191439
14929	24297	212	302033
22174	16317	295	377020
49781	42933	1093	671312
30110	20813	552	724124
70350	32759	1945	500031
33819	20950	382	341171
38193	35273	446	435560
30043	26256	302	381568
28017	25896	573	442642
9205	88400	108	173511
37076	16208	398	366520
33300	25863	352	383912
14010	18658	491	310249
54708	29092	751	623075
46133	16347	1275	393307
17558	16223	301	183325
5495	4772	41	111615
26229	18216	306	345951
35951	13278	474	394911
33088	8812	607	416985
26514	18352	560	431823
27713	22541	640	446188
19152	10785	135	236907
27000	9759	66	243469
25112	7012	619	265445
28250	20612	545	317922
26506	16089	254	386787
39857	17325	432	325334

表 20.4 续表 2 continued 2

区 县	Region	油料产量（吨） Output of Oil-bearing Crops (ton)	甘蔗产量（吨） Output of Sugarcane (ton)	烟叶产量（吨） Output of Tobacco (ton)	茶叶产量（吨） Output of Tea (ton)	水果产量（吨） Output of Fruits (ton)	蔬菜产量（吨） Output of Vegetables (ton)	猪肉产量（吨） Output of Pork(ton)
全 市	**Total**	**643619**	**95711**	**69053**	**39175**	**4459444**	**19471767**	**1491499**
主城片区	Metropolitan Developed Economic Area	8986	764	623	3080	253446	1655907	61723
渝西片区	West Area of Chongqing	267682	77664	5197	20560	1593782	10799610	642438
渝东北片区	Northeast Area of Chongqing	234072	17063	24970	5548	2327904	4769034	547166
渝东南片区	Southeast Area of Chongqing	132879	220	38263	9987	284312	2247216	240173
万州区	Wanzhou District	20295	397	1125	923	452083	1105254	64853
黔江区	Qianjiang District	17113		4805	860	48001	226680	55863
涪陵区	Fuling District	7328	636	1791	806	156791	2281979	57869
渝中区	Yuzhong District							
大渡口区	Dadukou District					1575	40630	66
江北区	Jiangbei District	18				1474	5824	546
沙坪坝区	Shapingba District	34				4839	76697	976
九龙坡区	Jiulongpo District	1013				15847	95504	2457
南岸区	Nan'an District					4018	19258	416
北碚区	Beibei District	951			65	22887	357297	6323
渝北区	Yubei District	4516	65	79	15	148612	394505	18812
巴南区	Ba'nan District	2454	699	544	3000	54194	666192	32127
长寿区	Changshou District	12775	1118		42	262130	353888	47670
江津区	Jiangjin District	17800	52354	420	1512	294214	927782	70093
合川区	Hechuan District	26053	780	125	205	140156	822135	74970
永川区	Yongchuan District	22475			5800	179850	680500	61914
南川区	Nanchuan District	22253		1900	3460	88238	462943	50041
綦江区	Qijiang District	13723	400	696	2445	48624	798817	56130
#綦江区（不含万盛）	Qijiang District (excluding Wansheng)	12428	400	605	1695	43256	606476	50515
大足区	Dazu District	49761	3000	260	850	71558	399094	48887
璧山区	Bishan District	4842	100		650	162649	780135	20475
铜梁区	Tongliang District	14914	598		740	51920	748586	47057
潼南区	Tongnan District	49618	9000		200	99623	2015798	53556
荣昌区	Rongchang District	26140	9678	5	3850	38029	527953	53776
开州区	Kaizhou District	31498	6233	180	628	532126	500324	75200
梁平区	Liangping District	17726	4280	53	177	118122	537935	52649
武隆区	Wulong District	10927		7558	264	95569	590989	34521
城口县	Chengkou County	3539		63	659	34071	58323	16475
丰都县	Fengdu County	21509	490	3651	20	2309	415398	35264
垫江县	Dianjiang County	20871	3310	471	101	71120	503200	57149
忠 县	Zhongxian County	33735	1532	178	616	381416	290114	50990
云阳县	Yunyang County	21122	821	730	794	253062	526398	61103
奉节县	Fengjie County	28734		7583	413	371909	329148	54638
巫山县	Wushan County	20609		7068	394	96962	256336	37827
巫溪县	Wuxi County	14434		3868	823	14724	246604	41018
石柱县	Shizhu County	10690	15	4213	168	17372	395717	26546
秀山县	Xiushan County	36908		177	6500	84695	339876	33784
酉阳县	Youyang County	30385		11210	1445	28864	343828	48286
彭水县	Pengshui County	26856	205	10300	750	9811	350126	41173

表 20.5 各区县工业（2017 年）
INDUSTRY BY REGION (2017)

区 县	Region	工业总产值（万元） Gross Output Value of Industry (10 000 yuan)	工业总产值指数（上年 =100） Index of Gross Output Value of Industry (preceding year=100)	工业企业资产总计（万元） Total Assets of Industrial Enterprises (10 000 yuan)	主营业务收入（万元） Revenue from Principal Business (10 000 yuan)	利润总额（万元） Total Profits (10 000 yuan)
全 市	**Total**	**211732144**	**114.4**	**197604975**	**207724101**	**15018747**
主城片区	Metropolitan Developed Economic Area	97028987	110.7	90568325	97202594	6021685
渝西片区	West Area of Chongqing	95523709	119.4	83606207	92109649	7788561
渝东北片区	Northeast Area of Chongqing	14375522	106.3	15062327	13760783	887867
渝东南片区	Southeast Area of Chongqing	4803928	114.2	8368115	4651076	320634
万州区	Wanzhou District	4134438	113.4	5070215	3903304	224658
黔江区	Qianjiang District	1362013	103.9	2266474	1333112	55466
涪陵区	Fuling District	14152327	122.4	13941232	12830028	1050224
渝中区	Yuzhong District	129493	97.7	273867	135024	6033
大渡口区	Dadukou District	1831590	117.3	2638219	1799080	124917
江北区	Jiangbei District	8235552	111.9	10731267	8869701	591386
沙坪坝区	Shapingba District	18641239	120.2	8529566	18610777	406290
九龙坡区	Jiulongpo District	12326709	112.9	11156480	11645708	851530
南岸区	Nan'an District	8573137	105.7	7415851	8372739	290294
北碚区	Beibei District	7297123	119.2	10861241	7037747	777390
渝北区	Yubei District	33842799	105.9	31573378	35171036	2691513
巴南区	Ba'nan District	6151346	116.1	7388456	5560783	282333
长寿区	Changshou District	10485580	128.0	11606162	10117977	516499
江津区	Jiangjin District	13842166	117.2	13796195	13643840	1552906
合川区	Hechuan District	7778296	122.3	9048818	7248572	528559
永川区	Yongchuan District	9061111	123.6	6335101	8829410	1084287
南川区	Nanchuan District	2274270	127.3	1872446	2204707	168026
綦江区	Qijiang District	6588489	115.5	7016165	6495648	329427
#綦江区（不含万盛）	Qijiang District (excluding Wansheng)	4478560	112.5	4662300	4413601	122382
大足区	Dazu District	5554719	118.8	3864422	5416170	441679
璧山区	Bishan District	9530289	111.8	6024592	9293531	607547
铜梁区	Tongliang District	4755767	112.9	3268185	4717928	268626
潼南区	Tongnan District	4656491	111.7	2072242	4639657	520879
荣昌区	Rongchang District	6844205	114.8	4760649	6672182	719901
开州区	Kaizhou District	1757227	113.0	1272712	1724926	57864
梁平区	Liangping District	1734041	110.9	1265492	1714621	145246
武隆区	Wulong District	360609	107.9	1194776	367597	36870
城口县	Chengkou County	101783	108.7	365879	93676	-2147
丰都县	Fengdu County	1025979	115.1	1162869	912143	87323
垫江县	Dianjiang County	1799911	113.2	1442838	1712546	135330
忠 县	Zhongxian County	1294247	136.5	1195071	1257574	109498
云阳县	Yunyang County	1873518	122.0	1142049	1800813	112716
奉节县	Fengjie County	456708	130.6	1189093	439474	19858
巫山县	Wushan County	106160	108.4	339797	107747	-2220
巫溪县	Wuxi County	91510	68.3	616313	93959	-261
石柱县	Shizhu County	1149609	121.1	1402894	1154328	97307
秀山县	Xiushan County	1009674	119.2	1123871	918931	43244
酉阳县	Youyang County	469765	119.2	891922	464325	26035
彭水县	Pengshui County	452258	98.7	1488179	412783	61712

表 20.5 续表 continued

区 县	Region	总资产贡献率 (%) Ratio of Total Assets to Industrial Output Value (%)	资产负债率 (%) Asset-Liability Ratio (%)	产品销售率 (%) Sales as Percentage of Output (%)	全员劳动生产率 (元/人年) Overall Labor Productivity (yuan/person--year)
全 市	**Total**	**13.4**	**58.8**	**98.0**	**318885**
主城片区	Metropolitan Developed Economic Area	11.4	61.4	98.4	324035
渝西片区	West Area of Chongqing	16.2	56.4	97.9	313583
渝东北片区	Northeast Area of Chongqing	10.4	54.1	96.5	243248
渝东南片区	Southeast Area of Chongqing	11.8	63.5	98.2	449478
万州区	Wanzhou District	8.6	61.7	96.7	233594
黔江区	Qianjiang District	16.0	55.0	97.3	468211
涪陵区	Fuling District	14.1	64.9	96.8	518607
渝中区	Yuzhong District	5.1	53.7	100.0	384204
大渡口区	Dadukou District	9.3	60.9	98.6	282299
江北区	Jiangbei District	9.5	62.1	99.7	389579
沙坪坝区	Shapingba District	7.5	72.1	99.9	221557
九龙坡区	Jiulongpo District	12.5	49.7	98.0	269649
南岸区	Nan'an District	10.7	58.6	98.9	378921
北碚区	Beibei District	10.5	52.2	98.0	276441
渝北区	Yubei District	14.3	66.8	98.6	407531
巴南区	Ba'nan District	8.1	59.2	91.4	256882
长寿区	Changshou District	8.5	57.2	98.2	325971
江津区	Jiangjin District	18.6	53.2	97.9	397207
合川区	Hechuan District	9.9	73.8	95.4	300842
永川区	Yongchuan District	27.8	44.9	98.0	329404
南川区	Nanchuan District	14.5	51.4	98.7	302348
綦江区	Qijiang District	11.2	59.6	98.9	219477
#綦江区（不含万盛）	Qijiang District (excluding Wansheng)	7.3	63.4	98.7	197798
大足区	Dazu District	21.0	50.6	96.6	214596
璧山区	Bishan District	16.4	58.3	99.1	259869
铜梁区	Tongliang District	14.7	54.5	99.0	234949
潼南区	Tongnan District	36.6	41.5	99.4	365385
荣昌区	Rongchang District	27.1	29.2	98.4	288768
开州区	Kaizhou District	8.5	52.0	97.0	202884
梁平区	Liangping District	18.8	36.6	98.4	286365
武隆区	Wulong District	7.8	71.6	101.3	468168
城口县	Chengkou County	3.5	67.1	89.8	190261
丰都县	Fengdu County	11.7	57.6	89.0	372428
垫江县	Dianjiang County	15.9	45.4	96.5	239016
忠 县	Zhongxian County	12.9	45.9	98.6	521843
云阳县	Yunyang County	15.9	47.8	98.2	395081
奉节县	Fengjie County	3.5	41.7	91.5	270924
巫山县	Wushan County	3.0	77.4	100.0	137400
巫溪县	Wuxi County	3.2	75.4	99.1	119133
石柱县	Shizhu County	15.2	60.6	99.2	332049
秀山县	Xiushan County	9.0	58.1	97.1	262003
酉阳县	Youyang County	7.9	60.4	99.4	198655
彭水县	Pengshui County	9.7	78.7	97.6	512511

表 20.6 各区县建筑业(2017 年)
CONSTRUCTION BY REGION (2017)

区 县	Region	企业数(个) Number of Construction Enterprises (unit)	年末从业人数(万人) Number of Employed Persons at Year-end (10 000 persons)	总产值(万元) Gross Output Value (10 000 yuan)	房屋建筑施工面积(万平方米) Floor Space under Construction (10 000 sq.m)	房屋建筑竣工面积(万平方米) Floor Space Completed (10 000 sq.m)	其中 of which #住宅 Residential Buildings
全 市	**Total**	**2908**	**187.28**	**76080004**	**33210.82**	**13448.18**	**9593.89**
主城片区	Metropolitan Developed Economic Area	1319	59.93	25288103	14029.43	3593.43	2497.03
渝西片区	West Area of Chongqing	894	75.99	28720566	12051.60	5897.82	4387.91
渝东北片区	Northeast Area of Chongqing	561	46.52	19714960	6557.65	3622.72	2520.33
渝东南片区	Southeast Area of Chongqing	134	4.85	2356375	572.14	334.21	188.61
万州区	Wanzhou District	198	12.67	5621636	1761.86	798.53	629.04
黔江区	Qianjiang District	49	1.42	576394	181.80	111.01	80.98
涪陵区	Fuling District	156	14.00	4770884	1892.69	530.24	444.55
渝中区	Yuzhong District	158	8.57	4155502	2403.43	704.20	404.84
大渡口区	Dadukou District	60	3.29	1903251	1639.00	331.15	201.03
江北区	Jiangbei District	86	5.45	1203001	548.07	138.25	67.37
沙坪坝区	Shapingba District	177	6.02	2369168	1559.72	395.47	331.11
九龙坡区	Jiulongpo District	238	5.38	1872206	1170.61	416.29	263.40
南岸区	Nan'an District	107	3.69	1789276	1375.46	363.44	351.10
北碚区	Beibei District	69	5.19	2008251	791.93	202.90	115.23
渝北区	Yubei District	326	14.08	7154850	3548.86	512.79	401.06
巴南区	Ba'nan District	98	8.25	2832598	992.36	528.95	361.89
长寿区	Changshou District	44	3.39	2323105	1638.16	670.55	636.82
江津区	Jiangjin District	88	12.25	2760839	936.69	390.12	288.90
合川区	Hechuan District	114	7.91	2841237	1554.22	750.78	571.73
永川区	Yongchuan District	94	7.97	3346023	1255.64	751.37	407.47
南川区	Nanchuan District	39	1.21	280035	145.46	47.05	26.65
綦江区	Qijiang District	118	3.49	1189016	557.11	296.79	216.07
#綦江区(不含万盛)	Qijiang District (excluding Wansheng)	91	2.24	779277	444.64	237.81	188.44
大足区	Dazu District	44	2.88	1482459	642.46	359.38	242.72
璧山区	Bishan District	35	2.52	1193063	570.89	303.61	171.69
铜梁区	Tongliang District	67	5.31	1784462	795.77	467.05	321.39
潼南区	Tongnan District	48	13.07	5439433	1495.44	969.77	856.79
荣昌区	Rongchang District	47	1.99	1310011	567.05	361.12	203.12
开州区	Kaizhou District	40	5.35	3089219	1011.93	584.20	365.70
梁平区	Liangping District	30	4.57	1325879	622.52	392.38	225.06
武隆区	Wulong District	14	0.31	148596	40.80	13.57	8.06
城口县	Chengkou County	6	0.04	38139	2.25	1.80	1.40
丰都县	Fengdu County	24	4.36	1543078	335.47	219.14	155.43
垫江县	Dianjiang County	57	5.30	1950920	850.87	556.38	439.68
忠 县	Zhongxian County	45	2.79	605448	220.98	78.31	57.40
云阳县	Yunyang County	60	4.24	1937395	576.80	239.44	149.45
奉节县	Fengjie County	51	5.55	3031970	943.37	592.70	392.22
巫山县	Wushan County	32	0.69	331327	134.39	80.16	71.09
巫溪县	Wuxi County	18	0.96	239950	97.21	79.67	33.87
石柱县	Shizhu County	17	0.18	99790	24.39	23.94	13.71
秀山县	Xiushan County	13	1.96	834797	131.32	70.42	47.42
酉阳县	Youyang County	16	0.59	270027	88.19	53.76	13.41
彭水县	Pengshui County	25	0.39	426771	105.65	61.52	25.03

注：本表数据不包括劳务分包企业。
Note: The data in this table exclude construction enterprises of labor subcontracting.

表 20.7 各区县总承包建筑业企业主要经济指标（2017 年）
MAIN ECONOMIC INDICATORS ON CONSTRUCTION ENTERPRISES OF GENERAL CONTRACTING BY REGION (2017)

区 县	Region	企业数（个）Number of Enterprises (unit)	年末从业人数（万人）Number of Employed Persons at Year-end (10 000 persons)	总产值（万元）Gross Output Value (10 000 yuan)	利税总额（万元）Total Pre-Tax Profits (10 000 yuan)	按总产值计算的劳动生产率（元／人）Overall Labor Productivity by Gross Output Value (yuan/person)
全 市	**Total**	**1840**	**165.46**	**70878182**	**6148970**	**329536**
主城片区	Metropolitan Developed Economic Area	589	49.35	22080744	1102074	378792
渝西片区	West Area of Chongqing	650	67.43	27431574	2606298	317525
渝东北片区	Northeast Area of Chongqing	482	44.00	19076481	2147201	303708
渝东南片区	Southeast Area of Chongqing	119	4.68	2289383	293397	301703
万州区	Wanzhou District	149	10.92	5194591	415181	435353
黔江区	Qianjiang District	38	1.36	560244	67399	309527
涪陵区	Fuling District	108	13.21	4642470	313173	320338
渝中区	Yuzhong District	56	7.67	3848275	204053	416295
大渡口区	Dadukou District	31	3.06	1875591	169967	612698
江北区	Jiangbei District	37	3.96	910848	42864	240431
沙坪坝区	Shapingba District	56	3.94	1932818	70675	480323
九龙坡区	Jiulongpo District	87	3.64	1470165	74023	214529
南岸区	Nan'an District	55	3.22	1586404	63628	615505
北碚区	Beibei District	44	4.67	1832047	80777	321530
渝北区	Yubei District	158	11.42	5973526	304737	436011
巴南区	Ba'nan District	65	7.79	2651071	91351	283652
长寿区	Changshou District	38	3.33	2295418	72723	524631
江津区	Jiangjin District	59	7.93	2313740	116311	282967
合川区	Hechuan District	65	6.25	2688957	245466	333055
永川区	Yongchuan District	80	7.89	3306638	400102	299843
南川区	Nanchuan District	29	1.16	271154	21925	210769
綦江区	Qijiang District	79	3.07	1089264	99324	282779
#綦江区（不含万盛）	Qijiang District (excluding Wansheng)	58	1.87	691200	55131	290640
大足区	Dazu District	39	2.81	1374292	213144	234261
璧山区	Bishan District	25	2.42	1105239	175271	353733
铜梁区	Tongliang District	41	4.35	1604397	201403	314446
潼南区	Tongnan District	48	13.07	5439433	595963	306850
荣昌区	Rongchang District	39	1.95	1300573	151494	395624
开州区	Kaizhou District	40	5.35	3089219	220135	343525
梁平区	Liangping District	24	4.00	1200551	172830	288199
武隆区	Wulong District	12	0.28	139376	10684	361265
城口县	Chengkou County	6	0.04	38139	3729	271449
丰都县	Fengdu County	19	4.32	1531278	205849	262817
垫江县	Dianjiang County	53	5.25	1938223	200428	182941
忠 县	Zhongxian County	39	2.75	592490	84998	207593
云阳县	Yunyang County	56	4.20	1909035	268215	281876
奉节县	Fengjie County	50	5.54	3018970	497143	326902
巫山县	Wushan County	31	0.69	327220	43250	336093
巫溪县	Wuxi County	15	0.94	236765	35442	178758
石柱县	Shizhu County	17	0.18	99790	29751	273997
秀山县	Xiushan County	13	1.96	834797	120605	290789
酉阳县	Youyang County	14	0.51	228405	25114	303932
彭水县	Pengshui County	25	0.39	426771	39844	303557

表 20.8 各区县专业承包建筑业企业主要经济指标（2017 年）
MAIN ECONOMIC INDICATORS ON CONSTRUCTION ENTERPRISES OF SPECIALIZED CONTRACTING BY REGION (2017)

区 县	Region	企业数（个）Number of Enterprises (unit)	年末从业人数（万人）Number of Employed Persons at Year-end (10 000 persons)	总产值（万元）Gross Output Value (10 000 yuan)	利税总额（万元）Total Pre-Tax Profits (10 000 yuan)	按总产值计算的劳动生产率（元/人）Overall Labor Productivity by Gross Output Value (yuan/person)
全 市	**Total**	**1068**	**21.81**	**5201822**	**512842**	**214679**
主城片区	Metropolitan Developed Economic Area	730	10.57	3207360	285861	250834
渝西片区	West Area of Chongqing	244	8.56	1288992	137411	160171
渝东北片区	Northeast Area of Chongqing	79	2.52	638478	87260	205483
渝东南片区	Southeast Area of Chongqing	15	0.16	66992	2310	231726
万州区	Wanzhou District	49	1.74	427045	59612	212566
黔江区	Qianjiang District	11	0.06	16151	1274	163137
涪陵区	Fuling District	48	0.79	128414	10481	143785
渝中区	Yuzhong District	102	0.90	307227	17620	242140
大渡口区	Dadukou District	29	0.24	27661	3016	155222
江北区	Jiangbei District	49	1.49	292153	10837	194006
沙坪坝区	Shapingba District	121	2.08	436350	38554	183294
九龙坡区	Jiulongpo District	151	1.74	402042	20131	175227
南岸区	Nan'an District	52	0.47	202873	18767	418899
北碚区	Beibei District	25	0.53	176204	29595	351354
渝北区	Yubei District	168	2.66	1181324	132859	377384
巴南区	Ba'nan District	33	0.46	181527	14482	174077
长寿区	Changshou District	6	0.06	27687	4010	216986
江津区	Jiangjin District	29	4.32	447099	21839	144230
合川区	Hechuan District	49	1.66	152281	19674	91050
永川区	Yongchuan District	14	0.08	39385	5441	274842
南川区	Nanchuan District	10	0.06	8881	534	118573
綦江区	Qijiang District	39	0.42	99751	5873	119548
#綦江区（不含万盛）	Qijiang District (excluding Wansheng)	33	0.37	88077	4752	112429
大足区	Dazu District	5	0.07	108166	25275	1268069
璧山区	Bishan District	10	0.11	87824	21036	807207
铜梁区	Tongliang District	26	0.95	180065	20380	186403
潼南区	Tongnan District					
荣昌区	Rongchang District	8	0.04	9438	2867	225794
开州区	Kaizhou District					
梁平区	Liangping District	6	0.58	125328	14355	159046
武隆区	Wulong District	2	0.03	9220	548	274396
城口县	Chengkou County					
丰都县	Fengdu County	5	0.03	11799	1927	233648
垫江县	Dianjiang County	4	0.05	12696	1741	248458
忠 县	Zhongxian County	6	0.04	12958	2083	250629
云阳县	Yunyang County	4	0.04	28360	4522	412208
奉节县	Fengjie County	1	0.01	13000	2028	216667
巫山县	Wushan County	1	0.01	4107	770	500878
巫溪县	Wuxi County	3	0.02	3185	222	160065
石柱县	Shizhu County					
秀山县	Xiushan County					
酉阳县	Youyang County	2	0.07	41622	488	265953
彭水县	Pengshui County					

表 20.9 各区县公路交通运输业（2017 年）
HIGHWAY TRANSPORTATION BY REGION (2017)

区 县	Region	公路里程（公里） Length of Highways (km)	其 中 of which #等级公路 Expressway and Class I-IV Highways	其 中 of which 高速公路 Expressway
全 市	**Total**	**147881**	**122758**	**3023**
主城片区	Metropolitan Developed Economic Area	11818	10974	574
渝西片区	West Area of Chongqing	47097	40476	1107
渝东北片区	Northeast Area of Chongqing	62295	48827	813
渝东南片区	Southeast Area of Chongqing	26671	22481	528
万州区	Wanzhou District	6695	6376	194
黔江区	Qianjiang District	3942	2894	87
涪陵区	Fuling District	5490	4844	130
渝中区	Yuzhong District			
大渡口区	Dadukou District	163	163	5
江北区	Jiangbei District	432	432	45
沙坪坝区	Shapingba District	1318	1272	65
九龙坡区	Jiulongpo District	1586	1503	53
南岸区	Nan'an District	561	507	38
北碚区	Beibei District	1400	1399	55
渝北区	Yubei District	2944	2944	145
巴南区	Ba'nan District	3414	2754	169
长寿区	Changshou District	3461	3374	81
江津区	Jiangjin District	5405	3479	120
合川区	Hechuan District	4436	3546	108
永川区	Yongchuan District	3964	3862	113
南川区	Nanchuan District	3881	3244	108
綦江区	Qijiang District	6242	6136	142
#綦江区（不含万盛）	Qijiang District (excluding Wansheng)	5014	5009	119
大足区	Dazu District	2973	2439	82
璧山区	Bishan District	2428	1271	74
铜梁区	Tongliang District	3233	3221	90
潼南区	Tongnan District	3456	3024	29
荣昌区	Rongchang District	2127	2035	29
开州区	Kaizhou District	7894	4088	60
梁平区	Liangping District	4217	2882	93
武隆区	Wulong District	4601	3737	88
城口县	Chengkou County	3645	3643	
丰都县	Fengdu County	6106	3920	64
垫江县	Dianjiang County	3334	2686	76
忠 县	Zhongxian County	4812	4431	110
云阳县	Yunyang County	6623	4530	73
奉节县	Fengjie County	8070	6117	77
巫山县	Wushan County	4962	4294	43
巫溪县	Wuxi County	5938	5860	24
石柱县	Shizhu County	4815	4664	108
秀山县	Xiushan County	3431	3257	79
酉阳县	Youyang County	4072	3480	100
彭水县	Pengshui County	5811	4450	67

注：1) 2006 年起，公路里程包括村道。
2) 渝中区公路归为市政道路，不属于本表统计范围。

Note: a) The length of highways has included village roads since 2006.
b) The highways in Yuzhong District are municipal roads, not included in the statistic scope of this table.

表 20.10 各区县固定资产投资(2017年)
INVESTMENT IN FIXED ASSETS BY REGION (2017)

区 县	Region	全社会固定资产投资(万元) Total Investment in Fixed Assets (10 000 yuan)	其中 of which: #建设与改造投资 Construction and Renovation	其中 of which: #工业 Industry	#房地产开发 Real Estate Development	其中 of which: #住宅 Residential Building	全社会固定资产投资指数(上年=100) Index of Total Investment in Fixed Assets (preceding year=100)
全 市	**Total**	**174405655**	**134604818**	**58806968**	**39800837**	**26328813**	**109.5**
主城片区	Metropolitan Developed Economic Area	51689423	25575340	9959599	26114083	17058451	106.0
渝西片区	West Area of Chongqing	75015361	66065468	38149228	8949893	5985948	112.1
渝东北片区	Northeast Area of Chongqing	31059183	27386268	7983511	3672915	2529051	108.2
渝东南片区	Southeast Area of Chongqing	10350937	9286991	1970853	1063946	755363	111.2
万州区	Wanzhou District	6350481	5371144	2218572	979337	644274	108.0
黔江区	Qianjiang District	2626914	2446027	568251	180887	129549	104.0
涪陵区	Fuling District	8000793	6922304	3713166	1078489	662768	115.5
渝中区	Yuzhong District	2129678	1085764	7033	1043914	439451	74.9
大渡口区	Dadukou District	2084555	616152	154665	1468403	747717	110.0
江北区	Jiangbei District	4123393	1960971	1102787	2162422	1181285	109.1
沙坪坝区	Shapingba District	6378060	3663253	491332	2714807	1836770	106.4
九龙坡区	Jiulongpo District	7151467	3532537	1381925	3618930	2195188	109.2
南岸区	Nan'an District	4130198	1371262	602360	2758936	1873210	105.1
北碚区	Beibei District	6263110	4341319	2252380	1921791	1488442	108.3
渝北区	Yubei District	12104922	4481882	1912752	7623040	5277269	110.6
巴南区	Ba'nan District	7324040	4522200	2054365	2801840	2019119	103.9
长寿区	Changshou District	6007745	5199363	3650995	808382	585432	106.6
江津区	Jiangjin District	8344489	7190551	5334113	1153938	683950	111.7
合川区	Hechuan District	6449486	5511790	3202520	937696	596792	110.7
永川区	Yongchuan District	8619620	7744846	4455459	874774	640863	113.1
南川区	Nanchuan District	1859569	1429100	791110	430469	312592	115.4
綦江区	Qijiang District	5962094	5239926	2042654	722168	420296	113.2
#綦江区(不含万盛)	Qijiang District (excluding Wansheng)	4174643	3609911	1603370	564732	316081	115.5
大足区	Dazu District	6862808	5810535	3236451	1052273	742408	115.8
璧山区	Bishan District	7020361	6209447	3789966	810914	588164	111.0
铜梁区	Tongliang District	5991475	5467827	2320938	523648	307937	105.3
潼南区	Tongnan District	4284422	3949807	1971856	334615	281188	115.7
荣昌区	Rongchang District	5612499	5389972	3640000	222527	163558	113.5
开州区	Kaizhou District	4272822	3880318	1410854	392504	322371	110.3
梁平区	Liangping District	2476260	2220628	671848	255632	164005	109.6
武隆区	Wulong District	1443202	1245213	190385	197989	139390	110.0
城口县	Chengkou County	711192	652850	84718	58342	12219	108.8
丰都县	Fengdu County	2522222	2229036	380631	293186	201300	115.6
垫江县	Dianjiang County	3478336	3218876	1352023	259460	177326	112.6
忠 县	Zhongxian County	2465593	2237958	554802	227635	173185	118.3
云阳县	Yunyang County	2928330	2359955	678797	568375	405315	118.5
奉节县	Fengjie County	3001052	2638391	416369	362661	238486	120.3
巫山县	Wushan County	1517867	1341688	66241	176179	131924	118.3
巫溪县	Wuxi County	1335028	1235424	148656	99604	58646	87.6
石柱县	Shizhu County	1423618	1210664	353218	212954	126637	116.0
秀山县	Xiushan County	1669344	1482748	516227	186596	161987	116.1
酉阳县	Youyang County	1400417	1320336	174050	80081	51923	113.6
彭水县	Pengshui County	1787442	1582003	168722	205439	145877	113.5

表 20.10 续表 continued

区 县	Region	商品房竣工面积（平方米） Floor Space Completed of Commercial Buildings (sq.m)	其中 of which #住宅 Residential Buildings	商品房销售面积（平方米） Floor Space Sold of Commercial Buildings (sq.m)	其中 of which #住宅 Residential Building	商品房销售额（万元） Sales Revenue of Commercial Buildings (10 000 yuan)	其中 of which #住宅 Residential Building
全 市	**Total**	**50557325**	**33163669**	**67110048**	**54526452**	**45578543**	**36015634**
主城片区	Metropolitan Developed Economic Area	28959201	18377201	34074176	26619046	30486129	23910097
渝西片区	West Area of Chongqing	15836790	10681587	22741759	19036984	10122667	8079339
渝东北片区	Northeast Area of Chongqing	4158465	3058915	7725228	6760367	3749521	3151297
渝东南片区	Southeast Area of Chongqing	1602869	1045966	2568885	2110055	1220226	874901
万州区	Wanzhou District	595395	457479	1855915	1572961	985852	818703
黔江区	Qianjiang District	198894	119813	566321	476736	282154	223352
涪陵区	Fuling District	2037632	1415063	1717159	1529672	844236	740138
渝中区	Yuzhong District	655021	518168	809000	592008	1041288	722101
大渡口区	Dadukou District	1099086	765646	1799921	1510623	1266984	1038774
江北区	Jiangbei District	2011850	1032686	2987593	2271228	3476225	2686885
沙坪坝区	Shapingba District	4662158	3369524	3075866	2395919	2411770	1926490
九龙坡区	Jiulongpo District	4108386	2423928	5231075	3090239	4270676	2390285
南岸区	Nan'an District	3209904	2060091	3342850	2760197	3333188	2874772
北碚区	Beibei District	1866009	1373778	2350816	2058590	1658915	1484812
渝北区	Yubei District	9453083	5697998	9871023	8148269	9790163	8130721
巴南区	Ba'nan District	1893704	1135382	4606032	3791973	3236920	2655257
长寿区	Changshou District	1804658	1315643	1627290	1106917	538022	406210
江津区	Jiangjin District	1657017	987070	3016190	2348860	1353904	1054962
合川区	Hechuan District	1044167	617181	2715712	2476733	1234872	1108338
永川区	Yongchuan District	1204866	882684	2569072	2118904	1229976	975798
南川区	Nanchuan District	571356	260383	965661	817039	430961	357128
綦江区	Qijiang District	2110633	1250951	2237405	1880439	972249	735635
#綦江区（不含万盛）	Qijiang District (excluding Wansheng)	1486231	881656	1596209	1421167	667824	550826
大足区	Dazu District	796379	627861	1758227	1432943	715421	533138
璧山区	Bishan District	1469657	966323	2111186	1908731	1058574	888686
铜梁区	Tongliang District	1442658	1035313	1678227	1250684	853662	502658
潼南区	Tongnan District	813084	704846	1251219	1184123	432924	375470
荣昌区	Rongchang District	884683	618269	1094411	981939	457866	401178
开州区	Kaizhou District	382904	309065	936498	768337	513232	435967
梁平区	Liangping District	714949	478249	766128	667453	373748	299852
武隆区	Wulong District	376748	238239	337311	276248	178929	140716
城口县	Chengkou County	281921	166442	127822	90127	62914	34710
丰都县	Fengdu County	630573	430624	433032	386211	188079	154980
垫江县	Dianjiang County	44553	36566	609539	462568	270326	206080
忠 县	Zhongxian County	521801	417772	558210	542781	222735	218945
云阳县	Yunyang County	139546	139024	908538	867422	383989	355256
奉节县	Fengjie County	437418	310323	802887	744307	388770	335576
巫山县	Wushan County	131683	125931	364826	323946	205066	157899
巫溪县	Wuxi County	277722	187440	361833	334254	154810	133329
石柱县	Shizhu County	525088	307598	579162	531442	221384	192325
秀山县	Xiushan County	195186	156794	538176	366126	287778	135981
酉阳县	Youyang County	294104	213667	146569	123764	75247	53297
彭水县	Pengshui County	12849	9855	401346	335739	174734	129230

表 20.11 各区县社会消费品零售总额（2017 年）
TOTAL RETAIL SALES OF CONSUMER GOODS BY REGION (2017)

区　县	Region	社会消费品零售总额（万元） Total Retail Sales of Consumer Goods (10 000 yuan)	社会消费品零售总额指数（上年 =100） Index of Total Retail Sales of Consumer Goods (preceding year=100)
全　市	**Total**	**80676654**	**110.0**
主城片区	Metropolitan Developed Economic Area	40795213	108.8
渝西片区	West Area of Chongqing	23229754	113.3
渝东北片区	Northeast Area of Chongqing	12313556	113.2
渝东南片区	Southeast Area of Chongqing	4338177	113.1
万州区	Wanzhou District	3588807	109.6
黔江区	Qianjiang District	1031748	111.6
涪陵区	Fuling District	2953456	113.5
渝中区	Yuzhong District	7536431	109.0
大渡口区	Dadukou District	490709	109.1
江北区	Jiangbei District	5244441	109.3
沙坪坝区	Shapingba District	3828937	107.1
九龙坡区	Jiulongpo District	6180537	108.8
南岸区	Nan'an District	4468007	107.4
北碚区	Beibei District	1812347	109.2
渝北区	Yubei District	6919112	107.3
巴南区	Ba'nan District	3434821	111.2
长寿区	Changshou District	1307554	111.6
江津区	Jiangjin District	2952660	113.8
合川区	Hechuan District	2850124	113.4
永川区	Yongchuan District	3513871	114.0
南川区	Nanchuan District	1322307	113.0
綦江区	Qijiang District	1716118	113.5
#綦江区（不含万盛）	Qijiang District (excluding Wansheng)	1312334	113.3
大足区	Dazu District	1316380	113.6
璧山区	Bishan District	1378749	112.7
铜梁区	Tongliang District	1233431	113.0
潼南区	Tongnan District	970001	111.9
荣昌区	Rongchang District	1254487	113.3
开州区	Kaizhou District	1899650	112.0
梁平区	Liangping District	1031630	114.3
武隆区	Wulong District	587720	111.9
城口县	Chengkou County	151750	106.1
丰都县	Fengdu County	826667	113.1
垫江县	Dianjiang County	1050174	112.3
忠　县	Zhongxian County	850596	114.2
云阳县	Yunyang County	1188118	114.5
奉节县	Fengjie County	623748	113.9
巫山县	Wushan County	425888	114.1
巫溪县	Wuxi County	308149	108.1
石柱县	Shizhu County	626837	113.6
秀山县	Xiushan County	757720	114.1
酉阳县	Youyang County	593943	113.5
彭水县	Pengshui County	675262	113.7

表 20.12 各区县财政收支(2017 年)
GOVERNMENT REVENUE AND EXPENDITURE BY REGION (2017)

单位：万元 (10 000 yuan)

区县	Region	区县级一般公共预算收入 General Public Budgetary Revenue at District (County) Level	其中 of which #增值税 Value-added Tax	#企业所得税 Corporate Income Tax	#个人所得税 Individual Income Tax
全市	**Total**	**14277764**	**2527301**	**1049720**	**366916**
主城片区	Metropolitan Developed Economic Area	6194533	1151339	549283	210705
渝西片区	West Area of Chongqing	4909202	718036	288101	61369
渝东北片区	Northeast Area of Chongqing	2273787	434445	160263	58759
渝东南片区	Southeast Area of Chongqing	900242	223481	52073	36083
万州区	Wanzhou District	690045	130318	69332	19720
黔江区	Qianjiang District	229872	72965	17839	13399
涪陵区	Fuling District	626305	107031	75750	10486
渝中区	Yuzhong District	497391	109570	63795	36592
大渡口区	Dadukou District	193427	31826	8529	3976
江北区	Jiangbei District	769863	164466	89188	37110
沙坪坝区	Shapingba District	671163	88800	33710	13020
九龙坡区	Jiulongpo District	603112	134530	39559	15589
南岸区	Nan'an District	704091	105997	34114	15853
北碚区	Beibei District	291106	42051	11772	9504
渝北区	Yubei District	619852	123964	57892	24419
巴南区	Ba'nan District	377275	63170	14754	8860
长寿区	Changshou District	368059	80799	21612	5513
江津区	Jiangjin District	700177	102306	34219	7755
合川区	Hechuan District	415264	67931	28276	5336
永川区	Yongchuan District	482404	66745	31822	6250
南川区	Nanchuan District	233071	27039	11942	2713
綦江区	Qijiang District	378466	59754	16967	4973
#綦江区（不含万盛）	Qijiang District (excluding Wansheng)	253120	35169	9259	2992
大足区	Dazu District	376927	37505	10214	2914
璧山区	Bishan District	558972	75684	24027	7143
铜梁区	Tongliang District	296236	33627	12803	3261
潼南区	Tongnan District	214155	28471	7095	1828
荣昌区	Rongchang District	259166	31144	13374	3197
开州区	Kaizhou District	246819	54870	13359	5891
梁平区	Liangping District	214568	31191	9734	4794
武隆区	Wulong District	149691	29885	8063	3218
城口县	Chengkou County	38518	12362	1623	1443
丰都县	Fengdu County	190400	34001	11371	4203
垫江县	Dianjiang County	194753	35420	10849	4347
忠县	Zhongxian County	166606	32924	13046	5761
云阳县	Yunyang County	168514	32502	12587	4805
奉节县	Fengjie County	171985	33335	10913	3703
巫山县	Wushan County	113483	21355	3785	2331
巫溪县	Wuxi County	78096	16167	3664	1761
石柱县	Shizhu County	133690	27665	4943	5266
秀山县	Xiushan County	125972	33732	4086	3988
酉阳县	Youyang County	120636	31018	6660	7232
彭水县	Pengshui County	140381	28216	10482	2980

注：两江新区的数据未计入相应的区县数据里，但包含在全市数据中。
Note: The data of Liangjiang New Area are included in the aggregate data, but not included in the respective data at district (county) level.

表 20.12 续表 continued

单位：万元 (10 000 yuan)

区 县	Region	区县级一般公共预算支出 General Public Budgetary Expenditure at District (County) Level	其 中 of which				
			#农林水收入 Expenditure for Agriculture, Forestry and Water Conservancy	#教育支出 Expenditure for Education	#医疗卫生和计划生育支出 Expenditure for Public Health and Family Planning	#社会保障和就业支出 Expenditure for Social Security and Employment Effort	#文化体育与传媒支出 Expenditure for Culture, Sport and Media
全 市	**Total**	**30982301**	**3074598**	**5253069**	**3160989**	**3246345**	**343592**
主城片区	Metropolitan Developed Economic Area	9653918	302921	1325683	603164	858756	96534
渝西片区	West Area of Chongqing	10189661	1003703	1780655	1181454	1147286	119129
渝东北片区	Northeast Area of Chongqing	7899211	1175893	1475057	1039683	896177	83740
渝东南片区	Southeast Area of Chongqing	3239511	592081	671674	336688	344126	44189
万州区	Wanzhou District	1481253	175688	232739	154727	186568	18964
黔江区	Qianjiang District	573739	92653	115506	59991	52825	10080
涪陵区	Fuling District	1263640	110562	171015	135485	125319	13207
渝中区	Yuzhong District	842542	872	128564	47914	124196	6097
大渡口区	Dadukou District	347424	5815	62473	23748	33110	4715
江北区	Jiangbei District	1023449	10070	138522	55885	79495	10385
沙坪坝区	Shapingba District	935721	41353	176679	78686	112030	13940
九龙坡区	Jiulongpo District	967402	18408	151723	74894	104940	10050
南岸区	Nan'an District	1043987	23983	137585	64310	77273	11665
北碚区	Beibei District	567993	29757	120021	60574	76096	7833
渝北区	Yubei District	1058376	92443	183743	86789	113097	16412
巴南区	Ba'nan District	766830	70374	125489	82104	87740	13356
长寿区	Changshou District	667767	54027	116910	113047	79436	6019
江津区	Jiangjin District	1202499	104723	226788	131017	149207	18884
合川区	Hechuan District	955268	108112	173965	125156	129840	13052
永川区	Yongchuan District	1011821	95148	209723	100888	88780	9095
南川区	Nanchuan District	600892	75632	91658	62895	73835	5426
綦江区	Qijiang District	965678	84897	181621	114495	127084	12873
#綦江区（不含万盛）	Qijiang District (excluding Wansheng)	680638	62351	137205	87170	89461	7420
大足区	Dazu District	890661	63485	141837	84966	85648	12366
璧山区	Bishan District	777701	63323	103284	82453	76401	8106
铜梁区	Tongliang District	542248	69414	108317	85150	65716	5368
潼南区	Tongnan District	694773	104118	126291	79124	75298	9638
荣昌区	Rongchang District	616713	70262	129246	66778	70722	5095
开州区	Kaizhou District	919589	138224	199292	129199	129986	8408
梁平区	Liangping District	634714	78379	121130	88119	54450	6682
武隆区	Wulong District	510778	99228	81997	45256	58799	5861
城口县	Chengkou County	342194	87961	46944	23880	31029	5015
丰都县	Fengdu County	670617	84780	126350	104233	62442	4836
垫江县	Dianjiang County	640579	60679	126295	113625	81202	8190
忠 县	Zhongxian County	596168	89116	109921	88686	64433	7508
云阳县	Yunyang County	795054	130906	176789	112033	107833	6687
奉节县	Fengjie County	802318	113843	149713	129400	77412	7762
巫山县	Wushan County	535087	103180	95830	50524	56769	5705
巫溪县	Wuxi County	481638	113137	90054	45257	44053	3983
石柱县	Shizhu County	506358	68672	106766	51349	42946	5889
秀山县	Xiushan County	490508	75481	105986	54025	59033	7122
酉阳县	Youyang County	607826	140270	136330	73002	69120	10529
彭水县	Pengshui County	550302	115777	125089	53065	61403	4708

表 20.13 各区县金融机构存贷款、人民生活和社会福利（2017 年）
DEPOSIT AND LOAN OF FINANCIAL INSTITUTIONS,PEOPLE'S LIVELIHOOD AND SOCIAL WELFARE BY REGION (2017)

区 县	Region	金融机构人民币存款余额（亿元）Total Deposit Balance of RMB of Financial Institutions (100 million yuan)	其 中 of which #住户存款 Saving Deposits of Residents	金融机构人民币贷款余额（亿元）Total Loan Balance of RMB of Financial Institutions (100 million yuan)	城镇非私营单位就业人员年平均工资（元）Average Salaries of Employed Persons of Urban Non-private Units (yuan)	其 中 of which #城镇非私营单位在岗职工年平均工资（元）Average Salaries of On-Post Employees of Urban Non-private Units (yuan)
全 市	**Total**	**33718.98**	**14367.38**	**27871.89**	**70889**	**73272**
主城片区	Metropolitan Developed Economic Area	21477.22	6227.13	20395.89	78162	81695
渝西片区	West Area of Chongqing	6184.71	4292.48	4058.66	63619	64685
渝东北片区	Northeast Area of Chongqing	4276.99	3040.64	2177.31	62507	64821
渝东南片区	Southeast Area of Chongqing	1288.36	805.24	1050.37	70309	72784
万州区	Wanzhou District	1095.38	755.52	620.76	62924	64038
黔江区	Qianjiang District	226.37	137.75	238.37	71093	74950
涪陵区	Fuling District	737.75	438.41	537.01	62012	63267
渝中区	Yuzhong District	4744.81	798.45	3962.55	82099	89458
大渡口区	Dadukou District	423.29	245.29	475.41	73615	76917
江北区	Jiangbei District	6131.98	713.86	6346.06	85490	90927
沙坪坝区	Shapingba District	1594.29	807.32	1212.96	75009	76898
九龙坡区	Jiulongpo District	1766.30	908.75	1562.23	69798	71690
南岸区	Nan'an District	1238.61	654.13	1093.42	72811	73914
北碚区	Beibei District	632.88	422.59	474.60	74033	77947
渝北区	Yubei District	4180.05	1189.70	4646.76	80378	82999
巴南区	Ba'nan District	765.02	487.04	621.91	76022	75708
长寿区	Changshou District	506.87	347.39	294.63	66570	67792
江津区	Jiangjin District	833.47	591.71	487.92	66217	67328
合川区	Hechuan District	695.20	550.75	330.67	55972	56584
永川区	Yongchuan District	580.15	412.92	468.06	62703	62901
南川区	Nanchuan District	333.77	204.23	242.85	69518	70532
綦江区	Qijiang District	602.57	395.99	402.54	60991	62860
#綦江区（不含万盛）	Qijiang District (excluding Wansheng)	447.98	303.37	306.41	63830	65232
大足区	Dazu District	351.73	256.43	277.28	62527	62993
璧山区	Bishan District	445.62	304.72	311.62	65759	67868
铜梁区	Tongliang District	425.51	316.93	310.10	69503	70323
潼南区	Tongnan District	328.61	233.43	179.12	74023	74734
荣昌区	Rongchang District	343.45	239.58	216.88	67930	69803
开州区	Kaizhou District	578.73	429.22	225.71	62596	66009
梁平区	Liangping District	378.86	291.53	155.82	60149	60988
武隆区	Wulong District	215.23	117.53	190.54	73816	76397
城口县	Chengkou County	104.56	51.64	59.39	62165	65579
丰都县	Fengdu County	301.61	234.76	148.56	59918	69668
垫江县	Dianjiang County	333.24	254.90	193.84	64175	65134
忠 县	Zhongxian County	413.77	318.12	182.74	65283	68385
云阳县	Yunyang County	414.99	295.39	162.65	65891	70394
奉节县	Fengjie County	300.55	191.44	195.07	57161	58237
巫山县	Wushan County	196.04	120.16	158.99	66581	69079
巫溪县	Wuxi County	159.26	97.96	73.78	61990	64757
石柱县	Shizhu County	216.51	145.51	129.21	62580	63176
秀山县	Xiushan County	207.41	122.55	172.19	66819	67346
酉阳县	Youyang County	236.23	147.00	140.49	74745	81794
彭水县	Pengshui County	186.61	134.90	179.57	73863	75117

表 20.13 续表 continued

区 县	Region	城市居民最低生活保障人数（人） Number of Persons Receiving Minimum Living Allowance in Rural Areas (person)	提供住宿的社会服务机构（个） Residential Social Welfare Institutions (unit)	社会福利收养单位床位数（张） Beds in Residential Social Welfare Institutions (bed)
全 市	**Total**	**339740**	**745**	**89068**
主城片区	Metropolitan Developed Economic Area	58804	209	25622
渝西片区	West Area of Chongqing	104624	342	34916
渝东北片区	Northeast Area of Chongqing	134472	171	20124
渝东南片区	Southeast Area of Chongqing	41840	13	1694
万州区	Wanzhou District	38403	33	6066
黔江区	Qianjiang District	6695	3	175
涪陵区	Fuling District	15722	13	2925
渝中区	Yuzhong District	11424	14	1614
大渡口区	Dadukou District	2399	13	798
江北区	Jiangbei District	5791	4	402
沙坪坝区	Shapingba District	6045	48	6130
九龙坡区	Jiulongpo District	9376	25	2861
南岸区	Nan'an District	9515	25	3239
北碚区	Beibei District	4890	18	1968
渝北区	Yubei District	3602	17	2621
巴南区	Ba'nan District	5762	45	5989
长寿区	Changshou District	5652	22	1928
江津区	Jiangjin District	11274	62	6549
合川区	Hechuan District	17964	43	4729
永川区	Yongchuan District	5403	40	4171
南川区	Nanchuan District	4037	9	618
綦江区	Qijiang District	20160	24	2644
#綦江区（不含万盛）	Qijiang District (excluding Wansheng)			
大足区	Dazu District	8292	27	2394
璧山区	Bishan District	3505	9	1489
铜梁区	Tongliang District	2822	43	3113
潼南区	Tongnan District	3910	27	2627
荣昌区	Rongchang District	5883	23	1729
开州区	Kaizhou District	26366	11	2105
梁平区	Liangping District	4057	4	1221
武隆区	Wulong District	4716	1	30
城口县	Chengkou County	2707	1	10
丰都县	Fengdu County	6699	27	2346
垫江县	Dianjiang County	6116	30	1956
忠 县	Zhongxian County	4612	40	3585
云阳县	Yunyang County	13478	9	874
奉节县	Fengjie County	16660	11	1313
巫山县	Wushan County	11824	2	501
巫溪县	Wuxi County	3550	3	147
石柱县	Shizhu County	4755	3	159
秀山县	Xiushan County	12152	4	1170
酉阳县	Youyang County	6398	1	100
彭水县	Pengshui County	7124	1	60

表 20.14 各区县居民收支情况(2017 年)
PER CAPITA INCOME AND EXPENDITURE OF HOUSEHOLDS BY REGION (2017)

区 县	Region	全体居民人均可支配收入(元) Per Capita Annual Disposable Income	城镇常住居民人均可支配收入(元) Per Capita Disposable Income of Urban Residents (yuan)	农村常住居民人均可支配收入(元) Per Capita Disposable Income of Rural Residents (yuan)
全 市	**Total**	**24153**	**32193**	**12638**
主城片区	Metropolitan Developed Economic Area			
渝西片区	West Area of Chongqing			
渝东北片区	Northeast Area of Chongqing			
渝东南片区	Southeast Area of Chongqing			
万州区	Wanzhou District	26406	33967	13088
黔江区	Qianjiang District	19824	29812	10792
涪陵区	Fuling District	26715	33709	13466
渝中区	Yuzhong District	37175	37175	
大渡口区	Dadukou District	34591	35038	18343
江北区	Jiangbei District	35884	36662	18552
沙坪坝区	Shapingba District	34720	35669	18168
九龙坡区	Jiulongpo District	34940	36339	18408
南岸区	Nan'an District	34947	35770	19427
北碚区	Beibei District	32095	35575	17417
渝北区	Yubei District	32482	36414	16513
巴南区	Ba'nan District	31865	35864	16747
长寿区	Changshou District	25821	32428	14418
江津区	Jiangjin District	27585	33331	16695
合川区	Hechuan District	26491	32101	15837
永川区	Yongchuan District	28032	33684	16738
南川区	Nanchuan District	23749	31398	13485
綦江区	Qijiang District	22568	28555	13764
#綦江区(不含万盛)	Qijiang District (excluding Wansheng)	22398	30117	13822
大足区	Dazu District	24489	32107	15035
璧山区	Bishan District	27102	35436	17217
铜梁区	Tongliang District	25739	33865	16543
潼南区	Tongnan District	22541	30923	14026
荣昌区	Rongchang District	24443	32230	15686
开州区	Kaizhou District	19572	28547	12299
梁平区	Liangping District	21395	31599	13671
武隆区	Wulong District	20279	32495	11744
城口县	Chengkou County	14093	24914	8661
丰都县	Fengdu County	19186	28763	11869
垫江县	Dianjiang County	21697	31889	13979
忠 县	Zhongxian County	21121	32107	13298
云阳县	Yunyang County	17000	25760	10960
奉节县	Fengjie County	16551	25832	10151
巫山县	Wushan County	16411	27751	9357
巫溪县	Wuxi County	13474	23112	8546
石柱县	Shizhu County	19251	30087	11752
秀山县	Xiushan County	17827	29956	10189
酉阳县	Youyang County	13912	24585	8852
彭水县	Pengshui County	15794	26808	10196

表 20.14 续表 continued

区 县	Region	全体居民人均生活消费支出（元） Per Capita Annual Living Expenditure (yuan)	城镇常住居民人均生活消费支出（元） Per Capita Living Expenditure of Urban Residents (yuan)	农村常住居民人均生活消费支出（元） Per Capita Living Expenditure of Rural Residents (yuan)
全 市	**Total**	**17898**	**22759**	**10936**
主城片区	Metropolitan Developed Economic Area			
渝西片区	West Area of Chongqing			
渝东北片区	Northeast Area of Chongqing			
渝东南片区	Southeast Area of Chongqing			
万州区	Wanzhou District	20180	24625	12352
黔江区	Qianjiang District	14080	20030	8700
涪陵区	Fuling District	21423	26604	11609
渝中区	Yuzhong District	26073	26073	
大渡口区	Dadukou District	25097	25364	15373
江北区	Jiangbei District	24264	24838	11482
沙坪坝区	Shapingba District	25740	26236	17098
九龙坡区	Jiulongpo District	24549	25401	14479
南岸区	Nan'an District	22781	23338	12265
北碚区	Beibei District	23221	25487	13664
渝北区	Yubei District	22275	24629	12715
巴南区	Ba'nan District	24815	28151	12201
长寿区	Changshou District	17923	21434	11863
江津区	Jiangjin District	19943	24063	12135
合川区	Hechuan District	21548	25969	13154
永川区	Yongchuan District	15876	17990	11651
南川区	Nanchuan District	13346	15407	10579
綦江区	Qijiang District	16312	19781	11211
#綦江区（不含万盛）	Qijiang District (excluding Wansheng)	16287	20809	11264
大足区	Dazu District	16958	21819	10926
璧山区	Bishan District	16789	20664	12191
铜梁区	Tongliang District	16020	20805	10605
潼南区	Tongnan District	15367	20804	9844
荣昌区	Rongchang District	15829	20618	10442
开州区	Kaizhou District	14773	19983	10552
梁平区	Liangping District	15804	21164	11747
武隆区	Wulong District	14858	21671	10099
城口县	Chengkou County	9626	16109	6372
丰都县	Fengdu County	13057	17595	9590
垫江县	Dianjiang County	12334	15030	10294
忠 县	Zhongxian County	14291	19993	10230
云阳县	Yunyang County	11017	14227	8805
奉节县	Fengjie County	12975	16863	10294
巫山县	Wushan County	11915	17420	8491
巫溪县	Wuxi County	10340	13916	8511
石柱县	Shizhu County	10579	13793	8355
秀山县	Xiushan County	11855	16063	9206
酉阳县	Youyang County	11121	17573	8062
彭水县	Pengshui County	11816	17089	9135

表 20.15 各区县教育和文化(2017 年)
EDUCATION AND CULTURE BY REGION (2017)

区 县	Region	普通中学 Regular Secondary Schools			小 学 Primary Schools		
		学校数 (个) Number of Schools (unit)	专任教师数 (人) Full-time Teachers (person)	在校学生数 (人) Total Enrollment (person)	学校数 (个) Number of Schools (unit)	专任教师数 (人) Full-time Teachers (person)	在校学生数 (人) Total Enrollment (person)
全 市	**Total**	**1118**	**115645**	**1592207**	**2954**	**125270**	**2099536**
主城片区	Metropolitan Developed Economic Area	224	26548	334950	425	25523	465522
渝西片区	West Area of Chongqing	382	38709	510037	1148	43029	729835
渝东北片区	Northeast Area of Chongqing	368	36128	537005	932	39442	641266
渝东南片区	Southeast Area of Chongqing	144	14260	210215	449	17276	262913
万州区	Wanzhou District	58	5993	81575	85	4713	89536
黔江区	Qianjiang District	27	2763	37782	97	2653	42819
涪陵区	Fuling District	48	4104	51640	99	4262	75609
渝中区	Yuzhong District	13	2484	20562	30	2240	28713
大渡口区	Dadukou District	9	1215	13418	21	1101	20193
江北区	Jiangbei District	20	2114	38117	33	1966	35937
沙坪坝区	Shapingba District	29	3127	37152	65	3282	67027
九龙坡区	Jiulongpo District	31	4676	62088	48	3651	76605
南岸区	Nan'an District	26	2813	38899	41	2417	53844
北碚区	Beibei District	18	2590	31056	47	2104	31325
渝北区	Yubei District	42	4681	59753	76	5521	97431
巴南区	Ba'nan District	36	2848	33905	64	3241	54447
长寿区	Changshou District	29	3082	32687	65	2921	38026
江津区	Jiangjin District	44	4364	62246	98	4721	85434
合川区	Hechuan District	33	4006	50184	118	4299	73601
永川区	Yongchuan District	34	3692	52577	124	4285	85494
南川区	Nanchuan District	17	1859	28412	60	2798	45902
綦江区	Qijiang District	65	4300	46750	72	4415	60979
#綦江区（不含万盛）	Qijiang District (excluding Wansheng)						
大足区	Dazu District	32	3199	44610	169	4357	77647
璧山区	Bishan District	17	1958	27382	38	2253	40700
铜梁区	Tongliang District	22	2926	40155	61	2641	50379
潼南区	Tongnan District	21	2566	35950	116	2915	47460
荣昌区	Rongchang District	20	2653	37444	128	3162	48604
开州区	Kaizhou District	64	5796	86490	97	5846	105534
梁平区	Liangping District	33	2869	40984	69	3208	54929
武隆区	Wulong District	11	1232	18478	57	1985	26740
城口县	Chengkou County	9	852	13098	70	1301	20815
丰都县	Fengdu County	42	3014	47548	62	2896	47361
垫江县	Dianjiang County	23	2967	55355	86	3706	57670
忠 县	Zhongxian County	25	3135	45928	100	3697	65532
云阳县	Yunyang County	41	3993	59699	102	4857	69206
奉节县	Fengjie County	33	3202	48063	94	4017	58201
巫山县	Wushan County	20	2417	32920	90	2514	38603
巫溪县	Wuxi County	20	1890	25345	77	2687	33879
石柱县	Shizhu County	21	2182	31355	71	2571	32354
秀山县	Xiushan County	25	2379	32218	48	2781	44480
酉阳县	Youyang County	38	3170	49848	104	3878	66978
彭水县	Pengshui County	22	2534	40534	72	3408	49542

表 20.15 续表 continued

区 县	Region	广播覆盖率（%）Radio Coverage of Population (%)	电视覆盖率（%）Television Coverage of Population (%)	公共图书馆（个）Number of Public Libraries (unit)	公共图书馆藏书（万册）Number of Books in Public Libraries (10 000 volumes)
全 市	**Total**	**98.96**	**99.22**	**43**	**1671.79**
主城片区	Metropolitan Developed Economic Area	99.88	99.90	11	945.08
渝西片区	West Area of Chongqing	99.72	99.32	15	427.60
渝东北片区	Northeast Area of Chongqing	98.75	99.09	11	210.30
渝东南片区	Southeast Area of Chongqing	96.66	98.31	6	88.81
万州区	Wanzhou District	99.73	99.48	1	28.57
黔江区	Qianjiang District	97.00	98.18	1	26.33
涪陵区	Fuling District	99.92	97.88	2	65.22
渝中区	Yuzhong District	100.00	100.00	2	163.22
大渡口区	Dadukou District	100.00	100.00	1	29.24
江北区	Jiangbei District	100.00	100.00	1	35.61
沙坪坝区	Shapingba District	100.00	100.00	2	437.34
九龙坡区	Jiulongpo District	100.00	100.00	1	55.02
南岸区	Nan'an District	100.00	100.00	1	40.62
北碚区	Beibei District	100.00	100.00	1	64.50
渝北区	Yubei District	100.00	99.79	1	42.68
巴南区	Ba'nan District	99.10	99.60	1	76.85
长寿区	Changshou District	99.94	99.98	1	37.29
江津区	Jiangjin District	99.55	99.85	1	92.37
合川区	Hechuan District	99.33	99.28	1	28.81
永川区	Yongchuan District	99.41	99.89	1	17.76
南川区	Nanchuan District	98.12	97.22	1	13.56
綦江区	Qijiang District	99.39	99.77	2	34.48
#綦江区（不含万盛）	Qijiang District (excluding Wansheng)				
大足区	Dazu District	99.80	99.61	2	33.11
璧山区	Bishan District	100.00	63.19	1	24.10
铜梁区	Tongliang District	100.00	100.00	1	34.52
潼南区	Tongnan District	99.40	99.72	1	26.96
荣昌区	Rongchang District	100.00	100.00	1	19.42
开州区	Kaizhou District	98.54	95.56	1	9.00
梁平区	Liangping District	93.77	94.97	1	16.04
武隆区	Wulong District	98.30	99.75	1	21.22
城口县	Chengkou County	99.50	100.00	1	13.93
丰都县	Fengdu County	100.00	100.00	1	16.00
垫江县	Dianjiang County	99.49	99.80	1	16.44
忠 县	Zhongxian County	99.11	99.51	1	54.97
云阳县	Yunyang County	99.04	99.09	1	12.85
奉节县	Fengjie County	98.12	99.12	1	11.73
巫山县	Wushan County	97.20	98.91	1	22.43
巫溪县	Wuxi County	93.00	98.73	1	8.34
石柱县	Shizhu County	96.40	95.00	1	7.10
秀山县	Xiushan County	97.96	99.96	1	16.97
酉阳县	Youyang County	98.86	99.87	1	8.01
彭水县	Pengshui County	90.72	96.56	1	9.18

表 20.16 各区县卫生（2017 年）
PUBLIC HEALTH CARE BY REGION (2017)

区 县	Region	卫生机构数（个）Number of Health Care Institutions (unit)	其 中 of which #医院、卫生院 Number of Hospitals and Health Centers	卫生机构床位数（张）Hospital Beds in Health Care Institutions (bed)	卫生技术人员（人）Medical Technical Personnel (person)	其 中 of which #执业（助理）医师 Licensed (Assistant) Doctors	#注册护士 Registered Nurses
全 市	**Total**	**19615**	**1640**	**206080**	**191254**	**68419**	**84768**
主城片区	Metropolitan Developed Economic Area	4017	396	70198	78957	27725	37379
渝西片区	West Area of Chongqing	7380	491	66912	56231	20132	24258
渝东北片区	Northeast Area of Chongqing	6298	512	50694	41609	15741	16928
渝东南片区	Southeast Area of Chongqing	1920	241	18276	14457	4821	6203
万州区	Wanzhou District	1276	101	10367	10745	4259	4692
黔江区	Qianjiang District	278	34	3386	3451	964	1617
涪陵区	Fuling District	627	55	6367	6633	2518	2857
渝中区	Yuzhong District	350	33	13075	19101	5870	9560
大渡口区	Dadukou District	203	26	2705	2793	1100	1255
江北区	Jiangbei District	353	40	7881	9218	3333	4411
沙坪坝区	Shapingba District	522	40	8711	9461	3435	4428
九龙坡区	Jiulongpo District	722	77	11516	10789	3975	4965
南岸区	Nan'an District	235	27	5313	6072	2204	2862
北碚区	Beibei District	353	32	5231	5159	1805	2189
渝北区	Yubei District	639	82	8439	10047	3706	4728
巴南区	Ba'nan District	640	39	7327	6317	2297	2981
长寿区	Changshou District	521	44	5033	4070	1435	1811
江津区	Jiangjin District	1129	41	7755	5433	2226	2075
合川区	Hechuan District	875	51	6501	6122	2233	2585
永川区	Yongchuan District	647	39	7706	6186	2107	2769
南川区	Nanchuan District	370	46	4299	3486	1176	1676
綦江区	Qijiang District	601	54	7791	6232	1770	2888
#綦江区（不含万盛）	Qijiang District (excluding Wansheng)						
大足区	Dazu District	371	29	4877	3136	1142	1254
璧山区	Bishan District	531	34	4716	4064	1632	1829
铜梁区	Tongliang District	849	33	3990	4025	1506	1702
潼南区	Tongnan District	412	37	3631	2936	976	1152
荣昌区	Rongchang District	447	28	4246	3908	1411	1660
开州区	Kaizhou District	699	46	7308	5325	2134	2242
梁平区	Liangping District	604	39	3890	3448	1225	1448
武隆区	Wulong District	340	34	2310	1486	606	516
城口县	Chengkou County	203	27	986	995	338	349
丰都县	Fengdu County	465	40	4368	2935	950	1245
垫江县	Dianjiang County	427	37	4772	3858	1436	1526
忠 县	Zhongxian County	801	47	4032	3137	1236	1239
云阳县	Yunyang County	597	48	5753	3975	1603	1395
奉节县	Fengjie County	500	55	4914	3469	1190	1504
巫山县	Wushan County	383	33	2646	2128	774	814
巫溪县	Wuxi County	343	39	1658	1594	596	474
石柱县	Shizhu County	272	43	3551	2492	909	1128
秀山县	Xiushan County	336	36	2675	2615	778	1188
酉阳县	Youyang County	317	49	3380	2189	791	849
彭水县	Pengshui County	377	45	2974	2224	773	905

注：卫生机构数含个体诊所。
Note: The number of health care institutions include individual-run clinics.

表 20.17 各区县对外经济贸易（2017 年）
FOREIGN ECONOMIC RELATIONS AND TRADE BY REGION (2017)

区 县	Region	进出口总值（亿元）Total Imports and Exports (100 million yuan)	其中 of which 出口 Exports	进口 Imports	实际利用内资（亿元）Domestic Capital Actually Utilized (100 million yuan)
全 市	**Total**	**4508.25**	**2883.71**	**1624.54**	**9682.36**
主城片区	Metropolitan Developed Economic Area	4107.58	2601.12	1506.46	3274.96
渝西片区	West Area of Chongqing	351.66	239.20	112.46	3730.66
渝东北片区	Northeast Area of Chongqing	19.69	16.83	2.86	2082.33
渝东南片区	Southeast Area of Chongqing	29.53	26.40	3.14	594.41
万州区	Wanzhou District	7.34	5.78	1.56	382.67
黔江区	Qianjiang District	3.66	1.36	2.30	122.15
涪陵区	Fuling District	46.94	22.32	24.62	312.35
渝中区	Yuzhong District	141.59	43.79	97.80	245.59
大渡口区	Dadukou District	18.04	11.92	6.12	109.54
江北区	Jiangbei District	365.34	158.35	206.99	350.34
沙坪坝区	Shapingba District	1949.40	1467.94	481.46	431.08
九龙坡区	Jiulongpo District	115.56	101.68	13.88	572.32
南岸区	Nan'an District	89.49	43.35	46.14	280.23
北碚区	Beibei District	96.55	44.77	51.78	450.51
渝北区	Yubei District	1213.92	673.77	540.16	606.12
巴南区	Ba'nan District	117.68	55.55	62.13	229.23
长寿区	Changshou District	107.70	88.73	18.98	230.73
江津区	Jiangjin District	58.75	32.60	26.15	551.18
合川区	Hechuan District	15.72	9.21	6.51	366.51
永川区	Yongchuan District	30.74	12.27	18.47	512.94
南川区	Nanchuan District	20.57	16.54	4.03	160.50
綦江区	Qijiang District	5.15	4.07	1.09	157.88
#綦江区（不含万盛）	Qijiang District (excluding Wansheng)				130.01
大足区	Dazu District	9.59	4.96	4.63	334.19
璧山区	Bishan District	18.48	14.24	4.23	200.56
铜梁区	Tongliang District	6.77	4.83	1.94	376.68
潼南区	Tongnan District	8.43	6.81	1.62	248.51
荣昌区	Rongchang District	22.81	22.60	0.20	278.63
开州区	Kaizhou District	1.52	1.47	0.05	188.12
梁平区	Liangping District	2.14	1.43	0.71	314.16
武隆区	Wulong District	0.47	0.46		40.71
城口县	Chengkou County				3.53
丰都县	Fengdu County	3.38	2.95	0.43	224.23
垫江县	Dianjiang County	3.20	3.16	0.04	343.33
忠 县	Zhongxian County	1.14	1.14		207.87
云阳县	Yunyang County	0.52	0.44	0.07	250.27
奉节县	Fengjie County	0.15	0.15		105.43
巫山县	Wushan County	0.30	0.30		40.96
巫溪县	Wuxi County				21.76
石柱县	Shizhu County	3.44	2.61	0.83	125.31
秀山县	Xiushan County	0.41	0.40	0.01	129.44
酉阳县	Youyang County	21.56	21.56		112.05
彭水县	Pengshui County				64.75

注：进出口数据来源重庆海关。
Note: The data of import and export are provided by Chongqing Customs statistics.

表 20.18 各区县规模以上工业能源消费总量（2017 年）
ENERGY CONSUMPTION OF ENTERPRISES ABOVE DESIGNATED SIZE BY REGION (2017)

区　县	Region	规模以上工业能源消费总量（万吨标准煤） Energy Consumption of Enterprises above Designated Size by Region (10 000 tons of standard coal)
全　市	**Total**	**3933.85**
主城片区	Metropolitan Developed Economic Area	383.46
渝西片区	West Area of Chongqing	2781.10
渝东北片区	Northeast Area of Chongqing	596.60
渝东南片区	Southeast Area of Chongqing	172.69
万州区	Wanzhou District	197.02
黔江区	Qianjiang District	41.55
涪陵区	Fuling District	434.74
渝中区	Yuzhong District	1.28
大渡口区	Dadukou District	40.12
江北区	Jiangbei District	24.64
沙坪坝区	Shapingba District	35.84
九龙坡区	Jiulongpo District	67.82
南岸区	Nan'an District	25.25
北碚区	Beibei District	81.71
渝北区	Yubei District	61.68
巴南区	Ba'nan District	45.12
长寿区	Changshou District	841.74
江津区	Jiangjin District	281.32
合川区	Hechuan District	281.78
永川区	Yongchuan District	158.22
南川区	Nanchuan District	99.50
綦江区	Qijiang District	462.76
#綦江区（不含万盛）	Qijiang District (excluding Wansheng)	301.27
大足区	Dazu District	32.09
璧山区	Bishan District	41.75
铜梁区	Tongliang District	62.14
潼南区	Tongnan District	29.74
荣昌区	Rongchang District	55.31
开州区	Kaizhou District	70.56
梁平区	Liangping District	28.62
武隆区	Wulong District	7.52
城口县	Chengkou County	5.19
丰都县	Fengdu County	117.65
垫江县	Dianjiang County	34.28
忠　县	Zhongxian County	72.26
云阳县	Yunyang County	10.32
奉节县	Fengjie County	55.23
巫山县	Wushan County	2.67
巫溪县	Wuxi County	2.81
石柱县	Shizhu County	50.90
秀山县	Xiushan County	45.35
酉阳县	Youyang County	18.59
彭水县	Pengshui County	8.78

表 20.19 各区县法人单位、产业活动单位数（2017 年）
NUMBER OF CORPORATE UNITS AND ESTABLISHMENTS BY REGION (2017)

区 县	Region	法人单位（个）Number of Corporate Units (unit)	其中 of which #企业 Enterprises	产业活动单位（个）Number of Establishments (unit)
全 市	**Total**	**598573**	**520512**	**666183**
主城片区	Metropolitan Developed Economic Area	225884	212597	251213
渝西片区	West Area of Chongqing	186550	160914	208805
渝东北片区	Northeast Area of Chongqing	131733	103745	145924
渝东南片区	Southeast Area of Chongqing	54406	43256	60241
万州区	Wanzhou District	27884	24264	30684
黔江区	Qianjiang District	11321	9517	12235
涪陵区	Fuling District	23134	20409	26517
渝中区	Yuzhong District	25603	23985	29581
大渡口区	Dadukou District	7505	6876	8297
江北区	Jiangbei District	24516	23411	27691
沙坪坝区	Shapingba District	25884	24292	28378
九龙坡区	Jiulongpo District	46502	44869	51006
南岸区	Nan'an District	20325	19142	22742
北碚区	Beibei District	12665	11129	14457
渝北区	Yubei District	39809	37836	43799
巴南区	Ba'nan District	23075	21057	25262
长寿区	Changshou District	12633	10928	14155
江津区	Jiangjin District	20907	18214	23082
合川区	Hechuan District	13890	11640	16312
永川区	Yongchuan District	16499	14548	18681
南川区	Nanchuan District	13919	11477	15164
綦江区	Qijiang District	20268	17761	22015
#綦江区（不含万盛）	Qijiang District (excluding Wansheng)	12767	10982	13930
大足区	Dazu District	16020	13799	17462
璧山区	Bishan District	13705	12228	15527
铜梁区	Tongliang District	11681	9819	13526
潼南区	Tongnan District	13330	11220	14707
荣昌区	Rongchang District	10564	8871	11657
开州区	Kaizhou District	18871	15018	20146
梁平区	Liangping District	9204	7088	10488
武隆区	Wulong District	8483	6652	9100
城口县	Chengkou County	5564	4228	5809
丰都县	Fengdu County	10301	7663	11720
垫江县	Dianjiang County	9521	7607	10363
忠 县	Zhongxian County	12109	10096	14522
云阳县	Yunyang County	13471	10094	15184
奉节县	Fengjie County	9074	5996	9543
巫山县	Wushan County	8524	6360	9221
巫溪县	Wuxi County	7210	5331	8244
石柱县	Shizhu County	5619	4475	6657
秀山县	Xiushan County	9561	8039	10450
酉阳县	Youyang County	10384	7704	11638
彭水县	Pengshui County	9038	6869	10161

第21章

三峡工程重庆库区

RESERVOIR AREA OF
THREE GORGES PROJECT IN CHONGQING

本章资料包括三峡工程重庆库区经济和社会发展情况、移民工程投资完成情况，由市统计局综合处根据市移民局资料整理编辑。

库区指库区15区县，包括万州区、涪陵区、渝北区、巴南区、长寿区、江津区、开州区、武隆区、丰都县、忠县、云阳县、奉节县、巫山县、巫溪县、石柱县。重点库区指8个重点移民区县，包括万州区、涪陵区、开州区、丰都县、忠县、云阳县、奉节县、巫山县。

This chapter includes the economic and social development of the reservoir area of Three Gorges Project in Chongqing, the statistics on the completed investment in Three Gorges Resettlement. The data here are provided by Chongqing Migration Bureau and sorted and compiled by Division of Comprehensive Statistics of Chongqing Municipal Bureau of Statistics.

The Reservoir Area refers to 15 districts and counties, namely Wanzhou, Fuling, Yubei, Ba'nan, Changshou, Jiangjin, Fengdu, Kaizhou, Wulong, Zhongxian, Yunyang, Fengjie, Wushan, Wuxi and Shizhu. The Key Reservoir Area refers to 8 key districts and counties of migration, namely Wanzhou, Fuling, Fengdu, Zhongxian, Kaixian, Yunyang, Fengjie and Wushan.

表 21.1 三峡工程重庆库区经济和社会发展情况(2016 – 2017 年)
ECONOMIC AND SOCIAL DEVELOPMENT OF THE RESERVOIR AREA OF THREE GORGES PROJECT IN CHONGQING (2016-2017)

指　标	Item	2016 库区合计 Total of Reservoir Area	2016 其中 of which 重点库区 Key Area	2017 库区合计 Total of Reservoir Area	2017 其中 of which 重点库区 Key Area
人　口	**Population**				
户籍总户数(万户)	Total Number of Households (10 000 households)	584.03	340.92	583.72	337.93
户籍人口(万人)	Total Household Population (10 000 persons)	1558.13	950.46	1556.08	944.27
城　镇	Urban	637.27	334.22	645.60	334.14
乡　村	Rural	920.86	616.24	910.48	610.13
男　性	Male	804.08	493.34	801.98	489.77
女　性	Female	754.05	457.12	754.10	454.50
年末常住人口(万人)	Year-end Permanent Residents (10 000 persons)	1331.01	735.90	1340.51	738.25
城　镇	Urban	767.13	371.47	793.78	384.99
乡　村	Rural	563.88	364.43	546.73	353.26
城镇化率 (%)	Urbanization Rate (%)	57.64	50.48	59.21	52.15
工资和收入	**Wages and Income**				
城镇非私营单位在岗职工人数(万人)	Staff and Workers of Urban Non-private Units (10 000 persons)	152.31	65.63	144.12	61.49
城镇非私营单位在岗职工工资总额(万元)	Total Wage Bill of Staff and Workers of Urban Non-private Unit(10 000 yuan)	9811151	3904543	10209453	3943813
城镇非私营单位在岗职工平均工资(元)	Average Wage of Staff and Workers of Urban Non-private Units(yuan)	65237	60289	71441	64739
城镇常住居民人均可支配收入(元)	Per Capita Disposable Income of Urban Residents	29935	28316	32609	30865
农村常住居民人均可支配收入(元)	Per Capita Disposable Income of Rural Residents	11605	10874	12745	11945
固定资产投资(万元)	**Investment in Fixed Assets (10 000 yuan)**				
全社会固定资产投资总额	Total Investment in Fixed Assets	72284639	32761125	69042204	31059160
#基础设施	Infrastructure	19628169	11048279	19134643	11132307
工业投资	Industry	22705168	9618763	23083916	9439432
#房地产开发	Real Estate Development	15464878	3795818	16976113	4078366
#住　宅	Residential Buildings	9589784	2686319	11670066	2779623
商品房建设情况(万平方米)	**Construction of Commercialized Buildings(10 000 sq.m)**				
房地产施工面积	Floor Space under Construction	10265.49	3178.21	10303.03	2847.12
#住　宅	Residential Buildings	6659.04	2238.64	6633.34	1958.16
房地产竣工面积	Floor Space Completed	1786.99	645.84	2086.50	487.70
#住　宅	Residential Buildings	1290.79	496.97	660.16	191.55
财　政(万元)	**Government Finance (10 000 yuan)**				
区县级一般公共预算收入	General Public Budgetary Income at District (County) Level	4634238	2289875	4800997	2374157
区县级一般公共预算支出	General Public Budgetary Expenditure at District (County) Level	11143186	6239763	12257972	7063726

表 21.1 续表 1 continued 1

指 标	Item	2016		2017	
		库区合计 Total of Reservoir Area	其 中 of which 重点库区 Key Area	库区合计 Total of Reservoir Area	其 中 of which 重点库区 Key Area
农 业	**Agriculture**				
农林牧渔业总产值（万元）	Gross Output Value of Farming, Forestry, Animal Husbandry and Fishery (10 000 yuan)	9634409	5553541	9814228	5687688
#农 业	Farming	5724365	3284813	5955372	3435269
牧 业	Animal Husbandry	3024603	1742269	2843817	1643660
农林牧渔业增加值（万元）	Value-added of Farming, Forestry, Animal Husbandry and Fishery (10 000 yuan)	6455154	3708812	6659484	3853088
#农 业	Farming	4248336	2434644	4348699	2508412
牧 业	Animal Husbandry	1538328	871970	1544139	878933
蔬菜总播种面积（万亩）	Sown Areas of Vegetables (10 000 mu)	566.93	339.99	579.53	350.71
蔬菜总产量（万吨）	Gross Output of Vegetables (10 000 tons)	889.28	542.79	928.06	570.50
猪 肉（万吨）	Pork (10 000 tons)	71.97	44.31	70.85	43.77
禽 肉（万吨）	Meat of Poultry (10 000 tons)	12.90	6.14	12.88	6.21
猪出栏量（万头）	Slaughtered Hogs (10 000 heads)	973.72	599.53	956.01	590.83
禽出栏量（万只）	Slaughtered Poultry (10 000 heads)	8345.03	3986.07	8345.01	4031.92
禽蛋产量（万吨）	Output of Poultry Eggs (10 000 tons)	24.14	12.91	24.52	13.11
粮食播种面积（万亩）	Sown Areas of Grain (10 000 mu)	1774.72	1120.12	1766.81	1117.32
#夏 粮	Grain Crops Harvested in Summer	414.16	273.21	410.83	272.93
秋 粮	Grain Crops Harvested in Autumn	1360.57	846.91	1355.98	844.39
#水 稻	Rice	465.95	280.31	464.47	280.11
玉 米	Corn	382.00	224.93	376.42	221.80
薯 类	Tubers	664.17	443.20	666.81	445.59
粮食总产量（万吨）	Gross Output of Grain (10 000 tons)	571.60	346.36	571.93	348.53
#夏 粮	Grain Crops Harvested in Summer	86.94	59.84	86.65	59.89
秋 粮	Grain Crops Harvested in Autumn	484.66	286.53	485.28	288.64
#水 稻	Rice	220.58	126.42	219.99	127.10
玉 米	Corn	138.31	79.21	138.15	79.63
薯 类	Tubers	173.94	114.85	175.90	116.51
工 业（规模以上）	**Industry (above Designated Size)**				
企业数（个）	Number of Enterprises (unit)	2233	915	2242	908
工业总产值（万元）	Gross Output Value of Industry (10 000 yuan)	100091129	32245829	90724223	24800603
出口交货值（万元）	Sales of Exported Products (10 000 yuan)	9917207	961943	10539847	584247
资产总计（万元）	Total Assets (10 000 yuan)	93912524	26883131	92891211	25313037
主营业务收入（万元）	Revenue from Principal Business (10 000 yuan)	98107563	30003252	89085528	22976008
利润总额（万元）	Total After-tax Profits (10 000 yuan)	7528902	1842952	6837089	1659922

表 21.1 续表 2 continued 2

指　标	Item	2016 库区合计 Total of Reservoir Area	2016 其中 of which 重点库区 Key Area	2017 库区合计 Total of Reservoir Area	2017 其中 of which 重点库区 Key Area
利税总额（万元）	Total Pre-tax Profits (10 000 yuan)	12707358	3529744	11208804	2754611
全部从业人员平均数（万人）	Average Employment (10 000 persons)	67.50	23.30	62.14	19.20
总资产贡献率（%）	Ratio of Total Assets to Industrial Output Value (%)	14.5	14.3	13.0	12.0
资本保值增值率（%）	Ratio of Assets Appreciation YOY (%)	111.0	106.4	119.8	125.3
资产负债率（%）	Asset-Liability Ratio (%)	65.6	64.2	61.3	60.7
流动资产周转率（次）	Turnover Ratio of Circulating Assets(time)	2.4	3.0	2.1	2.4
成本费用利润率（%）	Ratio of Profits to Cost (%)	8.2	6.5	8.2	7.8
全员劳动生产率（元 / 人年）	Overall Labor Productivity (yuan/person-year)	368414	387818	368530	365921
产品销售率（%）	Sales as Percentage of Output (%)	97.5	95.4	97.4	96.6
国内贸易	**Domestic Trade**				
社会消费品零售总额（万元）	Total Retail Sales (10 000 yuan)	25675373	11007558	28493783	12356929
限额以上法人企业数（个）	Number of Corporate Enterprises above Designated Size(unit)	2708	1495	2702	1526
批发业	Wholesale	768	406	738	403
零售业	Retail	1251	690	1277	728
住宿业	Hotel	163	79	170	78
餐饮业	Catering	526	320	517	317
实际利用内资（亿元）	Domestic Capital Actually Utilized (100 million yuan)	3625.89	1523.81	3516.95	1711.90
教　育	**Education**				
学校数（所）	Number of Schools(unit)				
#普通高等学校	Regular Institutions of Higher Education	23	9	23	9
普通中学	Regular Secondary Schools	540	335	534	331
小　学	Primary Schools	1249	736	1237	729
专任教师数（人）	Number of Full-time Teachers (person)				
#普通高等学校	Regular Institutions of Higher Education	11978	4037	12547	4342
普通中学	Regular Secondary Schools	51502	31367	51933	31654
小　学	Primary Schools	55497	32610	56449	32802
在校学生数（人）	Student Enrollment (person)				
#研究生	Postgraduates	7183	168	7621	229
普通高等学校	Regular Institutions of Higher Education	232432	84500	240344	85067
普通中学	Regular Secondary Schools	716342	456967	717632	453863
小　学	Primary Schools	921569	558788	917893	549582
卫　生	**Public Health**				
卫生机构数（个）	Number of Health Institutions (unit)	9427	5452	9232	4887
卫生机构床位数（张）	Number of Hospital Beds (bed)	75683	42219	81828	44033
卫生技术人员（人）	Medical Technological Personnel (person)	65650	36691	69786	36696

表 21.2 三峡移民工程后续工作专项资金完成投资情况（2017 年底止）
COMPREHENSIVE STATISTICS ON THE COMPLETED INVESTMENT IN THE FOLLOW-ON WORK OF THREE GORGES RESETTLEMENT (END OF 2017)

区　县	Region	三峡后续工作专项资金累计计划投资 Total Planned Investment in the Follow-on Work of Three Gorges Resettlement	截至 2017 年 12 月底三峡后续工作专项资金累计完成投资 Investment in the Follow-on Work of Three Gorges Resettlement by the End of December 2017	2017 年三峡后续工作专项资金本期完成投资 Completed Investment of 2017 in This Term	
				合　计 Total	移民安稳致富和促进库区经济社会发展 Stabilization of Resettlers and the Economic and Social Development of Resoir Areas
重庆市合计	Total of Chongqing	4063486.20	2877529.16	819402.65	517797.32
重庆市本级及近郊区县	At Municipal Level and Inner Suburbs	162274.94	68536.87	13464.62	5402.23
渝北区	Yubei	34939.00	18785.78	9067.38	566.10
巴南区	Banan	60022.90	51607.19	20130.40	7296.40
江津区	Jiangjin	28014.00	25573.00	7036.00	3957.00
长寿区	Changshou	91971.80	79577.81	36054.52	9617.20
武隆县	Wulong	154187.58	114356.94	11562.24	2538.20
巫溪县	Wuxi	34724.10	29598.10	8938.40	5646.40
石柱县	Shizhu	49737.38	28310.59	6212.91	3862.97
万州区	Wanzhou	784945.20	482922.06	158975.89	125740.02
涪陵区	Fuling	485433.00	360417.44	119990.36	97370.70
丰都县	Fengdu	274575.70	199057.79	51323.74	40470.20
忠　县	Zhongxian	340462.00	273156.39	118864.77	54529.75
开州区	Kaixian	473489.00	397510.89	124165.04	76338.70
云阳县	Yunyang	420156.00	319308.01	70133.81	41213.66
奉节县	Fengjie	383761.40	253964.59	34623.63	22651.51
巫山县	Wushan	284792.20	174845.71	28858.93	20596.27

注：本表数据统计口径为截止 2017 年 12 月 31 日对财政部核定 2011-2017 年三峡后续工作专项资金补助额的下达及完成。

单位：万元 (10 000 yuan)

2017年三峡后续工作专项资金本期完成投资 Completed Investment of 2017 in This Term			
库区生态环境建设与保护 Construction and Protection of the Ecological Environment of the Resevoir Areas.	地质灾害防治 Geological Hazard Control	三峡工程综合管理能力建设 Construction of the Comprehensive Management Capacity about the Three Gorges Project	三峡工程综合效益拓展 Development of Comprehensive Benefits about the Three Gorges Project
248175.01	49783.54	3610.78	36.00
3788.08	663.53	3610.78	
7663.15	838.13		
12215.01	618.99		
3077.00	2.00		
17280.23	9157.09		
3040.34	5983.70		
2794.00	498.00		
2305.41	44.53		
29249.78	3986.09		
17872.60	4711.06		36.00
6396.30	4457.24		
58342.71	5992.31		
43825.59	4000.75		
25147.25	3772.90		
8018.77	3953.35		
7158.79	1103.87		

Note: The statistic scope of the data hereabove is the plan and completion rate of the special fund subsidy for the follow-on work of three gorges resettlement in 2011- 2017 checked and ratified by Ministry of Finance by Dec. 31, 2017.

第 22 章

基本单位名录库

STATISTICS ON BASIC UNITS

简要说明
BRIEF INTRODUCTION

本章资料包括按行业分的法人、产业活动单位数，按机构类型和登记注册类型分的法人单位数，按行业分的企业法人单位数以及按登记注册类型分的企业法人单位数，由市统计局普查中心根据基本单位统计年报资料整理编辑。

This chapter includes the number of corporate units and establishments by sector, the number of corporate units by institutional type and status of registration, the number of enterprises as corporate units by sector and the number of enterprises as corporate units by status of registration. The data are prepared and compiled by Census Centre of Chongqing Municipal Bureau of Statistics on the basis of the annual statistic report of the basic units.

表 22.1 按机构类型和行业分组的法人单位、产业活动单位数（2016–2017 年）
NUMBER OF CORPORATE UNITS AND ESTABLISHMENTS BY SECTOR (2016-2017)

单位：个 (unit)

指 标	Item	2016		2017	
		法人单位 Corporate Units	产业活动单位 Establishments	法人单位 Equivalent Weight	产业活动单位 Establishments
总 计	**Total**	**533103**	**596432**	**598573**	**666183**
按机构类型分组	**By Organization Type**				
企 业	Enterprises	460824	508621	520512	573089
事业单位	Public Institutions	18073	24864	17847	24512
机 关	Government Agencies and Organizations	4032	6713	4227	6821
社会团体	Social Organizations	7429	7837	7117	7526
民办非企业	Private Non-enterprise Organization	7620	7555	7735	7667
其他组织机构	Others	35125	40842	41135	46568
按三次产业分组	**By Strata of Industry**				
第一产业	Primary Industry	93974	94735	105681	106316
第二产业	Secondary Industry	80113	84548	87373	92028
第三产业	Tertiary Industry	359016	417149	405519	467839
按国民经济行业分组	**By Sector**				
农、林、牧、渔业	Agriculture, Forestry, Animal Husbandry and Fishery	99522	100405	111670	112414
采矿业	Mining	2734	3055	2665	2976
制造业	Manufacturing	60358	61889	64766	66395
电力、热力、燃气及水生产和供应业	Production and Supply of Electricity, Heat,Gas and Water	2424	3258	2608	3460
建筑业	Construction	15054	16846	17869	19784
批发和零售业	Wholesale and Retail Trades	148631	167876	166011	186875
交通运输、仓储和邮政业	Transport, Storage and Post	9315	13049	11112	15236
住宿和餐饮业	Hotels and Catering Services	26385	29164	29330	32270
信息传输、软件和信息技术服务业	Information Transmission, Software and Information Technology	15673	17373	19239	21121
金融业	Financial Intermediation	3565	10233	3284	10108
房地产业	Real Estate	13609	17277	15654	20135
租赁和商务服务业	Leasing and Business Services	44328	48318	54076	58622
科学研究和技术服务业	Scientific Research and Technical Services	12658	13765	14849	16149
水利、环境和公共设施管理业	Management of Water Conservancy, Environment and Public Facilities	3058	3508	4330	4831
居民服务、修理和其他服务业	Services to Households, Repair and Other Services	15427	16277	16534	17410
教 育	Education	13339	15687	14470	17016
卫生和社会工作	Health and Social Service	6395	12497	6869	12838
文化、体育和娱乐业	Culture, Sports and Entertainment	11155	11688	13661	14246
公共管理、社会保障和社会组织	Public Management, Social Security and Social Organization	29473	34267	29576	34297

表 22.2 按行业分的企业法人单位数(2016–2017 年)
NUMBER OF ENTERPRISES AS CORPORATE UNITS BY SECTOR (2016-2017)

单位：个 (unit)

指　标	Item	2016	2017
总　计	**Total**	**460824**	**520512**
按三次产业分组	**By Strata of Industry**		
第一产业	Primary Industry	76627	83243
第二产业	Secondary Industry	79972	87154
第三产业	Tertiary Industry	304225	350115
按国民经济行业分组	**By Sector**		
农、林、牧、渔业	Agriculture ,Forestry,Animal Husbandry and Fishery	79952	86772
采矿业	Mining and Quarrying	2734	2664
制造业	Manufacture	60240	64573
电力、热力、燃气及水生产和供应业	Production and Supply of Electric Power,Gas and Water	2401	2583
建筑业	Construction	15052	17868
批发和零售业	Wholesale and Retail Trades	147948	165123
交通运输、仓储和邮政业	Transport, Storage and Post	9196	10992
住宿和餐饮业	Hotels and Catering Services	26190	29117
信息传输、软件和信息技术服务业	Information Transmission, Software and Information Technology	15523	19119
金融业	Financial Intermediation	3447	3149
房地产业	Real Estate	13540	15581
租赁和商务服务业	Leasing and Business Services	42854	52707
科学研究和技术服务业	Scientific Research and Technical Services	10271	12432
水利、环境和公共设施管理业	Management of Water Conservancy, Environment and Public Utilities	2283	3487
居民服务、修理和其他服务业	Services to Households, Repair and Other Services	14914	16087
教　育	Education	3230	4187
卫生和社会工作	Health and Social Undertakings	1511	1976
文化、体育和娱乐业	Culture, Sports and Entertainment	9538	12095

表 22.3 按行业、区县分组的法人单位数(2017 年)
NUMBER OF CORPORATE UNITS BY SECTOR AND REGION (2017)

单位：个 (unit)

指标	Item	全市 Total	万州区 Wanzhou District	黔江区 Qianjiang District	涪陵区 Fuling District	渝中区 Yuzhong District
总计	**Total**	**598573**	**27884**	**11321**	**23134**	**25603**
按三次产业分组	**By Strata of Industry**					
第一产业	Primary Industry	105681	6851	2624	4957	
第二产业	Secondary Industry	87373	2987	792	2438	941
第三产业	**Tertiary Industry**	405519	18046	7905	15739	24662
按国民经济行业分组	**By Sector**					
农、林、牧、渔业	**Agriculture ,Forestry,Animal Husbandry and Fishery**	**111670**	**7939**	**3015**	**5709**	
农业	Farming	55324	4473	1138	2713	
林业	Forestry	3841	188	148	127	
畜牧业	Animal Husbandry	30460	1033	1244	1242	
渔业	Fishery	16056	1157	94	875	
农、林、牧、渔专业及辅助性活动	Services of Farming ,Forestry,Animal Husbandry and Fishery	5989	1088	391	752	
采矿业	**Mining and Quarrying**	**2665**	**93**	**56**	**55**	**1**
煤炭开采和洗选业	Coal Mining and Dressing	817	20	17	12	
石油和天然气开采业	Petroleum and Natural Gas Extraction	42	2		1	
黑色金属矿采选业	Ferrous Metal Ores Mining and Dressing	118				
有色金属矿采选业	Nonferrous Metal Ores Mining and Dressing	43				
非金属矿采选业	Nonmetallic Ores Mining and Dressing	1536	60	33	39	1
开采专业及辅助性活动	Auxiliary Minning Operations	74	10	2	3	
其他采矿业	Mining and Dressing of Other Ores	35	1	4		
制造业	**Manufacture**	**64766**	**2022**	**481**	**1694**	**137**
农副食品加工业	Processing of Farm and Sideline Food	4309	141	47	256	1
食品制造业	Manufacture of Food	1987	71	37	56	2
酒、饮料和精制茶制造业	Manufacture of Beverage	1529	66	22	59	2
烟草制品业	Tobacco Products	14	1		2	
纺织业	Textile Industry	2251	127	19	56	2
纺织服装、服饰业	Manufacture of Textile Garments, Footwear and Headgear	2403	140	12	34	12
皮革、毛皮、羽毛及其制品和制鞋业	Leather, Fur, Feather, Down and Related Products	1317	34	4	33	2
木材加工和木、竹、藤、棕、草制品业	Timber Processing, Bamboo, Cane, Palm Fiber & Straw Products	2238	68	26	40	
家具制造业	Manufacture of Furniture	2745	136	16	66	
造纸和纸制品业	Papermaking and Paper Products	1080	17	2	29	1
印刷和记录媒介复制业	Printing and Record Medium Reproduction	1474	70	12	45	33
文教、工美、体育和娱乐用品制造业	Manufacture of Cultural, Educational and Sports Articles	1463	80	34	30	5
石油、煤炭及其他燃料加工业	Petroleum Refining, Coking and Nuclear Fuel Processing	210	8	1	6	
化学原料和化学制品制造业	Manufacture of Raw Chemical Materials and Chemical Products	1877	52	7	82	2
医药制造业	Manufacture of Medicines	510	20	6	20	
化学纤维制造业	Manufacture of Chemical Fibers	24	1		4	

表 22.3 续表 1 continued 1

指 标	Item	大渡口区 Dadukou District	江北区 Jiangbei District	沙坪坝区 Shapingba District	九龙坡区 Jiulongpo District	南岸区 Nan'an District
总 计	**Total**	**7505**	**24516**	**25884**	**46502**	**20325**
按三次产业分组	**By Strata of Industry**					
第一产业	Primary Industry	218	133	408	887	237
第二产业	Secondary Industry	1161	2080	6130	6755	2490
第三产业	Tertiary Industry	6126	22303	19346	38860	17598
按国民经济行业分组	**By Sector**					
农、林、牧、渔业	**Agriculture ,Forestry,Animal Husbandry and Fishery**	**232**	**145**	**468**	**988**	**277**
农 业	Farming	210	104	295	608	206
林 业	Forestry	4	7	43	77	11
畜牧业	Animal Husbandry	3	14	22	70	8
渔 业	Fishery	1	8	48	132	12
农、林、牧、渔专业及辅助性活动	Services of Farming ,Forestry,Animal Husbandry and Fishery	14	12	60	101	40
采矿业	**Mining and Quarrying**	**4**	**4**	**8**	**21**	**9**
煤炭开采和洗选业	Coal Mining and Dressing				1	1
石油和天然气开采业	Petroleum and Natural Gas Extraction				1	
黑色金属矿采选业	Ferrous Metal Ores Mining and Dressing	1			1	
有色金属矿采选业	Nonferrous Metal Ores Mining and Dressing			1		
非金属矿采选业	Nonmetallic Ores Mining and Dressing	3	4	7	18	7
开采专业及辅助性活动	Auxiliary Minning Operations					1
其他采矿业	Mining and Dressing of Other Ores					
制造业	**Manufacture**	**918**	**923**	**5186**	**5129**	**1568**
农副食品加工业	Processing of Farm and Sideline Food	27	19	83	96	31
食品制造业	Manufacture of Food	19	26	92	120	42
酒、饮料和精制茶制造业	Manufacture of Beverage	3	5	24	29	15
烟草制品业	Tobacco Products					2
纺织业	Textile Industry	3	5	573	28	24
纺织服装、服饰业	Manufacture of Textile Garments, Footwear and Headgear	9	33	25	55	63
皮革、毛皮、羽毛及其制品和制鞋业	Leather, Fur, Feather, Down and Related Products	11	4	19	11	36
木材加工和木、竹、藤、棕、草制品业	Timber Processing, Bamboo, Cane, Palm Fiber & Straw Products	22	7	167	138	15
家具制造业	Manufacture of Furniture	24	7	271	213	74
造纸和纸制品业	Papermaking and Paper Products	15	28	106	84	49
印刷和记录媒介复制业	Printing and Record Medium Reproduction	26	55	112	145	76
文教、工美、体育和娱乐用品制造业	Manufacture of Cultural, Educational and Sports Articles	14	17	81	108	29
石油、煤炭及其他燃料加工业	Petroleum Refining, Coking and Nuclear Fuel Processing	1		14	18	
化学原料和化学制品制造业	Manufacture of Raw Chemical Materials and Chemical Products	20	39	142	141	55
医药制造业	Manufacture of Medicines	6	6	21	25	20
化学纤维制造业	Manufacture of Chemical Fibers	1			1	

单位：个 (unit)

北碚区 Beibei District	渝北区 Yubei District	巴南区 Ba'nan District	长寿区 Changshou District	江津区 Jiangjin District	合川区 Hechuan District	永川区 Yongchuan District	南川区 Nanchuan District	綦江区 Qijiang District	其中 of which 綦江区（不含万盛） Qijiang District (excluding Wansheng)	大足区 Dazu District	璧山区 Bishan District	铜梁区 Tongliang District
12665	**39809**	**23075**	**12633**	**20907**	**13890**	**16499**	**13919**	**20268**	**12767**	**16020**	**13705**	**11681**
1416	1592	4845	3480	4839	2775	2918	5055	4422	3136	3763	2643	2225
3391	4600	4659	1480	4737	2632	2678	1676	2269	1466	4426	3889	2732
7858	33617	13571	7673	11331	8483	10903	7188	13577	8165	7831	7173	6724
1476	**1672**	**4965**	**3531**	**4971**	**2931**	**3043**	**5205**	**4587**	**3265**	**3869**	**2687**	**2300**
1089	1018	3354	1977	2584	1291	1682	2693	1698	1234	956	1920	853
39	58	191	58	190	123	147	283	204	53	147	214	80
163	366	238	743	921	463	326	1395	2013	1472	1469	218	286
125	150	1062	702	1144	898	763	684	507	377	1191	291	1006
60	80	120	51	132	156	125	150	165	129	106	44	75
53	**35**	**34**	**48**	**80**	**95**	**147**	**78**	**165**	**102**	**80**	**23**	**72**
24	12	1	4		40	81	43	50	18	46	6	18
	1	1					1					
	1	1		1				6	6			
		1			1		1					
27	17	30	41	73	52	61	31	105	76	30	17	53
1	4		3	1	2	5	2	4	2	4		1
1				3								
2852	**2735**	**3823**	**1098**	**3840**	**1940**	**1925**	**1261**	**1471**	**1048**	**3959**	**3450**	**2225**
39	88	110	120	451	198	110	85	81	60	89	61	111
41	108	88	43	241	119	72	46	51	40	49	67	45
21	28	39	28	82	65	69	70	82	61	25	25	35
		1										
60	23	39	35	63	57	23	87	33	22	30	73	160
16	111	493	18	55	63	49	45	21	14	21	59	183
12	32	34	4	22	34	36	28	9	8	13	373	142
21	29	93	57	145	38	82	46	65	42	90	53	119
23	39	213	58	114	112	62	91	39	28	60	74	98
52	31	65	14	52	26	49	17	17	11	24	53	61
50	99	81	23	32	31	35	22	31	15	19	177	19
38	56	57	19	47	47	31	51	36	26	97	21	34
4	2	3	4	9	5	18	5	6	4	8	7	3
63	67	84	127	158	49	69	35	32	17	57	43	51
22	23	37	24	10	27	8	12	16	5	6	9	10
	2	2	3		1	1	1	1	1	2	2	1

表 22.3 续表 2 continued 2

指　标	Item	潼南区 Tongnan District	荣昌区 Rongchang District	开州区 Kaizhou District	梁平区 Liangping District	武隆区 Wulong District	城口县 Chengkou County
总　计	**Total**	**13330**	**10564**	**18871**	**9204**	**8483**	**5564**
按三次产业分组	**By Strata of Industry**						
第一产业	Primary Industry	3642	1297	3260	2640	4129	1534
第二产业	Secondary Industry	2139	2162	2582	1607	681	343
第三产业	Tertiary Industry	7549	7105	13029	4957	3673	3687
按国民经济行业分组	**By Sector**						
农、林、牧、渔业	**Agriculture ,Forestry,Animal Husbandry and Fishery**	**3774**	**1438**	**3562**	**2803**	4162	**1635**
农　业	Farming	1760	690	1739	1363	2213	624
林　业	Forestry	84	67	98	165	113	22
畜牧业	Animal Husbandry	668	316	1043	519	1573	859
渔　业	Fishery	1130	224	380	593	230	29
农、林、牧、渔专业及辅助性活动	Services of Farming ,Forestry,Animal Husbandry and Fishery	132	141	302	163	33	101
采矿业	**Mining and Quarrying**	**102**	**86**	**152**	**96**	**44**	**58**
煤炭开采和洗选业	Coal Mining and Dressing		55	43	31	8	19
石油和天然气开采业	Petroleum and Natural Gas Extraction	1	1	1	2		
黑色金属矿采选业	Ferrous Metal Ores Mining and Dressing			3		1	22
有色金属矿采选业	Nonferrous Metal Ores Mining and Dressing				1	1	3
非金属矿采选业	Nonmetallic Ores Mining and Dressing	96	30	101	62	34	13
开采专业及辅助性活动	Auxiliary Minning Operations	3		3			
其他采矿业	Mining and Dressing of Other Ores	2		1			1
制造业	**Manufacture**	**1668**	**1584**	**2017**	**1351**	**412**	**170**
农副食品加工业	Processing of Farm and Sideline Food	365	193	222	125	96	26
食品制造业	Manufacture of Food	45	47	83	29	20	3
酒、饮料和精制茶制造业	Manufacture of Beverage	34	55	110	52	22	24
烟草制品业	Tobacco Products			1			
纺织业	Textile Industry	108	95	144	20	9	7
纺织服装、服饰业	Manufacture of Textile Garments, Footwear and Headgear	60	58	204	57	8	5
皮革、毛皮、羽毛及其制品和制鞋业	Leather, Fur, Feather, Down and Related Products	36	17	69	14	5	4
木材加工和木、竹、藤、棕、草制品业	Timber Processing, Bamboo, Cane, Palm Fiber & Straw Products	91	46	118	165	8	7
家具制造业	Manufacture of Furniture	78	65	169	57	10	6
造纸和纸制品业	Papermaking and Paper Products	24	19	18	124	6	3
印刷和记录媒介复制业	Printing and Record Medium Reproduction	23	45	38	17	4	6
文教、工美、体育和娱乐用品制造业	Manufacture of Cultural, Educational and Sports Articles	15	113	33	65	13	7
石油、煤炭及其他燃料加工业	Petroleum Refining, Coking and Nuclear Fuel Processing	2	2	13	8	2	
化学原料和化学制品制造业	Manufacture of Raw Chemical Materials and Chemical Products	37	50	47	66	7	4
医药制造业	Manufacture of Medicines	14	47	7	13	2	2
化学纤维制造业	Manufacture of Chemical Fibers						

单位：个 (unit)

丰都县 Fengdu County	垫江县 Dianjiang County	忠　县 Zhongxian County	云阳县 Yunyang County	奉节县 Fengjie County	巫山县 Wushan County	巫溪县 Wuxi County	石柱县 Shizhu County	秀山县 Xiushan County	酉阳县 Youyang County	彭水县 Pengshui County
10301	**9521**	**12109**	**13471**	**9074**	**8524**	**7210**	**5619**	**9561**	**10384**	**9038**
3982	1813	1889	5329	3054	3869	2591	1117	2769	3230	3248
1027	2210	1208	1835	1137	722	729	874	952	1298	924
5292	5498	9012	6307	4883	3933	3890	3628	5840	5856	4866
4161	**1953**	**2044**	**5590**	**3126**	**3997**	**2634**	**1134**	**2830**	**3344**	**3473**
1452	921	1180	2020	1506	2414	1397	612	1505	1836	1230
73	69	41	77	89	125	23	57	126	180	93
2016	516	419	2491	1326	1157	1061	370	941	1132	1816
441	307	249	741	133	173	110	78	197	82	109
179	140	155	261	72	128	43	17	61	114	225
48	**32**	**65**	**48**	**173**	**78**	**75**	**80**	**127**	**110**	**130**
3	9	3	25	104	44	31	27	4	2	33
2	2	23		1			1			1
2			1	3	2			67	5	1
				1	1	1	9	3	16	3
35	19	30	21	61	29	41	43	53	82	75
5	1	8	1	1	2	2				5
1	1	1		2					5	12
707	**1814**	**840**	**1372**	**738**	**399**	**364**	**566**	**635**	**921**	**571**
137	190	110	155	64	43	55	63	79	71	71
31	50	40	39	45	19	8	24	32	17	20
31	57	62	39	38	26	26	21	67	43	28
				3						4
31	62	40	64	19	18	26	21	13	33	21
29	34	71	125	32	75	23	10	30	52	13
12	54	30	56	9	30	11	8	6	57	6
31	179	45	57	17	11	22	18	43	27	32
26	200	37	85	59	12	25	30	31	33	32
14	23	8	9	5		2	6	5	9	13
13	30	15	26	13	12	3	7	9	13	7
15	30	18	65	27	14	21	19	15	48	13
4	6	2	9	23	4		5		7	1
33	66	23	33	17	9	8	22	20	41	19
15	12	9	4	5	2	4	13	14	16	3
		1								

表 22.3 续表 3 continued 3

指 标	Item	全 市 Total	万州区 Wanzhou District	黔江区 Qianjiang District	涪陵区 Fuling District	渝中区 Yuzhong District
橡胶和塑料制品业	Plastic Products	2459	85	9	77	7
非金属矿物制品业	Nonmetal Mineral Products	6959	239	124	220	3
黑色金属冶炼和压延加工业	Smelting and Pressing of Ferrous Metals	543	10	7	16	
有色金属冶炼和压延加工业	Smelting and Pressing of Nonferrous Metals	551	15	5	23	
金属制品业	Metal Products	6349	272	55	144	11
通用设备制造业	Manufacture of General-purpose Machinery	4865	69	7	36	11
专用设备制造业	Manufacture of Special-purpose Machinery	3579	58	6	32	11
汽车制造业	Manufacture of Automobile	4797	38	1	50	10
铁路、船舶、航空航天和其他运输设备制造业	Manufacture of Railway ,Ship,Aeronautics and Other Transport Equipment	3813	29	2	127	3
电气机械和器材制造业	Manufacture of Electrical Machinery and Equipment	1901	57	5	33	6
计算机、通信和其他电子设备制造业	Manufacture of Communication Equipment, Computers and Other Electronic Equipment	1668	59	2	22	
仪器仪表制造业	Manufacture of Instruments and Meters	827	6	2	6	5
其他制造业	Other Manufactures	347	16	5	13	1
废弃资源综合利用业	Comprehensive Utilization of Waste	216	10	2	10	1
金属制品、机械和设备修理业	Manufacture of Metal Products,Machinery and Equipment Maintenance	461	27	4	67	6
电力、热力、燃气及水生产和供应业	**Production and Supply of Electric Power,Gas and Water**	**2608**	**128**	**29**	**125**	**9**
电力、热力生产和供应业	Production and Supply of Electric Power and Heat Power	1598	95	18	91	3
燃气生产和供应业	Production and Supply of Gas	269	10	6	16	
水的生产和供应业	Production and Supply of Water	741	23	5	18	6
建筑业	**Construction**	**17869**	**781**	**232**	**634**	**800**
房屋建筑业	Construction of Housing	4388	268	51	207	119
土木工程建筑业	Civil Engineering Construction	1679	61	20	42	76
建筑安装业	Architectural Installation	1943	73	30	51	139
建筑装饰、装修和其他建筑业	Architectural Decoration and Other Construction	9859	379	131	334	466
批发和零售业	**Wholesale and Retail Trade**	**166011**	**7937**	**3747**	**6247**	**10099**
批发业	Wholesale Trade	64892	2765	1353	2689	5342
零售业	Retail Trade	101119	5172	2394	3558	4757
交通运输、仓储和邮政业	**Transport, Storage and Postal Services**	**11112**	**509**	**142**	**688**	**479**
铁路运输业	Transport Via Railway	60	1		2	2
道路运输业	Transport Via Road	6617	321	93	419	215
水上运输业	Water Transport	483	63	1	84	25
航空运输业	Air Transport	62	2	3		7
管道运输业	Transport Via Pipeline	9			2	
多式联运和运输代理业	Loading, Unloading, Portage and Transport Agency	2074	46	22	67	192
装卸搬运和仓储业	Storage	1240	57	19	96	19
邮政业	Post	567	19	4	18	19
住宿和餐饮业	**Hotels and Catering Services**	**29330**	**1263**	**691**	**1416**	**926**
住宿业	Hotels	4725	171	72	116	293
餐饮业	Catering Services	24605	1092	619	1300	633

单位：个 (unit)

大渡口区 Dadukou District	江北区 Jiangbei District	沙坪坝区 Shapingba District	九龙坡区 Jiulongpo District	南岸区 Nan'an District	北碚区 Beibei District	渝北区 Yubei District	巴南区 Ba'nan District	长寿区 Changshou District	江津区 Jiangjin District	合川区 Hechuan District	永川区 Yongchuan District
35	40	215	241	115	133	101	110	51	173	86	73
54	35	247	443	99	211	181	339	113	339	292	259
10	8	37	59	4	7	9	15	20	30	27	18
8	3	36	78	4	13	14	15	5	28	26	15
88	94	375	432	129	137	165	311	98	334	138	162
168	85	598	623	120	456	246	471	45	484	102	239
47	54	303	474	88	183	351	154	34	176	69	94
58	194	519	435	131	291	424	305	56	382	161	96
170	34	801	505	102	405	86	430	16	181	63	20
39	45	161	249	84	129	122	131	23	114	40	69
16	23	75	186	95	78	142	51	24	44	36	104
11	38	43	96	30	330	75	19	3	24	11	27
	2	19	16	11	11	32	7	2	10	9	16
	3	4	21	2	3	3	4	6	13	2	13
13	14	23	59	23	3	46	22	25	27	6	6
5	**17**	**26**	**38**	**22**	**21**	**62**	**62**	**83**	**151**	**83**	**56**
2	2	6	18	7	8	27	31	52	77	25	25
	7	3	5	2	2	16	9	4	10	15	9
3	8	17	15	13	11	19	22	27	64	43	22
247	**1150**	**933**	**1626**	**915**	**469**	**1818**	**762**	**279**	**694**	**522**	**561**
45	139	119	282	140	67	344	133	65	321	141	125
17	120	64	111	90	57	192	77	16	65	40	42
33	157	91	228	143	29	309	74	42	38	62	31
152	734	659	1005	542	316	973	478	156	270	279	363
2905	**7843**	**8206**	**21361**	**6947**	**2911**	**12637**	**5838**	**3510**	**4748**	**3086**	**5112**
1800	4213	3767	11471	2709	738	4910	1527	860	1641	982	1661
1105	3630	4439	9890	4238	2173	7727	4311	2650	3107	2104	3451
169	**693**	**613**	**793**	**267**	**175**	**957**	**371**	**337**	**448**	**214**	**237**
	4	5	8		1	9	1	1	1	1	1
90	284	358	358	167	103	412	242	281	288	135	141
6	31	4	10	7	6	16	6	5	28	17	6
	3	3	3		1	25			1		1
		2	1		1						
20	279	134	255	49	29	306	51	18	43	22	40
42	79	89	143	28	18	109	59	29	72	23	35
11	13	18	15	16	16	80	12	3	15	16	13
211	**798**	**653**	**824**	**767**	**320**	**1501**	**821**	**619**	**904**	**482**	**722**
18	154	144	136	141	48	314	145	60	163	63	74
193	644	509	688	626	272	1187	676	559	741	419	648

表 22.3 续表 4 continued 4

指 标	Item	南川区 Nanchuan District	綦江区 Qijiang District	其中 of which 綦江区(不含万盛) Qijiang District (excluding Wansheng)	大足区 Dazu District
橡胶和塑料制品业	Plastic Products	25	44	28	102
非金属矿物制品业	Nonmetal Mineral Products	187	231	164	225
黑色金属冶炼和压延加工业	Smelting and Pressing of Ferrous Metals	6	14	8	74
有色金属冶炼和压延加工业	Smelting and Pressing of Nonferrous Metals	24	50	41	22
金属制品业	Metal Products	172	132	91	1040
通用设备制造业	Manufacture of General-purpose Machinery	68	135	116	186
专用设备制造业	Manufacture of Special-purpose Machinery	31	61	37	465
汽车制造业	Manufacture of Automobile	37	165	150	618
铁路、船舶、航空航天和其他运输设备制造业	Manufacture of Railway ,Ship,Aeronautics and Other Transport Equipment	13	41	22	471
电气机械和器材制造业	Manufacture of Electrical Machinery and Equipment	17	21	12	75
计算机、通信和其他电子设备制造业	Manufacture of Communication Equipment, Computers and Other Electronic Equipment	21	19	3	41
仪器仪表制造业	Manufacture of Instruments and Meters	3	5	3	8
其他制造业	Other Manufactures	12	9	8	10
废弃资源综合利用业	Comprehensive Utilization of Waste	1	15	8	28
金属制品、机械和设备修理业	Manufacture of Metal Products,Machinery and Equipment Maintenance	3	9	3	4
电力、热力、燃气及水生产和供应业	**Production and Supply of Electric Power,Gas and Water**	**90**	**105**	**70**	**44**
电力、热力生产和供应业	Production and Supply of Electric Power and Heat Power	75	78	53	16
燃气生产和供应业	Production and Supply of Gas	7	8	6	5
水的生产和供应业	Production and Supply of Water	8	19	11	23
建筑业	**Construction**	**252**	**541**	**251**	**351**
房屋建筑业	Construction of Housing	72	236	96	86
土木工程建筑业	Civil Engineering Construction	36	60	25	21
建筑安装业	Architectural Installation	26	32	18	30
建筑装饰、装修和其他建筑业	Architectural Decoration and Other Construction	118	213	112	214
批发和零售业	**Wholesale and Retail Trade**	**2554**	**4919**	**3127**	**2985**
批发业	Wholesale Trade	703	1573	1004	1137
零售业	Retail Trade	1851	3346	2123	1848
交通运输、仓储和邮政业	**Transport, Storage and Postal Services**	**114**	**1032**	**462**	**234**
铁路运输业	Transport Via Railway	2	5	3	
道路运输业	Transport Via Road	68	871	367	182
水上运输业	Water Transport		1	1	5
航空运输业	Air Transport		5	1	
管道运输业	Transport Via Pipeline		1		
多式联运和运输代理业	Loading, Unloading, Portage and Transport Agency	30	87	41	20
装卸搬运和仓储业	Storage	1	55	47	15
邮政业	Post	13	7	2	12
住宿和餐饮业	**Hotels and Catering Services**	**1162**	**2415**	**1202**	**913**
住宿业	Hotels	98	463	318	108
餐饮业	Catering Services	1064	1952	884	805

单位：个 (unit)

璧山区 Bishan District	铜梁区 Tongliang District	潼南区 Tongnan District	荣昌区 Rongchang District	开州区 Kaizhou District	梁平区 Liangping District	武隆区 Wulong District	城口县 Chengkou County	丰都县 Fengdu County	垫江县 Dianjiang County	忠　县 Zhongxian County	云阳县 Yunyang County	奉节县 Fengjie County	巫山县 Wushan County
264	97	31	65	41	61	11	1	16	57	7	26	14	5
136	202	197	206	301	172	104	21	134	248	110	242	184	61
10	11	4	13	8	8		14	6	8	6	28	2	
10	22	21	2	24	3	4	10	7	9	5	13	1	2
225	167	181	136	248	166	28	9	38	273	100	160	52	26
318	114	35	73	16	22	7	1	14	32	15	15	12	3
364	123	38	93	22	21	6	5	23	39	22	16	41	10
503	178	17	47	8	9	15		5	14	9	8	4	1
191	53	8	4	1	9	7		10	3	5	10	7	1
86	71	54	45	29	21	6	2	11	38	20	31	18	3
188	65	120	25	22	29	7	2	11	54	12	37	18	3
39	13	3	9		2			2	5	1	1	1	2
4	20	18	9	5	13	2	1	2	30	7	9	3	1
9	9	5	4	11	1	3		2	8	1	2	3	1
6	8	4	1	5	2			4	3	9	8	2	5
28	**41**	**56**	**39**	**122**	**32**	**127**	**56**	**114**	**42**	**96**	**107**	**87**	**65**
6	17	10	5	61	7	115	49	64	14	44	81	65	46
5	5	12	15	13	6	5	5	9	4	15	9	7	4
17	19	34	19	48	19	7	2	41	24	37	17	15	15
394	**403**	**320**	**454**	**299**	**130**	**98**	**59**	**167**	**326**	**224**	**317**	**142**	**187**
53	105	110	100	83	46	47	21	49	193	73	141	72	93
62	60	26	49	25	12	12	4	22	13	26	36	13	14
39	24	27	28	25	11	8	6	10	17	21	20	14	16
240	214	157	277	166	61	31	28	86	103	104	120	43	64
3140	**2698**	**3246**	**3295**	**5263**	**1903**	**872**	**643**	**1761**	**2077**	**3807**	**1923**	**1244**	**1336**
719	679	1408	926	1406	587	346	183	550	613	1496	433	524	320
2421	2019	1838	2369	3857	1316	526	460	1211	1464	2311	1490	720	1016
276	**110**	**284**	**156**	**210**	**108**	**61**	**28**	**149**	**141**	**153**	**162**	**176**	**132**
1		1			1				7			2	
198	81	200	128	131	77	39	15	80	92	101	67	65	32
	1	8		3		3		24	1	18	28	29	24
	1		2		1	2				1			1
					1								
33	10	58	12	23	13	3	4	23	17	8	28	12	24
28	13	11	5	24	4	9	2	16	11	21	26	30	13
16	4	6	9	29	11	5	7	6	13	4	13	38	38
360	**604**	**622**	**306**	**1582**	**464**	**1158**	**1495**	**417**	**451**	**646**	**418**	**252**	**503**
22	38	92	33	393	30	182	435	51	32	57	70	67	146
338	566	530	273	1189	434	976	1060	366	419	589	348	185	357

表 22.3 续表 5 continued 5

单位：个 (unit)

指 标	Item	巫溪县 Wuxi County	石柱县 Shizhu County	秀山县 Xiushan County	酉阳县 Youyang County	彭水县 Pengshui County
橡胶和塑料制品业	Plastic Products	3	14	8	11	5
非金属矿物制品业	Nonmetal Mineral Products	48	144	140	262	206
黑色金属冶炼和压延加工业	Smelting and Pressing of Ferrous Metals	1	1	28	23	1
有色金属冶炼和压延加工业	Smelting and Pressing of Nonferrous Metals	1	2	13	15	3
金属制品业	Metal Products	55	51	30	70	45
通用设备制造业	Manufacture of General-purpose Machinery	4	10	9	12	4
专用设备制造业	Manufacture of Special-purpose Machinery	2	24	5	27	7
汽车制造业	Manufacture of Automobile	1	4	3		
铁路、船舶、航空航天和其他运输设备制造业	Manufacture of Railway ,Ship,Aeronautics and Other Transport Equipment		2	1	2	
电气机械和器材制造业	Manufacture of Electrical Machinery and Equipment	2	17	9	12	6
计算机、通信和其他电子设备制造业	Manufacture of Communication Equipment, Computers and Other Electronic Equipment	1	17	9	7	3
仪器仪表制造业	Manufacture of Instruments and Meters			4	2	1
其他制造业	Other Manufactures	5	7	4	1	5
废弃资源综合利用业	Comprehensive Utilization of Waste	3	4	2	6	1
金属制品、机械和设备修理业	Manufacture of Metal Products,Machinery and Equipment Maintenance	4	2	6	4	1
电力、热力、燃气及水生产和供应业	**Production and Supply of Electric Power,Gas and Water**	**157**	**87**	**39**	**106**	**51**
电力、热力生产和供应业	Production and Supply of Electric Power and Heat Power	138	73	31	79	37
燃气生产和供应业	Production and Supply of Gas		7	4	6	4
水的生产和供应业	Production and Supply of Water	19	7	4	21	10
建筑业	**Construction**	**139**	**143**	**157**	**165**	**178**
房屋建筑业	Construction of Housing	51	48	29	37	77
土木工程建筑业	Civil Engineering Construction	6	21	26	20	25
建筑安装业	Architectural Installation	6	7	8	28	10
建筑装饰、装修和其他建筑业	Architectural Decoration and Other Construction	76	67	94	80	66
批发和零售业	**Wholesale and Retail Trade**	**1130**	**1221**	**2984**	**2217**	**1659**
批发业	Wholesale Trade	329	372	799	719	642
零售业	Retail Trade	801	849	2185	1498	1017
交通运输、仓储和邮政业	**Transport, Storage and Postal Services**	**62**	**104**	**125**	**121**	**82**
铁路运输业	Transport Via Railway		1		3	
道路运输业	Transport Via Road	31	65	63	80	44
水上运输业	Water Transport	9	4		4	6
航空运输业	Air Transport					
管道运输业	Transport Via Pipeline			1		
多式联运和运输代理业	Loading, Unloading, Portage and Transport Agency	8	17	48	13	10
装卸搬运和仓储业	Storage	2	6	7	16	8
邮政业	Post	12	11	6	5	14
住宿和餐饮业	**Hotels and Catering Services**	**711**	**507**	**432**	**578**	**416**
住宿业	Hotels	40	77	35	92	52
餐饮业	Catering Services	671	430	397	486	364

表 22.3 续表 6 continued 6

单位：个 (unit)

指 标	Item	全 市 Total	万州区 Wanzhou District	黔江区 Qianjiang District	涪陵区 Fuling District	渝中区 Yuzhong District
信息传输、软件和信息技术服务业	**Information Transmission, Software and Information Technology**	**19239**	**404**	**190**	**365**	**1896**
电信、广播电视和卫星传输服务	Telecom, Radio, Televison and Satellite Transmission Services	564	27	13	12	21
互联网和相关服务	Internet and Ralated Services	2469	77	20	59	106
软件和信息技术服务业	Software and Information Technology Services	16206	300	157	294	1769
金融业	**Financial Intermediation**	**3284**	**120**	**46**	**136**	**260**
货币金融服务	Money Finance Services	1183	38	25	41	113
资本市场服务	Capital Market Services	1230	41	5	54	77
保险业	Insurance	532	28	11	31	55
其他金融业	Other Finance	339	13	5	10	15
房地产业	**Real Estate**	**15654**	**498**	**136**	**468**	**1137**
房地产业	Real Estate	15654	498	136	468	1137
租赁和商务服务业	**Leasing and Business Services**	**54076**	**1831**	**992**	**1713**	**5447**
租赁业	Leasing	6216	274	117	305	160
商务服务业	Business Services	47860	1557	875	1408	5287
科学研究和技术服务业	**Scientific Research and Technical Services**	**14849**	**428**	**161**	**593**	**1009**
研究和试验发展	Research and Experimental Development	1140	31	11	34	92
专业技术服务业	Professional Technical Services	8701	200	108	336	661
科技推广和应用服务业	Services of Science and Technology Application and Promotion	5008	197	42	223	256
水利、环境和公共设施管理业	**Water Conservancy, Environment and Public Facilities Management**	**4330**	**132**	**48**	**197**	**123**
水利管理业	Management of Water Conservancy	597	26	4	13	7
生态保护和环境治理业	Ecological Protection and Environmental Governance	666	20	7	40	28
公共设施管理业	Management of Public Facilities	2427	76	31	112	61
土地管理业	Management of Land	640	10	6	32	27
居民服务、修理和其他服务业	**Services to Households, Repair and Other Services**	**16534**	**997**	**414**	**720**	**818**
居民服务业	Resident Services	8858	630	237	393	490
机动车、电子产品和日用产品修理业	Vehicles, Electronic Products and Commodities Maintenance Services	5144	271	110	225	167
其他服务业	Other Services	2532	96	67	102	161
教 育	**Education**	**14470**	**639**	**189**	**571**	**543**
教 育	Education	14470	639	189	571	543
卫生和社会工作	**Health and Social Work**	**6869**	**269**	**137**	**170**	**221**
卫 生	Health	4699	180	51	103	144
社会工作	Social Work	2170	89	86	67	77
文化、体育和娱乐业	**Culture, Sports and Entertainment**	**13661**	**516**	**154**	**543**	**795**
新闻和出版业	Journalism and Publishing Activities	205	2	3	1	67
广播、电视、电影和录音制作业	Broadcasting, Movies, Televisions and Audiovisual Activities	1318	41	11	29	124
文化艺术业	Cultural and Art Activities	4816	132	22	318	345
体 育	Sports	1178	35	11	41	74
娱乐业	Entertainment	6144	306	107	154	185
公共管理、社会保障和社会组织	**Public Administration, Social Security and Social Organizations**	**29576**	**1378**	**461**	**1090**	**903**
中国共产党机关	Organs of CPC	566	11		1	28
国家机构	Government Agencies	9080	359	141	305	201
人民政协、民主党派	People's Political Consultative Conference and Democratic Parties	167	6	1	7	15
社会保障	Social Security	821	77		19	4
群众团体、社会团体和其他成员组织	Non-Governmental Organizations, Social Organizations and Other Organizations	7727	293	97	339	553
基层群众自治组织及其他组织	Grass Roots Self-governing Organizations	11215	632	222	419	102

表 22.3 续表 7 continued 7

指 标	Item	大渡口区 Dadukou District	江北区 Jiangbei District	沙坪坝区 Shapingba District	九龙坡区 Jiulongpo District	南岸区 Nan'an District
信息传输、软件和信息技术服务业	**Information Transmission, Software and Information Technology**	**357**	**1908**	**1510**	**3501**	**1416**
电信、广播电视和卫星传输服务	Telecom, Radio, Televison and Satellite Transmission Services	17	19	32	46	19
互联网和相关服务	Internet and Ralated Services	38	79	214	193	196
软件和信息技术服务业	Software and Information Technology Services	302	1810	1264	3262	1201
金融业	**Financial Intermediation**	**57**	**238**	**73**	**184**	**192**
货币金融服务	Money Finance Services	24	74	34	38	45
资本市场服务	Capital Market Services	22	97	21	116	102
保险业	Insurance	5	46	4	13	19
其他金融业	Other Finance	6	21	14	17	26
房地产业	**Real Estate**	**272**	**1149**	**815**	**1252**	**900**
房地产业	Real Estate	272	1149	815	1252	900
租赁和商务服务业	**Leasing and Business Services**	**803**	**5074**	**3146**	**5183**	**3452**
租赁业	Leasing	128	296	299	692	286
商务服务业	Business Services	675	4778	2847	4491	3166
科学研究和技术服务业	**Scientific Research and Technical Services**	**233**	**1187**	**938**	**1575**	**841**
研究和试验发展	Research and Experimental Development	22	52	66	172	70
专业技术服务业	Professional Technical Services	116	775	654	1023	574
科技推广和应用服务业	Services of Science and Technology Application and Promotion	95	360	218	380	197
水利、环境和公共设施管理业	**Water Conservancy, Environment and Public Facilities Management**	**71**	**173**	**193**	**254**	**165**
水利管理业	Management of Water Conservancy		4	11	9	3
生态保护和环境治理业	Ecological Protection and Environmental Governance	30	69	32	74	27
公共设施管理业	Management of Public Facilities	35	90	106	127	97
土地管理业	Management of Land	6	10	44	44	38
居民服务、修理和其他服务业	**Services to Households, Repair and Other Services**	**229**	**1009**	**742**	**1103**	**746**
居民服务业	Resident Services	124	604	362	508	370
机动车、电子产品和日用产品修理业	Vehicles, Electronic Products and Commodities Maintenance Services	66	211	203	398	207
其他服务业	Other Services	39	194	177	197	169
教 育	**Education**	**203**	**571**	**759**	**837**	**491**
教 育	Education	203	571	759	837	491
卫生和社会工作	**Health and Social Work**	**81**	**204**	**227**	**262**	**145**
卫 生	Health	62	140	128	194	100
社会工作	Social Work	19	64	99	68	45
文化、体育和娱乐业	**Culture, Sports and Entertainment**	**133**	**872**	**686**	**909**	**647**
新闻和出版业	Journalism and Publishing Activities	1	8	15	10	9
广播、电视、电影和录音制作业	Broadcasting, Movies, Televisions and Audiovisual Activities	13	79	102	126	59
文化艺术业	Cultural and Art Activities	40	402	213	319	231
体 育	Sports	19	106	61	102	89
娱乐业	Entertainment	60	277	295	352	259
公共管理、社会保障和社会组织	**Public Administration, Social Security and Social Organizations**	**375**	**558**	**702**	**662**	**558**
中国共产党机关	Organs of CPC	16	6	26	12	10
国家机构	Government Agencies	174	268	245	203	169
人民政协、民主党派	People's Political Consultative Conference and Democratic Parties	9	5	11	9	1
社会保障	Social Security	4	9	22	10	10
群众团体、社会团体和其他成员组织	Non-Governmental Organizations, Social Organizations and Other Organizations	89	145	169	212	200
基层群众自治组织及其他组织	Grass Roots Self-governing Organizations	83	125	229	216	168

单位：个 (unit)

北碚区 Beibei District	渝北区 Yubei District	巴南区 Ba'nan District	长寿区 Changshou District	江津区 Jiangjin District	合川区 Hechuan District	永川区 Yongchuan District	南川区 Nanchuan District	綦江区 Qijiang District	其　中 of which 綦江区（不含万盛） Qijiang District (excluding Wansheng)	大足区 Dazu District	璧山区 Bishan District	铜梁区 Tongliang District
352	**3067**	**663**	**122**	**254**	**236**	**448**	**179**	**212**	**124**	**111**	**189**	**133**
6	60	14	16	15	11	18	14	9	6	8	4	4
37	310	101	29	48	53	84	49	53	25	40	56	29
309	2697	548	77	191	172	346	116	150	93	63	129	100
55	**624**	**132**	**49**	**63**	**52**	**42**	**51**	**61**	**39**	**40**	**44**	**46**
30	159	37	20	24	20	20	16	30	19	15	19	17
12	376	54	9	18	13	8	19	18	12	10	11	14
9	29	21	14	14	5	11	9	9	6	11	3	9
4	60	20	6	7	14	3	7	4	2	4	11	6
389	**1864**	**677**	**242**	**463**	**588**	**599**	**288**	**361**	**205**	**362**	**375**	**371**
389	1864	677	242	463	588	599	288	361	205	362	375	371
1180	**6012**	**1490**	**621**	**1224**	**943**	**1093**	**800**	**1079**	**666**	**720**	**832**	**642**
161	670	328	116	215	114	183	127	176	127	114	210	108
1019	5342	1162	505	1009	829	910	673	903	539	606	622	534
447	**1926**	**499**	**147**	**310**	**236**	**340**	**217**	**360**	**243**	**154**	**221**	**170**
55	138	27	11	48	14	30	19	23	14	7	14	12
231	1184	274	76	164	130	175	107	164	115	91	128	62
161	604	198	60	98	92	135	91	173	114	56	79	96
157	**398**	**158**	**71**	**119**	**140**	**167**	**82**	**164**	**79**	**112**	**73**	**78**
10	33	24	17	18	15	15	14	23	15	19	4	12
17	79	21	4	12	13	36	8	16	10	13	10	10
110	200	106	41	76	100	97	43	89	41	61	43	50
20	86	7	9	13	12	19	17	36	13	19	16	6
406	**1433**	**545**	**397**	**405**	**359**	**329**	**331**	**650**	**376**	**383**	**323**	**266**
269	652	256	230	178	195	168	170	299	177	216	193	153
100	504	186	143	178	115	98	134	249	141	135	88	83
37	277	103	24	49	49	63	27	102	58	32	42	30
377	**865**	**528**	**288**	**658**	**470**	**441**	**219**	**389**	**296**	**437**	**364**	**293**
377	865	528	288	658	470	441	219	389	296	437	364	293
117	**285**	**431**	**184**	**422**	**157**	**131**	**172**	**184**	**115**	**148**	**106**	**161**
65	219	320	149	283	96	76	76	118	75	62	66	80
52	66	111	35	139	61	55	96	66	40	86	40	81
342	**946**	**494**	**162**	**425**	**350**	**380**	**179**	**332**	**203**	**319**	**257**	**261**
5	24	2	1	2	3	2	2	8	5	1	1	
27	134	31	6	12	15	41	13	29	16	26	13	17
99	233	160	63	99	63	122	44	98	55	85	60	93
27	95	47	8	24	11	42	23	39	20	37	29	17
184	460	254	84	288	258	173	97	158	107	170	154	134
566	**972**	**782**	**845**	**728**	**1006**	**726**	**685**	**1241**	**894**	**799**	**563**	**807**
22	11	17	15	11	37	12	11	32	19	6	12	32
148	345	217	374	180	291	218	171	393	252	275	173	241
8	9	12	7	5	13	2	2	6	6	3	1	2
19	17	30	4	42	50	8	3	29	17	34	8	2
185	236	217	190	213	197	226	254	311	225	171	183	201
184	354	289	255	277	418	260	244	470	375	310	186	329

表 22.3 续表 8 continued 8

指 标	Item	潼南区 Tongnan District	荣昌区 Rongchang District	开州区 Kaizhou District	梁平区 Liangping District	武隆区 Wulong District	城口县 Chengkou County
信息传输、软件和信息技术服务务业	**Information Transmission, Software and Information Technology**	**106**	**195**	**211**	**46**	**31**	**37**
电信、广播电视和卫星传输服务	Telecom, Radio, Televison and Satellite Transmission Services	8	14	20	11	4	3
互联网和相关服务	Internet and Ralated Services	39	86	74	8	6	23
软件和信息技术服务业	Software and Information Technology Services	59	95	117	27	21	11
金融业	**Financial Intermediation**	**39**	**39**	**57**	**34**	**23**	**35**
货币金融服务	Money Finance Services	18	14	26	17	15	24
资本市场服务	Capital Market Services	7	7	12	2		3
保险业	Insurance	9	13	11	14	8	5
其他金融业	Other Finance	5	5	8	1		3
房地产业	**Real Estate**	**228**	**273**	**332**	**96**	**84**	**29**
房地产业	Real Estate	228	273	332	96	84	29
租赁和商务服务业	**Leasing and Business Services**	**819**	**700**	**1041**	**328**	**255**	**160**
租赁业	Leasing	179	91	170	45	27	16
商务服务业	Business Services	640	609	871	283	228	144
科学研究和技术服务业	**Scientific Research and Technical Services**	**149**	**298**	**341**	**162**	**104**	**224**
研究和试验发展	Research and Experimental Development	18	46	9	6	1	2
专业技术服务业	Professional Technical Services	56	138	144	86	60	162
科技推广和应用服务业	Services of Science and Technology Application and Promotion	75	114	188	70	43	60
水利、环境和公共设施管理业	**Water Conservancy, Environment and Public Facilities Management**	**97**	**83**	**175**	**69**	**48**	**41**
水利管理业	Management of Water Conservancy	18	15	65	32	8	8
生态保护和环境治理业	Ecological Protection and Environmental Governance	2	15	12	4	4	7
公共设施管理业	Management of Public Facilities	65	46	73	26	27	12
土地管理业	Management of Land	12	7	25	7	9	14
居民服务、修理和其他服务业	**Services to Households, Repair and Other Services**	**268**	**293**	**591**	**229**	**74**	**106**
居民服务业	Resident Services	140	158	336	118	36	39
机动车、电子产品和日用产品修理业	Vehicles, Electronic Products and Commodities Maintenance Services	82	106	179	76	23	49
其他服务业	Other Services	46	29	76	35	15	18
教 育	**Education**	**314**	**420**	**524**	**193**	**97**	**63**
教 育	Education	314	420	524	193	97	63
卫生和社会工作	**Health and Social Work**	**127**	**105**	**509**	**134**	**74**	**82**
卫 生	Health	93	63	458	89	43	55
社会工作	Social Work	34	42	51	45	31	27
文化、体育和娱乐业	**Culture, Sports and Entertainment**	**210**	**205**	**473**	**266**	**121**	**75**
新闻和出版业	Journalism and Publishing Activities	5	2	4	2	2	
广播、电视、电影和录音制作业	Broadcasting, Movies, Televisions and Audiovisual Activities	5	15	38	8	14	15
文化艺术业	Cultural and Art Activities	33	59	220	151	34	34
体 育	Sports	21	18	29	11	9	8
娱乐业	Entertainment	146	111	182	94	62	18
公共管理、社会保障和社会组织	**Public Administration, Social Security and Social Organizations**	**901**	**595**	**1410**	**760**	**638**	**568**
中国共产党机关	Organs of CPC	5	11	11	40	18	18
国家机构	Government Agencies	306	235	368	225	265	197
人民政协、民主党派	People's Political Consultative Conference and Democratic Parties	2	3	3	1	1	2
社会保障	Social Security	24	25	70	35	11	28
群众团体、社会团体和其他成员组织	Non-Governmental Organizations, Social Organizations and Other Organizations	262	152	446	115	132	119
基层群众自治组织及其他组织	Grass Roots Self-governing Organizations	302	169	512	344	211	204

单位：个 (unit)

丰都县 Fengdu County	垫江县 Dianjiang County	忠　县 Zhongxian County	云阳县 Yunyang County	奉节县 Fengjie County	巫山县 Wushan County	巫溪县 Wuxi County	石柱县 Shizhu County	秀山县 Xiushan County	酉阳县 Youyang County	彭水县 Pengshui County
115	**69**	**130**	**128**	**127**	**63**	**134**	**27**	**93**	**126**	**88**
7	7	16	9	19	8	9	6	4	18	16
49	34	11	53	50	44	12	5	42	25	37
59	28	103	66	58	11	113	16	47	83	35
62	**51**	**41**	**44**	**65**	**33**	**30**	**36**	**41**	**49**	**40**
41	17	16	20	27	13	14	22	28	10	22
2	11	8	8	23	6	4	4	4	26	6
10	14	15	11	14	11	8	8	7	8	10
9	9	2	5	1	3	4	2	2	5	2
137	**215**	**175**	**170**	**119**	**113**	**59**	**129**	**100**	**96**	**93**
137	215	175	170	119	113	59	129	100	96	93
487	**402**	**1595**	**729**	**438**	**359**	**281**	**342**	**423**	**852**	**588**
53	58	70	96	50	42	42	51	54	42	51
434	344	1525	633	388	317	239	291	369	810	537
153	**150**	**143**	**200**	**158**	**78**	**135**	**88**	**111**	**196**	**167**
13	26	19	9	21	3		4	1	6	8
71	60	48	103	86	30	66	59	59	139	101
69	64	76	88	51	45	69	25	51	51	58
116	**107**	**50**	**75**	**61**	**71**	**39**	**73**	**38**	**57**	**55**
43	25	7	19	12	21	15	11	2	9	6
12	3	8	5	5	3	4	5	5	2	4
50	64	34	43	41	34	15	52	20	41	33
11	15	1	8	3	13	5	5	11	5	12
221	**196**	**337**	**282**	**175**	**103**	**177**	**144**	**283**	**207**	**243**
140	81	217	168	88	54	99	73	151	116	147
59	58	99	70	58	33	68	60	111	73	69
22	57	21	44	29	16	10	11	21	18	27
253	**258**	**333**	**330**	**293**	**157**	**171**	**158**	**304**	**277**	**193**
253	258	333	330	293	157	171	158	304	277	193
119	**130**	**194**	**184**	**350**	**78**	**161**	**71**	**62**	**144**	**131**
75	63	105	110	315	68	92	56	47	134	121
44	67	89	74	35	10	69	15	15	10	10
430	**366**	**369**	**325**	**126**	**140**	**108**	**193**	**211**	**187**	**154**
6	2	2	2	6	1				1	3
36	117	29	11	9	7	5	15	14	9	23
266	119	166	113	33	39	52	129	39	41	47
13	11	13	38	9	11	8	9	9	14	10
109	117	159	161	69	82	43	40	149	122	71
684	**741**	**867**	**1067**	**1224**	**632**	**643**	**516**	**566**	**631**	**726**
12	6	33	12	9	11	10	12	9	13	8
196	240	250	234	513	193	161	104	87	172	243
1	2	3	2	6	1	1	2	1	1	1
32	37	25	55	33	5	8		2	15	15
110	156	193	277	201	90	134	153	200	150	156
333	300	363	487	462	332	329	245	267	280	303

表 22.4 按区县、登记注册类型分组的法人单位数(2017 年)

NUMBER OF CORPORATE UNITS BY STATUS OF REGISTRATION AND REGION (2017)

区县	Item	总计 Total	其中 of which				
			内资 Domestic-funded Enterprises	其中 of which			
				国有 State-owned	集体 Collective-owned	股份合作 Cooperative Share-holding	联营 Joint Ownership
全市	**Total**	**598573**	**596098**	**23203**	**3869**	**1122**	**392**
万州区	Wanzhou District	27884	27846	1007	153	33	26
黔江区	Qianjiang District	11321	11307	325	15	16	6
涪陵区	Fuling District	23134	23072	928	120	24	12
渝中区	Yuzhong District	25603	25284	746	238	88	15
大渡口区	Dadukou District	7505	7460	303	45	14	2
江北区	Jiangbei District	24516	24288	512	66	15	3
沙坪坝区	Shapingba District	25884	25736	665	298	71	16
九龙坡区	Jiulongpo District	46502	46283	466	241	114	16
南岸区	Nan'an District	20325	20204	448	44	103	11
北碚区	Beibei District	12665	12564	506	132	25	8
渝北区	Yubei District	39809	39303	821	76	103	13
巴南区	Ba'nan District	23075	22967	650	142	38	12
长寿区	Changshou District	12633	12562	656	129	9	19
江津区	Jiangjin District	20907	20840	696	242	31	6
合川区	Hechuan District	13890	13852	783	68	18	8
永川区	Yongchuan District	16499	16433	563	82	25	9
南川区	Nanchuan District	13919	13909	466	83	22	10
綦江区	Qijiang District	20268	20234	863	186	42	12
#綦江区(不含万盛)	Qijiang District (excluding Wansheng)	12767	12741	584	120	31	7
大足区	Dazu District	16020	15996	701	59	14	3
璧山区	Bishan District	13705	13644	418	95	40	10
铜梁区	Tongliang District	11681	11646	621	74	9	2
潼南区	Tongnan District	13330	13318	554	71	11	5
荣昌区	Rongchang District	10564	10541	585	68	2	5
开州区	Kaizhou District	18871	18858	945	217	65	21
梁平区	Liangping District	9204	9199	629	112	14	1
武隆区	Wulong District	8483	8479	533	30	10	1
城口县	Chengkou County	5564	5561	490	17	14	3
丰都县	Fengdu County	10301	10281	677	68	12	47
垫江县	Dianjiang County	9521	9513	555	108	42	12
忠县	Zhongxian County	12109	12096	616	103	13	9
云阳县	Yunyang County	13471	13461	644	73	11	14
奉节县	Fengjie County	9074	9067	795	68	15	6
巫山县	Wushan County	8524	8518	563	39	5	4
巫溪县	Wuxi County	7210	7205	542	91	6	5
石柱县	Shizhu County	5619	5612	383	71	13	10
秀山县	Xiushan County	9561	9558	341	38	1	
酉阳县	Youyang County	10384	10369	613	63	5	5
彭水县	Pengshui County	9038	9032	594	44	29	25

单位：个 (unit)

其　中 of which								
其　中 of which				其　中 of which	其　中 of which		其　中 of which	
国有联营 State Joint Ownership	集体联营 Collective Joint Ownership	国有与集体联营 Joint State-collective Ownership	其他联营 Other Joint Ownership	有限责任公司 Limited-liability Corporations	国有独资公司 State Sole Funded	其他有限责任公司 Other Limited-liability Corporations	股份有限公司 Share-holding Limited Companies	私　营 Private
50	**142**	**32**	**168**	**27054**	**1442**	**25612**	**2961**	**471791**
5	6	5	10	1367	34	1333	159	21176
		1	5	238	26	212	38	8715
1	4	2	5	868	61	807	165	18883
1	5	4	5	1796	104	1692	217	21103
1			1	651	22	629	53	6027
3				1049	121	928	73	21902
4	8	2	2	2910	46	2864	186	20563
3	5	2	6	2393	51	2342	114	41205
2	3		6	1714	57	1657	204	16701
2	3	1	2	773	38	735	77	9765
1	5	1	6	2223	129	2094	301	34260
1	6	1	4	1353	37	1316	97	19074
3	9	1	6	374	33	341	55	10307
	5	1		750	69	681	60	17044
1	2	1	4	623	21	602	71	10650
2	2		5	875	25	850	66	12914
1	3		6	264	28	236	57	10495
	3	1	8	915	51	864	114	15471
	2	1	4	342	24	318	64	10139
1	1	1		931	23	908	39	12735
	8		2	531	18	513	38	11368
	2			106	33	73	22	9625
	3		2	314	18	296	30	10577
2	2		1	126	34	92	21	8664
	8	1	12	311	22	289	83	13889
			1	261	25	236	42	6605
			1	358	28	330	35	6132
1	2			105	13	92	34	3917
1	8		38	344	29	315	43	5751
	8	1	3	384	21	363	55	6927
3	3	1	2	267	25	242	46	9394
	8		6	399	22	377	41	9513
1	2	1	2	235	23	212	57	5207
1			3	224	29	195	43	5478
1	2		2	128	20	108	50	5084
	8		2	272	30	242	91	3820
				64	34	30	10	7884
	2		3	372	19	353	28	7085
8	6	4	7	186	23	163	46	5881

表 22.4 续表 1 continued 1

单位：个 (unit)

区　县	Item	其　中 of which						
		其　中 of which				其他内资 Other Domestic Funded	港澳台商投资 Enterprises with Funds from Hong Kong, Macao and Tainwan	外商投资 Foreign Funded
		私营独资 Soly Private-funded Enterprises	私营合伙 Private Partnership Enterprises	私营有限责任公司 Private Limited Liability Corporations	私营股份有限公司 Private Share-holding Limited Companies			
全　市	**Total**	**188656**	**8058**	**270552**	**4525**	**65706**	**1169**	**1306**
万州区	Wanzhou District	13224	188	7584	180	3925	15	23
黔江区	Qianjiang District	4190	459	3988	78	1954	9	5
涪陵区	Fuling District	11133	283	7266	201	2072	27	35
渝中区	Yuzhong District	2113	402	18140	448	1081	165	154
大渡口区	Dadukou District	1274	95	4605	53	365	21	24
江北区	Jiangbei District	1010	342	20338	212	668	103	125
沙坪坝区	Shapingba District	2606	398	17373	186	1027	79	69
九龙坡区	Jiulongpo District	3020	390	37591	204	1734	88	131
南岸区	Nan'an District	2583	369	13460	289	979	61	60
北碚区	Beibei District	3155	148	6363	99	1278	41	60
渝北区	Yubei District	3839	506	29594	321	1506	208	298
巴南区	Ba'nan District	6852	207	11876	139	1601	56	52
长寿区	Changshou District	6270	95	3888	54	1013	24	47
江津区	Jiangjin District	7928	234	8765	117	2011	42	25
合川区	Hechuan District	6138	233	4139	140	1631	14	24
永川区	Yongchuan District	6183	156	6386	189	1899	41	25
南川区	Nanchuan District	6878	198	3195	224	2512	7	3
綦江区	Qijiang District	9587	105	5662	117	2631	21	13
#綦江区（不含万盛）	Qijiang District (excluding Wansheng)	6417	66	3565	91	1454	16	10
大足区	Dazu District	7616	137	4898	84	1514	11	13
璧山区	Bishan District	2735	703	7856	74	1144	29	32
铜梁区	Tongliang District	5079	50	4370	126	1187	13	22
潼南区	Tongnan District	7067	145	3329	36	1756	6	6
荣昌区	Rongchang District	4143	156	4252	113	1070	10	13
开州区	Kaizhou District	10079	446	3274	90	3327	7	6
梁平区	Liangping District	4660	147	1744	54	1535	2	3
武隆区	Wulong District	4326	157	1635	14	1380	4	
城口县	Chengkou County	3374	82	431	30	981	2	1
丰都县	Fengdu County	4058	114	1506	73	3339	10	10
垫江县	Dianjiang County	3852	95	2931	49	1430	3	5
忠　县	Zhongxian County	4754	113	4484	43	1648	8	5
云阳县	Yunyang County	5880	105	3472	56	2766	8	2
奉节县	Fengjie County	2561	126	2466	54	2684	4	3
巫山县	Wushan County	3611	65	1706	96	2162	5	1
巫溪县	Wuxi County	2254	115	2630	85	1299	3	2
石柱县	Shizhu County	2310	209	1239	62	952	3	4
秀山县	Xiushan County	4356	70	3415	43	1220	2	1
酉阳县	Youyang County	4229	115	2698	43	2198	13	2
彭水县	Pengshui County	3729	100	2003	49	2227	4	2

表 22.5 按行业、区县分组的企业法人单位数（2017 年）
NUMBER OF ENTERPRISES AS CORPORATE UNITS BY SECTOR AND REGION (2017)

单位：个 (unit)

指 标	Item	全 市 Total	万州区 Wanzhou District	黔江区 Qianjiang District	涪陵区 Fuling District	渝中区 Yuzhong District
总 计	**Total**	**520512**	**24264**	**9517**	**20409**	**23985**
按三次产业分组	**By Strata of Industry**					
第一产业	Primary Industry	83243	6152	1676	4839	
第二产业	Secondary Industry	87154	2983	790	2432	940
第三产业	Tertiary Industry	350115	15129	7051	13138	23045
按国民经济行业分组	**By Sector**					
农、林、牧、渔业	**Agriculture ,Forestry,Animal Husbandry and Fishery**	**86772**	**6703**	**2000**	**5138**	
农 业	Farming	41262	3922	703	2705	
林 业	Forestry	3072	176	117	127	
畜牧业	Animal Husbandry	24436	932	789	1161	
渔 业	Fishery	14473	1122	67	846	
农、林、牧、渔专业及辅助性活动	Services of Farming ,Forestry,Animal Husbandry and Fishery	3529	551	324	299	
采矿业	**Mining and Quarrying**	**2664**	**93**	**56**	**55**	**1**
煤炭开采和洗选业	Coal Mining and Dressing	817	20	17	12	
石油和天然气开采业	Petroleum and Natural Gas Extraction	42	2		1	
黑色金属矿采选业	Ferrous Metal Ores Mining and Dressing	118				
有色金属矿采选业	Nonferrous Metal Ores Mining and Dressing	43				
非金属矿采选业	Nonmetallic Ores Mining and Dressing	1535	60	33	39	1
开采专业及辅助性活动	Auxiliary Minning Operations	74	10	2	3	
其他采矿业	Mining and Dressing of Other Ores	35	1	4		
制造业	**Manufacture**	**64573**	**2019**	**479**	**1688**	**137**
农副食品加工业	Processing of Farm and Sideline Food	4197	138	47	252	1
食品制造业	Manufacture of Food	1975	71	37	56	2
酒、饮料和精制茶制造业	Manufacture of Beverage	1515	66	22	58	2
烟草制品业	Tobacco Products	14	1		2	
纺织业	Textile Industry	2249	127	18	56	2
纺织服装、服饰业	Manufacture of Textile Garments, Footwear and Headgear	2403	140	12	34	12
皮革、毛皮、羽毛及其制品和制鞋业	Leather, Fur, Feather, Down and Related Products	1316	34	4	33	2
木材加工和木、竹、藤、棕、草制品业	Timber Processing, Bamboo, Cane, Palm Fiber & Straw Products	2220	68	26	40	
家具制造业	Manufacture of Furniture	2744	136	16	66	
造纸和纸制品业	Papermaking and Paper Products	1080	17	2	29	1
印刷和记录媒介复制业	Printing and Record Medium Reproduction	1474	70	12	45	33
文教、工美、体育和娱乐用品制造业	Manufacture of Cultural, Educational and Sports Articles	1453	80	33	30	5
石油、煤炭及其他燃料加工业	Petroleum Refining, Coking and Nuclear Fuel Processing	210	8	1	6	
化学原料和化学制品制造业	Manufacture of Raw Chemical Materials and Chemical Products	1869	52	7	81	2
医药制造业	Manufacture of Medicines	506	20	6	20	
化学纤维制造业	Manufacture of Chemical Fibers	24	1		4	

表 22.5 续表 1 continued 1

指　标	Item	大渡口区 Dadukou District	江北区 Jiangbei District	沙坪坝区 Shapingba District	九龙坡区 Jiulongpo District	南岸区 Nan'an District
总　计	**Total**	**6876**	**23411**	**24292**	**44869**	**19142**
按三次产业分组	**By Strata of Industry**					
第一产业	Primary Industry	196	107	312	724	214
第二产业	Secondary Industry	1161	2080	6129	6754	2490
第三产业	Tertiary Industry	5519	21224	17851	37391	16438
按国民经济行业分组	**By Sector**					
农、林、牧、渔业	**Agriculture ,Forestry,Animal Husbandry and Fishery**	**208**	**118**	**364**	**816**	**247**
农　业	Farming	189	82	223	502	187
林　业	Forestry	3	7	38	71	10
畜牧业	Animal Husbandry	3	12	12	44	6
渔　业	Fishery	1	6	39	107	11
农、林、牧、渔专业及辅助性活动	Services of Farming ,Forestry,Animal Husbandry and Fishery	12	11	52	92	33
采矿业	**Mining and Quarrying**	**4**	**4**	**8**	**21**	**9**
煤炭开采和洗选业	Coal Mining and Dressing				1	1
石油和天然气开采业	Petroleum and Natural Gas Extraction				1	
黑色金属矿采选业	Ferrous Metal Ores Mining and Dressing	1			1	
有色金属矿采选业	Nonferrous Metal Ores Mining and Dressing			1		
非金属矿采选业	Nonmetallic Ores Mining and Dressing	3	4	7	18	7
开采专业及辅助性活动	Auxiliary Minning Operations					1
其他采矿业	Mining and Dressing of Other Ores					
制造业	**Manufacture**	**918**	**923**	**5185**	**5128**	**1568**
农副食品加工业	Processing of Farm and Sideline Food	27	19	82	95	31
食品制造业	Manufacture of Food	19	26	92	120	42
酒、饮料和精制茶制造业	Manufacture of Beverage	3	5	24	29	15
烟草制品业	Tobacco Products					2
纺织业	Textile Industry	3	5	573	28	24
纺织服装、服饰业	Manufacture of Textile Garments, Footwear and Headgear	9	33	25	55	63
皮革、毛皮、羽毛及其制品和制鞋业	Leather, Fur, Feather, Down and Related Products	11	4	19	11	36
木材加工和木、竹、藤、棕、草制品业	Timber Processing, Bamboo, Cane, Palm Fiber & Straw Products	22	7	167	138	15
家具制造业	Manufacture of Furniture	24	7	271	213	74
造纸和纸制品业	Papermaking and Paper Products	15	28	106	84	49
印刷和记录媒介复制业	Printing and Record Medium Reproduction	26	55	112	145	76
文教、工美、体育和娱乐用品制造业	Manufacture of Cultural, Educational and Sports Articles	14	17	81	108	29
石油、煤炭及其他燃料加工业	Petroleum Refining, Coking and Nuclear Fuel Processing	1		14	18	
化学原料和化学制品制造业	Manufacture of Raw Chemical Materials and Chemical Products	20	39	142	141	55
医药制造业	Manufacture of Medicines	6	6	21	25	20
化学纤维制造业	Manufacture of Chemical Fibers	1			1	

单位：个 (unit)

北碚区 Beibei District	渝北区 Yubei District	巴南区 Ba'nan District	长寿区 Changshou District	江津区 Jiangjin District	合川区 Hechuan District	永川区 Yongchuan District	南川区 Nanchuan District	綦江区 Qijiang District	其 中 of which 綦江区（不含万盛） Qijiang District (excluding Wansheng)	大足区 Dazu District	璧山区 Bishan District	铜梁区 Tongliang District
11129	**37836**	**21057**	**10928**	**18214**	**11640**	**14548**	**11477**	**17761**	**10982**	**13799**	**12228**	**9819**
936	1423	4370	3098	4131	2298	2346	3889	3970	2861	3080	2237	1740
3388	4595	4655	1476	4711	2626	2673	1669	2262	1463	4422	3888	2729
6805	31818	12032	6354	9372	6716	9529	5919	11529	6658	6297	6103	5350
982	**1489**	**4455**	**3129**	**4222**	**2393**	**2418**	**3976**	**4056**	**2920**	**3134**	**2263**	**1772**
671	898	2995	1698	2079	961	1291	1947	1401	1035	675	1640	551
33	55	174	49	164	110	120	194	192	49	117	198	50
122	331	204	685	819	368	255	1147	1892	1408	1227	139	204
110	139	997	666	1069	859	680	601	485	369	1061	260	935
46	66	85	31	91	95	72	87	86	59	54	26	32
53	**35**	**34**	**48**	**80**	**95**	**147**	**78**	**165**	**102**	**80**	**23**	**72**
24	12	1	4		40	81	43	50	18	46	6	18
	1	1					1					
	1	1		1				6	6			
		1			1		1					
27	17	30	41	75	52	61	31	105	76	30	17	53
1	4		3	1	2	5	2	4	2	4		1
1				3								
2849	**2730**	**3820**	**1095**	**3814**	**1936**	**1921**	**1254**	**1466**	**1047**	**3956**	**3450**	**2221**
39	84	108	118	432	196	110	83	81	60	89	61	110
41	108	88	42	240	119	71	44	50	39	49	67	45
21	27	38	28	80	65	69	67	81	61	25	25	35
		1										
60	23	39	35	63	56	23	87	33	22	30	73	160
16	111	493	18	55	63	49	45	21	14	21	59	183
12	32	34	4	22	34	36	28	9	8	13	373	142
19	29	93	57	144	37	79	46	64	42	90	53	117
23	39	213	58	114	112	62	91	39	28	60	74	98
52	31	65	14	52	26	49	17	17	11	24	53	61
50	99	81	23	32	31	35	22	31	15	19	177	19
37	56	57	19	47	47	31	51	36	26	96	21	34
4	2	3	4	9	5	18	5	6	4	8	7	3
63	67	84	127	155	49	69	35	32	17	56	43	51
22	23	37	24	10	27	8	12	14	5	6	9	10
	2	2	3		1	1	1	1	1	2	2	1

表 22.5 续表 2 continued 2

指 标	Item	潼南区 Tongnan District	荣昌区 Rongchang District	开州区 Kaizhou District	梁平区 Liangping District	武隆区 Wulong District	城口县 Chengkou County
总 计	**Total**	**11220**	**8871**	**15018**	**7088**	**6652**	**4228**
按三次产业分组	**By Strata of Industry**						
第一产业	Primary Industry	3015	890	2263	1866	3256	1207
第二产业	Secondary Industry	2126	2157	2576	1603	678	339
第三产业	Tertiary Industry	6079	5824	10179	3619	2718	2682
按国民经济行业分组	**By Sector**						
农、林、牧、渔业	**Agriculture ,Forestry,Animal Husbandry and Fishery**	**3112**	**966**	**2436**	**1963**	**3270**	**1265**
农 业	Farming	1369	476	1044	917	1684	425
林 业	Forestry	75	52	76	88	86	18
畜牧业	Animal Husbandry	555	196	820	353	1290	738
渔 业	Fishery	1016	166	323	508	196	26
农、林、牧、渔专业及辅助性活动	Services of Farming ,Forestry,Animal Husbandry and Fishery	97	76	173	97	14	58
采矿业	**Mining and Quarrying**	**102**	**86**	**152**	**96**	**44**	**58**
煤炭开采和洗选业	Coal Mining and Dressing		55	43	31	8	19
石油和天然气开采业	Petroleum and Natural Gas Extraction	1	1	1	2		
黑色金属矿采选业	Ferrous Metal Ores Mining and Dressing			3		1	22
有色金属矿采选业	Nonferrous Metal Ores Mining and Dressing				1	1	3
非金属矿采选业	Nonmetallic Ores Mining and Dressing	96	30	101	62	34	13
开采专业及辅助性活动	Auxiliary Minning Operations	3		3			
其他采矿业	Mining and Dressing of Other Ores	2		1			1
制造业	**Manufacture**	**1658**	**1579**	**2011**	**1348**	**410**	**166**
农副食品加工业	Processing of Farm and Sideline Food	357	192	219	125	96	24
食品制造业	Manufacture of Food	45	47	82	28	20	3
酒、饮料和精制茶制造业	Manufacture of Beverage	34	55	109	52	22	23
烟草制品业	Tobacco Products			1			
纺织业	Textile Industry	108	95	144	20	9	7
纺织服装、服饰业	Manufacture of Textile Garments, Footwear and Headgear	60	58	204	57	8	5
皮革、毛皮、羽毛及其制品和制鞋业	Leather, Fur, Feather, Down and Related Products	36	16	69	14	5	4
木材加工和木、竹、藤、棕、草制品业	Timber Processing, Bamboo, Cane, Palm Fiber & Straw Products	90	45	118	164	8	6
家具制造业	Manufacture of Furniture	78	65	169	57	10	6
造纸和纸制品业	Papermaking and Paper Products	24	19	18	124	6	3
印刷和记录媒介复制业	Printing and Record Medium Reproduction	23	45	38	17	4	6
文教、工美、体育和娱乐用品制造业	Manufacture of Cultural, Educational and Sports Articles	15	113	32	64	11	7
石油、煤炭及其他燃料加工业	Petroleum Refining, Coking and Nuclear Fuel Processing	2	2	13	8	2	
化学原料和化学制品制造业	Manufacture of Raw Chemical Materials and Chemical Products	36	50	47	66	7	4
医药制造业	Manufacture of Medicines	14	47	7	13	2	2
化学纤维制造业	Manufacture of Chemical Fibers						

单位：个 (unit)

丰都县 Fengdu County	垫江县 Dianjiang County	忠　县 Zhongxian County	云阳县 Yunyang County	奉节县 Fengjie County	巫山县 Wushan County	巫溪县 Wuxi County	石柱县 Shizhu County	秀山县 Xiushan County	酉阳县 Youyang County	彭水县 Pengshui County
7663	**7607**	**10096**	**10094**	**5996**	**6360**	**5331**	**4475**	**8039**	**7704**	**6869**
2837	1236	1424	3908	1922	2735	1863	820	2292	1729	2242
983	2205	1202	1825	1136	715	726	870	951	1287	922
3843	4166	7470	4361	2938	2910	2742	2785	4796	4688	3705
2935	**1309**	**1508**	**4021**	**1982**	**2831**	**1901**	**833**	**2317**	**1801**	**2439**
828	499	814	1265	896	1652	922	402	1192	902	655
43	59	23	65	69	84	18	46	91	116	58
1609	409	347	1951	872	872	839	299	833	656	1445
357	269	240	627	85	127	84	73	176	55	84
98	73	84	113	60	96	38	13	25	72	197
48	**32**	**65**	**48**	**173**	**78**	**75**	**80**	**127**	**110**	**129**
3	9	3	25	104	44	31	27	4	2	33
2	2	23		1			1			1
2			1	3	2			67	5	1
				1	1	1	9	3	16	3
35	19	30	21	61	29	41	43	53	82	74
5	1	8	1	1	2	2				5
1	1	1		2					5	12
665	**1809**	**837**	**1366**	**737**	**392**	**361**	**562**	**634**	**911**	**570**
110	186	108	149	63	36	54	60	79	66	70
28	49	40	39	45	19	8	24	32	17	20
30	57	61	39	38	26	26	21	67	42	28
				3						4
31	62	40	64	19	18	26	21	13	33	21
29	34	71	125	32	75	23	10	30	52	13
12	54	30	56	9	30	11	8	6	57	6
29	179	45	57	17	11	21	18	43	26	32
25	200	37	85	59	12	25	30	31	33	32
14	23	8	9	5		2	6	5	9	13
13	30	15	26	13	12	3	7	9	13	7
14	30	18	65	27	14	20	19	15	47	13
4	6	2	9	23	4		5		7	1
33	66	23	33	17	9	8	22	19	40	19
14	12	9	4	5	2	4	12	14	16	3
		1								

表 22.5 续表 3 continued 3

指　标	Item	全　市 Total	万州区 Wanzhou District	黔江区 Qianjiang District	涪陵区 Fuling District	渝中区 Yuzhong District
橡胶和塑料制品业	Plastic Products	2459	85	9	77	7
非金属矿物制品业	Nonmetal Mineral Products	6955	239	124	220	3
黑色金属冶炼和压延加工业	Smelting and Pressing of Ferrous Metals	543	10	7	16	
有色金属冶炼和压延加工业	Smelting and Pressing of Nonferrous Metals	551	15	5	23	
金属制品业	Metal Products	6349	272	55	144	11
通用设备制造业	Manufacture of General-purpose Machinery	4865	69	7	36	11
专用设备制造业	Manufacture of Special-purpose Machinery	3575	58	6	32	11
汽车制造业	Manufacture of Automobile	4797	38	1	50	10
铁路、船舶、航空航天和其他运输设备制造业	Manufacture of Railway ,Ship,Aeronautics and Other Transport Equipment	3813	29	2	127	3
电气机械和器材制造业	Manufacture of Electrical Machinery and Equipment	1900	57	5	33	6
计算机、通信和其他电子设备制造业	Manufacture of Communication Equipment, Computers and Other Electronic Equipment	1668	59	2	22	
仪器仪表制造业	Manufacture of Instruments and Meters	827	6	2	6	5
其他制造业	Other Manufactures	346	16	5	13	1
废弃资源综合利用业	Comprehensive Utilization of Waste	216	10	2	10	1
金属制品、机械和设备修理业	Manufacture of Metal Products, Machinery and Equipment Maintenance	460	27	4	67	6
电力、热力、燃气及水生产和供应业	**Production and Supply of Electric Power,Gas and Water**	**2583**	**127**	**29**	**125**	**8**
电力、热力生产和供应业	Production and Supply of Electric Power and Heat Power	1590	95	18	91	2
燃气生产和供应业	Production and Supply of Gas	268	10	6	16	
水的生产和供应业	Production and Supply of Water	725	22	5	18	6
建筑业	**Construction**	**17868**	**781**	**232**	**634**	**800**
房屋建筑业	Construction of Housing	4388	268	51	207	119
土木工程建筑业	Civil Engineering Construction	1679	61	20	42	76
建筑安装业	Architectural Installation	1943	73	30	51	139
建筑装饰、装修和其他建筑业	Architectural Decoration and Other Construction	9858	379	131	334	466
批发和零售业	**Wholesale and Retail Trade**	**165123**	**7918**	**3728**	**6107**	**10099**
批发业	Wholesale Trade	64154	2752	1337	2582	5342
零售业	Retail Trade	100969	5166	2391	3525	4757
交通运输、仓储和邮政业	**Transport, Storage and Postal Services**	**10992**	**504**	**139**	**680**	**472**
铁路运输业	Transport Via Railway	56	1		2	2
道路运输业	Transport Via Road	6543	317	91	411	212
水上运输业	Water Transport	463	62	1	84	21
航空运输业	Air Transport	61	2	3		7
管道运输业	Transport Via Pipeline	9			2	
多式联运和运输代理业	Loading, Unloading, Portage and Transport Agency	2073	46	22	67	192
装卸搬运和仓储业	Storage	1224	57	18	96	19
邮政业	Post	563	19	4	18	19
住宿和餐饮业	**Hotels and Catering Services**	**29117**	**1242**	**689**	**1413**	**925**
住宿业	Hotels	4657	161	71	116	293
餐饮业	Catering Services	24460	1081	618	1297	632

单位：个 (unit)

大渡口区 Dadukou District	江北区 Jiangbei District	沙坪坝区 Shapingba District	九龙坡区 Jiulongpo District	南岸区 Nan'an District	北碚区 Beibei District	渝北区 Yubei District	巴南区 Ba'nan District	长寿区 Changshou District	江津区 Jiangjin District	合川区 Hechuan District	永川区 Yongchuan District	南川区 Nanchuan District
35	40	215	241	115	133	101	110	51	173	86	73	25
54	35	247	443	99	211	181	339	113	339	292	259	187
10	8	37	59	4	7	9	15	20	30	27	18	6
8	3	36	78	4	13	14	15	5	28	26	15	24
88	94	375	432	129	137	165	311	98	334	138	162	172
168	85	598	623	120	456	246	471	45	484	102	239	68
47	54	303	474	88	183	351	154	34	176	69	94	31
58	194	519	435	131	291	424	305	56	382	161	96	37
170	34	801	505	102	405	86	430	16	181	63	20	13
39	45	161	249	84	129	122	131	23	114	40	69	17
16	23	75	186	95	78	142	51	24	44	36	104	21
11	38	43	96	30	330	75	19	3	24	11	27	3
	2	19	16	11	11	32	7	2	10	9	16	12
	3	4	21	2	3	3	4	6	13	2	13	1
13	14	23	59	23	3	46	22	25	27	6	6	3
5	**17**	**26**	**38**	**22**	**21**	**62**	**61**	**82**	**151**	**82**	**55**	**90**
2	2	6	18	7	8	27	31	52	77	24	25	75
	7	3	5	2	2	16	9	4	10	15	9	7
3	8	17	15	13	11	19	21	26	64	43	21	8
247	**1150**	**933**	**1626**	**915**	**469**	**1818**	**762**	**279**	**694**	**521**	**561**	**252**
45	139	119	282	140	67	344	133	65	321	141	125	72
17	120	64	111	90	57	192	77	16	65	40	42	36
33	157	91	228	143	29	309	74	42	38	62	31	26
152	734	659	1005	542	316	973	478	156	270	278	363	118
2905	**7841**	**8204**	**21358**	**6910**	**2890**	**12628**	**5824**	**3499**	**4734**	**3058**	**5096**	**2537**
1800	4212	3765	11471	2674	727	4902	1513	855	1628	958	1645	690
1105	3629	4439	9887	4236	2163	7726	4311	2644	3106	2100	3451	1847
168	**691**	**611**	**788**	**264**	**175**	**949**	**369**	**334**	**444**	**213**	**233**	**112**
	4	5	5		1	9	1		1	1	1	2
90	282	357	358	167	103	410	240	279	284	134	139	66
6	31	4	9	6	6	13	6	5	28	17	5	
	3	3	3		1	24			1		1	
		2	1		1							
20	279	134	255	49	29	305	51	18	43	22	40	30
41	79	88	142	26	18	108	59	29	72	23	35	1
11	13	18	15	16	16	80	12	3	15	16	12	13
207	**798**	**641**	**820**	**762**	**317**	**1493**	**812**	**617**	**898**	**479**	**718**	**1153**
17	154	142	134	140	48	314	143	59	163	61	74	94
190	644	499	686	622	269	1179	669	558	735	418	644	1059

表 22.5 续表 4 continued 4

指　标	Item	南川区 Nanchuan District	綦江区 Qijiang District	其中 of which 綦江区（不含万盛） Qijiang District (excluding Wansheng)	大足区 Dazu District	璧山区 Bishan District
橡胶和塑料制品业	Plastic Products	25	44	28	102	264
非金属矿物制品业	Nonmetal Mineral Products	187	231	164	225	136
黑色金属冶炼和压延加工业	Smelting and Pressing of Ferrous Metals	6	14	8	74	10
有色金属冶炼和压延加工业	Smelting and Pressing of Nonferrous Metals	24	50	41	22	10
金属制品业	Metal Products	172	132	91	1040	225
通用设备制造业	Manufacture of General-purpose Machinery	68	135	116	186	318
专用设备制造业	Manufacture of Special-purpose Machinery	31	61	37	464	364
汽车制造业	Manufacture of Automobile	37	165	150	618	503
铁路、船舶、航空航天和其他运输设备制造业	Manufacture of Railway ,Ship,Aeronautics and Other Transport Equipment	13	41	22	471	191
电气机械和器材制造业	Manufacture of Electrical Machinery and Equipment	17	21	12	75	86
计算机、通信和其他电子设备制造业	Manufacture of Communication Equipment, Computers and Other Electronic Equipment	21	19	3	41	188
仪器仪表制造业	Manufacture of Instruments and Meters	3	5	3	8	39
其他制造业	Other Manufactures	12	9	8	10	4
废弃资源综合利用业	Comprehensive Utilization of Waste	1	15	8	28	9
金属制品、机械和设备修理业	Manufacture of Metal Products, Machinery and Equipment Maintenance	3	9	3	4	6
电力、热力、燃气及水生产和供应业	**Production and Supply of Electric Power,Gas and Water**	**90**	**103**	**68**	**43**	**27**
电力、热力生产和供应业	Production and Supply of Electric Power and Heat Power	75	77	52	16	6
燃气生产和供应业	Production and Supply of Gas	7	8	6	5	5
水的生产和供应业	Production and Supply of Water	8	18	10	22	16
建筑业	**Construction**	**252**	**541**	**251**	**351**	**394**
房屋建筑业	Construction of Housing	72	236	96	86	53
土木工程建筑业	Civil Engineering Construction	36	60	25	21	62
建筑安装业	Architectural Installation	26	32	18	30	39
建筑装饰、装修和其他建筑业	Architectural Decoration and Other Construction	118	213	112	214	240
批发和零售业	**Wholesale and Retail Trade**	**2537**	**4857**	**3075**	**2983**	**3134**
批发业	Wholesale Trade	690	1522	957	1136	717
零售业	Retail Trade	1847	3335	2118	1847	2417
交通运输、仓储和邮政业	**Transport, Storage and Postal Services**	**112**	**1030**	**460**	**231**	**275**
铁路运输业	Transport Via Railway	2	5	3		1
道路运输业	Transport Via Road	66	870	366	180	197
水上运输业	Water Transport		1	1	4	
航空运输业	Air Transport		5	1		
管道运输业	Transport Via Pipeline		1			
多式联运和运输代理业	Loading, Unloading, Portage and Transport Agency	30	87	41	20	33
装卸搬运和仓储业	Storage	1	54	46	15	28
邮政业	Post	13	7	2	12	16
住宿和餐饮业	**Hotels and Catering Services**	**1153**	**2401**	**1192**	**911**	**359**
住宿业	Hotels	94	462	317	108	22
餐饮业	Catering Services	1059	1939	875	803	337

单位：个 (unit)

铜梁区 Tongliang District	潼南区 Tongnan District	荣昌区 Rongchang District	开州区 Kaizhou District	梁平区 Liangping District	武隆区 Wulong District	城口县 Chengkou County	丰都县 Fengdu County	垫江县 Dianjiang County	忠 县 Zhongxian County	云阳县 Yunyang County	奉节县 Fengjie County	巫山县 Wushan County
97	31	65	41	61	11	1	16	57	7	26	14	5
202	197	206	301	172	104	21	131	248	110	242	184	61
11	4	13	8	8		14	6	8	6	28	2	
22	21	2	24	3	4	10	7	9	5	13	1	2
167	181	136	248	166	28	9	38	273	100	160	52	26
114	35	73	16	22	7	1	14	32	15	15	12	3
123	38	91	22	21	6	5	22	39	22	16	41	10
178	17	47	8	9	15		5	14	9	8	4	1
53	8	4	1	9	7		10	3	5	10	7	1
71	54	45	29	21	6	2	10	38	20	31	18	3
65	120	25	22	29	7	2	11	54	12	37	18	3
13	3	9		2			2	5	1	1	1	2
20	18	9	5	13	2	1	1	30	7	9	3	1
9	5	4	11	1	3		2	8	1	2	3	1
7	4	1	5	2			4	3	9	8	2	5
41	**53**	**39**	**122**	**31**	**126**	**56**	**112**	**42**	**93**	**103**	**87**	**65**
17	8	5	61	6	115	49	63	14	44	81	65	46
5	12	15	13	6	4	5	9	4	15	9	7	4
19	33	19	48	19	7	2	40	24	34	13	15	15
403	**320**	**454**	**299**	**130**	**98**	**59**	**167**	**326**	**224**	**317**	**142**	**187**
105	110	100	83	46	47	21	49	193	73	141	72	93
60	26	49	25	12	12	4	22	13	26	36	13	14
24	27	28	25	11	8	6	10	17	21	20	14	16
214	157	277	166	61	31	28	86	103	104	120	43	64
2687	**3198**	**3285**	**5254**	**1887**	**862**	**633**	**1653**	**2052**	**3723**	**1910**	**1231**	**1323**
671	1369	916	1399	572	339	176	449	592	1422	422	512	312
2016	1829	2369	3855	1315	523	457	1204	1460	2301	1488	719	1011
108	**280**	**151**	**210**	**105**	**58**	**26**	**143**	**139**	**149**	**159**	**176**	**131**
	1			1				7			2	
80	197	126	131	74	36	13	78	92	97	65	65	31
1	8		3		3		22	1	18	28	29	24
1		2		1	2				1			1
				1								
10	58	12	23	13	3	4	23	17	8	28	12	24
12	10	2	24	4	9	2	15	10	21	26	30	13
4	6	9	29	11	5	7	5	12	4	12	38	38
602	**619**	**305**	**1567**	**462**	**1156**	**1487**	**408**	**439**	**642**	**413**	**249**	**494**
37	91	33	381	30	180	432	47	30	57	70	65	139
565	528	272	1186	432	976	1055	361	409	585	343	184	355

表 22.5 续表 5 continued 5

单位：个 (unit)

指　标	Item	巫溪县 Wuxi County	石柱县 Shizhu County	秀山县 Xiushan County	酉阳县 Youyang County	彭水县 Pengshui County
橡胶和塑料制品业	Plastic Products	3	14	8	11	5
非金属矿物制品业	Nonmetal Mineral Products	48	144	140	261	206
黑色金属冶炼和压延加工业	Smelting and Pressing of Ferrous Metals	1	1	28	23	1
有色金属冶炼和压延加工业	Smelting and Pressing of Nonferrous Metals	1	2	13	15	3
金属制品业	Metal Products	55	51	30	70	45
通用设备制造业	Manufacture of General-purpose Machinery	4	10	9	12	4
专用设备制造业	Manufacture of Special-purpose Machinery	2	24	5	27	7
汽车制造业	Manufacture of Automobile	1	4	3		
铁路、船舶、航空航天和其他运输设备制造业	Manufacture of Railway ,Ship,Aeronautics and Other Transport Equipment		2	1	2	
电气机械和器材制造业	Manufacture of Electrical Machinery and Equipment	2	17	9	12	6
计算机、通信和其他电子设备制造业	Manufacture of Communication Equipment, Computers and Other Electronic Equipment	1	17	9	7	3
仪器仪表制造业	Manufacture of Instruments and Meters			4	2	1
其他制造业	Other Manufactures	5	7	4	1	5
废弃资源综合利用业	Comprehensive Utilization of Waste	3	4	2	6	1
金属制品、机械和设备修理业	Manufacture of Metal Products, Machinery and Equipment Maintenance	4	2	6	4	1
电力、热力、燃气及水生产和供应业	**Production and Supply of Electric Power,Gas and Water**	**157**	**87**	**39**	**105**	**51**
电力、热力生产和供应业	Production and Supply of Electric Power and Heat Power	138	73	31	78	37
燃气生产和供应业	Production and Supply of Gas		7	4	6	4
水的生产和供应业	Production and Supply of Water	19	7	4	21	10
建筑业	**Construction**	**139**	**143**	**157**	**165**	**178**
房屋建筑业	Construction of Housing	51	48	29	37	77
土木工程建筑业	Civil Engineering Construction	6	21	26	20	25
建筑安装业	Architectural Installation	6	7	8	28	10
建筑装饰、装修和其他建筑业	Architectural Decoration and Other Construction	76	67	94	80	66
批发和零售业	**Wholesale and Retail Trade**	**1112**	**1175**	**2975**	**2204**	**1649**
批发业	Wholesale Trade	311	329	794	707	634
零售业	Retail Trade	801	846	2181	1497	1015
交通运输、仓储和邮政业	**Transport, Storage and Postal Services**	**55**	**104**	**124**	**113**	**79**
铁路运输业	Transport Via Railway		1		3	
道路运输业	Transport Via Road	28	65	62	75	41
水上运输业	Water Transport	5	4		2	6
航空运输业	Air Transport					
管道运输业	Transport Via Pipeline			1		
多式联运和运输代理业	Loading, Unloading, Portage and Transport Agency	8	17	48	13	10
装卸搬运和仓储业	Storage	2	6	7	15	8
邮政业	Post	12	11	6	5	14
住宿和餐饮业	**Hotels and Catering Services**	**708**	**506**	**429**	**571**	**405**
住宿业	Hotels	38	76	35	90	50
餐饮业	Catering Services	670	430	394	481	355

表 22.5 续表 6 continued 6

单位：个 (unit)

指　标	Item	全　市 Total	万州区 Wanzhou District	黔江区 Qianjiang District	涪陵区 Fuling District	渝中区 Yuzhong District
信息传输、软件和信息技术服务业	**Information Transmission, Computer Services and Software**	**19119**	**392**	**189**	**362**	**1893**
电信、广播电视和卫星传输服务	Telecom, Radio, Televison and Satellite Transmission Services	518	20	12	9	21
互联网和相关服务	Internet and Ralated Services	2444	75	20	59	106
软件和信息技术服务业	Software and Information Technology Services	16157	297	157	294	1766
金融业	**Financial Intermediation**	**3149**	**118**	**43**	**132**	**256**
货币金融服务	Money Finance Services	1073	37	22	39	112
资本市场服务	Capital Market Services	1223	41	5	53	75
保险业	Insurance	529	27	11	30	54
其他金融业	Other Finance	324	13	5	10	15
房地产业	**Real Estate**	**15581**	**494**	**136**	**466**	**1116**
房地产业	Real Estate	15581	494	136	466	1116
租赁和商务服务业	**Leasing and Business Services**	**52707**	**1784**	**973**	**1668**	**5366**
租赁业	Leasing	6144	273	116	302	160
商务服务业	Business Services	46563	1511	857	1366	5206
科学研究和技术服务业	**Scientific Research, Technical Services and Geological Prospecting**	**12432**	**287**	**149**	**394**	**967**
研究和试验发展	Research and Experimental Development	998	19	8	29	74
专业技术服务业	Professional Technical Services	7528	151	105	265	639
科技推广和应用服务业	Services of Science and Technology Application and Promotion	3906	117	36	100	254
水利、环境和公共设施管理业	**Water Conservancy, Environment and Public Facilities Management**	**3487**	**97**	**42**	**168**	**109**
水利管理业	Management of Water Conservancy	176	8	4	3	7
生态保护和环境治理业	Ecological Protection and Environmental Governance	625	19	6	32	28
公共设施管理业	Management of Public Facilities	2069	60	26	101	48
土地管理业	Management of Land	617	10	6	32	26
居民服务、修理和其他服务业	**Resident Services, Maintenance Services and Other Services**	**16087**	**975**	**408**	**708**	**804**
居民服务业	Resident Services	8533	611	233	385	479
机动车、电子产品和日用产品修理业	Vehicles, Electronic Products and Commodities Maintenance Services	5125	270	109	225	165
其他服务业	Other Services	2429	94	66	98	160
教　育	**Education**	**4187**	**198**	**66**	**120**	**224**
教　育	Education	4187	198	66	120	224
卫生和社会工作	**Health and Social Work**	**1976**	**72**	**19**	**56**	**97**
卫　生	Health	1516	52	12	43	78
社会工作	Social Work	460	20	7	13	19
文化、体育和娱乐业	**Culture, Sports and Entertainment**	**12095**	**460**	**140**	**495**	**711**
新闻和出版业	Journalism and Publishing Activities	120	1	2		43
广播、电视、电影和录音制作业	Broadcasting, Movies, Televisions and Audiovisual Activities	1235	34	8	28	123
文化艺术业	Cultural and Art Activities	3725	99	18	278	305
体　育	Sports	981	25	7	37	56
娱乐业	Entertainment	6034	301	105	152	184

表 22.5 续表 7 continued 7

指 标	Item	大渡口区 Dadukou District	江北区 Jiangbei District	沙坪坝区 Shapingba District	九龙坡区 Jiulongpo District	南岸区 Nan'an District
信息传输、软件和信息技术服务业	**Information Transmission, Computer Services and Software**	**357**	**1905**	**1507**	**3497**	**1410**
电信、广播电视和卫星传输服务	Telecom, Radio, Televison and Satellite Transmission Services	17	19	32	43	19
互联网和相关服务	Internet and Ralated Services	38	78	213	193	195
软件和信息技术服务业	Software and Information Technology Services	302	1808	1262	3261	1196
金融业	**Financial Intermediation**	**57**	**237**	**71**	**182**	**192**
货币金融服务	Money Finance Services	24	74	32	37	45
资本市场服务	Capital Market Services	22	97	21	115	102
保险业	Insurance	5	46	4	13	19
其他金融业	Other Finance	6	20	14	17	26
房地产业	**Real Estate**	**271**	**1149**	**810**	**1245**	**896**
房地产业	Real Estate	271	1149	810	1245	896
租赁和商务服务业	**Leasing and Business Services**	**788**	**4968**	**3097**	**5146**	**3413**
租赁业	Leasing	127	296	298	690	286
商务服务业	Business Services	661	4672	2799	4456	3127
科学研究和技术服务业	**Scientific Research, Technical Services and Geological Prospecting**	**228**	**1156**	**896**	**1555**	**820**
研究和试验发展	Research and Experimental Development	21	43	53	165	66
专业技术服务业	Professional Technical Services	114	764	641	1015	562
科技推广和应用服务业	Services of Science and Technology Application and Promotion	93	349	202	375	192
水利、环境和公共设施管理业	**Water Conservancy, Environment and Public Facilities Management**	**64**	**165**	**170**	**245**	**148**
水利管理业	Management of Water Conservancy		4	9	8	3
生态保护和环境治理业	Ecological Protection and Environmental Governance	30	69	32	73	26
公共设施管理业	Management of Public Facilities	29	82	90	120	86
土地管理业	Management of Land	5	10	39	44	33
居民服务、修理和其他服务业	**Resident Services, Maintenance Services and Other Services**	**220**	**1003**	**713**	**1076**	**712**
居民服务业	Resident Services	116	599	340	484	345
机动车、电子产品和日用产品修理业	Vehicles, Electronic Products and Commodities Maintenance Services	66	211	203	396	207
其他服务业	Other Services	38	193	170	196	160
教 育	**Education**	**74**	**312**	**324**	**345**	**221**
教 育	Education	74	312	324	345	221
卫生和社会工作	**Health and Social Work**	**31**	**113**	**94**	**119**	**53**
卫 生	Health	26	90	61	109	46
社会工作	Social Work	5	23	33	10	7
文化、体育和娱乐业	**Culture, Sports and Entertainment**	**124**	**861**	**638**	**864**	**580**
新闻和出版业	Journalism and Publishing Activities		5	11	8	4
广播、电视、电影和录音制作业	Broadcasting, Movies, Televisions and Audiovisual Activities	13	79	97	123	55
文化艺术业	Cultural and Art Activities	33	396	191	296	190
体 育	Sports	18	104	49	93	75
娱乐业	Entertainment	60	277	290	344	256

单位：个 (unit)

北碚区 Beibei District	渝北区 Yubei District	巴南区 Ba'nan District	长寿区 Changshou District	江津区 Jiangjin District	合川区 Hechuan District	永川区 Yongchuan District	南川区 Nanchuan District	綦江区 Qijiang District	其中 of which 綦江区（不含万盛）Qijiang District (excluding Wansheng)	大足区 Dazu District	璧山区 Bishan District	铜梁区 Tongliang District
350	**3053**	**661**	**119**	**253**	**232**	**442**	**178**	**204**	**116**	**109**	**189**	**130**
5	58	12	13	15	8	17	13	9	6	8	4	4
36	309	101	29	47	53	82	49	53	25	39	56	26
309	2686	548	77	191	171	343	116	142	85	62	129	100
55	**621**	**131**	**48**	**60**	**50**	**38**	**46**	**60**	**38**	**40**	**44**	**46**
30	158	36	19	22	18	17	13	29	18	15	19	17
12	375	54	9	18	13	8	19	18	12	10	11	14
9	29	21	14	14	5	11	9	9	6	11	3	9
4	59	20	6	6	14	2	5	4	2	4	11	6
389	**1861**	**675**	**242**	**459**	**586**	**598**	**288**	**360**	**204**	**361**	**375**	**371**
389	1861	675	242	459	586	598	288	360	204	361	375	371
1145	**5905**	**1472**	**605**	**1181**	**901**	**1057**	**762**	**1043**	**644**	**687**	**786**	**626**
161	669	328	112	213	109	174	126	176	127	109	201	108
984	5236	1144	493	968	792	883	636	867	517	578	585	518
400	**1842**	**443**	**123**	**228**	**169**	**285**	**136**	**251**	**156**	**83**	**158**	**105**
49	129	26	10	45	12	26	9	19	10	5	10	9
217	1135	243	64	118	103	156	69	120	79	52	107	39
134	578	174	49	65	54	103	58	112	67	26	41	57
134	**371**	**132**	**54**	**97**	**109**	**146**	**64**	**139**	**61**	**84**	**62**	**58**
4	22	9	1	7	5	3	5	8	3	4	1	2
15	76	21	4	10	13	36	7	15	9	13	10	9
95	187	95	40	67	79	88	36	80	36	48	36	41
20	86	7	9	13	12	19	16	36	13	19	15	6
394	**1408**	**533**	**381**	**391**	**354**	**320**	**310**	**639**	**371**	**363**	**312**	**262**
262	635	245	220	168	192	162	155	290	173	199	182	150
99	502	186	142	178	115	97	132	249	141	135	88	83
33	271	102	19	45	47	61	23	100	57	29	42	29
173	**478**	**174**	**82**	**102**	**85**	**140**	**48**	**98**	**72**	**85**	**119**	**44**
173	478	174	82	102	85	140	48	98	72	85	119	44
30	**184**	**260**	**52**	**45**	**48**	**28**	**30**	**65**	**36**	**18**	**41**	**50**
22	155	227	51	24	35	17	12	46	26	12	31	38
8	29	33	1	21	13	11	18	19	10	6	10	12
303	**909**	**439**	**139**	**361**	**329**	**345**	**163**	**283**	**169**	**280**	**217**	**221**
3	19	1			1	1	1	4	2			
26	129	30	5	9	10	40	12	26	14	23	12	15
69	217	126	43	50	53	94	36	71	35	58	31	58
22	91	33	8	19	8	38	18	27	13	29	21	16
183	453	249	83	283	257	172	96	155	105	170	153	132

表 22.5 续表 8 continued 8

指 标	Item	潼南区 Tongnan District	荣昌区 Rongchang District	开州区 Kaizhou District	梁平区 Liangping District	武隆区 Wulong District	城口县 Chengkou County
信息传输、软件和信息技术服务业	**Information Transmission, Computer Services and Software**	**102**	**192**	**209**	**42**	**29**	**37**
电信、广播电视和卫星传输服务	Telecom, Radio, Televison and Satellite Transmission Services	7	12	18	7	4	3
互联网和相关服务	Internet and Ralated Services	37	85	74	8	5	23
软件和信息技术服务业	Software and Information Technology Services	58	95	117	27	20	11
金融业	**Financial Intermediation**	**33**	**39**	**51**	**33**	**22**	**18**
货币金融服务	Money Finance Services	12	14	22	16	14	7
资本市场服务	Capital Market Services	7	7	12	2		3
保险业	Insurance	9	13	11	14	8	5
其他金融业	Other Finance	5	5	6	1		3
房地产业	**Real Estate**	**228**	**271**	**330**	**95**	**84**	**29**
房地产业	Real Estate	228	271	330	95	84	29
租赁和商务服务业	**Leasing and Business Services**	**786**	**667**	**974**	**309**	**227**	**139**
租赁业	Leasing	171	88	168	45	26	14
商务服务业	Business Services	615	579	806	264	201	125
科学研究和技术服务业	**Scientific Research, Technical Services and Geological Prospecting**	**120**	**237**	**242**	**62**	**36**	**67**
研究和试验发展	Research and Experimental Development	18	44	8	4		1
专业技术服务业	Professional Technical Services	42	103	80	36	26	26
科技推广和应用服务业	Services of Science and Technology Application and Promotion	60	90	154	22	10	40
水利、环境和公共设施管理业	**Water Conservancy, Environment and Public Facilities Management**	**77**	**63**	**77**	**33**	**33**	**30**
水利管理业	Management of Water Conservancy	5	2	7	3	3	4
生态保护和环境治理业	Ecological Protection and Environmental Governance	2	15	10	3	3	6
公共设施管理业	Management of Public Facilities	59	39	36	20	18	7
土地管理业	Management of Land	11	7	24	7	9	13
居民服务、修理和其他服务业	**Resident Services, Maintenance Services and Other Services**	**263**	**286**	**574**	**226**	**69**	**94**
居民服务业	Resident Services	137	152	325	115	32	35
机动车、电子产品和日用产品修理业	Vehicles, Electronic Products and Commodities Maintenance Services	82	106	179	76	23	47
其他服务业	Other Services	44	28	70	35	14	12
教 育	**Education**	**54**	**71**	**79**	**24**	**26**	**12**
教 育	Education	54	71	79	24	26	12
卫生和社会工作	**Health and Social Work**	**31**	**24**	**84**	**17**	**9**	**8**
卫 生	Health	29	17	60	12	4	5
社会工作	Social Work	2	7	24	5	5	3
文化、体育和娱乐业	**Culture, Sports and Entertainment**	**184**	**156**	**347**	**225**	**93**	**44**
新闻和出版业	Journalism and Publishing Activities	3	1	3		1	
广播、电视、电影和录音制作业	Broadcasting, Movies, Televisions and Audiovisual Activities	4	12	34	7	9	9
文化艺术业	Cultural and Art Activities	19	25	104	116	15	10
体 育	Sports	13	10	26	8	8	7
娱乐业	Entertainment	145	108	180	94	60	18

单位：个 (unit)

丰都县 Fengdu County	垫江县 Dianjiang County	忠　县 Zhongxian County	云阳县 Yunyang County	奉节县 Fengjie County	巫山县 Wushan County	巫溪县 Wuxi County	石柱县 Shizhu County	秀山县 Xiushan County	酉阳县 Youyang County	彭水县 Pengshui County
112	**66**	**130**	**124**	**126**	**60**	**132**	**27**	**93**	**123**	**83**
6	6	16	9	18	8	8	6	4	16	12
49	33	11	51	50	42	12	5	42	24	36
57	27	103	64	58	10	112	16	47	83	35
35	**50**	**41**	**35**	**63**	**31**	**25**	**27**	**40**	**48**	**31**
14	16	16	15	25	12	11	13	27	10	14
2	11	8	8	23	5	3	4	4	26	6
10	14	15	11	14	11	8	8	7	8	10
9	9	2	1	1	3	3	2	2	4	1
134	**212**	**174**	**170**	**119**	**113**	**58**	**128**	**99**	**96**	**93**
134	212	174	170	119	113	58	128	99	96	93
447	**372**	**1580**	**690**	**411**	**342**	**266**	**330**	**405**	**832**	**557**
53	53	70	95	50	42	42	49	54	42	48
394	319	1510	595	361	300	224	281	351	790	509
80	**101**	**111**	**85**	**136**	**46**	**34**	**43**	**49**	**171**	**137**
12	24	17	8	21	3		2		4	5
31	40	37	48	72	16	15	22	33	128	94
37	37	57	29	43	27	19	19	16	39	38
61	**80**	**37**	**47**	**42**	**44**	**21**	**59**	**33**	**44**	**48**
7	4	1	4	4	4	3	1		3	4
8	3	6	5	4		2	5	4	1	4
35	60	30	32	31	27	11	48	18	35	29
11	13		6	3	13	5	5	11	5	11
207	**186**	**332**	**268**	**171**	**100**	**174**	**144**	**280**	**199**	**228**
134	75	212	160	84	52	97	73	148	115	135
59	58	99	70	58	33	67	60	111	72	67
14	53	21	38	29	15	10	11	21	12	26
40	**37**	**66**	**63**	**27**	**12**	**19**	**24**	**47**	**34**	**40**
40	37	66	63	27	12	19	24	47	34	40
35	**28**	**65**	**31**	**24**	**11**	**26**	**21**	**16**	**17**	**24**
29	17	31	26	15	9	12	13	14	15	21
6	11	34	5	9	2	14	8	2	2	3
381	**327**	**319**	**244**	**100**	**100**	**68**	**182**	**175**	**160**	**128**
5	1	1								1
34	117	27	9	8	6	5	14	13	8	22
225	87	132	48	18	23	13	122	4	21	31
11	7	7	31	7	11	7	6	9	10	9
106	115	152	156	67	60	43	40	149	121	65

表 22.6 按区县、登记注册类型分组的企业法人单位数（2017 年）
NUMBER OF ENTERPRISES AS CORPORATE UNITS BY STATUS OF REGISTRATION AND SECTOR (2017)

区　县	Item	总　计 Total	其　中 of which 内　资 Domestic-funded Enterprises	其　中 of which 国　有 State-owned	集　体 Collective-owned	股份合作 Cooperative Share-holding	联　营 Joint Ownership
全　市	**Total**	**520512**	**518045**	**2007**	**2328**	**1017**	**239**
万州区	Wanzhou District	24264	24226	109	87	29	13
黔江区	Qianjiang District	9517	9503	27	7	8	3
涪陵区	Fuling District	20409	20349	88	73	22	9
渝中区	Yuzhong District	23985	23669	208	173	86	12
大渡口区	Dadukou District	6876	6831	22	41	13	1
江北区	Jiangbei District	23411	23183	66	66	15	3
沙坪坝区	Shapingba District	24292	24145	123	271	62	12
九龙坡区	Jiulongpo District	44869	44651	76	225	111	11
南岸区	Nan'an District	19142	19021	89	30	101	10
北碚区	Beibei District	11129	11028	73	121	25	5
渝北区	Yubei District	37836	37330	136	58	101	10
巴南区	Ba'nan District	21057	20949	60	92	37	10
长寿区	Changshou District	10928	10857	47	35	9	9
江津区	Jiangjin District	18214	18147	37	153	30	5
合川区	Hechuan District	11640	11602	36	41	17	5
永川区	Yongchuan District	14548	14482	31	41	23	3
南川区	Nanchuan District	11477	11467	35	43	22	6
綦江区	Qijiang District	17761	17727	53	118	33	6
#綦江区（不含万盛）	Qijiang District (excluding Wansheng)	10982	10956	32	69	24	2
大足区	Dazu District	13799	13775	26	55	14	2
璧山区	Bishan District	12228	12167	24	70	37	8
铜梁区	Tongliang District	9819	9784	22	52	6	2
潼南区	Tongnan District	11220	11209	23	30	9	3
荣昌区	Rongchang District	8871	8848	38	34	2	3
开州区	Kaizhou District	15018	15005	46	48	54	10
梁平区	Liangping District	7088	7083	25	10	12	1
武隆区	Wulong District	6652	6648	26	11	7	
城口县	Chengkou County	4228	4225	24	5	10	1
丰都县	Fengdu County	7663	7643	55	50	10	41
垫江县	Dianjiang County	7607	7599	32	71	35	5
忠　县	Zhongxian County	10096	10083	52	64	10	7
云阳县	Yunyang County	10094	10084	16	12	7	5
奉节县	Fengjie County	5996	5989	50	17	13	1
巫山县	Wushan County	6360	6354	29	20	5	3
巫溪县	Wuxi County	5331	5326	24	13	6	2
石柱县	Shizhu County	4475	4468	39	30	10	2
秀山县	Xiushan County	8039	8036	11	26	1	
酉阳县	Youyang County	7704	7689	77	23	4	3
彭水县	Pengshui County	6869	6863	52	12	21	7

单位：个 (unit)

其　中 of which								
其　中 of which				其　中 of which			其　中 of which	
				有限责任公司 Limited-liability Corporations	其　中 of which		股份有限公司 Share-holding Limited Companies	私　营 Private
国有联营 State Joint Ownership	集体联营 Collective Joint Ownership	国有与集体联营 Joint State-collective Ownership	其他联营 Other Joint Ownership		国有独资公司 State Sole Funded	其他有限责任公司 Other Limited-liability Corporations		
26	**88**	**15**	**110**	**26963**	**1437**	**25526**	**2940**	**467990**
5	3	1	4	1365	34	1331	157	20798
		1	2	236	26	210	38	8665
1	2	2	4	866	60	806	164	18787
1	4	2	5	1791	104	1687	217	21009
			1	647	22	625	52	5962
3				1049	121	928	73	21902
2	6	2	2	2892	46	2846	184	20413
1	5	1	4	2377	51	2326	114	41054
2	2		6	1708	57	1651	202	16563
1	3		1	772	38	734	77	9722
1	4	1	4	2217	129	2088	298	34131
1	6	1	2	1348	37	1311	96	18898
1	4		4	373	33	340	55	10197
	5			750	69	681	60	16908
	2	1	2	619	20	599	71	10473
1	1		1	874	25	849	66	12825
1	2		3	263	28	235	56	10367
	2		4	912	50	862	113	15366
	1		1	341	23	318	63	10096
1	1			926	23	903	38	12672
	7		1	531	18	513	38	11291
	2			106	33	73	22	9535
	2		1	313	18	295	30	10510
1	1		1	123	32	91	20	8538
	6		4	310	22	288	82	13659
			1	261	25	236	42	6542
				358	28	330	34	6107
	1			105	13	92	34	3888
1	3		37	344	29	315	43	5690
	5			384	21	363	55	6865
2	2	1	2	267	25	242	46	9325
	2		3	397	22	375	40	9284
		1		235	23	212	56	5132
			3	224	29	195	43	5454
	1		1	128	20	108	50	5057
	1		1	270	30	240	91	3795
				64	34	30	10	7865
	1		2	372	19	353	28	7027
	2	1	4	186	23	163	45	5714

表 22.6 续表 continued

单位：个 (unit)

区　县	Item	其　中 of which 其　中 of which 私营独资 Soly Private-funded Enterprises	私营合伙 Private Partnership Enterprises	私营有限责任公司 Private Limited Liability Corporations	私营股份有限公司 Private Share-holding Limited Companies	其他内资 Other Domestic Funded	港澳台商投资 Enterprises with Funds from Hong Kong, Macao and Tainwan	外商投资 Foreign Funded
全　市	**Total**	**185564**	**7630**	**270314**	**4482**	**14561**	**1166**	**1301**
万州区	Wanzhou District	12890	157	7577	174	1668	15	23
黔江区	Qianjiang District	4163	446	3980	76	519	9	5
涪陵区	Fuling District	11059	268	7259	201	340	27	33
渝中区	Yuzhong District	2066	380	18117	446	173	164	152
大渡口区	Dadukou District	1224	88	4599	51	93	21	24
江北区	Jiangbei District	1010	342	20338	212	9	103	125
沙坪坝区	Shapingba District	2511	367	17353	182	188	79	68
九龙坡区	Jiulongpo District	2922	365	37567	200	683	87	131
南岸区	Nan'an District	2495	349	13431	288	318	61	60
北碚区	Beibei District	3120	145	6359	98	233	41	60
渝北区	Yubei District	3751	480	29579	321	379	208	298
巴南区	Ba'nan District	6709	189	11861	139	408	56	52
长寿区	Changshou District	6172	87	3886	52	132	24	47
江津区	Jiangjin District	7813	222	8758	115	204	42	25
合川区	Hechuan District	5978	223	4133	139	340	14	24
永川区	Yongchuan District	6104	151	6382	188	619	41	25
南川区	Nanchuan District	6769	187	3190	221	675	7	3
綦江区	Qijiang District	9493	96	5660	117	1126	21	13
#綦江区（不含万盛）	Qijiang District (excluding Wansheng)	6380	62	3563	91	329	16	10
大足区	Dazu District	7564	129	4897	82	42	11	13
璧山区	Bishan District	2680	695	7843	73	168	29	32
铜梁区	Tongliang District	4999	45	4365	126	39	13	22
潼南区	Tongnan District	7010	138	3326	36	291	5	6
荣昌区	Rongchang District	4026	151	4248	113	90	10	13
开州区	Kaizhou District	9883	419	3268	89	796	7	6
梁平区	Liangping District	4603	141	1744	54	190	2	3
武隆区	Wulong District	4302	157	1635	13	105	4	
城口县	Chengkou County	3352	76	430	30	158	2	1
丰都县	Fengdu County	4004	109	1505	72	1410	10	10
垫江县	Dianjiang County	3805	85	2926	49	152	3	5
忠　县	Zhongxian County	4704	98	4481	42	312	8	5
云阳县	Yunyang County	5669	93	3467	55	323	8	2
奉节县	Fengjie County	2499	114	2466	53	485	4	3
巫山县	Wushan County	3594	61	1703	96	576	5	1
巫溪县	Wuxi County	2230	112	2630	85	46	3	2
石柱县	Shizhu County	2289	205	1239	62	231	3	4
秀山县	Xiushan County	4344	65	3414	42	59	2	1
酉阳县	Youyang County	4176	110	2698	43	155	13	2
彭水县	Pengshui County	3582	85	2000	47	826	4	2

表 22.7 按行业、控股情况分组的企业法人单位数（2017 年）
NUMBER OF ENTERPRISES AS CORPORATE UNITS BY SECTOR AND REGION (2017)

单位：个 (unit)

指 标	Item	全 市 Total	国有控股 State-owned Holding	集体控股 Collective-owned Holding	私人控股 Private Holding
总 计	**Total**	**520512**	**7988**	**3443**	**480916**
按三次产业分组	**By Strata of Industry**				
第一产业	Primary Industry	83243	227	144	77272
第二产业	Secondary Industry	87154	1774	1188	80508
第三产业	Tertiary Industry	350115	5987	2111	323136
按国民经济行业分组	**By Sector**				
农、林、牧、渔业	**Agriculture ,Forestry,Animal Husbandry and Fishery**	**86772**	**277**	**197**	**80456**
农 业	Farming	41262	101	96	38311
林 业	Forestry	3072	23	15	2856
畜牧业	Animal Husbandry	24436	88	26	22405
渔 业	Fishery	14473	15	7	13700
农、林、牧、渔专业及辅助性活动	Services of Farming ,Forestry,Animal Husbandry and Fishery	3529	50	53	3184
采矿业	**Mining and Quarrying**	**2664**	**69**	**50**	**2446**
煤炭开采和洗选业	Coal Mining and Dressing	817	27	19	745
石油和天然气开采业	Petroleum and Natural Gas Extraction	42	16	1	19
黑色金属矿采选业	Ferrous Metal Ores Mining and Dressing	118	5	3	108
有色金属矿采选业	Nonferrous Metal Ores Mining and Dressing	43	1	2	37
非金属矿采选业	Nonmetallic Ores Mining and Dressing	1535	15	25	1443
开采专业及辅助性活动	Auxiliary Minning Operations	74	4		61
其他采矿业	Mining and Dressing of Other Ores	35	1		33
制造业	**Manufacture**	**64573**	**874**	**743**	**60262**
农副食品加工业	Processing of Farm and Sideline Food	4197	52	27	3936
食品制造业	Manufacture of Food	1975	20	11	1869
酒、饮料和精制茶制造业	Manufacture of Beverage	1515	25	23	1398
烟草制品业	Tobacco Products	14	6		7
纺织业	Textile Industry	2249	10	16	2152
纺织服装、服饰业	Manufacture of Textile Garments, Footwear and Headgear	2403	10	6	2266
皮革、毛皮、羽毛及其制品和制鞋业	Leather, Fur, Feather, Down and Related Products	1316	5	4	1259
木材加工和木、竹、藤、棕、草制品业	Timber Processing, Bamboo, Cane, Palm Fiber & Straw Products	2220	9	12	2118
家具制造业	Manufacture of Furniture	2744	5	6	2632
造纸和纸制品业	Papermaking and Paper Products	1080	10	13	1020
印刷和记录媒介复制业	Printing and Record Medium Reproduction	1474	35	69	1311
文教、工美、体育和娱乐用品制造业	Manufacture of Cultural, Educational and Sports Articles	1453	4	12	1364
石油、煤炭及其他燃料加工业	Petroleum Refining, Coking and Nuclear Fuel Processing	210	3	2	194
化学原料和化学制品制造业	Manufacture of Raw Chemical Materials and Chemical Products	1869	82	39	1659
医药制造业	Manufacture of Medicines	506	30	5	441
化学纤维制造业	Manufacture of Chemical Fibers	24			23
橡胶和塑料制品业	Plastic Products	2459	23	47	2302
非金属矿物制品业	Nonmetal Mineral Products	6955	83	98	6485

表 22.7 续表 1 continued 1

单位：个 (unit)

指 标	Item	港澳台商控股 Holding by Hong Kong, Macao and Taiwan	外商控股 Foreign Holdings	其 他 Other Holdings
总 计	**Total**	**1019**	**946**	**26200**
按三次产业分组	**By Strata of Industry**			
第一产业	Primary Industry	19	7	5574
第二产业	Secondary Industry	263	362	3059
第三产业	Tertiary Industry	737	577	17567
按国民经济行业分组	**By Sector**			
农、林、牧、渔业	**Agriculture ,Forestry,Animal Husbandry and Fishery**	**20**	**7**	**5815**
农 业	Farming	15	5	2734
林 业	Forestry	2		176
畜牧业	Animal Husbandry	2	2	1913
渔 业	Fishery			751
农、林、牧、渔专业及辅助性活动	Services of Farming ,Forestry,Animal Husbandry and Fishery	1		241
采矿业	**Mining and Quarrying**	**3**	**2**	**94**
煤炭开采和洗选业	Coal Mining and Dressing	2	1	23
石油和天然气开采业	Petroleum and Natural Gas Extraction			6
黑色金属矿采选业	Ferrous Metal Ores Mining and Dressing			2
有色金属矿采选业	Nonferrous Metal Ores Mining and Dressing			3
非金属矿采选业	Nonmetallic Ores Mining and Dressing	1	1	50
开采专业及辅助性活动	Auxiliary Minning Operations			9
其他采矿业	Mining and Dressing of Other Ores			1
制造业	**Manufacture**	**244**	**348**	**2102**
农副食品加工业	Processing of Farm and Sideline Food	5	11	166
食品制造业	Manufacture of Food	2	3	70
酒、饮料和精制茶制造业	Manufacture of Beverage	4	8	57
烟草制品业	Tobacco Products			1
纺织业	Textile Industry	2	2	67
纺织服装、服饰业	Manufacture of Textile Garments, Footwear and Headgear	11	3	107
皮革、毛皮、羽毛及其制品和制鞋业	Leather, Fur, Feather, Down and Related Products	1		47
木材加工和木、竹、藤、棕、草制品业	Timber Processing, Bamboo, Cane, Palm Fiber & Straw Products		2	79
家具制造业	Manufacture of Furniture	3	1	97
造纸和纸制品业	Papermaking and Paper Products	12	3	22
印刷和记录媒介复制业	Printing and Record Medium Reproduction	3	6	50
文教、工美、体育和娱乐用品制造业	Manufacture of Cultural, Educational and Sports Articles	6		67
石油、煤炭及其他燃料加工业	Petroleum Refining, Coking and Nuclear Fuel Processing		1	10
化学原料和化学制品制造业	Manufacture of Raw Chemical Materials and Chemical Products	13	16	60
医药制造业	Manufacture of Medicines	3	9	18
化学纤维制造业	Manufacture of Chemical Fibers			1
橡胶和塑料制品业	Plastic Products	8	12	67
非金属矿物制品业	Nonmetal Mineral Products	6	18	265

表 22.7 续表 2 continued 2

单位：个 (unit)

指 标	Item	全 市 Total	国有控股 State-owned Holding	集体控股 Collective-owned Holding	私人控股 Private Holding
黑色金属冶炼和压延加工业	Smelting and Pressing of Ferrous Metals	543	14	11	496
有色金属冶炼和压延加工业	Smelting and Pressing of Nonferrous Metals	551	29	9	480
金属制品业	Metal Products	6349	47	59	6052
通用设备制造业	Manufacture of General-purpose Machinery	4865	71	76	4542
专用设备制造业	Manufacture of Special-purpose Machinery	3575	47	28	3363
汽车制造业	Manufacture of Automobile	4797	100	52	4370
铁路、船舶、航空航天和其他运输设备制造业	Manufacture of Railway ,Ship,Aeronautics and Other Transport Equipment	3813	50	55	3606
电气机械和器材制造业	Manufacture of Electrical Machinery and Equipment	1900	41	24	1751
计算机、通信和其他电子设备制造业	Manufacture of Communication Equipment, Computers and Other Electronic Equipment	1668	29	6	1464
仪器仪表制造业	Manufacture of Instruments and Meters	827	29	20	741
其他制造业	Other Manufactures	346	2	1	330
废弃资源综合利用业	Comprehensive Utilization of Waste	216	1	2	201
金属制品、机械和设备修理业	Manufacture of Metal Products,Machinery and Equipment Maintenance	460	2	10	430
电力、热力、燃气及水生产和供应业	**Production and Supply of Electric Power, Gas and Water**	**2583**	**421**	**233**	**1802**
电力、热力生产和供应业	Production and Supply of Electric Power and Heat Power	1590	200	112	1221
燃气生产和供应业	Production and Supply of Gas	268	48	9	188
水的生产和供应业	Production and Supply of Water	725	173	112	393
建筑业	**Construction**	**17868**	**416**	**172**	**16489**
房屋建筑业	Construction of Housing	4388	121	92	3989
土木工程建筑业	Civil Engineering Construction	1679	182	25	1406
建筑安装业	Architectural Installation	1943	41	29	1778
建筑装饰、装修和其他建筑业	Architectural Decoration and Other Construction	9858	72	26	9316
批发和零售业	**Wholesale and Retail Trade**	**165123**	**1425**	**981**	**154377**
批发业	Wholesale Trade	64154	766	384	59954
零售业	Retail Trade	100969	659	597	94423
交通运输、仓储和邮政业	**Transport, Storage and Postal Services**	**10992**	**489**	**143**	**9754**
铁路运输业	Transport Via Railway	56	13	1	40
道路运输业	Transport Via Road	6543	228	63	5910
水上运输业	Water Transport	463	40	13	380
航空运输业	Air Transport	61	13		37
管道运输业	Transport Via Pipeline	9	3		5
多式联运和运输代理业	Loading, Unloading, Portage and Transport Agency	2073	47	11	1923
装卸搬运和仓储业	Storage	1224	69	53	1009
邮政业	Post	563	76	2	450
住宿和餐饮业	**Hotels and Catering Services**	**29117**	**270**	**131**	**26740**
住宿业	Hotels	4657	141	52	4035
餐饮业	Catering Services	24460	129	79	22705
信息传输、软件和信息技术服务业	**Information Transmission, Software and Information Technology**	**19119**	**278**	**29**	**17842**
电信、广播电视和卫星传输服务	Telecom, Radio, Televison and Satellite Transmission Services	518	140	7	302
互联网和相关服务	Internet and Ralated Services	2444	19	5	2251
软件和信息技术服务业	Software and Information Technology Services	16157	119	17	15289

表 22.7 续表 3 continued 3

单位：个 (unit)

指　标	Item	港澳台商控股 Holding by Hong Kong, Macao and Taiwan	外商控股 Foreign Holdings	其　他 Other Holdings
黑色金属冶炼和压延加工业	Smelting and Pressing of Ferrous Metals	2	2	18
有色金属冶炼和压延加工业	Smelting and Pressing of Nonferrous Metals	4		29
金属制品业	Metal Products	5	9	177
通用设备制造业	Manufacture of General-purpose Machinery	14	16	146
专用设备制造业	Manufacture of Special-purpose Machinery	14	18	105
汽车制造业	Manufacture of Automobile	31	109	135
铁路、船舶、航空航天和其他运输设备制造业	Manufacture of Railway ,Ship,Aeronautics and Other Transport Equipment	7	7	88
电气机械和器材制造业	Manufacture of Electrical Machinery and Equipment	19	15	50
计算机、通信和其他电子设备制造业	Manufacture of Communication Equipment, Computers and Other Electronic Equipment	60	63	46
仪器仪表制造业	Manufacture of Instruments and Meters	7	11	19
其他制造业	Other Manufactures			13
废弃资源综合利用业	Comprehensive Utilization of Waste	1	2	9
金属制品、机械和设备修理业	Manufacture of Metal Products,Machinery and Equipment Maintenance	1	1	16
电力、热力、燃气及水生产和供应业	**Production and Supply of Electric Power, Gas and Water**	**7**	**5**	**115**
电力、热力生产和供应业	Production and Supply of Electric Power and Heat Power	1	1	55
燃气生产和供应业	Production and Supply of Gas	4	2	17
水的生产和供应业	Production and Supply of Water	2	2	43
建筑业	**Construction**	**10**	**8**	**773**
房屋建筑业	Construction of Housing	1	2	183
土木工程建筑业	Civil Engineering Construction	2		64
建筑安装业	Architectural Installation	1	1	93
建筑装饰、装修和其他建筑业	Architectural Decoration and Other Construction	6	5	433
批发和零售业	**Wholesale and Retail Trade**	**247**	**175**	**7918**
批发业	Wholesale Trade	78	78	2894
零售业	Retail Trade	169	97	5024
交通运输、仓储和邮政业	**Transport, Storage and Postal Services**	**41**	**31**	**534**
铁路运输业	Transport Via Railway			2
道路运输业	Transport Via Road	4	8	330
水上运输业	Water Transport	2		28
航空运输业	Air Transport		4	7
管道运输业	Transport Via Pipeline			1
多式联运和运输代理业	Loading, Unloading, Portage and Transport Agency	8	6	78
装卸搬运和仓储业	Storage	23	13	57
邮政业	Post	4		31
住宿和餐饮业	**Hotels and Catering Services**	**39**	**68**	**1869**
住宿业	Hotels	9	11	409
餐饮业	Catering Services	30	57	1460
信息传输、软件和信息技术服务业	**Information Transmission, Software and Information Technology**	**55**	**49**	**866**
电信、广播电视和卫星传输服务	Telecom, Radio, Televison and Satellite Transmission Services	28	7	34
互联网和相关服务	Internet and Ralated Services	4	2	163
软件和信息技术服务业	Software and Information Technology Services	23	40	669

表 22.7 续表 4 continued 4

单位：个 (unit)

指 标	Item	全 市 Total	国有控股 State-owned Holding	集体控股 Collective-owned Holding	私人控股 Private Holding
金融业	**Financial Intermediation**	**3149**	**793**	**43**	**1991**
货币金融服务	Money Finance Services	1073	436	13	495
资本市场服务	Capital Market Services	1223	60	7	1057
保险业	Insurance	529	259	15	193
其他金融业	Other Finance	324	38	8	246
房地产业	**Real Estate**	**15581**	**690**	**163**	**13694**
房地产业	Real Estate	15581	690	163	13694
租赁和商务服务业	**Leasing and Business Services**	**52707**	**941**	**250**	**48937**
租赁业	Leasing	6144	41	15	5834
商务服务业	Business Services	46563	900	235	43103
科学研究和技术服务业	**Scientific Research, Technical Services and Geological Prospecting**	**12432**	**416**	**113**	**11225**
研究和试验发展	Research and Experimental Development	998	32	10	889
专业技术服务业	Professional Technical Services	7528	305	71	6767
科技推广和应用服务业	Services of Science and Technology Application and Promotion	3906	79	32	3569
水利、环境和公共设施管理业	**Water Conservancy, Environment and Public Facilities Management**	**3487**	**295**	**38**	**2992**
水利管理业	Management of Water Conservancy	176	65	10	86
生态保护和环境治理业	Ecological Protection and Environmental Governance	625	40	2	553
公共设施管理业	Management of Public Facilities	2069	173	25	1777
土地管理业	Management of Land	617	17	1	576
居民服务、修理和其他服务业	**Services to Households, Repair and Other Services**	**16087**	**94**	**94**	**15059**
居民服务业	Resident Services	8533	36	40	7998
机动车、电子产品和日用产品修理业	Vehicles, Electronic Products and Commodities Maintenance Services	5125	37	40	4807
其他服务业	Other Services	2429	21	14	2254
教 育	**Education**	**4187**	**50**	**18**	**3854**
教 育	Education	4187	50	18	3854
卫生和社会工作	**Health and Social Work**	**1976**	**35**	**26**	**1739**
卫 生	Health	1516	26	24	1331
社会工作	Social Work	460	9	2	408
文化、体育和娱乐业	**Culture, Sports and Entertainment**	**12095**	**155**	**19**	**11257**
新闻和出版业	Journalism and Publishing Activities	120	32		70
广播、电视、电影和录音制作业	Broadcasting, Movies, Televisions and Audiovisual Activities	1235	57	2	1117
文化艺术业	Cultural and Art Activities	3725	45	5	3429
体 育	Sports	981	10	1	918
娱乐业	Entertainment	6034	11	11	5723

表 22.7 续表 5 continued 5

单位：个 (unit)

指　标	Item	港澳台商控股 Holding by Hong Kong, Macao and Taiwan	外商控股 Foreign Holdings	其　他 Other Holdings
金融业	**Financial Intermediation**	**49**	**49**	**224**
货币金融服务	Money Finance Services	37	24	68
资本市场服务	Capital Market Services	5	11	83
保险业	Insurance	2	13	47
其他金融业	Other Finance	5	1	26
房地产业	**Real Estate**	**172**	**70**	**792**
房地产业	Real Estate	172	70	792
租赁和商务服务业	**Leasing and Business Services**	83	81	2415
租赁业	Leasing	1	4	249
商务服务业	Business Services	82	77	2166
科学研究和技术服务业	**Scientific Research, Technical Services and Geological Prospecting**	**21**	**30**	**627**
研究和试验发展	Research and Experimental Development	5	4	58
专业技术服务业	Professional Technical Services	12	16	357
科技推广和应用服务业	Services of Science and Technology Application and Promotion	4	10	212
水利、环境和公共设施管理业	**Water Conservancy, Environment and Public Facilities Management**	**4**		**158**
水利管理业	Management of Water Conservancy			15
生态保护和环境治理业	Ecological Protection and Environmental Governance			30
公共设施管理业	Management of Public Facilities	4		90
土地管理业	Management of Land			23
居民服务、修理和其他服务业	**Services to Households, Repair and Other Services**	**12**	**6**	**822**
居民服务业	Resident Services	10	2	447
机动车、电子产品和日用产品修理业	Vehicles, Electronic Products and Commodities Maintenance Services		4	237
其他服务业	Other Services	2		138
教　育	**Education**	**2**	**5**	**258**
教　育	Education	2	5	258
卫生和社会工作	**Health and Social Work**	**1**	**1**	**174**
卫　生	Health		1	134
社会工作	Social Work	1		40
文化、体育和娱乐业	**Culture, Sports and Entertainment**	**9**	**11**	**644**
新闻和出版业	Journalism and Publishing Activities			18
广播、电视、电影和录音制作业	Broadcasting, Movies, Televisions and Audiovisual Activities	6	2	51
文化艺术业	Cultural and Art Activities	1	3	242
体　育	Sports	1	4	47
娱乐业	Entertainment	1	2	286

表 22.8 按区县、控股情况分组的企业法人单位数（2017 年）
NUMBER OF ENTERPRISES AS CORPORATE UNITS BY SECTOR AND REGION (2017)

单位：个 (unit)

指 标	Item	全 市 Total	国有控股 State-owned Holding	集体控股 Collective-owned Holding	私人控股 Private Holding	港澳台商控股 Holding by Hong Kong, Macao and Taiwan	外商控股 Foreign Holdings	其 他 Other Holdings
全 市	**Total**	**520512**	**7988**	**3443**	**480916**	**1019**	**946**	**26200**
万州区	Wanzhou District	24264	351	127	22655	18	14	1099
黔江区	Qianjiang District	9517	138	11	8866	7	2	493
涪陵区	Fuling District	20409	313	146	19397	24	26	503
渝中区	Yuzhong District	23985	723	340	21726	155	129	912
大渡口区	Dadukou District	6876	132	59	6273	19	13	380
江北区	Jiangbei District	23411	409	88	22065	87	94	668
沙坪坝区	Shapingba District	24292	400	330	22366	68	56	1072
九龙坡区	Jiulongpo District	44869	510	270	41825	78	93	2093
南岸区	Nan'an District	19142	349	108	16444	49	46	2146
北碚区	Beibei District	11129	249	155	9903	43	41	738
渝北区	Yubei District	37836	777	124	34942	175	220	1598
巴南区	Ba'nan District	21057	212	132	19111	46	29	1527
长寿区	Changshou District	10928	162	68	9840	13	27	818
江津区	Jiangjin District	18214	210	187	17165	38	19	595
合川区	Hechuan District	11640	119	61	10682	12	16	750
永川区	Yongchuan District	14548	148	61	13935	41	20	343
南川区	Nanchuan District	11477	122	71	10287	9	2	986
綦江区	Qijiang District	17761	296	154	16378	20	7	906
#綦江区（不含万盛）	Qijiang District (excluding Wansheng)	10982	154	88	10266	17	5	452
大足区	Dazu District	13799	145	69	13433	6	9	137
璧山区	Bishan District	12228	111	90	11634	26	27	340
铜梁区	Tongliang District	9819	107	56	9579	9	13	55
潼南区	Tongnan District	11220	82	42	10669	5	6	416
荣昌区	Rongchang District	8871	113	38	8554	8	9	149
开州区	Kaizhou District	15018	142	86	13174	5	4	1607
梁平区	Liangping District	7088	91	16	6639	2	4	336
武隆区	Wulong District	6652	117	43	6299	3		190
城口县	Chengkou County	4228	140	23	3516	2		547
丰都县	Fengdu County	7663	131	70	6183	8	8	1263
垫江县	Dianjiang County	7607	139	87	7223	3	1	154
忠 县	Zhongxian County	10096	139	79	9316	7	3	552
云阳县	Yunyang County	10094	109	35	9580	6		364
奉节县	Fengjie County	5996	138	24	5521	4	1	308
巫山县	Wushan County	6360	97	34	5451	3		775
巫溪县	Wuxi County	5331	96	24	5119	1	1	90
石柱县	Shizhu County	4475	128	52	4157	3	2	133
秀山县	Xiushan County	8039	84	26	7873	2		54
酉阳县	Youyang County	7704	146	35	7182	10	2	329
彭水县	Pengshui County	6869	113	22	5954	4	2	774

附　录

APPENDIX

简要说明
BRIEF INTRODUCTION

本章中全国数据摘自2018年《中国统计摘要》，部分数据为初步统计数，正式统计数据以《中国统计年鉴—2018》为准。

The data of the whole nation in this table are extracted from China Statistical Summary—2018, and some of the data are primary statistics. See China Statistical Yearbook—2018 for the official data (the same applies to the following tables).

附录 1: 重庆市国民经济主要指标占全国的比重(2017 年)
APPENDIX I: CHONGQING'S MAIN INDICATORS OF NATIONAL ECONOMY AS PERCENTAGE OF WHOLE NATION (2017)

指 标	Item	全 国 Whole Nation	重 庆 Chongqing	重庆占全国的比重 (%) Chongqing as Percentage of Whole Nation (%)
土地面积(万平方公里)	Land Area (10 000 sq. km)	960	8.24	0.86
年末户籍总人口(万人)	Year-end Population (10 000 persons)	139008	3390	2.44
年末就业人员数(万人)	Year-end Employment (10 000 persons)	77640	1714.55	2.21
国内(地区)生产总值(亿元)	Gross Domestic Product (100 million yuan)	827121.70	19500.27	2.36
第一产业	Primary Industry	65467.60	1339.62	2.05
第二产业	Secondary Industry	334622.60	8596.61	2.57
第三产业	Tertiary Industry	427031.50	9564.04	2.24
主要农业产品产量(万吨)	Output of Major Agricultural and Industrial Products (10 000 tons)			
粮 食	Gain	61793.0	1167.2	1.89
油 料	Oil-bearing Crops	3732.0	64.4	1.72
城镇常住居民人均可支配收入(元)	Per Capita Disposable Income of Urban Residents(yuan)	36396	32193	0.88
农村常住居民人均可支配收入(元)	Per Capita Disposable Income of Rural Residents(yuan)	13432	12638	0.94
邮政业务总量(亿元)	Total Business Volume of Postal Services (100 million yuan)	9763.7	99.95	1.02
电信业务总量(亿元)	Total Business Volume of Telecommunication Services (101 million yuan)	27556.6	611.48	2.22
社会消费品零售总额(亿元)	Retail Sales of Consumer Goods (100 million yuan)	366262	8067.67	2.20
固定资产投资额(亿元)	Investment in Fixed Assets (100 million yuan)	641238.4	17440.57	2.72
#房地产开发投资	Real Estate Development	109798.5	3980.08	3.62
金融机构人民币各项存款余额(亿元)	Deposit Balance of RMB of FinancialInstitutions (100 million yuan)	1641044	33718.98	2.05
金融机构人民币各项贷款余额(亿元)	Loan Balance of RMB of Financial Institutions (100 million yuan)	1201321	27871.89	2.32
货物进出口总额(亿美元)	Total Imports and Exports (USD 100 million)	277923.0	4508.25	1.62
出口额	Exports	153320.6	2883.71	1.88
进口额	Imports	124602.4	1 624.54	1.30
建筑业总产值(亿元)	Gross Output Value of Construction (100 million yuan)	213954	7608.00	3.56
在校学生数(万人)	Student Enrollment (10 000 persons)			
#普通本、专科	Regular Undergraduates and College Students	2753.6	74.69	2.71
普通小学	Primary Schools	10093.7	209.95	2.08
执业(助理)医师(万人)	Licensed (Assistant) Doctors (10 000 persons)	339.0	6.84	2.02
医院床位数(万张)	Number of Beds in Hospitals and Health Centers (10 000 units)	612.0	15.03	2.46

附录 2：全国国民经济与社会发展速度指标
APPENDIX II: INDICATORS ON THE GROWTH RATE OF NATIONAL ECONOMIC AND SOCIAL DEVELOPMENT

指 标	Item	2017 年	2017 年为下列各年 (%) 2017 as Percentage of the Following Years (%)				平均每年增长 (%) Average Annual Growth Rate (%)		
			1978 年	1990 年	2000 年	2016 年	1979-2017	1991-2017	2001-2017
人 口	**Population**								
年末总人口（万人）	Year-end Population (10 000 persons)	139008	144.4	121.6	109.7	100.5	0.9	0.7	0.5
城镇人口	Urban Population	81347	471.7	269.4	177.2	102.6	4.1	3.7	3.4
乡村人口	Rural Population	57661	73.0	68.5	71.3	97.8	-0.8	-1.4	-2.0
就业和失业	**Employment and Unemployment**								
就业人员数（万人）	Employment (10 000 persons)	77640	193.4	119.9	107.7	100.0	1.7	0.7	0.4
#城镇就业人员	Employment in Urban Areas	42462	446.3	249.2	183.4	102.5	3.9	3.4	3.6
城镇登记失业人员（万人）	Registered Unemployment in Urban Areas (10 000 persons)	972	183.4	253.7	163.4	99.0	1.6	3.5	2.9
国民经济核算	**National Accounting**								
国内生产总值（亿元）	Gross Domestic Product (100 million yuan)	827121.7	3452.1	1224.6	454.1	106.9	9.5	9.7	9.3
第一产业	Primary Industry	65467.6	537.2	281.7	195.1	103.9	4.4	3.9	4.0
第二产业	Secondary Industry	334622.6	5328.9	1760.2	496.8	106.1	10.7	11.2	9.9
第三产业	Tertiary Industry	427031.5	4835.4	1337.2	504.4	108.0	10.5	10.1	10.0
财 政	**Government Finance**								
一般公共预算收入（亿元）	General Public Budget Revenue (100 million yuan)	172566.6	15240.9	5875.4	1288.3	108.1	13.8	16.3	16.2
一般公共预算支出（亿元）	General Public Budget Expenditure (100 million yuan)	203330.0	18120.7	6593.9	1279.9	108.3	14.3	16.8	16.2
能 源	**Energy**								
能源生产总量（万吨标准煤）	Total Energy Output (10 000 ton of standard coal)	359000	571.9	345.5	259.1	103.7	4.6	4.7	5.8
能源消费总量（万吨标准煤）	Total Consumption of Energy (10 000 ton of standard coal)	449000	785.7	454.9	305.5	103.0	5.4	5.8	6.8
固定资产投资	**Investment in Fixed Assets**								
全社会固定资产投资总额（亿元）	Total Investment in Fixed Assets (100 million yuan)	641238.4		14196.1	1948.0	105.7		21.5	21.0
#房地产开发	Real Estate Development	109798.5		43347.2	2203.0	107.0		27.7	22.6
对外贸易和实际利用外资	**Foreign Trade and Foreign Capital Actually Utilized**								
货物进出口总额（亿美元）	Total Imports and Exports (USD 100 million)	277923.0	78288.2	4998.5	707.7	114.2	18.6	15.6	12.2
出口额	Exports	153320.6	91480.1	5135.0	743.0	110.8	19.1	15.7	12.5
进口额	Imports	124602.4	66490.1	4840.2	668.5	118.7	18.1	15.5	11.8
外商直接投资（亿美元）	Foreign Direct Investment (USD 100 million)	1310.4		3757.8	321.8	104.0		14.4	7.1

注：国内生产总值按可比价格计算，固定资产投资总额平均每年增长速度按累计法计算，一般公共预算收入和支出按可比口径计算，其他价值量指标按当年价格计算。

Note: GDP, general public budget revenue and expenditure are calculated on the basis of comparable price, the average growth rate of investment in fixed assets is calculated on the basis of accumulative method, and other value and index indicators are calculated at current price.

附录 2 续表 continued

指 标	Item	2017 年	2017 年为下列各年 (%) 2017 as Percentage of the Following Years (%)				平均每年增长 (%) Average Annual Growth Rate (%)		
			1978 年	1990 年	2000 年	2016 年	1979-2017	1991-2017	2001-2017
主要产品产量	**Output of Major Products**								
粮 食（万吨）	Gain (10 000 tons)	61793.0	202.8	138.5	133.7	100.3	1.8	1.2	1.7
棉 花（万吨）	Cotton (10 000 tons)	548.6	253.2	121.7	124.2	103.5	2.4	0.7	1.3
肉 类（万吨）	Meat (10 000 tons)	8588.1		300.6	142.8	100.6		4.2	2.1
原 煤（亿吨）	Coal (100 million tons)	35.24	570.2	326.3	254.6	103.3	4.6	4.5	5.7
原 油（万吨）	Oil (10 000 tons)	19151	184.1	138.5	117.5	95.9	1.6	1.2	1.0
水 泥（万吨）	Cement (10 000 tons)	233679	3581.8	1114.3	391.4	96.9	9.6	9.3	8.4
粗 钢（万吨）	Steel (10 000 tons)	83173	2617.1	1253.5	647.3	103.0	8.7	9.8	11.6
发电量(亿千瓦小时)	Electricity (100 million kwh)	64951	2531.7	1045.6	479.1	105.9	8.6	9.1	9.7
建筑业	**Construction**								9.3
建筑业总产值（亿元）	Gross Output Value of Construction (100 million yuan)	213954		15907	1712.0	110.5		20.7	18.2
运 输	**Transportation**								9.9
沿海主要港口货物吞吐量（万吨）	Cargo Throughput of Major Sea Ports (10 000 tons)	865463.5	4363.5	1791.1	689.0	106.7	10.2	11.3	12.0
邮电通信业	**Telecommunications and Postal Services**								
移动电话用户（万户）	Mobile Telephone Subscribers (10 000 subscribers)	141748.8		7874933	1676.8	107.2		51.8	18.0
固定电话用户（万户）	Fixed Telephone Subscribers (10 000 subscribers)	19376.2	10063.3	2828.5	133.8	93.8	12.6	13.2	1.7
国内贸易	**Domestic Trade**								
社会消费品零售总额（亿元）	Retail Sales of Consumer Goods(100 million yuan)	366262	23499.4	4412.7	936.6	110.2	15.0	15.1	14.1
国际旅游	**International Tourism**								6.8
入境过夜旅游者人数（万人次）	Inbound Tourists Staying Overnight (10 000 person-times)	13948.0	7709.4	507.9	167.2	100.8	11.8	6.2	3.1
国际旅游外汇收入（亿美元）	Foreign Exchange Earnings from International Tourism (USD 100 million)	1234.0	46920.2	5563.6	760.6	102.8	17.1	16.0	12.7
科技、教育、卫生、文化	**Science & Technology, Education, Health and Culture**								22.6
研究与试验发展经费支出（亿元）	Expenditure on R&D (100 million yuan)	17500			1953.9	111.6		19.1	
技术市场成交额（亿元）	Contract Value of Technology Market (100 million yuan)	13424			2062.9	117.7		19.5	12.2
在校学生数（万人）	Student Enrollment (10 000 persons)								
#普通本、专科	Regular Undergraduates and College Students	2753.6	3216.8	1334.7	495.2	102.1	9.3	10.1	9.9
普通高中	Regular Senior Secondary Schools	2374.5	152.9	331.0	197.7	100.3	1.1	4.5	4.1
初 中	Secondary Schools	4442.1	88.9	113.4	71.0	102.6	-0.3	0.5	-2.0
普通小学	Primary Schools	10093.7	69.0	82.5	77.6	101.8	-0.9	-0.7	-1.5
医院数（个）	Number of Hospitals(unit)	31056	334.2	216.0	190.3	106.6	3.1	2.9	3.9
医院床位数（万张）	Number of Beds in Hospitals (10 000 bed)	612.0	556.4	327.5	282.5	107.6	4.5	4.5	6.3
执业（助理）医师（万人）	Number of Licensed (Assistant) Doctors (10 000 person)	339.0	346.6	192.3	163.3	106.2	3.2	2.5	2.9

附录 3: 全国各省(自治区、直辖市)国民经济主要指标(2017 年)

APPENDIX III: MAIN INDICATORS OF NATIONAL ECONOMY BY PROVINCE, MUNICIPALITY AND AUTONOMOUS REGION (2017)

地 区	Region	年末常住人口(万人) Resident Population at Year-end (10 000 persons)	地区生产总值(亿元) Gross Domestic Product (100 million yuan)	其 中 of which	
				第一产业 Primary Industry	第二产业 Secondary Industry
东部地区	**Eastern Region**				
北 京	Beijing	2171	28000.4	120.5	5310.6
天 津	Tianjin	1557	18595.4	218.3	7590.4
河 北	Hebei	7520	35964.0	3507.9	17416.5
辽 宁	Liaoning	4369	23942.0	2182.1	9397.8
上 海	Shanghai	2418	30133.9	99.0	9251.4
江 苏	Jiangsu	8029	85900.9	4076.7	38654.9
浙 江	Zhejiang	5657	51768.3	2017.4	22471.5
福 建	Fujian	3911	32298.3	2442.4	15770.3
山 东	Shandong	10006	72678.2	4876.7	32925.1
广 东	Guangdong	11169	89879.2	3792.4	38598.6
海 南	Hainan	926	4462.5	979.3	997.1
中部地区	**Central Region**				
山 西	Shanxi	3702	14973.5	777.9	6181.8
吉 林	Jilin	2717	15288.9	1429.2	7012.9
黑龙江	Heilongjiang	3789	16199.9	2968.8	4289.7
安 徽	Anhui	6255	27518.7	2611.7	13486.6
江 西	Jiangxi	4622	20818.5	1953.9	9972.1
河 南	Henan	9559	44988.2	4339.5	21450.0
湖 北	Hubei	5902	36523.0	3759.7	16259.9
湖 南	Hunan	6860	34590.6	3690.0	14145.5
西部地区	**Western Region**				
重 庆	Chongqing	3075	19500.3	1339.6	8596.6
四 川	Sichuan	8302	36980.2	4282.8	14294.0
贵 州	Guizhou	3580	13540.8	2020.8	5439.6
云 南	Yunnan	4801	16531.3	2310.7	6387.5
西 藏	Tibet	337	1310.6	122.8	514.5
陕 西	Shaanxi	3835	21898.8	1739.5	10895.4
甘 肃	Gansu	2626	7677.0	1063.6	2562.7
青 海	Qinghai	598	2642.8	238.4	1180.4
宁 夏	Ningxia	682	3453.9	261.1	1580.5
新 疆	Xinjiang	2445	10920.1	1691.6	4292.0
内蒙古	Inner Mongolia	2529	16103.2	1647.2	6408.6
广 西	Guangxi	4885	20396.3	2906.9	9297.8

注：本表绝对数按当年价计算。

其中 of which	地区生产总值指数（上年=100）	人均地区生产总值（元）	人均地区生产总值指数（上年=100）	农林牧渔业总产值（万元）	其中 of which			
第三产业 Tertiary Industry	Indices of Gross Domestic Product (Preceding Year=100)	Per Capita GDP (yuan)	Indices of Per Capita GDP (Preceding Year=100)	Gross Output Value of Farming, Forestry, Animal Husbandry and Fishery (10 000 yuan)	#农业 Farming	#林业 Forestry	#牧业 Animal Husbandry	#渔业 Fishery
22569.3	106.7	128927	106.7	308.3	129.8	58.8	101.4	9.6
10786.7	103.6	119238	103.3	471.9	247.8	9.0	119.9	83.1
15039.7	106.7	47985	106.0	6142.5	3491.7	160.9	1899.4	215.0
12362.1	104.2	54745	104.3	4398.5	1861.1	140.3	1505.8	705.2
20783.5	106.9	124571	106.8	261.6	141.2	14.9	40.9	53.3
43169.4	107.2	107189	106.8	7210.4	3805.0	136.7	1167.0	1623.4
27279.3	107.8	92057	106.6	3212.5	1559.4	170.2	351.8	1052.9
14085.5	108.1	82976	107.1	4302.5	1810.1	326.4	669.5	1347.9
34876.3	107.4	72851	106.5	9298.2	4602.8	165.1	2399.7	1536.0
47488.3	107.5	81089	106.0	6215.3	3232.4	338.2	1116.8	1298.2
2486.1	107.0	48430	106.1	1528.2	727.0	110.3	244.7	385.2
8013.9	107.0	40557	106.4	1519.7	983.4	108.2	325.9	9.6
6846.9	105.3	56102	106.0	2618.9	1174.7	101.6	1205.2	44.9
8941.4	106.4	42699	106.7	5680.3	3324.8	236.3	1852.0	135.2
11420.4	108.5	44206	107.6	4727.5	2333.6	319.1	1285.7	524.3
8892.6	108.9	45187	108.2	3187.6	1501.4	338.7	720.1	506.9
19198.7	107.8	47130	107.3	7913.4	4812.5	128.9	2425.8	141.9
16503.4	107.8	61972	107.3	6560.2	3094.0	213.1	1652.4	1088.7
16755.1	108.0	50563	107.4	6269.5	3408.6	325.0	1713.5	439.6
9564.0	109.3	63689	108.3	2009.4	1193.7	85.2	601.4	94.8
18403.4	108.1	44651	107.5	6963.8	4016.0	239.1	2326.7	239.1
6080.4	110.2	37956	109.4	3389.8	2043.0	228.8	885.8	70.0
7833.1	109.5	34545	108.8	3808.8	2034.0	381.5	1153.4	108.2
673.3	110.0	39259	107.9	178.2	78.4	2.9	92.2	0.3
9264.0	108.0	57266	107.3	3070.5	2119.4	96.9	664.0	27.5
4050.8	103.6	29326	103.0	1907.7	1377.2	31.6	315.3	2.1
1224.0	107.3	44348	106.4	364.1	162.4	9.0	183.0	3.4
1612.3	107.8	50917	106.7	513.9	320.0	9.7	141.1	18.6
4936.5	107.6	45099	105.8	3054.9	2206.1	54.3	685.3	23.2
8047.4	104.0	63786	103.6	2822.4	1383.2	99.9	1261.0	31.3
8191.5	107.3	41955	106.3	4742.8	2545.5	346.5	1136.3	500.5

Note: The values in this table are calculated at current prices.

附录 3 续表 1 continued 1

地 区	Region	农林牧渔业总产值指数（可比价）（上年 =100） Indices of Gross Output Value of Farming, Forestry, Animal Husbandry and Fishery (Preceding Year=100)	粮食产量（万吨） Grain Output (10 000 tons)	棉花产量（万吨） Cotton Output (10 000 tons)
东部地区	**Eastern Region**			
北 京	Beijing	93.1	41.1	
天 津	Tianjin	100.5	212.0	2.8
河 北	Hebei	104.1	3508.0	30.1
辽 宁	Liaoning	103.0	2136.7	
上 海	Shanghai	92.6	89.2	
江 苏	Jiangsu	102.3	3539.8	5.1
浙 江	Zhejiang	102.3	768.6	1.4
福 建	Fujian	103.7	665.4	
山 东	Shandong	104.0	4723.2	34.5
广 东	Guangdong	103.3	1365.1	
海 南	Hainan	103.8	168.9	
中部地区	**Central Region**			
山 西	Shanxi	103.0	1299.9	0.8
吉 林	Jilin	103.1	3720.0	
黑龙江	Heilongjiang	105.4	6018.8	
安 徽	Anhui	104.1	3476.0	14.3
江 西	Jiangxi	104.4	2127.1	7.7
河 南	Henan	104.6	5973.4	8.7
湖 北	Hubei	105.0	2599.7	18.2
湖 南	Hunan	104.0	2984.0	10.6
西部地区	**Western Region**			
重 庆	Chongqing	103.7	1167.2	
四 川	Sichuan	103.7	3498.4	0.8
贵 州	Guizhou	106.6	1178.6	0.1
云 南	Yunnan	106.0	1929.5	
西 藏	Tibet	104.4	105.1	
陕 西	Shaanxi	104.6	1216.2	2.3
甘 肃	Gansu	105.2	1128.3	2.7
青 海	Qinghai	104.8	100.7	
宁 夏	Ningxia	104.5	368.2	
新 疆	Xinjiang	101.6	1447.6	408.2
内蒙古	Inner Mongolia	103.4	2768.4	
广 西	Guangxi	104.3	1467.7	0.3

猪 肉（万吨） Pork (10 000 tons)	水泥产量（万吨） Cement Output (10 000 tons)	钢材产量（万吨） Steel Output (10 000 tons)	汽车产量（万辆） Motor Vehicle Output (10 000 units)	微型计算机设备（万台） Micro Computers (10 000 units)	发电量（亿千瓦小时） Electricity Production (100 million KWH)
19.2	374.4	179.0	197.0	742.4	388.4
23.8	418.6	4374.0	83.3		611.0
275.0	9125.5	24551.1	100.9		2817.1
220.9	3795.2	6393.0	94.8	0.8	1829.3
8.7	417.7	2056.0	291.3	2487.3	859.3
214.3	17357.3	12295.4	119.9	5617.1	4914.7
78.4	11285.0	3148.2	74.0	186.4	3312.3
131.2	8479.4	2725.7	27.9	998.4	2200.7
396.6	15318.2	9209.8	91.6	22.9	5162.7
262.2	15858.3	4213.7	318.2	3778.9	4503.4
44.4	2213.3	1.1	4.0		299.3
54.7	3760.3	4335.4	9.3		2823.9
136.1	2715.2	1028.0	276.9		800.3
145.0	2452.7	410.6	12.2	0.6	917.3
242.7	13435.9	3143.9	115.8	1876.8	2456.3
249.5	8984.6	2524.4	56.6		1128.8
466.9	15042.0	4036.0	46.5	9.3	2739.6
328.0	11118.6	3609.9	266.6	1279.8	2615.5
449.6	11985.0	2210.2	51.9	32.5	1434.7
149.2	6370.9	917.3	299.8	6619.8	690.5
472.2	13823.8	2491.2	83.2	6981.7	3480.4
160.1	11363.3	495.7	0.3	23.4	1899.1
290.8	11528.2	1607.4	14.3	17.9	2955.1
1.6	642.1	0.1			55.7
85.8	7940.3	1377.6	61.6		1814.0
49.9	4021.4	702.3	1.9		1349.1
11.4	1462.6	127.1			626.6
7.8	2188.2	221.8			1380.9
35.8	4581.0	1299.6	2.1		3010.8
73.5	3073.9	2002.7	3.1		4435.9
255.0	12540.6	3270.7	245.2	2.6	1401.1

附录 3 续表 2 continued 2

地 区	Region	客运量（万人） Passenger Throughput (10 000 persons)	旅客周转量（亿人公里） Passenger Turnover Volume (100 million person·km)	货运量（万吨） Cargo Throughput (10 000 tons)	货物周转量（亿吨公里） Cargo Turnover Volume (100 million tons·km)	固定资产投资额（亿元） Investment in Fixed Assets (100 million yuan)
东部地区	**Eastern Region**					
北 京	Beijing	58871	253	20110	958	8307.33
天 津	Tianjin	17440	267	51800	2170	11274.69
河 北	Hebei	50023	1283	228854	13382	33012.23
辽 宁	Liaoning	72483	940	216135	12757	6444.75
上 海	Shanghai	15485	225	96850	24999	7240.95
江 苏	Jiangsu	126783	1515	220532	9058	53000.21
浙 江	Zhejiang	104497	1096	242504	10106	31125.99
福 建	Fujian	51134	604	132227	6780	26110.34
山 东	Shandong	65299	1247	327006	9719	54236.03
广 东	Guangdong	137418	2012	392381	27920	37403.91
海 南	Hainan	14660	129	21351	864	4125.40
中部地区	**Central Region**					
山 西	Shanxi	25155	374	189516	4185	5722.16
吉 林	Jilin	32989	425	49903	1635	13130.90
黑龙江	Heilongjiang	34670	452	56398	1658	11079.65
安 徽	Anhui	69105	1154	403426	11430	28816.37
江 西	Jiangxi	62997	1000	154437	4217	21770.43
河 南	Henan	114351	1762	230114	8229	43890.36
湖 北	Hubei	103144	1278	188107	6345	31872.57
湖 南	Hunan	114936	1501	225551	4301	31328.08
西部地区	**Western Region**					
重 庆	Chongqing	63298	870	115346	3371	17440.57
四 川	Sichuan	109093	882	172922	2696	31235.89
贵 州	Guizhou	91803	720	96242	1656	15288.01
云 南	Yunnan	44622	453	129298	1825	18474.89
西 藏	Tibet	1319	45	2203	136	1975.60
陕 西	Shaanxi	67880	761	163079	3761	23468.21
甘 肃	Gansu	42638	620	66204	2440	5696.35
青 海	Qinghai	6274	137	17923	519	3819.86
宁 夏	Ningxia	7345	99	38187	754	3640.12
新 疆	Xinjiang	27083	429	84395	2176	11795.64
内蒙古	Inner Mongolia	14867	363	213318	5147	13827.85
广 西	Guangxi	48578	778	174642	4613	19908.27

注：1）本表各省、市固定资产投资数据不含跨区投资和农户投资。
2）本表交通数据均不含民航数据。

其 中 of which #房地产开发投资 Investment in Real Estate Development	商品房施工面积（万平方米） Housing Floor Space under Construction (10 000 sq. m)	商品房竣工面积（万平方米） Housing Floor Space Completed (10 000 sq. m)	商品房销售面积（万平方米） Housing Floor Space of Sales (10 000 sq. m)	建筑业总产值（亿元） Total Output Value of Construction (100 million yuan)
3692.5	12413	1467	870	9736.7
2233.4	8796	2023	1482	4262.4
4823.9	30318	3416	6426	5656.0
2289.7	25907	2788	4148	3687.9
3856.5	15362	3388	1692	6426.4
9629.1	59464	9582	14211	27956.0
8226.8	41236	6884	9600	27235.8
4794.2	31940	4267	5854	9993.7
6637.2	63563	8429	12813	11477.8
12075.7	72492	8196	15959	11372.5
2053.1	9567	1267	2293	322.8
1166.3	16473	1970	2416	3566.6
910.1	11887	1479	1885	2219.0
815.6	10328	1651	2256	1560.1
5612.5	39169	4748	9201	6829.4
2014.0	18807	1854	5842	6166.8
7090.2	49942	6202	13314	10085.5
4574.9	30510	3220	8155	13391.2
3426.1	31691	4084	8532	8422.9
3980.1	25961	5056	6711	7608.0
5149.9	41295	5621	10869	11400.3
2201.0	20385	1172	4697	2933.0
2786.3	21085	2420	4327	4726.4
40.4	230	44	53	147.9
3102.0	23630	2392	3890	6227.5
944.5	9153	848	1560	1825.4
408.6	2937	441	494	406.8
652.8	6837	1329	1021	549.2
1037.9	11597	1680	1598	2428.1
889.7	15815	1714	2068	1122.2
2683.5	22690	1856	5171	4210.1

Note: a) The data of investment in fixed assets in this table excludes trans-regional investment and investment of rural households.
b) The civil aviation data are not include in traffic data of this table.

附录 3 续表 3 continued 3

地 区	Region	社会消费品零售总额（亿元）Total Retail Sales of Consumer Goods (100 million yuan)	进出口总额（按经营单位所在地分）（亿美元）Total Imports and Exports(by location of operation units) (USD 100 million)	其中 of which #出口 Export	金融机构本外币存款余额（亿元）Total Deposit Balance of RMB and Foreign Currencies of Financial Institutions (100 million yuan)
东部地区	**Eastern Region**				
北 京	Beijing	11575.4	3237.2	585.0	144085.96
天 津	Tianjin	5729.7	1129.4	435.6	30940.81
河 北	Hebei	15907.6	498.1	313.6	60451.27
辽 宁	Liaoning	13807.2	994.5	449.0	54249.03
上 海	Shanghai	11830.3	4761.2	1936.8	112461.74
江 苏	Jiangsu	31737.4	5911.2	3633.0	134776.17
浙 江	Zhejiang	24308.5	3779.0	2868.9	107320.53
福 建	Fujian	13013.0	1710.3	1049.3	44086.83
山 东	Shandong	33649.0	2630.6	1471.0	91018.69
广 东	Guangdong	38200.1	10064.8	6227.8	194535.75
海 南	Hainan	1618.8	103.7	43.7	10096.38
中部地区	**Central Region**				
山 西	Shanxi	6918.1	171.7	102.0	32844.88
吉 林	Jilin	7855.8	185.4	44.3	21696.87
黑龙江	Heilongjiang	9099.2	188.1	51.4	23796.00
安 徽	Anhui	11192.6	536.4	304.8	46146.86
江 西	Jiangxi	7448.1	444.7	326.9	32535.69
河 南	Henan	19666.8	776.1	470.3	60037.60
湖 北	Hubei	17394.1	463.1	305.0	52352.43
湖 南	Hunan	14854.9	360.4	231.8	46729.30
西部地区	**Western Region**				
重 庆	Chongqing	8067.7	666.0	426.0	34853.53
四 川	Sichuan	17480.5	681.2	375.5	73079.41
贵 州	Guizhou	4154.0	81.6	57.9	26194.14
云 南	Yunnan	6423.1	235.1	115.4	30160.74
西 藏	Tibet	523.3	8.7	4.4	4959.06
陕 西	Shaanxi	8236.4	401.4	245.6	38153.27
甘 肃	Gansu	3426.6	50.6	18.3	17777.22
青 海	Qinghai	839.0	6.6	4.2	5843.21
宁 夏	Ningxia	930.4	50.4	36.5	5867.22
新 疆	Xinjiang	3044.6	206.6	177.3	21753.05
内蒙古	Inner Mongolia	7160.2	139.0	49.4	23092.73
广 西	Guangxi	7813.0	572.1	274.6	27899.64

金融机构本外币贷款余额（亿元） Total Loan Balance of RMB and Foreign Currencies	城镇常住居民人均可支配收入（元） Per Capita Disposable Income of Urban Residents (yuan)	农村常住居民人均可支配收入（元） Per Capita Disposable Income of Rural Residents (yuan)	居民消费价格指数（上年 =100） General Consumer Price Index (preceding year=100)	农产品生产价格指数（上年 =100） Producer Price Index of Farm Products (Preceding Year =100)	固定资产投资价格指数（上年 =100） Price Index of Investment in Fixed Assets (Preceding Year =100)
69556.23	62406	24241	101.9	96.2	104.7
31602.54	40278	21754	102.1	95.5	104.3
43315.28	30548	12881	101.7	96.2	106.7
41278.75	34993	13747	101.4	93.6	104.0
67182.01	62596	27825	101.7	98.4	106.7
104007.34	43622	19158	101.7	97.9	107.6
90233.30	51261	24956	102.1	99.1	105.8
41899.68	39001	16335	101.2	98.9	105.6
70873.94	36789	15118	101.5	98.6	105.8
126031.95	40975	15780	101.5	99.4	105.3
8459.27	30817	12902	102.8	101.9	104.1
22573.77	29132	10788	101.1	95.9	106.3
18010.34	28319	12950	101.6	89.5	104.7
19466.07	27446	12665	101.3	95.1	103.4
35162.03	31640	12758	101.2	98.4	107.4
25900.44	31198	13242	102.0	97.3	106.1
42546.79	29558	12719	101.4	94.9	107.4
39571.11	31889	13812	101.5	99.3	105.9
31849.98	33948	12936	101.4	98.0	105.7
28417.46	32193	12638	101.0	96.8	105.3
49144.09	30727	12227	101.4	97.8	107.7
20965.31	29080	8869	100.9	96.7	106.1
25857.58	30996	9862	100.9	98.7	104.9
4043.64	30671	10330	101.6		
26924.48	30810	10265	101.6	98.4	105.3
17707.24	27763	8076	101.4	99.1	105.9
6353.05	29169	9462	101.5	101.0	106.1
6461.48	29472	10738	101.6	99.3	105.9
17477.56	30775	11045	102.2	100.7	103.5
21566.31	35670	12584	101.7	95.6	103.4
23226.14	30502	11326	101.6	98.2	104.4

如何使用年鉴浏览

请在阅读光盘前，请选择IE选项/高级/“允许来自CD的活动内容在我的计算机上运行”。

两种浏览方式：为方便用户浏览和使用年鉴，本书提供了超文本（网页格式）和EXCEL电子表格两种浏览方式。默认为超文本格式，方便查阅。

本光盘中所有资料的浏览查阅和计算加工，未经许可均不得用于商业性用途，否则必追究其法律责任。

How to use the yearbook to browse

Please choose"contents of CD are permitted on my computer"of IE/senior.

Two modes to browse:In order to browse and use the yearbook easily, two modes-HTML and EXCEL are offered. HTML mode is acquiescent, which provides more convenient consultation and temporary calculation.

The consultation and calculation of data in this disk are not permitted for commercial purposes with-out written permission from the publisher. Legal responsibilities are reserved to prosecute.

重庆市统计局　国家统计局重庆调查总队 编
CHONGQING MUNICIPAL BUREAU OF STATISTICS
NBS SURVEY OFFICE IN CHONGQING